訴えるひと

イタリア中世都市の司法と政治

中谷惣 著
So Nakaya

名古屋大学出版会

訴える人びと——目　次

第Ⅲ部　政治のなかのコムーネと正義――刑事司法

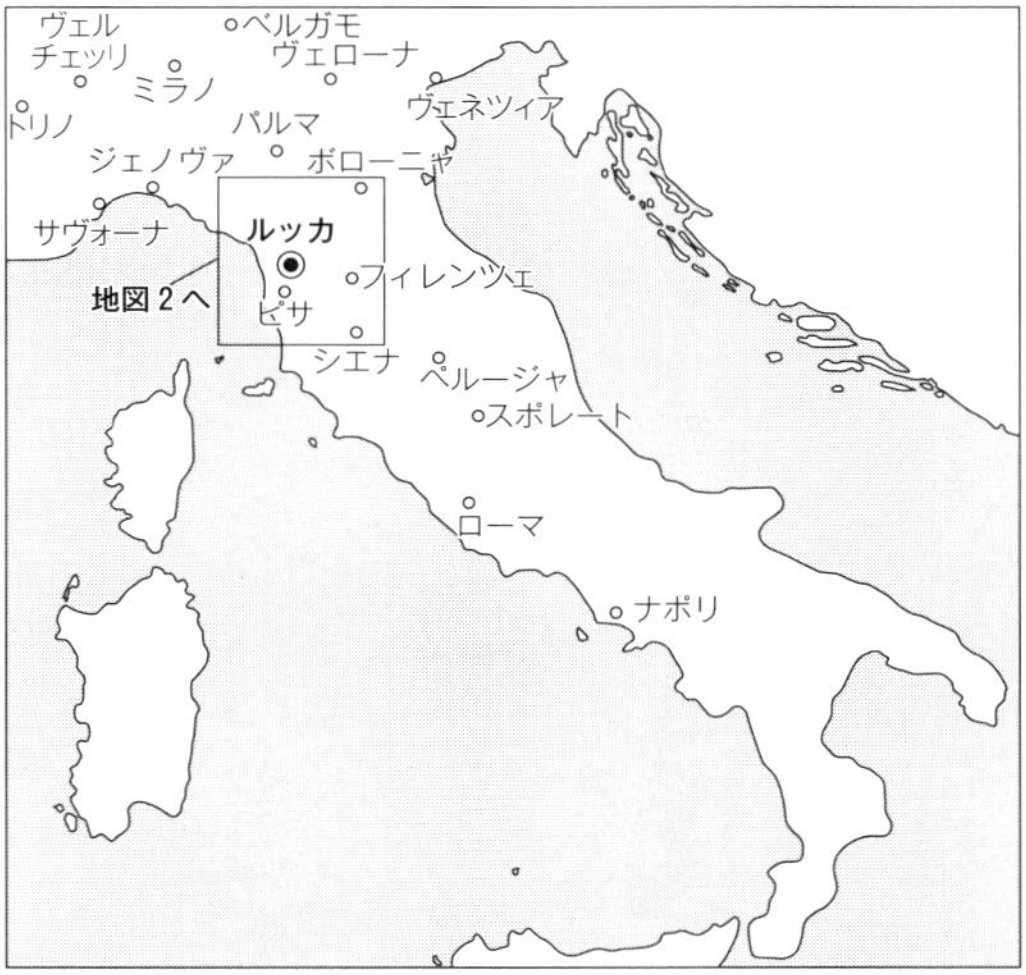

地図 1　イタリア

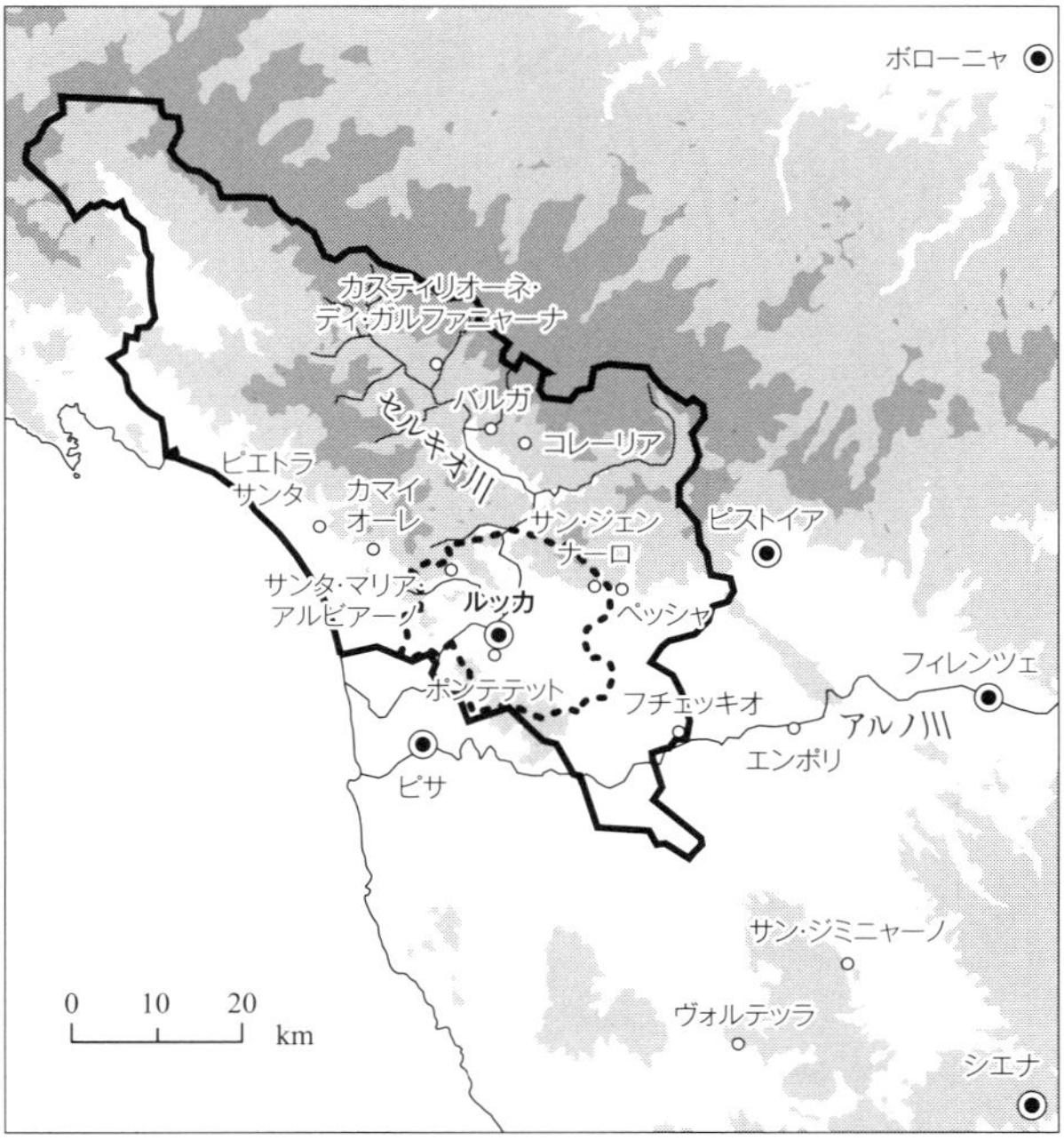

地図 2　ルッカとその周辺。太線は 1308 年のルッカ領域。点線は周辺農村（セイ・ミリア）。その外部は代官区。実線は河川。

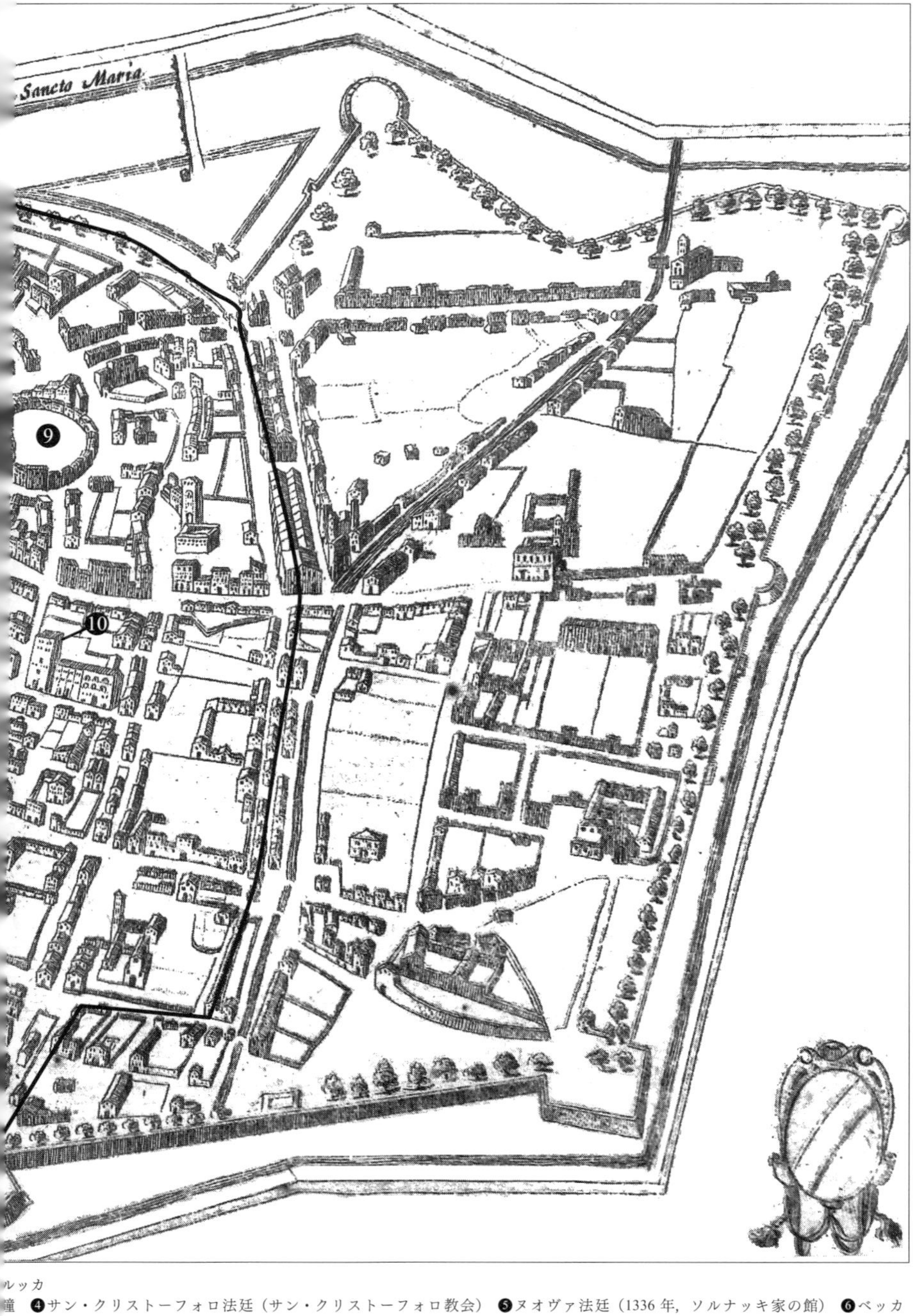

ルッカ
6 幢　❹サン・クリストーフォロ法廷（サン・クリストーフォロ教会）　❺ヌオヴァ法廷（1336 年，ソルナッキ家の館）　❻ベッカ
裏）　❽トレグアーニ法廷（13 世紀）　❾アンフィテアートロ（牢獄として利用）　❿グイニージの塔　⓫クエリモーニエ法廷（1344
チョが建設した都市内の要塞，外部勢力の支配期にはその代官が使用）

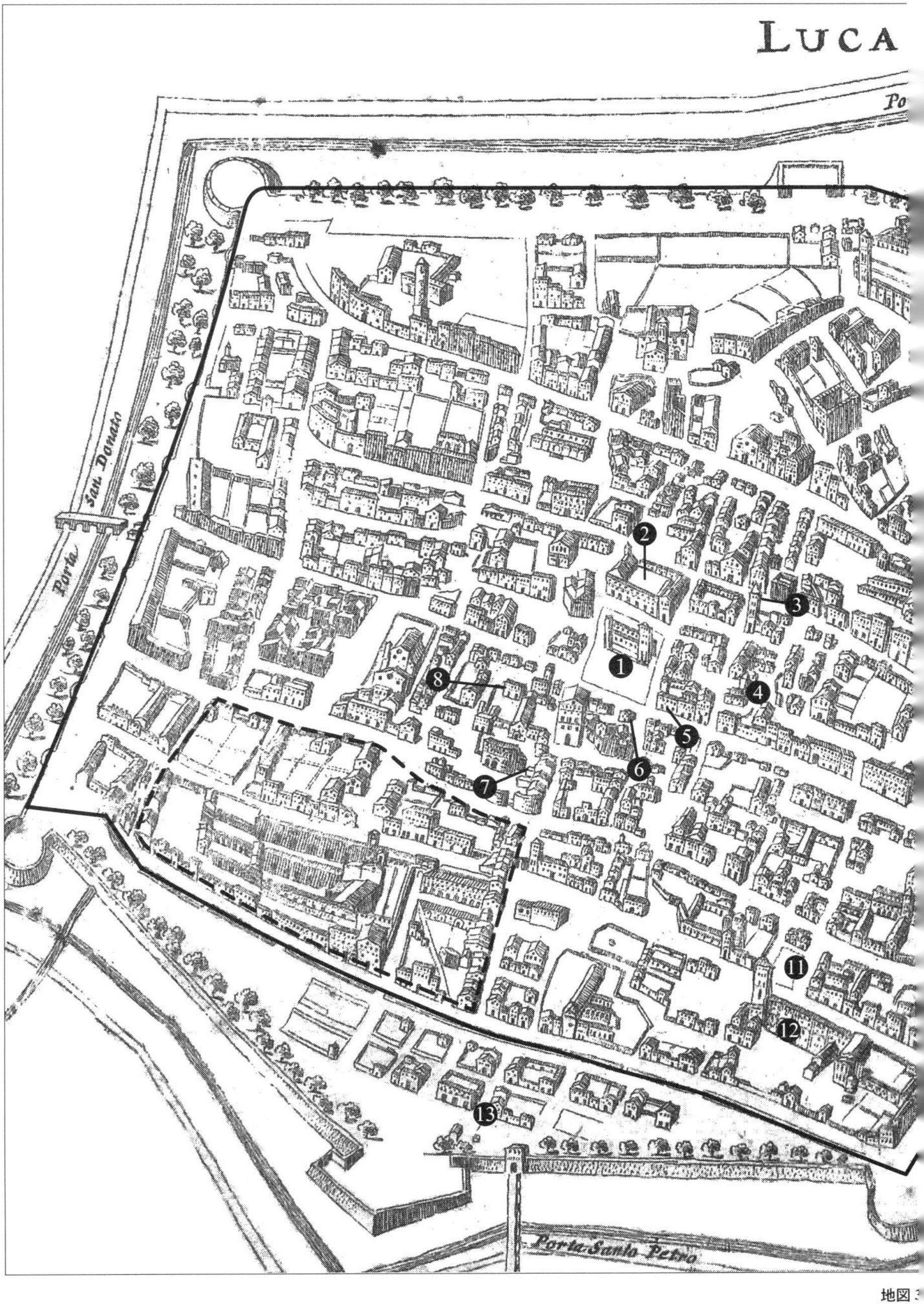

地図 3

❶サン・ミケーレ・イン・フォーロ教会とその広場　❷コムーネの館（ポデスタ法廷，アンツィアーニ，評議会等の所在地）　❸時の
ファーヴェ街区のコムーネのロッジア（共和国時代の法廷の所在地）　❼フォレターニ法廷（13 世紀前半，サン・アレッサンドロ教会
年，マッギアーリ家の館）　⓬ドゥオーモ　⓭ポポロの議会（1255 年）　━━━　13 世紀の城壁　- - - - -　アウグスタ（カストゥルッ

序章

一三三六年五月四日、イタリア中部の都市ルッカ。ポデスタ法廷の書記ニコラオ、ランフランコ、ウルソの三人は、いつものようにサン・ミケーレ・イン・フォーロ広場北側のコムーネの館（市庁舎）に向かった。席につき、机上に帳簿を開ける。顔を上げると彼らの前には、訴状を手に今か今かと待ち構える、多くの人びとがいた。

ニコラオの帳簿にはその日、チェッコーロがネッロに対し三年間の不払い地代として六スタイオの小麦を求めた訴え、寡婦ビッラがピーナの相続人に対し過去八年間のピーナの飲食代八〇リラを求めた訴え、ベットが農村共同体の役人に対し一〇日間の労働賃金五〇ソルドの支払いを求めた訴えが記されている。(1) また、同日のランフランコの帳簿には、負債のために差押えられていた山羊三七頭の返還を求める訴え、鉄の槌の代金支払いの訴え、兄弟同士の争いで仲裁人の決定を求める訴えが記されている。(2) さらにウルソの帳簿からは負債の返還と嫁資の返還に関する訴えがあったことがわかる。(3) この日の法廷では、以前から始まっていた裁判も進められていた。記録簿からは、複数の裁判で、当事者の召喚や抗弁、裁判官の略式命令、証言の開示、判決の言い渡しなどが行われ、裁判官や書記、廷吏、訴訟当事者が、慌ただしく行き交っていた様子が見て取れる。

同じコムーネの館には、「悪事の法廷」と呼ばれる刑事法廷の書記グイドらも詰めていた。彼らの下にも、怒りを抱えた者たちがやって来ていた。同年七月二日の告訴状には、チアルデッロが刀を持ってヤコポに襲い掛かり、

図序-1　サン・ミケーレ・イン・フォーロ広場（教会の左奥の建物がコムーネの館の跡地）

ヤコポの食糧庫から大量の玉ねぎを持ち去ったことが記されている。(4) ヤコポはこの件で、チアルデッロを条例に基づいて有罪とし、彼が罰せられるよう訴えた。同じ月には、アンドルッチョも必死の形相で法廷にやって来ていた。(5) 彼はプッチネッロを傷害により死に至らしめた容疑で告訴されていたのである。アンドルッチョは告訴内容を否認し、プッチネッロも武器を所持していたことなど、八つの主張を法廷で展開している。書記たちは、アンドルッチョの主張が真実かどうか、証人を召喚し証言を聴取することとなった。

コムーネの館の別の一室には、執政府の書記ルスティコがいた。彼の下には、執政府と評議会に宛てられた様々な訴えが送られて来ていた。ルスティコの帳簿によれば、一三三六年六月一日、リーゴが条例で禁止されているコレーリア地域の土地の売却を特別に許可してほしいと嘆願し、執政府がこれを審議している。(6) 六月八日にはパン職人らの訴えが取り上げられた。(7) 彼らによれば道路局が薪の管理について古い条例に基づいて彼らを訴追してきたという。同月一二日には、重税を逃れルッカ領域外にいたヤコポ、ジョヴァンニ、トゥーリの三人が、ルッカに戻って来たいとして、税の免除を懇願している。(8) また同じ日には、二年前に斬首刑の有罪判決を受けたラヌッチョが、身の潔白を執政府に訴え、恩赦を願い出ている。(9) これらの訴えは全て審議の結果、執政府によって認められている。

以上は一四世紀ルッカのコムーネの館において繰り広げられていた日常の

光景である。個々に見ればとりとめのないこれらの訴えも、それが膨大な数に上っていたこと――人口二万人の街ルッカで年間一万件の民事裁判の訴えが起こされていた![10]――がわかれば、決して無視できないものになる。毎日、数十人もの人びとがコムーネの館に訴えを持ち込んでいたのである。人びとはなぜこれほどコムーネに訴えを起こしていたのか。そして日々積み上げられる人びとの訴えは、コムーネをいかなる存在たらしめていたのか。本書は、こうした人びとの訴えと、都市当局たるコムーネによる対応という、日常の実践を検討することで、イタリア中世都市の歴史的特質を明らかにするものである。

（1）コムーネとは何か

中世イタリアの都市は、同時代のヨーロッパを見渡しても、その規模の大きさ、密度の高さにおいて群を抜いていた。フィレンツェやヴェネツィアなどの大都市だけでなく、ルッカのような個性豊かな中小都市がイタリア半島には無数にひしめいていた。そこでは遠隔地商業と結びついた銀行業や地域商業、手工業が発展した。また中世特有の宗教文化や芸術なども華々しい展開を見せた。ヨーロッパ史において異彩を放つイタリア中世都市であるが、そこにもうひとつの特徴があったことを忘れてはならない。それは都市がコムーネという姿をとって存在したことである。

コムーネ（comune）とは何か。コムーネとは、一般には地方自治体（市・町・村）を意味し、歴史用語としては中世における都市共同体、市民共同体、自治都市、自治都市政府などと訳される。一一世紀末から一二世紀初頭の北中部イタリア都市では、都市内の平和維持のため市民の自治組織が結成された。それは次第に司教や辺境伯から都市の支配権を引き継ぎ、都市を代表する権力となった。これが一一二〇年代、三〇年代に持った名称がコムーネである。[11]一二世紀半ばにフリードリッヒ一世に随行してイタリアを訪れたフライジング司教オットーが見たのは、領主でも国王でもない、市民の自治組織たるコムーネの統領（コンスル）たちの意思によって治められた、都市の姿であった[12]。

コムーネについてはこれまで様々な特徴が注目されてきた。シスモンディらの古典的な歴史研究は、コムーネを「自由」の観点から捉えた。外部権力からの不干渉という「自由」と、市民の政治参加という共和的な「自由」とを併せ持つコムーネは、イタリア史の栄光の時代を物語るものであった[13]。コムーネに「自由」の理想を見るこの見方は、今日の共和主義の政治思想家にも、また一般の間にも広く流布している[14]。

しかし、二〇世紀以降の現代の歴史家は、コムーネの「自由」を過度に強調することはない[15]。むしろ「支配」をキーワードとして、コムーネを捉える傾向にある[16]。

全市民の政治的「自由」の上に成り立つはずのコムーネは、歴史的現実においては一部の者たちによって支配されていた。たとえばこの事実を前提としてコムーネの支配層の研究が進められている。コムーネ成立期のコンスル貴族、一三世紀の商工業で財をなした非貴族の平民層（ポポロ）、そしてその後、単独支配を築いたシニョーレたちについて、それぞれの特質や変化の背景が議論されている[17]。

コムーネを支配する者たちへの注目とともに、コムーネ自体が支配機構としての性格を有していたことも注目されている。当初、都市の平和維持組織として出発したコムーネは、一三世紀以降、経済が発展して社会が複雑化し、また支配層が変化する中で、統治制度を大きく発展させた[18]。コムーネは行政長官、執政府、評議会、法廷、財務局など様々に分化した機関を備え、制定した法や規則に基づいて住民を支配する統治機構となった。また、この都市コムーネは、コンタード（周辺領域）に支配を拡大し、封建領主や自律的な農村共同体を支配下に置きながら一定の領域を持つ都市国家となっていった[19]。

現代の歴史研究が「支配」の側面に光を当てたことで、コムーネは、自由と自治の場というより、上層市民が主導し、その下にいる住民に税や義務を課し、拘束力ある決定を下す、統治機構の性格を帯びた存在として我々の前に現れてくる。一四世紀のコムーネの歴史的現実を検討する本書でも、コムーネは執政府や評議会、法廷を中核と

図序-2　アンブロージョ・ロレンツェッティ作《善政の寓意》

して、住民を支配する統治機構として存在する。本書におけるコムーネという用語からまずイメージすべきは、こうした統治機構としてのコムーネである。

ただし、このコムーネが有したある側面に注目したい。それは、当時の人びとが、上層市民が主導する統治機構としてのコムーネの背後に、住民全体によって構成され、かつ住民を支配する観念的な権力体としての「コムーネ」[20]を認識していたことである。近年の政治思想史が注目するこのコムーネ観は、当時の法学者や思想家の著作からわかるものであるが、それはシエナ市庁舎内に描かれた有名なフレスコ画にも見事に表現されている。

アンブロージョ・ロレンツェッティの《善政の寓意》（一三三八～三九年作、図序-2）[21]において、正面右側にひときわ大きく描かれている人物が、コムーネの擬人像である。[22]絵画下のキャプションには、次のようにある。「この聖なる徳［正義］が支配する場所では、多くの［市民の］魂がひとつに導かれ、そしてこのために集められた［市民の］魂は、彼らの主として公共善（bene comune）をつくり上げる」[23]（以下、［　］は全て引用者による）。ルービンステインによれば、公共善とは王座にいるコムーネの擬人像を指す。[24]ちなみに同時代の思想家もコムーネと公共善とを同一視する表現を用いている。[25]多くの市民の魂がひとつになって

「コムーネ」＝公共善をつくり上げる、との表現からは、「コムーネ」が市民全体から構成された存在であることがわかる。[26]

とはいえ「コムーネ」は、単に市民の集まりと同一視されるものではない。[27]「コムーネ」は市民の「主」としてつくり上げられた存在であり、絵画においても王座に君臨する姿で描かれている。[28]「コムーネ」とは、市民から構成されつつも、まさにそれゆえにその構成員たる市民を正当に支配する権力であったのである。[29]

「コムーネ」はここでは観念的なものとして設定されている。絵画ではコムーネ像は他の諸徳の擬人像とともに上段に、下方に居並ぶ現実の市民たちとは異なる大きさで、それゆえ現実世界とは異なる次元に属するものとして描かれている。[30]これは同時代の法学者バルドゥスが、「人民（populus）とは単なる人間の寄せ集めを指すのではなく、知性によってその意味が創造され、ひとつの神秘体と化した、観念的に捉えられる人間の集合体である」（以下、引用中の傍点は全て引用者による）と表現したこととも符合する。[31]観念的に設定される権力体としての「コムーネ」、それゆえ現実に存在する統治機構や統治者とも、また個々の市民の寄せ集めとも同一視されない権力体としての「コムーネ」を想定するこの見方は、ナジェミーやスキエーラらに言わせれば、近代以降の国家現象に引き継がれるホッブズの「コモンウェルス」観を想起させるものであった。[32]

この市民の「主」としての「コムーネ」が、現実世界においてその代理としていたのが、コムーネの法廷や執政府であり、裁判官や執政役人などコムーネの名において活動する者たちであった。ロレンツェッティのフレスコ画が描かれたのは他でもなく、シエナにおいてコムーネを政治的に代表する執政九人衆が集う部屋の壁面であった。彼らはこのコムーネ像を背に、コムーネ像に監視されながら審議し、決定を下していたのである。

こうした「コムーネ」と統治機構としてのコムーネとの関係を念頭に置くと、人びとが訴えていたコムーネ（法廷や執政府）の性格がよりはっきりする。それは、決して上層市民の私利私欲に染められた権力でもなければ、外部から住民を一方的に支配するだけの権力でもない。コムーネとは、市民の「主」たる「コムーネ」に成り代わって活動する統治機構だったのであり、少なくとも理念的には、市民全体の善としての公共善を念頭に統治を行うべき公的な存在だったのである。このようにコムーネを理解することは、本書において人びとのコムーネへの訴えと、コムーネの統治活動を見ていく上で重要となってくる。

（2）司法実践のなかのコムーネ

こうした性格を持つコムーネをいかに捉え検討すべきか。中世後期の都市における公的、国家的な権力に注目するというと、近代国家への発展を念頭にした研究が思い浮かべられるかもしれない。かつての研究は、中世都市における私的な暴力を禁止する立法や、職権による糾問主義裁判の導入に注目し、そこに暴力を独占し一元的な秩序を構築しようとする近代的な国家の萌芽を見てきた。確かに中世都市には後の時代に引き継がれる制度や理念が少なからず存在する。(33) とはいえ、暴力の独占を国家性の指標とするウェーバー的な国家観ばかりを念頭に置くと、中世後期のイタリアという時代と社会に特有の国家的現象を捉えることは難しくなる。

中近世ヨーロッパの国家に関する近年の研究では、国家をたとえば「政治的統一体として組織された共同生活の諸形態」または「多様な集団やその利害の政治的な編制の場、仲介の場」というように緩やかに定義した上で、(34) アプリオリに措定される近代国家への発展ではなく、それぞれの時代と社会に埋め込まれた「国家」のあり方が探究されている。そこでのキーワードのひとつは実践であり、人びとの日常的な実践の中に国家を捉えるという視角が採用されている。(35) 国家は所与のものとしてそこにあるのではなく、人びとがそれに意味を与え働きかけることではじめて形をなし、始動する。国家に息を吹き込むのは統治者だけではない。一般の人びと、つまり「訴える人びと」も、国家にアクセスしその権威を呼び起こすことで国家を具現化させる。(36) このように、人びととの日常の実践から国家を捉えることで、近代国家への理念的な発展のレールの上にある国家ではなく、実践を行う人びとが属する社会に特徴づけられた国家を見ることができるようになる。

中世イタリアの場合、コムーネは都市の共同生活における様々な場面で人びとによって公的な統治機構として呼び起こされていた。たとえば、都市環境の整備や食糧供給、治安維持、軍事防衛などにおいてコムーネは、住民によって対応を求められ、それを受けて公共の善に向けた活動を行っていた。なかでも私人間でのもめごとの処理や犯罪の処罰などの司法の分野では、冒頭で見たように、人びとは頻繁にコムーネの法廷や執政府に働きかけ、コムーネが「正義（iustitia）」をなしていた。本書では、「司法（iustitia）」を、コムーネが「正義」をなす行為として広く捉え、法廷とともに執政府でも繰り広げられていた司法分野での人びとの実践に注目する。[37]

中世ローマ法や共和制の理念を有するイタリア中世都市の司法において、人びとは様々な立場でコムーネに働きかけ、またコムーネの名で活動していた。一般の住民らは自分たちの代表権力たるコムーネの法廷や執政府に問題の解決を求めて訴えを起こす。[38]裁判官は訴えを聞き、審理し、コムーネの名で裁きを下す。ローマ法の伝統を背負った法学者は、法助言を通して裁判官が下す決定に法的正当性を与える。[39]またコムーネを政治的に代表する執政府のメンバーは、「コムーネ」の繁栄（＝公共の善）という目的を掲げ、法廷で適用される法を制定、変更、適用除外したり、時には判決を事後的に修正したりする。

このように司法の分野では、人びとが訴訟当事者としてコムーネ機構の外部から、統治者としてコムーネ機構の内部から、また（狭義の）司法の場や政治の場において、様々な形でコムーネを呼び起こし行動していた様子を見ることができる。こうした司法分野での人びとの実践にこそ、中世ローマ法と共和的伝統の影響下にあるイタリア都市において特有の形を持って現れる、「国家」としてのコムーネを見出すことができるのではないか。

人びとの実践には、その時々のコムーネが映し出されているだけではない。人びとによるコムーネの法廷や執政府への日々の訴えには、既存のコムーネを揺さぶり変容させる創造的作用も含まれていたのではないか。[40]確かに、住民も統治者もその行動を既存の法規範に拘束されている。しかし本書でしばしば見られるように、人びとは創意によってそこにある矛盾やズレを見出し、自己の利害に合わせて戦略的に行動していた。[41]たとえば住民たちは、ある時には法の遵守を主張して相手を攻撃し、またある時には法の緩和やその適用除外を求めることで自己の利益を確保しようとする。裁判官、法学者、政治指導者は、こうした人びとの訴えを、彼ら自身の新たな行動を起こす契機として利用する。多様な利害を抱えた人びとが戦略的に、そして場当たり的に、緊張と軋轢を孕みつつ繰り広げる実践によって、微妙なバランスの上に成り立っていた既存の規範や枠組みは揺らぎ、コムーネは変容する。そこでは当事者たちの意図しない結果がもたらされることもしばしばである。それゆえ司法分野での人びとの実践には、その実践によって常に変容する動態的なコムーネを見ることができるのである。

（3）正義とコムーネ

司法をめぐる実践の中に捉えられる動態的なコムーネは、一四世紀イタリアという歴史的環境下において、いかなる特徴を持って現れるのか。一四世紀のイタリア都市は、一三世紀にコムーネの公権力化を推し進めたポポロ体制が成熟し、変質する時期に当たる。イタリア中部の各都市ではポポロ上層の少数の家系が実権を握る寡頭制へと移行し、また時には単独支配者であるシニョーレの登場も見られる。すなわち政治制度面において、コムーネにおける「皆の」「公共の」権力という性格にほころびが生じ、それが顕在化した時期であった。

こうした一四世紀におけるコムーネの法廷と執政府の活動を見ていくと、そこにある変化が生じていたことが明らかとなる。それはコムーネの諸機関が下す決定の「正しさ」を基礎づける論理の変化、つまりコムーネの各決定の内容がなぜ正しいのかを説明する「正義」の論理の変化である。一三世紀において、政治や司法の場での決定の「正しさ」は、それが実定法に準拠しているかで判断される傾向にあった。[42]ローマ法文化圏のイタリア都市では、都市条例をはじめとする実定法が、「正義」のための依るべき基準であった。しかし一四世紀には、コムーネの決定を正当化する理由の中に、必要性や有益性に関する用語がたびたび現れ、時には実定法から逸脱した決定も正しいものとして下されるようになる。[43]実定法はもはや「正しさ」の絶対的な基準ではなく、ひとつの基準となり、最終的に依るべきは、法や必要性などを加味した個人の自由裁量（arbitrium）へと変わるのである。[44]

一四世紀に現れるこうした「正しさ」の論拠に関わる変化、そしてそれに伴う統治手法の変化は、寡頭的共和制の都市とシニョリーア制の都市の双方で共通して見られた。そのため近年の研究では、共和制とシニョリーア制との伝統的な対置を乗り越える論点としてこれは注目されている。[45] そこではこの変化を、住民の総意に基づく法の支配から、一部の為政者の恣意による支配へという単純な図式では捉えない。というのも同時代の学識法学者は、為政者の自由裁量を、単なる恣意や独断、気ままさではない、むしろ合理（ratio）、衡平（aequitas）、正義（iustitia）などの特性を備えるべきものとし、そうした自由裁量に基づく決定を正当なものと位置づけていたからである。[46] 実定法の適用に例外を設ける際、そして実定法の停止で生み出された空白の中で決定を下す際に、依拠することとなる自由裁量とは、実定法という低次の法に拘束されることがなくとも、高次の法――学識法学者はそれを自然法と定義した――に強く縛られるものだったのである。[47]

それゆえ一四世紀のイタリア都市に見られる、実定法への準拠から自由裁量へという「正しさ」を基礎づける論理の変化とは、法から恣意への変化というより、依拠する「法」の範囲の拡大（実定法から自然法へ）、それゆえ「正義」の性格に関する変化として捉えられるべきである。本書では、コムーネの決定の「正しさ」や「正義」のあり方のこの変化を、一四世紀という時代のコムーネの性格とその変容を特徴づけるものとして位置づける。

「コムーネ」と「正義」との結びつきは実は、ロレンツェッティのフレスコ画にも表されており、同時代人にとってもなじみ深いものであった。《善政の寓意》のコムーネ像はよく見るとロープを握っている。それをたどっていくと、下方の人びとの手を伝い、他でもない絵の左側の「正義」の擬人像に行きつく。この描写や、キャプションの「この聖なる徳［正義］が支配する場所では」の一文からは、あらゆる諸徳の中で「正義」こそが、「コムーネ」＝公共善の成立に必須の条件とされていたことがわかる。このことは、《善政の寓意》と対をなす《悪政の寓意》において、「正義」の擬人像が悪党に縛られて横たわり、その結果、僭主が王座についているところからもわかる。「コムーネ」を導く最も重要な徳としての「正義」、一四世紀にはこの「正義」の様相に変化が生じていたのである。

実定法から自由裁量へと「正義」のあり方を変容させていたのは、第一にコムーネを代表する統治者（政治指導者や裁判官）たちであった。前述のようにロレンツェッティのフレスコ画は、執政府の者たちが協議を重ねる部屋に掲げられた。彼らは「地を統べる者たちよ、正義を愛せ」という文章が背後に刻まれた正義像を見上げながら、明文化されない「正義」のあり様を、様々に解釈していた。(48) シエナやルッカの執政府は実際、ある行為や事態を国家の安寧を脅かす「危機」と見なし、実定法を例外的に停止して、自由裁量によって「正しき」決定を下していた。(49)

しかし、ベルナルディーノ・ダ・シエナが説教で、民衆に対してロレンツェッティのフレスコ画の主題を説いていることが示唆しているように、(50) 一般住民もこの「コムーネ」と「正義」との関係を認識し、そして「正義」の解釈に参加していたのではないか。事実、本書で見るように住民たちは、統治者らの決定を監視するだけでなく、自身の利害が及ぶ範囲では、積極的に「正義」の内容を解釈して提示し、裁判官や政府のメンバーに実定法を超えた行動を求めていた。人びとの訴えは、「正義」の様相を変化させるとともに、実定法の絶対性が解かれた中での、新たな正義像の構築に寄与していたのである。

住民、政治指導者、裁判官、法学者はそれぞれ、法廷では正しき裁判のあり方をめぐって、執政府では正しき政治的決定をめぐって様々な主張を繰り広げる。本書の議論を先取りすると、そこで彼らが行っている「正義」の解釈とは、公共善と結びつけながらも、各人の行動原理の下で各々の善に突き動かされて行われたものであった。そうした行動が「正義」を揺り動かし、そして「正義」に導かれた「コムーネ」を絶えず変容させていた。本書での裁判記録簿や評議会議事録などの手稿史料の分析から浮かび上がるのは、ロレンツェッティや共和主義の思想家がイメージする、諸徳を重んじ公共善へと心を向ける美徳ある市民の姿ではなく、目の前の日々を懸命に生きる人びとの生々しい姿である。

（4）史料とルッカ

司法分野において住民と統治者が織りなす実践を、法廷と執政府という二つの場において観察することを可能とする史料が、冒頭で取り上げた裁判記録簿や評議会議事録などの業務記録である。従来の研究は、法学書や都市条例、法令など、いわば人びとの実践を規定する史料を用いてコムーネの法制度を解明してきた。これに対し本書で用いる業務記録とは、法廷や執政府の現場において進行中の実践それ自体を映したものである。[51]

業務記録がこれまで等閑視されてきた大きな理由に、その扱いにくさがある。それらのほとんどが未刊行であり、略記の解読が困難であるのに加え、そこに記された個々の「日常」は、しばしば無味乾燥で、その意味を汲み取ることは容易ではない。しかし数多くのデータを積み重ね、経年的な分析を加えていくと、そこに刻み込まれた人びとの実践は、彼らの生きる社会、そしてコムーネを、時には維持し、時には変化させる行動として現れる。特に、法廷で作成される裁判記録簿と法廷外での公証人登記簿、政治の場での執政府の決議録や評議会議事録、都市条例などを併用することにより、法廷での実践が、それと相互に関係する法廷外での実践と連動して変化していく様子を捉えることができる。

こうした課題に耐えうる史料を有する唯一の都市が、イタリア中部トスカーナ州の都市ルッカである。特に住民の主体的な実践が観察できる民事裁判の記録簿が、一四世紀前半という早期から十分に残されている都市は、管見の限り他にはない。イタリア都市はその規模においても政治体制においても多様で、平均的な都市、一般的な都市と呼べるところは存在しない。しかしヨーロッパの他の地域と比較するとき、中世ローマ法や公証人制度といった法文化、ポデスタを通して各都市で共通化する司法制度、自治獲得以来の共和制理念とシニョーレの出現によるその動揺といった政治状況など、北中部イタリア都市に特有の環境は確かに存在する。それゆえルッカに残る史料から明らかになるコムーネと司法の姿は、ルッカに限らずイタリア的伝統を有する北中部イタリアの多くの都市、特にロレンツェッティの絵画のあるシエナやフィレンツェのような、一四世紀後半まで共和制を維持した都市においても、ある程度適用可能なものと考えられる。

（5）本書の構成

本書は三部で構成される。第Ⅰ部は、後続の章の理解を深めるための導入であるだけでなく、近年国内外で注目されている中世都市の司法や史料に関する議論や視角を提示するものである。第1章では最新の先行研究を整理しながら、一二世紀から一四世紀までのコムーネの司法の展開を検討する。司法のあり方が理念的な国家の進展ではなく具体的な社会や政治の動向と連動しながら展開する様子を見ることで、一四世紀ルッカのコムーネの司法を捉える視座を構築する。第2章では、本書の舞台ルッカについて、その政治状況、制度、法文化、社会を検討し、ルッカのイタリア都市としての一般性と特殊性を明らかにする。第3章では、本書で用いる史料の性格を検討するとともに、近年の史料論の成果を念頭に、文書がどのように作成され、保存され、利用されたかを問うことで、中世イタリア都市の特質解明の一助とする。

第Ⅱ部から司法をめぐる実践の具体的内容に入る。いち早く本論に入りたい読者には、第Ⅱ部から始め、必要に応じて第Ⅰ部に戻り基本情報を得るという読み方もある。なお、図序-3の概念図は、第Ⅱ部、第Ⅲ部の各章（丸数字）で見られる人びとの行動（矢印）とその性格（点線）を図示したものである。

第Ⅱ部は民事司法を考察する。不動産や債権など私人間の権利関係が対象となるこの分野では、紛争当事者たる住民たちのコムーネへの活発な働きかけの様相が浮かび上がる。第4章では、住民らが他の紛争解決の手段がある中で、なぜ頻繁にコムーネの法廷に訴えを起こしていたかという問題を考えることで、社会におけるコムーネのあり方を検討する。第5章では、法廷への訴えとともに、執政府への訴えも考察対象に加え、住民による「下

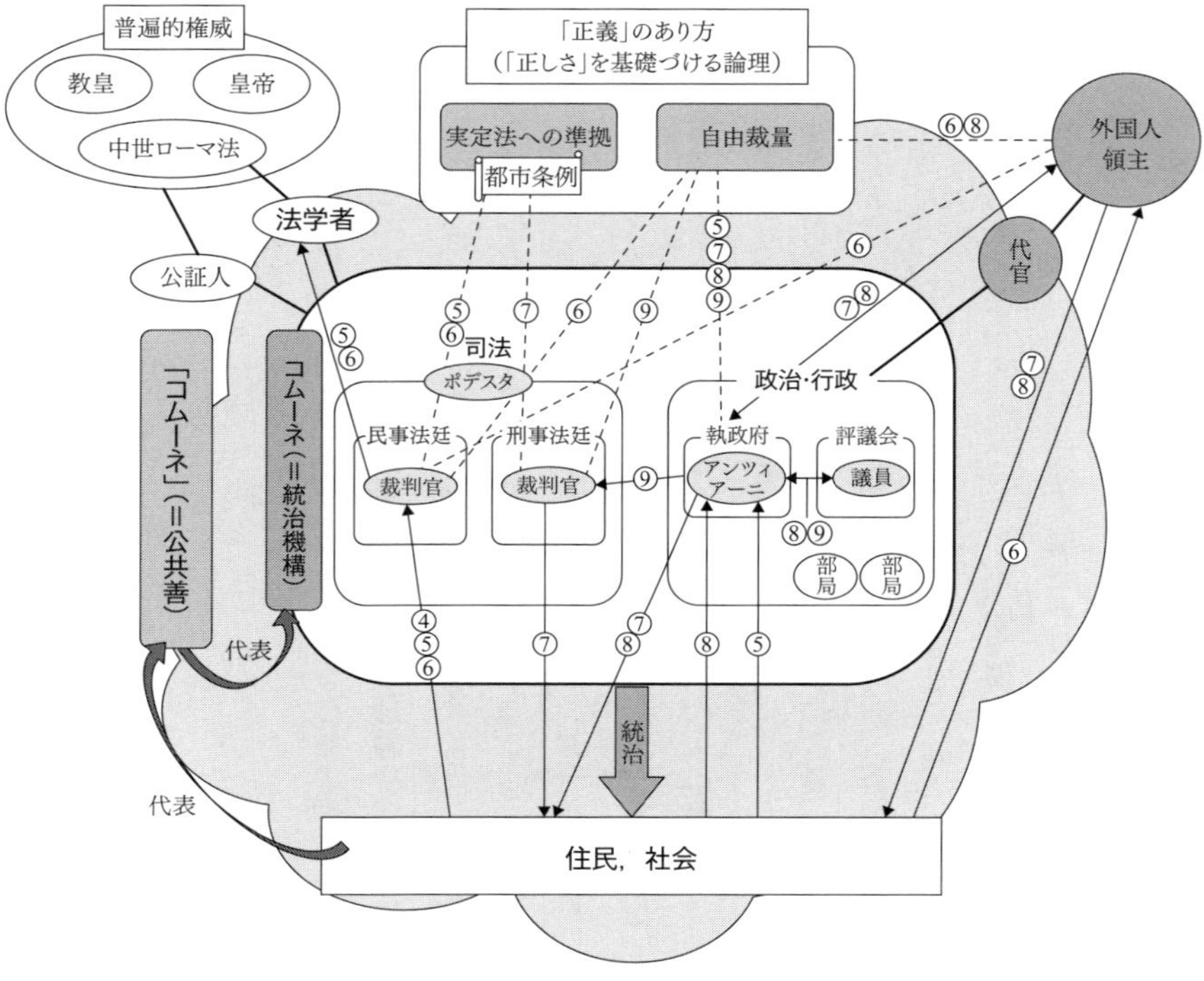

図序-3　本書の概念図

から」の働きかけが、コムーネの法や制度を生み出し、実現させ、また変質させる契機となっていたことを明らかにする。ここで見られる住民側からの訴えは大別すると、法の形式的遵守を求めるものと、法の変更や適用除外など、執政府の自由裁量に基づく行動を求めるものとに分かれるが、第6章では、一四世紀後半の民事法廷において、各決定の「正しさ」を基礎づける論理が、法形式の遵守から裁判官の自由裁量へと変化していたことを明らかにする。そしてこの「正義」の性格の変化がいかに生じたのかを、一四世紀ルッカの法学者、訴訟当事者、裁判官、そしてピサのドージェの具体的行動から検討する。

第III部は刑事司法である。紛争当事者間の対決をベースとする民事司法と異なり、コムーネが積極的に関与する刑事司法では、コムーネを代表する裁判官と執政府の行動が前面に現れる。そしてここでは特に、住民の訴えを契機として行われる統治者の行動において、既存の実定法の拘束を緩め、自由裁量による「正義」をなす動きが現れてくる。第7章では、裁判記録簿や判決集を基に、ルッカの刑事裁判の実態を明らかにする。裁判官による裁きだけでなく、罰金を徴収する権限を有しそれゆえ減免（恩赦）する権限も持つ政治権力の姿も見ることとなろう。第8章では恩赦を検討する。恩赦とは都市条例に基づく裁判官の判決を、執政府が自由裁量に依拠して変更する行為であり、また為政者が「臣民」に対して恩恵を施す行為でもある。コムーネの伝統的原理とは相容れないこうした恩赦が、いかにルッカで導入され拡大したかを問うことで、コムーネが新たな「正義」をいかにして備えるようになったかが明らかになる。第9章では、裁判官が通常の訴訟手続きを経ずに略式で裁判を行う例外的司法を検討する。これは政治権力が、外国人裁判官に自由裁量を付与することで可能となるものであったが、この例外的司法から、政治権力が司法権力を従え、独自に「正義」を練り上げるようになった、中世末のコムーネの一側面を見ることができるだろう。

以上、民事と刑事の司法の分野で繰り広げられる人びとの実践からは、一四世紀という、中世も終わりにさしかかろうとする時期のイタリア都市において現れてくる新たな「正義」のあり方、それも共和制やローマ法の伝統と、現実の「危機」への対処の必要という相矛盾する二つの力の相克の中で、人びとの日常的実践によって形づくられる「正義」の姿、そしてそれと連動する「コムーネ」の動態的な姿を見ることとなろう。

第Ⅰ部　イタリア都市の司法と政治

一四世紀ルッカのコムーネと司法は、どのような歴史的文脈に位置づけられるのか。そしてそれに光を当てることにどのような意義があるのか。これを明確にするには、中世イタリアにおけるコムーネの司法の形成と展開、ルッカのイタリア都市としての位置づけ、そして本書の内容を根底から規定する史料の性格について検討する必要がある。

第1章では、一二世紀から一四世紀までのイタリアにおけるコムーネの司法の形成と展開を近年の研究に基づいて明らかにする。コムーネの司法はかつて、近代国家への理念的な発展の問題と結びつけて研究されてきたが、近年では当時の現実の社会と政治の中に位置づけて検討される傾向にある。コンスル制、ポデスタ制、ポポロ制、寡頭制、シニョリーア制という各時代において、その時々に思惑を抱えて生きる人びとの実践によって、コムーネの新たな司法がつくり出されていく様子を検討する。そこから浮かび上がる論点、すなわち私的な紛争実践とコムーネの公的司法との相互関係、公正な司法への意識、新たな司法をつくり上げる政治の役割などは、一四世紀ルッカの司法を理解する上で重要となる。

社会と政治が、人びとの実践を介してコムーネの司法の展開に影響を与えているという見地に立つならば、本書の舞台たる中世のルッカそのものについても詳しく検討する必要がある。第2章は、ルッカの政治的変遷、統治構造、司法制度、契約のあり方、土地所有構造について検討する。これらの環境は、後続の章で検討するコムーネの司法をめぐる人びとの実践を大きく規定している。一四世紀のイタリア都市は、単独支配者を頂くシニョリーア制と、寡頭化したポポロ上層による共和制とに分かれるが、ルッカは後者の典型と言える。ルッカは、政治体制の変遷や、戦乱と危機、また公証人契約の普及や土地の権利の分散など、中世後期のイタリアに共通する現象が凝縮して見られる都市であった。

ルッカのもうひとつの特徴、そして本書がルッカを検討対象とする理由は、そこに伝来する史料にある。第3章では、民事と刑事の裁判記録簿、判決集、アンツィアーニの決議録、評議会議事録、都市条例について、その史料的属性と史料的制約を明らかにする。一般的な史料批判に加えてここでは、現存史料を当時の人びとによる作成と保存時の「選別」の所産として捉え、その「選別」自体が指し示す意味について考える。すなわち、なぜ人びとはある記録を詳細に記し残そうとしたのかという観点から、コムーネの特質とそれをもたらす人びとの実践を検討する。文書の作成、保存、利用の局面の分析からは、住民や役人による文書行政と文書管理への多大な努力、そしてそれを後押ししていた、各決定（判決や決議）の効力を保証するための二つの正当化の文法――正しき手続きと正しき理由――が見えてくるだろう。

第1章　コムーネと司法

――一二世紀〜一四世紀――

1　コムーネ研究、司法研究の現在

コムーネの司法に関しては、近年、新たな研究が矢継ぎ早に出され、これまでのイメージが一新されている。本章ではこうした研究を基に、一二世紀から一四世紀のコムーネの司法の形成と展開を論じる。まず研究史を振り返りながら、近年のコムーネの司法研究の位置づけを押えておこう。本章で取り上げる近年の研究は、次に見るように伝統的な国家観や司法観からの脱却と、それに伴い刷新されたコムーネと司法の見方の上になされている。

(1) コムーネと国家の見方

中世のコムーネは、一九世紀のイタリア統一運動期以降長らく、自由な理想の共和国として捉えられてきた。しかし二〇世紀半ばから、ルネサンス期の国家の国制や統治構造に注目が集まると、コムーネはそれ以前の世界として否定的なイメージを与えられるようになる。たとえば、近代国家の祖型をルネサンス期の君主国家の官僚制機構の拡大に見るシャボーの研究や、寡頭的共和国やシニョリーア国家に集権的な国家体制下での安定的秩序を見るタバッコの研究では、コムーネは私的な暴力を禁ずる立法など近代への発展要素を持ちつつも、基本的には強固な国家が出現する前段階の克服されるべき未熟な状態とされた(1)。社会組織（党派や親族等）から政治権力が分離していないコムーネは、党派争いなど社会内部の混乱の影響を受け、安定的な秩序をつくり出せず、そして必然的に一三世紀末から一四世紀初頭に危機に陥ったとされたのである。

こうした研究の背後には、国家権力こそが社会の秩序を安定させるという国家観がある。一九八〇年代以降、この伝統的な国家観、そしてそれに基づく国家を中心とした歴史が、大きな批判にさらされることとなる。中近世ヨーロッパ史において批判の急先鋒となったのは、法人類学など隣接諸領域の手法を援用し、これまでの研究が等閑視してきた私的な諸力や原理に注目した研究であった(2)。中世盛期の「国家なき時代」における秩序のあり方に注目する紛争史研究がその代表であるが(3)、イタリアでは、人びとのミクロな実践を見るミクロストーリアと呼ばれる手法に基づく研究が、親族や党派によるネゴシエーションなどの私的な実践に注目して、ルネサンス期の国家と社会を描き直した(4)。

私的な関係や実践に光を当てたこれらの研究は、中近世の国家研究に大きなインパクトを与えた。イタリアの領域国家、地域国家に関する一九九〇年代の研究集会「イタリアの近代国家の起源」（シカゴ、一九九三年(5)）と「フィレンツェ領域国家」（サン・ミニアート、一九九六年(6)）では、公的な制度や法だけではなく、親族や党派など多様な主体による非公式のネットワークや実践が注目された。そうした視角から浮かび上がってきたのは、シャボーの見た近代国家へと発展する国家ではなく、多様な諸力が相互に軋轢を伴いながら交渉を繰り広げる多元的な秩序空間としての地域国家であった。

このような研究の動向に対して、その行き過ぎを懸念する声も当初から上がった。上記の研究集会で報告やコメントを担当したキットリーニとマンノーリは、新たな視角の導入によりこれまで無視されてきた側面が照らし出されたことを評価しつつも、中近世の地域国家を捉える際に必要なもうひとつの側面である公的な機構や制度、法がないがしろにされていることを嘆く。[7] そして国家を、近代的主権の概念や暴力の独占のイメージを基に厳格に定義し、中近世社会にそぐわないものと切り捨てるのではなく、緩やかに定義、たとえば「政治的統一体として組織された共同生活の諸形態」や「多様な集団やその利害の政治的な編制の場、仲介の場」と定義した上で、私的な関係や原理をも包含する世界としての「国家」に再注目する必要性を主張した。[8]

私的な関係や実践に光を当てた一九八〇年代以降の諸研究はこうして、中近世ヨーロッパ史における国家概念の見直し、そして緩やかに定義された「国家」の歴史への再注目という結果をもたらしたと言えよう。二〇一二年に近年の中近世イタリア史の成果として編まれた『イタリア・ルネサンス国家』の各章では、中央の公的権力に限らない多様な社会的、政治的主体による実践が取り上げられ、それが国家の構築やその枠組みの変容にどう影響していたかという観点から記述が進められている。[9] そこでは政治的言語という政治文化史の視角も新たに導入され、広い意味での政治を中心としてルネサンス国家が描き直されている。

ルネサンス期の国家研究で進められた国家概念の見直しは、コムーネの見方をも当然変えるものであった。これまで前国家的な世界として見られてきたコムーネ世界は一転、コムーネという公的な権力が社会的諸力との間で様々な関係を取り結んでいる、ひとつの国家的な世界として捉えられるようになったのである。[10] 一九八〇年代から九〇年代以降のコムーネ研究では、公権力としてのコムーネの制度や統治実践がひとつの研究テーマとして定着している。そこでは、ルネサンス期の地域国家の研究のように、領域的な次元（領域行政や中央と周辺との関係など）で国家性について議論されるのではなく、コムーネと住民との関係という内的な原理の次元からコムーネの国家性が検討されている。そして特にコムーネの国家的活動のひとつである司法が、いや一四世紀の法学者アルベリコ・ダ・ロシアーテの「司法は都市の魂である（iustitia est anima civitatis）」という言葉を思い出せば、[11] コムーネの活動の中核に位置づけられる司法が、「国家」としてのコムーネの特徴を浮かび上がらせる重要テーマとして浮上しているのである。

（２）司法の見方

法や司法は長らく、学識ローマ法学者のテキストを基にして、理論的なレベルから研究されてきた[12]。このイタリア法史学の伝統に変化が生じたのが一九七〇年代である。この時、法学者の国家形成における役割や立法活動が注目され、法や司法、そしてその担い手たる法学者が、現実の政治や社会の中に位置づけられて検討されるようになった[13]。

　一九八〇年代以降、法史学に隣接する分野の研究が大きく進展した。たとえば暴力や犯罪に関する社会史研究、前国家的な紛争解決のあり方に注目する紛争史研究、イデオロギーや正当化の言説に注目する政治文化史研究などが、これまでの法理論や国家の研究とは異なる視角から各時代の司法の機能に光を当てた。こうした新たな研究の波を受ける中で、司法は国家の進歩的な発展と結びつけられるものではもはやなくなり、各時代の多様な国家と社会のあり方を映し出すものとして捉えられるようになった。今世紀に開かれた二つの研究集会「中世後期ヨーロッパ都市における社会実践と司法政策」（アヴィニョン、二〇〇一年[14]）と「中世後期ヨーロッパ都市における司法実践」（フランクフルト、二〇〇四年[15]）は、そうした近年の研究のひとつの集大成であり、また今日の研究の出発点となったものである[16]。

　両研究集会のタイトルには「実践」という語が用いられている。ここには近年の研究が、法や司法を理念的で固定的なものとしてではなく、人びとによる実践を通して形成され変容するものとして捉えていることが示されている。そこで本章では、実践の主体たる人びとを取り巻く社会と政治が、いかに司法の形成と展開に影響を与えたのか、という観点から近年の司法史研究の成果をまとめる。司法と社会との関係、司法と政治との関係のそれぞれの論点を前もって紹介しておこう。

　コムーネの公的司法と社会の紛争実践（報復、和解、仲裁など）との関係は、アヴィニョンの研究集会でも主要なテーマとして扱われたものである。そこでは、社会での私的な紛争実践は、伝統的な国家研究が想定するように、公的司法の拡大により排除されるべき対象でもなければ、前国家的社会を対象とする紛争史研究で論じられるように、公的司法とはオルタナティブな秩序をつくり出す要素でもない。それはむしろ公的司法と混じり合い、相互に影響し合うものとして位置づけられる[17]。本章で取り上げる研究では、たとえばコムーネの司法が、和解や報復など私的な紛争実践を認可し、その原理を取り込みながら司法政策を行っていたことや、社会の変化（社会経済の変化や支配層の変化）に影響されながらコムーネの司法がつくり上げられていったことが明らかにされている。

コムーネの司法の歴史的展開における「政治」的実践への注目も、近年の研究を特徴づけるものである。従来の研究は、司法制度の発展と近代国家への発展を暗黙のうちに結びつけ、たとえば、一三世紀後半の糾問主義裁判といった積極的な司法の登場を国家の強大化の結果として読み取ってきた[18]。しかし近年の研究は、新たな法や制度が生み出される背景にある、人びと（特に支配層）の現実の意図や行動に注目する。糾問主義裁判について言えば、ポポロ（平民層）による支配の確立のための政策のひとつと捉え直すなど、その位置づけが見直されている。このように、その時々の状況下においてそれぞれの思惑を抱えた――必ずしも国家権力の拡大を目的としない――人びとの「政治」的な実践が、新たな司法のかたちを生み出し、必ずしも近代国家への進歩という枠組みでは語れない新たな国家や社会を生み出していったのである。

本章ではコンスル期、ポデスタ期、ポポロ期、寡頭的共和制期およびシニョリーア制期のそれぞれの司法を検討する。ちょうど一二〇〇年頃を境に、コムーネの公的司法は急速に制度化され、その活動は質的、量的に活発になる。それを単純に、暴力を独占するウェーバー的な国家の拡大の過程とのみ断じてはならない[19]。コムーネの司法は、人びとの具体的実践によって、それゆえ社会と政治と密接に関係しながら生み出され変容したのである。この点を念頭に置いて、各時期の司法がいかにして現れ、それぞれの特徴を持つに至ったのかを見ていこう。

2　コンスル期――形成期の司法（一二世紀）

（1）コンスル法廷における裁判

一一世紀末から一二世紀初頭、司教や伯に代わり、市民の自治組織としてのコムーネが、各地において都市を代表する存在となっていく。この頃、コムーネを主導していたのは貴族層からなるコンスルたちの議会であった。彼らは当初、都市の政治、司法、行政の全てを担っていたが、徐々にその内部で専門分化が進む。たとえばルッカでは一一四〇年代に、政治を専門とするコンスル（consules maiores）と、裁判に特化したコンスル（consules de placito）とが別々に活動するようになった[20]。

この一二世紀のコンスル期のコムーネの司法については、これまで裁判権をめぐる政治的争いが注目されてきた一方で、実際の裁判の内容はほとんど未解明であった。しかし近年、ウィッカムによるルッカやピサの証書史料を用いた研究によって、裁判の実態が明らかにされ、コムーネの司法の都市社会における位置づけが解き明かされつつある[21]。

ウィッカムがまず明らかにしたのが一二世紀におけるコムーネの司法活動の拡大である。ルッカで史料上、コンスルが下した判決が初めて現れるのは一一三六年で、裁判を専門とするコンスルの登場は一一四一年であった。裁判に関する証書の残存状況を見ると、一一四五～六〇年に一六件であったのが、六〇年代に二四件、七〇年代に三一件、八〇年代に五一件、九〇年代に七八件と増加していることがわかる[22]。伝来史料の増加は必ずしも実際の裁判の増加を示すわけではないが、裁判で証書が作成され、当事者によって保存されるようになったことは、人びとが紛争過程を文書で残そうという意識を高め、それを行う場としてコムーネの法廷に足を向けるようになったことを示唆するものだろう。

一二世紀のコンスル法廷で主に扱われていたのは、民事の事案であった。なかでも不動産と動産に関する訴えは、全体の六割強を占めていた。住民たちは、私人間でもめごとが生じた際の紛争解決手段のひとつとして、コムーネの法廷を位置づけていたのである。ただしこの法廷は、判決内容を履行する強制力を持ち合わせてはいなかった。ルッカのコムーネの法廷は、裁判を行う三人のコンスルと、その執行を確認する一人の廷吏しか人員を擁していない。この事実は、判決の履行が敗者や敗者を取り巻く社会の同意に強く依拠していたことを示している。

いかにして敗者や社会の同意が得られるような判定がつくり出されていたのか。ひとつには、仲裁や調停のように当事者双方に配慮した玉虫色の判定が下されていた可能性が考えられる。[23] しかしウィッカムによれば、法廷での判決（sententia）の約四分の三が一方の当事者側に明確な勝利を与えるものであった。[24] また被告が出廷を拒否した場合に、被告に不利な判決が下されることもあった。

強制力を持たない法廷による判決に、なぜ敗者は従っていたのか。それは法廷での裁判が、地域社会の紛争解決の方法や論理に沿ったものであったためだと考えられる。たとえばコムーネの法廷で採用されていた、判定の受諾の事前合意、判定者の前での陳述、当事者の宣誓といった手続きは、既存の私的な仲裁でも見られたものであった。[25] また、法廷が重視する証拠は、法的で抽象的なものではなく、地域社会でも重視されていた「慣習的な証拠」――土地を長く占有していた事実や地代が常に支払われていた事実、そうした事実が公になっていること――であった。[26] 法廷での紛争解決の論理と地域社会のそれとが類似した中にあっては、敗者はたとえ法廷の判断を無視したとしても、それとは異なる判断を地域社会から獲得することが難しいと知っていたのであろう。一二世紀のコムーネの法廷はこうして、大きな強制力を持たずとも、仲裁や調停にはない白黒をつける判断を与える場として独自の存在感を放っていたのである。ここで見られる地域社会の論理に基づく裁判という特徴は、本書第4章で検討する一四世紀ルッカの民事裁判においても引き継がれている。

(2) ローマ・カノン法訴訟手続きの普及と紛争の規則化

一二世紀には後の時代の司法の基礎となるもうひとつの要素も生み出された。それは前述の地域社会の論理とは異なる、ローマ法の法体系であり、それに基づく裁判であった。一一三五年頃、ピサ人がユスティニアヌス法典の『学説彙纂(Digesta)』を再発見して以来[27]、ローマ法はボローニャで研究され、その後、イタリア各都市の司法制度の基礎となった。一二世紀半ば以降、各都市の法廷においてローマ法に基づく裁判が頻繁に見られるようになる。たとえばピサでは一一六〇年代までに、ローマ法の影響を受けた法典が編纂され、法廷においても訴権(アクティオ)や所有権などのローマ法の用語、概念を多用した議論が行われている[28]。

ローマ法が導入されたとしても、人びとの権利認識のあり方が一気に変わったわけではなかったことは、ウィッカムが検討した一二世紀後半のピサの法廷の裁判を見てもわかる。そこでは、ローマ法の概念がちりばめられた精緻な議論が繰り広げられてはいたものの、証拠として重視されていたのは、抗議されることなく長い間繰り返されてきた行動といった「慣習的な証拠」であった[29]。ローマ法を用いた議論は、地域内で共有されるこの権利の意識に法的な衣を着せたものに過ぎなかった。

ただそれでも一二世紀のローマ法の普及は、訴訟手続きの面において大きな変化をもたらした。そしてそれは社会におけるコムーネの法廷のプレゼンスを引き上げるものであった。ヴァッレラーニは、ローマ・カノン法訴訟手続きの導入を、コムーネの法廷が紛争と紛争解決における中心的な場となる上での大きな転機であったとしている[30]。ローマ・カノン法訴訟手続きの導入、たとえば召喚や日時の設定、公開され宣誓の下でなされる討論、また具体的事実を法的議論可能なものへと転換する訴権の概念などの導入は、紛争と紛争解決を一定のルールに基づいて予測可能なかたちで進めることを可能にするものであった[31]。訴訟手続きという舞台装置の導入は、多くの人びとを法廷へと引き寄せ、コムーネを社会秩序のためのルールの設定者へと押し上げる効果を持っていたのである。

各都市の法廷においてこの新たな訴訟手続きは、どのように導入されたのか。一二世紀以降、ボローニャでローマ法研究が盛んに行われ、そこで数々の訴訟手続きマニュアル、すなわち『訴訟文献（Ordo iudiciarius）』が作成され、それがイタリア内外に伝播したことは確かに重要である[32]。しかし、各都市の裁判においてこの新たな訴訟手続きが導入され定着する上では、学識法学者のテキストの普及だけでなく、次に見るように、旧来から断片的に伝わるローマ法やランゴバルド法の知識を駆使する地域の法の専門家たちが有する法実践の経験も無視できない要素であった[33]。

ルッカでは一二世紀末に、ボローニャで法学を学び、学識法学者のテキストを持ち帰った法学者が法廷で活動していたことが確認される。しかし、それ以前においても法廷での対決を円滑化する手続きはすでに存在していた。また一前にも触れたように、宣誓や判定者の前での陳述は、私的な仲裁の場ですでに行われていたものであった。また一一六〇年代から一二〇〇年の間には、数々の法実践が積み重ねられる中で、法廷での訴訟手続きがゆっくりと結晶化していた。たとえば、書面での訴え、被告による正式な抗弁、不濫訴宣誓（sacramentum calumniae）の下での討論、コンスルの尋問、証言、書面での証拠の提出（証書または証言）、裁判官の判決などが定着していた[34]。ルッカではまた、学識ローマ法が持ち込まれた後も、ランゴバルド法に基づく、地域の慣習に色濃く影響を受けた都市の法典（constitutum civitatis, 一一七八年初出）が裁判でしばしば言及された。こうした地域社会で育まれてきた法実践の経験が土壌として存在したからこそ、ローマ・カノン法訴訟手続きの導入が容易に進み、ヴァッレラーニの言う「対決のルールの定式化」がなされたのである[35]。

（3）訴訟の増加と多様化

一二世紀後半は、紛争の事案が多様化する時期でもあった。パドア・スキオッパによるミラノの裁判関連文書の分析によれば、それまで一般的であった財産の権利をめぐる訴訟に加え、一一七〇年以降には、負債や賃貸、売買、担保などに関する問題が法廷に持ち込まれていた[36]。同様のことは現存する最初期の裁判記録簿のひとつである、一二〇三年から一二〇六年のサヴォーナのポデスタ法廷の記録簿からも確認される[37]。そこでは、土地の権利争いという伝統的事案の他に、賃貸借、委託飼育、売買、負債をめぐる契約関係や、親族内での相続、嫁資の権利など、複雑な背景を抱えたもめごとが法廷で扱われている様子がわかる。

こうした紛争が起こる背景には、都市社会の発展と複雑化に伴い、社会的、経済的な関係が頻繁に結ばれるようになったことがある。住民らは新たな関係を公証人契約を通して確かなものにしようとした。こうして結ばれた公証人契約数の増加は同時に、もめごとの数の増加をもたらし、人びとを法廷へと向かわせた。一二世紀後半のルッカでの法廷の利用の増加は先に指摘したが、上記のサヴォーナの記録簿からも、この小さな町で一二〇四年に一〇〇件もの訴状が法廷に持ち込まれていたことがわかる[38]。

以上に挙げた近年のコンスル期の司法研究からは、コムーネの司法の発展の過程を次のように想定することができよう。すなわちコンスルを含む地域の法の専門家たちは、一二世紀の社会と経済の発展に伴って、紛争の増加と複雑化に直面した。その中で彼らは、紛争を秩序立ててスムーズに処理するための規則、すなわち訴訟手続きを経験的に築き上げていった。こうした土壌の上にローマ・カノン法訴訟手続きが導入され定着する。コムーネの法廷はこうして規則的なルールに基づいて裁判を進行し、仲裁などの紛争解決の手段とは異なり、白黒をつけた判定を下すことができる、紛争と紛争解決の場を提供するようになったのである。

3　ポデスタ期——公的司法の成立（一三世紀前半）

（1）ポデスタ期の公的制度の発展

一二世紀末から一三世紀初頭、イタリアの各都市では、貴族層の市民による集団指導体制（コンスル制）から、ポデスタという他都市出身の行政官に統治を委ねる体制へと移行する。[39] 貴族が支配するコムーネ議会は存続したが、その権限は弱められ、司法、行政、外交などはポデスタに委ねられた。ポデスタは最高行政官として大きな権限を付与された一方、任期は半年から一、二年という短期間で、任務地の条例に基づいて統治に当たることが義務づけられた。

他都市出身者に幅広い行政権を委ねるポデスタ制への移行の背景には、貴族層の権力低下と、非貴族の平民層（ポポロ）の漸進的な台頭という動きがあったことが指摘されている。[40] コムーネの行政はこの時、地域の有力者の手から離れ、都市内部に利害関係のない行政官によって都市条例に基づき公平、公正に行われるべきものとされるようになった。ここにおいてコムーネは、コンスル期の個人や家系の意向に左右される有力者の集合体から脱却し、非人格的な公の権力としての性格を帯びることとなった。このポデスタ制の下では、後の時代にも引き継がれる様々なコムーネの統治制度が築かれた。以下では、その中で文書行政と司法制度に焦点を絞り検討する。

（2）文書行政の確立

今日に残存する史料群を見ていくと、ちょうどポデスタ期を境にコムーネの文書の類型が大きく変わっていたことがわかる。一二世紀までのコムーネの文書はもっぱら単葉の証書の形をとっていたが、一三世紀のポデスタ期以降、冊子形態の業務記録、たとえば議事録、会計簿、課税台帳そして裁判記録簿などが現れるようになる。この業務記録は、証書史料とは異なり、現行の業務を同時並行的にそして継続的に記録するという特徴を持っていた。この文書類型の導入は、コムーネの役人の活動を監査可能にし、それゆえ彼らを公正で厳正な活動へと仕向けるものであった。

ポデスタ期のコムーネを特徴づけるこうした業務の記録化はいかにして始まったのか。これには大きく二つの見解がある。[41] ひとつは、ポデスタやポポロの政治的イニシアティヴに注目する見方である。バイエットは、ヴェルチェッリを対象とした研究において、ミラノ出身の数名のポデスタが出した一二二〇年代の諸規定に注目する。[42] これらの規定は、文書に基づく行政活動を定めたもので、これにより機能的で透明性あるコムーネ行政が目指されている。ポデスタ期に現れた業務記録は、続くポポロ期にも継続して作成された。カンマローザノやメール・ヴィグールは、ポポロ期の業務記録の大量生産の背景として、既存の貴族家系の門閥原理ではなく、公的、国家的な原理に基づく体制を求めたポポロの指導層のイニシアティブを指摘している。[43] この時期にはさらに、文書の保存への意識も高まりを見せ、各都市において文書庫が整備された。結果として、第3章でも見るように、一三世紀後半以降の業務記録は今日まで多くが伝来している。[44]

業務記録の生成の背後に、ポデスタやポポロの政治的なイニシアティブを見る上記の研究に対して、ケラーを中心とするドイツの研究グループは、社会の変化に伴う実際的な必要性の高まりに注目する。[45] 彼らによれば、一二世紀後半から一三世紀初頭における、社会や経済の発展、政治状況の変容、ローマ法の導入などにより行政実務が複雑化し、現場において正確な職務の遂行が困難になった。この中で必要とされたのが業務の記録化であった。

たとえばベアマンは裁判記録簿について、従来それが一二一五年の第四ラテラノ公会議決議[46]やその翌年のミラノの『慣習の書』を契機として作成され始めたとされてきたのに対し、そうした記録簿はそれ以前より存在していたことを指摘する。[47] 彼は一二〇四年から一二〇八年の、ミラノの聖堂参事会とある市民との裁判を記した証書を取り上げ、その記述形式から、それがコムーネの公的な記録簿からの写しであったと推定する。そしてこうした裁判記録簿を生み出したのは、社会経済の発展に伴う紛争の多様化や、ローマ法の浸透に伴う訴訟の長期化と複雑化がもたらした、現場での実際的な記録の必要性であったとする。公会議の決議は、彼に言わせれば、すでに進行していた現場での実践を後追い的に認めたものであった。[48]

こうしておそらく政治的イニシアティブと、現場での実際的な必要性の高まりという両方の動きを背景として一三世紀から作成され始めた業務記録は、バイエットによれば、ポデスタ期のコムーネの新たな統治理念、つまり権力の非人格化（spersonalizzazione）を中心とする統治理念を支える重要なツールとして機能した。[49] ポデスタ期のコムーネでは、ある者が都市の公的な職務を遂行する際、その権能は彼の身分や能力ではなく、彼が職務規定に沿って選出され、定められた職務をこなすことに依っていた。都市条例に盛り込まれた詳細な職務規定への各役人の宣誓は、これを物語っている。

コムーネの役人は、個人に権力が集中しないよう短い任期で交代を重ねた。業務の記録化は、そうした役人の短期間での交代の中で、コムーネの行政を系統立ち一貫したものとする上で不可欠だったのである。これにより職務の引き継ぎや異なる部局の間での情報共有が可能となった。たとえば裁判記録や判決記録の作成により、ポデスタ法廷での年をまたぐ裁判や、法廷で有罪判決を受けた人物に対する国庫財務管理官による罰金徴収が可能となったのである。

公的行政の記録化は、コムーネを非人格的な統治機関へと押し上げただけではない。それはコムーネに住民と領域の情報を把握しコントロールする手段を与えるものであった。コムーネは、その命令に背く者に対し追放令（bannum）を出し、彼らの名を『追放者の書（Liber bannitorum）』に記録した。[50] また、課税のために申告させた住民の資産を台帳に書き込んだ。こうして出来上がった記録簿は、コムーネに帰属する住民やその資産に関する情報をコムーネに与え、それに基づく政策を可能にした。これについてラッザリーニは、コムーネが課税台帳や軍事要員の登録簿などを通して、社会とその資源を認知し、住民をコントロールするようになったことを指摘する。[51] 彼女はそれを一三世紀後半のポポロ期の特徴としているが、それは実際にはポデスタ期には始動していたのである。

（3）ポデスタ期の司法

次にポデスタ期のコムーネの司法に目を向けよう。一三世紀のポデスタ法廷の裁判記録簿として、一二五八年のペルージャの刑事裁判記録簿が伝来している。これに関するヴァッレラーニの研究に基づいてポデスタ法廷での裁判を見ていこう。[52]

この裁判記録簿は大きく分けて二つの手続きの裁判から構成されている。ひとつは弾劾主義裁判（il processo accusatorio）で、被害者やその家族による告訴で始まり、挙証責任を負う原告人と、被告人との対決の構図で展開する裁判である。もうひとつは糾問主義裁判（il processo inquisitorio）で、裁判官が職権により（ex officio）被告人を尋問する形で進められる裁判である。一二五八年の記録簿には、弾劾主義裁判が五六〇件、糾問主義裁判が七六件、記録されている。両形式の裁判の内容をそれぞれ見よう。

弾劾主義裁判では、訴えの内容は傷害一九〇件（三三・九％）、窃盗一三九件（二四・八％）、農地の損害一一六件（二〇・七％）、金銭の不払い六三件（一一・二％）となっており、民事法廷で扱われてもよいような事案が三割近くある（表1-1）。別に存在していた民事の法廷ではなく、刑事法廷に訴え出ていたのは、相手に圧力をかける狙いによるものかもしれない。傷害事件では六割以上が流血なしのものであり、全体として軽度な暴力が扱われている。

裁判の過程を見ると、原告人の告訴から始まり、被告人の召喚、訴点提示を含む訴訟当事者間の討論、証人証言、そして判決の言い渡しと続く。これは『訴訟文献』が描くローマ・カノン法の民事訴訟手続きに近似している。裁判官の役割は、被告人の召喚や、保証人の要求、宣誓の義務づけなど、情報の交換とその信頼性を確かにすることに限られ、訴訟全体は民事裁判のように当事者間での論争を中心に展開する。

この弾劾主義の形式で行われる裁判の結果は興味深い。有罪判決が出されているのは四二件（七・五％）しかなく、五一八件（九二・五％）もの裁判が無罪判決で

表1-1　弾劾主義裁判

	無罪	有罪	総計	%
傷害	182	8	190	33.9
流血あり	(57)	(5)	(62)	
窃盗	120	19	139	24.8
農地損害	110	6	116	20.7
金銭不払い	56	7	63	11.3
その他	50	2	52	
総計	518	42	560	100

表1-2　糾問主義裁判

	無罪	有罪	総計	%
殺人	5	12	17	22.4
傷害	31	8	39	51.3
流血あり	(16)	(6)	(22)	
窃盗	13	4	17	22.4
その他	1	2	3	
総計	50	26	76	100

終わっている。無罪判決の理由としては、四五五件が証拠不十分によるもの、六三件が当事者間での和解によるものである。また、有罪判決の多くは窃盗の罪を犯した被告人が出廷拒否して出されたものであった。

次に糾問主義裁判に目を移すと裁判の光景は一変する。この種の裁判件数は七六件と少ないが、その内容は殺人一七件（二二・四％）、傷害三九件（五一・三％）、窃盗一七件（二二・四％）であり、また傷害事件の半数以上が流血沙汰であるなど、比較的重大な犯罪が対象となっている（表1-2）。糾問主義裁判では、裁判官の職権による裁判を求めた被害者からの告訴に始まり、被告人と証人への尋問が行われ、その後判決が下される。弾劾主義裁判とは異なり、訴訟当事者間の対決の議論はなく、裁判官による尋問が裁判の中心であった。裁判の結果は、五〇件（六五・八％）が無罪判決、二六件（三四・二％）が有罪判決であった。ここでも有罪判決の少なさが指摘されるが、弾劾主義裁判に比べればその割合は高い。無罪判決のうち二八件が証拠不十分、二二件が当事者間の和解によるものであり、有罪判決のうち一二件が法的な証拠を根拠として下されている。

以上の一二五八年のペルージャの刑事裁判記録簿からわかるのは、コムーネの法廷が裁きの場というより、紛争と紛争解決の場であったことである。ローマ・カノン法訴訟手続きの原則である当事者間での対決図式の弾劾主義裁判が、全体の九割近くを占めていることにそれがはっきりと表れている。こうした当事者主義的な司法においては、紛争の解決は判決によるものだけではなかった。無罪判決の理由として見られる当事者間での和解は、弾劾主義裁判だけでなく糾問主義裁判でも確認される。また多くの裁判の結末となっている証拠不十分による無罪判決は、実際には当事者らが裁判の継続を望まず、裁判外での当事者間交渉へ向かった結果と考えられる。

こうしたポデスタ法廷には、多くの人びとが引き寄せられていた。推定人口約二万五千人の都市ペルージャで、年間六三六件という件数は少なくない数字である。また保証人や証人を含めれば法廷に向かっていた住民は五九二〇人にも及んだ。人びとは争いが起こったときに、紛争と紛争解決の場としてコムーネの法廷という選択肢をはっきりと認識していたのである。

なおこうした当事者主義的な、対決の場としての司法の特徴は、ペルージャだけでなく一三世紀のボローニャに断片的に伝来している裁判記録簿からも見ることができる。ヴァッレラーニの研究によれば、糾問主義裁判が年間平均一五〇〜二〇〇件であったのに対し、弾劾主義裁判は年間平均一二〇〇〜一五〇〇件も行われていた。また一二八〇年代の多くの裁判（平均八三％）は無罪で終わっていた[53]。

紛争と紛争解決の場、処罰ではなく当事者間の平和を促す場としての一三世紀の司法は、近代的な司法秩序を公準とする見方からは、訴追制度の脆弱さや判決の決定力の不足ゆえに、発展途上の未熟な状態と評価されるかもしれない。また「国家なき時代」の紛争解決を研究する紛争史研究の視点からは、多様な紛争実践の単なる一過程として片づけられるかもしれない。しかし前節で指摘したように、ヴァッレラーニの言う対決のルールの提供者としてのコムーネ権力という性格を考えた場合、問題となってくるのは有罪判決の数ではなく、法廷へ引き寄せられる人や事案の数である。そしてペルージャやボローニャでの裁判件数を見れば、紛争をルールの上で行わせ、平和を保証するというコムーネの役割は果たされていたと言える[54]。

一三世紀、コムーネの法廷を利用することで、結果としてそのプレゼンスの拡大に寄与していたのは、農民をも含む中下層の一般住民であった。前節で取り上げた一二〇三年から一二〇六年のサヴォーナの法廷では、その利用者は中上層の市民であった[55]。これに対して一三世紀半ばのペルージャでは多くの中下層の住民が法廷へと足を運んでいる。ここからは、貴族支配下のコンスル期のコムーネとは異なり、非貴族層の台頭を背景として現れたポデスタ期のコムーネが、市民全体に開かれた公の権力として認識されていた様子を見ることができる。

（4）裁判外の紛争解決――「私」と「公」の交錯

ペルージャの裁判記録から見られた一三世紀の司法の柔軟で開かれた性格は、近年の研究が注目するコムーネの秩序維持政策の特徴とも一致する。それはコムーネが公による秩序維持に固執していたのではなく、ヴェンデッタ（報復）の慣習の容認や私的な和解の奨励など、私的な紛争解決の実践を取り込みながら秩序の維持に当たっていたというものである。(56)

コムーネは社会における暴力を規制しつつも、意味のある暴力としてのヴェンデッタ（報復）の慣習を禁止していなかった。ゾルジによれば、名誉の価値意識を基にしたヴェンデッタの慣習は当時、貴族層だけでなく商人や手工業者など非貴族層にも広く普及しており、それは一般的な戦闘（bellum）や戦争（guerra）とは区別され、傷つけられた名誉を回復するための正当な実践として認識されていた。(57)そしてそれは、敵対する者との将来の交渉を前提として、仲間や親族内での協議によって念入りに練り上げられたものであり、必ずしも社会の秩序を破壊するものではなかった。

この時期のコムーネはヴェンデッタのそうした自力救済的な機能を認識し、被害者にその行使を認めていた。(58)フィレンツェの一二八一年の規定では、抗争状態にある全ての住民に対して、休戦を破った場合、担保が没収されることが定められたが、「被った以上の攻撃や傷害を与えていない者は、その担保を守られるべき」とされた。(59)また一三二五年の条例でも、被害者とその第四親等までの親族が、加害者とその男系親族に対してヴェンデッタを行うことを禁止していない。(60)これらの規定からは、コムーネが自力救済の機能を持つヴェンデッタを認めた上で、同等以下の暴力という制限やヴェンデッタに加わる者の範囲の制限により、ヴェンデッタを規則化し、それが社会秩序を危険にさらすような大きな戦闘へと転換しないよう配慮していた様子が見られる。コムーネは必ずしも社会における暴力を排除し、暴力を独占することを志向していたのではなかった。

コムーネによる私的な紛争実践の認可と規則化は、私的に交わされる和解契約や、宗教的な運動の中で湧き上がる和解を公的に保証しようとする活動にも見られる。一二六〇年のペルージャでは、鞭打ち苦行団による宗教的な平和運動が起こった。その際に住民間で私的な和解が交わされたが、コムーネ議会は、ポデスタを介入させてそれに公的なお墨つきを与えるよう決定した。[61]

サン・ジミニャーノでは公証人文書から、法廷の外でポデスタがコムーネの代表者として当事者間の和解に介在していた様子が見られる。[62] たとえば一二三九年に執り行われたミカエル・ボルギとミカエル・バリシアーニとの平和契約では、当事者らは休戦協定の内容を策定した上で、ポデスタとコムーネの財務管理官のいる館に赴き、罰金のための担保をコムーネに提供して、休戦を宣言している。[63] その後、ポデスタ側から同様の内容があらためて提示され、当事者双方はそれに従うことを、保証人や担保とともにポデスタに誓約している。

当事者間の私的な和解へのこうしたコムーネの介入は、コムーネを中心とした新たな秩序の構築にとって意味のあるものであった。紛争と紛争解決の局面が、新たな社会関係、権力秩序を再編成する機会であったことは紛争史研究が指摘するところであるが、[64] これを踏まえれば、当事者間での平和の局面で行われるコムーネへの担保の提供や休戦保持の誓いは、コムーネを平和の保護者とした社会秩序の構築に寄与するものであったと言えよう。

ポデスタ期にコムーネは公的な統治機構として公正で厳正な行政を進め、都市社会で高まる紛争解決への需要に応えていった。そこではコムーネは既存の社会での実践を排除するのではなく、それを取り込みながら公的な権力としての自らを社会の中に位置づけていった。こうしたコムーネの性格はその後の時期にも引き続き見られる。特に第II部で論じるルッカの民事裁判から浮かび上がるコムーネの姿には、これと通じる部分が多い。

とはいえ次に見るように、一三世紀後半のポポロ期には、後の時代へと引き継がれるコムーネのもうひとつの側面も現れてくる。それを代表するのが一二五八年のペルージャでわずかに見られた積極的な司法の形態である糾問主義裁判、この拡大である。そこでは新たな支配層であるポポロが重要な役割を果たしていた。

4　ポポロ期——糾問主義裁判と政治（一三世紀後半）

（1）ポポロの台頭と政治

ポポロと称される非貴族の平民層は、当初、貴族で占められたコンスル制コムーネの運営から排除されていた。[65]しかし一三世紀のポデスタ制の下で、ポポロは街区共同体やアルテ（同職組合）といった各団体（societas）を基盤として結集し、自衛のための武力を持った集団を結成する。そしてそれはやがてコムーネを模して、自らの長（カピターノ・デル・ポポロ）と議会を置く組織をつくり上げるまでになった。[66]経済が発展し、商工業を営むポポロが経済的に無視できない存在となる一三世紀後半、ポポロ議会の決定がその構成員だけでなく、貴族が占めていたコムーネ議会に対しても大きな影響力を持つようになる。そして両議会は合同で開催され、商人や手工業者らがコムーネの実権を握る状態へと変わっていく。[67]

ポポロの台頭は公平で中立的な統治を目指したポデスタの下で進み、またポポロの政策はポデスタ期のそれを踏襲し、推し進めるものであった。アルティフォルニは、ポポロが集団内部を規律する条例や、集団の意思を代表する議会を整備するなど、機関（istituzioni）の形態の下で行動する文化を持っていたことを指摘している。[68]そうした彼らによる政権の掌握は、コムーネの統治組織を合理化し、機能的なものになるよう後押しするものであった。

ポポロがコムーネの実権を握る時期に見られたものとして、「公（publicum）」の概念の練り上げや、それに基づく積極的な司法、特に糾問主義裁判の普及が挙げられる。[69]糾問主義裁判や刑法、公法的な秩序の出現は、これまで法制史の分野で注目されてきた。そこではこの積極的で抑圧的な司法の形態に、近代的国家秩序の兆候を読み取る姿勢がしばしばとられてきた。[70]これに対してヴァッレラーニが近年行った批判は傾聴に値する。

これらの研究［刑事訴訟手続きに関する従来の研究］の背景には、訴訟手続きが国家（lo stato）の進歩的な局面を反映しており、それゆえ司法が国家を説明するという暗黙の理解がある。この理解は行き過ぎており間違いであろう。もし反映関係で見るとするならば、この関係をひっくり返すことができ、政治（la politica）が司法（la giustizia）に意味を与え、政治が訴訟手続きに意味を与えているのである。[71]

ここでヴァッレラーニが批判しているのは、私法原理に基づく「ネゴシエーションの司法」から公法原理に基づく「ヘゲモニーの司法」へという変遷と、近代国家への単線的な進歩とを重ね合わせることである。[72] 彼によれば、訴訟手続きの変化は、その時々の人びとの政治的な行為によって生み出されたものであり、そこに刻み込まれているのは「国家」ではなく「政治」であって、そこに近代国家への道のりを見ることはできない。ここでは彼の指摘に従って、一三世紀後半の糾問主義裁判の拡大を、それをもたらしている「政治」に注目して検討しよう。そしてそうした人びとによる政治的な司法のつくり上げの実践の向こうに、近代国家を公準としないコムーネの姿を捉えよう。

（2）糾問主義裁判の導入と定着

一二五八年のペルージャでも見られた、裁判官が積極的に関与する糾問主義裁判は、その後も継続してイタリア各地の法廷で行われた。同時代の法学者ガンディーノは一二八〇年代の著作『悪事に関する論考（Tractatus de maleficiis）』において「今日、裁判官は悪事（maleficium）についてその職権による糾問主義裁判によって裁いている。ただしそれは市民法（ius civile）には反している」と指摘している。[73] 都市の法廷で実際に行われていた糾問主義裁判は、学識法学者によって練り上げられたローマ・カノン法訴訟手続きに反した、慣習的で例外的な実践だったのである。この糾問主義裁判の起源はインノケンティウス三世による、教会制度を守るための諸規定と、それへの教会法学者の解釈に遡ることができる。[74] ローマ・カトリックを中心とする教会秩序を維持するために考案されたこの審問制度の中に、後の糾問主義裁判のカギとなる諸要素、つまり裁判を始めるために必要な被害者の告訴の代わりにうわさ（fama）を置くことや、訴訟の目的としての真理（veritas）の追求、また告訴人の意思から離れた裁判の進行などがあった。ヴァッレラーニによれば、ローマ・カノン法訴訟手続きには見られない要素を持ったこの訴訟手続きは、一二二〇年代から三〇年代にかけて各都市の法廷において例外的なものとして導入されていった。[75]

一三世紀後半になると、法学者の著作や都市条例、議会の決定において、糾問主義裁判が多く登場するようになる。なかでもガンディーノの『悪事に関する論考』は、糾問主義裁判を理論化した先駆的な著作であった。[76] そこで彼は「悪事が罰せられないままにならないように（ne maleficia remaneant impunita）」というインノケンティウス三世の法諺を援用しながら、公の被害を修復するための刑罰の必要性を声高に主張する。[77] そして弾劾主義裁判では証拠不十分によって無罪となっている状況があるとして、裁判官による積極的な取り調べを可能にする手続きを正当化する。被害者への暴力を「公」に対する暴力として読み替え、裁判の進行にとって必要な被害者（＝告訴人）の位置に訴訟開始時にはうわさを、そして審理の場面では被害を受けた「公」の代表として裁判官を置くことで、被告人対裁判官という構図での裁判を理論化したのである。

ガンディーノが糾問主義裁判を理論化し正当化しようとした現実の背景を見ていくと、一三世紀後半のポポロ期を特徴づける二つの問題が現れてくる。ひとつはポポロによる「公（publicum）」の概念を用いたイデオロギー政策、そしてもうひとつは裁判官の糾問主義裁判に対してなされたポポロ政府や法学者による干渉である。次にこれら二つの点から糾問主義裁判が形づくられる政治的背景を検討し、ポポロ期の司法の特徴を明らかにしよう。

（3）ポポロによる「公」のイデオロギー

ガンディーノの議論の中心には、侵害された公権力を刑罰により修復するという考えがあった。ヴァッレラーニによればこれは彼のオリジナルではなく、法学者ディーノ・デル・ムジェッロの公的利害を優先させる刑罰理論に影響を受けたものであった(78)。ここに、ガンディーノを含む一三世紀後半以降の法学者が知らず知らずに巻き込まれ、加担していた、この時代の支配的イデオロギーの存在が浮かび上がってくる。それは公共の平和や公共の利益など「公」の概念を重視した考え方である。これはポポロが政権中枢に入る時期にコムーネの条例や法令において盛んに掲げられた理念であった(79)。

ゾルジは、一三世紀後半の平和の称賛や「公」の概念は、商人や手工業者を中心とする新興勢力のポポロが自己を正当化するために用いた手段であり、旧来の支配層の豪族を排除するためのイデオロギーであったとする(80)。商業や金融業、手工業を基盤に台頭し、権力の中枢にたどり着いたポポロは、旧来の支配層の豪族のように支配の正当性を、貴族的な血統やその振舞いに頼ることができなかった。そこで彼らが利用したのが、公共の平和というイデオロギーであり、それに基づく司法であった(81)。

コムーネを掌握したポポロが、敵対する豪族を排除するためにとった手段は、反豪族立法とその法規定の適用という法的なものであった。フィレンツェの反豪族立法たる一二九三年の正義の規定では、「真の永遠の調和と統一、そしてアルテと全ての民衆、コムーネとフィレンツェ市民の平和と平穏の状態が保持され拡大される」ように、豪族がその権勢をふるう手段としていた横暴な振舞いの禁止を定めている(82)。各都市で見られる反豪族立法は、ポポロ政府の政治闘争に法学者が法的な装いを与えたものであった。

ここで現れる法学者とポポロ政府（政治権力）との結びつきは、ズブリッコリが指摘して以来、多くの研究者が注目してきたテーマであった(83)。ズブリッコリによれば、中世後期の法学者、特に一三世紀末の法学者たちは法の解釈とその助言を通して、コムーネの政治活動に深く関与しており、それゆえ彼らは中立的に法を扱う存在ではなく、当該社会の政治的イデオロギーに埋め込まれた存在であったという(84)。確かに、パドア・スキオッパが権力者の横暴に対する法学者による是正の可能性について指摘したように、法学者と政治権力との結びつきはその性格や強度において一様ではない[85]。しかしゾルジが主張するように、一三世紀末から一四世紀初頭においては法学者と政治権力との関係は非常に緊密であったと考えられる[86]。

ポポロの公共平和のイデオロギーに巻き込まれていたのは年代記作者も同様であった。彼らもポポロの知識人として、この公共平和の意識を社会に浸透させる役割を結果的に担わされていた。彼らは暴力的な行動をとる豪族に、市民的平和の破壊者という悪のレッテルを貼った。フィレンツェの年代記作者ジョヴァンニ・ヴィッラーニは「嫉妬深く、高慢な都市住民がおり、彼らの間で多くの殺人、傷害、侮辱が行われている……特に、豪族が民衆に対し暴力をふるい、その財産を占有している。このために、よく生きようとする、フィレンツェの手工業者や商人などの良い人間はこの災いの対策を考えている」[87]（以下、引用中の「……」は引用者による中略）と記している。ディーノ・コンパーニも「高慢な豪族は、民衆を攻撃し、多くの不正を働いた」と述べている[88]。従来の名誉意識と結びついた豪族の振舞いへのこうした否定的な言説は、貴族層が権力の座にいたコンスル期にはありえないものであった。

（4）糾問主義裁判の「形成」

ガンディーノが糾問主義裁判を理論化し、公の保護者としての裁判官の積極的な行動を推し進めようとした第二の背景として、ポポロ政府による司法への関与の問題もあった。

ガンディーノのプロフィールとして注目すべきは、彼がポデスタの裁判官として、ペルージャやボローニャ、そしてルッカなどで実際に裁判を行っていたことである。ポデスタとその裁判官を公の保護者に据えて、罪を罰するために自由な活動を求めたのは、それを阻害する様々な現実を彼が感じていたからであった。

そのひとつは、訴訟手続き上の瑕疵により裁判が中断し無罪となるケースが多くあったことである。被告人は、原告人が提示する告訴や証拠の形式的な不備をつき、裁判自体の有効性を攻撃する戦略をしばしばとっており、それは法の形式性を重視する法学者の助言によって認められ、無罪判決が出されていた。一二八九年のボローニャでは実際に、ガンディーノが裁判官として関わった裁判を、二人の法学者がローマ法の原則に従って破棄している[89]。ガンディーノはこうした法形式主義を、真の犯人が罰せられないままになる大きな要因と見なし、形式的手続きに束縛されない自由で積極的な裁判官の活動を求めていたのである。

公の保護者としての裁判官の自由な行動を求める法学者ガンディーノが直面していたもうひとつの障害はより重大である。それはポポロ政府による裁判官の自由な活動への制限であった。我々が糾問主義裁判をはっきりとした形で捉えることができるのは、一三世紀後半に各都市で編纂された都市条例においてである。しかし注意しなければならないのは、それらは糾問主義手続きを生み出した規定ではなく、それ以前に慣習的な実践として行われてきた糾問主義手続きに対して、政治権力側が規制を加え、規則化しようとしているまさにその局面を映し出す規定であったことである。

ヴァッレラーニが明らかにしたボローニャやペルージャの事例からは、ポポロ議会が外国人裁判官が行う糾問主義裁判の対象からポポロのメンバーを外す政策をとっていたことがわかる[90]。豪族と同様に実はヴェンデッタの慣習を有していたポポロの指導層は、他都市出身の裁判官による自由な裁判という刃が自分たちに向かうことに大きな恐れを抱いていたのである[91]。ボローニャでは「特権（privilegio）」を与えられた人物が糾問主義裁判や拷問の対象から外された。特権は当初、豪族の暴力からの防御のために執政府のメンバーやポポロの指導層のみに与えられていたが、一二八〇年代にはその範囲は拡大し、一三一〇年の条例には特権を受けた五五〇〇人の名前がリストアップされるまでになっている[92]。これはポデスタとその裁判官が、容疑者を取り調べようとする際の大きな障害となっていた。実際、一二八八年にポデスタは、ポポロ議会とカピターノに対して、ポポロのメンバーが起こした犯罪に対して糾問主義手続きで裁判を行うことができないことを嘆いている[93]。

ところで糾問主義手続きは、一三世紀半ばの時点では詳しく定められていなかった。ペルージャでは、一二七九年の条例でも、裁判官がとるべき訴訟手続きは詳しく規定されていない。しかし一二八七年にポポロ議会は、後に一三二五年の条例に組み込まれることとなる、様々な決定を出している。そこでは糾問主義手続きが適用される犯罪が定められた。窃盗やコムーネ財産の侵害、広場で起こった流血を伴う傷害事件、「良き品位の人物（bonus status）」への攻撃、また武器の携行や密輸など、ポポロやその政権を危険にさらす重大案件のみに糾問主義裁判の対象が限定された。議会でのこうした法規定の制定は、裁判官の取り調べ対象の範囲を大きく制限するものであった。(94)

ガンディーノが裁判官の真実の追求のために欠かせないものと論じた拷問に関しても、それが適用されるのは悪い評判を持った公の悪党や、道路での窃盗、神聖な場所での強姦、神への冒瀆、二五リラ以上の窃盗を犯した者のみとされた。(95)また拷問を行う際に、犯人や犯罪内容に関して、公のうわさ（fama publica）やより明確な状況証拠を提示することも義務づけられた。こうした諸規定は、良き評判を持つ市民、特にポポロに対する拷問を事実上不可能にするものであった。

以上のように、一三世紀前半に事実上導入された糾問主義手続きは、その後、ポポロの政治的な思惑に巻き込まれながら形を成していった。豪族と争うポポロの公の概念を称揚するイデオロギー政策の中で「公的な利害」を守るために、積極的な司法である糾問主義裁判が促進された一方で、この手続きがポポロの有力メンバーをも拷問の対象にしうる権限を他都市出身の裁判官に与えてしまうものであったため、ポポロ議会は様々な法規定を発布し裁判官の自由な活動を制限した。後に条例に含まれるこれらの法規定が、糾問主義裁判の対象に関する「輪郭」を決定づけたのである。こうした「輪郭」は、明らかに「政治」が与えたものであり、糾問主義裁判の成立と展開に「国家」の発展段階の指標を読み取ることはできない。さらに、ヴァッレラーニが言うように、ここでは司法権力（裁判官）と政治権力（ポポロ）とは必ずしも国家権力の拡大という同じ方向を向いてはいなかった。(96)少なくともポポロはやみくもに犯罪を罰することを欲していなかった。

（５）党派対立と追放

ポポロ政権下でこうして定着した積極的な司法は当然、政治的な闘争においても利用された。特に一三世紀後半には、各都市において有力家系間、ポポロと豪族の間、グエルフィ（教皇派）とギベッリーニ（皇帝派）の間で権力抗争が起こっていた。抗争に勝利し権力の座に就いた勝者は、法的な手段を用いて、敗者を追放し排除した。たとえばミラーニが明らかにしたようにボローニャでは、一二七〇年代の抗争で勝利したジェレメイ派（グエルフィ）が、カピターノ・デル・ポポロの法廷という法的な手段を通して、敗者のランベルタッツィ派（ギベッリーニ）への審問や追放者の捜索を行っている(97)。そしてそこでは追放者のリストや政権に危険を及ぼす可能性のある者のリストが作成され、それらを通した取り締まりが行われた(98)。こうした排除のメカニズムはポポロ期の大きな特徴であった。

ただしこの排除のメカニズムに基づく政策は、追放者のコムーネへの帰還を前提としていたことにも注意したい。実際ボローニャでは多くの追放者が、ジェレメイ派に占められたコムーネに忠誠を誓い、コムーネに再入会している。同様の現象はフィレンツェでも確認される(99)。一三世紀末から一四世紀前半にかけて、フィレンツェのコムーネの法廷では、反豪族立法に基づいて、公的秩序を乱した者を裁く裁判が行われた。そこでは被告人たる豪族の不在に対して、数々の追放令が下されたが、その後、豪族はポポロが支配するコムーネへの忠誠を誓い、帰還することとなる。ジョヴァンニ・ヴィッラーニの記述でも、一三二四年の帰還について「フィレンツェの一〇の豪族、コンタード［周辺農村］の二五の豪族が、ポポロに帰属した(100)」とし、一三四三年に関しては「よく生きようとする豪族がポポロに二つの嘆願を行った。ひとつは犯罪を行った豪族に刑罰を加える正義の規定の修正を求めたもので、もうひとつは、あまり暴力的ではない豪族がポポロへの帰属を求めたものであった(101)」と伝えている。

ゾルジは、刑法の規定に基づく有罪判決や追放令の発布と、その後の再入会の認可という一連の行動を、ポポロが掌握したコムーネ政府による自らが優位に立った形での豪族との政治的ネゴシエーションと見なし、その目的はポポロ政権下のコムーネを豪族に認めさせることであったとしている。[102] ヴァッレラーニは、こうした追放政策について、従来の研究が市民的まとまりを破壊し分裂を促すものと見なしてきたのに対し、それは現コムーネへの反抗者を排除し、均質的な市民集団（un corpo civico omogeneo）をつくり出す重要な契機であったと評価している。[103]

5　寡頭的共和制期、シニョリーア制期——自由裁量の「正義」（一四世紀）

（1）シニョリーア制と寡頭的共和制の共通性

ポポロがコムーネの実権を握り、権力闘争を繰り広げた後の一四世紀、北中部イタリアでは都市ごとに異なる政治体制への移行が見られた。コムーネ成立期以来の集団統治体制（コムーネ制、共和制）からシニョーレによる単独支配体制（シニョリーア制）へと移行した都市や、コムーネ制を維持しつつも少数の有力家系が実権を握り寡頭化した都市、また寡頭的共和制とシニョリーア制とを行き来した都市があった。全体の傾向としてはロンバルディアやヴェネトなど北部イタリアではシニョリーア制が早期より見られる一方、トスカーナやウンブリアなど中部イタリアでは寡頭的共和制を維持した都市、一時的にシニョリーア制を経験した都市が多かった。本書で検討する一四世紀ルッカはこの中部イタリアの都市の例に入る。

コムーネとシニョリーアについては国内外で多くの研究の蓄積がある。近年では、佐藤公美が都市国家から地域国家への移行という領域編成の観点から、この問題に取り組んでいる。[104] 以下ではそれと異なり、政治制度面からこの時期のコムーネとシニョリーアに注目した諸研究を検討する。それらの近年の研究の共通点を挙げるとすれば、それはコムーネとシニョリーアの両政治体制を対置してきた伝統的史観の見直しである。

シニョリーア制は、シニョーレによる単独支配と、彼の自由裁量（arbitrium）による統治を特徴とする。そして伝統的に、シニョーレの貴族的な出自や皇帝代理としての地位に着目して、その封建的で非都市的な特徴が強調されてきた。[105] しかしヴァラニーニやゾルジらをはじめとする近年の研究者は、初期のシニョーレたちが都市コムーネの制度を自らの権力基盤としていたことに注目する。[106] たとえば多くのシニョーレは、その出自や統治理念において対極に位置する「ポポロ組織の長（カピターノ・デル・ポポロ）」の称号を獲得している。ヴェローナのレオナルディーノ・デッラ・スカラ、マントヴァのピナモンテ・ボナコルシ、ミラノのマッテオ・ヴィスコンティなど、そうした例は枚挙にいとまがない。チッカリオーニは、これまで封建的な特徴が強調されてきた一四世紀初頭のピサにおけるドノラティコ家のシニョリーア支配について、ラニエリを例に挙げ、彼がポポロの守護者の役職に就き、ポポロの執政府たるアンツィアーニの決定プロセスに介入することで都市政治をコントロールしていたことを明らかにした。[107] このような近年の研究からは、従来想定されてきたような、外部からやって来て独裁的な統治を行うシニョーレの姿ではなく、都市的伝統に根差し、市民と議会からの同意を支配の正当性の根拠として活動するシニョーレの姿を見ることができる。

コムーネ制（共和制）を維持した都市については、寡頭的共和制の下でのコムーネの変質が指摘されている。ポポロ期に完成したコムーネ機構は元来、市民を代表する多様な機関（istituzioni）——アルテ、街区、党派、議会、外国人行政官（ポデスタやカピターノ）、各諮問機関など——が層を成すように構成されていた。[108] それらの機関への参加を通して、多くの市民たちはコムーネの政治に参加する機会を保証されていたのである。[109] しかし一四世紀になるとコムーネの職への選出方法に政治的な改変が加えられ、貴族だけでなく中下層の人びとも権力から排除されるようになった。そしてポポロ上層を中心とする政治闘争の勝者による寡頭化がゆっくりと進んでいく。またコムーネ機構内部においても、少数のメンバーからなる執政府が、比較的多様な家系や階層の者を含む議会に対して強い権限を持つようになった。

ここにおいて、元来のコムーネの理念と矛盾する状況が顕わになる。これについてミネオは、共和制のコムーネが内包していた根本的問題を市民の地位のあいまいさに注目して次のように表現している——「市民（cittadinanza）が含意するものとは、一方で政治的な権限を有する集合的主体に帰属しているということであるが、他方で、その代表者の政治的に弱い状態、つまり主権（sovranità）を十分に代表する機関（たとえばヴェネツィアの大評議会や他の執政機関）に対して服属している状態でもある[110]」。有資格者であるはずの「市民」が、都市の政治機関に実質的に従属するというこの状況は、寡頭化が進むコムーネにおいてはっきりと見られたものであった。

こうして見ればシニョリーア制と寡頭的共和制とは似通った環境にあったことがわかる。それは一部の政治指導者に権力が集中するという現実がある一方で、被治者たる住民も政治への有資格者たる「市民」であり、無謀な支配はできないという状況である。一四世紀の政府はこの中でいかに正当な統治を実現すべきかに悩まされていたに違いない[111]。序章で取り上げたロレンツェッティの《善政の寓意》も、一四世紀シエナにおいて権勢を誇った執政九人衆が「市民」を支配していた時期に、公共善と正義を中心とした良き統治のあり方を描いたものであった[112]。

ヴァッレラーニらは近年、アプリオリに措定される「シニョリーア的性格」や「コムーネ的性格」を探すのではなく、シニョーレや寡頭的共和制政府が行っていた具体的な統治実践や、彼らが駆使した統治の手法に注目して研究することを提唱している[113]。そこで見出されたこの時期の統治のキーワードのひとつが、自由裁量（arbitrium）である。

一三世紀のポデスタ期、ポポロ期のコムーネは、都市条例やローマ法といった実定法を統治活動の中心に据えていた。統治者らは実定法の遵守を通して公平かつ公正に社会を統治すべきものとされ、そこでは統治者個人の自由裁量は大きく制限されていた。しかし一四世紀になりシニョーレや寡頭化した執政府などの政治機関が、統治機構において権限を拡大させるのと歩調を合わせる形で、必ずしも実定法に依らない、統治者の自由裁量に基づく決定が多く出されるようになる。ただし、自由裁量での統治を行うシニョーレや執政府は、序章でも指摘したように、何からも自由であったわけではない。実定法に拘束されていなくても、彼らは「合理」や「衡平」、「正義」といった概念に拘束されていた[114]。そして彼らはある決定を実定法に反して行う際には常に、「正当な理由」や「必要性」を示し、決定を正当化しなければならなかった[115]。

このように「正義」のあり方が実定法から自由裁量へと移行する時期、そして政治機関の影響力が拡大する時期においては、司法のあり方もこうした動向を抜きにしては語れない。こうした一四世紀に特に見られるようになる司法政策が、政治機関による裁判官（司法機関）の自由裁量のコントロールと、裁判官の判決を政治機関が事後的に修正する恩赦である。これらはいずれも政治機関による司法への介入と、実定法からの逸脱を示すものであり、この時期の司法が新たな政治権力と出会い、変質を強いられた様子がそこに映し込まれている。本書第８章と第９章ではルッカの事例からこれらの問題を検討するが、ここでは他都市の事例から見ておこう。

（２）法からの逸脱の司法１：裁判官の自由裁量のコントロール

裁判官の自由裁量は、裁判の進行や証拠の評価、量刑の決定など多方面で発揮される。それは裁判を効果的に進めるために必要なものであり、都市条例においても特定の犯罪や手続きに対して認められたものであった。しかし前節で見たように、他都市出身の裁判官が手にする自由裁量は、地域特有の事情を抱えた政治指導者たちにとっては危険なものであり、コントロールすべき対象であった。

寡頭的共和制の都市から見よう。一三世紀後半にポポロ政府も、裁判官の自由裁量を制限する政策をとっていた[116]が、一四世紀の寡頭的共和制政府は、より強く裁判官の自由裁量をそのコントロール下に置こうとした。一三四七年のスポレートの都市条例では、地元市民の控訴裁判官が、ポデスタ法廷の裁判に介入し、状況証拠の評価や拷問の許可に関する権限を持つことが定められている[117]。一三七六年のボローニャの条例でも、執政府による裁判への介入に関して「ボローニャのコムーネの状態や有益性のために」必要であると判断した場合には例外的に、執政府が外国人のポデスタに「平等に」裁判を行うよう「勧める」ことができるとある[118]。

また、寡頭的共和制政府による外国人裁判官の自由裁量のコントロールとは、その制限だけではなく、時と場合を限定して裁判官に自由裁量を与え、裁判官が強力に犯罪を取り締まることを可能にするものでもあった。たとえばヴァッレラーニによれば、一二九六年のボローニャの議会は、ある豪族がコムーネと敵対するエステ家から手紙を受け取った件で、外国人であるカピターノの裁判官にローマ法や都市条例による制限を無視して被告人（豪族）を尋問する権限を与えた[119]。また一三〇三年には、ポポロの暴動を挑発する意図でポポロのメンバーが殺害された事件に関し、執政府はそれがコムーネを転覆させようとする危険な試みであると判断して、ポデスタに規定以上の時間をかけて被告人を審問することの「許可」を出している[120]。

上記の一三〇〇年前後のボローニャでの事例では、政権の維持という政治権力側の動機から、裁判官に実定法を超えた行動を可能にする自由裁量が与えられていた。一三二〇年代以降には、住民からの訴え（querela）を基にして、ボローニャの議会が外国人裁判官に自由裁量を与える場面を見ることができる。ちょうどこの時期、周辺農村において治安が悪化する中で、議会には農地の損害や暴力に関する多くの訴えが寄せられていた[121]。訴えでは、裁判での形式的な瑕疵や証拠不足により相手が無罪放免となっていることが嘆かれ、ポデスタに自由裁量を与え、略式で裁判が行われるよう求めている。

ブランシェイは、こうして自由裁量を与えられた裁判官が実際にどの程度、略式の裁判を行っていたか追究している[122]。それによると裁判官は、迅速な召喚や短期間での追放令の発布などすばやく裁判を進行させてはいたものの、被告人が出廷した事例では、被告人の形式的な異議を聞き入れ、また証拠が容疑を裏づけるのに十分かどうかチェックしている。裁判官には、手続きの厳格性を無視し準証拠を使うことが許されていたにもかかわらずである。ここからは、少なくとも市民間での対立という一般的な事案では、裁判官は自由裁量を得ていても、完全に自由に裁判を行うのではなく、被告人の防御の権利という法的原則を維持しつつ裁判を進めていたことがわかる。

シニョリーア制の下においては、自由裁量に基づく政策がはっきりと見られる。ヴィスコンティ支配下のパルマの一三四七年の条例では、「最高の法よりも最高のドージェによってよりよく支配される」という表現があるように、[123]統治者（シニョーレ）の自由裁量が都市条例よりも上位に位置づけられていた。

実定法よりも自由裁量に依拠するシニョリーア支配下においては、裁判官の自由裁量をめぐる政策も、それを制限するのではなく、発揮させる方向にしばしば向けられる。シニョリーア体制下の各都市の条例では、裁判官の自由裁量の余地が広範に設定されている。それは特にシニョーレに対する反逆という例外的な犯罪の場合に見られる。共和制都市でも反体制的な動きに対しては、裁判官が自由に裁判を行うことが許可されていたが、その許可はアドホックに与えられるものであった。これに対し、シニョーレ下の諸都市では、裁判官は反逆の事案について自由裁量で裁判できることが、条例において明記されており、常時、反体制的な動きへの備えがなされていた。[124]これはシニョーレの統治下では、ポデスタとその裁判官が制度的に完全にシニョーレに従属する役人へと成り下がっており、裁判官の自由がもはや危険なものと認識されていなかったためと考えられる。

とはいえシニョリーア制下のポデスタとその裁判官であっても、市民への日常的な刑事裁判に関しては、その自由裁量の行使は制限されていた。ヴィスコンティ下での一三五三年のベルガモの条例では、通常の刑事訴訟手続きについて被告人の防御の権利が詳細に規定されており、また裁判官の活動には多くの制限がかけられている。[125]シニョリーア制下の司法はそれゆえ、一般の被告人の権利を犠牲にすることなく、国家の反逆者に対してのみ例外的に自由裁量による犯罪の追及を認めたものであり、その意味で二重の基準の上に成り立つものであった。

（3）法からの逸脱の司法2：恩赦——司法の矯正

次に、一四世紀の司法を特徴づける第二の論点である、恩赦という政治機関による司法判決の修正、取り消しを検討しよう。

政治機関が有罪判決を取り消した事例は一三世紀から各都市で知られている。たとえば一二三六年のボローニャのコムーネ議会は、有罪判決を受けた者が被害者やその家族と和解していれば、歩兵（平民）は一〇リラ、騎士（貴族階層）は二五リラを支払うことで、刑から解放されるとする規定を出している。[126] これは当事者間での和解を促すためのものであったと同時に、コムーネが直面していたフェデリコ二世との戦争において兵員を必要としていた事情に動機づけられたものでもあった。

一四世紀には新たなタイプの刑の赦免が見られるようになる。それは有罪者が政治権力に嘆願し、政治権力から恩恵（gratia）を授かる形で刑が赦免される「恩赦（gratia）」と呼ばれるもので、これは政治権力と臣民（市民）との深い結びつきを前提としている点で、一三世紀の刑の消去とは意味合いを異にする。こうした恩赦はゴヴァールによって研究がなされたフランス王の恩赦に代表されるように、前近代のヨーロッパにおいて広く見られたものであった。[127]

イタリア都市の恩赦では、シニョーレによるものがよく知られている。ヴァラニーニの研究では、一四世紀にヴェローナとヴィチェンツァを支配下に置いたデッラ・スカラ家のシニョーレのうち、一三五九年から七五年に支配を築いたカンシニョーリオが、臣民からの嘆願を受け入れるシステムを書記局に構築していたことが明らかにされた。[128] これはカンシニョーリオが、それまでのシニョーレの対外的な領土拡張政策から方針を転換し、内政面を強化する中でなされたものであった。彼は、碑文や図像を用いて崇高なシニョーレ像を顕示するイメージ戦略をとっていたが、臣民の訴えを聞き入れ恩赦を与えることは、慈悲深きシニョーレ像を広め、臣民との結びつきを強くする機能を持っていた。

この恩赦の機能は、ボローニャのシニョーレ、タッデオ・ペーポリへの嘆願と恩赦にも見て取れる。[129] ボローニャは嘆願の原本が数多く残されている都市であり、一三三七年から四七年までのタッデオの支配下では、四八三〇通ものシニョーレ宛の嘆願が現存している。この嘆願を分析したヴァッレラーニは、そこに見られる嘆願者の「貧困」のレトリックに注目する。有罪判決の消去を求める嘆願者は、嘆願の中でしばしば生活の貧しさや境遇の惨めさ、哀れさを持ち出し、シニョーレに慈悲深き行動を求める。これは現実の貧困を示すものと言うより、シニョーレの行動を引き出すためのレトリックとされる。恩赦を得るためのこうしたレトリックには、嘆願者を「貧者」にし、嘆願を受けるシニョーレを、弱者を保護する偉大な君主にする構文が潜んでいる。タッデオ以前には、ボローニャ市民は政治参加の有資格者であったが、この嘆願が蓄積されるにつれて、市民らは必然的に庇護を請う「貧しき臣民」となっていくのである。

ヴァッレラーニは、嘆願と恩赦の実践がつくり出すもうひとつの効果も指摘している。それは「哀れな」臣民を助ける過程でかき立てられるシニョーレの例外的な力であり、法を超える（extra legem）力である。これについては、ミラノのヴィスコンティの恩赦を分析したコヴィーニが詳しい[130]。彼女によれば恩赦とは、「権威側が開封特許状の形で行う措置であり、それにより個人や集団には、都市条例や布告、慣習をある程度乗り越える許可が与えられる。それゆえそれは、ある嘆願や取りなしへの返答として行われる逸脱的で例外的な措置（un provvedimento derogativo ed eccettuativo）なのである」[131]。ここではシニョーレの恩恵付与の行為が有する、実定法を乗り越える例外的な措置という側面が照らし出される[132]。シニョーレの慈悲による刑の赦免は、法廷での実定法に基づく有罪判決を、法の外の原理に従って消去する行為なのであり、シニョーレを実定法の上に位置づける行為であった。こうした力を持つシニョーレが拘束されていたのは自然法や神の法であった。恩赦とはそれゆえ、実定法の過度な厳格さによって侵された本来の平等や合法性を、シニョーレが上位の「法」に基づいて取り戻し、歪みを矯正する「正義」の行為として位置づけられうるものであった。

シニョーレによる恩赦が脚光を浴びる一方、寡頭的共和制政府による恩赦はこれまであまり研究されていない。しかしコムーネ体制の都市で恩赦が行われなかったわけではなかった。そこではシニョーレに代わって執政府が嘆願を聞き入れ恩赦を行っていた。ボローニャでは一三七六年の条例において、「平和で善き状態のために明らかな有益さや栄誉がない場合」は、有罪判決や追放令は無視できないという規定があるが、これは逆に見れば執政府が

「有益」であると判断したときには、例外的に有罪判決が消去できることを示唆している。[133]

実際に裁判官による法に基づく有罪判決が、寡頭的共和制政府によって変更された事例として、一三五〇年のシエナのものがある。バウスキが明らかにした事例では、議会は、ポデスタによって暴力事案のために罰金二〇〇リラの有罪判決を受けた者について、彼が被害者との和解証書を裁判で提出し忘れていたことを考慮して、刑の赦免を決定している。[134] またフィレンツェでも一三五〇年代に、牢獄に監禁されている者や逃亡中の有罪者から議会に有罪判決の消去を求める訴えがなされ、それに応じて恩赦が出されていたことをタンツィーニが明らかにしている。[135] なお本書の第8章ではルッカについて、こうした恩赦の実践を、その一四世紀における変化も含めて詳しく検討する。

寡頭的共和制とシニョリーア制の双方において、政治権力が実定法に基づいた法廷での判決を、実定法の外の論理に基づいて矯正するという恩赦が行われていた。ヴァッレラーニとコヴィーニは、一四世紀に導入された嘆願と恩赦のシステムには、近世的な権力の性格が表れていると指摘する。それは恩赦の特徴として見られる、個別の嘆願に応じて法からの逸脱を認める例外に根差した統治の手法であり、君主が持つ逸脱的で矯正的な権力である。[136] コヴィーニが言うようにこの権力は、一六世紀半ばにボダンが統治権力の理論を描く際に、最高の主権（sovranità）として位置づけたそれであった。[137] 我々はいま、中世の終わり、近世の始まりの地点に到達しているのである。

6　コムーネの動態像を捉えるために

一二世紀から一四世紀のコムーネの司法について近年の研究を基に検討してきた。冒頭で述べたように近年の研究に共通して見られるのは、司法を具体的な政治と社会の中で捉える視点である。

コムーネの司法が有した特徴のひとつは、社会での私的な紛争実践との密な関係である。コンスル期の法廷での訴訟手続きや判定の基準は、地域社会で採用されていたものであった。またポデスタ期には、刑事法廷が処罰ではなく当事者間の平和を促す場として機能していたほか、コムーネが社会における紛争実践（報復の慣行や私的な和解）を取り込みながら、秩序維持に当たっていた。

ポポロ期、寡頭制期においては、コムーネの司法が帯びたもうひとつの特徴が現れる。それは司法が、政治との関係によって特徴づけられるという点である。ポポロ期には政治指導層のイデオロギー政策や自らを守る立法によって、糾問主義裁判という新たな司法の形に輪郭が与えられた。また寡頭制期には執政府は、裁判官の実定法に基づく裁判に様々な形で――事前に裁判官に自由裁量を与えることで、また事後に判決を修正する恩赦を行うことで――介入していた。

こうした特徴を有するコムーネの司法は、従来のように近代国家の司法制度を尺度として見た場合、国家による暴力の独占と一元的秩序からは程遠く、また恣意的な政治の要素が入り込んでいたため、遅れた司法や国家の状態として捉えられるかもしれない。しかし国家の「固い」定義を取り払い、たとえばコンスル期やポデスタ期の司法が、多くの人びとを法廷に引き寄せ、そこで規則に基づいて争わせ、そして白黒をつけた判定を行っていたこと、またポポロ期や寡頭制期においては政治権力が、司法における実定法の遵守では達成できない「良き状態」を目標に掲げて司法に介入していたことを考慮すると、これら社会と政治と密に関わるコムーネとその司法を、単に非国家的で乗り越えられるべきものとするのではなく、そこに積極的にこの時代の国家と司法のあり方を見るべきではないだろうか。

さて、近年の研究からは、各時期特有のコムーネと司法のあり方とともに、それをもたらし、変化させる動因としての人びとの実践も浮き彫りになった。「国家」の拡大を映すものとされてきた糾問主義裁判の出現が、ポポロのイデオロギー政策や自由な裁判を制限する政策の中で練り上げられたものであったほか、コンスル期のローマ・

カノン法訴訟手続きの導入の前提として地域の法学者らの法実践があったことや、ポデスタやポポロが公平で公正な統治機構の整備を主導したことなど、新たな司法が人びとの具体的な実践によって生み出されていた様子が明らかになった。

しかしここで注意したいのは、先行研究において新たなコムーネの司法をもたらす実践の主体として主に注目されてきたのが、政治指導者や裁判官ら、統治機構としてのコムーネ内部の人間であり、司法を提供する側の者たちであったことである。つまりそこでは、コムーネの司法を利用する側の人びとの行動について、そしてそれがもたらした意味についての考察はほとんどない。ここに近年の司法史研究の問題点があり、本書が解決すべき課題がある。二〇〇一年のアヴィニョンでの国際研究集会「中世後期ヨーロッパ都市における社会実践と司法政策」の総括において、ゴヴァールらも司法の「消費者」への注目の必要性を指摘している(138)。また、近年の国家研究でも国家の「下から」の利用実践が国家形成に持った意義が注目されている(139)。それゆえ、コムーネの司法の動態的なあり方をより明らかにするためには、法廷を利用する住民たちの行動、また政治機関へと向かう住民の動きに注目しなければならない。まさに住民の「訴え」が、裁判官や政治指導者に届けられ、積み重ねられることで、コムーネがどのように変化したかを具体的に明らかにすることが求められているのである。

コムーネの司法の提供者と利用者の実践の双方を視野に収めるために重要なのは、法廷や執政府における両者の実践が映し込まれた史料、つまり裁判記録と議会議事録である。これまで裁判記録を本格的に扱った研究は、一三世紀のポデスタ期のペルージャの刑事法廷を扱ったヴァッレラーニの研究のみである(140)。住民側の実践がより見られる民事司法についての研究はほぼ皆無であり、法制史家アスケリが指摘するように民事司法は学識法のレベルでは多くのことが知られているが、その実践に関しては未知のベールに包まれている(141)。また執政府での司法をめぐる問題が映された議会議事録に関する研究は複数あるものの、ある特定の時期について裁判記録と議会議事録の双方に基づいて、司法と政治の場における住民とコムーネの統治者との相互的な実践を扱う研究はまだない。

本書は、一四世紀の寡頭的共和制期という、これまで特に法廷の実践のレベルでは全く未開拓であった時期の司法を対象とする。民事裁判と刑事裁判の双方の分野について、裁判記録と議会議事録から司法と政治のふたつの場において、住民と統治者が日常的にいかなる実践を繰り広げていたか、そしてそれがどのようにコムーネとその司法を変容させていたのかを検討する。そこでは主に、本章第5節で検討した実定法よりも自由裁量に重きを置く新たな司法のあり方が、住民と統治者との相互実践を経て生み出されていく様子、特にローマ法の伝統の根強いイタリア都市で、そして共和制の伝統の根強いルッカにおいて現れていく様子が明らかになるだろう。[142] この司法をめぐる実践の舞台たるルッカについて次章で検討しよう。

第2章　ルッカを見る
――政治、行政、司法、社会――

司法をめぐり繰り広げられる人びとの実践の中にコムーネのあり方を捉えようとするとき、重要になってくるのは、その人びとの置かれた社会であり政治の状況である。コムーネと司法のあり方は、前章で見たように、その時々の社会や政治に大きく規定される。そこでこの章では、本書の舞台たる中世後期のルッカについて、その政治状況、統治制度、法文化、社会のあり様を検討する。

ルッカはイタリア中部のトスカーナ州、フィレンツェの西約六〇キロメートル、ピサの北東約一六キロメートルの地点に位置する。金融業や絹織物業で栄えたこの町は、一四世紀前半には人口約二万～二万四千人を抱えた。当時のイタリア半島には、フィレンツェやミラノ、ヴェネツィア、ジェノヴァといった人口八万人を超えるヨーロッパでも有数の大都市があったが、ルッカのような中規模都市や、より小規模の都市が無数に叢生したこと、しかもそれらがコムーネという都市国家の形をとり、自立性と独自性を持って活躍したことが、イタリアを「都市の国」たらしめた。一四世紀になると多くの中小都市が、大都市やシニョーレを頂く地域国家に吸収されるが、ルッカの場合、一時的なシニョーレや他都市の支配を被りつつも、一七九九年のフランス軍の侵攻まで共和国として存続した。

イタリアの中小都市に関する研究は海外では幅広く行われており、ルッカについても多くの研究の蓄積がある。(1)

一方、我が国ではフィレンツェやヴェネツィアなどの大都市に関する研究が多く、中小都市に関する研究は比較的少ない。ルッカの政治的変遷や統治構造、法文化、経済関係を明らかにする本章は、中世イタリアを特徴づける多数の中小の都市国家の歴史的現実を知るための貴重な情報を提供することとなろう。

本章においてルッカの政治、制度、社会を検討することは何より、後続の章においてルッカのコムーネとその司法の特徴をよく理解するために不可欠である。第1節ではルッカの政治状況を概観するが、そこでの一時的なシニョーレ支配や、支配層の寡頭化、党派争いなどは、第II部で見る一四世紀後半の民事司法の変化や、第III部で見る政治指導者による刑事司法への関与を理解する重要なカギとなる。また第2節、第3節で検討するルッカの司法制度や政治制度は、住民が行う法廷戦略や政治指導者による司法政策の前提である。そして第4節、第5節で公証人文書や土地台帳から見るルッカ社会の契約関係や土地所有構造は、民事法廷で争われる私人間の紛争の背景であった。コムーネとその司法は、先行研究が想定するように、一四世紀ルッカにおいても社会や政治の動向と密接に結びついて展開していたのである。

1　ルッカ史概観

（1）前コムーネ期からコンスル期（～一二世紀）

資源豊かなセルキオ渓谷が肥沃な平野と交わる地点に位置するルッカには、古代よりエトルリア人やローマ人が住み着き都市の礎を築いた。トスカーナにおけるルッカの政治的重要性は、七世紀からのランゴバルド期、九世紀初頭からのカロリング朝フランク王国期に高まりを見せる。(2) ランゴバルド期のルッカは北西トスカーナで唯一、公の称号を持つ貴族が居住していた都市として知られる。ルッカの政治行政上の地位の高さは、現存する八世紀以前の史料が約三〇〇点もあることに如実に示されている。九世紀のフランク王国期には、ヨーロッパを南北に貫くヴィア・フランチジェーナが通っていたことから、ルッカは他都市に先立って経済を発展させ、人口を増加させた。カロリング期にはトスカーナ辺境伯ボニファチオ一世がルッカの公や伯として広大な領土を築き、またアダルベルト二世は長く居を構えるなど、ルッカは辺境伯領の中心地として栄えた。北トスカーナにおけるルッカのこうした中心性は、最後のトスカーナ辺境伯マティルダが一一一五年に死去するまで続いた。

ルッカの支配権が辺境伯から市民たちの手に移ったのは一一世紀末のこととされる。一〇八〇年に市民たちはマティルダを支援していたルッカ司教アンセルモ二世を都市から追放し、翌一〇八一年にはハインリッヒ四世から都市とその領域の裁判特権を授けられた(3)。一一、一二世紀のイタリア都市の多くは裁判権を司教から引き継いだが、ルッカの市民はトスカーナ辺境伯が築いてきた裁判権を引き継いだ。

一一世紀末に皇帝より承認されたルッカのコムーネは、一二世紀を通して都市を代表する権力として経験を積み重ねていく。一一二〇年に史料上初めて現れたコンスルの活動の痕跡は、一一三〇年までに六度、一一五〇年までにさらに六度確認されるようになる。一一四〇年代には裁判を専門に行うコンスル（一一四一年初出）と、政治的問題に特化するコンスル（一一四二年初出）との間で機能分化するなど、コムーネは統治権力としてその制度を発展させていく(4)。

（2）ポデスタ制とポポロの台頭（一二世紀末〜一三世紀）

一二世紀末にはルッカでもポデスタが登場する。ルッカで史料上特定できる最初のポデスタは一一八七年のパガネッロ・ダ・ポルカリである(5)。彼や初期のポデスタは、他都市出身者ではなくルッカ市民であり、コンスルを輩出していた家系のメンバーであった。つまりルッカの初期のポデスタはジェノヴァのように都市内の争いに終止符を打つために外部から登用された行政官ではなく(6)、既存の政策をより指導力を持って行うべく、コンスル貴族内部から選出された人物であった(7)。外部の都市から中立的な行政官としてポデスタを迎えるポデスタ制は、一二二〇年代から定着する。

ポデスタ制が確立した一三世紀のルッカは、非貴族の平民層（ポポロ）の台頭とその組織としての「ポポロ」（以下、ポポロ組織を「ポポロ」と記す）の展開にも特徴づけられた。[8] ルッカの諸団体（societates）に関する最初の情報は、年代記作者トロメオが伝えた一一九七年のものである。[9] 初期の平民組織「ポポロ」は、同職組合（アルテ）ではなく地域の防衛組織（pedius）の連合体の形をとっていた。[10] 一二三〇年前後より同職組合が「ポポロ」に参加すると、[11]「ポポロ」は、独自の長を持ち、加入者に規則の遵守を義務づける組織へと発展する。この「ポポロ」の活動の拠点はサン・ピエトロ・マッジョーレ教会という当時の城壁の外に位置し、そこはコンスル貴族らがコムーネの中心地としていたサン・ミケーレ・イン・フォーロ広場から離れた場所にあった（巻頭地図3参照）。

同職組合によって主導された「ポポロ」は、他都市でも見られたように、ポデスタとコンスルから構成されるコムーネ組織と並置されるようになる。[12] 一二三四年には、教皇使節の枢機卿ライナルドが都市ルッカに宛てた手紙で、ポポロの長がコムーネのコンスルと並置（コンスルより前に記載）されている。その後、政治組織としてのコンスル（consules maiores）は一二六五年を最後に史料から姿を消し、一三世紀後半には、ポデスタの下に大評議会を置くコムーネ組織と、カピターノ・デル・ポポロの下にポポロの指導者たるアンツィアーニを置くポポロ組織とが共同で公的な事柄に対処する体制が築かれた。このことは一二六一年や一二八五年の都市条例がコムーネの条例とポポロの条例の二つから構成されていることに表れている。[13] このポポロとコムーネの合同体制は一三一四年まで続いた。[14]

（3）党派対立、ウグッチョーネ支配、カストゥルッチョのシニョリーア（一三〇〇年代～一三二八年）

一三世紀の過程で、「ポポロ」を主導するメンバーが徐々に固定化していき、ポポロ出身の有力家系が形成された。彼らはアンツィアーニ職に就くことで権力を保持していた。[15] しかし一三世紀後半に都市経済の発展とともに、

図 2-1　ウグッチョーネによるルッカ攻略

新興の商人家系が政治的に台頭してくる。[16] そして一三〇〇年には、旧来のポポロを主導する有力家系と貴族層で構成されるグエルフィ白派と、新興の商人から構成されるグエルフィ黒派との党派争いが生じた。結果は黒派の勝利に終わり、一〇〇以上もの白派の貴族と有力ポポロ家系は「有力者と有力家系（potentes et casastici）」として一三〇八年の条例にその名が明記され、都市の要職から排除された。[17] この党派対立以降のルッカの歴史は、一都市では完結しない外部勢力との関係の中で展開することとなる。

一三〇〇年代の政治闘争に敗れたグエルフィ白派の多くは、近隣のギベッリーニの都市ピサに逃れ、そこでルッカへの帰還を画策していた。彼らにその機会が訪れたのは、ピサを支配していたウグッチョーネとルッカとの一三一四年の平和協定においてであった。[18] 帰還を果たした白派のメンバーらは、ルッカに向け軍を進めていたウグッチョーネをルッカ内部から支援した。そして一三一四年六月、ドイツの傭兵も加わったウグッチョーネ率いるピサ軍の攻撃によりルッカは陥落した（図2-1）。一三一四年七月一三日、ウグッチョーネはルッカの「総長（capitaneus generalis）」に任命され正式にルッカの支配に入った。

その占領から二年後の一三一六年、ウグッチョーネ支配下のルッカで権力を築いていたカストゥルッチョ・カストラカーニは、ウグッチョーネがピサでの混乱に注意を向けている隙を見て反乱を企て、ルッカの支配権を奪取することに成功した。[19] カストゥルッチョはかつてグエルフィ白派の一員としてルッカから追放されていた間、傭兵隊長としてフランス王やヴェローナのデッラ・スカラ家に仕え、軍事で名を馳せた人物であった。彼はルッカのコムーネにその才覚を買われ、まず一三一六年四月一七日までにコムーネ軍の「総長かつ保護者（capitanus generalis et defensor）」に選ばれた。その後一三二〇年四月四日にはフリードリッヒ三世からルッカの「皇帝総代官（vicarius generalis imperialis）」の称号が与えられ、そしてルッカのコムーネからも終身の「総領主（dominus generalis）」の資格を得て、ついに正式にシニョーレとしてルッカを統治するに至った。

カストゥルッチョは都市内部に要塞アウグスタを建設し、そこから指揮を執るなどシニョリーア的な支配を行ったが、内政面においては、ウグッチョーネが都市条例を廃止して統治を行ったのとは異なり、一三一六年に都市条例を再び編纂させ、さらにアンツィアーニや評議会を通して有力家系の支援を受けながら統治を進めた。この時期に、後代のルッカの政治的枠組みが整備されていくこととなる。

（4）外国人領主支配（一三二八～四二年）

カストゥルッチョの下でルッカはトスカーナに広大な領土を築いた[20]。しかし彼が一三二八年に死去した後、ルッカはトスカーナの一都市へとなり下がり、それ以後一転、一三七〇年まで外国勢力の支配を被ることとなった。なお本書が対象とする時期は、この外国人領主支配の時期から、ピサ支配の時期、共和国時代までである。

一三二八年から四二年はルッカが数多くの外国人領主によって支配され、また「転売」された時期であった[21]。一三二八年から二九年には神聖ローマ皇帝ルードヴィッヒ四世が、二九年から三一年にはジェノヴァのスピノラ家が、三一年から三三年にはボヘミア王のヨハンが、三三年から三五年にはパルマのロッシ家が、三五年から四一年にはヴェローナのデッラ・スカラ家が、そして四一年から四二年にはフィレンツェがそれぞれルッカの支配者となった。彼ら外国人領主は、前領主からルッカを金銭で購入する形で支配に入り、保護費の名目でルッカから税を得ていた（図2-2）。

この一三二八年から四二年は、北中部イタリアにおいて、政治秩序がめまぐるしく変わる時期であった[22]。一三二

図 2-2　フィレンツェがマスティーノ・デッラ・スカラからルッカを購入する

〇年代には、北のヴィスコンティ国家、その南西のヴェローナのデッラ・スカラ家の国家、そしてアペニン山脈をはさんでカストゥルッチョが築いた国家が並立していた。しかし一三二八年のカストゥルッチョの死後、ボヘミア王ヨハンのイタリア遠征や、デッラ・スカラ家の国家の瓦解、そしてフィレンツェ、ミラノ、ヴェネツィアという三つの地域国家の形成と併存という状況が訪れる。こうした北中部イタリアの政治状況の変遷は、ルッカを支配する外国人支配者の顔触れにも見ることができよう。

一三二八年から四二年の外国人領主支配下のルッカは、社会経済的に困難な時期であった。戦争による周辺農村の荒廃や外国人領主による重税、そして手工業者や商人の他都市への流出が多く見られた。しかしグリーンが指摘するように、都市の完全な自由が喪失した中でも、ルッカの市民はそうした状況に対応して、政治的、経済的に力を蓄えていたことにも注目すべきであろう。(23) ルッカの政治を担う有力商人家系のメンバーは、外国人領主の代官との間で共同統治を行い、内政面では一定の影響力を維持していた。また経済面でもルッカの商人たちは地元の絹産業とともに、国外での銀行業や金貸しの活動を通して富を蓄えることに成功していた。この外国人領主支配下での粘り強い活動の成果は、一三六九年にカール四世から自由を「購入」する際に支払うことができた資金の潤沢さ、そして一四世紀後半にフィレンツェが衰退した中でもイングランド、フランス、フランドルの王国の財政にルッカ人が深く入り込んでいた事実から確認できよう。

（5）ピサによる支配（一三四二〜六八年）

一三四一年九月、マスティーノ・デッラ・スカラはルッカをフィレンツェに売却した。ルッカがフィレンツェの手に渡ったことに危機感を覚えたピサは、すぐさまルッカ包囲を決行する。こうしてルッカを舞台に始まったピサとフィレンツェとの攻防戦は一一カ月にも及び、一三四二年七月、結果的にルッカはピサの手に落ちる。七月四日にピサとルッカとの間で交わされた協定では、ピサがルッカを保護し、その費用をルッカが支払うことが定められた。一三四二年のピサはドノラティコ伯位を持つデッラ・ゲラルデスカ家のラニエリがシニョリーア支配を築いていたため、ルッカは彼をルッカの「総長」に、後には「ルッカの保護者、統治者、守護者（protector, governor, defender）」に選出し、彼に支配権を委ねた。一三四七年にラニエリが死去すると、ピサのアンツィアーニが「ルッカの長かつ守護者」としてルッカの統治に入った。ピサのアンツィアーニはさらに一三五五年、皇帝カール四世のイタリア遠征時に、皇帝からルッカの皇帝代官職を獲得した。これによりピサはルッカ人から何の許可も受けず統治を行うことが法的に可能となった。

ピサによるルッカ支配は、かつて年代記作者や歴史家が指摘していたほど厳しく僭主的なものではなかったことが、ミークの研究によって明らかとなっている[24]。ピサは、第一にルッカを統合しようとはせず、それぞれ別個の存在として統治した。ピサはルッカのアンツィアーニやポデスタ等の選出に介入し、またルッカの評議会ではピサの代理が同席していたが、それでもピサの利害に直接関わる問題でなければ、ルッカのアンツィアーニに内政上の決定権が委ねられた。第二にピサからの財政的な要求も過度なものではなく、フィレンツェやヴェネツィアが従属都市に行っていたものとは異なっていた。ピサがルッカ支配を強力に進めなかった背景には、非ルッカ人へのルッカ領域の土地の売却を禁じたルッカの都市条例の規定をピサ人が遵守していたことがあった。このためにピサ人はルッカ社会内部に利害関係を持つことなく、それゆえルッカの内政に深く関与する必要性は生じなかったのである。

図 2-3　ジョヴァンニ・デッラニェッロのルッカ入市

一三六四年五月、ピサにおける支配権がピサのアンツィアーニからジョヴァンニ・デッラニェッロに移ると、ルッカもジョヴァンニのシニョリーア支配の下に置かれることとなる（図2-3）。ジョヴァンニの統治は一三六八年の九月までとあまり長くは続かなかったが、それまで守られていた非ルッカ人によるルッカの土地購入の禁止の法令が一部緩和されたことや、ルッカ住民からジョヴァンニへの嘆願と彼による恩赦が実施されるなど、これまでの共和制期とは異なる直接的で自由裁量による統治が行われた[25]。これはピサのルッカ支配の姿勢の変化というより、ジョヴァンニによるシニョリーア支配のためであり、ピサにおいてもそうしたシニョリーア統治の特徴は同様に見られた。

（6）共和国時代（一三六八〜一四〇〇年）

一三六八年、神聖ローマ皇帝カール四世の二度目のイタリア遠征のとき、ルッカはピサからの解放の望みを彼に託した。そして同年九月、ジョヴァンニ・デッラニェッロが失脚すると、ルッカは皇帝の直接の統治下に置かれることとなる（図2-4）。六九年七月、皇帝は枢機卿ギーをルッカの皇帝代官に指名し、ルッカを後にするが、枢機卿の支配は長くは続かず、七〇年三月一二日、カール四世がルッカのアンツィアーニに皇帝代官の称号を与えたことで、晴れてルッカは念願の「自由」を再び手にした[26]。アンツィアーニには、正式に立法、行政、司法の権限が与えられ、貨幣の鋳造権や大学の設立権、公証人を「作る」権限など、上位権力からの干渉を受けない共和国として、正式な「自由」を獲得することとなった[27]。この時以降、コムーネと置き換え可能な形で「共和国（res publica)」という用語が用いられるようになるため、これ以降は共和国時代と呼ばれる。[28]

一三一四年のウグッチョーネによる侵略以降、長年待ち焦がれていた「自由」を手にしたルッカは、一三七〇年以降、外敵の脅威からその「自由」を守ることに全力を注ぐこととなる。都市内部では当初、軋轢や党派争いは同時代の他都市ほどは見られず、比較的平穏な時代が続いた。フィレンツェでは一三七八年に梳毛工ら下層労働者によるチョンピの乱が起き、下層民のポポロ・ミヌートが一時的に政権を奪取する事件が起きていた。一四世紀末のヨーロッパ都市で広く見られるこうした階層間の軋轢と混乱は、ルッカでは見られなかった。その要因としてミークは、ルッカの基幹産業たる絹織物業がフィレンツェの毛織物業ほど多数の賃金労働者を必要としなかった点を挙げている。[29]

図2-4　カール4世によるルッカの解放

ルッカの政治は商業や銀行業に携わる有力家系によって占められていた。一三七〇年七月には「民衆的な（a popolo）」体制が宣言されたが、それは貴族家系の排除をもたらしたとしても、幅広い民衆の政治参加を意味するものではなかった。一三七〇年代から、徐々にフォルテグエッラ派とグイニージ派という二つの党派が明確な輪郭を持つようになるが、これらは異なる階層を代表するものではなく、商業や銀行業といった同じ社会的基盤の上に形成されたものであった。

共和国時代に見られるこの二つの党派の対立は当初、アンツィアーニなどの政治、行政の有力ポストを奪い合う形で展開した。[30]しかし一三九〇年代には両者の間の緊張は一気に高まり、九二年五月、ついに武装した両派が戦闘を繰り広げる事態にまで発展した（図2-5）。結果はグイニージ派

図 2-5　1392 年のルッカ内戦

の勝利で終わったが、この時から、都市の政治模様は大きく変わる。

グイニージ派の支援者であった同時代の年代記作者ジョヴァンニ・セルカンビはその著作において、権力の掌握の手段として自派の支持者を重要ポストに就けることを推奨しているが、ミークによれば一三九二年以降、グイニージ派はこの助言通りにアンツィアーニや委員会、大評議会など多くの都市の役職に自派の支持者を送り込み、都市政治を独占していった(31)。一三七〇年にルッカ共和国は外部勢力の干渉からの「自由」を、確かに獲得しそれを維持した。しかし、共和的な体制という意味での「自由」は、当初より程遠いものとなった。表面的には集団で統治に当たる共和的な体制が続いたが、実質的には都市政治は一部の商人有力家系によって牛耳られただけでなく、一三九二年以降においてはひとつの派閥によってコントロールされた。それはさながら隠れたシニョリーアと評されるフィレンツェのメディチ家支配下の共和制のようであった。

パオロ・グイニージは一四〇〇年一〇月に「ポポロの長かつ保護者(capitanus et defensor populi)」として、そしてその後はルッカのシニョーレとして、ルッカを三〇年にわたり単独で支配した。彼は共和制の象徴たるアンツィアーニや評議会を廃止するなど、コムーネ時代との断絶を印象づける数々のシニョリーア的な政策を断行した。しかし彼の政権運営の基礎は明らかにそれ以前に築かれたものであった。パオロを支える協議会(concilium)のメンバーは、一四世紀末にグイニージ派を支援した者たちによって固められていた。一四世紀末から一五世紀初頭における共和国からシニョリーア制へという政治体制の変化が緩やかで連続的なものであったことは、同時代の年代記作者が一三九二年五月の事件を締めくくる言葉として、すでに「グイニージ家の者たちがシニョーリに留まった」と述べていることに表れている。[32] ルッカはパオロによる三〇年間のシニョリーア時代を挟んで一四三〇年に共和制を取り戻し、寡頭的支配をさらに強固なものとしながらルッカ共和国として、一七九九年のフランス軍の侵攻まで生きながらえる。

2　統治制度

（1）都市条例、ポデスタ、領主の代官

次に一四世紀ルッカの統治制度を見よう。一般にコムーネの統治制度は一三世紀のポデスタ期、ポポロ期に整備されたとされる。ルッカについてはこの時期の史料が限られているため、その過程を再構成することはできない。ルッカで現存する最古の都市条例が一三〇八年に編纂されたときには、立法、行政、司法がある程度分化した統治機構がすでに出来上がっていた。

コムーネの統治制度の要にあるのは都市条例である。新興のポポロ（グエルフィ黒派）の影響下で、法学者によって編まれた一三〇八年の都市条例は五部から成り、ポデスタをはじめとする様々な行政役人の職務、立法府としての大評議会の構成と役割、刑事裁判や民事裁判の諸規定、領域統治のための諸規定など、計四三三章に及ぶ多様な規定を含んでいる。[33] これほど条例の規定が多いのは、ランゴバルド法やローマ法起源の法慣習の他に、過去に発布された様々な法令を幾層にも積み重ねているためである。ルッカで史料上確認できる最古の都市法（costitutum civitatis）は一一七八年のものであり、その後少なくとも一二六一年、一二八五年の条例の編纂が確認されている。[34] 一三〇八年以降では、一三一六年、一三三一年、一三四二年、一三七二年に新たな諸規則を組み入れる大きな改編がなされたほか、一三三六年や一三五〇年、一三六〇年、一三九二年などにもまとまった形での条例の追加や修正

が行われている[35]。

都市条例を基にルッカの統治機構を見よう。まずはポデスタである。一三〇八年の都市条例の第一部第一章は「私、〈ルッカの偉大な統治者（maius Lucanum regimen）〉は宣誓する」と、一人称で始まる[36]。〈ルッカの偉大な統治者〉とはポデスタを指す。ここからは、他都市からやって来るポデスタを都市の最高行政長官に位置づけていることと、そして都市条例がそもそも彼を中心とする都市の行政官への職務規定として編纂されたものであったことが窺える[37]。ポデスタの任期は半年で、その選出と任命は大評議会でなされる。一二、一三世紀にはポデスタは軍事、行政、司法などにわたる広範な権限を有し、一三〇八年の条例でも軍事に関する職務規定が見られた。

しかしルッカのポデスタの政治、軍事における権限は、ティレッリによれば一三一六年からのカストゥルッチョ時代に縮小される[38]。外国人支配下の一三三一年の都市条例ではポデスタの軍事に関する規定は削除され、さらにポデスタは〈ルッカの偉大な統治者〉の名では呼ばれず、宣誓も第一部第四章に追いやられている。また一三七二年の条例では、ポデスタの宣誓は都市の執政府アンツィアーニよりも後の第一部第二五章に置かれ、もはや一人称では書かれなくなっている[39]。それゆえ本書で検討する、一三三〇年以降のポデスタは事実上、司法に特化した司法長官の立場にある。このポデスタの地位の低下は本書の第9章において扱う、ポデスタがアンツィアーニの指揮下に入っていく過程にも見ることができる。

一三三一年の条例で第一部第一章に置かれたのは、「領主の承認について」であった[40]。一三三一年はボヘミア王ヨハンの治世下であり、領主とは彼のことを指している。彼を含め一三二八年から四一年までルッカを支配した外国人領主ら、そして一三四二年から六九年まで支配したピサは、代官（vicario）や代理（luogotenente）を通してルッカを支配した。代官はカストゥルッチョが築いたアウグスタと呼ばれる都市内の壁で囲まれた場に居を構えた。彼らの活動については史料上不明な部分が多いが、ポデスタなどの重要な役職の選出への関与とともに、評議会に臨席してアンツィアーニと連名で決定を出していることが確認される。ただ近年の研究では代官による内政へニら地元の支配層に意思決定が任せられていたと考えられている。[41]の干渉はそれほど強くはなかったとされており、少なくとも領主の利害に関係のない問題についてはアンツィアー

(2) 政治行政機構——アンツィアーニと各評議会

①アンツィアーニ

ポデスタの権限が縮小した後、ルッカの政治行政を担ったのは一〇人の市民で構成されるアンツィアーニ（Anthiani）であった。アンツィアーニは一二五五年に史料に現れるときには、ポポロの機関としてサン・ピエトロ・マッジョーレ教会で会合を開いていた。[42]その後、一三世紀後半から一四世紀初頭のアンツィアーニは、時には「ポポロ」の代表として、時にはコムーネの代表として活動していた。[43]そして一三一六年のカストゥルッチョ支配下でポポロの機関が活動を停止させられたとき、アンツィアーニはカストゥルッチョの代理として都市統治を担う存在となった。[44]これ以降アンツィアーニは一四世紀を通して、また一四〇〇年から一四三〇年のパオロ・グイニージの治世をはさんで一五世紀以降においても、ルッカのコムーネの執政府として軍事、財政、課税、役人の選出、治安維持、市民権、追放者に関する様々な問題に権限を持った。

アンツィアーニの決議録からは彼らが出した数々の法令を見ることができる。そこで特徴的なのは、「条例には邪魔されず」という文言が時々、添えられていることである。[45]これが意味するのは、アンツィアーニは基本的には都市条例を遵守すべき行政機関であったこと、しかし必要が生じた場合には、都市条例を逸脱した決定をも行うことができる存在であったことである。また他方でアンツィアーニの法令が、その後都市条例に追記されることもあった。こうしたアンツィアーニの活動は第5章、第8章、第9章で詳しく検討する。

一四世紀のアンツィアーニの会合は、コムーネの都市行政の古くからの中心地であり、大評議会も開かれていた、サン・ミケーレ・イン・フォーロ広場北側のコムーネの館で行われていた。アンツィアーニはルッカの五つの

門を基礎とした行政区から二人ずつ、一〇人で構成され、任期は二カ月と短かった。アンツィアーニの候補者の要件は、年齢（三〇歳以上など）や資産額、都市への義務の履行の有無、居住歴などであり、理論上は多くの市民がその職に就くことが可能であった。[46] しかし実際にはそうはならなかった理由は、その選出方式にあった。

アンツィアーニの選出には前任のアンツィアーニが大きな影響力を持つ方式がとられていた。[47] 一三四二年の条例では毎年一一月にその時点でのアンツィアーニと、アンツィアーニと代官が選んだ賢者一〇人（各行政区二人）とが、一〇〇人（各行政区二〇人）の選挙人を選び、彼ら選挙人とアンツィアーニがアンツィアーニの間において未来の一年分のアンツィアーニ（一〇人×六）を選ぶとされる。選挙人は一人一名を指名する権利があり、その後投票によって未来のアンツィアーニ六〇人が選ばれた。そしてこの六〇人を六つのグループに分ける作業が外国人領主の代官によって行われる。グループ分けでは父と子、兄弟が同じグループに入らないようにされた。グループごとに記された未来のアンツィアーニの名前はひとつの袋に入れられ、各アンツィアーニの任期が終わる八日前に、一〇歳未満の子どもが、次のアンツィアーニのグループを袋から無作為に引き挙げた。アンツィアーニに再度就任するまでには一年間の空白期間が必要とされた。こうした選出の方式は、間接選挙と抽選により公平性が保証されているように見えるが、アンツィアーニの候補者になるためには、実際は前任のアンツィアーニと彼らが選んだ選挙人によって指名されなければならなかったのである。

②評議会

アンツィアーニとともに政治行政問題に権限を持っていたのが評議会（consilium generalis）である。ルッカの評議会は多数の議員からなる大評議会と、比較的少数（二五人や五〇人、三六人など）の議員からなる評議会に分けられる。時期によって異なるが、大評議会では、ポデスタの選出や外交問題、司法判決の公布など法的重要度の高い事柄が審議され、他の評議会では役人の選出や臨時の徴税など日常的な問題が扱われた（図2-6）。外国人領主支配下ではどちらの評議会もわずかしか開催されず、アンツィアーニと代官が独占的に法令を出していたが、ピサ支配下では少人数の評議会が盛んに開かれ、次の共和国時代に入ると大小の評議会はともに頻繁に開かれている。

大評議会は条例を見ると一三〇八年には五五〇人、三一年と四二年には二五〇人、七二年には一八〇人で構成された。各行政区から同数の議員が選ばれ、任期は一年で、連続して議員を務めることはできなかった。議員の選出は、一三三一年にはアンツィアーニとアンツィアーニが選んだ六人の選挙人の指名によって行われていた(48)。

図 2-6　1392 年の大評議会での様子（左側はアンツィアーニ）

少人数の評議会については、ピサ支配下では二五人評議会と五〇人評議会が、共和国時代には三六人評議会が設置された。外国人領主支配下では、議員の数が二五人や八六人など定まってはおらず、特定の名称を持たない評議会が幾度か開催された。評議会議員の選出は一三四二年にはピサの代官立会いの下でアンツィアーニによって、七二年にはアンツィアーニと前任の議員によってなされ、各行政区から同数の議員が選出された。

いずれの評議会においても、アンツィアーニが提案する各議題に対して議員が見解を示し、その後アンツィアーニが投票対象となる意見を決め、それに対して全議員が可否を投票する形で議事が進行する(49)。一三三一年では四分の三の賛成票が、七二年では三分の二の賛成票が可決の条件であった。可決された場合、その意見の内容が評議会の決定として法効力を帯び、その内容はアンツィアーニを通して各役人に伝えられ実施に移された。

アンツィアーニはいずれの評議会においても、審議対象を決める（討議の議題や、投票対象となる意見）だけでなく、議員の選出にも大きな影響力を持っていた。またアンツィアーニの評議会への影響力をより強めていたのが、「招待人（invitati）」の評議会への参加である。「招待人」はアンツィアーニによって会合ごとに直接選ばれ、一般の評議員と同じように討議や投票に加わっていた。「招待人」の中にはアンツィアーニから法的に排除されていた騎士階層が多くおり、彼らは各評議会で主導的な役割（投票対象となる意見を表明するなど）を果たすこともあった。

③選出方法にみる寡頭制の基礎

以上で見たように大小の評議会の議員の選出も、次のアンツィアーニの選出も、現アンツィアーニの意向が強く反映される方式が採用されていた[50]。この選出方法は、必然的に支配層の固定化というルッカを特徴づける政治状況を生み出すカギとなっていた。一三世紀のルッカの指導層は社会変動に伴い新陳代謝を繰り返したが、一四世紀のそれは、政治状況の大きな変化にもかかわらず、一四世紀初頭に形成された中核の家族に、新たな家系を随時加えて形成されたものであった。そのルッカ政治の中核にいたのは一三〇八年の条例で「有力者と有力家系」としてルッカ政治から一時排除され、その後一三一四年に帰還を果たしたポポロの旧来の有力家系であった。グリーンによれば、一三三〇年代には彼らを核として、新たに力をつけた商人家系を加えた約六八の家族のメンバーがアンツィアーニ職に三度以上選出され、彼らだけで全体の八四％のアンツィアーニ職を占めていた[51]。ミークが行った一三七〇年以降のアンツィアーニ職の分析によれば、アンツィアーニを頻繁に輩出し共和国時代の政治をリードしていた家族は五〇以下であった。そしてその多くは一三〇八年に「有力者と有力家系」に指定された家族と、一三三〇年から六九年の間に台頭した家族であった[52]。アンツィアーニを構成する一四世紀の支配層は、ほとんどが商人であり、その他には公証人や法学者がいるが、手工業者はほとんど含まれていない。現アンツィアーニが後任の選出に大きな影響力を持つという選出方法が、有力家系の継続と固定化をもたらし、寡頭制を強固なものとしていたのである。

前任が後任の選出に影響力を持つこのシステムは、一三九二年以降にグイニージ派がルッカ政治を掌握する際にも機能した。フィレンツェのメディチ家は抽選制を操作して独裁を果たしたが、グイニージ派はそれよりも容易にアンツィアーニを自らの派閥で占めることができた。

グイニージ派が影響力を持った一三九二年以降には「委員会（commissari palatii）」という新たな機関が重要な役割を果たした。一二人（半年任期）で構成された「委員会」は、アンツィアーニとともに幅広い政治的問題を扱うようになり、大評議会や三六人評議会は形骸化していった[53]。これはグイニージ派が、大人数が参加する評議会の力を弱め、少数からなるがゆえに掌握が容易な「委員会」とともに共和国政治をコントロールしようとしたためであった[54]。

アンツィアーニの書記官（cancellarius dominorum anthianorum）にも触れておこう。彼らはアンツィアーニや大評議会の記録簿を作成し、また対外的な書簡のやり取りを一手に担った[55]。書記官の任期は一年であったが、実際には再任され長く職に就いた。たとえばピエトロ・デル・ガッロは一三三三年から三六年、ケッロ・ギオーヴァは一三四二年から四七年、グイド・マンフレーディは一三八二年から一四〇〇年まで書記官として活動した[56]。アンツィアーニや評議会議員が二カ月や一年という短い任期で交代する中で、彼らの存在は執政活動の継続性を保証するものであった。

一三七〇年の共和国としての独立以降、書記官の作成した記録にレトリックが多用されるようになり、実務的な記録に政治的な色合いが加わる。この時期の書記官がコルッチョ・サルターティ（一三七〇～七一年）という後にフィレンツェの書記官長として活躍する人文主義者であったことは偶然ではないだろう[57]。また一三八二年から長期間、アンツィアーニの書記官として筆を持って外敵からルッカ共和国を守る活動に参加したグイド・マンフレーディも人文主義者であった。彼はコルッチョとの関係を持つ一方で、一四〇〇年からシニョーレとしてルッカを統治したパオロ・グイニージの書記局においてもシニョリーア体制を支えた人物であった[58]。

ちなみに、選出方法において現代的な意味での民主主義の原理が見られたものとして、コントラーダ（contrada）やブラッチョ（braccio）と呼ばれる都市内の街区の長（コンスル）選びがある。一三三一年にはルッカに一一あったとされるこれらの街区ではそれぞれ、一八歳から七〇歳までの男性の近隣住民が会合を開き、そこでの投票により街区の長が決められた。街区の長に選ばれた者たちは三年の任期の間、街区内部での犯罪の告発や、住民への課税のための財産査定、悪い評判（infames）を持つ者に関する情報の提供などを行った。こうした職務は都市の政治に影響を与えるものではなく、街区の長はむしろ都市行政の末端で活動する役人のようであった。彼ら街区の長に選出される者は、グリーンの調査によれば、アンツィアーニや大評議会に選ばれる者たちとは異なる社会階層（中下層）に属する者たちであった。[59]

（3）都市役人——監査、領域行政、財政、都市環境

次に、ルッカの行政役人について見よう。彼らは都市条例を遵守し、アンツィアーニや評議会が下す決定に従って日常の行政業務を行っていた。ポデスタもそうした行政役人の一人である。ポデスタと同じく他都市出身者が就く役職としては、カピターノ・デル・ポポロと監査官（maior sindicus）があった。ルッカのカピターノ・デル・ポポロは一三世紀には名実ともにポポロ組織の長として活動したが、一四世紀末に再び現れるそれは、前述の「委員会」の指示の下で反乱や謀反などに対処する治安維持の役人であった。監査官は、後で紹介する控訴法廷の裁判官が兼ねた。監査官はポデスタから領域の代官、末端役人までの職務内容を都市条例に照らして監査した。ある布告には、コムーネの役人の悪しき行為に対して告発を望む者がいれば、監査官の前に現れるようにとある。[60] 実際、訴えを受けた監査官は役人に対して裁判を行っており、その記録も今日まで多く残されている。[61]

ルッカ市民に充てられた行政ポストで重要なもののひとつは領域の代官区の代官である。[62] ルッカの行政区画は、都市ルッカと都市周辺の平野セイ・ミリア、そして九つの代官区から構成されていたが、各代官区の長に選出され

ていたのはアンツィアーニから除外され、「招待者」として評議会に参加することもあったルッカの貴族層であった。[63] 代官は代官区に、裁判官と書記、財務管理官（camerarius）、徴税人を引き連れて赴いた。[64]

都市の財政管理も行政上重要な分野である。都市の収支を管理したのは国庫財務管理官（camerarius generalis）であった。彼は一年任期で書記や従者、廷吏を率いて職務に当たった。[65] 一三〇八年の条例では聖職者がこの任に就くことが規定されているが、少なくとも一三三〇年代までにルッカ人の商人がこの役職を担うようになっている。[66] 国庫財務管理官は多くの記録を残しており、これを見ると、歳入面では徴税請負人からの金銭の受け取りや、罰金の徴収、各部局での収入を不定期で受け取っている様子が確認できる。[67] また歳出面では各役人への給与や傭兵への報酬の支払いなどが見られる。

国庫財務管理官や他の部局の役人によるコムーネの金銭の出し入れは、勘定係（ractionator, 一人の主計長官と二人の主計官から構成）によって厳しくチェックされた。[68] 金銭のやり取りに関する職務に当たった国庫財務管理官や勘定係、領域部の代官に随行する財務管理人、そして後に見る徴税部門の役人には、そうした活動に精通していた都市の商人が登用された。それゆえこれらの役人とアンツィアーニは同一の社会階層から出ていたことになる。[69]

一四世紀ルッカの歳入は間接税を頼りにしていた。一三三四年の歳入の総額は二六万二四〇七リラ一七ソルド五デナーロであったが、そのうち約一二万リラを間接税が占めていた。[70] 間接税は、都市外の商品が都市に入るときや、都市内で小売されるときに課せられたほか、動産や不動産の売買や譲渡、相続、賃貸、嫁資などの契約時にも課せられた。小麦や葡萄酒、肉など一部の商品への間接税の徴収については、徴税請負人に委ねる制度（proventus）が採用されたが、[71] 間接税の徴収や管理の全般を担当したのはガベッラ・マッジョーレ（gabella maggiore）であった。[72] ガベッラ・マッジョーレは、アンツィアーニと大評議会からの指示を受けて行動することもしばしばであったが、他方で課税率や税の徴収方法を定めた独自の規約も持ち、それに違反する者に対して自らの法廷で罰金を科すなどの権限も有していた。

間接税と並んで塩からの収入もコムーネにとって重要な財源であった[73]。塩の売買はコムーネが独占し、ドヴァーナ（dovana）と呼ばれる部局が管理していた。塩は都市内では小売されたが、都市外の領域へは農村共同体を通して各住民に塩が分配された。都市は農村共同体に一定額を買い取るよう強いていたことから、この塩の売買は実際には直接税の徴収とその見返りの意味を持っていた。一三三四年には、約四万リラがドヴァーナからの収入として国庫に入っている。

一四世紀ルッカにおいて都市住民は非常時を除き直接税を課せられることはなかった。他方で農村においては間接税だけでなく家族数や資産額に応じたエスティモと呼ばれる直接税が課せられた[74]。課税基準額の査定のために農村の土地は土地測量士によって調査され、詳細な記録が今日にまで残されている[75]。後の第5節ではこの記録を用いてルッカの土地所有構造を明らかにする。

住民からの税収以外に、国庫財務管理官に歳入として渡っているものの中には、コムーネの財産から生み出された収益もあった。特に追放者が残した財産はコムーネに没収され、反逆者の法廷（curia rebellium）によって管理されていた[76]。この機関は没収した動産や不動産を競売にかけたり、住民に賃貸したりして収益を得ていた。ここはまた没収財産に権利を主張する者がコムーネを相手取って訴える場でもあった。

都市生活の維持や管理も公的な統治機構としてコムーネが担う重要な問題であった。食糧の安定供給は、多くの人口を抱え、一四世紀に飢饉に直面した都市にとって大きな課題であった。ルッカでは一三七〇年代に食糧局（super abbundantiam）が設置されたが[77]、それ以前にもたとえば一三五三年には飢饉時に農村部での食糧調査が行われていた[78]。これと関連して市場や商業を監督する機関としてフォンダコ（fondaco）があった[79]。この機関は一人の長官の下に二人の公証人と一人の財務管理官、四人の廷吏を抱え、商品の移動や流通に関する違反者を法に基づいて裁いていた。フォンダコは一三七七年、道路と公共物に関する問題にも権限を広げたが、それ以前にこの分野を管理していたのは道路局（curia viarum）であった。道路局は道路、溝、橋、下水道、建築物の外壁に関して、整備や修復の指示を出していた。道路局も独自の法廷を持ち、規約に反して公道を占拠する者などに対し罰金を科すなどしていた。[80]

現在、これらの様々なコムーネの役人の活動は、彼らの職務を定めた都市条例とともに彼らの残した業務記録から見ることができる。この記録簿が現在まであるのは、当時それを管理していた文書庫管理人の収集と管理の努力の所産である。[81] 文書庫とその管理人については第3章で詳しく検討する。

3　司法制度

（1）ポデスタ法廷

ルッカにおけるコムーネの司法活動は、都市住民が裁判権を事実上獲得した一二世紀から始まる。一一三六年にコンスル法廷での判決が確認され、その後一二世紀を通して活動が拡大したことが、史料の増加からわかる。コンスル期の法廷では、裁判を専門とし判決を下す三人のコンスルと、執行を確認する一人の廷吏という簡素な体制の下で、主に民事の事案が扱われていた。一三世紀になるとイタリアの各都市では、ポデスタが現れ、彼の下に司法権限が集約され、司法制度の整備が進んだ。

ルッカでは現存する最古の都市条例である一三〇八年の都市条例が編纂されたとき、ポデスタ法廷はすでにコムーネの司法制度の中心にあった。ポデスタは半年任期で他都市から招聘される貴族階層の人物であり、彼は任地に赴く際、刑事と民事をそれぞれ担当する二人の裁判官と、刑事裁判を担当する二人の公証人、そして従者を引き連れてやって来た。[82] ポデスタは、職務の遂行にあたって、現地において追放者（banniti）の逮捕を行う一二人の警備兵（berrovarius）、命令の伝達や差押えなどを行う五〇人の廷吏（nuntius）[83]、民事裁判を担当する四人から六人の公

図 2-7　ボローニャの都市条例におけるミニアチュール

証人を従えた。一四世紀後半には法廷の財務管理官や財産を査定する査定官（extimator）も持った。

多くの廷吏や警備兵の存在は、判決の執行が、一二世紀のコンスル期のように当事者や社会の同意ではなく、法廷側の強制力によって保証されていたことを示している。実際に本書第Ⅱ部で扱う民事裁判において、法廷の廷吏が動産を差押え、被告人の身柄を牢獄（carcer）に入れている様子が確認される。[84] 当時にあっては禁固刑の概念はなく、牢獄は基本的には債務の支払いを強制するための施設であった。ルッカでは牢獄は古代の円形闘技場跡（アンフィテアートロ）や、都市内のアウグスタの内部に置かれ、そこには民事の債務者の他に、コムーネに「債務」を負った者、すなわち刑事裁判で受けた罰金を支払っていない者が入れられていた。[85] こうした強制力の存在は、一四世紀のコムーネの司法を理解する上での前提となる。

ポデスタが管轄していたのは、「悪事の法廷（curia maleficiorum）」と称される刑事法廷と、一般に「ポデスタ法廷（curia domini Lucani potestatis）」と称される民事法廷であった。両者は同じ館に置かれていたが、それぞれ裁判官や書記、記録簿は別々であり、刑事裁判と民事裁判との区別ははっきりとなされていた。ルッカでは他都市で見られるようなポデスタ宮はなく、ポデスタ法廷はサン・ミケーレ・イン・フォーロ広場北側のコムーネの館を中心としつつ、都市内の他の場所で開かれることもあった。[86]

法廷の開廷日と休廷日に関しては、民事裁判記録に収められているリストから確認することができる。たとえば一三三六年の五月から一二月に関しては、開廷日数は五月が一六日、六月が一〇日、七月が九日、八月が一八日、九月が一八日、一〇月が二一日、一一月が九日、一二月（二四日まで）が一四日であり、法廷が開かれていたのは計一一五日間であった。[87]これに対し休廷日数は一二五日あり、半数以上の日で休廷していたことになる。休廷の理由として記されているのは、聖人の祝日（四八日間）が多く、他にも九月や一一月の戦争、六月と七月の外国人領主の代官の死去などがある。[88]

法廷での審理の内容については次章以降で検討するが、その様子をイメージできるミニアチュールを見ておこう（図2-7）。[89]

これはボローニャの都市条例に挿入されたもので、民事裁判の項目に付されているため民事裁判での様子を描いたものと考えられる。[90]裁判官が中央の席（banco）に座り、手には都市条例と思しき書物を持っている。その書物を指差す右側の人物は裁判官に助言を与える法学者であろうか。左側には紙片を手に裁判官に向かって主張を行う訴訟当事者（または代理人）がいる。裁判官の下方では書記が記録を取っている。ルッカでも裁判官が席に座り、それが裁判の開始を意味していたことは、「フィリッポは裁判官が席に着く前に退席した。裁判官はフィリッポの不在のために彼を出廷拒否者と同様の者と宣言した」という裁判記録での記述から確認できる。[91]

（2）コンスル法廷

次にポデスタ法廷以外で民事裁判を行っていた、コンスル法廷について見よう。一三〇八年の都市条例のある規定では、「サン・クリストーフォロ法廷を除く全ての通常法廷は、ポデスタ法廷に従わなければならず、ポデスタが一月から住む街区に所在しなければならない」とある。[92]この通常法廷とはコムーネ成立当初の一二世紀からある六つのコンスル法廷（サン・クリストーフォロ法廷、クエリモーニエ法廷、フォレターニ法廷、トレグアーニ法廷、ヌオヴァ法廷、ヴィスコンティ法廷）を指している。これらのコンスル法廷の裁判官は地元のルッカ人が務め、都市条例とともに『法廷の条例（Statutum curiarum Lucane civitatis）』という訴訟手続き法が多く収められた独自の規範に基づいて裁判を行っていた。[93]他都市でもコンスル法廷の存在は確認されているが、多くはポデスタ法廷が権限を拡大させていく中で消失していった。[94]ルッカでも一四世紀後半には統廃合がなされ、最終的には一四〇〇年にパオロ・グイニージによって廃止され、ポデスタ法廷に一元化されたが、一四世紀の段階ではいまだ活発に活動していたことが、伝来する多くの裁判記録簿からわかる。以下、六つのコンスル法廷についてそれぞれ見ていこう。

ルッカで最古のコンスル法廷の系譜を引くのが、サン・クリストーフォロ法廷である。[95]この法廷の権限は初期には農村住民にも及んだが、一三三一年には訴額二五リラ以上の都市住民同士の事案に限定されている。法廷の裁判官は一四世紀初頭には五人いたが、カストゥルッチョ期以降、法学者と一般の世俗人の二人体制となっている。この法廷は都市条例にも見られるように、他のコンスル法廷が一四世紀初頭にポデスタ法廷の影響下に置かれていたのに対し、長い間自律性を保持していた。この法廷の裁判記録が別の場所に保管され、結果一三三〇年前後の火災を唯一逃れることができたのもそのためである。しかし一三七〇年以降は、サン・クリストーフォロ法廷もポデスタ法廷の影響下に置かれ、その裁判官はポデスタの代官と呼ばれる外国人裁判官によって務められることとなる。[96]

クエリモーニエ法廷は、一三三一年の規定によれば訴額二五リラ未満の事案を扱う法廷であった。この法廷は一一八五年に史料上に初出するが、ボンジによればそれ以前のサン・クリストーフォロ法廷は二五リラ未満の訴額の案件を扱っていないことから、クエリモーニエ法廷もそれ以前より存在していた可能性が高い。[97]この法廷は一二世紀末から一三世紀にかけてサン・ミケーレ・イン・フォーロ広場北側の館にあったが、その後都市内を転々とし、[98]最終的には一三五七年、サン・クリストーフォロ法廷に統合される。裁判官は一三四四年には一人の法学者が務めている。[99]

フォレターニ法廷（またはサン・アレッサンドロ法廷）は、都市住民と農村住民との間の争い、農村住民同士の争いを裁く場として少なくとも一二〇七年までに設置されていた[100]。現存するこの法廷の裁判記録には多くの量の裁判が記されており、この法廷の利用の頻繁さが窺える。この法廷の裁判官は一三三六年には法学者と一般の市民の二人であったが[101]、一三七二年の条例ではフォレターニ法廷の二人の裁判官は、ヌオヴァ法廷の裁判官を兼ねることが定められている[102]。この法廷は一四〇〇年に廃止されるまで続いた。

トレグアーニ法廷は、教会人や教会の権利関係の事案を扱うとともに、契約や判決の違反者に罰金を科す権限を持っていた。この法廷の活動は一一七〇年から確認できる[103]。裁判官は当初一人の法学者と二人の世俗人という三人体制であったが、一二八八年の『法廷の条例』の改変の結果、一二九二年には一人の裁判官が聖職者から選ばれるようになり、一三三一年には聖職者の裁判官はルッカ司教によって選ばれるべきとされた。こうすることでこの法廷の利用者である聖職者が不満なく利用できるものとなると考えられたのであろう。この法廷は最終的に、大評議会の決定により一三七九年にサン・クリストーフォロ法廷に統合された。

ヌオヴァ法廷は、他のコンスル法廷よりも後に設置されたため「新しい《ヌオヴァ》」と形容されたようである[104]。ここでは他の法廷で下された判決や仲裁決定の違反者、または公的証書に由来する他の義務の不履行者を相手取った訴えが行われていた。そこでは裁判官が証書において確認された判決や契約の不履行の事実を「宣言（pronunciare）」した後、それを執行人（esecutore）と呼ばれる役人に執行させることとなっていた[105]。一三三六年には、故ボナコルシ・ソルナッキの館で二人の裁判官（うち一人は法学者）によって法廷が営まれている[106]。当時は判決や契約の不順守が横行していたためか、この法廷には多くの訴えが起こされ、残存する記録簿も非常に分厚いものとなっている。

ヴィスコンティ法廷（またはガスタルディオーニ法廷）はその名をコンスル期の役人にちなんでいる[107]。一三〇四年の規定（一三三一年の条例に所収）では、パン屋、肉屋、ワイン商人、羊毛と亜麻の紡績工ら小売業者や手工業者に関係する事案、道路の修復や生け垣の崩壊、農地の損害などの事案がこの法廷で扱われることになっていた。ただ実際にはこの法廷の記録簿を見ると、手工業者らが関係する訴訟がいくつかあるものの、大半は農村の農地の損害に関する訴訟で占められている。この法廷は一三七二年に廃止され、その権限は市場や商業を監督していたフォンダコに移ることとなった。

（3）控訴法廷と外国人領主の法廷

コンスル法廷から控訴法廷に目を転じよう。ルッカでは控訴法廷の史料上の初出は一二八二年である[108]。ペルージャなど他都市では地元市民が控訴法廷の裁判官になっているが、ルッカでは他都市出身者が裁判官を務めている。

ここに控訴しているのはコンスル法廷やポデスタ法廷の民事案件で下された判決を不服とする者であった。ただこの法廷は最終審の場ではなかった。控訴法廷の条例の規定を見ると、民事案件に関して他の法廷でなされた第一審の判決が、控訴法廷の第二審で破棄された場合、一〇日以内であれば第三審が行われうることが示唆されている[109]。それによると第一審がコンスル法廷で行われ、その判決が控訴法廷で破棄された場合、ポデスタ法廷へのさらなる控訴が可能とされる[110]。他方、ポデスタ法廷での第一審の判決を控訴法廷が破棄した場合、外国人領主の法廷への控訴が想定されている[111]。この規定は、控訴法廷に訴えがなされた場合を扱ったもので、さらにその中でも第一審が破棄された事例のみを対象としたものである。それゆえここからルッカの全法廷の序列や控訴システムを再現することはできない。コンスル法廷よりも上位にポデスタ法廷があることは確かであるが、ポデスタ法廷と控訴法廷との関係、ポデスタ法廷と外国人領主の法廷との関係は不明確である。外国人領主の法廷がポデスタ法廷よりも上位にあるように見えるが、領主の法廷での判決がポデスタ法廷で議論の俎上に載せられているケースも実際の裁判記録から確認される[112]。

民事案件では控訴の可能性が大きく認められていた一方で、刑事案件（「悪事（maleficium）」に関する事柄）についてはその可能性は限定されていた。条例では、ポデスタの刑事法廷での有罪判決に関して、条例で定められた額を超えた刑罰が科せられた場合を除き、控訴することができないとされている。[113] 実際に控訴法廷の裁判記録簿でも刑事裁判での控訴はほとんど見当たらない。

最後に外国人領主の法廷を取り上げよう。この法廷は都市コムーネの司法制度の外側に位置づけられるものであり、領主の代官が居住するアウグスタ内部に置かれていた。[114] 各外国人領主は代官を長官とする法廷を設置し、それは一三六八年のピサの支配の終焉まで続いた。ここでは刑事裁判と民事裁判の双方が開かれていたようであるが、残存する記録簿に収められているのはほとんどが民事裁判である。一三三〇年代にはルッカ市民同士の裁判もよく見られたが、一三四二年のピサ支配以降は、ここは外国人の関わる事案を専門に扱う法廷となっている。この法廷の裁判官は他都市出身の法学者で、主に副代官（vicevicarius）の名で活動している。[115]

なお一三三六年には外国人領主の代官がポデスタを兼ねており、そのためポデスタ法廷の裁判官と領主の法廷の裁判官とが同一人物になり、さらにサン・ミケーレ・イン・フォーロ広場北側のコムーネの館という同じ場所で両法廷が開かれていた。[116] ただこの時も法廷の書記は別々で、記録簿もそれぞれ作成されており、外国人領主の法廷とポデスタ法廷とは区別されている。[117]

（4）法学者団体

以上のように、一四世紀のルッカには複数の法廷が乱立していた。特に民事の事案を扱う法廷には、ポデスタ法廷と外国人領主の法廷、専門分化した六つのコンスル法廷があった。住民たちは争いが生じたとき、どこに訴えを起こすのか、少なくとも三つの法廷（控訴の場合は四つ）の中から選ぶことができた。この法廷の多元性は第4章でも検討するようにルッカの司法のひとつの特徴となっている。

しかし法廷の序列化が完全でない中でのこの多元性は、ルッカ社会において法秩序の混乱をもたらさなかったのか。ルッカの司法制度はこれに対してひとつの解決策を持ち合わせていた。それは法助言を行う地域の法学者団体

(collegium iudicum) の存在である。一四世紀前半のルッカの民事裁判では、控訴法廷や外国人領主の法廷も含めた全ての法廷において、裁判官は法学者の助言に従って正式な判決を下すことが慣例となっていた。(118) その結果、どの法廷に訴えを起こしたとしても、最終的には法学者団体に加入する法学者によって判決の草案がつくられていた。

ルッカに林立する民事法廷を法的に束ねていた法学者の助言活動は、少なくとも一三〇一年から史料上確認でき、政治的に変動の激しかった一四世紀前半においても絶え間なく続けられている。(119) 法学者団体には一三三三年には一七人の法学者が所属している。(120) 彼らは都市ルッカやルッカ領域内の農村共同体の出身であり、他都市出身者はいない。加入の条件は、現存する最古の団体規約（一四三四年）によれば、ローマ法またはカノン法の博士の称号または許可状を有していることであった。(121) 実際、一四世紀の団体加入者は法学博士 (legum doctor) の称号を持っている。彼ら法学者は民事裁判で法助言を行ったほか、コンスル法廷や領域の代官区の裁判官として活動し、また都市条例の編纂、アンツィアーニや評議会での助言にも携わった。

ここで注意したいのは法学者団体や法学者らは、コムーネの役人として活動していたのではなく、コムーネから一定の距離を保った立場にいた点である。(122) 彼らの助言の有効性は、彼らがコムーネから職務を任されたことによるものではなく、彼らが普遍的な権威である中世ローマ法学を修めていたことから来ていた。法学者は、事実上の裁判権を行使するコムーネの活動に対し、唯一、法的正当性を与えることのできた存在であったのである。これは政治面でも言えることで、メンツィンガーによる一三世紀のペルージャやボローニャの議会活動の検討によると、彼ら法学者の助言は、議会における法制定の活動に法的な正当性を付与するものであった。(123) こうした法学者の役割の大きさは裏を返すと、コムーネが自身で合法性をつくり出すことはできず、外部の法的な権威からのお墨つきを必要としていたことをも示唆している。コムーネのこうした性格、またコムーネと法学者との関係は一四世紀後半に大きく変化することとなるが、これについては本書第６章で詳しく論じる。

（5）その他の法廷

最後に、本書では扱わないが、ルッカの他の法廷として、司教の法廷、司教座聖堂参事会の法廷、商業法廷について触れておこう。

コムーネ成立以前からその存在が確認される司教の法廷と司教座聖堂参事会の法廷は、聖職者や教会が関わる事案とともに、それぞれが裁判権を持ついくつかの村落での紛争を管轄している[124]。この法廷での裁判についてはいまだ未解明の点が多いが、一四世紀の裁判記録簿を見る限り、訴訟手続きや記述形式の面ではコムーネの法廷と類似しており、ローマ・カノン法の下で裁判の方式が聖俗間で共通していることが窺える。

一二世紀末から確認される商業法廷は、商人による商人のための法廷であった[125]。この法廷がカバーしていたのは一三七六年の規約によると、絹や羊毛、金の産業や流通に関わる者、銀行家、仲介業者、薬草商、商品の輸送業者などが関わる争いであった。こうした商業法廷は他都市でも確認されており、イタリアの商人らが独自の内部統制の機関を持ちうるまで強力な存在になっていたことが示されている[126]。

4　公証人と公証人契約

（1）中世イタリアの公証人

本書で扱われる裁判や紛争の背景として、当時の契約や権利のあり方について見ておこう。中世イタリアの私人間の契約は、公証人の下で執り行われていた。公証人が文書を作成することで、私人間での約束事は法的効力を持つ契約へと変わったのである[127]。

中世イタリアの公証人は、国王や教会に仕える書記とは異なり、コムーネという権力から相対的に自立した、自由な職業人であった。なぜコムーネの直属の役人ではない彼らが、法効力を発する証書を作成することができたのか。それは彼らの力の源泉が、皇帝や教皇といった普遍的な権威にあったためである。たとえば一四世紀前半のルッカの公証人の署名には「皇帝の権威による通常裁判官かつ公証人である私バルトロメオ・ボメンシス」とある。(128) 一一世紀末に事実上の自治を実現したコムーネは、皇帝を長に据えるローマ法の法体系が支配する世界において、法的な観点から公証人に権能を授けることはできなかった。(129) それができるのは皇帝（教皇領においては教皇）と彼から権限を与えられた者だけであった。一四世紀初頭のルッカでも公証人を「作る」権限（potesta creandi et faciendi notarios）を持っていたのは、コムーネではなく、皇帝から権限を委譲されたパラティン伯の末裔のアッヴォカーティ家であった。(130) 一三〇八年の都市条例によれば、公証人として活動するための条件として、まず一八歳以上で、五年間文法学を学んでいること、そしてアッヴォカーティ家の者と法学者団体のコンスルによって、アッヴォカーティ家の柱廊などで調査され承認されること、が挙げられている。(131) 公証人はこうして都市からではなく、皇帝に由来する者から権威を授けられることで、自らの都市の領域だけでなくその外部においても法効力ある証書を作成することができた。公証人のこうした性格はフィレンツェやボローニャなど他都市においても広く確認される。

公証人を「作る」権限に関するルッカでのひとつの転機は、一三七〇年、神聖ローマ皇帝カール四世がルッカのアンツィアーニに皇帝代官職を授けたときに訪れる。この時、コムーネの代表たるアンツィアーニは、公証人の任命権を皇帝から受け取り、法的に公証人を「作る」権限を得た。(132) 一三七二年の規定では公証人の署名において、公証人がルッカ市民（Lucanus civis）であることを記載するだけで、文書の有効性が保証される旨が指摘されている。(133) ここに見られる公証人を「作る」権限の、普遍的な権威からコムーネへの移行は、中世後期の権力秩序における重大な変化を示すものであった。

中世後期イタリア都市の民事的法秩序は、この公証人が執り成す契約を基礎として成り立っていた。コムーネの司法は、公証人契約の履行を強制力を持って保証していた。民事法廷で行われる裁判では多様な公証人文書、たとえば債務債権関係を証明する金銭貸借契約証書や土地や家屋の賃貸契約証書、不動産の権利を証明する売買契約証書や譲渡契約証書、遺言書などが証拠として提出されている。第４章でも見るように、裁判官はそうした公証人証書の効力を基本的に認め、それに基づく権利関係を、差押えや立ち退きの命令とその執行を通して実現していた。[134] ここにはコムーネが司法の強制力を通して、公証人契約を基礎とした民事的法秩序を維持していた様子を見ることができる。

（２）公証人文書

裁判で提出される公証人文書は一葉の証書の形式をとっていたが、それは公証人登記簿から取られた正式な写しであった。一三、一四世紀の公証人文書は、契約時に取られるメモの紙片（scheda）、そのメモを基に公証人手引きに従って記される冊子形態の公証人登記簿（imbreviatura）、そして登記簿から必要に応じて取られる写しである公正証書（instrumentum）の三層構造をとっていた。[135] 法効力を持つのは後者二つであり、どちらの契約文書にも公証人の署名がなされている。公証人登記簿の契約文言は、時に斜線で消されていることもあるが、これは債務の返済により契約が失効したことを示している。

ルッカの公証人登記簿の契約のいくつかには、その欄外に「ＣＦ」というマークが付いているものがある。これは“copia facta”の略号であり、登記簿からコピーが、すなわち公正証書がつくられたことを示している。[136] 公正証書が作成された割合を、一四世紀ルッカの三六冊の登記簿（七人の公証人分）、全一万八二八四件の契約から分析すると、三八一九件（二一％）の契約で正式な写しが作成されていたことがわかる。[137] 何らかの問題が起こり、法廷に契約内容を証明するために、証書が作成されたのであろう。ただ、八割近い契約で証書が作成されていなかったことは興味深い。ルッカでの民事裁判の件数の多さは、公証人契約の違反の蔓延を示しているように見えるが、実際には法的な争いに至らなかった契約がかなりの数あったことも考慮しておかなければならない。

証書が作成された割合の低さは、逆に見れば公証人登記簿の保存面での信頼の高さを示唆している。公証人登記簿は一四世紀当時、証書の真正性を証明するのに不可欠なものであった[138]。そしてコムーネはその原簿としての価値を認めしっかりと管理しようとしていた[139]。一三〇八年の都市条例ではすでに、故人の公証人登記簿をコムーネに申告することが義務づけられており、その後の条例でも申告対象の拡大や申告の厳格化が進められた[140]。またコムーネは公証人に自身が起草した過去の契約のリストを作成するよう義務づけ、それらを探しやすくしている[141]。契約内容の管理という点では、ボローニャはさらに進んでおり、公証人は自らの下で交わされた全ての契約をコムーネに申告することが義務づけられていた[142]。

こうしたコムーネ側の公証人登記簿への政策には、公証人を「作る」権限のコムーネへの委譲にも見られたような、コムーネによる公証人の活動領域への介入を見ることができる。これについては第6章の末尾でさらに検討する。

（3）契約数と領域の人口

次に、公証人登記簿の中身、契約の量や種類について検討しよう。まず一四世紀前半の都市ルッカで交わされた公証人契約の数を試算しよう。マイヤーによれば、一三世紀後半（一二五〇年から八〇年）の都市ルッカにおける公証人の数はおおよそ一八〇人から二〇〇人であった[143]。一四世紀初頭がイタリア都市における人口の最も多い時期であることから、一四世紀前半には約二〇〇人の公証人がいたと想定しよう[144]。公証人一人当たりの年間の契約数について、四人の公証人の登記簿を分析したところ、バルトロメオ・ブオンメージが年間二三二件、ジョヴァンニ・ロッティが年間九〇件、ニコラオ・ルポーリが年間二七七件、フランチェスコ・トッリンゲッリが年間二一二件の契約を執り行っていた[145]。ジョヴァンニのような、おそらく他の業務のために公証人としての活動を控えていた者もいたことを加味すると、公証人一人当たりの年間平均契約数を約二〇〇件と想定してよいだろう。この数字を基に計算すれば、一四世紀前半の都市ルッカでは年間約四万件の契約が結ばれていたことになる。

ルッカの人口についてもここで見ておこう。都市の人口は、一三三一年にヨハンに忠誠を誓った一八歳以上の成人男性の市民五一九七人という数を基にしたグリーンの推計によれば約二万五〇〇〇〜二万四〇〇〇人であった。[146]また、ルッカの民事裁判の管轄区である都市の半径約六マイルの周辺農村（セイ・ミリア、巻頭地図2参照）の人口について、レヴェロッティが一三三一年の課税台帳を基に明らかにした五八五三家族という数値、[147]そして一三五三年の穀物備蓄調査から導き出せる農村の一家族の平均人数三・二九人というデータから考えると周辺農村の人口として一万九二五六という数字が算定される。[148]これは都市の人口とほぼ同規模である。ここから一四世紀半ばのペスト以前の都市ルッカと周辺農村の人口は約四万人であったとすることができるだろう。また成人の数については、人口の約半数が二〇歳以上であるとするハーリッヒらの研究を参考にすれば、約二万と推定することができる。[149]なお、一三四七年から四八年にかけて猛威をふるったペストを経た後の一四世紀後半（一三七〇年代、八〇年代）の人口についてはミークの研究が、ルッカとその周辺領域を合わせて一・九万人と推定している。[150]

以上の数字を基に試算すると、農村の公証人による契約数を含めず、また都市の男女、農村の男女が全て同じ程度に契約に関わっていたと想定すると（実際には都市の成人男性が関わるケースが最も多い）、ひとつの契約に少なくとも二人が関わっていることから、少なくとも成人一人当たり年間四件の契約を行っていたことになる。同様の試算は他のイタリア都市では管見の限りなされていないが、イタリアと同様に公証人文化が普及した南フランスの都市、特にルッカと同じ人口規模であるマルセイユに関してはスメイルが、年間の公証人契約数を一七〇〇〜二三〇〇件と見積もっている。[151]これはルッカの約二〇分の一の数値であり、イタリア都市での契約数の多さ、契約社会としての中世イタリア都市の特徴を際立たせる数字である。

（4）契約の内容

次に契約内容について、一四世紀前半の四人の公証人の登記簿五冊、全二四六八件の契約を基に分析すると、[152] 金銭貸借契約が九六三件（三九%）、債務返済証明が三二八件（一三・三%）、不動産賃貸契約が三二三件（一三・一%）、家畜の委託飼育契約が一六七件（六・八%）、不動産の売買契約が九八件（四%）、不動産の権利譲渡が九〇件（三・六%）、遺言などの相続関連が三七件（一・五%）、結婚や嫁資の契約が一〇件（〇・四%）、親権解放が一三件（〇・五%）、後見人契約が一三件（〇・五%）、代理契約が一七六件（七・一%）、民事的な仲裁と和解が九八件（四%）、刑事的な紛争の和解が一一件（〇・四%）、街区の集会が一九件（〇・八%）確認できる（図2-8）。

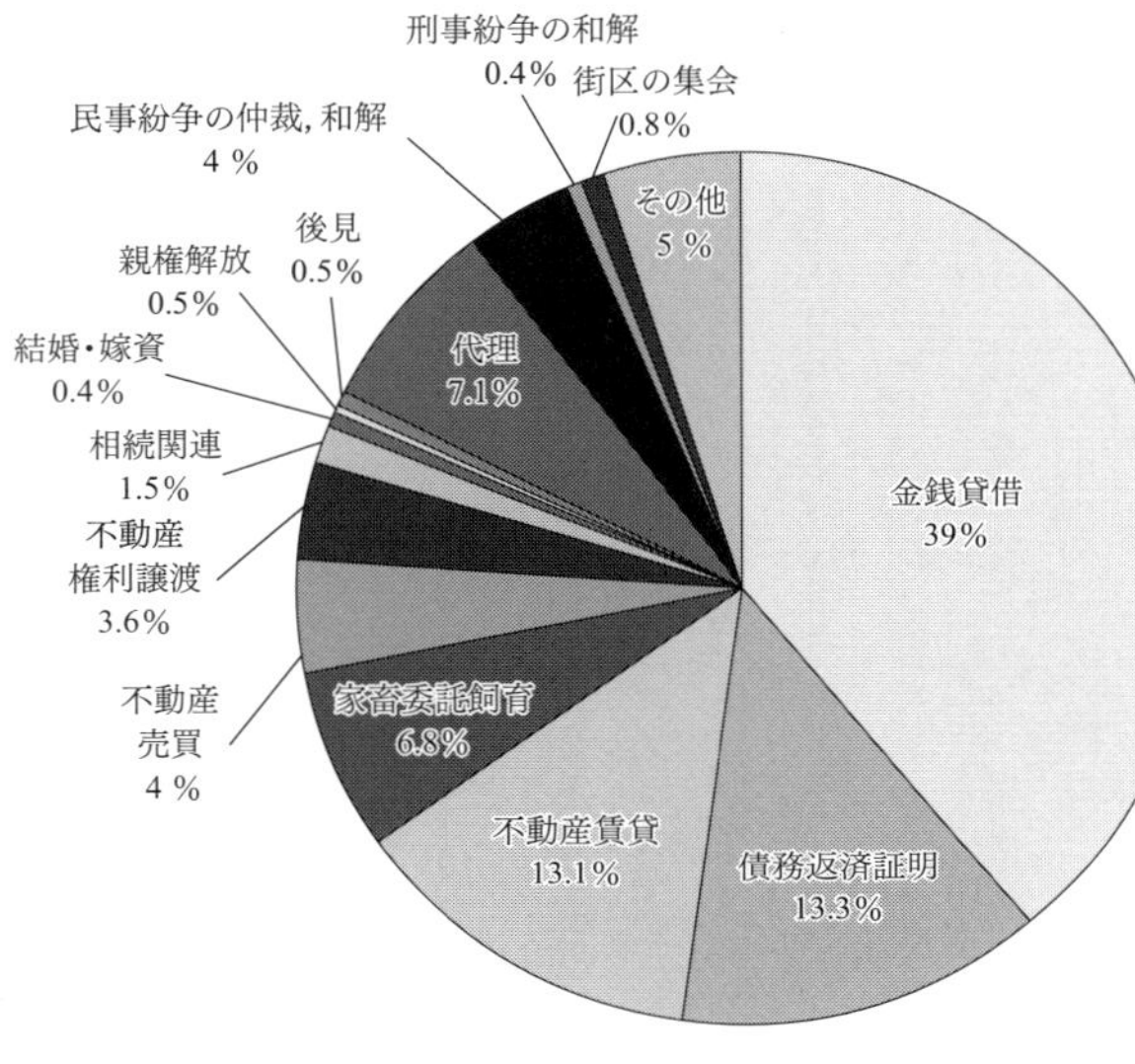

図2-8　14世紀ルッカの公証人契約の内容

これはマイヤーが一三世紀前半の公証人登記簿から明らかにした、金銭貸借契約三八%、返済証明八%、不動産賃貸契約五%、売買契約三%、贈与契約一%、相続関連二%、代理契約四%、仲裁判決三%という傾向と一致する。[153]

こうした契約内容からは、まず金銭貸借関連の契約が半数を占めていること、次に後の支払い義務を生じさせる契約（金銭貸借や不動産賃貸、家畜委託飼育）が六割近くを占めること、そして不動産に関わる契約（不動産の賃貸・売買および権利譲渡、家畜委託飼育）が三割近くを占めていることが注目される。特に全体の八割を占める金銭貸借と不動産に関わる問題は、裁判でも盛んに取り上げられる事案であり、これらの公証人文書は民事法廷でしばしば提出されている。

公証人登記簿には多様な契約が含まれているが、それでも公証人を通して行われない契約があったことにも留意しておきたい。それは動産の売買・貸借と、労働契約についてである。民事法廷には動産の返却を求めた訴え(154)や、給与の不払いの訴えがいくつか出されているが(155)、そのほとんどで公正証書は提出されていない(156)。おそらく契約対象が安価であったり、人的な繋がりを前提としていたために、公証人を介さず口頭で契約が結ばれていたのであろう。公証人文書がないということは、裁判において容易に証明できる手段を持たないということであり(157)、それもあってか他の種類の契約と比べてこれらの問題で裁判が起こされることは少ない。

(5) 手数料と物価

公証人を通して契約すれば容易に法的な保証を得ることができたが、しかし同時に契約のためのコストは必要となる。ルッカにおいて公証人契約の手数料に関する情報はないが、フィレンツェとボローニャの手数料について徳橋曜が紹介している(158)。それによるとフィレンツェでは、金銭貸借契約一リラ当たりの手数料は一二デナーロで、それ以降は契約額一リラ当たり二デナーロの手数料が加算されていく(159)。たとえば五リラの金銭貸借の場合だと二〇デナーロ（契約額の一・六七％）の手数料になる。売買契約では一リラの契約の場合は二ソルドの手数料、それ以上は一リラにつき四デナーロの加算で、五リラの売買契約であれば四〇デナーロ（契約額の三・三％）になる。他方、不動産賃貸借契約では一件当たり一五デナーロと定額の手数料となっている。ボローニャでは売買契約について二五リラまでが二ソルド、二五〜五〇リラならば三ソルド（契約額の〇・三〜〇・六％）、五〇〜一〇〇リラならば五ソルド（〇・二五〜〇・五％）の手数料となっている。

これらの手数料は取るに足らない額ではないが、かといって資産を守るためには決して高いコストであったとは言えないように思われる。実際多くの契約当事者が公証人のもとに足を運んでいるのは、この契約コストと裁判での公証人契約の有効性という便益とを天秤にかけた結果であろう。ルッカのある裁判では、当事者が一リラ一六ソルドという少額の金銭貸借証書を提出して債務の返済を求めている事例も見られる[160]。

当時の物価についてはドゥ・ラ・ロンシエールのフィレンツェを対象とした研究が参考になる。それによれば一三二六年から三二年に関して、賃金労働者の一カ月当たりの必要予算（家賃や食費、衣服代、靴代、日用道具代など）は、単身の場合七七ソルド一デナーロ、四人家族の場合は一七七ソルド、裕福な家族の場合二四四ソルドであった[161]。また同時期の建設作業員の日当の平均は四・六ソルド、親方クラスになると八・六ソルドであった[162]。なお、一三三〇年代の一フィオリーノ金貨当たりの交換比率は、フィレンツェ銀貨は平均六二ソルド、ルッカ銀貨は六九ソルドである[163]。

5　土地所有構造

（1）ルッカの農村の基本的特徴

一四世紀ルッカでは頻繁に公証人契約が結ばれ、裁判が行われていた。その社会経済的背景について見ておこう。契約や裁判では、土地や家屋などの不動産がしばしば対象となった。また金銭をめぐるやり取りでも、土地が担保となり、債務不履行の場合、土地が差押えられた。それゆえここでは当時の経済関係の基盤としての土地所有構造を考察したい。結論を先取りすれば以下で明らかになる特徴とは、土地の細分化と、権利の抽象的な形での保有である。中部イタリアにおいて特徴的なこの土地所有のあり方が、封建的な土地所有構造を有するアルプス以北の地域とは異なる民事的な紛争、裁判を生み出す土壌となっていたのである。

ルッカの裁判や契約でしばしば問題に上がるのは、セイ・ミリアと呼ばれる都市周辺六マイルの土地である。そこは都市ルッカが法的にも社会経済的にも独占的な支配を行っていた場所であり、市民が早期より土地所有に乗り出していた場所であった。この平野には一円的な領域支配を行う封建領主はいなかった。[164] それはルッカのコムーネが裁判権を引き継いだトスカーナ辺境伯がそこに絶大な支配を築いていたためであった。一二世紀のルッカ東部の平野を対象としたウィッカムの研究によれば、すでに一二世紀には市民による土地所有は幅広く見られ、サン・マルゲリータという農村共同体では、三分の二の土地が都市住民によって所有されていた。[165] これは、都市住民が農村に進出していったことによるだけでなく、農村を支配していた貴族層や有力者が農村に基盤を保持したまま都市に移住していたためでもあった。市民の農村での土地所有はイタリアで一般的な現象であったが、ルッカの特徴としてはさらに、ひとつの農村に多数の都市住民が土地を所有し、さらに一人の農民が複数の市民から土地を貸借していたことが挙げられる。[166] そのために農村や農民が特定の市民から強い支配を受ける状況がつくり出されることはなかった。

こうした一二世紀ルッカの土地所有状況は、それ以降においても継続している。フィレンツェやシエナの農村部では一四、一五世紀になるとポデーレと呼ばれる集約的な農場が形成され、一人の農民は一人の都市住民との間でメッツァドリーアと呼ばれる折半小作契約を結んでいた。[167] これに対しルッカでは土地の細分化と農民への支配の分散状態が一四世紀以降、一六世紀になっても続いていた。[168] 次にこうした一四世紀ルッカの農村の様子を、ルッカの南方約二・三キロメートルの地点にあるポンテテットという村落を対象に検討したい（巻頭地図2参照[169]）。

（2）土地の規模と保持者

課税基準額を更新する目的で一三三四年に行われた土地調査では、土地測量官（agrimensor）が、村落内の土地の保持者（tenitor）から、土地の位置と大きさ、地代の支払い相手について申告を受けている。[170] この史料を基にポンテテットの土地構造を検討すると、まず土地の保持者が九二名、彼らが保持する地片は一六〇、その土地の総面積は一二七万二七五八平方メートルであることがわかる。[171] 土地の平均面積は約八千平方メートルであるが、八コルトラ一クアッラ（約三万三千平方メートル）という大きなものから、一スカーラ（約三五平方メートル）しかないものまで様々である（図2-9）[172]。

ポンテテットの土地景観は、ポデーレが整備されたフィレンツェやシエナ領域の農村と比較するとその特徴がよくわかる。ピントによればフィレンツェの農地は二～三ヘクタールが平均的なものであり、シエナでは八～一〇ヘクタールを超す農場もしばしば見られた[173]。これを念頭に置くと、ポンテテットでは統合されていない多くの狭小な地片が寄せ集まっていたことがわかる[174]。

九二人の土地保持者の中でポンテテットの地元住民は二五人だけである[175]。他にはルッカ市民が二四人、ルッカの他の村落住民が一〇人、ピサなど他都市領域の住民が五人確認される。また出身が記されていない者も二三人いる。個人以外にもポンテテット修道院やルッカのサン・ジョヴァンニ教会など五つの聖界の団体が土地の保持者として名を連ねている。土地の「保持者」の中に、修道院などの団体やルッカの法学者も入っていることから、保持

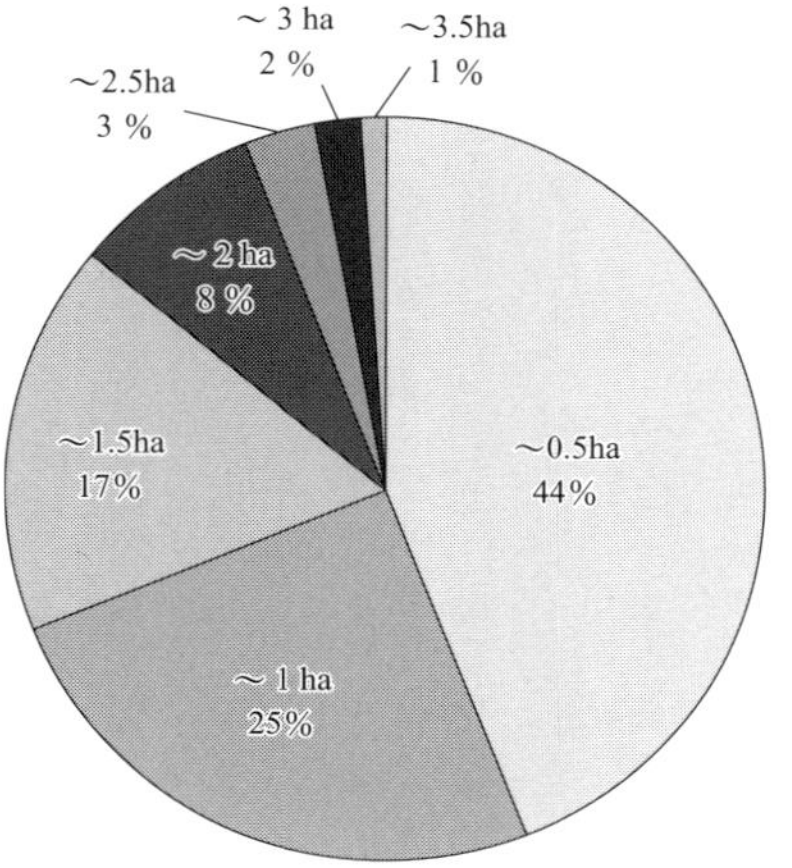

図2-9　ポンテテットにおける各地片（160）の面積

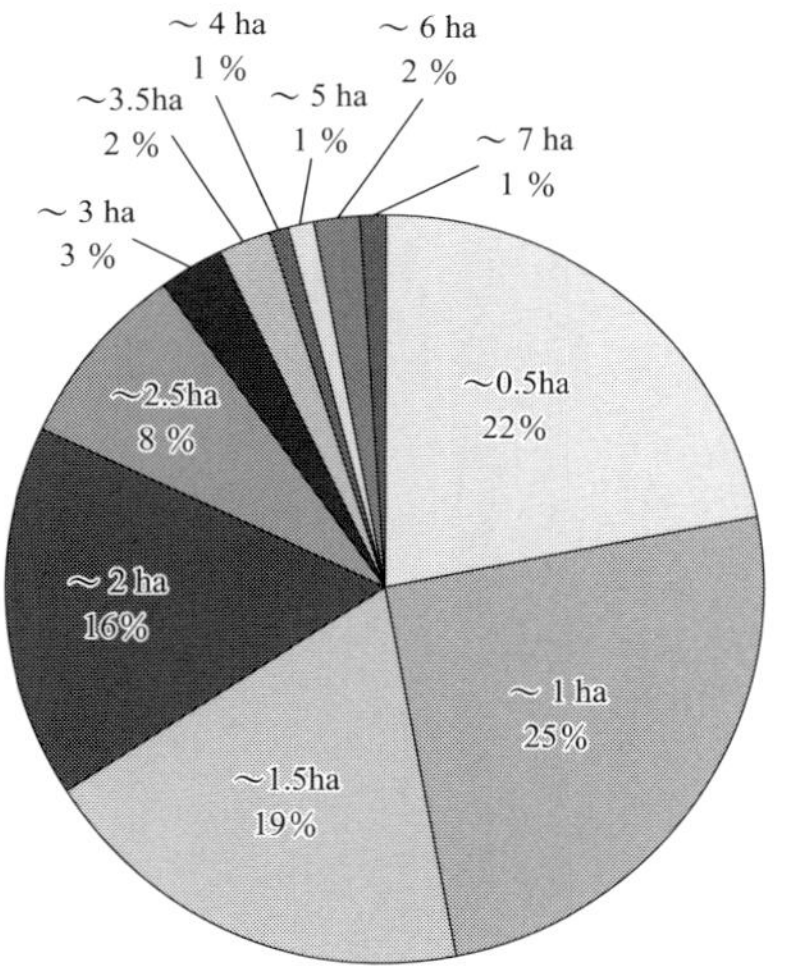

図 2-10　各保持者（92 人）が保持する土地の面積

者が必ずしも耕作者と同一であったわけではなく、土地を直接、管理する者であったと捉えるべきであろう。保持者はそれぞれひとつ以上の土地を保持しており、一人当たりが保持する土地の総面積は平均一万三八三四平方メートルである。ただ個々に見ていくと二ヘクタール（二万平方メートル）未満の土地しか持たない者が七五人（八二％）もおり、三ヘクタール以上の土地を持つ者は七人しかいない（図2-10）[176]。農業で生計を立てていたと推測されるポンテテットの住民でも、二ヘクタールを超える土地を持つ者は八人のみで、三分の二以上の住民がわずかな土地しか持っていなかったことになる[177]。

（3）土地の所有関係

土地台帳にはそれぞれの土地に関して、地代や権利関係に関する情報が記載されている。保持者自身が所有する土地である場合、「その土地が自らのものであると言った（quam dixit esse suam propriam）」と記されており、他方、他の者が地代の権利を持っている場合、地代の受領者と地代額が記されている[178]。この地代の受領者は、土地を持つ（habet）者と記されていることから、土地に何らかの権利を持つ土地所有者と考えられる[179]。土地の保持者と所有者との関係に注目すると、まず保持者が複数の所有者から土地を借り受けている様子が見られる。たとえばポンテテット住民のヌッコルス・ボナヴェントゥーラは、彼が保持する四つの土地をそれぞれ別々の市民から借り受け、彼らに地代を支払っている[180]。ここからは一二世紀のルッカと同様に、各農民は一人の土地所有者に従属する状況にはなく、それゆえ比較的自由に多くの者と経済関係を結ぶことができる環境にあったことがわかる。

次に土地所有者たちについて所有者ごとの所有状況がまとめられた別の記録簿から分析しよう（図2-11）[181]。まずこの村落の最大の土地所有者として地元のポンテテット修道院が二六の土地、一五万五八〇二平方メートルを持っており、それらがポンテテットの土地の一四％を占めている。この他に司教や施療院や修道院、教区教会など二一の聖界の団体が土地を持ち、ポンテテット修道院も合わせると、それらで三三万八〇〇八平方メートルの土地、全

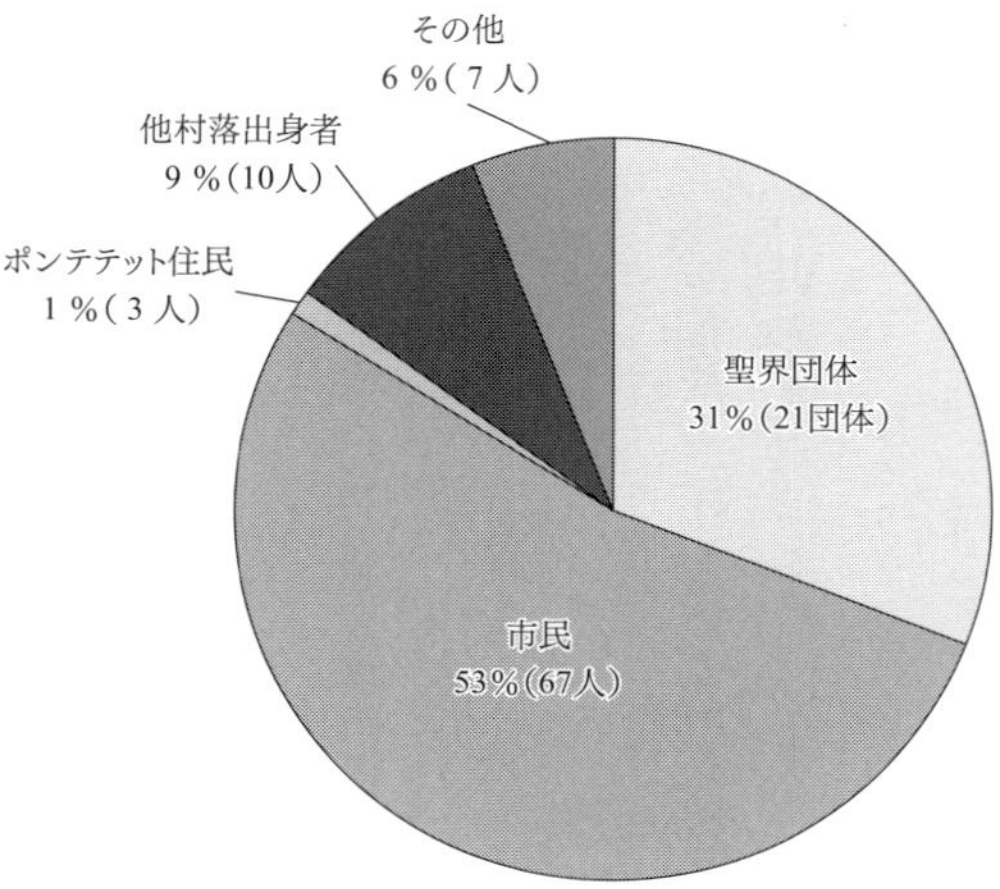

図 2-11　ポンテテットの土地所有者と彼らが所有する土地の割合

体の三一％の面積の土地を所有していることになる。それ以外では市民による土地所有がやはり目立つ。六七人（うち一二人は共同所有者）の市民が計五八万八九六〇平方メートル（全体の五三％）の土地を所有している。出身地が不明な者の土地もあるため（六万二一六七平方メートル、全体の六％）、実際には市民の土地所有の割合はより大きかったと考えられる。個々の市民は大きな土地を持っていたわけではなく、一ヘクタール未満の土地しか所有していない者が四八人もおり、二ヘクタール以上の土地に権利を持つ者は五人だけであった。土地所有者には都市の有力家系の人物も見られるが、居酒屋の主人（tabenarius）や、コップ職人（bicchierarius）など、決して上層市民とは言えない一般の市民も農村の土地に投資し、収益を得ていた状況が浮かび上がる。他の土地所有者としては、他の村落出身者が一〇人おり、彼らが持つ土地は一〇万一六六五平方メートル（全体の九％）であった。他方、ポンテテット住民で土地所有者として現れるのは三人のみであり、その土地も一万二九六四平方メートルとわずか（約一％）であった。

（4）地代に見る権利取引

土地所有者らが受け取っていた地代は、ほとんどが小麦と粟を同量ずつ、またはそれらにソラマメを加えた現物地代であった。[182] 年間の地代額を見ると、土地の大きさに対する支払い額の割合が一定ではないことがわかる。地代額が明記されている七六の地片の総量は六四万五三一平方メートルであり、支払い額は二七四七スタイオであるため、一ヘクタール当たりの平均地代額は四三スタイオであるが[183]、それぞれについて見ていくと一万三一五四平方メートルの土地に一七スタイオ（一ヘクタール当たり一三スタイオに換算）しか支払っていない事例から、反対に一一八四平方メートルの土地に二二スタイオ（一ヘクタール当たり一八六スタイオに換算）も支払っている事例まで様々ある[184]。この地代額の多様性は、土地や農場自体の価値や収益性の大小に依るだけでなく、保持者と所有者との間に多様な社会経済的関係――土地の部分的所有や地代を担保とした金銭貸借など――があったためと考えられる[185]。

地代の支払いにおいてもうひとつ興味深い点は、ひとつの土地に対して複数の者に地代が支払われている事例である。たとえばマッテオ・バッシアーテは一万二〇二六平方メートルの土地に関して、リッポの息子であるアンドレアとマッテオの二人にそれぞれ一二スタイオと八スタイオを地代として支払っている。二人の息子たちは父リッポからそれぞれ五分の三と五分の二の権利を受け継いでいたことになる。このようにひとつの土地に対して複数の者が権利を持っている事例は、ポンテテットでは一二の土地で確認される。

こうした事例の中で特に興味深いのは、バッチオメオ・グアランディとその兄弟が保持していたある土地に関するものである。それは三万二〇六九平方メートルという大きな土地であり、彼は地代として六人に合計二七八スタイオの地代を支払っている。土地の権利者のうち三人は都市の有力家系セクスモンディ家のメンバーであり、特にベルナルド・セクスモンディには一八八スタイオ（五モッジア六八スタイオ）が支払われている。

バッチオメオのこの申告は一三三四年三月に土地測量官になされたものであるが、その欄外には約五カ月後の八月になされた二つの修正が追記されている。修正のひとつはランドゥッチョなる人物が一二スタイオの地代を「購入」したために、彼への地代の支払いを追記するようにというもので、もうひとつはベルナルドとレンモ・セクスモンディの二人への支払いとし、その地代額を二六四スタイオ（一一モッジア）へと修正するというものであった。

　ランドゥッチョによる地代の「購入」分においても、ベルナルドとレンモの地代の増加分においても、他の権利者の名前の消去は見られない。そのためこの八月の修正により、バッチオメオが支払うべき地代の総額は二七八スタイオから三六六スタイオに増加したことになる。わずか五カ月間のこの増加は、土地の収益性の増加などに伴う契約の見直しといったものでは説明できない。この地代の増加の理由として考えられるのは、土地保持者たるバッチオメオがこの土地に以前は権利を有していて、それをランドゥッチョらに売却したという状況か、もしくはバッチオメオが借金をし、その見返りに地代の権利を譲渡したという状況であろう。これはフィレンツェ領域を対象にピントが明らかにした、自作農が所有地を抵当に入れて都市の金貸しに借金をし、結果として土地を奪われていく過程と重なるものである[186]。

　以上の事例から、土地への権利は、モノとしての土地への物理的な支配の次元ではなく、そこから生み出される「地代の権利」として認識されていたことがわかる。都市の貨幣経済が浸透した中世後期のルッカでは、土地は抽象的な権利の形で捉えられ、それゆえに多くの人びとによって容易に分割され、取引されていたのである。これは第Ⅱ部で検討する民事法廷に持ち込まれる民事的な紛争の背景として重要な点である。

(5) 都市部での所有権の細分化――相続と嫁資

　こうしたルッカの人びとによる抽象的な形での権利の把握は、農村の土地だけではなく、都市の不動産においても同様である。ルッカでは都市に関しては課税調査が行われなかったため、土地や家屋の権利関係の詳細は不明であるが、裁判記録からは都市においても不動産の権利が複雑に分割され取引されていた様子が見られる。たとえば家賃の支払いを求めた裁判では、原告側が家屋の四分の一や八分の一などの権利を有していると主張し、その分の家賃の支払いを求めている事例をよく見かける。ルッカの都市のサン・ジュウスティ街区にある家と土地をめぐる一三三六年の裁判では、原告ヌッチョとその兄弟はその不動産の六分の一と二四分の一の権利（すなわち二四分の五の権利）を持っているとし、[187]そこに住む被告に五年間分の家賃三五リラ八ソルド四デナーロを要求している。もちろんこの家と土地は物理的に分割されていたわけではなく、抽象的な権利の次元で分割されていた。[188]その後の裁判の過程で原告兄弟は、その権利を、彼らの父が裁判で獲得した抵当権を相続したために持っていると主張しており、彼らが父から相続した時点ですでにこの家の権利はバラバラに分割されていたことになる。

不動産の権利が分割される契機としては、不動産への抵当権の設定などにおける債権者間での権利分割がある。それ以外にも相続時の権利の分割もよく見られる現象である。ルッカをはじめイタリアでは男系の間での均分相続が多く見られ、上記の原告ヌッチョも訴えにおいて、父の三分の一の相続人として、そして他の三分の二の相続人である二人の兄弟の代理人として出廷していると表明している。この二四分の五の権利はこの後、兄弟たちによってさらに分割されることになったと推測される。民事法廷では実際、兄弟や親族間での共有財産のもめごとが持ち込まれ、財産の分割が仲裁人に委ねられる事例がしばしば見られる。[189]

こうして抽象的な形で分割された不動産は、地代や家賃への権利として、無数に取引されていた。そうして土地の実物から離れたところで権利が取引され、権利関係が極度に複雑化していたことが、本書で検討する民事紛争の背景であった。不動産に関する権利の取引には売買や賃貸、金銭貸借時の抵当の設定などがあったが、それとともに嫁資という要因があったことを最後に指摘しておこう。[190]古代ローマから見られるイタリアの嫁資の制度は、婚姻時に妻がその父または近親者から与えられた資産を夫の家に持ち込むというものである。嫁資として設定されたのは金銭や不動産、地代の収益権などであった。男系相続から排除されていた妻は、夫の死亡時には嫁資を取り戻すことができた。問題が発生するのはこの時であり、妻が嫁資の返還を求めて亡き夫の相続人（主に夫の兄弟や子）を相手取って裁判を起こすことが頻繁にあった。夫は嫁資の資金や土地への権利をしばしば転売または抵当に入れていたため、妻は亡き夫の債権者として、嫁資分だけ夫の相続人たちの財産に権利を持った。こうした嫁資の提供や嫁資の返還に伴う権利の移転は、土地や地代の売買や金銭の貸借と並んで、権利関係を複雑化させ、紛争を引き起こす一因となっていたのである。

6　共和制イタリア都市ルッカ

以上、本書での議論の前提となる中世後期ルッカにおける政治、制度、社会の状況を概観した。ルッカは多くの点で他のイタリア都市と共通した特徴を有している。政治体制で言えば、一一、一二世紀のコンスル制、一三世紀初頭からのポデスタ制、一三世紀後半のポポロによるコムーネの掌握は、他の都市でも見られたものである。一四世紀のイタリア都市では北部を中心にシニョリーア制が、中部では寡頭的共和制がよく見られたが、ルッカは後者の例に入る。寡頭的共和制の都市もシニョリーア制を一時的に経験することがあったが、ルッカもカストゥルッチョや外国人領主、またパオロ・グイニージによるシニョリーア支配を経験した。

司法を含む統治機構においても、他の都市同様に、一四世紀の段階では政治や司法、行政に関して細かく機能分化し、都市条例に基づいて公正かつ厳正な都市運営が行われうる体制が整えられていた。また社会経済面でも、公証人契約の普及や土地の権利分散など、北中部イタリア都市に一般的な特徴が見られる。

あえてルッカの特徴を挙げるとすれば、中部イタリア（トスカーナ、ウンブリア、エミーリア・ロマーニャの一部）の都市における典型性を過度にまとっていたところだろう。ルッカは一四世紀のイタリアにおける政治状況の不安定さを直に受け、外部勢力からの支配や戦火に絶えず巻き込まれた。中世後期の共和制都市で見られた寡頭制という特徴についても、前任の政治指導者の意向が後任選びに大きく反映する方式がとられていたために、より強く帯びることとなった。こうした政治状況の不安定性と寡頭制という二つの特徴は、特に本書第III部で検討する刑事司法と政治との結びつきという点において重要な意味を持つこととなる。民事面では土地の権利の極度の分散が重要である。土地の分散と権利形態での取引はどの都市領域でも見られたが、統合された農場を持つシエナやフィレンツェと比較した場合、ルッカの細分化された土地所有構造は、無数の契約や紛争、そして裁判を引き起こしうる特有の環境として現れてくる。

もうひとつルッカの特殊性がある。それは本書がルッカに焦点を定めた現実的な理由でもある、伝来史料の豊富さである。ルッカでは一四世紀前半よりコムーネが残した業務記録が多く保管されている。司法の実践を映し出す裁判記録簿（特に民事の裁判記録簿）が一四世紀前半からの残存している都市は他にはない。次章では、こうしたルッカの豊富な伝来史料について、その作成と保存、利用のあり方に注目しながら検討しよう。

第3章　史料と史料論

1　史料論の視角

ルッカの文書館には現在、一四世紀から伝来するコムーネの記録簿が多数保存されている。たとえば一四世紀のものだけでも民事の裁判記録簿一九七七冊、刑事の裁判記録簿四〇九冊、アンツィアーニの決議録と評議会議事録六五冊が残っており、約二万人の人口規模の中都市でこれほど多くの史料が残されている都市は管見の限り他にはない(1)。近世期に大きな政治的変動がなくフランス軍の侵攻まで独立が維持されたこと、また近代以降も戦火や自然災害を被らなかったことが、今日のルッカにおいて中世当時の史料状況が再現されている大きな要因である。

本章の目的のひとつは、後続の章で用いる民事裁判記録、刑事裁判記録、判決集、アンツィアーニの決議録および評議会議事録、都市条例に関して、その形式と概要を示すことにある。しかしそれとともに、近年の史料論研究の成果を踏まえ、史料の記述内容だけでなく、史料のモノとして側面にも注目して、その同時代的な意味を検討する。すなわちこれらの史料を、当時作成され保管された現場に再び置いて見ることで、それらをつくり出し、利用し、保管してきた、コムーネの制度、都市社会、人びとの文書への意識について考えたい(2)。

史料をモノとして捉える場合、まず押えておくべきは当該史料の類型である。中世後期のルッカに残されている裁判記録や評議会議事録などは文書史料として分類され、年代記などの叙述史料とは異なる類型に属す。また文書史料の中でも単葉の証書系資料とは異なる冊子形態の業務記録（管理系資料）として位置づけられる。(3) イタリアでは証書、カルチュレール、都市条例に続いて一三世紀初頭以降にこの業務記録という史料類型が登場する。業務記録の特徴は、証書や都市条例などが、法行為の結果として生み出される諸権利や諸規定を記したものであるのに対し、現在進行中の業務が継続的に記されている点にある。

こうした業務記録は、従来、証書史料とは異なり、それ自体では法効力を持たず諸義務を発生させるものではないと見なされ、文書の法効力の有無に力点を置く伝統的な文書形式学では注意が払われてこなかった。しかし、史料をその法的性格だけではなく、文書庫に保管されてきたという点から把握するアーカイブズ学の視点を取り入れた近年の史料論研究においては、業務記録も当時文書庫で管理され利用されていたモノとしてそれ特有の意味が検討されるべきものとなっている。(4)

イタリア都市の業務記録に関する研究は、第1章第3節でも触れたように、それがいかなる歴史的背景の中で生み出されたかという点から行われてきた。そこでは一三世紀のポデスタやポポロの政治的イニシアティブや、都市行政の複雑化に伴う現場での必要性の増大という背景の下で、都市行政の効率化と厳正化に資するものとして業務記録が現れてきたことが明らかにされた。一四世紀のルッカの史料を考察する本章は、こうした一三世紀の業務記録生成期の問題に立ち入るものではない。代わりに、一三世紀を対象とした研究では利用されえなかった業務記録そのものも用いつつ、業務記録がいかに継続的につくられ、利用され、入念に保存されたのかを検討する。業務記録そのものに刻み込まれた、業務記録をめぐってなされた無数の実践を具体的に検討していくことで、そうした実践によってそのつど生み出され、また揺り動かされる社会や制度、そしてコムーネの動態的なあり様を明らかにしたい。

2　作成現場の諸相――史料の形式と内容

(1) 民事の裁判記録簿

まず、各史料の形式と内容を見ながら、史料の作成過程を検討しよう。各部局の書記たちは、彼らの眼前に広がる光景をいかに記述していったのか。どのような原則の下で何を書き何を書かなかったのか。彼らの記述活動を規定していたルールやそれを後押ししていた力に注目して、各史料を分析しよう。

一四世紀ルッカの民事裁判記録簿は、二二センチ×二九・五センチの紙五〇葉(＝一〇〇頁)を中綴じした冊子をいくつか束ね、それに羊皮紙のカバーをつけた形をとっている(図3-1)。一冊当たり、多いものでは五五〇葉(一一〇〇頁)にもなる。[5] 民事法廷で用いられていた紙の量は、伝来状況が良好な年で見ると、ポデスタ法廷三四〇〇葉、コンスル法廷四〇〇〇葉、控訴法廷五〇〇葉、外国人領主の法廷一五〇〇葉にもなる。合計すると年間で推定約一万葉(二万頁)という驚くべき量の記録が生み出されていたことになる。

民事の裁判記録簿は、大きく分けると二つの種類からなる。ひとつは文字通り裁判を記した記録簿(『訴訟の書(Liber causarum)』や『訴えの書(Liber reclamorum)』など)であり、もうひとつは法廷での実務を記した記録簿(『記憶の書(Liber memorie)』など)である。以下では、ポデスタ法廷の『訴訟の書』の記述内容と、それがいかに作成されたのかについて見てみよう。

まず裁判の記述形式について一三三六年六月六日に始まったある裁判を例に見ていこう。[6] 記録はまず訴状の内容から始まる。そこでは原告ヌッチョが父である故ウゴリーノの相続人として、ある土地と家を貸していた被告ラブルッチョらに対し、五年分の不払い賃料三五リラ八ソルド四デナーロを求めたことが冗長な形式で記されている(図3-2右上)。[7] その後記録は、廷吏による召喚、[8] 七日に原告の出廷と被告の出廷拒否、[9] 八日に被告の依頼での召喚[10]

と被告による代理人の任命[11]、被告代理人による弁論と続く（図 3-2 の右下から図 3-3 の左下）。被告側の弁論では、原告は自らが原告側の代理人として委任されたことを証明すべきこと、原告がどの権原で土地と家の権利を主張しているのか明らかにすべきこと、ポデスタ法廷の裁判官がこの事案に権限を持たないことの三点の主張が記されている（図 3-3 左下）[12]。これに対し原告側が六月一〇日に出廷し、権利は原告の父が獲得した司法命令に由来すると主張し、それを裏づける証書を提出したことが記録される（図 3-3 右）[13]。またポデスタ法廷の裁判官がこの事案を裁く権限を持っているとも主張する。六月一二日以降、当事者双方はこれまでと同様の主張を展開する（図 3-4）。なおこの間、被告の出廷拒否により動産の差押えが行われたが（図 3-2 中央）[14]、その後被告らが費用を支払ったために差押え物品が返還されている（図 3-4 右）[14]。

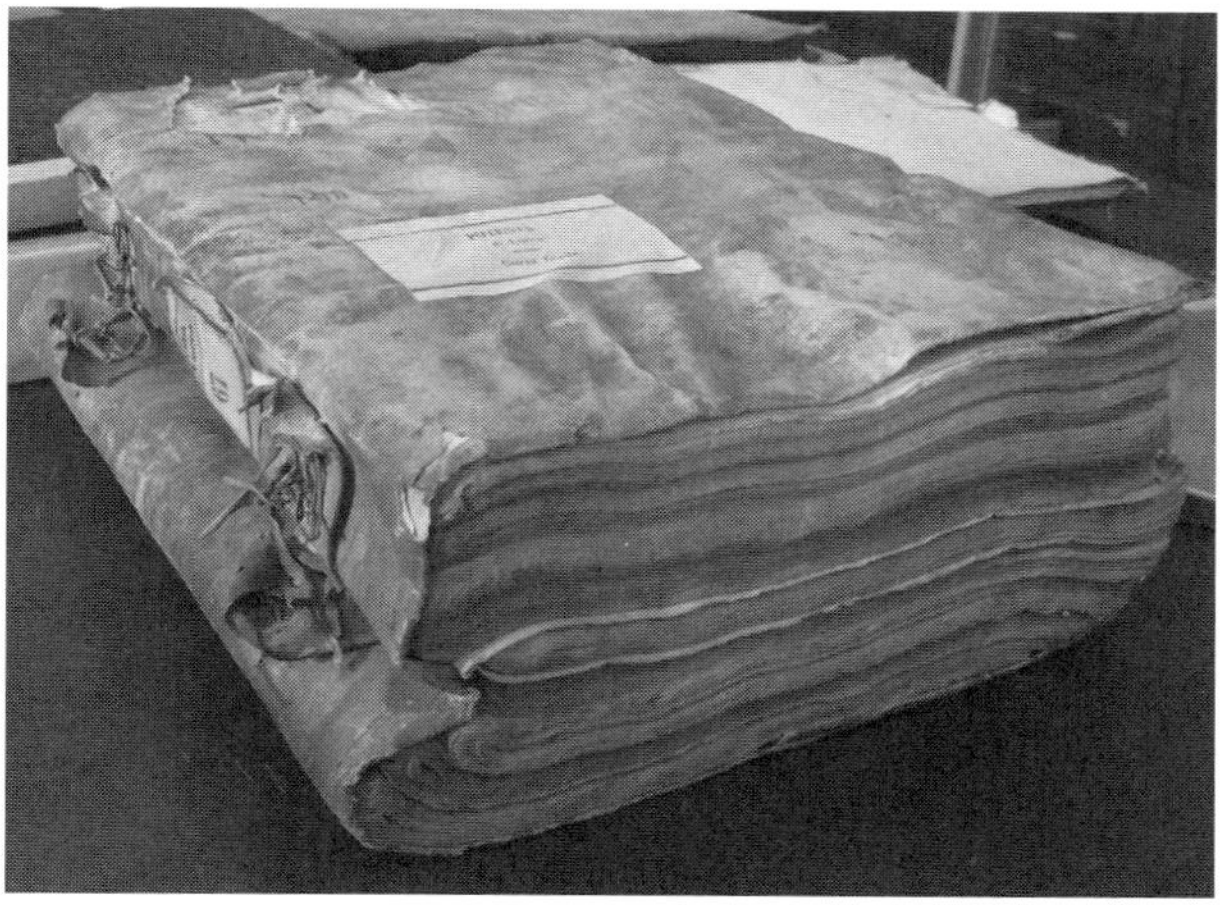

図 3-1　1336 年ルッカのポデスタ法廷の民事裁判記録簿（*Potestà*, 67）

　六月一七日、裁判官は判決の土台となる法助言を法学者に求める（図 3-5 左上）。七月四日、原告のみが出廷する中、ポデスタの裁判官に権限があるという旨の助言が開示され[15]、それに基づいて中間判決が下される（図 3-5 右）[16]。この裁判はその後も一二月二〇日まで続き、結局被告のラブルッチョらが一年分の家賃三リラ六ソルド八デナーロを支払うようにとの判決で終わる。当初の訴えの額からは少ないものの、土地と家への権利が確認され、未来の家賃の支払いが確定したことから原告側の勝利と言える。ルッカの裁判はこのように、訴状の提出、召喚、被告と原告の弁論、法助言に基づく裁判官の判決などロー

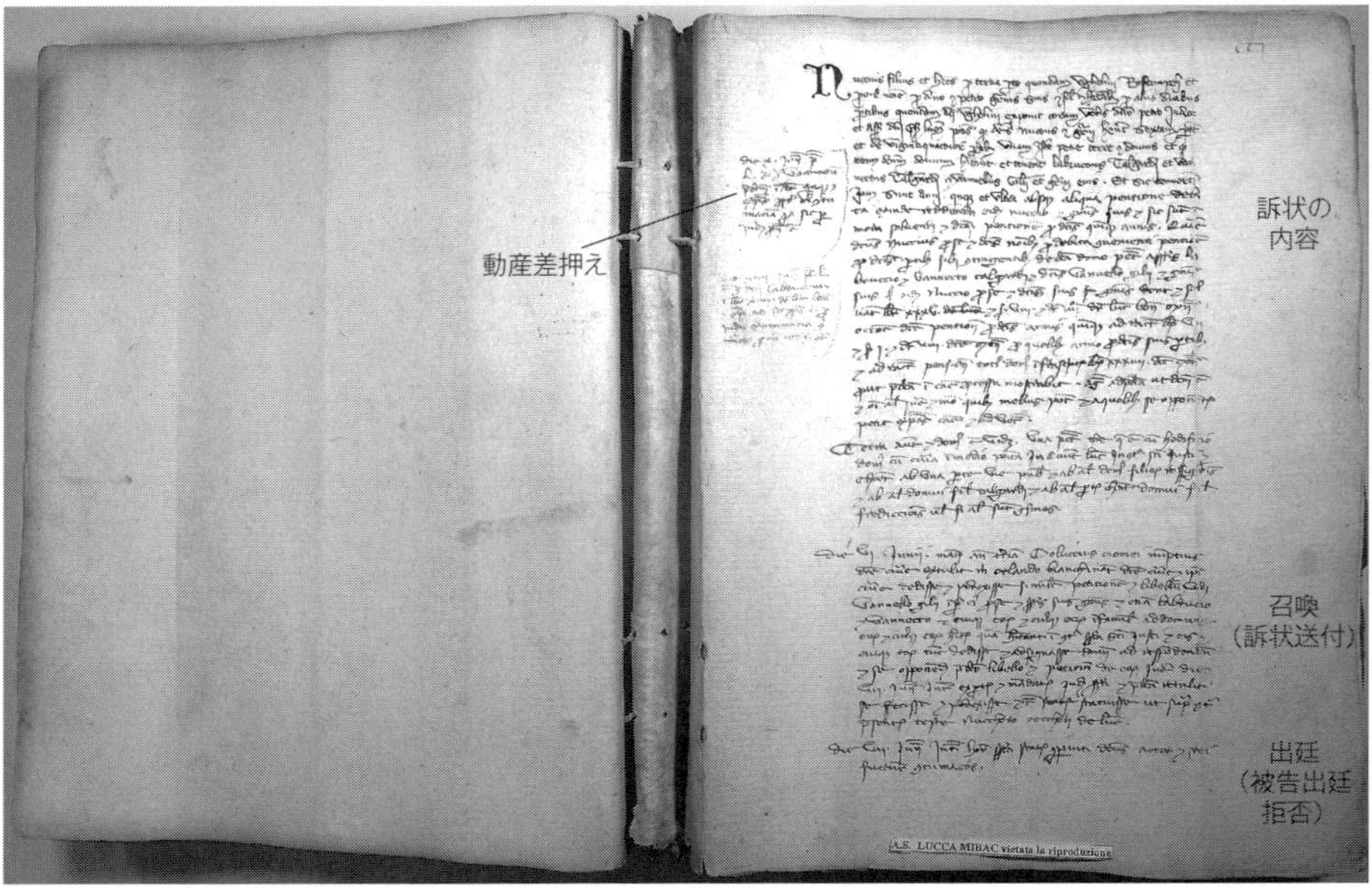

図 3-2　民事裁判記録（*Potestà*, 58, fol. 201r）

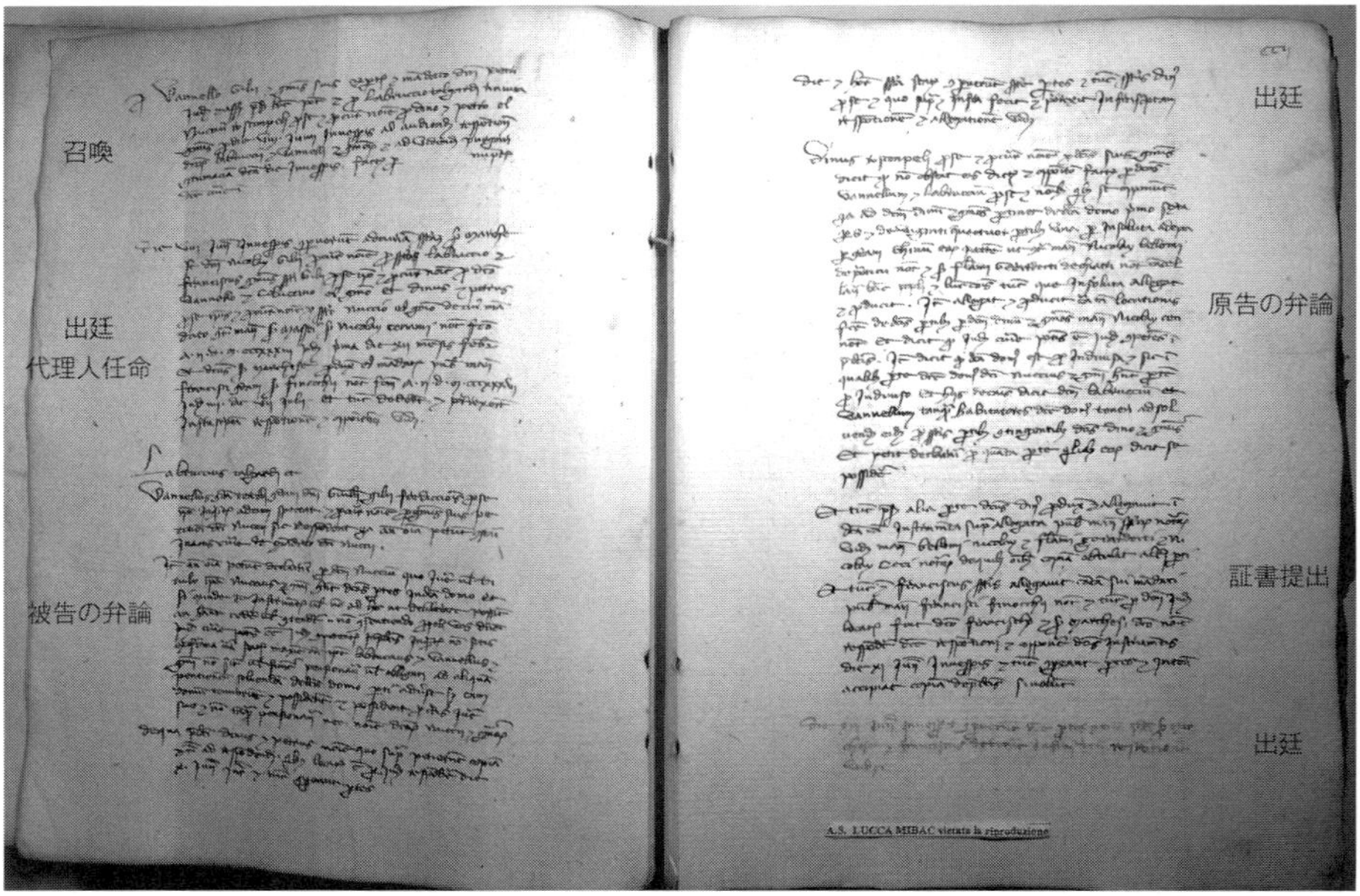

図 3-3　民事裁判記録（*Ibid*., fols. 201v–202r）

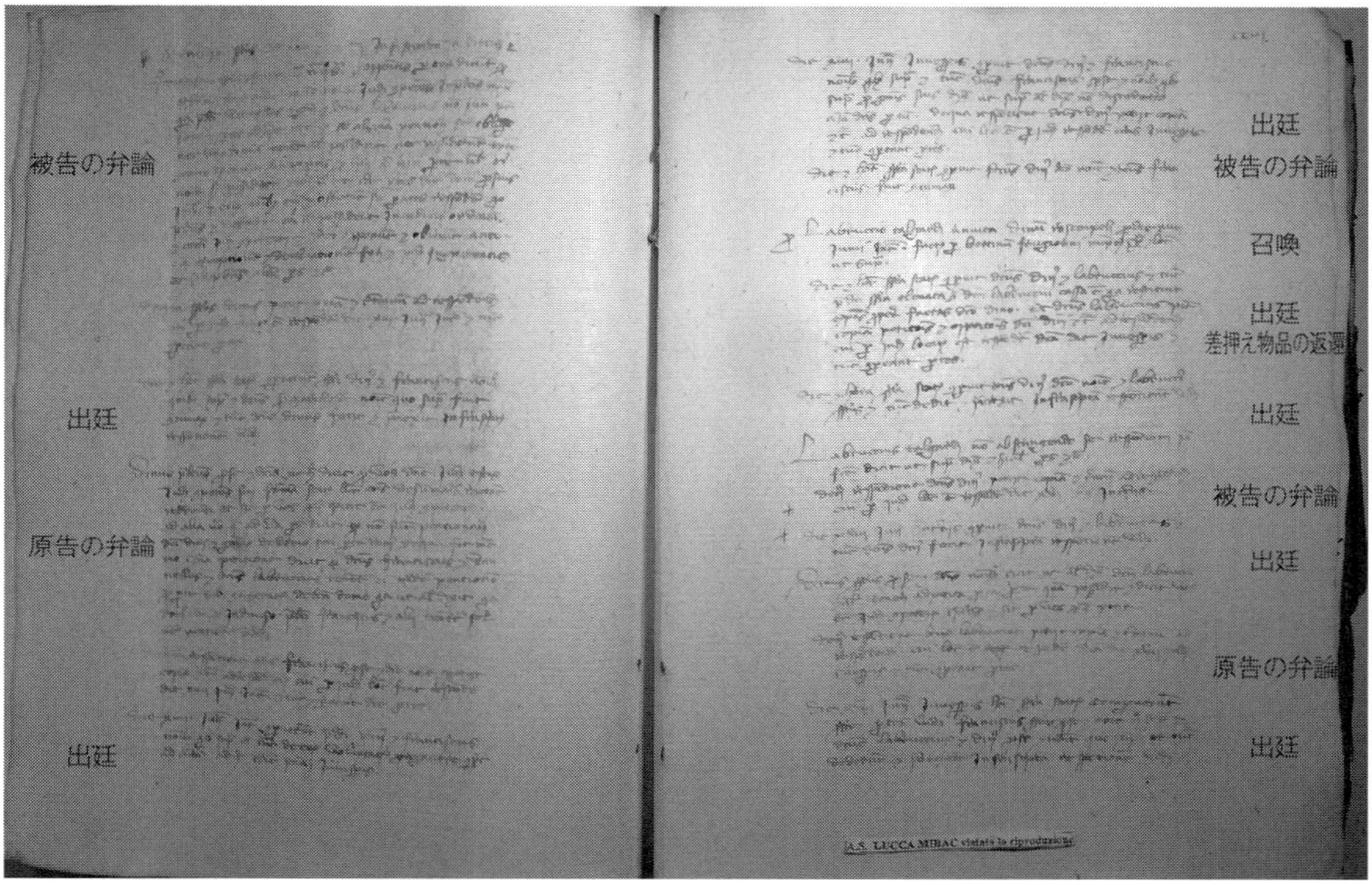

図 3-4　民事裁判記録（*Ibid*., fols. 202v–203r）

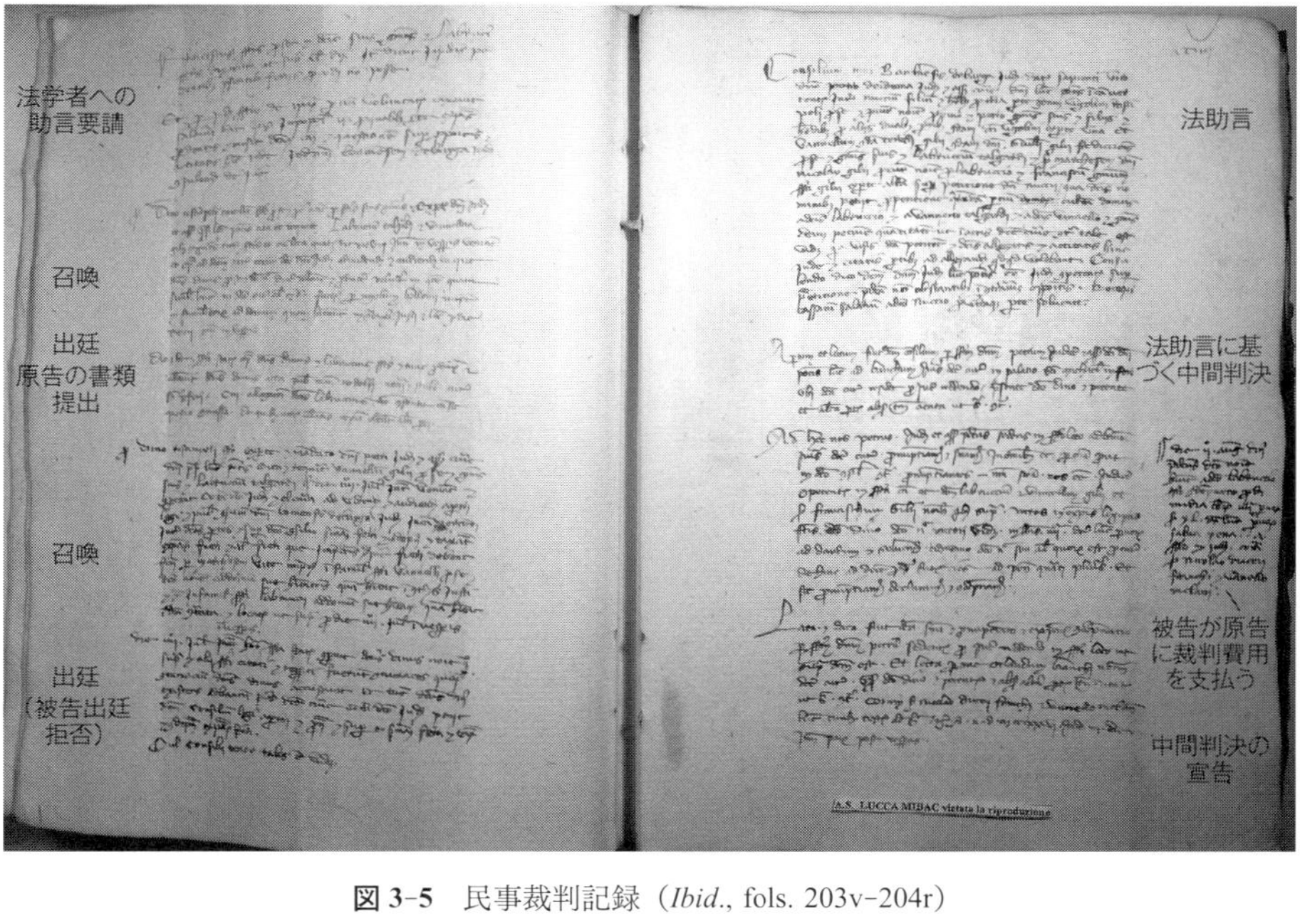

図 3-5　民事裁判記録（*Ibid*., fols. 203v–204r）

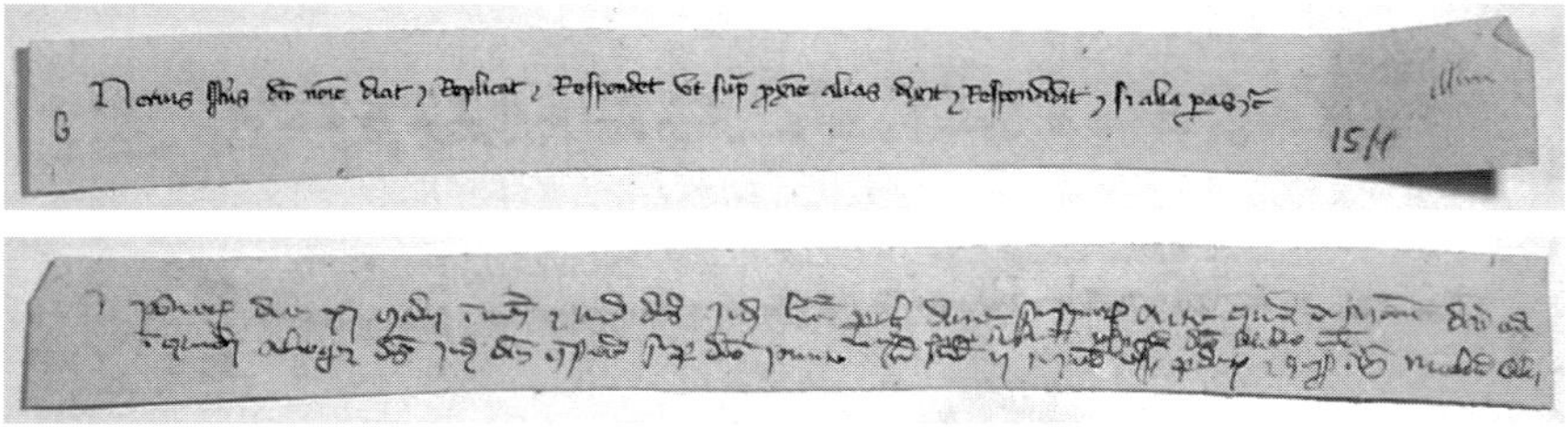

図 3-6　上（表）：弁論内容，下（裏）：提出に関するメモ（ASL, *Curia di S. Cristoforo*, 113, fols. 15v-16r に挿入されていた紙片の裏表）

マ・カノン法訴訟手続きに基づいて進められる。(17)

上記の事例の記述分量は、裁判全体では一三頁（六葉半）に及ぶ。この事例では第一〇頁の途中で一旦記述が途切れ、数頁先に続きが記述されている。これは、各訴訟が当初、数頁の間隔を開けて書き始められ、そのため長引く訴訟では記述スペースがなくなっている状況を示している。ここからは、裁判が全て結審した後に記録が一気に書かれたのではなく、裁判と同時並行で随時書き込みがなされていたことがわかる。

裁判記録簿には時折、紙片が挟み込まれている。この紙片は民事裁判の記録のあり方について多くの情報を提供してくれる。紙片は法廷の役人が作成したもの（召喚など）と、訴訟当事者が作成したもの（訴状や弁論など）とに分けられる。訴訟当事者が提出したある弁論に関する紙片を見ると、弁論の箇所の下部または裏面に、弁論部とは異なる筆跡で――おそらく紙片を受け取った者の筆によって――紙片が提出された旨とその日時、そして法廷に出席していた人物に関するメモがある（図3-6）。紙片が挟まれていた記録簿の箇所を見ると、紙片の内容と一字一句対応した記述が見られる。ここから、法廷書記が、紙片を転写する形で記録をとっていたことがわかる。これは訴状の紙片の場合も同様である。都市条例には、法廷書記は受け取った文書（scriptura）を四日以内に記録簿に書き写すようにという規定があるが、(18)裁判と同時並行的に記述が行われている事実やこの紙片の存在は、この規定に書記が従っていたことを示している。(19)

訴訟当事者が提出していた紙片の存在はまた、法廷での弁論が口頭ではなく準備書面に基づいて行われていたことを示唆している。ローマ・カノン法訴訟手続きの裁判における書面に基づく活動は、多くの法学者が指摘している。一三世紀ボローニャの法学者ロランディーノは『公証人技能概要（Summa artis notariae)』で、訴え、抗弁、証言聴取の基となる主張、裁判官と助言者の忌避などについて、訴訟当事者は書面で行うよう指示している。[20] ルッカでは、ロランディーノが抗弁に分類する、原告や被告の弁論が裁判の大部分を占める。図3-6上の紙片は「ネリウスは上記の他の箇所で返答したように、返答する」とのみ記されたものである。[21] こうした簡略な弁論でも紙片が用いられていたことからは、法廷での書面を通した弁論が徹底されていたことが窺える。また、記録簿において日時や訴訟当事者の行動を記したメモの部分と、弁論内容の部分とが段落を分けて記されていることも、弁論が書面でなされていたことを示唆している。

ちなみに一四世紀末以降の裁判記録では、短い弁論の場合、口頭での弁論を筆記したものと思われるメモの部分と、弁論の部分とが連続して記述されるようになる。[22] 一四世紀前半でも法廷では当事者間の口頭でのやり取りは当然行われていたであろう。しかし訴訟当事者は、自らの主張を裁判での公的な活動として記録簿に書き込ませ、それを法的に有効なものとするためには、ラテン語での一定の書式に基づいた書面を準備する必要があった。なお一四世紀前半の書面形式を重視する裁判と、一四世紀後半の口頭弁論の増加と簡略な書式というそれぞれの時期の特徴は、第6章で検討する民事司法の性格の変化とも重なっている。

訴訟当事者による書面を通した法廷での活動は、法廷を利用できる社会階層や市民のリテラシー、また中下層の当事者の背後にあった人的ネットワークなどへの興味を掻き立てる。[23] ただ、記録簿の作成という観点から見ると、書面の提出は、訴訟当事者の側から裁判記録の作成への大きな寄与を意味する。法廷書記は、法廷での議論を自ら要約する必要はなく、当事者が提出する書面をただ転写するだけでよかったのである。

訴訟当事者による裁判記録作成への寄与はさらに、書記の活動に対する手数料の支払いとしても見られる。ある紙片には、勝者が敗者に請求した訴訟費用の内訳が記されている。そこでは「訴えの提示のために［法廷の］公証人に二ソルド六デナーロ」、「助言への委託の記載のために［法廷の］公証人に二ソルド」、「二度の召喚のために［法廷の］公証人と廷吏に二ソルド」など、法廷の書記に対する支払いの記述がある。[24] 都市条例でも民事法廷の書記が訴訟の過程で受け取るべき手数料が細かく定められている。たとえば「債務関連証書が言及されている訴状に関しては、被告六人までは訴えごとに六デナーロ、それ以上では一人当たり一デナーロ」、「審理で文書とともに行われる弁論では、一枚当たり一二デナーロの比率で、金額の増減は文の量に従う」、「返答と異議に関しては四デナーロ」などである。[25]

民事法廷の書記は、刑事法廷の書記とは異なりコムーネから俸給を受け取っていなかった。[26] 彼らは、訴訟当事者が裁判の過程でそのつど支払う手数料を収入としていた。民事裁判の記録は、詳細にかつ延々と記され、結果として記録簿の量は大きくなっているが、それは法廷書記の熱心な記述活動の結果というより、書記を後ろから動かしていた訴訟当事者による準備書面の提出と手数料の支払いという住民側の働きかけの結果と言うことができるだろう。[27]

（2）刑事の裁判記録簿

ルッカの刑事法廷とは、ポデスタが管轄する「悪事の法廷（curia malleficiorum）」のことを言う。ここで作成された刑事裁判記録簿は、裁判の過程が記された記録簿（『告訴の書（Liber accusationum）』と『審問の書（Liber inquisitionum）』）と、裁判中の証言を記した記録簿『証人の書（Liber testium）』などからなる。一三四四年には年間で八〇〇葉（一六〇〇頁）が生み出されており、[28] 民事裁判と比べると量は少ない。これは裁判件数の少なさとともに、各裁判の記述量の少なさのためでもある。一件当たりの記述量は、民事裁判記録では、一頁から四頁の分量の裁判が確かに多いが、一〇頁を超えるものも少なくない。これに対し、各刑事裁判の分量は二頁から四頁と一定で、五頁を超えるものはほとんどない。

民事裁判と刑事裁判との違いは、記述量だけでなく記述内容や記述体制にも見られる。各案件の冒頭部には、被

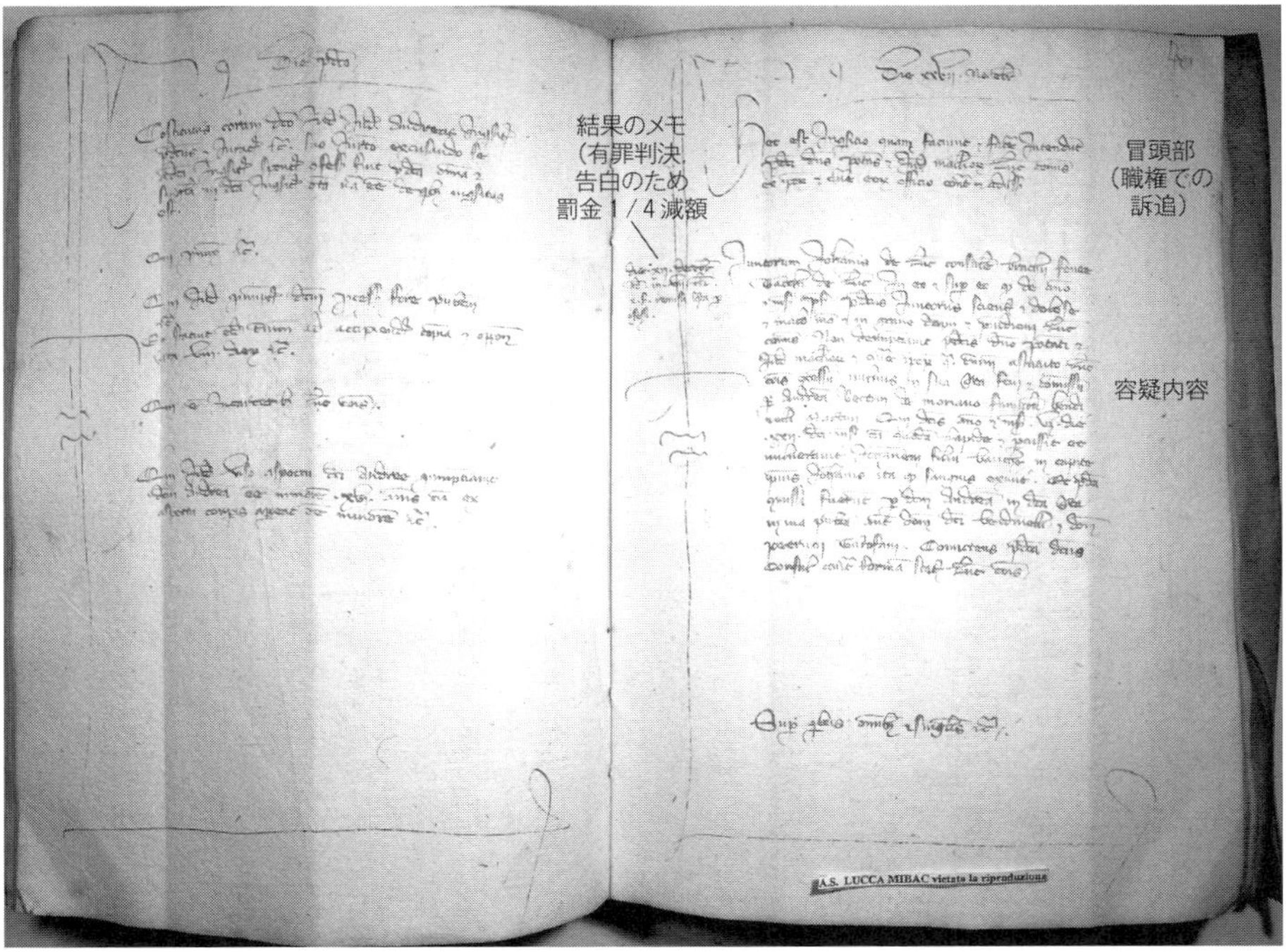

図3-7　刑事裁判記録（*Potestà*, 4739, fols. 70v–71r）

害者による告訴、街区の役人による告発、裁判官主導の職権での訴追のいずれかに関する定型句が置かれる（図3-7）。その後、容疑者と被害者の名前と容疑の詳細――たとえば傷害罪の場合であれば、傷害の箇所や流血の有無、凶器、犯行場所など――が記される（第7章第3節参照）。その記述は簡潔で、法廷書記が具体的で複雑な事象を定式に沿って要約していたことを感じさせる。

ここに見られる法廷書記の記述上のイニシアティブは、審理内容の記述にも表れている。そこでは召喚、廷吏の報告、被告人の出廷の有無、罪状認否、追放令、裁判の停止などが日付ごとに簡潔に記されているのみで、民事裁判で見られたような当事者の弁論の跡はほとんど見られない[29]。被告人が「声」を発する局面である罪状認否では、罪状の読み聞かせがなされた後、被告人が罪を認めた場合「起訴内容が真実であると告白した」[30]、否認した場合「起訴内容が真実であることを否定した」[31]、一部認めた場合では「差押えを妨害したと告白したが、他のことに関しては真実であることを否定した」[32]など、被告人の主張の要点のみが記されている。どの裁判も決まって二頁から三頁にまとめられ、どれも画一的な様相を呈しているのはこのためである。ここには民事裁判で見られた、当事者の提出する陳述書を書き写すだけの受動的な法廷書記の姿ではなく、被告人の主張を自らのフィルターを通して要約する刑事法廷の書記の能動的な姿を見ることができる[33]。

この刑事法廷の書記の性格は、彼らの制度的位置づけから来るものであった。二名から四名で構成される刑事法廷の書記は、民事法廷の書記がルッカ人であったのと異なり、ポデスタに随行する他都市出身者であり、また彼らの俸給は当事者からではなく、コムーネから年俸の形で支払われていた[34]。ここには刑事裁判が民事裁判よりも公的利害に直接かかわる分野と認識されていたことが窺える。記述面でも、本文に外枠が設けられ、裁判後に新たな追記ができないような仕掛けがなされている。ちなみに北中部イタリアの各都市の刑事裁判の記録は、ポデスタに随行して各都市を巡回するこの書記たちのために、共通の書式を有している[35]。

コムーネの公的役人としての性格が色濃い刑事法廷の書記は、民事法廷の書記とは異なり裁判の結果にも注意を払っていた。各裁判の記録の冒頭部の欄外には、有罪、無罪、追放令（bannum）、訴訟中断などの結果のほか、罰金額、刑の減免などのメモがある[36]。民事裁判では、判決や略式命令が記されている事例や、当事者一方の出廷拒否が記されている事例以外に、訴訟の途中で、たとえば訴訟当事者の主張の後や裁判官による期日の設定の後などで、突然記述が中断され、結果が記されずそのまま空欄になっている事例が三割以上で確認される（第４章第２節参照）。刑事裁判の記録に付された結果に関するメモは、それを後に参照し、何かに役立てようとした痕跡である。その何かとはおそらく、正式な判決集の作成であろう。刑事裁判の判決は、裁判記録においてではなく、別の形で書かれ集成されていた。

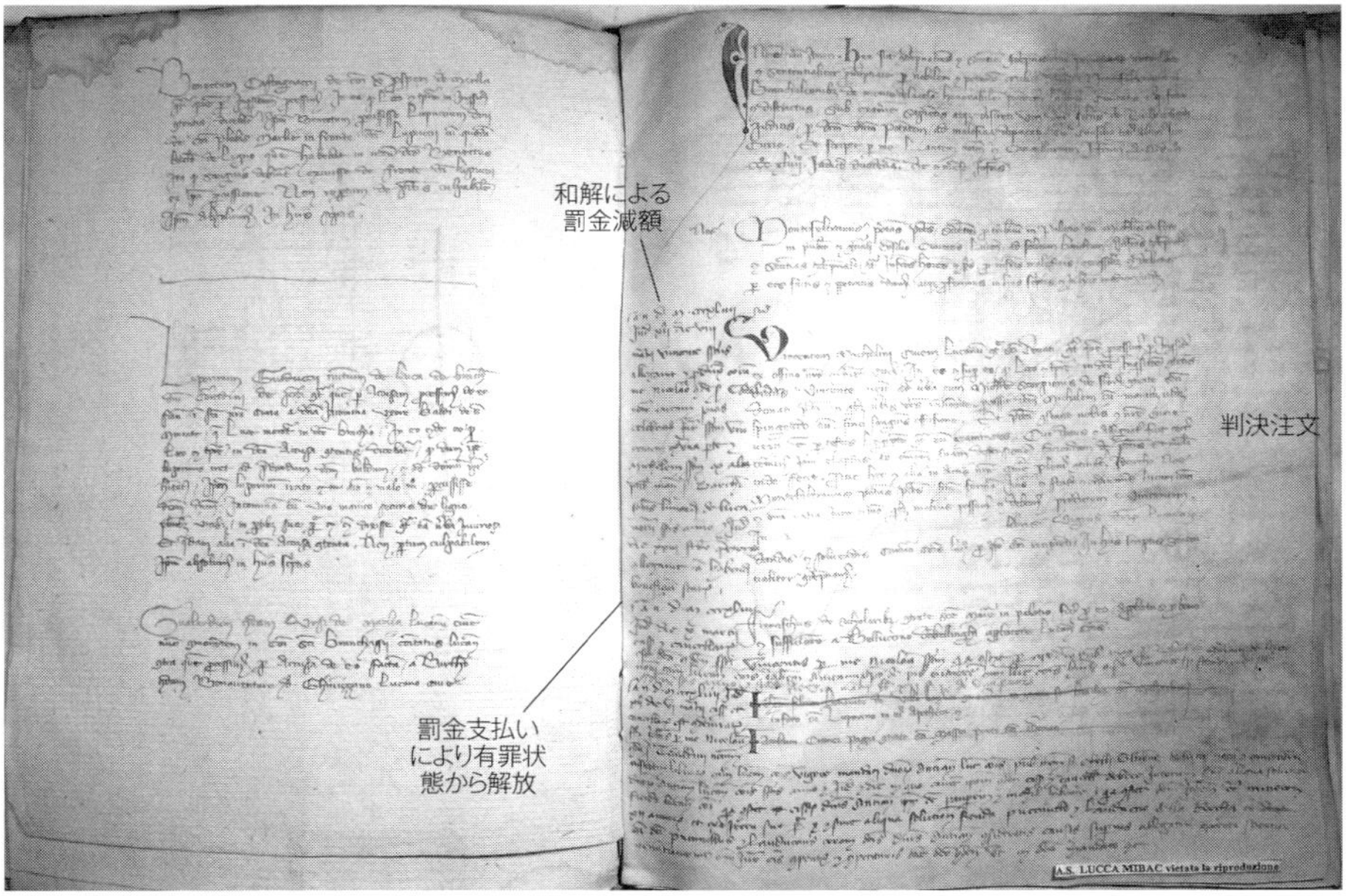

図 3-8　判決集（*Sentenze e bandi*, 13）

（3）判決集

ここで判決集と呼ぶのは、現在『判決と追放令(Sentenze e bandi)』と名づけられたシリーズにまとめられている有罪判決と無罪判決、追放令の集成のことである。都市条例によると刑事法廷の書記は、判決が法廷で言い渡された後、有罪判決を二つ作成し（ひとつは紙に、もうひとつは羊皮紙に）、それを持って評議会に赴いて判決を読み上げ、その後その文書をコムーネの文書庫の管理人に引渡すことになっていた[37]。現存している判決集は、そうして刑事法廷の書記が作成した正式な判決を年ごとにまとめたものであり、その多くは羊皮紙を媒体としている。

一三四四年の判決集を例にとると、一五一人に対してなされた一一〇件の有罪判決と無罪判決が収められ、全部で七〇葉（一四〇頁）の分量になる。七〇葉は数葉からなる三六の束から構成されており、各束には数件の判決が収められている。これは法廷書記が数件の判決をまとめて記し、文書庫にそれを引渡していたことを示している。判決集にはカバーがつけられ、そこに年号などが付されているが、内部にその書のタイトルや内容を示す導入部はなく、誰がこれをつくったのかは不明である。おそらく判決の束を受け取った文書庫の管理人が、それらを綴じたのであろう。

判決集に収められている各判決の記述を見ると、冒頭の定型句に続いて被告人の名前、裁判の始まり方（告訴、告発、職権での訴追）、起訴内容、裁判の過程、有罪または無罪、罰金額が一続きに記されている（図3-8）[38]。各判決は半頁から一頁の分量で、少しのスペースを空けて次の判決が記されている。判決の主文の欄外には、本章第4節で詳しく見るように、判決の消去や罰金額の変更に関する記述が所狭しと記されており、判決集の後の参照と利用が窺える。

（4）アンツィアーニの決議録と評議会の議事録

法廷から離れて、執政府や評議会で作成された文書に目を向けよう[39]。一四世紀ルッカの内政は、一〇人で構成される執政府アンツィアーニと大小の評議会によって担われた。評議会からの意見を必要としない案件は、アンツィアーニによって直接決議され、アンツィアーニの決議録（Liber stantiamentorum et provisionum）に収録された。他方、評議会の意見を必要とする案件は、評議会での審議がなされ、議事録（Liber consiliorum et reformationum）に記された。これらはともにアンツィアーニの書記官によって書かれた。

アンツィアーニの決議録は、一三三〇年代の外国人領主支配下のものが多く残っている。各記録簿の分量は五〇葉から二三〇葉までと様々である。たとえば一三三三年一二月から三四年三月までの四カ月間分の記録簿は、一二五葉の分量で七六件の決議を収録している[40]。各決議は長いものでは三頁以上にも及ぶが、多くは一頁か半頁に収められている。日付順に整理された各決議は、決議に参加したアンツィアーニと外国人領主の代官の名とともに、アンツィアーニのメンバーによる投票が行われたこと、それに基づいて決定がなされた旨が一人称複数で記される。

その後、具体的な決議内容が記されるが、いくつかの決議では、主文の前に、その決議を必要とする理由やそれを動機づけた嘆願の内容が記されている。たとえば、一三三九年一〇月九日の決議では、農具が負債のために差押えられないようにとする決議の前に、ルッカの周辺住民や農民が負債のために農具が没収されることで被っている損害を考慮して、公共善のために（pro communi bono）これらを防ぐことを欲して、という理由が付されている(41)。理由や嘆願内容の記載は、第4節で検討するように、決議の内容を正当化する効果を狙って挿入されていると考えられる。決議の内容は段落分けされず一続きに記されていることから、各決議が判決集と同様に、厳格な法効力を帯びたひとつの法行為として認識され、記されていたことがわかる。

次に、大評議会や五〇人評議会、三六人評議会などの評議会の議事録を見よう。これは外国人領主下でも一部残っているが、多く残存しているのは一三四二年のピサ支配期以降のものであり、ピサからの独立後の一三七〇年以降のものはほぼ全て残されている。ここではアンツィアーニの決議録よりも詳細に議事が記されている。

一三五三年一月二一日の五〇人評議会のある議題を例に見ると、まずアンツィアーニがピサの代官の立会いの下で、五〇人評議会議員と「招待者」を、サン・ミケーレ・イン・フォーロ広場北側のコムーネの館の小さな間に招集する（図3-9）。その後、アンツィアーニが評議会に提案を行う。評議会に提案されたのは、評議会の同意なしではアンツィアーニがその議題（ここでは嘆願）を決定することができないためであった。その後、評議会において嘆願状の内容が議員に読み聞かせられ、それに対して助言を行うよう求められたことが記される(42)。そして段落を変えて嘆願状の内容が転写されている（図3-9右）(43)。この嘆願は、カマイオーレ代官区の農村共同体テルチリアーノが、ペストの影響で人口が減少し貧しくなっているとして、塩税の免除を求めたというものであった。他の事例の嘆願の記載を見ると、書式は不統一でありまた時にはイタリア語で記されているものもあることから、嘆願者が提出した嘆願の文面がそのまま、この議事録に転写されていると推測される。

嘆願の後、議員の意見表明に移る。意見の内容は通常、直接何らかの対策を主張するものと、アンツィアーニに

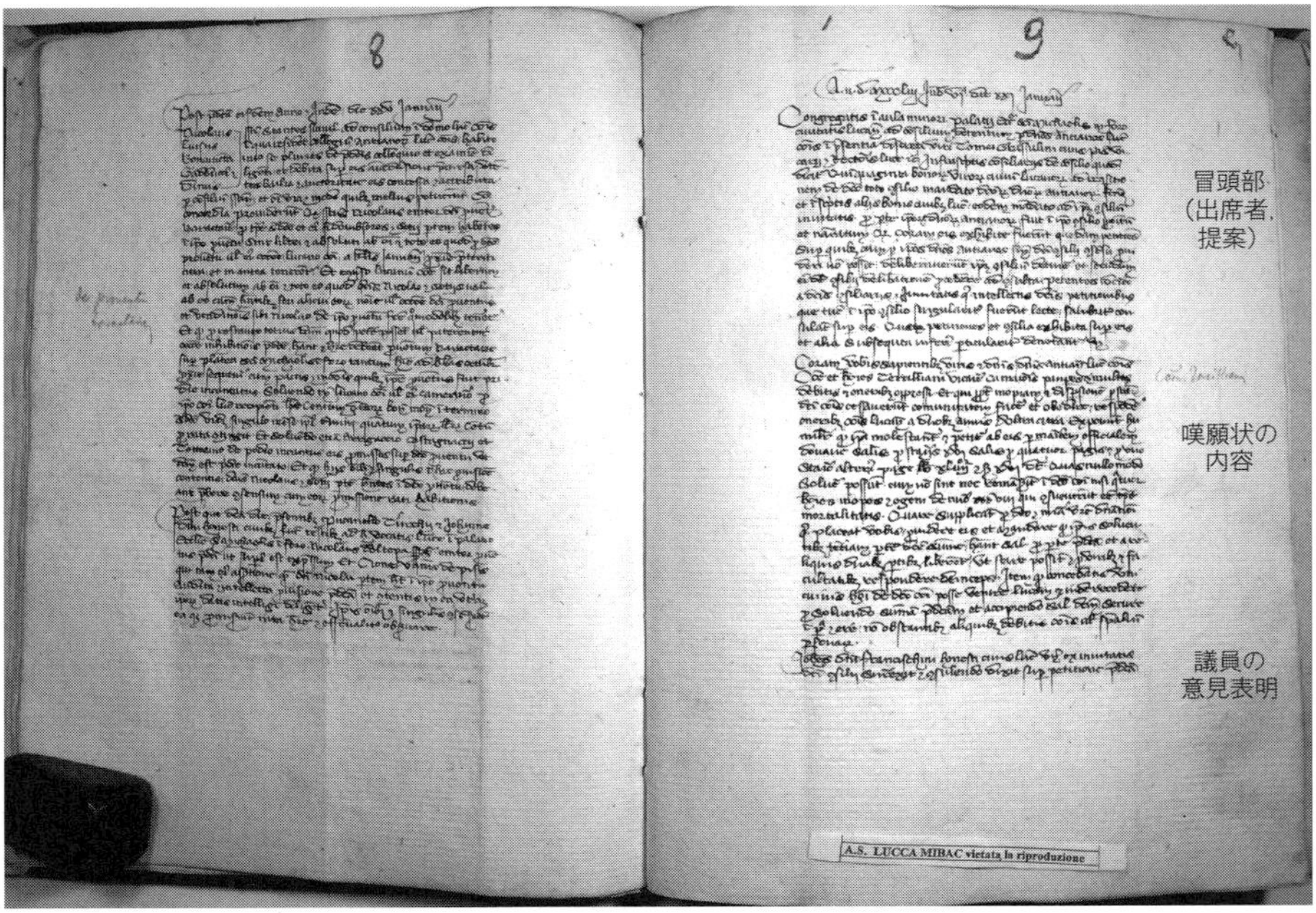

図 3-9　50 人評議会の議事録（1353 年 1 月 21 日。*Anz. Av. Lib.*, 35, fols. 5v–6r）

全権が委任されるよう求めるものに分けられる。この事例では、「招待者」の一人のジョヴァンニ・オネスティが、アンツィアーニがその共同体の状況を調査し、よりよいと思われる対策を講じるように、そしてその対策がこの評議会での決定として有効となるように、との意見を表明している（図 3-9 右下、図 3-10 左上）[44]。その後、この意見に対して代官とアンツィアーニと評議員らが採否の投票を行う（図 3-10 左）。この一月二一日の事例では白色のケースから四五個の賛成の玉が見つかり、黄色のケースから二二個の反対の玉が見つかったとあり、三分の二を超える賛成を集めたジョヴァンニの意見が議会の助言としてアンツィアーニに伝えられる[45]。この後には、投票に加わった議員の名前が列記される（図 3-10 左下から右上）。またこの事例では、「その後（post）」という見出しが掲げられ、アンツィアーニが彼らの間での投票を経て、この共同体の塩税が半額にされるように決定し、塩税を管轄するドヴァーナの役人

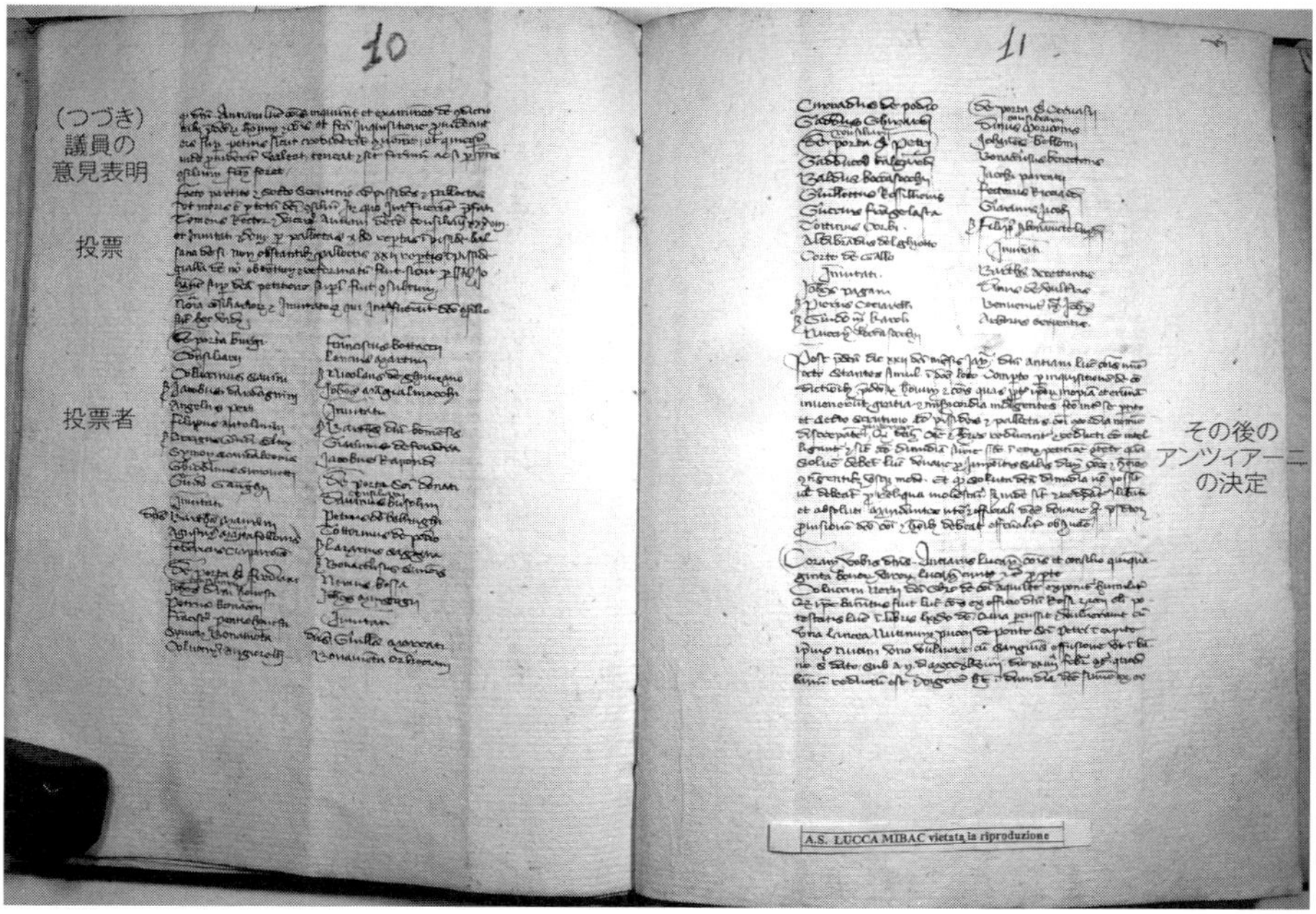

図 3-10　50人評議会の議事録（1353年1月21日。*Ibid*., fols. 6v-7r）

にその決定を通達するとの文章で締めくくられている（図3-10右）[46]。

評議会議事録で注目したいのは、どの議題でも記載されている意見は一人の評議員によるものだけで、それは常に三分の二の賛成票を獲得し評議会を代表する意見となっている点である。それゆえ実際の評議会での評議の様子や、否認された議題についてはこの正式な議事録からはわからない[47]。

評議会において複数の議員が意見を表明していたこと、そして否認される議題があったことは、一三七一年から残されている議事録のメモを記した『草稿（Minuta）』から見ることができる。『草稿』には、たとえば一三七一年四月一九日の場合で見ると、その日三六人評議会が招集され、三つの議題に関して議論がなされたことが記されている（図3-11）[48]。そして各議題に表明された二人から三人の議員の意見の要約も記されており、欄外には投票結果と思われるメモもある。たとえば、バルカ・サルヴァリ

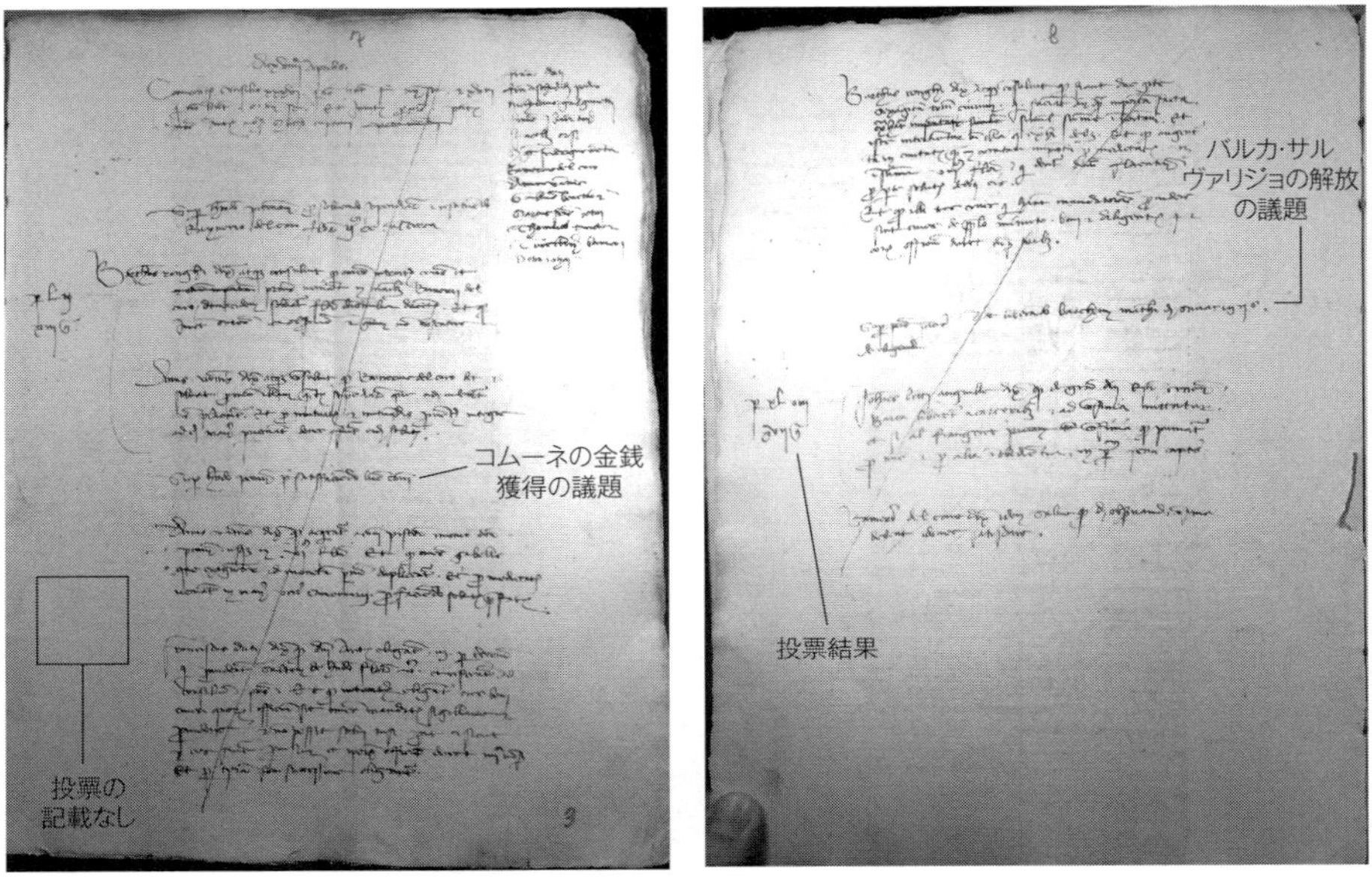

図 3-11　評議会議事録の『草稿』（1371年4月19日。ASL, *Anziani al tempo della libertà*, 2（Minute di Riformagioni）, fols. 3r–v）

ジョの解放に関する議題では、議員のライネリオ・デル・カーロとジョヴァンニ・アングイッラの二人の意見が記され、ジョヴァンニの表明した、シエナの司教からの恩恵によりバルカは牢獄から解放され流刑に処せられるべきである[49]、という意見の欄外に賛成四八（per .xlviii.）、反対一七（.xvii. contra）とメモされている（図3-11右）。同年の正式な評議会議事録を見ると、まさにジョヴァンニの同意見が評議会決定として記されており、ライネリオの意見は記載されていない[50]。ジョヴァンニの意見が最も賛成票を得られた意見であったのか、または唯一投票がなされたものかなどは不明であるが、少なくとも評議会で複数人が意見表明していたことは確かである[51]。

一三七一年四月一九日の『草稿』では、先のバルカの解放に関するもの以外に二つの議題が示されていた[52]。そのうちの一件、ルッカのコムーネへの支払いに向けられる金銭の獲得についてという議題では、三名の議員の意見のどれにも投票結果は記されていない（図3-11左）[53]。そして正式な議事録にもその議題があったことすら記されていない。おそらくどの意見も三分の二以上の賛成票を得られなかったのであろう。一三七一年から八二年の『草稿』の「嘆願について（super petitione）」というタイトルが付された事項について分析してみると、規定の賛成数が得られたものが一一四件、得られなかったものが四三件確認される。[54]

ここからは、正式な評議会議事録は、実際の評議会の活動の一部のみを、特に、法効力のある決定がなされた議題のみを登録したものであることがわかる。すなわち、それは評議会での議事進行をありのままに記したものではなく、法効力ある決定をまとめるために作成されたものであり、またその決定が正当な議会プロセスを経てなされたものであることを示すためのものであったと考えられる。

（5）都市条例

次に都市条例を見よう。現存する一四世紀ルッカの都市条例は、一三〇八年、一三三一年、一三四二年、一三七二年のものであり、それぞれルッカの政治情勢の変化――グエルフィ黒派の勝利、ボヘミア王ヨハンの支配、ピサの支配、ルッカの独立――の結果として編纂されたものである。[55] 以下、それぞれについて見ていこう。

都市条例は一三〇八年には少なくとも原本の他に三部の複製がつくられることになっていた。[56] コピーのひとつは監査官の席に鎖で繋がれ、誰もが見ることができるようにされており、ひとつはポデスタの法廷に置かれ、ポデスタの職務で用いられていた。そしてもうひとつは文書庫におそらく保存用に置かれていた。規定では、条例が誰にでも読まれコピーがなされるように開かれておくべきことが定められており、これら三つのコピー以外に複数のコピーが市民によって作成され出回っていたことが考えられる。実際、現存する条例のいくつかはそうしたコピーの可能性が高い。

現存する最古の都市条例たる一三〇八年の条例は、一五三六年二月一〇日に評議会が委任した三人の市民によって発見されたものである。[57] 彼らの報告によればそれは紙を媒体とし、多くの利用の痕跡があり、いくつかの紙は抜け落ちる状態になっていたという。彼らはそれを修復し、『一三〇八年の条例』というタイトルをつけ、タルペア(Tarpea)という保管箱に収めたと報告している。[58]現存するそれは報告の通り紙を媒体とし、複数の利用の痕跡があることから、これは役人や個人が日頃から利用するために複製したコピーと考えられる。

一三三一年の都市条例は二点残されている。一三四九年の文書庫の目録は「一三三一年に編纂されたルッカのコムーネの古い条例で、獣皮紙に記され、革の覆いが施された木のカバーで覆われた条例」が文書庫にあったことを伝えている。[59]現存する二つ——『条例3』と『条例4』——は紙を媒体としていることから、目録に記されたものとは異なる。現存する二つを見比べると、本文は同一のもので、両者は同じ原本から複写されたコピーと考えられる。

一三三一年の条例の両コピーとも欄外には多くの書き込みがなされている。それらは条文の内容を要約したメモと、条文の修正や新たな条文の追加に関わるものとに大別できる（図3-12）。[60]この欄外における条例の修正は、本書第5章で検討するようにアンツィアーニの決議に基づいて適宜なされたものである。[61]興味深いことに、両コピーに付された欄外の修正の記載は一致する。これは両コピーの基となった原本においても、現存する条例と同様に、欄外に条文の修正が書き込まれていたことを思わせる。

一三三一年には法廷での手続きに特化した『法廷の条例』も編纂され、そのコピーが現存しているが、[62]そこでも欄外や章末に多くの追記があり、ある章末の規定では、それが一三三六年に追記されたとする書き込みもある。[63]

一三四二年のピサ支配下で編纂された条例は羊皮紙のものがひとつ現存している。[64]その表紙には「アンツィアーニの書記局に置かれなければならないルッカのコムーネの条例」というメモ書きがある。[65]このコピーには、欄外に要約的なメモがわずかに見られるが、一三三一年にあったような条文の修正・追加の書き込みはほとんど見当たらない。代わりに巻末に一三五〇年から七七年に新たになされた複数の追加規定や、アンツィアーニと評議会の決議の写しが挿入されている。[66]それらは筆跡から複数の書記によってなされたものであることがわかり、本文が一二〇

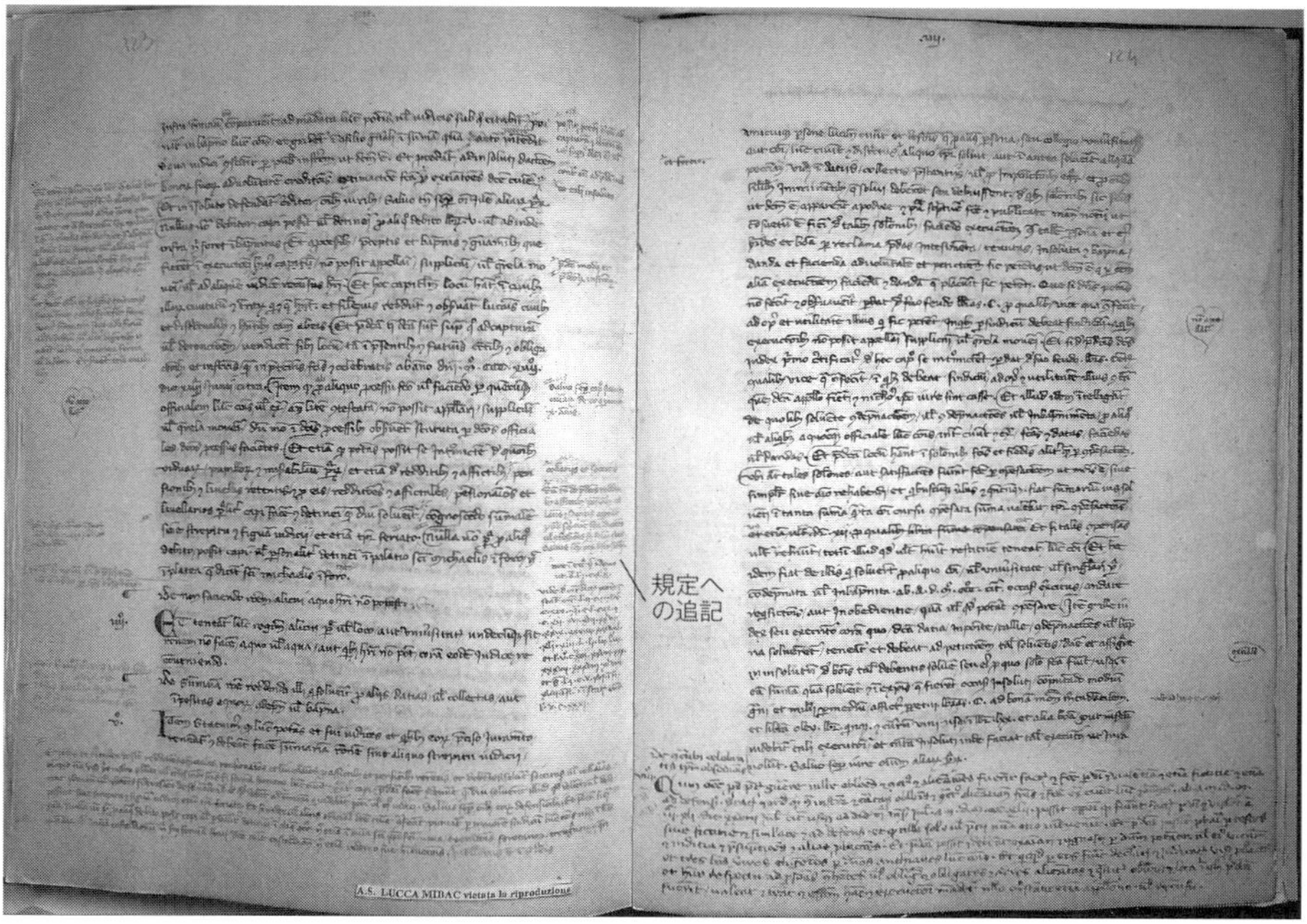

図3-12　1331年の都市条例（*Statuto 1331*, pp. 123–124）

葉であるのに対し、一五〇葉近くにも及ぶ。新たに追加されている規定の内容を見ると、初期（一三五〇年、一三五三年、一三五九年）には、アンツィアーニの職務とは関係の薄い規定、たとえば法学者への助言の委託や農民への刑罰を強化する規定が見られるが、後になるとアンツィアーニの職務と関係の深い追加規定のみが収録されるようになっている。たとえば役人の選出に関する一三五八年の規定や[67]、ピサのアンツィアーニからのアッヴォカーティ家の特権に関する一三六〇年の通達[68]、大罪を犯した者への恩赦禁止とその一時停止に関する一三七〇年の規定である。ここからは、アンツィアーニが当初は新たな規定が出されるごとに収録していたものの、途中から彼らの職務に必要と判断した規定のみをここに綴じ込んでいった様子が窺える。

一三七二年の条例は三点残されている。『条例6』は羊皮紙であり、他の条例のコピーには見られない装飾がなされていることから、一見、原本のように見える。[69] しかし巻末に付された一三七六年から一四一三年の数点の追加規定を見ると、追加規定の字体やインクの濃淡が均一であることや、一三九〇年の規定の次に一三七九年の規定が続けて記されていることなどから、この条例が同時代ではなく一四一三年以降（本条例の失効後）に作成されたものであることがわかる。他方、断片的に残されている他の二つの条例は紙に記されているが、欄外の要約や法令の追記から、同時代に作成され、利用されていたものと考えられる。[70]

3　保存への試み——ルッカの文書庫

（1）文書庫と文書庫管理人

次に、各史料を作成の現場から、それが保存された現場に移して検討しよう。現在、我々は先に見たルッカの業務記録、すなわち民事、刑事の裁判記録簿、アンツィアーニの決議録、評議会議事録について、一三三〇年前後以降のものを持っている。逆に言うと一三三〇年頃より前のものは一斉に欠落している。それはルッカの文書庫（camera librorum）が一三一四年六月のウグッチョーネの略奪、一三二九年三月の火事、一三三三年九月のカストゥルッチョの息子たちによる略奪で大きな被害を受けたためであった。[71] この一斉の欠落は、少なくともこの時にはすでに集約的な文書管理がなされていたことをも逆説的に示している。

イタリアでは一三世紀後半、ちょうどポポロが政権を握る頃に、各都市コムーネの文書の保管体制が整備された。[72] 当初文書は財務官の下に置かれていたが、徐々に文書の保管に特化した文書庫が整備された。ボローニャで一二六〇年代、パルマで一二五〇年代から六〇年代、パドヴァで一二七五年、ペルージャで一二九〇年にそれぞれ、文書庫または文書管理を専門とする役人の存在が史料上確認される。

ルッカの場合、一二一七年のロンツィーニの塔の火事に関する年代記の記述で、塔の中にあった文書庫が被害を受けたことが触れられている。[73] 次に文書庫に関する情報が見られるのは、一三〇八年の都市条例においてである。そこでは、判決記録や評議会議事録、書簡、条例が文書庫に置かれるべきことが定められている。[74] そして一三三一年の条例では、ポデスタとアンツィアーニは文書庫の管理人を通して公的文書を管理し、失われた文書を探し出すようにという規定がある。[75]

文書庫において文書を管理し、コピーを交付するなどの活動を行っていたのは、一三〇八年にはコンテ・クラヴァリとテダルディーノ・ラザーリ・ガイという二人の文書庫管理人であった。彼らはコムーネから一定額の俸給を受け取り職務に当たっていたが、[76] 任期制で交代する他の役人とは異なる位置づけにあったことは、テダルディーノが一三三一年の条例編纂時にも引き続きその職にあったことや、その息子のヤコポが一三三〇年代に、ニコライが一三四四年と四九年の目録作成時に文書庫管理人の職にあったことからわかる。[77]

次に、ルッカの文書庫管理人の文書管理の様子を見よう。彼らの意識と行動が、各史料の今日までの伝来に大きく関わっている。

(2) 文書の現存状況

ルッカにおいて、一三三〇年前後における文書庫の襲撃後、再びそこに持ち込まれ管理され始めた記録簿は、ピサの支配が始まる一三四二年の時点ですでに膨大な数に上っていた。現存するものを見ると、一三二九年から四二年の一四年間で、民事の裁判記録簿では、ポデスタ法廷の一二三冊、六つの法廷から構成されるコンスル法廷の二一四冊、[78] 控訴法廷の六八冊、外国人領主の法廷の三一冊、全て合わせると四三六冊にもなる。また刑事の裁判記録も同期間で七一冊、アンツィアーニの書記が記した決議録と評議会議事録は二〇冊残されている。

しかし、現存するこれらの記録簿は、当時作成された全ての記録簿ではなくほんの一部に過ぎない。民事裁判記録簿はこの時期、原告の名前のイニシャルごと（AからFなど）[79]、また年の前半と後半などで分けられていたが、どの年をとってもいくつかの欠落が見られ、一年を通して全ての記録簿が残されている年はない。かろうじて一三三六年の五月から一二月までについて、法廷で作成されたと思われる全ての記録簿が残されているだけである。刑事裁判の記録簿も状況は同じであり、二人の書記によって作成された記録簿が全て残されている年はわずかしかない。

こうした記録簿の断片的な保存状況は一四世紀半ば、特にルッカがピサの支配下に入る一三四〇年代を境に大きく変わる。この時以降、一三五〇年代、六〇年代と徐々に、当時生産されたと考えられる記録簿が完全な形で残されるようになるのである。

（3）文書目録

一四世紀半ばにおける文書管理の進展の背景には、一三四二年以降のピサ支配期になされた様々な改革がある。まず挙げられるのが、一三四四年九月から進められた文書目録の編纂である[80]。ルッカのアンツィアーニの指示により、ルッカの公証人ジョヴァンニ・バレッリが行った文書庫の調査では、多くの文書が「発見」され目録に登録された[81]。

目録の作成の動機やこれがルッカで初めて作成された目録であったかなどは不明であるが、この事業が数々の効果をもたらしたことは確かである。それは第一に、文書庫内の整理と管理を促進した。目録では、各記録簿はその作成元である七三の部局（法廷や各行政の部局）ごとに整理されてリストアップされている（図3-13）。目録でのこの整理のあり方は、実際の文書庫の姿を反映している可能性が高い。ボローニャでも文書目録が残されているが、それを見ると、たとえば「新しい戸棚」の第一〇箱に収められているアンドレア・チェーニ（ポデスタ）治世下の文書として三二点が記されている[82]。つまり目録での記述が実際の文書庫内の配置に沿って行われている可能性があ

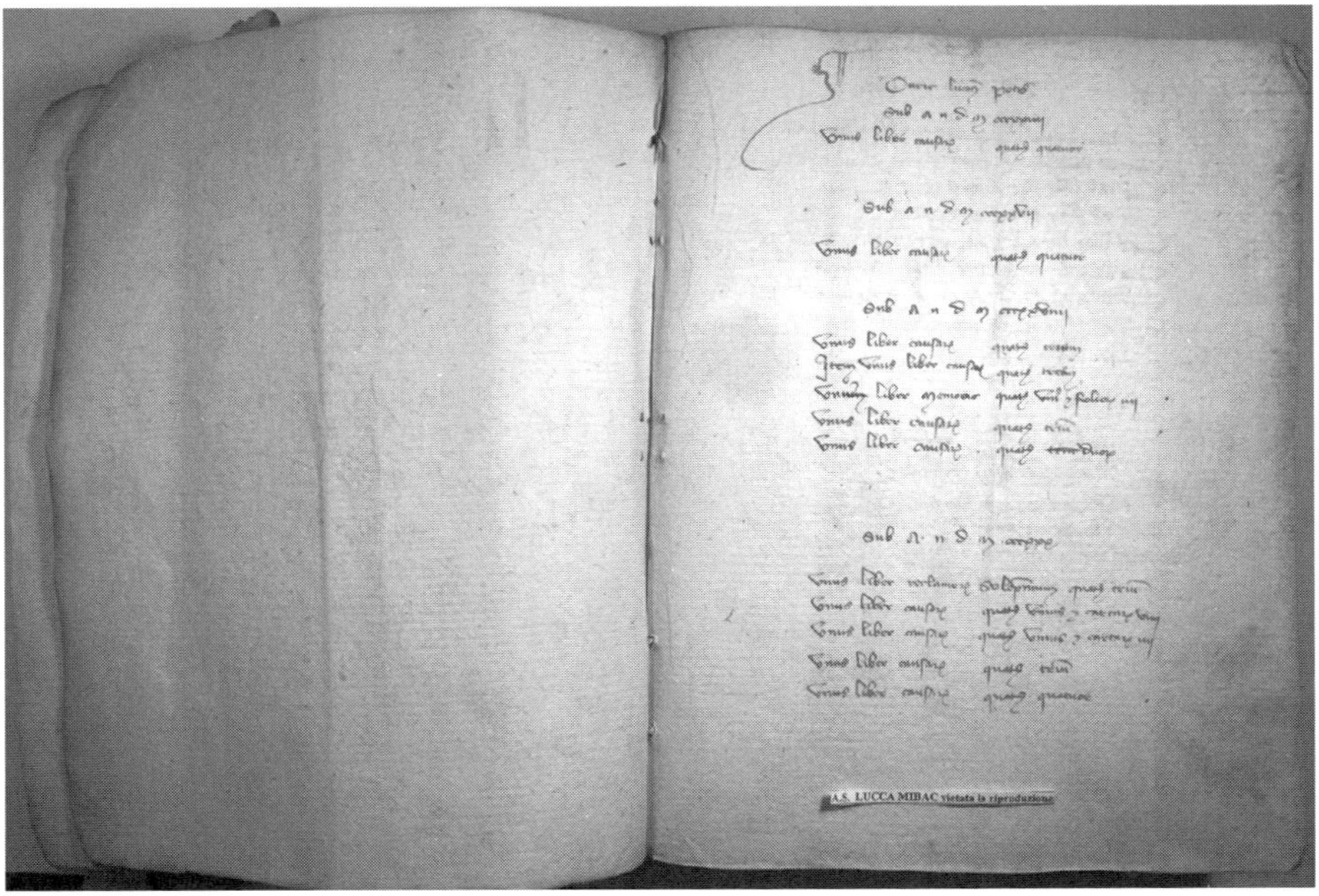

図 3-13　1344 年の文書目録。ポデスタ法廷の記録簿について年ごとに記載されている（*Archivi Pubblici*, 1, fol. 2r）

るのである。

ボローニャとルッカを比較すると、ルッカの文書庫における文書整理の特徴が浮き彫りになる。ボローニャでは、記録簿が時系列に沿って、特にポデスタの治世（半年）ごとにまとめられて戸棚に収められており、そのため裁判記録と財政記録、議会記録が混在して置かれている。これに対しルッカでは部局ごとに整理されている。ルッカにおいて一三四四年の目録の編纂時に文書庫の戸棚の整理が行われたのか、それ以前からの方式を引き継いでいたのかは不明であるが、少なくとも目録の編纂によって現実の文書庫における法廷や部局ごとの整理という基準がより明確になったことは確かであろう。

一三四四年の目録の編纂は、それ以前に文書庫に収められていなかった文書の文書庫への流入を刺激する効果もあった。目録にはその編纂時に「アンツィアーニの書記から文書庫に移された記録簿」として一三三〇年以降の記録簿が列記されている。これはアンツィアーニの書記が手元に置いていた一四年分の記録簿が、目録の編纂を契機として文書庫に移されたことを意味する。実際、別に残されているアンツィアーニが作成した目録（日時不明）には、「アンツィアーニの書記局でルスティコ・フランチェスキの下にあった記録簿」として一三三一年から三六年までの四六冊のアンツィアーニの決議録や評議会議事録が列記されている。(83) ルスティコは一三三四年四月から三六年四月末までアンツィアーニの書記として活動した人物である。一三四四年の目録編纂まで、アンツィアーニの書記らは彼らの記録簿を手元で管理していたのである。(84)

アンツィアーニの記録簿とともに判決集も、目録編纂時に文書庫で「発見」され、文書庫に収められている。一三四九年一月、公証人ステファノ・ボンジョヴァンニはルッカのアンツィアーニの指示を受けて二度目の目録編纂に当たったが、その一三四九年の目録には、一三四九年時点に文書庫にあった、一三四四年の目録には登録されていない文書が記されている。(85) その中に一三二九年から四八年までの全四四冊の有罪判決や追放令が一切の漏れがない状態でリストアップされているのである。(86)

一三〇八年の都市条例では、アンツィアーニの記録簿も判決集も文書庫に保管されるべきものとされていたが、実際にはそれらを作成した書記らが作成後、一定期間保持していた。目録の作成は、そうした各部局の保持する文書を文書庫に集める契機となっていたのである。

一三四九年には、一三四四年の目録を補完する目的で再び目録が作成された。ここにはルッカの執政府アンツィアーニが、一三四四年に行われた文書庫内の把握を一回限りではなく、継続的に行おうとする意図が見られる。継続して流入してくる文書を目録に書きとめることで、それらを把握し、文書庫に繋ぎとめようとしたのである。

ただし、書記から文書庫への記録簿の引渡しは、目録とは異なるツールを通して徹底された。次に見る引渡しの覚書がそれである。

（4）引渡しの覚書

ある記録簿が後の時代に残されるか否かの最大の分岐点は、おそらく文書庫に到達する前、すなわち記録簿の作成者がそれを文書庫に引渡すかどうかにあった。多くの都市と同様、ルッカのコムーネもこの局面に強い関心を寄せている。一三三一年の都市条例では、ポデスタは着任時に過去五年間の裁判官とその相続人、そして法廷書記を召喚し、彼らの保持している記録簿を文書庫に引渡すよう命じることが義務づけられた(87)。また一三三三年の市中でのお触れでは、公的な記録簿や文書を持っている者またはそうした人物を知っている者はそれを申告し、その文書を提出するように、これに従わない者は盗人と見なされる、とされた(88)。同様のお触れがたびたび出されていることからは、コムーネによる文書の引渡しの局面への関心の高さと、実際にそれを徹底することの難しさが窺える(89)。

引渡しを難しくしていた背景には、書記や役人の不注意とともに、そうした文書が巷で売買されていたことがあった。一三三一年の条例には「薬草商も誰も、公証人証書や法廷や役人の公的な文書や記録簿を購入しないように」という定めがある(90)。また一三八九年には、コムーネの文書と同様に法効力を持つ公証人登記簿が、薬草商に一〇〇リブラ（約三三キログラム）当たり一金貨で売却されていたことが当時の文書庫管理人によって嘆かれている。ラッザレスキによれば紙が普及していなかった時代において、記録簿は薬草の包み紙など様々な形で再利用されていた(91)。

自然に任せていたのでは記録簿が散逸してしまう状況にあって、文書庫管理人は記録簿の文書庫への引渡しの徹底に励んでいた。一三四三年から一四二〇年まで断続的に残る複数の引渡しの覚書には、この局面における文書庫管理人の試行錯誤を見ることができる。

現存する最初の引渡しの覚書は一三四三年から四八年まで使用されたものであり、持ち運びに適した縦長の形状をしている(92)。そこには法廷や各行政部局の書記が、彼らの記録簿を文書庫に引渡した旨が記されている(93)。この覚書には引渡しの記述とともに文書庫からの貸出しの記録も混在しており、引渡しの管理を徹底するためというより、文書庫管理人のメモという面が強い。

これに対して一三六〇年以降の引渡しの覚書は、一般的な記録簿と同じ形状で、中身の記述も整理されている。[94]しかも、一三六〇年から一四二〇年までの覚書のノートの集成では、一三六〇年からの箇所と、一三六五年からの箇所、一三八四年からの箇所で、三つの異なる記述形式がとられている。ここにはこの期間における文書管理への意識と技術面での改良を見ることができる。

第一段階の一三六〇年から六四年までの箇所では、文書庫の管理人は記録簿を受領するごとに、いつどの部局の誰からどのような記録簿を何冊受け取ったのかを順に記しており、そのため全体の構造は時系列になっている。[95]これに対し第二段階の一三六五年からの箇所では、全体は年ごとに分けられ、それゆえ時系列になっているものの、各年のスペースの内部では法廷や各部局など記録簿の作成元の項目が用意され、それに従って引渡しの事実が記されるようになっている。この改良により文書庫管理人は、部局ごとに、引渡されるはずの記録簿を前もって把握することができ、そして引渡しが完了していない事実をその項目内の「空白」によって一目でわかるようになっている。そして第三段階の一三八四年以降の箇所ではさらなる改良が加えられ、時系列はついに後景に退き、第一の整理の基準として作成元の部局が置かれ、その内部で年ごとに引渡された記録簿が記されるようになっている。[96]ここに至っては、文書目録と同じ構造になっている。[97]

以上のような、ピサ支配期以降に行われた文書目録や引渡しの覚書による管理は、一定の成果を上げたと考えられる。前述のように一三六〇年代以降に作成された裁判記録簿はほぼ完全な形で残されている。また、一三二四年から四四年までの期間に作成されたポデスタの民事裁判記録を例にとると、一三四四年の文書目録には一五二冊、一三八九年の文書目録には一五八冊記載され、そして現在では一五四冊伝来している。同期間に作成された刑事裁判記録を見ても、一三四四年の目録で七九冊あったものが、一三八九年には八四冊、そして現在は八五冊確認されている。つまり一三四四年に文書庫で確認された記録簿のほとんどが、一三八九年に、そして現在に引き継がれているのである。若干の増加は、一三四四年以降に記録簿が文書庫に遅れて持ち込まれたためであろう[98]。ここからは、文書庫管理人によって文書目録や引渡しの覚書を通して把握され、書架に結びつけられた記録簿が、その後の「生存」をかなりの程度保証されていたことがわかる。

(5) 文書の紛失の意味

とはいえ、文書庫で管理されるようになったとしても、記録簿の紛失の可能性は消えたわけではなかった。コンスル法廷の記録簿に目を転じると、フォレターニ法廷の記録簿(一三三七〜四四年分)は一三四四年の目録で一一六冊あったのが、一三八九年の目録には一〇三冊しか記されていない。他のコンスル法廷の記録簿も一三四四年から八九年の間に同様の減少を見せており、コンスル法廷全体では一三四四年から八九年までの四五年間で三〇冊の記録簿が紛失している[99]。

ではどの時点で文書庫からなくなっているのか。それは文書庫に収められてから間もなくであったと考えられる。一三四四年の目録作成から五年後の一三四九年に作成された目録では、一三四四年には存在したが四九年時点には文書庫では見つからない記録簿が列記されており[100]、そこではコンスル法廷の記録簿一三冊が記されている。すなわち一三四四年から八九年までの四五年間で紛失した三〇冊のうち一三冊は、わずか五年のうちに紛失していたことになる。

文書庫への引渡しから時を経ずして紛失した理由を考える上で興味深いのは、コムーネの財政と関連のある分野の記録簿の紛失状況である。たとえば市場や商業を管轄するフォンダコの法廷は、一三三〇年から四四年の記録簿について、一三四四年の目録では一二一冊記されているが、その半数以上の六四冊もが一三四九年までに紛失している[101]。他にも間接税徴収を担うガベッラ・マッジョーレの法廷では一三四四年にあった二一八冊(一三三九〜四四年)のうち六四冊が五年以内に紛失し[102]、塩の売買を管轄するドヴァーナの法廷でも一三四四年にあった八九冊(一三二四～四四年）のうち二七冊がその後五年間で紛失している。[103] こうした財政関連の記録簿に顕著に見られる、作成と文書庫への引渡しから時を経ずしての紛失はなぜ起こるのか。それは次に見るように、それらが文書庫から貸出され、利用されていたためであった。

4　利用と機能

（1）文書庫の内外での利用

文書庫に引渡され、管理人によってそれぞれ適当な場所に配架された記録簿はその後、今日まで戸棚の中で眠っていたわけではなかった。それらはしばしば戸棚から取り出され利用されていた。文書庫外に貸出されることもあれば、文書庫内での複写のため利用されることもあった。

記録簿の貸出しについては、さきほど触れた一三四三年の引渡しの覚書において、その一部に、コムーネの役人が記録簿を持ち出したとするメモが残されていた。たとえば、一三四四年の一〇月一九日には、勘定係がルッカのドヴァーナの支出の記録簿を持ち出したことが記録され、さらにそれは「返却されたため消される」とするメモとともに斜線で消されている。[104]

一三六一年には貸出し専用の覚書が用意され、その年から一五世紀半ばまで継続して利用されていたものが今日まで伝来している（図3-14）。[105] この覚書を分析すると、一三六一年から七七年の間（うち一一年分）に七四件（一件当たり数冊）の貸出しが確認される。この七四件のうち三八件と半数以上を占めていたのは、課税記録や各部局の会計簿などコムーネの収入や支出に関わる記録簿であり、それらは勘定係やアンツィアーニによって持ち出されている。おそらく会計監査のために貸出されたのであろう。そのいくつかの記録簿は返却されないままになっており、先に見た一三四四年から四九年のコムーネ財政の記録簿の紛失の割合の多さの理由が、ここでの未返却にあったことが推測される。財政関係以外では代官区の記録簿が一二件、刑事の裁判記録簿が一一件、判決集が五件、民事の裁判記録が四件、その他種類の不明なものが四件貸出されている。そのうちのいくつかは監査官が持ち出して

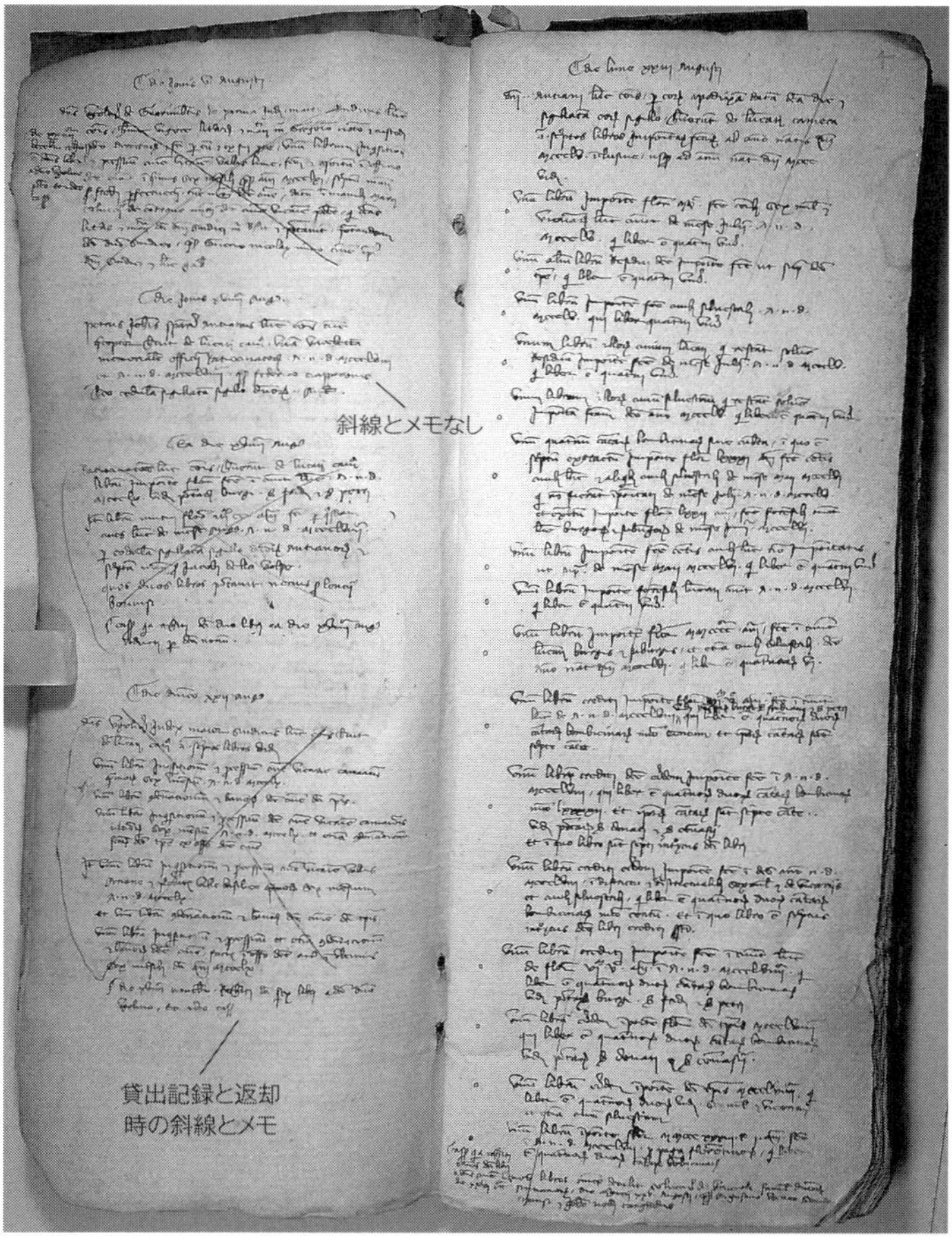

図 3-14　貸出しの覚書（*Archivi Pubblici*, 32）

おり、記録簿を基にした職務監査のための貸出しであったと推測される[106]。

公的な記録簿を持ち出していたのはコムーネ内部の行政役人であった[107]。これに対して、一般の市民に対しては文書庫内での閲覧とコピーの交付という形で記録簿は広く公開されていた。都市条例には「文書庫管理人は、記録簿から求めに応じてコピーを与えなければならない」ことが定められている[108]。そして実際にそこから証書（コピー）がつくられていたことは、裁判で証拠書類として提出されているものの中に、文書庫管理人の筆による裁判記録や判決集、財政記録などの写しがあることから確認できる[109]。

住民に頻繁にコピーが交付されていたことからは、コムーネの記録簿が行政内部だけでなく、一般市民にまで広く利用される性格を持っていたことがわかる。この一般への公開と後の利用の可能性は、記録簿を作成し保管するコムーネの役人たちに大きなプレッシャーとなっていたことだろう。次に、各記録簿の利用の場面あるいは利用を前提とした記述について検討し、記録簿が期待されていた機能について考えたい。

（2）判決集の利用と機能

後の利用が最も容易に確認できるのは判決集である。その欄外には、罰金の支払いなどによって「有罪判決（condemnatio）が消去された」ことや、被害者との和解証書（carta pacis）の提出により罰金が減額されたことが記され[110]、また有罪者の名前が斜線で消去されている（前掲図3-8）[111]。欄外の書き込みや消去の斜線は判決文とは異なるインクで、それゆえ判決文よりも後に記入されたものであり、その書き手は一三五六年の場合で見ると、文書庫の管理人や、追放令を管理する「追放者の公証人（notarii inbannitorum）」であった[112]。都市条例には、判決集は文書庫に置かれ、罰金の支払いがなされたときには「追放者の公証人」によって、有罪者の名前が判決集から消去されるよう規定されており、この通りに実施されていたことがわかる[113]。

欄外への記入や有罪者の名前への斜線は、判決集が有罪者の法的状態を公式に管理するものとして機能していた

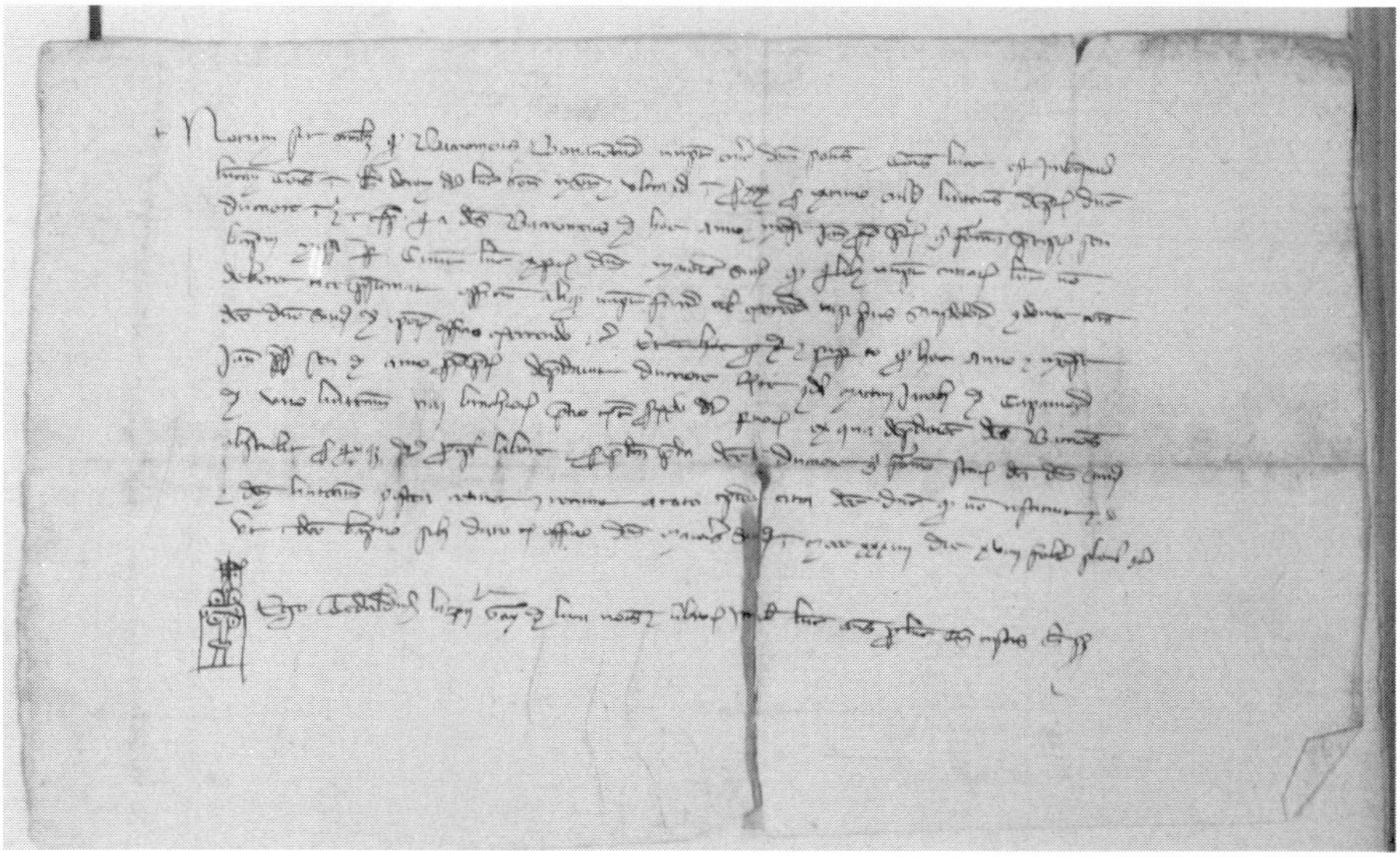

図 3-15　文書庫管理人の筆による判決の証明文書

ことを示している。有罪となった者はコムーネの法の保護下から外され、裁判を行う権利を失い、それゆえ誰からでも罪を問われることなく攻撃を受けうる状態となった[114]。個人の法的地位を示すこの判決集は、原本として閲覧され、それを基にした証明文書（apodixa）がたびたび交付されていた。民事裁判では、被告が相手の有罪状態を証明し、裁判を失効させようと、追放令の証明文書を提出しており[115]、実際、そのいくつかは裁判記録簿に差し込まれ今日まで残っている（図3-15）[116]。また刑事裁判でも、被害者が有罪状態でありそれゆえ加害が罪に問われないことを示すために、同様の証明文書が法廷に提出されている[117]。判決集は紙ではなく羊皮紙を媒体としていたが、それはこの文書が頻繁な閲覧と利用に耐えうる必要がある、法的に重要な文書と認識されていたためであろう。一三四九年の文書目録では一三三三年以降の全ての判決書が漏れなく存在しており、実際に注意深く管理されていたことがわかる[118]。

　有罪判決については他に『アルファベットの書（Liber alfabetus）』が作成されていた（図3-16）。現在

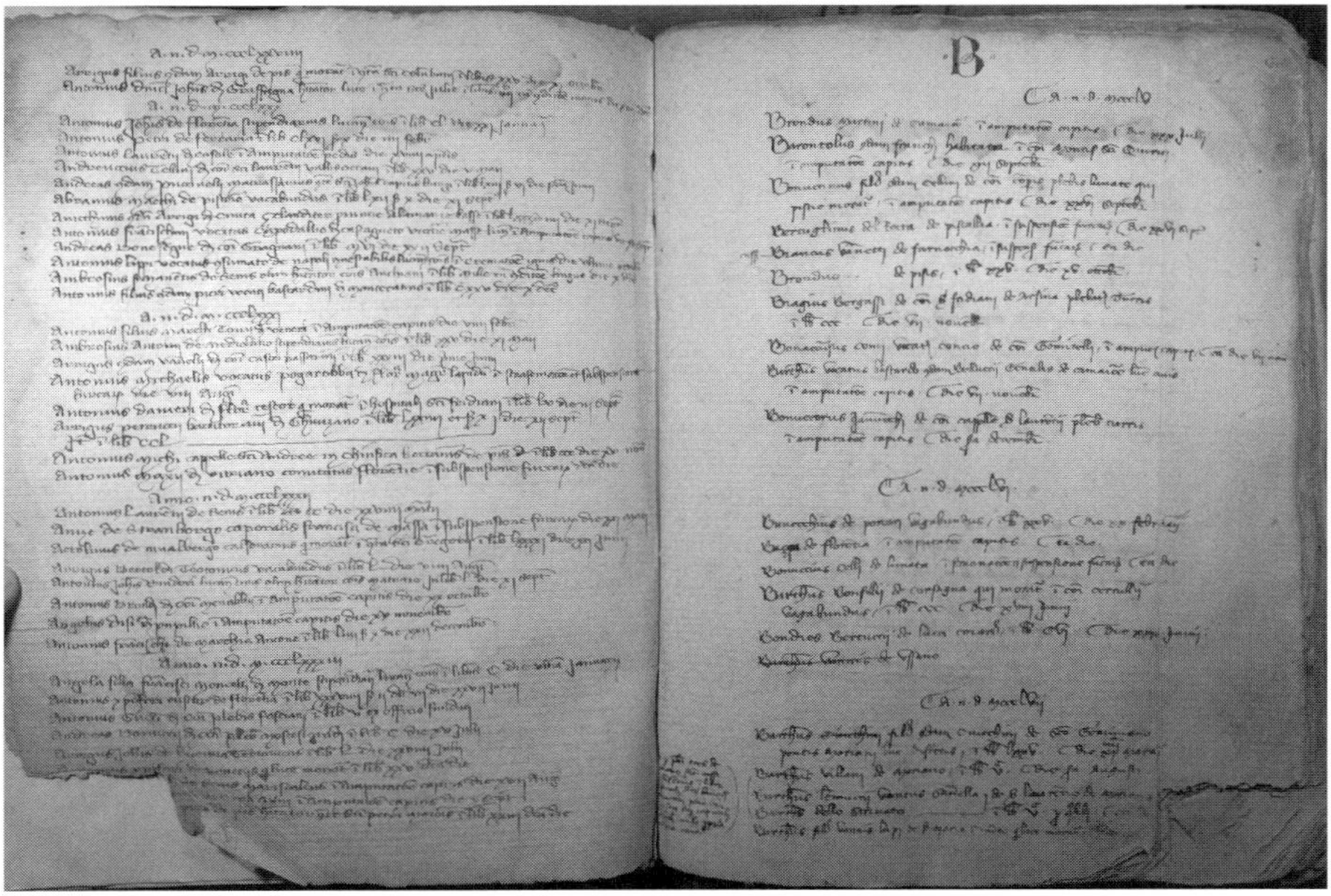

図 3-16　『アルファベットの書』(*Sentenze e bandi*, 540)

では一三五五年以降使われたものが伝来している[119]。ここには有罪判決を受けた者で、罰金を支払っていないために有罪状態から解放されていない者の名前がイニシャル順に列記されており、罰金徴収の目的で作成、利用されていたことを思わせる。この書は一三三三年九月に正式な判決集が一時焼失した際に、法的効力を持つ文書として急遽利用されるなどしている[120]。ただしこの書の記述内容は、有罪者の名前と出身地、刑罰の内容(罰金額または身体刑)、有罪判決を受けた日付のみであり、基本的には罰金徴収を効率的に行うための内部資料として用いられたと考えられる。

『アルファベットの書』の簡素な記述と見比べると、正式な判決集には、刑罰の内容の他に、罪状の要旨、裁判での諸過程、有罪とされた理由(出廷拒否、告白、証言)など有罪判決に至った過程が詳しく書かれていることに気づく。特に裁判の過程で被告人に抗弁の機会を与えたことが全ての事例で明示されていることは興味深い。正式な判決でのこうした記述は、その判決が法的な手続きを経てなされた正当なものであることを、後の閲覧者に顕示しているかのようである。判決集における判決文では、「このことや他のことについて我々の法廷の記録簿に十分に含まれているように」との文言が付されている。この法廷の記録簿とは刑事裁判記録簿のことである。同記録簿は紙で出来ており、判決集ほどの法効力と頻繁な利用を前提としているとは思われない。それでも判決文における上記の言及は、裁判の過程を記した刑事裁判記録簿も、判決集をつくるためのメモではなく、判決に至った過程の再検証を可能にし、判決の正当性を裏づけるものとしての機能を期待されていたことを示している。

こうした裁判記録簿の機能への期待、そしてその実際の利用は、次に見るように民事の裁判記録簿においてよりはっきりと見ることができる。

（3）民事裁判記録簿の利用と機能

民事の裁判記録簿は、役人ではなく主に一般の訴訟当事者によってコピーが取られ、裁判のあらゆる場面で証拠書類として提出されていた[121]。たとえばその写しは、裁判実務の面で利用される。年をまたぎ異なる裁判官の下で裁判を再開しようとする場合、上訴審に控訴する場合[122]、法学者に助言を求める場合[123]、また他の法廷で裁判が係属中にもかかわらず裁判が起こされた場合[124]など、様々な場面で訴訟当事者によって提出された。また、裁判記録内に記されたかつての相手方の発言内容を指摘し、訴訟を優位に進めようとする目的での提出も確認される[125]。

しかし裁判記録簿の写しの利用において特に注目したいのは、権利証明のための利用である。たとえばポデスタ法廷の裁判で、借地人がより大きな権利を持つ者に地代を支払う用意があると申し出た事例で、ジリオという人物が、その権利を証明するために嫁資の証書とともに裁判記録簿の写しを提出している[126]。ここに裁判記録簿が一定の法効力を有するものとして認識されている様子が見られる。しかし裁判で権利を証明するためには、裁判記録簿の写しだけでなく、判決部に関する判決証書（carta sententie）や不動産担保付与の司法命令の証書（carta insoluti）なども提出されている。これらと裁判記録簿との関係はどのようなものか。実は判決証書と司法命令の証書は、単独で提出されることもあったが、それらが作成されるに至る過程を記した裁判記録簿の写しを伴って提出されることも多かった。たとえば、ある裁判でフラミーノという人物は、息子の妻フランチェスカが、彼女の伯父コスチオに対して債権を持っていることを証明するために、フランチェスカとコスチオとの間で争われた過去の裁判の判決証書を、その裁判記録簿の写しとともに提出している。(127) 他にも、判決と裁判の過程が一体となった写しと思われる「裁判記録と判決（acta actitata et sententia）」と称される文書が提出されることもある。(128) ここには、裁判過程が記された裁判記録簿が、判決の正当性を補完するものとしての機能を期待され、利用されている様子を見ることができよう。

権利を証明する際に判決部だけでは事足りず、裁判記録簿の写しをも必要とする環境とはどういったものなのか。次の事例はこれを考えるためのヒントを提供している。借地農の地代をめぐってプッチーノとドナトゥッチョが争った裁判で、プッチーノは以前にドナトゥッチョに対する裁判で勝利して権利を獲得したとして、判決に当たる不動産担保付与の司法命令の証書を提出した。(129) これに対しドナトゥッチョは、その司法命令は「法やルッカのコムーネの条例に反して与えられ、必要な厳格さが守られずに与えられたものであるために無効であり、価値のないものである」と主張する。(130) ここでプッチーノはすかさず、不動産担保付与の命令に至った裁判過程が記された記録簿の写しを提出している。(131) ここでは訴訟手続きに関する瑕疵の追及を退けるために裁判記録が利用されていることがわかる。

これとは反対の事例、つまり相手が勝ち取った判決を、手続き上の瑕疵によって無効化するために裁判記録を用いる事例もある。(132) グイニージ家が自身に関する裁判をまとめた冊子『訴訟』の中に、ある裁判記録の写しが収められている(133)（本書第5章第2節第3項）。それは一三六三年にヌオヴァ法廷で行われた債務返済をめぐる裁判の記録であり、裁判で被告として敗れた側がとった写しである。(134) これをよく見ると、欄外の至る所に本文とは異なる者の筆で小さくメモがなされている。たとえば召喚の箇所の欄外には「召喚とそれに続く事柄は、召喚が祭日に行われたために無効である」などとある。[135] ここからは裁判で敗れた被告側の陣営が裁判記録簿の写しを取り、判決に異議を申し立てるために訴訟過程を再検討し、手続き上の瑕疵を探しながら戦略を練っている様子が浮かび上がる。

上記のような民事裁判記録簿の利用風景からは、訴訟手続きの合法性への執拗な追及の存在、そして法廷や社会を覆っていた形式主義の法文化が感じ取れる（第5章第2節で検討）。判決に至る裁判の過程は、それが正しければ最終判決の効力を保証するが、何らかの瑕疵があれば判決の価値を大きく揺らがせるものとなる。そうした形式主義が重視される法環境において、裁判の過程が細かく書かれた裁判記録が後になっても必要とされたのである。そして、こうした要請があったからこそ、訴訟当事者は裁判記録の作成のために書面や手数料を用意し、法廷書記は入念に記録簿への記入を行い、そして文書庫管理人もそれを注意深く管理したのである。

（4）アンツィアーニの決議録の利用と機能

アンツィアーニの決議録や各評議会の議事録も、多様な形で利用されていた。アンツィアーニや評議会での決定は、都市条例と同様に法規定としての価値を有したため、広く参照された。[136] 議事録の欄外にはたとえば「レンモ・カラニェッレのための［決議］」[137] や「ルッカの敵地の居住者や反逆者ではない不在市民のための［決議］」[138] などの見出しが付されている。これは決議の検索を容易にするもので、その頻繁な閲覧を前提として付されたものと考えられる。欄外の所々には「F」または「CF」という、そこからコピーが行われた（copia facta）ことを示すメモが残されている。一三七一年頃からは、評議会議事録に目次もつけられ、よりスムーズな閲覧が可能となっている。[139]

アンツィアーニや評議会の記録簿の実際の利用例としてまず挙げられるのは、民事裁判において訴訟当事者が行う主張の法的根拠を示すための利用である。一三三〇年八月三〇日の裁判でペッレグリーノは相手のネルッチョが三度も税を支払っていないために裁判を受ける資格がないと主張し、その根拠として、「一定期間内に税を支払っていないものは裁判で訴えや防御に関する行動ができない」ことを規定した決議の写しを提出している。[140] アンツィアーニの決議録には一三三〇年八月一一日に、これと同じ内容の決議が記されており、ここからコピーが取られたことが推測される(141)。

決議録や議事録のコピーは、各部局の役人のもとにも届けられてもいた。文書庫管理人の帳簿のひとつには、アンツィアーニの書記の筆による一三五九年の五〇人評議会の議事録からのコピーがある(142)。写されたのは、農地調査の記録の紛失に際して、五〇人評議会がアンツィアーニに土地台帳を作成させることを求めた決定である。おそらくこの決定に基づいてその後作成され、文書庫に収められた新たな土地台帳の法的正当性を確かにするために、文書庫管理人はこの評議会での決定の記録を帳簿に書き込んだのであろう。そしてこの決定が法的に正しい手続きを経たものであることを強調するかのように、文書庫管理人は、議事録の全ての過程、つまり議会招集からアンツィアーニの提案、嘆願の内容、議員の意見、評決、参加議員の名前等までを帳簿に写し込んでいる。

議事録の写しはまた、先にも紹介した一三四二年の都市条例の末尾にも挿入されている。それは一三七〇年五月と一二月の議事録の写しである(143)。この都市条例はアンツィアーニが実際に利用していたものであり、彼らが職務遂行のために重要と考えたものがここに写されている。その内容とは、大罪を犯した有罪者への恩赦の禁止に関する五月一〇日の提案と、評議会の全権委任の下でアンツィアーニが行った五月二三日の同内容の決定、そしてさらにこの恩赦禁止規定が、戦時中に大罪を犯したルーティに対しては適用除外されることを定めた一二月二四日の決定である（恩赦禁止規定の一時停止については第8章第4節で検討）。これを写したアンツィアーニの書記官——または写させたアンツィアーニのメンバー——は、この諸決定を後のアンツィアーニの活動において参照すべき、そして利用すべき先例と考えたのであろう。現存する議事録の原本と都市条例に挿入されたコピーとを照合すると、この写しにおいても、最終決定の内容だけでなく提案内容や議員の意見、投票、参加した議員の名前などの全過程が記されていることがわかる(144)。

以上からはアンツィアーニの議事録は写しが取られる場合、最終決定だけでなくそこに至った諸手続きも全て忠実に再現されており、決定に至る過程を含めてひとつの正当な決議として認識されていたことが窺える。判決集や裁判記録簿で見られたのと同様、ここでも手続きの正しさは、最終決定を正当化する重要な要素であった。

最後に、決議録や議事録の中に見られる決定を正当化するもうひとつの仕掛けとして、「必要性」をレトリックを駆使して声高に叫ぶ例を見よう。一四世紀前半のアンツィアーニや評議会の決定にも、「ルッカのコムーネの善や有益さのために（pro bono et utilitate Lucani communis）」決定がなされたことが記されていた。[145] しかし一三七〇年以降になるとレトリックを駆使して表現豊かに、決定に至った背景が前文に記されるようになる。たとえば上記の一三七〇年五月一〇日の大罪への恩赦禁止を求める提案では、それにより「無法者や悪人から犯罪のきっかけを取り除き、恩赦を受ける望みが全面的に断たれ、ルッカとその領域がそのような悪事から清められるように」という理由が記されている。[146] また一三七四年一一月二二日には大罪で有罪となった者の財産を焼き払うことを定めた規定では「多くの邪悪な者の際限のない無謀な行いが、ルッカの都市と領域の平和で平穏な状態をかき乱している。というのもそれはルッカ領域の多くの場所に、まるで破壊的な病魔がその根を絶えず広げながら増殖しているようだからである。もしも修復への対策がとられることがなければ、前述の状態は崩れ落ちてしまうだろう」という理由づけが決定の前文に置かれている。[147]

こうしたレトリックが用いられイデオロギッシュな様相を呈した前文の表現は、評議会での議員の発言によるものではなく、アンツィアーニの書記官によって創作されたものと考えられる。コルッチョ・サルターティも名を連ねるルッカのアンツィアーニの書記官は、アンツィアーニ職が二カ月ごとに交代するのに対し、権力の中枢で継続して職務に当たることができたポストであった。その書記官らは、議事録が後に参照されることを想定してレトリックを多用していたのである。この結果、評議会議事録は、評議会での議事進行や決定事項の単調な羅列ではなく、後の参照者に強烈なメッセージを発するものへと変化している。このレトリックを含んだメッセージとは、他でもなく、新たな決定が既存の法や慣習から逸れたものであったとしても、それが必要なものであり、それゆえ

「正義」にかなうものである、というものである。ここには判決集や裁判記録など司法の世界で見られたような手続き上の合法性を基礎とする正当化の論理とは異なる、政治の世界における「必要性」を基にした「正しさ」のあり方を見ることができよう。

5　史料論から見るコムーネ

刻々と移り行く多様で多面的な現実を、丸ごと映し取った史料など存在しない。今我々の前にある諸史料は、それを作成した者、保存した者が、無数の現実を選り分け、切り取った結果に他ならない。何をどのように書き、どれだけ注意深く保管するかという同時代人（あるいは後代の人）の「選別」あるいは「構築」の作業は、本書で用いる業務記録——年代記などの叙述史料に比べて比較的客観的な記述があるとされる——と言えども、その例外ではない。そうした書き手、保管人による「バイアス」は、これを基に当時の社会を検討する場合、常に念頭に置いておかなければならない。彼らが必要と感じたことだけしか記されず、残すべきと考えた記録簿しか残っていないのであるから。しかし言語論的転回の荒波を乗り越えた近年の史料論研究に基づく本章での検討においては、この「バイアス」は単に取り除かれるべき障害というより、それ自体一四世紀のイタリア都市の性格、コムーネの性格を指し示す豊かな歴史情報となりうる。

コムーネの公的業務を記した記録簿の史料論的分析から浮かび上がった第一の点は、イタリア都市における高度な文書行政の存在である。一三世紀に業務の継続性と透明性を保証するために生み出された業務記録は、一四世紀において絶え間なく生産され、文書庫でその管理人によってしっかりと管理されていた。そしてそれはたびたび、文書庫から貸出され会計監査や職務監査のためにコムーネ内で利用されていた。この保管と利用を前提として、各部局の書記らはその業務を逐一記録していたのである。

第二に、コムーネの役人だけでなく一般の住民も、記録簿を実際に利用し、その作成と保管を動機づけていた点が明らかとなった。文書へのアクセスが開かれた中で、住民らは裁判においてコムーネの記録簿から写しを取って利用していた。また民事裁判記録簿の作成においては、住民による書面の作成と手数料が、記録簿の生産にとって不可欠の要素であった。コムーネの行政、特に住民の利害が関係する民事司法分野において、住民の実践はコムーネの動向に大きな影響を与えていたのである。なおこうした民事司法の性格については第II部の特に第5章でも検討することとなる。

記録簿は公開され、後に多くの者に閲覧される可能性を持った。そのため記録の作成に携わる者は、目の前で行われている事柄を、後の閲覧者に対してそれが正しい行為であると映るように書く必要があった。または少なくとも書き手が意識せずともそうした正当化の文法は用意されていた。本章での分析から浮かび上がった第三の点として、この時期の正当化の方法に、手続き的な合法性を基にした正当化と、レトリックや必要性を基にした正当化があったことが挙げられる。法廷では、訴訟の各過程を記し判決に至る道のりを明確に記録しておく必要があった。それは民事裁判での執拗なまでの瑕疵の追及に見られるように、形式主義的な法文化が浸透した中で起こりえた現象であった。今日の我々が各裁判の詳細を知ることができるのも、この環境の意図せざる所産と言えよう。政治の場における記録でも、最終決定に至るまでの個々の過程が記されており、少なくとも手続き面でその決定が正しいものであるということがわかるようになっていた。しかし決議録や議事録ではさらに、レトリックの多用により危機が印象づけられ、新たな対策の必要性を感じさせる仕掛けも施されていた。現代の我々をも頷かせるそこでの表現は、アンツィアーニの書記官が同時代人または後の閲覧者にそうした効果を狙って加えたものである。彼らは合法性とともに「必要性」や「有益性」という論理によって新たな決定、それゆえ時に法や慣習から逸れた決定を、「正しき」決定として正当化しているのである。

業務記録を当時の現場に置き直したときに浮かび上がってきた上記の論点は、一四世紀ルッカのコムーネの性格を理解する上で重要とある。特に形式性と必要性という二つの正当化の文法、「正しさ」を基礎づける論理は、本書での議論を貫くカギとなるものである。以下では、まず第II部で民事司法での市民による実践の中にこの二つの論理の相克を、そして第III部で刑事司法での政治権力の介入の中に、「必要性」の原理の拡大を見よう。

第Ⅱ部　住民がつくるコムーネと正義——民事司法

第II部では、民事司法を検討する。土地、家屋、地代、債務などをめぐって繰り広げられる民事的争いの主人公は、訴えを起こす紛争当事者たる住民である。そしてそこに訴えを受ける側として、司法の場の裁判官と法学者、政治の場のアンツィアーニやピサのドージェが登場人物として加わる。

民事司法はこれまで刑事司法に比べて大きな注意を引いてこなかった。それは国家による暴力の独占や公法の原理の発展を重視する伝統的な歴史学において、ローマ法の伝統が強く、私法原理がいつまでも続く民事司法が魅力的に映らなかったためだろう。しかし民事法廷の利用数の大きさを一目見れば、当時の人びとにとってコムーネの民事司法がいかに重要であったか、そして住民が感知するコムーネとは第一に権利関係の調整役としての公権力であったことがわかる。

以下ではまず第4章で、住民がコムーネの法廷を盛んに利用していた実態を明らかにし、その理由を探る。人びとは民事的なもめごとに直面したとき、仲裁や和解などの裁判外での紛争解決という選択肢がある中で、あえてコムーネの法廷に足を運んでいた。なぜどのように法廷を利用していたのかを裁判記録簿と公証人記録簿に基づいて考察することで明らかになるのは、訴訟当事者に戦略的に利用され、絶えず社会の中で意味を与えられながら存立するコムーネの姿である。

社会と密な相互関係にあるコムーネの姿は、その法や制度の実現の局面にも見ることができる。第5章で検討するように、住民たちは法廷では裁判官や法学者に対して形式面での法の遵守を訴え、他方、執政府のアンツィアーニに対しては、法の修正や適用除外を求める。このように法をめぐって戦略的になされる住民の訴えは結果として、コムーネの法制度を字句通りに実現させるとともに、その内容に変更を迫りつつ、本来の目的を実現させるものであった。ここではコムーネとその法制度を活気づかせ、揺り動かしていた人びとの実践が浮き彫りになるだろう。

第5章では、法規定を遵守させようとする訴えと、法を自由裁量で変更あるいは適用除外させようとする訴えという、二つの相反する住民の訴えが見られる。一四世紀前半には前者は法廷に、後者は執政府になされた。しかし第6章で検討するように、一四世紀後半になると、これまで法形式の遵守を基本原則としてきた法廷において、法に過度にとらわれない裁判官の自由裁量での活動という新たな特徴が現れる。ここに見られる、法形式から自由裁量へという、司法の「正しさ」を基礎づける論理の転換が、いかにして一四世紀ルッカにおいて生じたのか。これを訴訟当事者、法学者、裁判官、ピサのドージェらの実践に注目して明らかにする。ここでの考察からは、一四世紀ルッカの社会的、政治的状況下で生きた人びとの実践によって、司法の原理が転換していく様子、そしてその中で新たな「正義」が紡ぎ出されていく様子が明らかとなるだろう。

第4章　人びとはなぜ法廷に向かったのか

1　法廷の利用規模

ルッカの裁判記録簿を調査し始めると、最初に目につくのは裁判件数の多さである。一三三〇年代から四〇年代の各法廷の記録簿からルッカで一年間に提起されていた民事裁判の訴えの数を算定しよう。結論を先取りすると、それは推定で年間一万件に上る（表4-1）。

司法制度の中心であるポデスタ法廷では、一四世紀前半の裁判は大きく三つの種類の記録簿に記された。第一は債務関連の訴えを含む『正規の訴えの書（Liber reclamorum sollemnium）』（以下『訴えの書』）、第二は土地などに関する多様な訴えを含む『訴訟の書（Liber causarum）』である。この二つは通常訴訟手続きで行われる通常裁判を収めている。第三は『簡略な訴えの書（Liber reclamorum simplicium）』と呼ばれ、原告と被告の名、出廷状況、裁判官の決定が簡潔に記されているもので、これは略式裁判を収めた記録簿と考えられる(1)。

ポデスタ法廷において一四世紀前半で唯一、通常裁判に関して全ての記録簿が現存しているのは一三三六年の五月から一二月である。この期間には『訴えの書』と『訴訟の書』は二冊ずつ残されており、それぞれ四五八件と四

表 4-1　年間の訴えの件数

	記録簿で確認された数			推定数		
	通常裁判	略式裁判	全体	通常裁判	略式裁判	全体
ポデスタ法廷	826	1114	1940	1239	3342	4581
コンスル法廷	2352	403	2755	3170	806	3976
サン・クリストーフォロ法廷	108		108	108		108
クエリモーニエ法廷	193		193	193		193
フォレターニ法廷	655		655	1473		1473
トレグアーニ法廷	589		589	589		589
ヌオヴァ法廷	660		660	660		660
ヴィスコンティ法廷	147	403	550	147	806	953
控訴法廷	157		157	157		157
外国人領主の法廷	203	637	840	941	1274	2215
総計	3538	2154	5692	5507	5422	10929

注）略式裁判＝『簡略な訴えの書』所収の訴え。

四二件の裁判がそこに記されている。(2)『訴訟の書』ではうち七四件が前の時期から引き継がれた裁判であるため、これを差し引くと、同期間で八二六件の訴えが提起されていたことになる。記録簿が現存しない一月から四月の分を単純に推計して加算すると、ポデスタ法廷では年間で推定一二三九件の通常裁判の訴えが起こされていたことになる。

この数字に『簡略な訴えの書』に含まれる案件が加わる。この書に関しては伝来数が少ないが、一三四〇年には八カ月分、名前のイニシャルAからJの原告による訴えが収められた記録簿が残っており、そこには一一一四件の訴えを数えることができる。(3)イニシャルAからJの原告の裁判は、他の記録簿のデータを見ると全体の半数程度を占めていることから、『簡略な訴えの書』での略式裁判の年間推定数は三三四二件とすることができる。以上より、ポデスタ法廷の裁判記録簿から実際に確認できた年間件数は一九四〇件、そしてこの数字を基に推定した年間の件数は四五八一件となる。

次に六つの法廷から構成されるコンスル法廷の記録簿についても同様の算定をしよう。(4)訴額二五リラ以上を対象とするサン・クリストーフォロ法廷の訴えは、一三三八年の『訴えの書』には二七件、『訴状の書（Liber libellorum）』（ポデスタ法廷の『訴訟の書』に当たる）には八一件確認でき、ここからこの年の件数は一〇八件となる。(5)訴額二五リラ未満の案件を扱うクエリモーニエ法廷では、一三四四年の『訴えの書』には一七〇件、『訴状の書』には二三件あり、年間で一九三件となる。(6) 農村住民が紛争当事者となるフォレターニ法廷の裁判に関しては、一三三六年五月から三七年一月（九カ月間）の『訴えの書』に原告のイニシャルLからVの裁判のみで四九一件が記載されている。(7) また一三三七年の『訴状の書』には一六四件の訴えが見られるため、(8) 現存していない『訴えの書』の分を考慮すると、推定で年間一四七三件となる。(9) トレグアーニ法廷は、条例では教会人や教会財産に関連する案件に権限を持つとされるが、実際の裁判ではもうひとつの権限である契約不履行による罰金を求めた訴えがしばしば扱われている。一三四〇年の『訴えの書』には二六七件、『訴状の書』には三二二件で、合わせて五八九件の訴えを数えることができる。(10) ヌオヴァ法廷は、判決や義務の不履行に対して、それを確定し執行に移す役割を持ち、一三三八年の裁判は『訴えの書』で七一件、『訴状の書』で五八九件が報告されており、年間で六六〇件になる。(11) ヴィスコンティ法廷は、条例では手工業に関する問題の裁判権を持つとされているが、実際には不動産の損害賠償の訴えを主に扱っている。一三四六年の記録簿から『訴状の書』に一四七件、『簡略な訴えの書』には原告のイニシャルLからVの略式裁判を四〇三件分確認することができる。これを基にすると年間で推定九五三件の訴えの存在が想定される。(12) 以上をまとめると、コンスル法廷全体で言えば、裁判記録から実際に確認できた年間の件数は二七五五件、現存していない記録簿の分を仮定して加算した推定の数字は三九七六件となる。

次に控訴法廷に目をやると、控訴の提出の事実が記されている『控訴の書（Liber appellationum）』から、一三三五年に一五七件の訴えがあったことがわかる。(13)

最後に、外国人領主の法廷であるが、これについては『嘆願の書（Liber petitionum）』に、一三三二年の前半についてイニシャルLからQの原告の通常裁判が一三〇件収められている。また同年には『嘆願の書』のもうひとつの記録簿が残されており、そこには三月から六月に始まる裁判について七三件が収められている。一三三二年には実数としては二〇三件確認され、二つの記録簿を基にした年間の推定件数は九四一件となる。(14) 外国人領主の法廷の略式裁判に関しては『簡略な訴えの書』が一三五四年八月から五五年一月までの六カ月分残されており、六三七件の訴えが確認されるため、年間に換算すると一二七四件となる[15]。全体としては、多くの不足分があるため仮説的にはなるが、年間に推定で二二一五件の訴えがこの法廷に提起されていたことになる。

以上全ての法廷の訴えの件数をまとめると、記録簿から実際に確認できたのは年間五六九二件、現存しない記録簿の数字を仮定的に加えた推定件数は年間一万九二九件となる。ルッカの一三三一年の都市人口が二万五〇〇人から二万四〇〇〇人、都市の法廷の裁判官区内の農村人口も約二万人とほぼ同数であり、成人人口をその約半数と仮定すれば[16]、この年間約一万件という訴えの数は驚くべき数字であることがわかる[17]。一件の裁判では少なくとも原告と被告の二名が関わることになるため、単純に平均すれば成人一人当たり、年に一度は裁判沙汰に巻き込まれていたことになる。この裁判件数の多さが一四世紀ルッカの司法について議論を進めていく上で最も重要で確かな出発点となる。

この法廷の利用数の多さをいかに説明すればよいのか。社会における民事的な争いが異常なまでに頻発していたと考えることも可能であろう。そもそも争いが多く生じなければ、裁判も多くはならない。しかしそれだけではあるまい。以下では、民事法廷において何がどのように争われ、裁かれていたのか、そして裁判は私的な仲裁や和解といった他の紛争解決方法に対してどのような特徴を持っていたのかを検討する。これを通じて、住民たちがなぜコムーネの法廷に訴える道を選んだのかを明らかにし、そしてさらには彼らの法廷利用のあり方から、コムーネがいかなる存在として社会の中に位置づけられていたかを明らかにする。

2　裁判の内容

（1）訴訟当事者と案件――法廷の敷居の低さ

誰がどのような案件で法廷に訴えを起こしていたのか。ここでは訴えの内容が詳しく記されている通常裁判、特に一三三六年のポデスタ法廷の『訴えの書』と『訴訟の書』に収録されている九〇〇件の裁判を分析する。

訴訟当事者の属性は、訴状に記されている原告と被告の情報からのみ垣間見ることができる。そこでは本人の名、両親の名、出身地、また時には家名も記されている。この他に、女性には“domina”、騎士・貴族身分の人物には“dominus”、公証人には“ser”の称号が付されている。職業名や「貧者（pauper et miserabilis persona）」という記載も存在する。当事者の属性を示す記載が全てにあるわけではないので、統計的なデータを出すことは難しいが、全体としてわかることは、都市の有力家系の人物から、法学者や公証人、大商人、寡婦、靴屋やコップ職人などの手工業者、居酒屋の主人、穴掘りを行う労働者、農民、貧者と称する者まで、様々な社会階層の人びとがコムーネの法廷に原告として足を運んでいたことである。

裁判では訴訟当事者は、前章でも見たように、訴えや弁論において一定の形式に従った書面を提出する必要があった。また、次章で見るように、都市条例の知識を用いた議論を行うことも不可欠であった。それゆえ法的知識を有する者、当時で言えば公証人が代理人となって裁判を行っていた状況が想定されるかもしれない。実際、ボローニャやフィレンツェなどの研究では、公証人が代理人として活動する裁判が注目されている。(18) しかし一三三六年のルッカの裁判記録からは、そうした法律のエキスパートが法廷闘争をするというイメージとは違った光景が浮かび上がる。九〇〇件の裁判の当事者について“ser”の称号を手掛かりに分析すると、公証人が関わっている裁判は全体の三二％に当たる二八五件しかない。また、代理人に裁判を任せている当事者は二七％（全一八四六人の訴訟当事者のうち四九九人）いるが、公証人を代理人としているのは全訴訟当事者の一三％（二三一人）しかいない。それゆえルッカでは多くの裁判において「法曹」ではない多くの一般住民が裁判を行っていたことになる。そして社会上層の市民だけでなく、手工業者や労働者、農民ら中下層の者たちも多く法廷に足を運び、そこで訴えを起こし、法的な議論を行っていた。

　次に訴えの内容を見ると、多様な事案で訴えが提起されていたことがわかる（図4-1）[19]。負債の返済を求めた訴えが一九七件（二一・八％）、現物地代の不払いに関する訴えが一五七件（一七・四％）、家賃の不払いに関する訴えが五二件（五・八％）見られる。また、結婚時に女性が嫁ぎ先に持ち込む嫁資の返還を夫の死後に求めたものが五四件（六％）、委託飼育での契約料金または委託していた家畜の代金の請求が一二件（一・三％）確認できる。これらは債務の不履行に際して、債権者が法廷に訴えを起こしたものとまとめることができるだろう。こうした債務関連の訴えは主に『訴えの書』に記された裁判に特徴的に見られる。他方、『訴訟の書』には、債務関連の訴え以外に、裁判官の司法命令に対する異議申し立て一三一件（一四・五％）や、不動産の権利関係に関する訴え七三件（八・一％）、動産の返還請

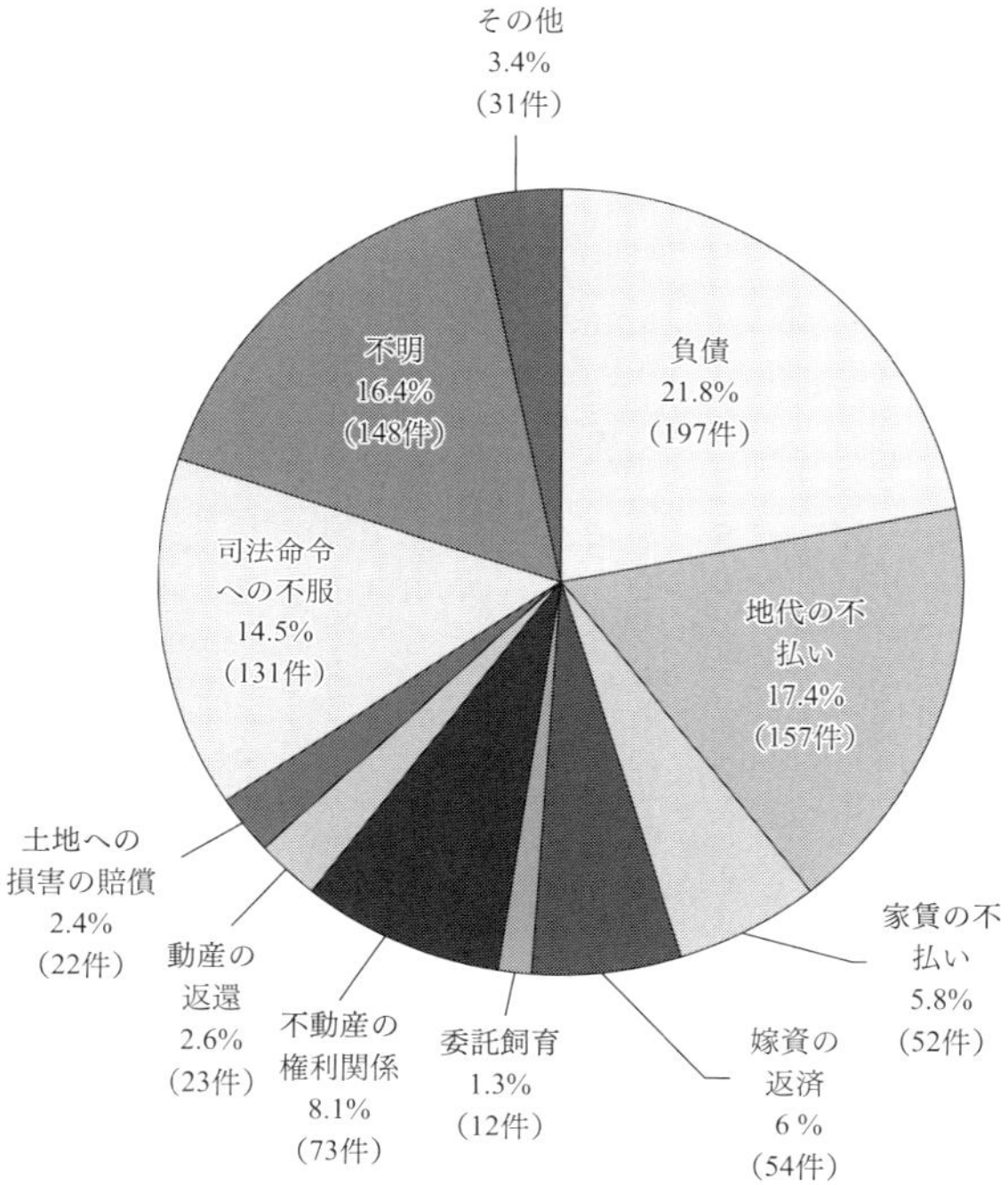

図4-1　訴えの内容（1336年ポデスタ法廷）

求二三件（二・六%）、農地損害の賠償請求二二件（二・四%）などが確認される。この他にも、労働賃金の不払いや仲裁判断の不履行などに伴う多様な訴えが収められている。

次に訴えの額と対象を見よう。通常裁判での訴えでは、複数の土地の権利を求める訴えや高額な債務の返済請求など[20]、重大な問題で法廷が用いられているケースがいくつも確認される。ただそれとともに少額の債務の返還、たとえば二リラの負債[21]や、一リラ四ソルドの家賃の不払い[22]、二〇ソルド（一リラ）の農地損害（イチジクとブドウの略奪など[23]）に関する訴えも見られる。

少額の事案での法廷利用については、『簡略な訴えの書』に収録された裁判からも確認できる。『簡略な訴えの書』には訴えの内容は明記されていないため訴額は不明であるものの、訴えの結果として行われた差押えの額を見ると、二ソルド六デナーロや五ソルドなど、通常裁判での差押え額よりも低くなっている[24]。なお、第2章第4節で紹介したように建設作業員の日当の平均は四・六ソルド、親方クラスは八・六ソルドである[25]。

裁判にかかる費用としては、第3章第2節で指摘したように、裁判での活動ごとに公証人や廷吏に支払う手数料が主になる。それに証拠書類のためのコピー代や法助言を受けるための費用が加わる。判決が出された裁判では勝者が敗者に裁判費用を請求しているが、そのうちの一五件を例にすると、平均は三リラ一一ソルドであり、最低額が一五ソルド、最高額が一一リラ三ソルドとなっている[26]。二リラ未満が六件、二リラから五リラが五件、五リラ以上が四件である。判決にまで至った場合の額がこれであるため、今日の感覚からすれば裁判費用はかなり安価であったと言えよう。

以上からは、法廷という場が幅広い民事的案件に対応し、誰にでも容易に利用できる開かれた場であったことがわかる。次に裁判の過程や議論の内容を検討するが、そこからもこうした法廷の敷居の低さを見ることができる。

（2）裁判の過程と議論――『訴えの書』と『訴訟の書』より

裁判での訴えの内容は債務関連（負債、地代や家賃の不払い、嫁資の返還要求など）とそれ以外に大きく分けられ、法廷書記はそれを認識して前者は『訴えの書』に、後者は『訴訟の書』に区別して記していた。両記録簿を見比べると、訴えの内容の違いによってその後の裁判の展開も大きく異なっていたことがわかる（図４-２）。

①『訴えの書』の裁判

債務関連の訴えに始まる裁判が収められた『訴えの書』では、被告の多く（六五・九％）は法廷に現れない。被告が出廷拒否した場合、半数以上で裁判官による略式の司法命令が出されている。司法命令には、動産の差押え、不動産の差押え、債務者の拘束、家屋の明け渡しや弁済の命令、追放令などがあった。記録簿の欄外には執行の事実が後から注記されており、この命令が実行に移されていたことがわかる。

被告が出廷し訴えの内容を不服として抗弁した場合、順調に進めば争点決定や訴点の提示、証言の提出など、事実関係を明確にする手続きへと進む。しかし『訴えの書』に見られる裁判では、そうした手続きへと進む事例は少なく、訴点の提示が二八件（六・一％）、証言の提出が一〇件（二・二％）しかない。最終的に判決までたどり着いた事例はさらに少ない。判決の草案となる助言を求めて法学者に委託されたのが一九件（四・一％）、法廷で助言が開かれ、それに基づいて最終判決が下されたのは三件しかない。

以上から債務関連の訴えで始まる裁判は、基本的に被告の出廷拒否と裁判官の略式の司法命令で終わるという特徴を持ち、債権者が返済を拒否し続ける相手から強制的に債務を回収するための回路として利用されていたと考えられる。

債務関連の訴えに対し被告が出廷しなかったのは、おそらく被告が出廷しても勝つ見込みがなかったためだろう。というのも債務関連の裁判では、訴えの時点で原告が提出する証書に強い証拠能力が認められていたからであ

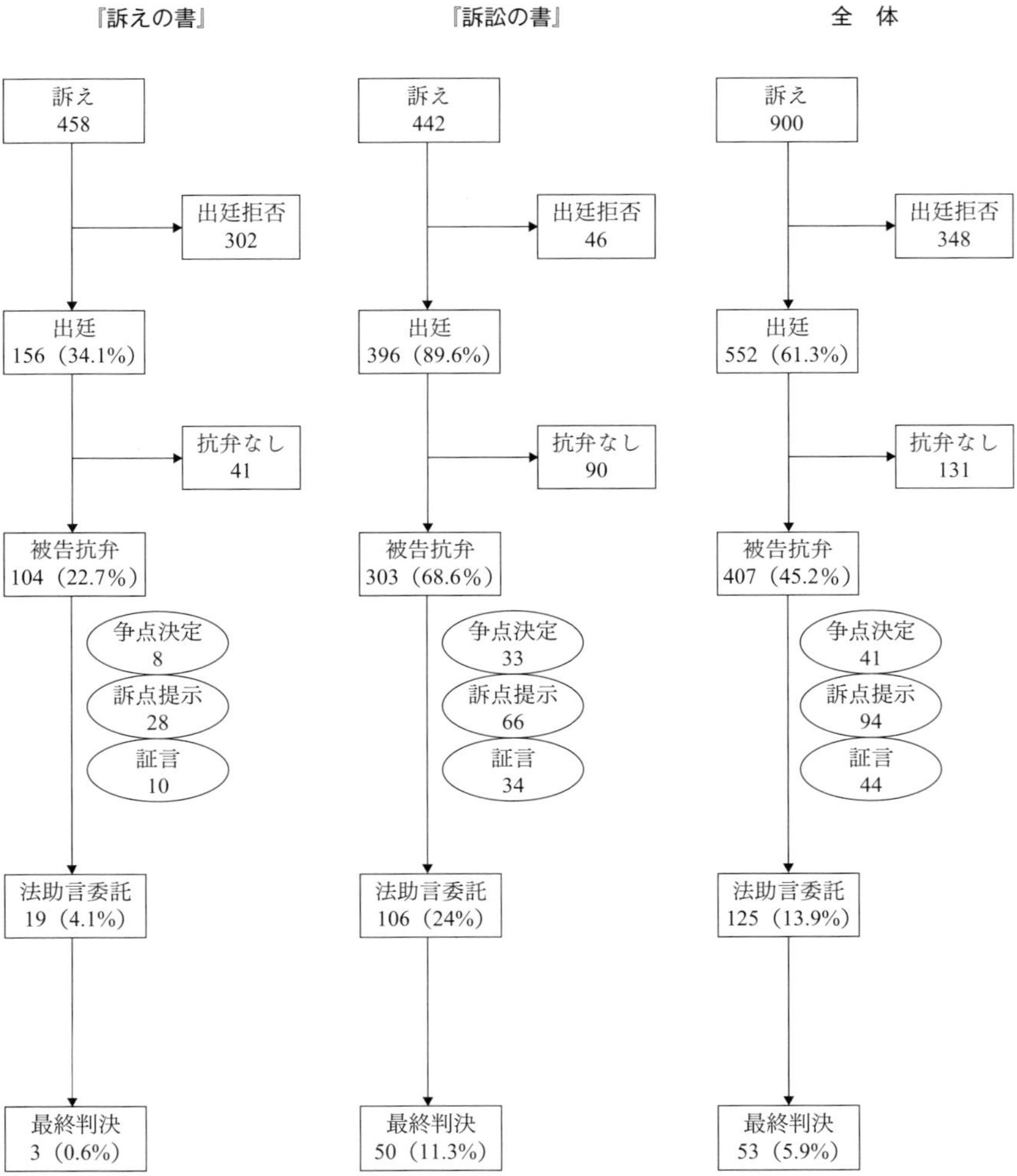

図 4-2　1336 年のポデスタ法廷の民事裁判

る。裁判官は提出された金銭貸借の証書や不動産賃貸の証書、嫁資の証書などの公証人証書を見て、被告がたとえ反論しようとしている場合でも、半ば自動的に司法命令を出している。都市条例の第四章第三項「公的な証書で義務づけられた者に対してなされるべき略式裁判について」では、[27]公証人証書だけで司法命令の発布が可能となるよう規定されており、裁判官はこれに従って命令を出していたと考えられる。この債務関連の訴訟での公証人証書の絶対性からは、コムーネの司法制度が、公証人文書を通した権利確定のシステムを民事的法秩序の基礎に据えていたことがわかる。

とはいえ被告にもいくつかの抵抗の道が残されていた。ひとつは相手の法的活動の形式的な瑕疵を追及する抗弁である。これについては第5章で詳しく検討する。第二の道は証書を通した支払いの証明である。都市条例でも弁済の証明は公的な証書や債権者の手による文書によって行われるように規定されており、これも文書を中心とする権利のあり方を反映したものである。[28]第三はそもそもの債務債権関係を認めないというものである。たとえば不払いの地代を要求された際に、その土地は自らが所有する土地であると言い張るもので、この場合、争点は土地の所有権に移り、次に見る『訴訟の書』に収められる裁判と同様の展開を見せる。

②『訴訟の書』の裁判

多様な訴えが収められている『訴訟の書』に目を転じると、そこでは違った裁判の光景が飛び込んでくる。被告のほとんど（八九・六％）は法廷に現れ、訴えの内容を否認して争う道を選んでいるのである。議論が紛糾し裁判が長引くこともしばしばで、訴訟当事者が自らの主張を細分化して質問形式で訴点を提示する手続きや、その訴点を相手が否認したときに、証言をもって訴点内容を証明する手続きへ向かう事例も多く存在する。そして法学者への助言の委託にまでたどり着く事例は一〇六件（二四％）、最終判決にまで至る事例は五〇件（一一・三％）確認される。債務関連の訴訟から構成される『訴えの書』と比べれば、比較的多くの裁判が判決までたどり着いていると言

表 4-2　『訴訟の書』における 1336 年 5 月，6 月，7 月に始まった訴訟の期間

	件数	%
1 日間〜7 日間	71	49
8 日間〜14 日間	23	16
15 日間〜1 カ月間（30 日）	24	17
1 カ月間〜2 カ月間	9	6
2 カ月間〜3 カ月間	7	5
3 カ月間〜4 カ月間	5	3
4 カ月間〜5 カ月間	0	0
5 カ月間〜6 カ月間	1	1
6 カ月間〜	4	3
総計	144	100

えよう。

とはいえ法廷に双方が出廷し弁論がなされた後、判決以外の形で裁判を終える事例も多数存在する。そのうち当事者双方が仲裁を行うことに合意した旨が明記されているものが九件ある。[29] しかし多く見られるのは、何の記載もないまま、突如として裁判の記述が途絶える事例である（二三五件）。たとえば当事者の弁論の後や、次の審理の日程が決められた後、証拠提出の後など様々な局面で、何の記載もないまま裁判が中断している。法学者への助言を委託した後に、何の行動も起こされないまま放置されている事例もここに分類される。『訴えの書』でもこうした事案は七〇件見られる。これは訴訟当事者双方が出廷懈怠したために、法廷書記が手数料を受け取らず、それゆえ何も記さなかった状況を思わせる。つまり原告が裁判を放棄し、当事者同士で法廷の外で何らかの解決が図られたことを示すものと考えられよう。

訴訟当事者らは一件当たりどれだけの期間、法廷で争っていたのか（表4-2）。五月、六月、七月に始まった裁判では一七七件中、双方が出廷している事例は一四四件ある。この一四四件のその後を分析すると、一週間以内に裁判が終わっている（さらなる活動が記録されていない）事例は七一件と半数近くに達する。八日間から一四日間の事例は二三件、一五日間から一カ月間の事例は二四件となっており、相手が出廷して対決の図式になっても八割以上の場合で一カ月以内に裁判が何らかの形で終了していたことがわかる。一カ月以上費やされた裁判では、一カ月間から二カ月間の事例が九件、二カ月間から三カ月間が七件、三カ月間から四カ月間が五件、五カ月間以上は一件、半年以上が四件存在する。なお五カ月以上続く裁判のうち二件は一二月にも法廷での活動が見られるため、それらは年をまたいで次の年にまで裁判が続けられている可能性が高い。

『訴訟の書』所収の裁判では多様な訴えや議論が見られる。しかし多くの事例は最終的には土地や家屋などの不動産の権利関係へと争点が移っている。たとえば司法命令に対する異議申し立てに始まる裁判では、司法命令が出された契機である地代や家賃の不払いの訴えが取り上げられ、そこで争点となっていた不動産の所有権が議論されるようになる。この場合、争いの構図は債務者と債権者という関係ではなく、両者ともが不動産の所有権を争う者同士の関係となる。

所有権をめぐる争いでは、債務債権関係の争いとは異なり、通常、土地の購入などを示す公証人証書での権利証明だけでなく、土地の実際の占有事実の主張が証言とともに示される。証書と証言（占有事実）のどちらかの証明方法が勝っていたわけではなかったことは、多くの裁判で両方の証明が行われ、議論が長引いていることからわかる。ほとんどの訴訟当事者が証書を手に自己の権利を主張しており、公証人文化が普及した中で、証書に基づく観念的な所有権の保持が、権利主張の前提にあったことは確かであろう。しかし両当事者が同じ土地に対して相矛盾する権利の系譜を証書で証明しようとするとき、もはや証書だけでは簡単に結論が出せない現実がそこにはあった。そうした時、証書での権利という権原を有した上で、その土地を長い間、平穏に自身または借地農を通して（地代を得ながら）占有してきたという事実が一定の重要性を持つようになっていた。この問題についてはこの後の第4節で検討する。

③民事裁判の二つの特徴

以上のポデスタ法廷の民事裁判について、住民の司法利用という観点から二つの特徴を見ることができる。[30] ひとつは当事者主義的で比較的自由な裁判の進行であり、もうひとつは社会的事実に基づいた法廷での議論である。

他のイタリア都市同様、ルッカの裁判はローマ・カノン法訴訟手続きに基づいて進められていた。この訴訟手続きは、たとえば訴えの定型化や召喚の強制性、争点決定、訴点形式での議論などに見られるように、当事者が法廷での議論を通して事実関係を明確化し、それに基づいて判決が下されるように裁判を進めるためのレールとしての機能を果たしていた。しかし裁判記録からは、実際には法廷の利用者の都合で、そのレールから外れることも容易であった状況が浮かび上がってくる。裁判が途中で中断する事例の多さは、訴訟費用をかけて長々と法廷で議論するのではなく、一定の裁判の見通しがついた時点で、裁判外で解決する道を多くの当事者が選んでいたことを示している。特に法学者への助言の委託の後、それが開かれないまま裁判が中断する事例は、訴訟当事者が助言内容を察した上で[31]、それを費用をかけて最終判決によって確定させるのではなく、裁判外で当事者同士で解決する道を選んだことを示すものであろう。実際、一三四〇年のある公証人文書には、当事者のパウロとフランチェスキーノが、同年にサン・クリストーフォロ法廷で始まった裁判について「その事案は法学者シモーネ［の助言］に委託されたが、当事者双方は訴訟をやめ、合意に達することを望んでいる」とされ、これに続いて当事者間での公証人を介した和解の内容が記されている[32]。このように訴訟手続きのレールから容易に外れることが可能であったことが、都市法廷の敷居の低さのひとつの要素となっていたと考えられる。

法廷を住民にとってより利用しやすい場にしていたもうひとつの特徴は、法廷において住民が、証書での権利関係や占有の事実など、具体的な「ナマ」の事実を基に議論することができた点にある。これはランゴバルド法の文化からも影響を受けたルッカと異なり、ローマ法の伝統が早期より強かったピサの事例と比較するとわかりやすい。ピサの法廷では一二世紀にはすでに訴権（アクティオ）などローマ法の概念が用いられており、具体的な事実が法的な次元に置き直されて議論されていた[33]。たとえば、ある土地を占有していた原告は、他の者がそこを占拠したとき、不動産占有保持の特示命令（interdictum uti possidetis）というローマ法の概念を用いて自身の占有の正当性を主張している。これは占有の事実が、法的に守られるべき「権利」として観念されていたことを示している。そしてピサの裁判での議論は、原告がその法的な「権利」を持つにふさわしかったかどうか（たとえば原始取得者かどうか）を中心に展開している。

一四世紀ルッカではこれとは対照的に、ある土地にどのような権原（購入や相続など）を持ち、どのように占有していたかという具体的な事実関係の位相で議論が進められていた[34]。これは第1章第2節でも紹介した一二世紀ルッカの法廷での議論と類似する[35]。法的な概念を介して議論する必要がなく、社会的な現実に即して議論することが可能であったルッカの法廷は、中下層の住民も含めた多くの住民にとって、開かれた利用しやすい紛争と紛争解決の場であったのである。

3　仲裁と裁判外紛争解決

（1）公証人契約に見る仲裁と和解

裁判の進行と権利主張のあり方から、ルッカの法廷が住民にとって敷居の低い、多くの人がアクセスできる場であった理由が見えてきた。しかしそれは法廷を利用するための積極的な理由と言えるものではない。なぜ住民があえて他ならぬコムーネの公的司法を利用することを望んだのか。裁判に頼らずに決着するのではいけなかったのか。これに答えるためには、コムーネの司法を当時のあらゆる紛争と紛争解決の手段の中に位置づけて考える必要がある。裁判から一旦離れて、裁判外での仲裁と和解について公証人文書から検討してみよう[36]。

一般に紛争解決の方法は、当事者間で行われるものと、第三者が仲介するものとに分けられる。現実の紛争解決ではこの両者を行ったり来たりする。ある問題をめぐって争いが起こり当事者間で交渉したがそれでは収拾がつかず、裁判官や仲裁人に判定を委ねる場合もあるし、また第三者による判定が下される前にお互いに妥協点を見出そうとする動きもある。

紛争当事者間での和解交渉はかなりの数が行われていたと推測されるが、史料からそれを確かめるのは容易ではない。たとえば債権者と債務者とが、ある条件の下で負債を帳消しにする約束をした場合を考えてみよう。もし口頭で約束が行われたならば、それは当然記録には残らない。後の紛争を予防するために、債務返済の証書を「偽造」したり、負債分を加味して他の契約を結んだりする場合にも、それらの契約文書は他の通常の公証人契約の中に埋もれてしまう。このような紛争解決の方法は、裁判を通す、通さないにかかわらず無数に存在したであろう。ただ、土地などの重要な権利関係を含む案件に関しては、公証人を通して契約がなされることが好まれたようで、それは和解文書として公証人登記簿の中にしばしば見られる。そこでは当事者間での合意事項、特に土地や地代の分割に関する合意事項が詳細に記されている。後で見るように、和解契約は都市ルッカで年間一二〇件行われていたことが概算で推定される。

公証人登記簿に記されている裁判外での紛争解決としては、当事者間での和解よりも、第三者が仲介し判定を下すという仲裁が多い。仲裁はコムーネの法廷の裁判官以外の人物が執り行うという意味でコムーネの公的な司法制度の外に位置づけられる。しかし仲裁での決定事項は公証人契約と同様、法的な効力を持ち、コムーネの法廷が最終的に仲裁判断の履行を保証していたという面もある。

公証人登記簿には、仲裁合意（compromessum）と仲裁判断（arbitrato）という仲裁に関する二種類の法行為が記録されている。仲裁合意とは、当事者双方が仲裁人を選出し、その仲裁人による決定（仲裁判断）を受け入れることを宣誓する手続きであり、そこには後に行われる判断を遵守しない場合の罰則も盛り込まれている。この仲裁合意の手続きは、仲裁が裁判とも調停とも異なる性格を持っていることを示している。というのも仲裁合意は、当事者双方が判定者を選ぶという点、そして判定の受け入れを前もって合意することで初めて判定の効力を発揮させるという点で、仲裁を裁判とは異なるものにし、また他方、一旦判定の受け入れに事前に同意すれば、仲裁人による判定はその内容に当事者が同意するか否かにかかわらず法的効力を持つという点で、調停とも異なる性格を仲裁に与えているからである。

和解と仲裁は実際にどれだけ行われていたのか。これらは公証人登記簿の散逸などのために民事裁判の場合ほど確かな数字を導き出すことは難しい。ただ、一四世紀前半（一三二八～四二年）の三人の公証人の八冊の登記簿に記載されている三五四二件の公証人契約を基に、大まかな年間の件数を試算することはできる。[37] これらの公証人登記簿を分析すると、和解が九件、仲裁合意は七一件、仲裁判断は四一件見つかり、それらは全契約数のそれぞれ〇・三％、二％、一・二％に当たることがわかる。第2章ではルッカと周辺領域で結ばれた全体の公証人契約数は年間四万件と推定したが、それを基に概算するとルッカにおいて公証人を通してなされた和解は年間約一二〇件、仲裁人に判定を委ねたのは年間約八〇〇件、そしてそのうち実際に仲裁人が判断を下した件数が年間約四八〇件と推定できる。

仲裁合意の数よりも仲裁判断の数が少ないのは、紛争当事者が仲裁に合意した後に何らかの妥協点を見出したためか、または仲裁人が下した判定に当事者双方が納得せず、それを公証人登記簿に書き込ませないという想定外の動きがあったためと考えられる。[38] それでも年間で五〇〇件近い仲裁判断が行われていた可能性があることは注目に値する。裁判で最終判決が下された割合は、ポデスタ法廷の通常裁判で約六％であり、それを基に計算すると――年間約一万件の訴えのうち約半数が通常裁判であり、ポデスタ法廷の判決の割合を他の法廷にも当てはめると――ルッカのコムーネの司法全体で年間約三〇〇件の最終判決が出されていたことになる。概算ではあるが、仲裁判断の数が裁判での判決の数を上回っていることは興味深い。法廷に訴えが起こされる件数がどれだけ多かったとしても、紛争に一定の決着をつける第三者の判定へとこぎつけるためには、仲裁はかなり有効な場として認識されていたのである。

（2）仲裁のメリット――手続きの迅速さ、身近な仲裁人

ではなぜ紛争当事者たちは仲裁による決着を望んだのか。仲裁に向かうメリットは何だったのか。まず挙げられ

るのが仲裁における手続きの迅速性と直接性である。紛争当事者が仲裁人を指名し、案件を委託するまでは多くの時間を要したかもしれないが、一旦仲裁を行うことの合意に至ればそこからの展開は早い。仲裁合意には仲裁人が判定を下す期日として、八日間などが設定されている。[39] いくつかの仲裁合意には、仲裁人は「略式で（summarie）」判断を下すように、という文言が明記されているが、ここには、紛争当事者と仲裁人が、裁判につきものの煩わしい形式的な手続きや、その瑕疵に対する異議を省いて迅速に決着がつけられるようにという意味が込められている。そしてこの迅速な手続きは、裁判と比較して費用面で大きなメリットとなっていたと考えられる。ある仲裁では、「両者は苦労と費用を省き、裁判でしなければならないことを、裁判外で（extra iudicium）行うことを欲して［仲裁合意する］」という文言が見られる。[40]

また仲裁では、仲裁人が紛争当事者から直接話を聞くという手続きがとられていた。仲裁判断の記録には、仲裁人が判定を下す際に参考にした資料が列挙されているが、この中に「訴えと返答、証人証言そして当事者による弁論」[41]や「当事者が言いたいことに関して十分に聞き取った」[42]という記述がいくつか見つかる。裁判の場合では、最終判決の草案となる助言を作成する法学者が参考にしていたのは、裁判の記録だけであった。これに対して仲裁での判定者の前での「審理」は、形式面での不毛な議論を避け、紛争の内容面について決着をつけたい当事者にとっては好ましいものであったと考えられる。

手続き面だけでなく、判定の内容や基準においても仲裁は裁判と異なっている。訴えの内容や当事者の言い分の詳細が記されていない事例も多いため、仲裁の判定が一方的なものであったのか、折衷的なものであったのかを判断することは難しいが、少なくとも六一件中二八件で、一方の訴えを完全に認める形の（または一方にのみ義務を与えている）判定が見られる。たとえば市民のラブルッチョが聖職者のロジェリオに一〇〇フィオリーノの支払いを求めた件での仲裁では、仲裁判断において訴えの内容が認められ、二カ月以内の支払いがロジェリオに課せられている。[43] ここからは「仲裁」が、「調停」のように当事者双方に配慮することを必ずしも必要としていなかったことが窺える。しかしこうした事例だけでなく、双方ともが義務を負い、どちらが勝者なのか判別がつかないような仲裁判断の事例も少なからず存在する。たとえば、サンタ・マリア・フォリスポルタン施療院がある人物から遺贈されたとする土地を、ギラルドが他の人物への債権を理由に占有していた事案では、仲裁において、施療院がギラルドに三〇リラを支払う代わりにギラルドがその土地を明け渡すようにという判定がなされている。(44) 他にも遺産をめぐる仲裁では、相続人に細かな権利が分割されている事例がいくつか見られる。こうした当事者双方に配慮した判定は二〇の事例で確認できる。

裁判での判決ではほとんど見られない、こうした玉虫色の判定の存在は、判定を下す仲裁人と、彼らが判定において採用した基準へと我々の注意を向けさせる。仲裁人が誰であったのかを見ていくと、まず "dominus" の称号から法学者が仲裁人となっていたことがわかる。彼らは裁判でも判決の草案となる助言を作成していた地域の法学者であり、検討した一一五件中三四件で仲裁判断が委ねられている。(45) 他には法学者と同様に一定の法的な知識を持っていたとされる公証人も、三一件（法学者と共同の場合もある）で仲裁判断を下している。

ただ、注目すべきはこうした「法曹」が関わらない一般の住民だけによる仲裁が一一五件中五三件もあることである。一般の住民についてより詳しく見ていくと、名前に付された称号などから、司祭（presbiter, 四件）や同職組合の職人（magister, 八件）が仲裁を行っていたことがわかる。他には、姓を持つ都市の有力市民が仲裁人となっている事例が確認される。(46) また、紛争当事者と同じ都市の街区の人物や、同じ農村共同体の住民が仲裁人となっている場合もある。(47) さらには、異なる農村の出身者間での争いで、当事者双方がそれぞれ同郷の人物を仲裁人に選出しているものもある。(48) これらの事例からは、紛争の事案の推移を知っている人物、そしてそれゆえ納得いくような仲裁判断を出すことのできる人物に事案が委ねられている様子がわかる。(49)

(3) 仲裁判断の基準——自由裁量と和合

仲裁人は何を判断の基準としていたのか。仲裁合意の文面には、仲裁人が依拠すべきものとして、「略式で自由裁量の方法によって（per via arbitrii summarie）」、「自由裁量と法的な方法で（per via arbitrii et iuris）」、「自由裁量で、合理的でよく平等に（per arbitrium et ratione et de bono et equo）」などの文句が見られる。これら全てにおいて共通しているのが自由裁量（arbitrium）である[50]。これは「略式で（summaria）」や「［法］に従っても従わなくても」などの文言があることからもわかるように、仲裁人が特定の実定法に束縛されず、自由に自身の良識に従って判断すべき状態にあることを示している。自由裁量とともに併記されている用語には、「法（ius）」や「平等（equo）」、「合理（ractione）」、「友好的な調停案（amicabile compositio）」などがあるが[51]、これらは自由裁量の内実を構成する要素と考えられる[52]。この中で特に多く出てくるのが「法（ius）」である[53]。仲裁人が「法曹」ではなく、一般の住民の場合でも、この用語が言及されている。この「法」が意味しているものとは、これが「自由裁量」とともに用いられていることから、従うべき特定の実定法というより、広い意味での法（ローマ法）の体系や秩序、そしてそこから派生する法的思考という抽象的なものと考えられる。自由裁量で判断が下されるといっても、勝手気ままな判断ではなく、法的な観点から良識ある判断が、仲裁で求められていたのである。この意味で仲裁は、裁判外的ではあるが、中世ローマ法の広義の法体系の内部に位置づけられる活動であった。

仲裁人が依拠すべき基準として、自由裁量とともに「友好的な調停案」や「仲裁案」という用語も散見する。これは上記の「法」、「合理」、「平等」のように仲裁人が持つべき良識を構成する要素というより、判断の結果や仲裁の目的に仲裁人の目を向けさせる要素である。いくつかの仲裁判断の前文にも仲裁の目的に関する文言として、「当事者の平和と和合の善のために（pro bono pacis et concordie pertium）」、または「平和と和合に導かれるべく（ad pace et concordia reducenda）」がある。この紛争当事者間の平和と和合という目的は、仲裁を裁判と分かつ重要な点である。和合を目的として仲裁案を考慮するということは、判断において実定法だけでなく、様々な現実の事情を加味するということになる。[54] 仲裁では実際、裁判では見られない、双方に義務を負わせる判断もなされていた。これはおそらく、紛争の状況をよく把握した一般人が仲裁人として、実定法に縛られず和合を目的として判断を下していたためであろう。紛争当事者たちにとってこうした性格を持つ仲裁は、紛争を納得的に解決する手段として好ましいものであったと考えられる。

こうした仲裁判断は、実際にどれほど当事者たちに受け入れられたのか。仲裁判断は理論的には、それ自体当事者の同意の有無にかかわらず法効力を持つものであり、それに対する異議申し立ても都市条例では禁じられていた。ただ一三三六年のポデスタ法廷の裁判記録では、相手の仲裁の不履行に直面した当事者が、コムーネの法廷に仲裁判断の履行を求めて訴えた事例が八件確認される。[55] とはいえ、こうした仲裁判断の不履行は全体の仲裁の数（年間推定約四八〇件）から見れば決して多いわけではない。

仲裁判断が実際に受諾されていた事実は、公証人登記簿の仲裁判断の箇所における欄外の記述から確認できる。そこでは後日、当事者が仲裁判断に従って支払いを行ったことや、判定の遵守を約束したことなどが記載されている。そうした記載は全七五件中三一件（四一％）にわたる。公証人が欄外の記載を厳密に行っていたかどうかは疑わしいが、最低でも四割近くの仲裁判断は当事者によって受け入れられていたことになる。裁判における、一審の最終判決を不服として控訴が行われる事例の多さ、ポデスタ法廷での司法命令に対する異議申し立ての多さに見られるように、第三者が行う判断への不服申し立てが常態化していた状況を考えれば、仲裁判断は比較的受け入れられていたと考えられる。

以上をまとめると仲裁の特徴として、費用の安さ、手続きの迅速性、法的な議論を省いた直接的な議論とそれに基づく判断、身近な人物による自由裁量での和合を目的とした判断、そしてその結果としての受諾率の相対的な高さが挙げられる。こうした特徴を持つ仲裁は、明らかに紛争を解決するためには裁判よりも適した場を提供していた。実際の仲裁の件数の多さはこの証左である。紛争当事者が本気で複雑な事案を解決したい場合、彼らは仲裁に向かったに違いないのである。

4　司法命令に見るコムーネ

（1）法廷を利用するいくつかの理由

ここで、我々がつい想定してしまいがちな社会と国家とのある関係が成り立たないことがわかる。それは、地域社会において紛争が収拾できない場合に、人びとは強制力を持つ国家に助けを求め法廷に向かった、というものである。紛争を解決するためにはコムーネの裁判よりも、私的な仲裁というより優れた道がしっかりと存在していたのである。では住民たちはなぜ、何を求めて法廷に向かったのか。再びこの問いが浮上してくる。

人びとが法廷を利用したいくつかの動機が考えられる。第一は、紛争当事者が公に怒りを表し、社会的な地位や名誉を保つために法廷を利用したというものである。裁判では召喚や判決時など、争いが公に知れ渡る仕組みがあった。マルセイユについてのスメイルの研究によれば、裁判で相手を訴えるということは、隠れた問題を公にすることであり、相手を攻撃し恥をかかせ、また自身の争える力を公に示すことを意味した[56]。これは名誉の観念が浸透する中世社会においては意味のある行為であった。訴訟費用や差押えの手数料を支払わなければならないにもかかわらず、わずかの額のためにも法廷に訴えを起こす理由のひとつはここにあると考えられる。

第二は、法廷での法的論争で優位に立つことで、後の仲裁や和解を有利に進めることができるというものである。次章で詳しく見るように、公証人ら法廷闘争のエキスパートを代理人として雇い、相手の弁論内容に形式的な面から異議を呈する事例がこの時期多く見られる。そうした事例では長い議論の末、最終判決まで至らずに、裁判が中断することもしばしばである。実質的な権利を争点として仲裁に向かったのでは不利になると考えたとき、相手に法的議論を吹っかけ、少しでも有利な条件の下で交渉に入ろうとすることはあっただろう。

以上のような動機に基づいて法廷に訴えている人びとは少なからずいたように思われる。ただそれらとともに多くの人びとを法廷に引きつけていたもうひとつの理由がある。そこでカギを握るのは司法命令である。司法命令とは、債務不履行の訴えを受けた裁判官が債務債権関係を示す証書に基づいて略式で下す命令で、債務者の動産を債権者に与える命令や（preda）、債権の担保として不動産を債権者に与えるもの（insolutum または tenuta）、不動産からの債務者の立ち退きを命令するもの（preceptum）、債務者を追放状態に置くもの（bannum）、さらには債務者を牢獄に入れるものがある。[57] 一三三六年のポデスタ法廷では通常裁判全体の三割弱に当たる二四三件もの裁判が、この略式での裁判官の司法命令とともに終結していた（表4-3）。司法命令で終結する事例以外にも、裁判の途中で司法命令が出され、その後、被告側の異議が続く事例もしばしばあることから、実際に司法命令が下された件数はもっと多い。スメイルによれば、ルッカの全法廷でなされた動産の差押えは、年間で二千件を超えていた。[58]

表 4-3　1336 年のポデスタ法廷での司法命令

	件数
動産差押えの命令（preda）	71
不動産担保付与の命令（insolutum または tenuta）	54
立ち退き命令（preceptum）	51
追放令（bannum）	46
その他	21
総計	243

法廷に訴えを起こしていた多くの住民の狙いが、証書一枚あれば裁判官から略式で獲得できるこの司法命令であったことは次の事実からも裏づけられる。それは最終判決にまで至る裁判の多く（五三件中三四件）が、以前に下された略式の司法命令への不服申し立てで始まっているということである。つまり最終判決で裁判が終結する場合でも、その多くは一度は略式の司法命令を経ていたのである。[59]

略式の司法命令は容易に獲得できるものでありながら、最終判決と同様に、その決定が即座に執行に移されるという実効性も備えていた。この法廷の執行力は私的な仲裁にはないもので、住民がこのコムーネの一面に期待して法廷に向かっていたことが考えられる。廷吏が行う差押えの強制力は、ある刑事裁判の事例から見ることができる。傷害の容疑で告訴された農村住民ベルトは、刑事裁判で次のように抗弁している[60]。チオメオがポデスタ法廷の廷吏ヤコポとともに槍やサーベル、ナイフなどで武装して、動産の差押えのために我々の土地にやって来た。彼らは我々の二頭の雌牛と二頭の雄牛を捕まえようとした。そこで自らはそれを防ごうと彼らを妨害し威嚇した。なぜならその家畜はチオメオの要請で差押えられることはできなかったからであり、むしろ差押えを行った廷吏が条例によって罰せられるべきであろう。上記の抗弁もむなしくベルトは四五リラの有罪判決を受けている。この事例からは、差押えにおける暴力を伴う攻防とともに、債権者のチオメオが債権回収のためにポデスタ法廷の強制力を頼りにしていた様子を窺うことができる[61]。

通常裁判の半数を占める、債務不履行で訴えを起こす者たちや、略式裁判を利用する多くの者たちが法廷へ向かう理由は、問い合わせても一向に応答しない債務者から、コムーネの法廷を通して略式で強制的に債務を回収することにあったのである。

（2）司法命令の戦略的利用

ただしここからが問題である。法廷に持ち込まれた証書に基づいて行われる略式での司法命令は、必ずしも「あるべき」権利関係を回復するものとは限らなかった。それは上記の事例でベルトが暴力的に示していた司法命令に対する不服の表明に表れている。この司法命令への不服は、通常は民事法廷になされ、一三三六年のポデスタ法廷では通常裁判の一四・五％がこれに始まっていた。司法命令への不服申し立ての内容を検討すると、原告の法的要件や証書の書式など形式的な瑕疵への言及とともに[62]、そもそもの債務債権関係の有無や、担保に入れられる不動産の権利関係などの問題が持ち出されている。代表的な例を見よう。

一三三六年七月九日のポデスタ法廷で、原告ジョヴァンニは、過去の裁判でペトルッチョが借地人ビアンクッチョに対して不払いの地代の支払いを求め、結果として動産（小麦）の差押え許可を得ていた件で、その動産差押

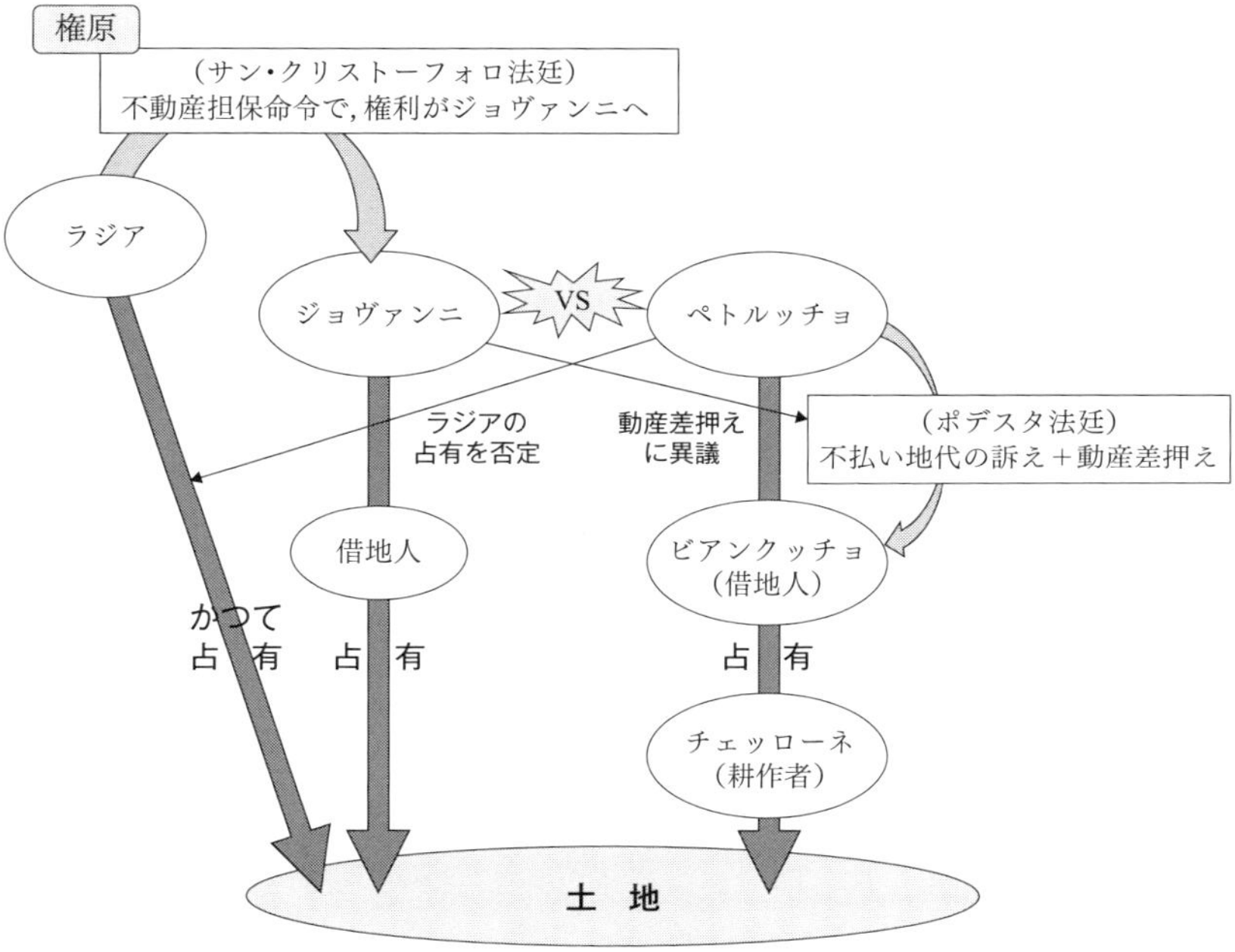

図 4-3　裁判の構図

え命令に異議を申し立てている（図 4-3 参照）[63]。ジョヴァンニは、ペトルッチョがビアンクッチョに貸していたとする土地について、自らがその権利をラジアという人物からサン・クリストーフォロ法廷での不動産担保付与の司法命令で獲得し、それを権原としてその後、ある借地人を通して占有していたと主張する[64]。これに対してペトルッチョは、そもそもラジアはその土地の占有には入ってはおらず、ペトルッチョ側がビアンクッチョを通してチェッローネに賃貸（又貸し）する形で、そこから収益を受け取りながら占有していたと反論する[65]。

この事例は途中で裁判記録が途切れるため、その後の行方はわからないが、ここでは二つの司法命令が彼らの不服申し立ての対象となっている。ひとつはペトルッチョが借地人ビアンクッチョを地代の不払いで訴えた際に獲得した動産の差押え命令であり、もうひとつはサン・クリストーフォロ法廷において、ジョヴァンニがラジアから獲得した不動産担保付与の司法命令である。そのどちらにおいても、裁判官はそれぞれの原告が提出する債務債権関係を示す証書を見て略式で、債務者のものと思われる財産に債権者を導いていた。これによって問題がこじれたのである。

司法命令は略式で、それゆえ債務債権関係を表す証書の確認のみで出されていた。それは裁判官が都市条例の規定「公的な証書で義務づけられた者に対してなされるべき略式裁判について」に基づいて、手続きを進めていたためであった[66]。しかしその略式性ゆえに債権者が、債務者のものかどうかわからない財産を占有し始める事態がしばしば生じていた。司法命令を求めて法廷に向かう債権者はこの法廷の拙速さを承知で、いやむしろそれを見越して戦略的に司法命令を獲得していたと考えられる。彼らはあやしげな物をつかまされたというより、つかみに行っていたのである。

なぜ後に不服申し立てを受ける可能性があるにもかかわらず、彼らは司法命令を進んで獲得していたのか。それはある物を占有することに、戦略上の大きな意味があったからである。土地や動産を一旦獲得すれば、もし別の者がその権利を後から主張したとしても、裁判で挙証責任を持つ原告側としてではなく、被告側として立ち回ることができ、労力や費用の面からも有利な立場に立つことができた。さらにそれとともに重要なのは、積み重ねた占有の事実が、後の権利争いにおいて有効性を持っていたことである。上記の事例ではジョヴァンニは、ラジアから司法命令で権利を獲得したことだけでなく、その土地に実際に入り、そこで地代を獲得しながら占有していた事実を、権利を主張する際の根拠としている。

司法命令、特に不動産の占有を可能にする不動産担保付与の司法命令（insolutum）が、不払い地代などの債務の回収手段としてだけでなく、土地の権利（所有権）自体の争いにおいても有効視されていたことは次の事例からもわかる。一三三〇年のポデスタ法廷での原告スピネッロ（ギータの代理人）と被告マクテアとの土地をめぐる裁判において、原告スピネッロは、その土地はギータの父ボナユータがビアンクッチョから司法命令で獲得した土地であり、自らがギータのために占有していたと主張し、フォレターニ法廷で獲得した司法命令を提出している（図4

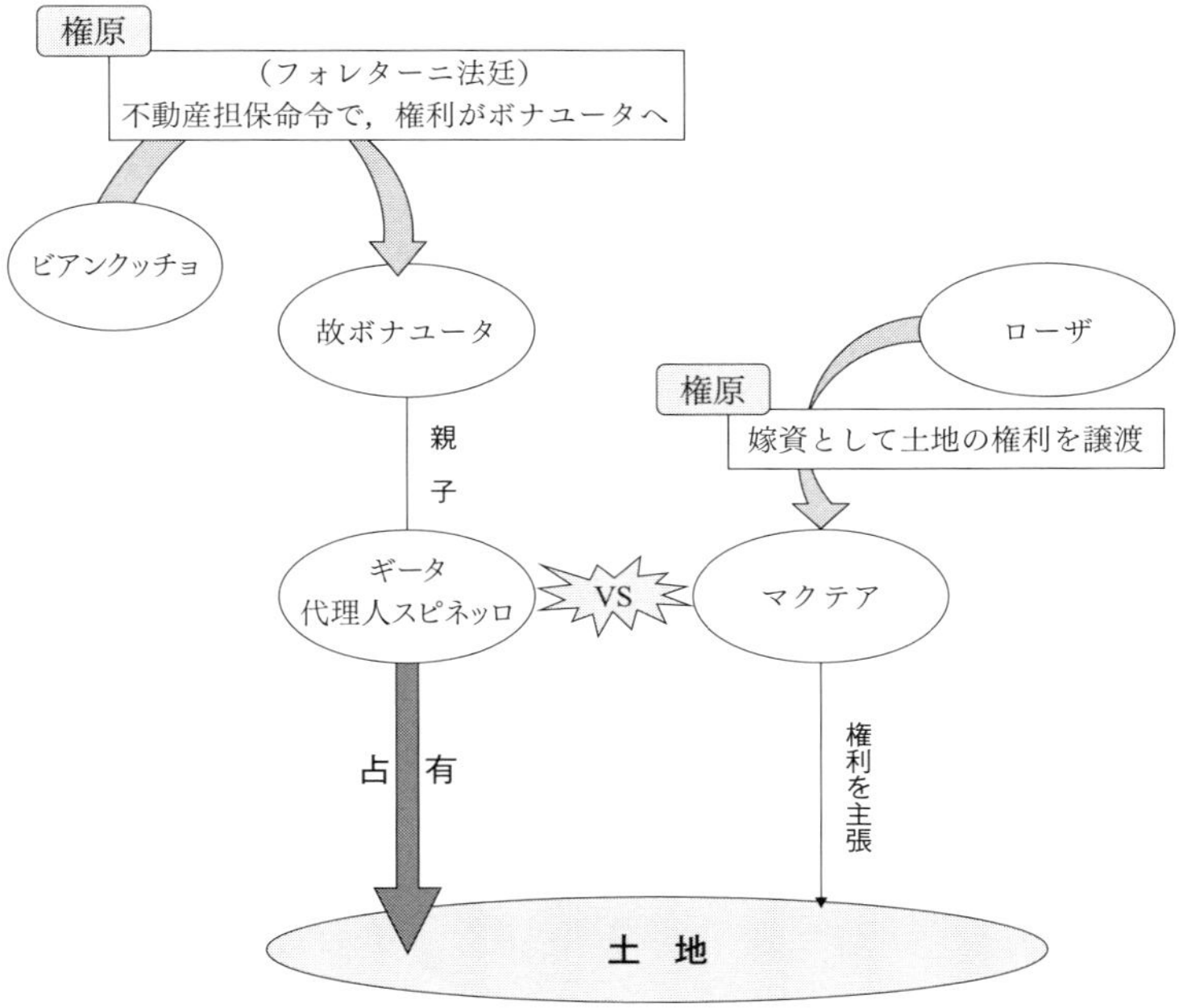

図 4-4　裁判の構図

–4参照）[67]。これに対し被告マクテアは、ローザから獲得した嫁資の権利のために、その土地によりよい権利を持っていると主張し、嫁資の証書を提出する[68]。ここでは、もとは債務者（ビアンクッチョ）に対する債権証書により獲得した司法命令が、土地自体の権利を主張するために持ち出され、嫁資の権利に対抗している様子が、そして司法命令を権原として占有していた事実が、権利を主張するために有効視されている様子が見られる。

　こうした司法命令の利用、そしてそれに基づく占有事実の有効性という状況は、当時のイタリア都市社会の権利関係やそこで育まれた権利認識を考えると理解しやすい。一四世紀のイタリアでは公証人契約が普及し観念的な権利関係が確かに認識されており、占有事実は何らかの権原に基づいてこそ権利争いで有効となっていた。しかし第2章で検討したように都市住民の土地投資とそれに伴う権利の分散により、権利関係は極度にあいまいになっており、特にルッカではそれは顕著であった。このように土地の権利関係が錯綜した環境の下では、占有に入る際の権原となる観念的な権利は、完全なものというより、ある程度の確かさを有したものとならざるを得なかった。裁判でも最終判決に対する控訴や蒸し返しが延々となされ、既判力の法原則は徹底されておらず、権利関係がひとつの判決で完全に確定するという認識は乏しかった。[69] そうした環境において有効であったのは、一定の権原に基づいて占有の事実を積み重ねることであり、それが来るべき権利争いのための有効な備えとなっていたのである。[70]

不動産担保付与の司法命令を権原とする占有はさらに、単なる占有とは異なり、コムーネという公権力のお墨つきによって、公になされるものでもあった。ポデスタ法廷の裁判記録簿では、不動産担保付与の司法命令を獲得した者が、その後コムーネの廷吏に導かれ、土地と家の占有に実際に入った様子が記されている。そこでは家のドアが開け閉めされ、周囲の人びとに司法命令の執行と家主の変更が視覚的に示されていた。[71] 都市条例ではさらに、債権者に担保が与えられた後八日以内に、コムーネの役人はそれを家族や近所に公に告知すべきとも定められている。[72] こうした司法命令に基づく占有が人びとに知れ渡っていたことは、ある裁判で、「マッテオがどのような権限でそれを占有し始めたのか」と質問を受けた証人が、「ヴァンネッロかその相続人から［マッテオが］獲得した司法命令に基づいて［占有し始めた］」と答えていることからもわかる。[73] 不動産担保付与の司法命令は、コムーネの決定が、公開的に行われるという二重の意味で「公」の占有をもたらすものであり、それゆえ、権原に基づく占有が重視される社会において、権利主張として非常に効果的なものであった。

こうして見ると、コムーネの司法命令は、住民たちに戦略的に利用されることで、その本来の意味を変えていったことがわかる。もともとそれは証書に基づいて「あるべき」権利関係を回復する手段であった。しかし今や占有をもたらす一定の権原として読み替えられ、社会の中で有効な公の決定として利用されるようになっている。ここには住民たちが、公証人制度に権利システムの基礎を置くコムーネの司法制度と現実の社会との間のズレを認識して、戦略的に司法命令を獲得していた様子、そして彼らによって戦略的に利用される中で、司法命令が、そしてそれを出す公権力たるコムーネ自体が、社会の中で機能するものへと意味を変え形づくられていた様子を見ることができるだろう。

5　社会のなかのコムーネ

本章では、住民による利用という観点から民事司法のあり方を検討してきた。まずルッカの裁判記録からは、年間一万件という多くの訴えの存在が明らかとなった。一四世紀ルッカは政治的に大きな混乱期にあったが、そうした中にあってもルッカのコムーネは、私人間の権利に関する民事司法の分野で、住民に受け入れられ利用され続けていた。

しかしそれは、コムーネの法廷が私人間の権利争いに十分な解決策を提供できていたこと、もしくはそうした役割を住民がコムーネに期待していたことを必ずしも意味するものではなかった。住民が頻繁にコムーネの法廷に向かっていたのは、自分たちだけでは解決できない複雑でこじれた問題を、コムーネの判定によって解決してもらおうとしたからではなかった。紛争解決を真に望む場合、事情をよく知る隣人を仲裁人に立て、彼らに直接主張を述べて、当事者間の和合への幾分かの配慮のある判定を仰ぐ道があった。そうすれば裁判につきものの不毛な法的議論や、費用と時間の浪費を避けることができたのである。

住民がコムーネの法廷を利用していた目的、ひいては彼らがコムーネに期待していたことは、債務者の財産の差押えを可能にする司法命令に見ることができた。この司法命令は債権証書一枚あれば略式で獲得することができ、債権者にとっては返済を渋る債務者から大きなコストをかけず強制的に債権を回収するための効果的な手段であった。ここに見られるコムーネの法廷の強制力は、私的な仲裁には見られないものであり、住民たちにとっては魅力的に映ったのであろう。

ただし司法命令を求める者の中には、その本来の目的、すなわち証書上の「あるべき」権利関係を強制力を持って実現するという司法命令の制度上の目的とは異なる意図から、司法命令を獲得する者が混じっていた。彼らは、司法命令が略式で出されることを念頭に、債務者のものと思われる財産の占有に入り、そこでさらなる占有の事実を積み重ねるために司法命令を獲得していた。というのも権利関係が錯綜する社会において、司法命令を通して獲得した権利は、たとえそれが不服申し立てを被る可能性のあるあやしげな権利であったとしても、それを権原として占有事実を積み重ねることを可能とするものであり、その財産への権利を社会の中でゆっくりと高めていくことができるものであったからである。

こうした司法命令の戦略的利用からは、コムーネのどのような特徴が見えてくるだろうか。それはコムーネが、本来の制度的機能とは異なる役割を求められ、利用されることで、社会の中で機能し存立することのできる公権力となっていたということである。コムーネは、その本来の制度的機能たる、証書上の権利の実現という機能のみを期待された存在ではなかった。もしそれだけであったなら、権利関係があいまいで、「実質性」を求める社会において、コムーネがこれほど人びとを引きつけることはなかったであろう。コムーネが人びとを引きつけることができたのは、コムーネがその社会の紛争実践の中において意味のある決定——占有事実のための権原付与——を与えるように、住民らがコムーネの制度を読み替えていたからであった。コムーネとは、住民のこうした戦略的な実践によって、社会の中で機能する公権力へと絶えずつくり直される存在であったのである。

第5章　訴えによるコムーネの実現

1　コムーネと住民の相互関係

一四世紀ルッカの民事裁判から浮かび上がってきたのは、社会を統治する公権力ではあるが、社会とは切り離されていないコムーネ、社会と太いパイプで結ばれ、住民の利用実践を介して社会から絶えずつくり上げられ機能していたコムーネの姿であった。本章ではこうしたコムーネの側面を、住民の二つの行動に注目してさらに考察する。ひとつは裁判で当事者が頻繁に行っていた「異議」であり、もうひとつは住民が執政府で行っていた法の改変を求めた訴えである。

ここで「異議（exceptio）」と定義するのは、裁判で相手の形式上の不備を追及する主張である。これは、一般に被告の防御の手段を意味する「抗弁」とも呼ばれるが、ルッカの場合、原告と被告双方がこの活動を行っていたため、ここでは「異議」という用語を充てて考察を進める。ローマ法に基づく法文化が浸透していた中世イタリアでは、訴訟当事者の法的資格や訴訟手続きなどの形式面が重視され、法学者のチェックにより都市条例から逸れた行いに対して厳格に対処する体制がとられていた。そうした中で、訴訟当事者は法廷において本質的な権利関係ではなく、非本質的な相手の規則違反を追及することに注力し、裁判を勝ち抜こうとしていた。これはルッカだけでなく一三世紀のボローニャやペルージャの刑事裁判、一三世紀末のミラノや一四世紀南仏マルセイユの民事裁判でも確認される現象で、ローマ法の文化が定着し実定法への準拠の意識の強い地域で広く見られた[1]。第2節では、この訴訟当事者の「異議」を詳細に検討し、それが実はコムーネが制定する法や制度の内容を実現するために必要不可欠なものであったこと、そしてコムーネの制度はこうした住民の実践を前提に設計されていたことを明らかにする。

法廷における異議の活動が、既存の法や制度の内容を実現させる機能を持っていたのに対し、第3節で検討する住民側からの執政府（アンツィアーニ）への訴えは、コムーネの法や制度を揺り動かし、それらの本来の目的の実現に寄与するものであった。アンツィアーニの決議録には、民事的な事案に関して住民からの訴えが基となって新たな法令が出され、それが都市条例に追加されている場面がしばしば見られる。それは新たな規定の追加であったり、既存の規定への修正であったり、または個別の案件に対して法の適用を除外する法令であったりする。住民は与えられた法規則をただ遵守し、相手に遵守させるだけでなく、変化する社会の状況に応じて執政府に働きかけ、法の追加や修正、適用除外という形で、硬直的なコムーネの法制度を柔軟化し、社会に適応させていた。

これらの住民側の法への関与を考察していくと、同時に、ポデスタや裁判官と並ぶコムーネの代表機関たるアンツィアーニの特有の姿も浮かび上がってくる。アンツィアーニは、ポデスタやその裁判官のように既存の法に盲従するのではなく、市民からの訴えを吟味し精査し、その時々の状況に応じたコムーネ全体の善を考慮して、新たな法の制定や既存の法の適用除外を決定した。本章での分析からは、住民とコムーネの執政府とが協働して、「コムーネの善」を——自身の利害を腹の底に抱えつつ——掲げながら、法を多様な形で「適正化」していた様子が明らかになるだろう。

2　法廷での「異議」

（1）民事裁判における「異議」

一四世紀ルッカの法廷における人びとの声に耳を傾けてみよう。法廷での議論の争点に注目してみると、訴えで取り上げられた債務や財産の権利関係から、裁判が進むにつれて、相手当事者の資格や訴訟手続き上の形式的瑕疵のような些細な点にしばしば争点が移っていることがわかる。二つの事例を見よう。

【事例A】一三三八年のサン・クリストーフォロ法廷の裁判[2]。六月六日、原告ケッロ・ビンディは兄弟でもある被告ディーノ・ビンディに対して、ディーノが占有している土地への抵当権を主張し、その土地もしくは抵当額の五八リラを返還するよう訴える。これに対し被告ディーノは正当にその土地を占有していると反論する。六月一三日、原告と被告双方は、相手が夜警の義務や、税の支払いを怠っていることを取り上げ、裁判を受ける権利がないとそれぞれ主張する[3]。しかし一カ月後、両者は納税と義務遂行の証明文書を提出する。争点はその後、ケッロがその抵当権を誰から受け取ったかに移る。ディーノは、ケッロの権利がペトロという人物を介して、ヤコピーノという外国人（パルマ人）からケッロに渡ったと主張し、その権利の有効性を否定する[4]。これに対し原告はヤコピーノがルッカ人であると反論する[5]。その後、議論は平行線をたどり、一時両者は出廷を見合わせる。その四カ月後の一二月五日、両者は出廷し、被告は、原告が抵当権を受け取ったペトロが追放令の下にあったため、彼が関わった契約は無効であると主張する[6]。しかし原告はすぐさまペトロが追放令から解放されたことを示す文書を提出する。その後、再び論点はヤコピーノがルッカ人か外国人かに移り、そこで記録が途切れる。この裁判は原告が被告に対して土地や抵当額の返還を求めたものであるが、裁判の大部分は当事者双方が市民としての義務を果たしていたか、獲得した権利に外国人や追放令下にある人物が関与していなかったかなど、条例や手続きの違反の有無に関して議

表 5-1　1336 年のポデスタ法廷でなされた議論の主題

	件数	割合(%)
権利関係のみ	126	45
権利関係と異議	63	22.5
異議のみ	91	32.5
総計	280	100

表 5-2　1336 年のポデスタ法廷で呈された異議の種類

	件数
個人の資格に関する異議	75
代理人	29
後見人	4
追放令	13
「宣言」	8
市民の義務の不履行	9
警備仲間への未加入	4
外国人	4
未成年	4
手続きに関する異議	140
訴訟手続き	58
書類の形式	31
契約や司法命令の有効化の手続き	3
裁判官の権限	21
係属中の裁判	27
その他	19
総計	234

論が行われている。

【事例B】一三三六年のポデスタ法廷の裁判。[7] 一〇月一日、原告ルポリーノ・ベルッチが、自身に対する動産の差押えを許可する司法命令がドナトゥッチョ・カントーネ（被告）に与えられたことに対して不服を申し立てる。その命令は原告が支払うべきであった地代の不払いのために出されたものであったが、原告はその地代をプッチーノ・ベッティという別の人物にすでに支払っていたと主張する。その後、そのプッチーノが出廷し、地代の権利を以前にヌオヴァ法廷で被告から担保付与の司法命令の形で獲得していたため、地代を原告から受け取っていたと主張する。これに対し被告ドナトゥッチョはそのヌオヴァ法廷の司法命令は法に反して与えられたので有効ではないと主張する。一方プッチーノは、被告が追放令を受けているため、裁判と司法命令を受ける資格がないと主張する。ここで案件は法学者に委託され、そこで記録は途切れる。この裁判では原告が支払うべき地代をめぐり、被告とプッチーノの二人が対決する構図になっている。内容からプッチーノが以前に他の法廷で勝利していたにもかかわらず、被告が差押えの司法命令を獲得していたようである。ここでも彼らの議論は、地代の権利自体ではなく、相手の獲得した司法命令の違法性や、相手が追放令の下にあるかなどを争点としている。

一四世紀ルッカの民事法廷ではこのように、当初の訴えの内容（土地や債務の権利）よりも、相手当事者の法的資格や手続きに関する形式的な点が裁判でたびたび議論されていた。こうした異議は、一三三六年のポデスタ法廷で行われた、議論の内容が明確になっている二八〇件の裁判のうち、五五％に当たる一五四件で見られ、うち九一件（三二・五％）の裁判では、もともとの権利関係に関しては一切議論されず、異議の応酬のみに裁判が終始していた（表5-1）。

異議が見られた一五四件の裁判を分析していくと、そこでは様々な点に関する異議があり、それらは合わせて二三四を数えることができる。それぞれの異議は、相手当事者の法的資格に関する異議と、手続き上の規則違反に関する異議とに分けられる（表5-2）。次にそれぞれの異議について、異議がもたらされる共通の背景としてコムーネの統治の制度化の動きがあったことを念頭に見ていこう。

（2）様々な異議

①個人の法的資格に関する異議

個人の資格に関する異議で最も多く見られるのは、裁判での代理人や後見人の委任に関するものである。たとえばある裁判で、ジェーア（故コルッチョの寡婦で、故コルッチョの相続人の代理人）が債務の返済を求めて訴え、それに基づいて司法命令が出されたことに対して、プッチーノ・バッチョメイは次のように反論している。「その司法命令はかつても現在も無効である。なぜならジェーアは故コルッチョの息子たちの正当な後見人ではないから。というのも彼女は正式な後見の手続きを行っておらず、また目録の作成も、財産管理の委託も法的になされていなかったから」[8]。この事例のように、訴えられた被告側はしばしば、代理人の委託手続きに関する形式的な不備を探し、時には相手が依拠している過去の契約や判決の有効性を掘り崩すことに成功している。

資格に関する異議で、特に効果的であったのは、前項で挙げた二つの事例でも見られた追放令に関するものである。中世イタリアにおいて追放令（bannum）とは「権力の意思の発現とそれへの不服従に対する刑罰」を中核概念として、一三世紀半ば以降、コムーネによる布告や、公的な権利の剝奪、政治的追放、罰金など多様な意味で用いられたものである[9]。ルッカの裁判での異議で取り上げられる追放令は政治的追放というより、出廷拒否などコムーネの命令への不服従に対して出された一種の刑罰である。追放令を受けた場合、その者はコムーネの法の外に置かれる。ルッカの条例では刑事の追放令を受けた者に対する暴力は全て合法と定められ、また民事で負債のために追放令を受けた者に対しても、債権者からの暴力が認められていた[10]。さらに彼ら追放者はコムーネの裁判を受ける権利をも剝奪された[11]。裁判で見られる異議はこの点を指摘したものである。たとえばアンドルッチョは都市条例の第一章第五三項の規定を引用して、相手当事者のチュッコは負債のためにルッカのコムーネの追放令を受けているがゆえに裁判を起こすことができない、と主張している[12]。

追放令を受けた者と同様の法的地位に置かれた者として、ヌオヴァ法廷で債務不履行の「宣言を受けた者（pronuntiato）」があり[13]、これに関してもしばしば異議がなされている。

追放令もヌオヴァ法廷での「宣言」もこの時期頻繁に出されていた。ヌオヴァ法廷の一三三九年の記録簿では、判決を遵守しなかったことや契約の不履行のために、一三〇件（全体の五五％）の「宣言」が出されている。また追放令について、一三三五年四月には、同年一月に課せられた税の不払いのために三七九人が追放令を受けている[14]。ただしここでは全体の六割に当たる二二八人が税の後納により追放令から解放されている。追放令やヌオヴァ法廷での「宣言」はコムーネへの不服従に対して出される厳罰でありながらも、そこからの解放の可能性を前提として、比較的容易に出されていた。その結果、一時的であっても、大量の者が追放状態に置かれていた。ここに追放令に関する異議が頻繁に、そして効果的になされていた背景があった。

市民の義務の不履行に対する異議も、先の事例Aのように裁判を受ける資格との関係で呈されている。一三三六年のポデスタ法廷では、家賃の不払いで訴えられた被告ボナユータ・ルポーリが、原告のサルデッラ・ルーティはコムーネの人的、物的な義務に服していないため裁判を受ける資格がないと主張し、結果的にこの異議は成功している。[15] 市民としての義務の不履行者が裁判を受けることができないという主張は、一三三一年の都市条例の「警備仲間（bapneria）に登録されていない者、都市の義務（honera）を果たしていない者への罰」と題する規定に沿ったものである。[16] 当時は戦争を原因とする財政支出の増加に伴って、臨時的な納税や軍事的な義務が頻繁にそして不定期で課せられていた。[17] こうした中で、税の未納者や義務の不履行者が多数生まれていた状況が、これらの異議が頻繁になされる背景にあった。

追放者や「宣言」を受けた者、市民の義務の不履行者に対する裁判を受ける資格の剝奪という政策は、一三世紀半ば以降、コムーネが公的な統治機構として確立する中で、公権力への不服従者に対する制裁として行われたものであった。しかしそうした統治政策は結果として、たとえ一時的にでも裁判を受ける権利を持たない者を大量に生み出し、裁判での戦略的な異議の機会をもたらしていたのであった。

資格に関する異議として、最後に外国人に対するものを見ておこう。ここで言う外国人とはルッカの裁判管区に属していない人物のことである。事例Aでは原告が主張する権利が外国人に由来していることが取り上げられていた。[18] また、一三三八年のポデスタ法廷での別の事例では、原告が被告の主張する権利に対して、その契約証書を起草した公証人ヨハネスがフチェッキオというルッカ領域外の土地の人物であったことを指摘し、契約の無効を主張している。[19] そこでは被告は、ヨハネスの出身地フチェッキオが、契約が行われた一三二三年にはルッカ領域であったと反論している（巻頭地図2参照）。これに対して原告は一三一四年にフチェッキオで反乱が起き、ルッカの裁判管区から外れたと再反論する。その後議論は続き、証言の途中で記録は終わっている。一四世紀のルッカでは他のイタリア都市同様、領域が刻々と変化していた。都市内部で活動する外国人の多さとともに、この境界の不安定さも異議をもたらすひとつの要因となっていた。

②手続きに関する異議

次に手続きに関する異議を見よう。まず裁判で頻繁に見られるのが、訴訟手続き上の過失に関する異議である。召喚と訴状の提出が正式な手続き通りに行われなかったとして、以前の判決や司法命令を無効にしようとするものがそれである。これは時間稼ぎのためのものが多いが、いくらかの事例では、相手の弁論が訴えの後一〇日以内に行われなかったという異議や、祭日に行われた司法命令は無効であるという異議など具体的で効果的なものも見られる。[20] 他にも訴訟手続きに関して様々な異議が呈されているが、これは一二世紀以降導入されたローマ法の訴訟手続きの複雑さを逆手に取った当事者の活動と言える。

相手が提出した公正証書に対する異議もしばしば見られる。裁判では売買や嫁資などの契約を証明するために多くの証書が法廷に提出されているが、証書が提出されるとほぼ必ず相手方はその写しを要求する。彼らはそこで契約者個人の資格とともに、証書の書式や内容のあら探しをする。公証人契約が一般化しているこの時期では、法廷に提出される証書は公証人登記簿からの写し（公正証書）であったが、それに対して偽造の異議が呈され、原簿の提出が求められる。これも多くは時間稼ぎや相手の費用負担の増加を狙った駆け引きの要素が強いが、時には公証人の署名の不可解な点や日時や証人の名前の不適合など、具体的で正確な異議も行われている。[21]

公証人契約やコムーネの決定を有効にするためには、間接税（gabella）の支払いやコムーネへの申告（denuntiatio）という手続きが必要であり、これらの不備も異議の対象になっている。[22] たとえば一三三五年の控訴法廷の事例では、控訴を行った原告ヤコポは被告ディーノが主張する嫁資の権利について嫁資契約の際に、条例に従って間接税が期限以内に支払われておらず、申告もされていなかったと主張し契約の無効を求めている。[23] これに対して被告は、原告が依拠する司法命令も間接税が支払われていないため無効であると条例を引用して主張している[24]。これに原告は、司法命令が与えられたときには、間接税に関する規定は効力を持っていなかったと反論するが[25]、被告はその規定が効力を有していたと主張し返す[26]。この事例は、嫁資契約の申告の規定や司法命令付与時の間接税の支払いに関する規則とその度重なる変更が、違反者を生み出し異議の機会を提供していたことを示している。

最後はルッカの法廷の多元性に由来する異議である。たとえば裁判官の権限に関して「貴殿は前述の問題に関して権限を持った裁判官ではない」と主張する異議がある[27]。その多くは却下されるが、ポデスタ法廷での裁判で、自らが聖職者であるために司教の法廷で裁判が行われるべきという主張や、周辺農村の人間が当事者であるゆえフォレターニ法廷で裁判が行われるべきという具体的な異議は通っている[28]。また他の法廷で裁判が係属中（lite pendente）にもかかわらず、司法命令が出されたことへの異議もよく見られる。たとえばポデスタ法廷でのある裁判では、動産の差押え命令を受けたジョヴァンニが、「ポデスタ法廷の職権で行われた差押え命令は取り消されるべきであり、差押えられた財産は返却されるべきである。なぜならサン・クリストーフォロ法廷で同じ当事者間の裁判が係属中であるから」と主張し[29]、それを証明するためサン・クリストーフォロ法廷の裁判記録簿の写しを提出している。こうした異議の背景にはルッカの法廷の多元性、特に重層性がある。第２章で見たように、ポデスタ法廷、六つのコンスル法廷、外国人領主の法廷、これらはそれぞれ独自の権限を持っていたものの、それぞれの権限は明確に分かれていたわけではなく、重なり合う部分があった。そのため紛争当事者は同じ案件で複数の法廷を利用することが可能であった。ここでの異議には、相手の過失に対する攻撃というより、この特有の環境を戦略的に利用する相手当事者の活動への防御の意味合いがあった。

以上、一四世紀ルッカの裁判を特徴づける様々な異議を見てきた。一二世紀や一三世紀半ばには見られなかったこうした異議はまとめると、一三世紀、一四世紀のコムーネの統治政策と法規則の複雑化の副産物であったと言うことができよう。この時期のコムーネは、統治制度を発展させる中で、多くの違反者を生み出し、結果として、訴訟当事者に戦略的な活動の手段を提供していたのである。

(3) 異議の実践の裏側

こうした当事者による異議の活動の裏側を示す史料がある。それは第3章でも触れたグイニージ家文書の『訴訟』シリーズの中に収められたある裁判記録の写しである。通常、裁判記録の写しは勝訴した側が、後の蒸し返しに備えて保持していることが多いが、これは敗訴したグイニージ家側が持っていた写しである。それは敗けた裁判を再検討し、手続き上の不備を見つけ、異議を呈するために用立てられたものであった。

この裁判は一三六三年にヌオヴァ法廷において、原告アルデリゴ・フランチェスキーニが被告故ディアベッロ・バッローリの相続人（グイニージ家側）に一二〇フィオリーノの負債の返還を求めて始まったものである。[30] 裁判では被告側が、原告の資格や負債証書を起草した公証人の資格について異議を行ったが、結果的に、原告アルデリゴの訴えが判決で認められている。

裁判記録の写しには、欄外のいたるところに裁判記録の本文とは異なる筆跡でメモがなされている。たとえば、訴状が写されている箇所の欄外には、「条例は訴えが複数の者になされるとき、訴状が各人に提出されなければならないとしているが、ここでは相続人が複数であるのにひとつの訴状しか提出されなかった」とする書き込みがある。[31] また召喚の記録の欄外では「召喚とそれに続く事柄は、召喚が祭日に行われたため無効である」や、「廷吏によって召喚の報告がなされたことは明らかでない」、「廷吏に指示が行われていない」との記載がある。[32] これは明らかに、異議を行うための準備のメモである。

こうした欄外の書き込みの中で最も力が注がれているのが、判決が記録されている箇所である（図5-1参照）。そこではその判決が無効である理由がまとめられている。すなわち、第一に「訴状の提出が条例の形式に従って行われなかったこと」、第二に「判決は訴状に合致しなければならないが、訴状では“domina”［故ジョヴァンニの娘

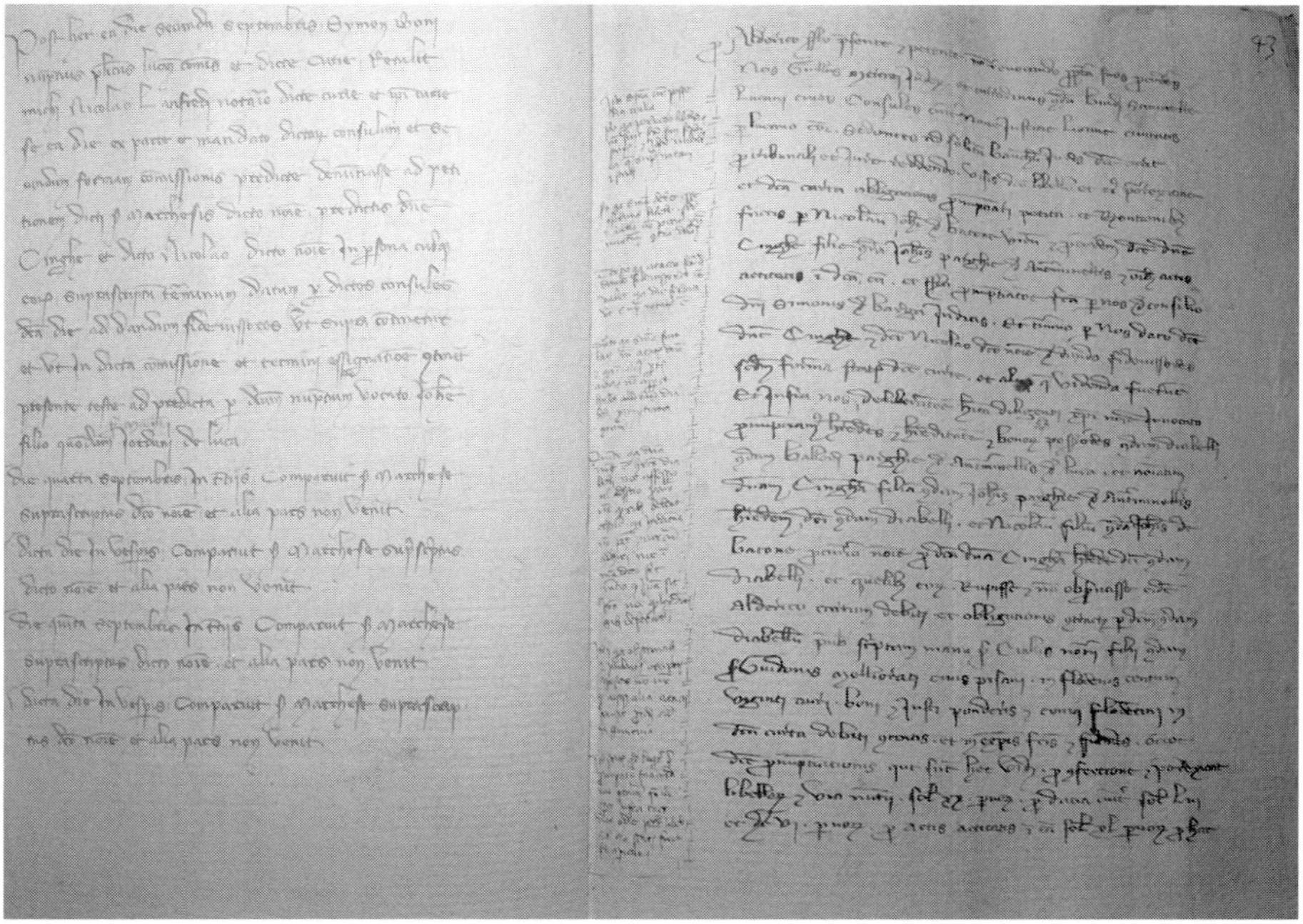

図 5-1　グイニージ家の『訴訟』における欄外の書き込み（ASL, *Archivio Guinigi*, 73, fol. 43r）

チンガを指す」に対する「宣言」が求められていなかったこと」、第三に「保証人に対して行われた召喚はそれが休日に行われたために無効であること」、第四に「判決は召喚されていない“domina”［チンガ］に対して行われたことや、記録のどの部分にもディアベッロの相続人が「宣言」される対象として記載されていないこと」、第五に「チンガはディアベッロの相続人ではなく、代理人の告白や主張は自らに対立するものではないこと。というのも遺産は代理人に向かうものではなく、委任状にも彼女［チンガ］が相続人であるとも、遺産が自身［代理人］に持たれるとも言及されていないから」、また「提示された異議が進行し係属中であるため、さらなる召喚なしで最終判決に手続きが進められることはできないこと」、さらに「都市条例が、訴状の提出から三日以内に出廷していないときには、被告に対し「宣言（pronuntiatio）」がなされるべきと規定しているのに対し、今回は判決（sententia）の準備がなされたこと」

など異議のポイントが記されている(33)。

このメモが誰によって書かれたものかは不明であるが、ここからは裁判で敗れた被告の陣営が裁判記録の写しを取り、判決に対して異議を行うために、写しを基に訴訟過程を再検討し、見事、訴訟手続き上の瑕疵を探し出すことに成功している様子がはっきりと浮かんでくる。おそらくこれを基に裁判のやり直しに関する訴えや控訴が行われたのであろう。

（4）異議に見る裁判官、法学者、訴訟当事者

次に、異議に関わる裁判官、法学者、訴訟当事者のそれぞれの行動を見ながら、異議が起こされる背景について考えよう。そこからは異議により結果的に法規則を守らせ、コムーネの統治活動を支えていた者が誰であったかが見えてくる。

異議はルッカだけでなく他の都市でも見られた。ヴァッレラーニは、一三世紀のボローニャの刑事裁判において異議が多く呈されていたことを明らかにし、その背景として、形式主義的性向を持つ法学者の法助言（consilium sapientis）が判決内容を規定していたことを指摘している(34)。ルッカでも異議の応酬により議論が袋小路に入ったときには法助言が求められ、法学者は第6章でも見るように条例に準拠した助言を出している(35)。こうした環境があったからこそ当事者は、相手の行動を法に照らして形式的な不備を探し出し、異議を行っていたのである。

法形式主義の法学者の存在が、異議の大きな動機となっていたことは確かである。ただしここでさらに注意したいのは、法学者は裁判に能動的に介入し助言を出していたのではなく、助言を求める要請があって初めて裁判に関与できていたことである。学識法学者バルトルスは訴訟マニュアルにおいて、裁判を指揮する裁判官が、手続きの正当性に疑義を持った際に、法学者の助言を要請するべきだとしている(36)。しかしルッカの裁判記録からは、裁判官ではなく訴訟当事者がイニシアティブをとって法助言を要請していたことがわかる(37)。すなわち法形式を重視した法

学者の助言が出されるか否か、裁判において形式が守られるか否かは、ルッカの場合、裁判官ではなく訴訟当事者の動きにかかっていたのである。

裁判官は民事裁判では受動的な態度で臨み、しばしば軽率なミスを犯している。前章で見たように、裁判官の司法命令に対する不服申し立てが多く行われ、司法命令が取り消されることも多かったが、それは以前の裁判で、裁判官が訴えを受けた時点、または司法命令を出す時点において、訴えの内容や原告の資格、原告が提出した書類の不備について精査せず拙速に決定を下していたためであった。訴訟が係属中であるという異議は、訴状の提出の前に、そして命令を下す前に、裁判官が他の法廷や自らの法廷で同じ争いがなされていないかを確認していなかったために出されたものである(38)。また追放令に関する多くの異議は、裁判官が、追放者によって裁判が始められていたことを見落とし、時には彼らに有利な司法命令を出してさえいたことを示している。追放令とはコムーネへの不服従のために発布されるものであり、コムーネが公的な権力機構であることを示す象徴的な制度であった。そして都市条例は、ポデスタやその裁判官には追放令下にある人物を法廷に入れることや、その者と言葉を交わすことを禁じ、それに反した場合には監査官により高額の罰金を科すことを規定していた。にもかかわらず、裁判官は不注意にも彼らに有利に裁判を行ってしまっていた(39)。

こうした裁判官の、訴訟当事者にチェックを任せる、さらに言えば形式的な瑕疵を是正するか否かも当事者に委ねる受動的な姿勢は、次の事例にはっきりと見られる。一三三六年のポデスタ法廷で、原告ボナユータ・ルパルディ（ヴァンナの代理人）が、被告ジョヴァンニ・グアルトロッティ（農村共同体コルセーナの代理人）に対して地代の不払いについて訴えた裁判で、被告側が自身に有利な中間判決を受けた後、原告側に訴訟費用を求めたのに対し、原告ボナユータは次のように返答している(40)。その訴訟費用は、以前にヌオヴァ法廷でヴァンナと農村共同体コルセーナとが争った際に、共同体に対して出された追放令の罰金額で相殺されるべきである。そして、「もしこの提案について相手［被告側］が満足しないようなら、ジョヴァンニとその共同体はこの件で審理することができず、その求めに応じて裁判（ius）が行われるべきではないと主張するだろう。なぜならその農村共同体はヴァンナに対する負債のために追放令の下にあるから」[41]。この後、訴訟は三カ月間続くが、それ以降記録は途絶える。この事例は、一方の当事者が訴訟を行う法的な資格を持たない場合であっても、もし相手方が訴訟の消去を求めなければ、裁判官はそれを知りながらも口出しせず、そのまま裁判が続けられていたことを示している。

法規定の遵守が当事者に委ねられていたことは、民事裁判だけでなく刑事裁判でも同様であり、当事者主義の原則は制度的に組み込まれたものであった。刑事裁判を対象とした都市条例の規定を見ると、被害者が追放状態にあることを被告人が公的な文書で証明するならば、訴訟は中断すべしとある。そして追放令を証明するためにポデスタとその裁判官は、審理対象となっている加害者［被告人］の求めで、追放者を管理する公証人に追放令のコピーの交付を要求するようにとある[42]。追放状態にある者は誰からも合法的に攻撃されうる状態にあったのだが、この規定は、もし被告人が被害者が追放状態にあることを知らなければ、通常の刑事事件と同様に裁かれうることを示唆している。

実際、一三四四年の刑事裁判では、ファンチェレットとヴィヴィアーノの二人が、パンテの殺害の件で訴追され、二度の出廷拒否により追放令を言い渡されそうになったとき、彼らの代理人ヤコポが出廷し、被害者の故パンテが窃盗のために追放令を受けていたことを証書とともに報告し、これにより審理が打ち切られている[43]。刑事裁判でもこのように当事者のイニシアティブを基にして、裁判官は追放令の事実を知り、条例の規定を適用している。ちなみにこれと同様の事例はボローニャの刑事裁判でも見られる[44]。

（5）法制度を実現させる住民たち

訴訟当事者主導で行われる異議は、権利関係だけを争っては不利なときに、形式的な瑕疵を取り上げ、自らに有利な展開を導こうとする当事者の戦略とも言えるし、法廷側の不注意を利用する相手の戦略的行動から身を守ろうとする行動とも言える。しかし別の観点から見れば、当事者らのこの行動はコムーネの法制度の実現にとって重要な意味を持っていたことがわかる。異議とはそもそも条例に基づいて相手の規則違反を追及する活動である。それゆえ、コムーネの法規定を利用した訴訟当事者の行動は、意図せずとも結果的にコムーネの法制度や政策を実現させるのに寄与するものであった。たとえば異議を行おうとする当事者は、訴訟の進行の合法性に対して厳しい目を向ける。それは裁判官が不注意な状態でも、裁判を訴訟手続きのルールに厳格に基づいたものへと仕向ける力となっていた。また異議は裁判外でも市民の行動を変える可能性を持っていた。追放令や市民の義務の不履行に関する異議は、追放者や義務不履行者がその状態で法的な活動（契約や裁判）を起こそうとする気を削ぎ、義務を果たしてコムーネの法の下に戻る方向へと導くものであった。

もちろん異議がたびたび起こされていることからも、それによって訴訟手続き上の不備や法令違反がなくなっていたわけではないことは明らかである。しかし法廷での異議は、裁判官らが不注意な中で、訴訟手続きに沿った裁判の進行やコムーネの政策の遂行に大きく貢献していたと考えられる。一二世紀にコムーネが導入したローマ・カノン法訴訟手続き、そして一三、一四世紀に社会を統治するために定められた、違反者から法的地位を剥奪するという罰則、これらを現実に機能させていたのは、コムーネを代表する統治者ではなくそれを利用する一般の住民たちであり、彼ら訴訟当事者の自らの利害を念頭に置いた行動であった。

コムーネの法制度の機能化をもたらす、こうした異議を呈するためには、訴訟当事者は少なくとも二つの能力を備えている必要があった。ひとつは法廷や相手の行動が法規則に準じているかを判断できるだけの法的知識であり、もうひとつは相手が追放者であるかなどの情報を収集する能力である。

法的知識、特に都市条例に関する知識は、相手や裁判官の行動が法に基づいているか否かを判断する上で必須である。この知識を持ち合わせていたのは第一に公証人や法学者ら「法曹」であった。なかでも公証人は法的な問題のエキスパートとして法廷に登場し、当事者に代わって多くの法的な異議を呈し、複雑な議論を行っている。ちなみに、ボローニャやフィレンツェ、マルセイユを対象とした研究でも、公証人が代理人となって行う異議が注目されている[45]。しかし前章でも指摘したように、ルッカで公証人が参加した裁判は三割程度であり、法廷での多くの議論は公証人の称号も法学者の称号も持たない一般の住民たちによって行われていた。

公証人ではなく、またさらに都市の有力家系の人物でもない、一般の住民が異議を行っていた事例として、一三三六年のポデスタ法廷での屑鉄商マッセオ・マッシーニによるものを取り上げよう。彼は以前に被った収監の命令に対して、「その収監の許可と命令は多くの理由で無効である。都市条例の略式訴訟に関する条項である第四章第三項には、誰も一〇〇ソルド以下で捕らえられ、収監されることはできないと規定されている」と主張する[46]。マッセオのような中下層の人間でもこのように都市条例を引用して議論を行っている。この背景には、都市条例が文書庫や監査官の机で公開され誰でもアクセスできたこと、公証人との日常的な接触を通じて法的知識を得ることができたこと、また庇護関係のある有力家系に頼ることができたことなどが考えられるだろう[47]。

また、異議から見て取れる、住民が備えていた第二の能力として、情報の収集能力が挙げられる。異議のためには、相手が追放者かどうか、相手の依拠する契約を起草した公証人が外国人かどうかなどの情報を入手する必要があり、かつそれを法廷で証明しなければならない。法廷では異議の内容を証明するためには、しばしば文書が、特に文書庫管理人の手によってなされた記録簿からの写しが提出されている[48]。第3章でも触れたように、イタリアの各都市で文書庫が整備され、ルッカでは市民たちが頻繁に文書庫で記録簿からのコピーを受け取っていた[49]。都市条例でも「裁判記録簿や評議会議事録、決議録や他のルッカのコムーネの文書がある文書庫において、それを見ることを欲する者に写しが行われるように」とあり[50]、コムーネの公的文書が納められた文書庫は市民が自由にアクセスできる場であった。この情報の公開性があったからこそ、訴訟当事者らは確かな事実関係に基づいて追放者や税の未納者、訴訟手続き上の瑕疵などについて異議を行い、それについて議論することができたのである。

異議を行うために必要な情報には、外国人か否かや年齢、親子関係など個人のアイデンティティに関する情報も含まれる。これらは基本的にはコムーネの管理下になく、それゆえ文書庫では入手できなかった。[51] それらの情報は社会の中に遍在し、そこで「保管」されていた。一三三八年のポデスタ法廷の裁判では、[52] 原告のグイソルディが被告バルトーロ・チェーチに対し、ある家の修復費用を要求しているが、ここで被告は原告のグイドゥッチョがその家を購入した相手であるグッビーノという人物が外国人であったことを、「故グッビーノは彼を知る者たちから、ピストイア出身のグッビーノと呼ばれていた」と主張し、それを証言で裏づけることで証明しようとしている。[53] 本節冒頭の事例Aでも、ヤコピーノがルッカに住むパルマ出身の外国人であると、彼を知る者の間で認識され「公の声とうわさ（publica vox et fama）」になっていることが指摘されていた。[54] ここでは、外国人であるという情報が住民の間で共有されていることが、情報の確かさを示す根拠として主張されている。文書化されず不確かであいまいな個人のアイデンティティに関する情報は、社会の内部で保管され、そして周囲の人びとに認識され公のうわさとなることで「真実」となっていた。[55] この種の社会内部に遍在する情報は当然、半年任期で他都市から来るポデスタとその裁判官よりも訴訟当事者にとって、よりアクセスしやすいものであったと考えられる。

情報のこうした性質は、コムーネの文書庫で管理される情報にも当てはまる。一三〇四年のサン・クリストーフォロ法廷のある裁判では、ランベルトという人物が追放状態にあることが多数の証人によって証明されている。そしてその中では証人の一人パネッロは「ランベルトがルッカの都市とその領域から不在であり、彼は負債のためにすでに一一年間ルッカのコムーネから追放状態にあるということが、サン・チェルヴァジオ門のサン・ベネディクト街区やその周辺の街区で公であり有名である」と証言している。[56] またランベルトの追放は近所で「公のうわさ」となっていると証言している者もいる。[57]

文書庫に収められるような情報も社会の中に広まっていた背景には、多くのコムーネの活動が公開性を原則としていたことがあった。たとえば廷吏が訴状を被告に渡し、召喚するとき、廷吏は条例に従って、被告の住居だけでなく、しばしば近所で「公に高らかに」それを行っていた。[58] 追放令もまた裁判官の前で宣言された後、布告役人によってルッカの大評議会で「公に高らかに」読み上げられている。[59] こうした環境の中で、住民は耳を澄まして情報を集め、異議を行う準備を整えていたのである。

（6）コムーネへの住民の「参加」

コムーネの活動は、その公開性により住民に情報を提供し、訴訟当事者が相手の規則違反を追及する異議を行うことを可能にしていた。ここからはコムーネの制度が、住民側の「参加」を前提として整備されていた可能性が考えられる。この観点からコムーネの政策を見渡すと、いたるところで住民側の参加、特に彼らによる告発が、その政策の実効性を左右するものとして認識されていたことがわかる。

たとえば一三三三年九月二七日には、コムーネが公的文書の管理を目指して、次のような布告を出している。「帳簿や文書、役人がもたらした何らかのものを持っている者、またはそれらを持っている者を知っている者はどのような身持ちのどのような人物であれ、今日、明日中に、監査官の前にそのことを届け出、告発しなければならない。もし持っている者を知っていて告発しなかった場合、窃盗と同様に見なされる」[60]。ここでは市民による告発が、コムーネの記録簿の収集のための必要不可欠な手段とされている。また、ゲルトナーの研究によれば、ペスト襲来直前の一三四七年七月、ルッカのコムーネの道路局は、二週間おきの自宅前の清掃や、井戸の近くでの屠殺の禁止など都市衛生に関するお触れを出しているが、そのお触れの最後にも法令違反者を誰もが告発でき、その者は罰金の報酬を得ることができることが明記されている。[61] こうした告発義務の最たるものは、近隣の住民や街区の長は悪事を犯した者を捕らえポデスタに突き出さなければならないという規定であろう。[62]

上記のようなお触れは、街中で布告役人によって行われていた。お触れの記録は他の公的な記録とは異なり全て俗語で書かれているが、それは布告役人が実際にそれを手に布告を行っていたことを想像させる。布告役人は、いつもの街角でラッパを吹いて注意を集め、住民たちに理解できる言葉で、規定の内容を大声で伝えていた。[63] また、既存の法についてはこれまでにも指摘してきたように、都市条例が監査官の机に鎖で繋がれ、いつでも望む者に読まれ、写しが取られるように開いて置かれていた[64]。コムーネはこのように住民に対して法を周知することで、政策実現に必要な住民の告発の力を高めていたのである。

こうして見てくると、法廷において訴訟当事者が相手の行動や法廷側の所作における違反を、都市条例に照らして見つけ出し追及する異議は、まさしく当時のコムーネの制度運営における典型例であったことがわかるだろう。裁判官ら役人による管理の甘さが目立つコムーネの司法の場において、民事的なコムーネの秩序を現実に支えていたのは、住民による司法行政活動への参加であったのである。

3　執政府に声を上げる

（1）法制定への住民の関与

一三三六年にポデスタの代官が市民に出したお触れに興味深いものがある。

ルッカの都市、コンタード、または周辺街区の各人で、現在、改変が行われているルッカのコムーネの条例に、追加すべき良いこと有益なことを表明したい者、または条例を良くするために［既存の］条例の何らかの事柄を取り除き、消去すべきであると表明したい者は、アンツィアーニの館にいる条例編纂者の前に、三日以内に書面でそれを申し出るように[65]。

このお触れは紙片の形で現存しているが、その紙片にはさらに、「七月二〇日、布告役人ペッキーノ・ベネットによって［布告が］なされた」と記されており、布告役人が実際にこの紙片を手に街中で上記の内容を読み上げて

表 5-3　本節で検討する事項

年月日	事　項
1330 年 7 月 30 日	法令：債務による拘束の禁止
8 月 8 日	追加：税の未納者に対する民事裁判の資格剝奪の訴え→条例規定へ
14 日	法令：債務による拘束の禁止
9 月 30 日	緩和：市民の税の後納による裁判の資格復帰の訴え→認可
30 日	法令：債務による拘束の禁止
1331 年	都市条例の改変
1333 年 12 月 20 日	法令：債務による拘束の禁止
1334 年 1 月 29 日	適用除外：ミケルッチアによる文書の有効性に関する訴え
2 月 11 日	追加：略式裁判の対象として委託飼育の事案を追加
11 月 28 日	適用除外：チアルデッロによる文書の有効性に関する訴え
28 日	法令：債務による拘束の禁止
1335 年 1 月 25 日	適用除外：コルッチョによる外国人との契約の有効性に関する訴え
10 月 10 日	追加：警備仲間に登録されていない者に対する民事裁判の資格剝奪の訴え→追記
22 日	法令：債務による拘束の禁止の延長
1336 年 7 月 20 日	都市条例の追加に際して，市民に意見を求める布告
12 月 3 日	都市条例の改変
6 月 1 日	適用除外：外国人バッチャーノによる契約の有効性に関する訴え
1339 年 12 月 8 日	適用除外：外国人ヴァンヌッチョによる契約の有効性に関する訴え
1342 年	都市条例の改変
9 月 21 日	法令：債務による拘束の禁止（農民に対して）
1353 年	緩和：借地農の詐欺的な遺産相続拒否への対策の訴え→規定の修正

いた様子が思い浮かべられる。(66) 一三三六年はデッラ・スカラ家のマスティーノとアルベルトが間接統治を行っていた時期であり、彼らの命でこの年に条例の改変、修正がなされたようである。(67) 現在残っている一三三一年の都市条例を見ると、そこには各章の末尾に「一三三六年一二月三日になされた追加規定」と記された規定が書き込まれている。(68) 上記の布告は、この条例の修正、追加に当たった条例編纂者が、執政府のアンツィアーニだけでなく、一般の住民の「声」を聞いて、作業に当たっていたことをはっきりと示している。

中世イタリア都市での法の制定の活動としては、数年または数十年に一度、不定期に行われる都市条例の編纂と、(69) アンツィアーニや大評議会での法令 (stantiamentum等）の発布がある。後者はそれ自体、都市条例と同様の法的効力を有しており、裁判でも頻繁に引用されている。この法令が都市条例に追加されることも多い。これらの立法活動は、アンツィアーニや評議会を構成する都市の有力家系のメンバーと、条例編纂者たる法学者の独壇場であったとされる。とりわけルッカでは、アンツィアーニは前任者が指名した者の中から選出され、また評議会議員もアンツィアーニが選出していたため、法の制定という政治活動に直接参加できたのは限られた人びとであった。その意味で自治を享受したイタリア都市といっても現在の基準から見た民主制とは程遠い状況にあった[70]。

しかしながら先に見たお触れは、都市条例の編纂という場に一般住民が間接的に加わっていたことを示している。また実はこれ以外にも住民がアンツィアーニやシニョーレの代官に対して嘆願を行い、それが基となって法令が定められ都市条例に盛り込まれるといったケースも多々見られる。

前節で見た法廷での異議は、都市条例やアンツィアーニの法令に基づいて相手の違反を指摘するという点で、コムーネの法制度の内容を字句通りに実現させる効果を持つものであった。これは法の形式的な遵守に重きを置く司法の場での実践と言える。これに対し本節では、ポデスタ法廷と同じ館の別の部屋にあった、コムーネを政治的に代表する執政府のアンツィアーニが集う部屋になされていた、住民の訴えを検討する。そこでは民事裁判で取り上げられていた私人間の権利の問題（債権や所有権）について、既存の法の遵守ではなく、法の追加や修正またはその適用の除外を求める住民たちの訴えが起こされていた。住民の行動は、すでに定まった規則を遵守するだけでなく、自分たちの利害に沿って、また状況に応じて法規則を改変するという意味で、コムーネの法制度を揺り動かす効果を持っていたのである。そして本節での検討からは、住民らの政治の場への訴えは、法廷での異議とは違った形で、法を「適正化」するものであり、「コムーネの善」へと方向づけようと——少なくとも表向きには——するものであったことが明らかとなるだろう。

（2）住民の訴えと条例の修正

①条文の修正

一三三一年の都市条例を見ると、一三三六年の大幅な改定時になされた規定の追加だけでなく、既存の条文の欄外にも数々の細かな追記がなされている（前掲図3-12、および後掲図5-2）。これは日々発せられるアンツィアーニの法令が、都市条例を随時更新していたことを示すものである。そしてそのアンツィアーニの法令は住民による訴えに動機づけられていた。都市法への追加と修正の事例をいくつか見よう。

アンツィアーニの記録簿に記されている一三三四年二月一一日のアンツィアーニの法令は、彼らの前に提出された次の訴えに動機づけられたものである。訴えの主は家畜を貸し与え賃借料を取っていたルッカ住民や領域住民であった。訴えは、家畜の賃借料の不払いに際して家や土地の貸借と同様、ポデスタの法廷で略式裁判の手続きがとられるようにしてほしいというものであった。彼ら曰く、それまでこの略式手続きの適用は慣習的になされていたが、現在のポデスタの裁判官は、委託飼育に関しては条例にその記載がないことを理由に、略式手続きで審理しようとしない。そのため家畜を委託している者は、委託料の不払いに際して委託相手をポデスタの職権で捕まえさせることができないでおり、そのため大きな損害を被っているという[71]。

この訴えに対しアンツィアーニは、現在のポデスタの裁判官は委託飼育の案件でも略式裁判を行い、違反者を拘束したりその者から動産を差押えたりする命令を行うようにという決定を下した。このアンツィアーニの決定を受けてであろう、一三三一年の都市条例には、略式裁判の規定の欄外に、「追加（additio）」のマークとともに、委託飼育に関してもそれが適用されるようにと追記されている[72]。

一三三一年の都市条例の第五章第一〇項「警備仲間に登録されていない者、都市の義務に服していない者への罰」という規定も、住民からの訴えに基づくアンツィアーニの法令によって生まれ、追加されたものと考えられる[73]。この条項は一三〇八年の条例では確認できず、一三三一年の条例で初めて見られるもので、その中心的な内容は、税の未納者から民事裁判を受ける権利を剝奪するというものである。この規定の成立の背景には、一三三〇年七月から九月にかけて行われた課税と、税の未納者への制裁措置があったと考えられる。なかでも八月八日の決定をもたらした住民からの訴えでは、ルッカから逃亡してピサなどに住んでいる者が、課税を受けず、税を支払って

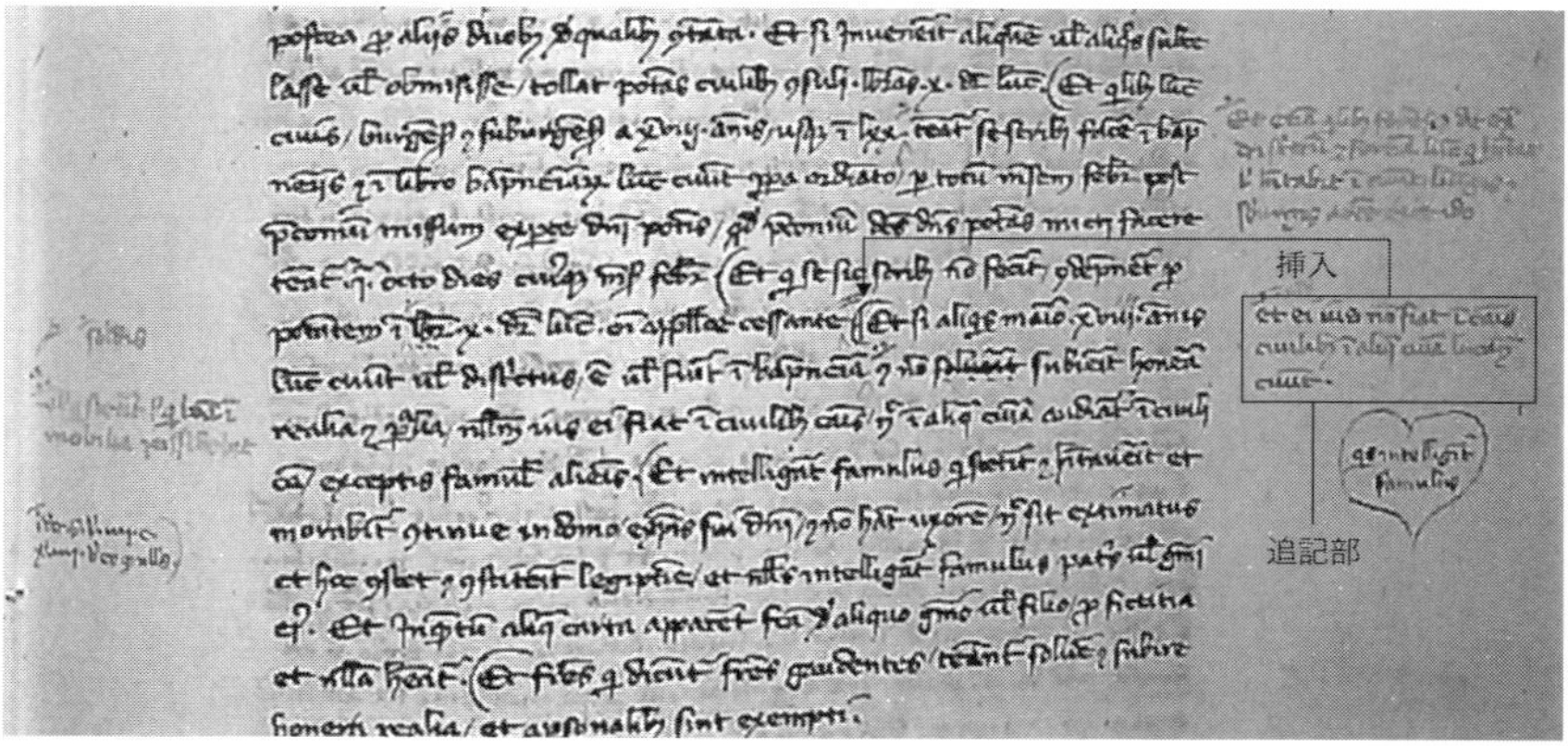

図5-2　1331年の都市条例の本文と欄外の追記（*Statuto 1331*, p. 164）

いないにもかかわらず、家賃や地代を集め続けていることを指摘し、「ルッカのコムーネの有益さのために」、課税対象者や納税者以外は、民事法廷で訴えを起こすことができないようにしてほしいと訴えている。[74] この訴えを受けてアンツィアーニは、訴えの内容に沿った法令を出している。一三三一年の都市条例の第五章第一〇項の規定は、この一三三〇年のアンツィアーニの法令を基にして、都市への義務の一種である警備仲間への参加を内容に加える形でつくられたものであろう。

さてこの警備仲間と都市の義務に関する都市条例第五章第一〇項では、その欄外に追加の書き込みがある。もともとの条文には、警備仲間に登録されていない者の中で、人的、物的な義務（honera realia et personalia）に服していない者は裁判を受けられないという文言はあるが、そこには警備仲間にそもそも登録されていない者に関する権利の有無の規定はない。そこで、警備仲間に登録されていない者に罰金が科せられるべきとの記述に続いて、「ルッカの都市の法廷で民事案件において彼には裁判がなされえない」ことが欄外に追記され、本文に挿入されている（図5-2）[75]。

この追加は市民からの訴えに基づく一三三五年一〇月一〇日のアンツィアーニの法令の結果であった。[76] アンツィアーニと代官への「［領主の］臣民や忠実な者」からの訴えでは、都市に不在の市民が多くいるため、都市に残った市民への物的義務が大きな負担となっているとされ、不在者も在住者も義務を果たしていない者は民事裁判を受ける資格が剝奪されるよう求められている。おそらくこの不在者が、警備仲間に登録されていない者に当たるのだろう。訴えを受けて、アンツィアーニは条例への追記を指示している。そしてこのアンツィアーニの法令の欄外には「ルッカのコムーネの命令に服していない者と警備仲間に登録されていない者を対象として、この追加が都市条例になされた」と付記されている(77)。

こうした細かな修正や追加は、一三三一年の条例のコピーのあちこちに見られるが、それは法規定が実際に運用される段になって、様々な問題が生じていたことによるものである。上記の場合では、もともとの条文の内容があいまいであったため、法廷において形式的な異議が呈され、それを防ぐために細かな規定が追加されたという流れが考えられる。しかし、法が厳格に定められたとしても、当事者による異議によってまた骨抜きにされる可能性がある。次に見るようにそうした場合、その法の緩和の措置や、適用の範囲を限定するといった措置がとられることとなる。

②適用条件の緩和と例外の設定

ピサ支配下の一三五三年六月二一日、五〇人評議会において、アンツィアーニに対して市民が行ったある訴えが俎上に載せられた(78)。訴えによると、かつてある条例の規定が地代を詐欺的に支払わない者への対策として出された。その規定では借地農が亡くなり、その一八歳以上の息子が父の遺産を相続することを拒否した場合、父が地代を払ってきた土地に関して息子は書面でルッカの法廷に届け出なければならないとされていた。しかし現在、借地農であった父の遺産を拒否したにもかかわらず、その届け出をせず、さらに地代を支払おうともしない者が現れている。なぜなら条例の規定では、地代がかつて支払われていたことが証明されなければその規定の効力は発しないとされているが、地代の支払いの事実について証明することは困難だからである。このままでは、多くの市民はその詐欺的な遺産相続拒否のために地代（権）を失うことになり、その条例の目指す効果も失われるだろう。訴えでは、このように事情を説明した上で、「言葉よりもむしろ条例の精神（mens）や、条例や法を制定した者の精神に注意が向けられるべき」として、[79]地代の支払いが行われていた事実の証明ではなく、行われていたに違いないことが証明されれば、その条例の規定が適用されるようにしてほしいと要求している。

この訴えに対し五〇人評議会の議員は、訴えの通りに修正がなされるよう決定している。ここからは、遺産相続を拒否しつつも土地に居座り地代を支払わない狡猾な農民に対処するために出された規定が、法廷において農民からの形式面（地代支払いの事実の証明）での異議に直面して効力を持ちえなくなっていた状況が浮かび上がってくる。そこで、市民らは執政府に訴えを起こし、法が定められたそもそもの目的に照らして、法の厳格さの緩和を求めたのである。そしてこうした法の「適正化」の要求はアンツィアーニに受け入れられた。

上記の事例は、過度な法形式主義がもたらす異議への対策として、法の緩和が求められたものであったが、次の事例は、ある規定が異議で悪用されているために、その規定自体の適用範囲が限定され例外が設定されるというものである。その規定とは前節でも見た、追放令を受けている者は裁判を行うことができないとする規定である。[80]この規定はコムーネの命令への不服従に対する制裁として設けられ、これにより多くの者が裁判を受ける資格を失う事態になっていた。それは地代を滞納し続ける農民にとって、追放状態にある土地所有者からの訴えを無効にする格好の機会であった。それゆえ農村からの地代を主な収入源としていた市民にとってこの規定は大きな危険を孕んだものであった。

この危険を回避する策として、すでに一三〇八年の条例から、同規定の適用範囲を限定する規定が別に出されていた。それは第四章第一〇項の「主人［所有者］に対して、呈されるべきではない追放令やその他の異議について」という規定であり、その中では借地人らは、地代や家賃を支払うこととなっている主人に対し、追放令に関する異議を呈することはできず、もし主張したとしても裁判官はそれを聞き入れてはならない、とされている。[81]この規定がいつどのような経緯で生み出されたかは史料から跡づけることはできないが、地代を滞納する借地農が主人への追放令を取り上げ、裁判を停止させようとする事例が相次ぐ中で、土地所有者の市民が声を上げ、結果として、追放者の裁判資格停止を定めた法規定に、例外が設けられたという経緯を想定することはできよう。

追放者と同様、税の未納者も裁判資格を失うとの規定は、一三三〇年七月から九月のアンツィアーニの法令をその成立の端緒として、一三三一年の都市条例で取り入れられたことをすでに指摘したが、この規定に対しても、その適用に例外を設ける動きがあった。一三三〇年九月三〇日、市民の訴えでは、地代を滞納する借地人が地代をごまかすきっかけを与えないように、ルッカの市民として税を課され、支払いを行えば、法廷での全ての活動が、まるで裁判が始まる前にそうした支払いがなされていたかのように有効になるように、求められている[82]。この訴えは明らかに、土地所有者が地代を求めて起こした裁判で、被告の農民が土地所有者の税の未納に照準を合わせた異議を行い、裁判が無効化されていた状況を背景としていると考えられる。この訴えに対しアンツィアーニは法学者と協議した後、訴えの内容に沿った法令を出している。この事例は異議に直面した市民からの訴えが、条例の適用に例外を設ける法令をもたらした例として数えることができよう。

（3）個別の適用除外

①訴えの主体

これまで見てきたのは、条文の追加であれ、規定の適用範囲の制限であれ、住民からの要請を基にしてなされた新たな法令について、つまり全住民を対象とした法規則の制定についてであった。そこでは興味深いことに訴えを行う主体は、特定の人物としてではなく、「ルッカ市民の側から（pro parte civium Lucanorum）[83]」や「［外国人領主の］臣民や忠実な者（ab eorum subditis et fidelibus）」、また「委託飼育での家畜を持つルッカの市民と領域民の側から（pro parte civium Lucanorum et districtualium habentium bestias ad collariam）」のように、住民の総体あるいは、ある問題に利害を持つ人びとの総体として記録される。実際にどれだけの住民が訴えていたかは史料からは判断できず、コムーネの執政府が市民からの「声」を恣意的に汲み取り、それをコムーネへの一般の要請へと転換していた可能性もあろう。いずれにせよ、住民全体に適用される法の制定とは、特定の人物ではなく不特定の住民からの訴えを基にしてなされるべきという認識が、記録を作成している書記官や彼らに指示を与えるアンツィアーニにあったことは確かだろう。

これに対して、アンツィアーニの決議録には、特定の人物による個別の訴えも多く見られる。そこで求められているのは、新たな法の制定ではなく、既存の法の適用を個別に除外することである。第8章で検討する刑事案件での恩赦を求めた訴えもこれに該当するが、ここでは民事の分野での個別の訴えとして、文書の真正性に関するものと、外国人との取引に関するものを見よう。

②原簿のない証書（写し）を例外的に有効化する

一三三四年一月二九日、故コルッチョの寡婦ミケルッチアが、アンツィアーニに訴えを起こした[84]。訴えによれば、サン・クリストーフォロ法廷でベンディネッロという人物が、四〇年前になされた三三一リラの負債の件でミケルッチアに訴えを起こした。その負債は三〇年前に返済している。しかし返済の証明は公証人グリエルモの登記簿にあり、現在、グリエルモの息子のエンリコがその登記簿から取った返済証明の写しが彼女の手元にあるだけである。相手のベンディネッロは、その写しはオリジナルの登記簿と照合し証明できなければ、信頼が与えられるべきではないと主張している。公証人グリエルモの登記簿はすでに失われており、またグリエルモとエンリコは一三一四年に追放されてルッカからいなくなっているため、原簿との照合は不可能である。この返済を証明する写しが、原簿で確かめられた証書のように信頼が与えられるようにしてほしい。この訴えに対しアンツィアーニは、紛失した嫁資の証書を修復する手続きに倣って[85]、五人の識者が文書を検証するよう、そして係属中の裁判は中断され、訴訟当事者は検証結果に従うよう決定している。そしてこの決定の末尾には「諸規定で反対のことが指摘されていたとしてもそれに邪魔されず」と付されている[86]。

これに似た訴えではあるが、アンツィアーニによって個別の適用除外の措置がとられなかった例もある。一三三四年一一月二八日にチアルデッロが、原簿が火災で焼失した債権証書の有効化を求めて訴えた事例では、アンツィアーニは三人の法学者に助言を求めている[87]。そこでは一人は識者を集め訴えの通りに証書の有効化の手続きが行われるよう主張し、もう一人もその写しがオリジナルと似ていることが明らかで、原簿が焼失してしまった場合、その写しがオリジナルと同じ信頼性を持つようにと主張している。しかしルッカの条例が遵守されるようにとだけ主張した最後の法学者の意見がアンツィアーニによって採用され、この件では結局何も新たな措置が講じられていない。先に見た事例とは異なる決定が出されているが、その理由は先の事例では、訴え出た者が寡婦であり、嫁資証書の修復という既存の手続きを適用しやすかったからではないかと思われる。とはいえ、この事例でも意見の採用はなかったものの、都市条例の規定とは異なる手続きを主張する法学者がいたことには注目したい。

一三三〇年代のアンツィアーニの決議録には、文書の紛失に伴う法令が多く収められている。一三三四年一〇月五日には、売買契約の有効化に必要な間接税の記録簿が焼失したが、それを狡猾に利用した異議がなされていた状況に対処するため、そうした異議の禁止が決定されている[88]。また一三三八年二月二七日には公証人ジョヴァンニが訴えにおいて、借地農からの告白を収めた一二七五年のコムーネの記録簿が失われているが、そこから取られた写しに原簿と同様の信頼が与えられるようにと求め、結果的にそれが認められている[89]。

一三三〇年代には多くの政変があり、文書の消失や公証人の追放、移住が多く見られた。それは同時に原簿の紛失と写しの真正性の問題を頻発させ、法廷でもそれが異議の対象となっていた。こうした状況では、原簿との照合によって公証人証書の効力を保証するという公証人制度の基本原則にただ従うだけでは、本来コムーネが担うべき権利の保障はおぼつかなくなる。これがアンツィアーニが個別に例外を認めた理由であった。

こうした中、多数の個別の訴えに刺激されてか、都市条例では一三三六年以降に「公的な形態へと戻されるべき公証人の紙片（cedula）」と題する規定が追加されている。[90] その内容は、ある亡くなった公証人の手による紙片が見つかり、それが公的ではない場合、ポデスタの代官や、都市の法学者団体の長、そして代官が選出する四人の公証人による調査に基づき、そのメモに信頼性が付与されるべきと判断されれば、その亡くなった公証人の紙片を公的な形に戻す権限を持つ公証人によって、その紙片から公正証書を作成することができる、というものである。これは紙片に関する規定であり、証書の事例とは同一ではないが、以前の条例の規定では信頼性が与えられなかった紙片に対して、調査の上、信頼性を与えようとする手続きの導入がここに見られる。

③外国人との契約を例外的に合法化する

他都市出身者たる外国人との契約、特に土地の取引に関する契約は、すでに一三〇八年の都市条例で禁じられていた。[91] 法廷では、相手の権利が外国人との契約、外国人が起草した契約に由来することを指摘し、契約を無効化しようとする異議がたびたび呈されていた。それとちょうど同じ時期、ポデスタ法廷と同じ館のアンツィアーニが集う一室では、外国人との契約を例外的に有効なものとして認めるようにという訴えも住民からなされていた。

一三三五年一月二五日、ルッカ市民コルッチョ・マッテイが、税の支払いに苦しんでいるため、サンタ・マリア・イン・モンテ（ルッカ領域外）出身の公証人ランドに、ルッカの家を売却したいとし、その売却が都市条例のどの規定にも邪魔されず、有効になるよう求めている。[92] これを受けてアンツィアーニは、両者の合意によって彼らに有益さがもたらされるとして、両者の合意した価格でその家が売買されることを許可している。そして決定の末尾には、それを禁止する条例や他の法令に妨害されないように、との文言が付されている。また一三三六年六月一日には、バッチャーノ（ルッカ領域外）出身のリーゴが、土地や地代徴収権を売却したいと願い出ている。これに対してもアンツィアーニはリーゴの状態を考慮して、条例や法令に妨害されずに、その土地の売却の合法化を決定している。[93]

これらの訴えはこれからなされる外国人との契約を例外的に有効にすることを求めたものであるが、過去の契約や法的行為をさかのぼって有効にすることを求めた訴えもある。領主の代官グリエルモ宛の一三三九年のジョヴァンニ・ピエリの訴えによると、彼は父の死後、その相続人として一三三〇年に外国人領主の法廷でフランクッチョ・ナットゥッチに対して債務不履行の訴えを起こし、フランクッチョから不動産を担保の形で獲得した。(94)しかしジョヴァンニはルッカで生まれ育ったが、父親は外国人（ブレシア人）であるために、その不動産の担保の権利が無効となりはしないかと恐れている。またその不動産担保付与の証書は外国人領主の法廷でピストイア（ルッカ領域外）出身の書記によって起草されていた。その不動産の担保は、領主の代官の指示で与えられたものであり、その時ジョヴァンニは幼く条例の規定を知らなかった。アンツィアーニらの特別な恩恵により、ルッカの都市条例で反対のことが言われていたとしても、その不動産の担保とその権利証書が法的に有効であるようにしてほしい。この訴えに対し、アンツィアーニと領主の代官は、関連証書を確認し、ジョヴァンニがルッカ生まれであり、不動産の担保の権利を得たときには幼少であったこと、そして子供の法的行為は子供の有利に扱われなければならないことを考慮して、その権利と証書が法的に有効なものであり、その権利を合法的に売買できるとする決定を出している。(95)

一三三九年一二月八日には、ピサのカルチという農村出身のヴァンヌッチョ・ベッティ他二人が、ピストイア人の故ボーノの寡婦ローザからルッカ領域の不動産を購入した件で、両者はその売買（一三三八年一〇月二六日）を例外的に有効にしてほしいと訴え出ている。(96)ヴァンヌッチョらは、その財産のためにローザに課せられていたコムーネへの税を今度は自らが支払う準備があり、それゆえその譲渡はルッカのコムーネへ損害なく行われたと主張している。この訴えに対し、アンツィアーニはローザに対して債権を持つ者の権利が留保されることと、ヴァンヌッチョらがルッカへの義務を果たすことをもって、この事例に関して条例の適用の除外を認め、この売買を合法化している。

（4）アンツィアーニの法制定と適用除外の基準

①コムーネの利害と個人の権利の保護

アンツィアーニの下した法令ではしばしば、その末尾に「条例に邪魔されず（statuto non obstant）」という文言が付されている。これは裏を返せばその法令は、既存の法と矛盾したものであったことを示している。彼らの活動は実定法に厳格には縛られない自由なものであった。しかしそうであれば、いやそうであるからこそ、アンツィアーニは法の修正や適用除外の決定を正当化する必要性を感じずにはいられなかったに違いない。

史料中に記述される決定の正当化の理由づけを探していくと、それはまず住民側から提供されていた。たとえば、都市の義務を果たしていない者から裁判を受ける資格を剝奪する一三三〇年や一三三五年の法規定をもたらした訴えでは、「ルッカのコムーネの有益さのために（pro utilitate Lucani communis）[97]」や「ルッカの財政にさらに有益となるように（pro utiliori Lucani fisci）[98]」という理由づけがなされている。また税の後納によりそれ以前の法的活動が有効となるよう求めた一三三〇年の訴えでは、借地農に地代をごまかす口実を与えないために、という理由が提示されている。

個別に法の適用除外を求める訴えでは、文書（写し）の効力に関しては原簿の不測の焼失という非常事態が取り上げられ、また外国人との契約においては、税の支払いや寡婦であること、親は外国人でも自らはルッカ生まれであったことや権利の移譲の際には幼少であったことなどが、アンツィアーニに訴えを認めさせる理由として挙げられていた。訴えを受けたアンツィアーニ側もたとえば、外国人の購入者が不動産への税の支払いを行うというので、と理由に言及した上で訴えを認めている[99]。

しかし、既存の法に矛盾するような決定を行う、または行わせる理由づけをこのように並べてみても、それは事例ごとに様々であり、そこには何の原則もないように見える。ある法に反した決定を出す必要性が強調され、動機づけがしっかりとなされていれば、どんな訴えでも認められていたのではないかという思いさえする。

アンツィアーニや評議会側による訴えの選別の基準、そして法に反するある決定を正当化する「正義」の基準はあったのか、あったとすればどのようなものであったのか。アンツィアーニの決議録には、最終的に認可された訴えとそれに基づく法令しか基本的には収録されておらず、却下された住民からの訴えがどのようなものであったかが不明であるため、その答えを見つけ出すのは容易ではない。しかし、アンツィアーニの法令を注意深く、また多数見ていくと、「コムーネの利益」という最終目的と、「個人の権利の保護」という超えてはならない一線の存在が浮かび上がってくる。

本節第2項で挙げた、税を後納すれば、税の未納者がそれ以前に行った法的活動も有効となるという一三三〇年九月三〇日の法令では、アンツィアーニは、法学者のシモーネ・デ・カンポレッジャーノから、「その訴えは法的であり、ルッカのコムーネの損害（dapnum Lucani communis）にはならない」という助言を受けている[100]。ここでの「ルッカのコムーネの損害」とは、文脈から言えば財政面での損害であろう。また一三三九年の外国人の不動産売買契約の有効化を求めたヴァンヌッチョとローザの訴えでは、コムーネへの税の支払いを理由にその契約は「ルッカのコムーネへの損害なく」行われたと主張されている[101]。ここでは訴える側は、税の支払いによってコムーネに対する財政的損害が回避されていることをもって、アンツィアーニに訴えを認めさせようとしている。

アンツィアーニが住民からの訴えを吟味するときに念頭に置いていた「ルッカのコムーネの損害」とは、しかし、コムーネの国庫への損害という狭い意味でのコムーネへの損害ではない。というのもアンツィアーニの決議録では、税の減免措置や免税特権の付与など、少なくとも短期的にはコムーネの財政に損害を与える決定がしばしば見られるからである。むしろコムーネの政治指導者たるアンツィアーニは、統治機構といった狭義のコムーネの利害ではなく、都市全体という広い意味での「コムーネの利害」を念頭に置いていたのではないか。

広い意味での「コムーネの利害」を考慮する上で、彼らが細心の注意を払っていたのが、個人の権利の保護である。決議録を見渡してみると、アンツィアーニの法令の中に特定の個人の権利を傷つけるようなものが見当たらないことがわかる。これまで見てきた事例でも、既存の法に矛盾する決定を行いはするものの、それによって特定の個人の権利に損害がもたらされることには配慮がなされている。外国人ヴァンヌッチョのローザからの土地の購入を例外的に合法化した一三三九年のアンツィアーニの決定では、「この決定が［土地の売却者である］ローザに対して債権を持っている者への損害にはならないように」という留保条件がつけられていた。[102]

アンツィアーニは、実定法と矛盾する形で、自由裁量に基づいて行った決定が、私人の権利を侵害してしまうことがないよう注意を払っていた。この個人の権利を侵害しないという原則は、アンツィアーニが民事的な争いで当事者のどちらかに優劣を与えるような決定を行っていないことからも窺える。[103]おそらくこの時期のアンツィアーニには、民事的な案件は執政府の活動の範疇の外に属し、ローマ法やその法体系を担う法学者たち、そしてそうした法文化に立脚する都市の法廷こそが管轄するものであるという認識があったのだろう。

②債務市民の拘束は妥当か？

アンツィアーニによる広義の「コムーネの利害」の保護と、個人の権利を侵害しないという原則はどのようにすれば両立できるのか。これはコムーネの執政府に立ちはだかった最大の難題であった。この問題を考える上で最良の事例は、債権者は自身の債務者を拘束する（またはさせる）ことができるとする法慣習、法規定の取り扱いである。すでに一三〇八年の都市条例では、第四章第三項の略式裁判に関する条項において、債権者は債務を示す証書を持ってポデスタに訴えれば、支払い期限が過ぎた債務者を捕まえさせ、保証人が与えられるまで債務者を拘束させることができる、と規定されている。[104]ただ、債権者による債務者の拘束に関しては、これを扱う他の法令がこの条例の規定に必ずしも言及していないことから、社会で当然のこととして認められていた法慣習でもあったと考えられる。

都市ルッカにとってこの法慣習は大きな問題を孕んだものであった。現存するアンツィアーニの決議録のうち最も古い一三三〇年の記録簿にはすでに、七月三〇日、八月一四日、九月三〇日の三度にわたって、「誰も負債のために捕まえられ、拘束されることがない」[105]ように法令が出されている。こうした法令はたとえば九月三〇日のものであれば翌年の一月一日までというように一定の有効期間を定めながら、債務者の拘束の法慣習を停止している。

なぜこの法慣習は停止させられたのか。一三三三年一二月二〇日に出された法令では次のような理由が示されている。「長く続く戦争や都市の悪しき状態のために、［債務を抱える］市民は債権者に支払いを行うことができず、逃げ出し、放浪することを余儀なくされている。市民によって都市が再び満たされることを望み……都市やその領域の誰もが捕まえられ拘束されることはないように」[106]。境界を接するフィレンツェやピサ、ピストイアとの戦闘、そして一三二九年九月の神聖ローマ皇帝ルードヴィッヒ四世の軍隊によるルッカへの襲撃など、ルッカはこの時期多くの戦乱に巻き込まれていた。一三三〇年代に断続的に行われた臨時課税もそうした中でなされたものであった。多くの者がこの中で債務不履行に陥り、債権者からの強制的な取り立てを恐れ、都市外に逃亡していた。これはルッカにとって大きな損失であった。そしてこの市民の流出を食い止めるために出されたのが、債務者の拘束を一時禁止する法令であった。

一三三四年一一月二八日に出された拘束禁止の法令では、そうした措置が「公のもののために有益であり、必要である」との理由が記されている[107]。一三三五年一〇月二二日の法令でもアンツィアーニは、去年（三四年一一月二八日）の拘束禁止令が「公のものにとって有益となるように」延長されるよう求めた「債務のあるルッカ市民」の訴えに言及し[108]、そして、多くの市民と領域の者が債務の返済ができず故郷を後にしており、それゆえ「公の利益」が損なわれているとしている。市民の流出は、都市の公共活動に影響をもたらし、何より直接税および間接税の減収に繋がる一大事であった。

しかしコムーネ全体の利害を優先して、債務者の拘束という法慣習を禁止すれば、債権者個人の権利を侵害することになりはしないか。もちろん債務者の拘束の禁止は、債権自体の消滅を意味するものではないが、それでも債務回収の手段が一定期間制限されることは、法慣習で認められてきた彼らの権利の侵害に当たるのではないか。この点をアンツィアーニはしっかりと認識し、あるレトリックを用いてこの問題を乗り越えようとしている。拘束禁止令を一年間延長した一三三五年一〇月二二日の法令は、住民の流出という事態によって「公の利益が傷つけられ」、さらに「債権者の状態もより悪化させられている」ことを指摘する(109)。そして「この両者への損害の修復のために、債務者は公の保護のために助力するとともに、労働を通して収益を得て、ルッカへの税の支払いや債権者によく応えることができる状態になることを希望する」としている(110)。ここでは、拘束の禁止はコムーネの財政だけでなく、債務を回収しようとする債権者にも有益であるとの理由づけがなされている。

以上からは、法慣習を停止する自由裁量での決定は、公の利益と個人の権利をともに考慮し、どちらか一方でも侵害してはならないとするアンツィアーニの意識、または彼らの決定に課せられたハードルの存在を見ることができる。

③債務者農民の拘束は妥当か?

さて、農村での権利に関して、アンツィアーニの法令や都市条例は基本的に、土地所有者である市民の利益を優先し、借地農たる周辺領域の農民には厳しい態度を示している。前述の債務者の拘束禁止の法令でも、実はほとんどの場合で地代や家賃、委託飼育に関する債務については例外扱いとされ、農民は拘束されうる状態のままになっていた。しかしながら、戦火で苦しんでいたのは農民も同様である。いや、農村共同体がアンツィアーニに提出した数々の嘆願を見ると、農村部が戦乱により荒廃し、都市部以上に苦しい状況にあったことが窺える。特にピサとの争いが激化していた一三四二年は大きな被害があった年であり、農村から多くの訴えがアンツィアーニに届けられていた。そこで同年九月二一日、アンツィアーニは次の一月まで農村住民を債務のために拘束しないよう法令を出している(111)。また一〇月一七日には、戦火で土地が損害を受けており地代を支払うことができないとの訴えに対し、不払いの地代の利息の免除を決定している。そしてさらに翌年の一二月二七日には、前年分の地代の支払いを免除するようにという法令を出している。

この一連の法令は土地からの収益を経済基盤とする市民にとっては耐えがたいものであり、彼らの権利を大きく損ねるものであったように見える。しかしアンツィアーニはここでも、これらの法令が戦乱に苦しむ農民だけでなく、債権者の利益にも繋がる決定であることを強調する。一三四二年九月二一日の拘束禁止の法令では、「次の一〇月には農民たちは、他の者から借りている土地や所有地で働くのであるから」として、農繁期の拘束により収穫に悪影響を及ぼしかねない法慣習の停止を正当化している(112)。また不払い地代分の利息免除を定めた一〇月一七日の法令では、「借地人と地主がともに満足いくように規定したい」と表明している(113)。この一〇月の法令は一三四五年にその延長が決定された際には、その法令により「債務者がすぐに支払いへと導かれ、この問題で中間的な道が選ばれることを望んで」と、利息を免除する決定の理由を説明している(114)。

執政府アンツィアーニは、このように法規定や法慣習を変更したりその適用を除外したりする際、「個人の善」に一定の配慮をしながら、「コムーネの善」を追求するという姿勢を見せていた。こうしたアンツィアーニの実定法に反した決定の正当化のあり方からは、執政府の活動に対する当時の人びとの次のような認識を見ることができる。

それはすなわち、執政府は一部の有力家系に牛耳られてはいたものの、それはあくまで市民から構成された「主」たる「コムーネ」に成り代わって活動する機関であり、それゆえ有力者の私利私欲の追求ではなく、「コムーネの善」を目指すことが義務づけられていたというものである。そしてそこでの「コムーネの善」とは、「個人の善」と時に対立しつつも、それを構成要素とし、その束の集合体として形づくられるものであるため、この二つの善を同時に達成することが求められていた。アンツィアーニと住民は、実定法を字句通りに適用するのでは、この究極の目的を達成することが難しいと考えたとき——または難しいと理由づけができると考えたとき——、自由裁量を発揮し、法の修正や一時停止を行っていたのである。

4　訴えの創造力

本章では住民によるコムーネへの働きかけとして、司法の場と政治の場というコムーネの二つの場においてなされていた、法の遵守と、法の変更や適用除外要求という、二つの異なる性格を持つ訴えを検討した。

イタリア都市において都市条例は、秩序立った統治と社会生活のための、いわば「コムーネの善」を達成するための法であった。しかしそれは一旦制定され公布されれば、自動的に機能するというものではなかった。その内容の実現のためには、そして変動する社会におけるその本来の目的または「精神（mens）」の実現のためには、住民とアンツィアーニの絶え間ない活動が必要不可欠であった。

法の内容の実現は、異議という形で住民によって促されていた。住民らは法廷において相手当事者や裁判官の形式的な瑕疵や違反行為を追及する異議を行っていた。それは都市条例に厳格に基づく主張であったため、結果的に、相手や周囲の者に法の遵守への意識を高めさせ、法の形式的な実現に一定の役割を果たすものであった。

また、住民による法への働きかけには、法の本来の目的の実現のために、それを柔軟化させるものもあった。住民らは、法を字句通りに適用していては、その本来の目的が達成されないと考えたとき、執政府アンツィアーニの下へ向かい、新たな法の生成を動機づけ、また既存の法を複雑な現実に——しかし同時に自身の利害に——合致させるよう働きかけていた。

住民によるこうした二つのタイプの法の実現への関与が、コムーネを良い方向へと向かわせたかどうか判断することは難しい。異議での厳格すぎる法の遵守の要求は、社会的現実に即した法の運用や正しき権利の実現を妨げたことであろうし、また逆に法の度重なる修正や適用除外は、法制度の安定性を削ぎ、社会秩序を不安定にする可能性も有していた。しかしここで強調したいのは、コムーネを代表する機関の人間（裁判官やアンツィアーニ）ではなく、その外部にいる住民が、コムーネとその法制度の実現に重要な役割を果たしていた点である。彼らは法の遵守と法の柔軟化という二つの方向からコムーネの法を解釈し、その訴えはコムーネの政策を方向づけていた。

住民によるこうした法解釈の実践は、それを受け入れる裁判官とアンツィアーニによる法解釈と交差することとなる。法廷で行われた裁判官と当事者との法解釈の実践については第6章で検討するが、本章では、住民側の訴えとアンツィアーニの受け止めという形で、政治の場において、法を「適正化」する両者の試みが交差していた様子を見ることができた。そこでは個々の住民と、コムーネを代表するアンツィアーニは、それぞれ実際には独自の利害と目的を腹の底に持ちつつも、ともに「コムーネの善」という共通の目標を掲げ、それを法解釈の正当化の枠組みにしていた。そしてここでの「コムーネの善」とは、個々の住民の権利を構成要素として、それを最大化させることで成し遂げられるものであり、個人の権利を侵害して達成されうる類のものではないと認識されていた。それゆえ住民とアンツィアーニの法解釈は、特定の被害者を出さないという原則の下で行われていたのである。

さて、本章で検討した住民からのコムーネへの働きかけは、ほぼ全て一四世紀前半の史料に見られるものであったが、これは偶然ではない。法廷での異議とアンツィアーニによる民事的な法の変更や修正は、一三三〇年代、四〇年代に特徴的に見られる現象であった。法廷は法を厳格に遵守する場、執政府は法を柔軟に変更したり適用除外したりする場という役割分担がなされていた。これに対して一四世紀後半になると、アンツィアーニの記録には、民事の分野で法の改変や適用除外を求める住民の訴えはほとんど見られなくなる。

この変化を把握するカギは、同じコムーネの館の別の部屋、すなわち法廷にあった。次章で検討するように、一四世紀後半の法廷では、実定法に厳格に準拠するこれまでの姿勢から、必要に応じて法を解釈し自由に決定を行う姿勢へと変化していくのである。具体的には、法廷における異議の減少、そして裁判官や法学者が法の形式的遵守ではなく、法の「精神」を解釈して判断する事例の増加という形でそれは表れている。アンツィアーニがこれまで担ってきた、法の「適正化」の任務はこの時、法廷に委ねられることになる。ルッカの法廷で見られるこの変化は、中世後期のローマ法学や司法分野一般において幅広く見られる、法形式主義から自由裁量へという「正しさ」を基礎づける論理の変化の中に位置づけられる。その変化がいかに生じたのか、次に検討しよう。

第6章　司法原理の転換
――法形式の遵守から自由裁量へ――

本章では、一四世紀の過程で生じた司法原理の転換を、コムーネの法廷における民事裁判の実践から明らかにする。ここで言う司法原理の転換とは、コムーネの法廷が出す決定の「正しさ」を基礎づける論理（「正義」のあり方）の変化のことである。それは実定法を「正しさ」の絶対的な基準とするものから、実定法をひとつの基準としつつ、最終的には個人、特に裁判官の「良識」や自由裁量（arbitrium）に「正しさ」の根拠を求めるものへの変化である。この変化は、後で見るように中世後期に展開した、中世ローマ法学や訴訟手続き、さらには都市の政治秩序における一連の変化の中に位置づけられるものである。一四世紀ルッカの裁判記録簿と評議会議事録に基づいて、こうした司法原理の転換がどのように生じ、展開したのかを実証的に明らかにしたい。

以下ではまず、一四世紀の三つの年の民事裁判記録簿（一三三六年、一三六五年、一三九六年）を検討し、一四世紀の過程で生じた変化、特に法学者の実定法に準拠し、法形式を遵守した判定から、裁判官の自由裁量に依拠した判定へという変化を明らかにする（第1節、第2節）。次いで、このルッカでの判定の質的変化の持つ意味を、同時代の中世ローマ法学や訴訟手続きにおける一連の変化の中に位置づけることで明確化する（第3節）。そして一四世紀ルッカでいかにしてこの司法原理の転換が起こったのか、そして新たに生み出された司法原理の下での「正義」のあり方とはいかなるものであったのかを、当時のルッカにおける法学環境の変化、住民の訴訟戦略の変化、ピサのドージェの介入という三つの事象に注目しながら明らかにする（第4節から第7節）。

1　一四世紀における民事裁判の変化

一三三六年から時代を下り、一三六五年のピサ支配下の裁判記録と、一三九六年のルッカ共和国時代の裁判記録を見ていくと、いくつかの変化があることに気づく(1)。

まず注目されるのが法廷での裁判件数の減少である。ポデスタ法廷の通常裁判に関して、一三三六年には九〇〇件の訴えがあったのに対し、六五年には三〇五件、九六年には一九二件と大きく減少している。訴えの減少は、ポデスタ法廷だけではなくコンスル法廷でも同様に起こっている。この実数の減少の主な理由が、一四世紀半ば以降の人口減少にあることは間違いない(2)。特に一三四七年、四八年のペストやその後の飢饉の影響で、他のイタリア都市と同様にルッカも人口を大きく減らしている。一三三一年には推定約四万人であったルッカとその周辺領域の人口は、一三七〇年代、八〇年代には約一・九万人へと半減している(3)。

次に訴えの内容を見ると、一四世紀後半においても、負債や地代の不払いなどの債務不履行の訴えが大きな割合を占めている（表6-1）。変化としては、不動産の権利をめぐる訴えの減少などがあるが(4)、特に注目したいのは、裁判官の略式の司法命令に対する不服申し立てが減少していることである。この訴えは前章でも指摘したように、裁判官が十分なチェックを怠って略式で命令を出していたことに起因するもので、裁判官の受動的な態度と不注意、そして法学者の形式主義を背景とした訴訟当事者の瑕疵の追及（異議）という一四世紀前半の民事裁判の特徴を表すものであった。これが一四世紀後半に減少しているのである。

訴えが起こされた後の裁判の展開に目を向けると、被告人が出廷し抗弁する割合が一四世紀末に大きく低下して

表6-1　訴えの内容の変化

	1336年		1365年		1396年	
	件数	割合(%)	件数	割合(%)	件数	割合(%)
負債	197	22	82	27	32	17
地代の不払い	157	17	36	12	40	21
家賃の不払い	52	6	4	1	20	10
嫁資の返済	54	6	16	5	2	1
不動産の権利関係	73	8	19	6	3	2
動産の返還	23	3	5	2	6	3
土地への損害の賠償	22	3	32	10	32	17
司法命令への不服	131	15	11	4	3	2
その他	148	16	77	25	40	21
不明	43	5	23	8	14	7
総計	900	100	305	100	192	100

いることがわかる（図6-1）。これと関係しているのが異議の減少である。第5節で詳しく見るが、法廷で異議が呈された割合は一四世紀の過程で低下し、特に異議のみが議論される裁判の割合は大きく低下している（後掲表6-2）。ここからは異議の効力が低下し、そのために被告人の出廷意欲が低下している可能性を見ることができる[5]。司法命令への不服申し立ての減少も、この異議の効力の低下と関係していると思われる。異議の効力低下の背景は、第5節以下で詳しく検討する。

裁判における被告の出廷率の低下と異議の減少は、少数ながら存在する、本質的な権利関係を長く議論する事例の減少を意味するものではなかった。訴訟当事者が、債権や不動産の権利の問題に関して主張を対立させ、激しい論争が行われる場合には、費用と労力のかかる訴点の手続きと証言の提出が行われることが多いが[6]、こうした手続きがなされる裁判の割合は一四世紀を通してむしろ増加している（図6-1）。ここからは法廷を論争の場として利用する訴訟当事者たちが、時代を通して一定数存在し続けていたことが見えてくる。

論争が活発になされるこうした裁判はどのように展開したのか。一三三六年の裁判は通常、法学者に事案が委託され、法学者の助言に基づいて裁判官が判決を下すというものであった。この法学者への委託と、法助言に基づく最終判決は、一三六五年と九六年の裁判では大きく減少している（図6-1）。ここからは一見して、一四世紀前半時点でも少な

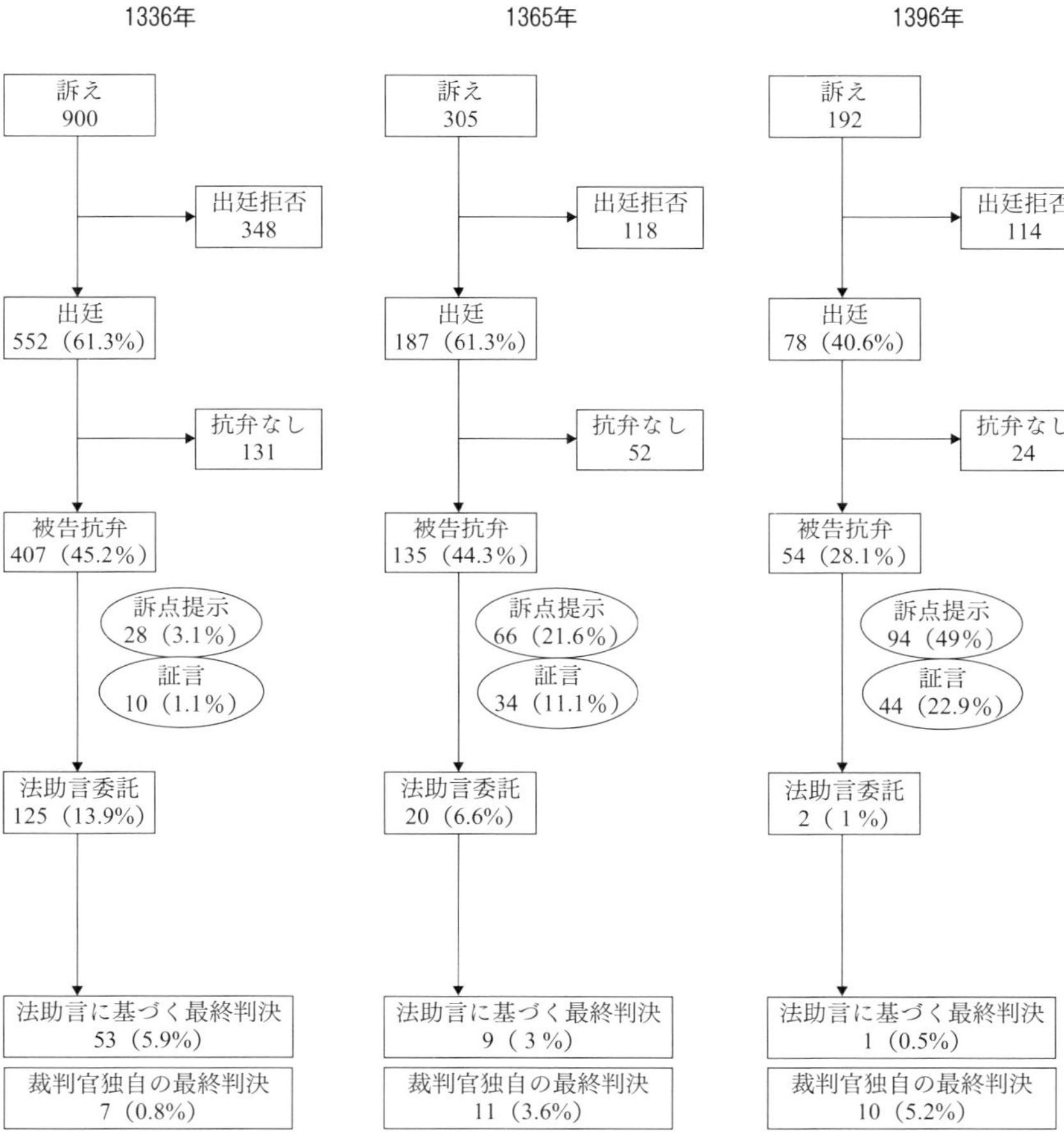

図 6-1　1336 年，1365 年，1396 年のポデスタ法廷の民事裁判

かった、法廷による判決で決着する事例が一層減少し、法廷がほとんど民事的な争いに判定を下す場ではなくなったという印象を受ける。

しかし実はそうではない。一三六五年と九六年の裁判記録を見ると、法学者の助言に基づく判決とは異なるタイプの判定が増加していることに気づく。それは裁判官が法学者から助言を受けずに、独自に判定を下すというものである。それは略式の司法命令のように証書と条例の規定に基づいて半ば自動的になされる決定とは異なり、裁判官が当事者間での議論を聞き取った上で自身の判断で判定を下すものである。この裁判官の独自の判定を実質的な判決として数に加えると、法廷側からの終局判決が行われた事例は全訴訟のうち、一三三六年では六・七％（六〇件）、六五年では六・六％（二〇件）、九六年は五・七％（一一件）となる。若干の低下は見られるものの、一四世紀後半に被告が出廷する割合が低下していたことを考えると、法廷の判定で決着していた裁判は、変わらず存在していたことがわかるだろう。

つまり一四世紀の過程で生じた変化とは、法廷での判定を求める当事者側の態度に生じていたものというより、法学者の助言に基づく判決から裁判官が独自に行う判決へという法廷内部でのものであった。この判定を行う主体の変化は決して些細な問題ではない。それはコムーネの司法がその決定の「正しさ」をどこに基礎づけていたかという、より大きな問題へと我々を導くものである。

2　判定の主体と質の変化

法学者から裁判官へという判定の主体の変化は、判定の質的な変化を伴っていた。法助言の内容と裁判官単独の判定の内容について一三三六年と六五年を比較しながら検討しよう。

まず法学者の助言から見ると、一三三六年のポデスタ法廷では五三件の法学者の助言とそれに基づく最終判決が確認される。法学者の助言の特徴は、助言内容を決める際の判断の根拠に見ることができる。[7] そこではたとえば、「召喚が正当な手続きで進められなかった」や、「ルッカのコムーネの条例を見て、つまり、どの借地農も……から始まる第四章第八項の、自身の主人［所有者］に対してなされるべきではない追放令の異議について、という項目を見て」[8]、「警備仲間に登録されるようにしなかった者への罰に関する都市条例の規定やその条例に追加された法令を見て」[9]など、都市条例や法令がしばしば挙げられる。これらの法規定は、権利関係を規定する実体法というより、いずれも訴訟手続きや当事者の法的資格を定める手続き法に分類される。[10] ここから一三三六年の法学者の判定に、法的形式性を重視する傾向があったことが窺える。

法学者の判定のこうした特徴は、彼らが条例の編纂者であり形式を重視する存在であったことや、法学者に委ねられた事案がそもそも手続き法の規定に関する異議に端を発したものであったことに由来する。最終判決に至る裁判は、第4章でも指摘したように、裁判官の略式の司法命令への不服申し立てに始まるものが多く（五三件中三四件）、その不服は、司法命令を獲得した相手当事者の法的資格に対して向けられていた。つまり略式での司法命令を受け、不利に立たされた訴訟当事者が、形式に関する異議を行い、法形式主義の法学者が条例に基づいて形式を重視した判決の下書きをつくる、という流れがあった。形式に関する異議と法助言とが、法廷の決定を強く方向づけていたのである。

一方、一三六五年の裁判では、法学者の助言に基づく判決が九件ある。その内容を検討すると、手続きや形式の問題に関する判断は依然として存在するものの（四件）[11]、本質的な権利関係に関する判断も多く出されるようになっている（五件）ことがわかる。[12]

なかでも特徴的なものとして、故プッチネッロの財産の相続に関して出された、ピサの法学者ラーポ・コンテの法助言がある。故プッチネッロの甥のコルッチョがプッチネッロの相続権を主張したのに対し、原告ジョヴァンニはヤコバがプッチネッロの孫に当たると主張する。争点はプッチネッロの娘マルガリータとその娘ヤコバが正当な親子関係にあるかに絞られ、当事者双方が証言を提出して争うこととなった。この事案への助言を委ねられた法学者ラーポは、最終的にはヤコバがプッチネッロの正当な孫であるとし、それを理由にプッチネッロの傍系に当たるコルッチョに相続権がないと結論づけた。

ラーポのこの判断の根拠は彼自らの「心の動き」であった。彼は『学説彙纂』などを引用しつつも、争点の親子関係に関して当事者双方の証言を吟味した上で、「被告の証言が数の多さゆえ、またとりわけより十分な理由を有しているために優位にあり、私の心の動き（motus animi）は、それらの証言と符合する」[13]と判断の理由を説明する。[14]法学者が判断の根拠を示す際に「心の動き」に触れた点は、一三三六年の法学者たちが法規定の遵守を第一に考えていたのとは対照的である。ここには法学者の助言において、法形式への準拠とは異なる新たな要素が入り込んでいる様子が窺える。

次に裁判官による単独の判定を検討しよう。法助言を基にしない裁判官の判定は、一三三六年から六五年の間で、訴えが減少するにもかかわらず、実数は増加している（七件から一一件）。

まずその書式の形式面に注目すると、一三六五年には、裁判官の最終判決とも言えるようなものが現れる。通常、裁判官の判定は「宣言（pronuncia）」の語が用いられ、法学者の助言に基づく裁判官の正式な「判決（sententia）」と区別されていたが、一三六五年には裁判官の独自の判定に「判決」の語が充てられる事例が出てくる。[15]さらに判定の書式においても、裁判官の判定が法助言と同様の書式をとるようになり、たとえば判定で参考にした資料の列記などがなされるようになる。

判定の内容面に目を向けると、一三三六年には債務の返済証明の認定など、裁判官の判断が入り込む余地のないものがもっぱらであったのに対し、[16]一三六五年には権利関係を吟味し一方の主張に理を認めるものが多くなっている。「判決」の名で下されたある判定では、嫁資の返還をめぐる問題に対し、当事者双方の弁論や証言、遺言書を裁判官が「じっくりと非常に注意深く考慮（matura et diligentissima deliberationem）」した上で、嫁資の返還を命じている[17]。

権利関係に関する判定だけではない。一三六五年の裁判では、三六年には法学者に委託されていたような異議に端を発した形式的な論点についても裁判官が判定を下すようになっている。特徴的なのは、裁判官が下した略式の司法命令への不服申し立てに対して、裁判官自身がその適法性を判断している事例である[18]。一三三六年には法学者が司法の法的正当性の砦として、裁判官の決定の合法性を判断していたのとは対照的である。

以上から明らかになる一三三六年から六五年の間の変化をまとめよう。第一に、裁判の終局のあり方として、一三三六年には法学者の法助言に基づく判決が一般的であったのに対し、一三六五年には裁判官による単独での判定が徐々に主流となり、形式面でも正式な判決として扱われるようになった。第二に、法廷では裁判の形式に関する異議がなされ、法学者の法助言がそれを受けて出されるという、法形式を重視するこれまでの法環境が崩れ、一三六五年には本質的な権利関係の議論が増加し、裁判官や法学者は、自己の「心の動き」に基づいて判定を下すようになった。つまり一四世紀の過程で、判定の主体が法学者から裁判官へと変化するのと並行して、法廷を特徴づけていた法形式主義的な性格が薄れ、代わって判定者の自由裁量に基づく決定が台頭したのである。こうした法廷における判定の質的変化は、コムーネの決定の「正しさ」を基礎づける論理の変化を示唆している。この変化がなぜ生じたのか、これは第4節以降で明らかにする。

さて、一三九六年の裁判を検討すると、一三三六年から六五年までに生じたこうした変化が引き継がれていることがわかる。法学者の助言に基づく判決は一件にまで減少し、他方で裁判官の判定が主流（一〇件）となっている。また、いまや法学者には異議によって生じる手続き上の形式的な論点は委ねられることがなくなり、一三九六年で唯一の法助言では、法学者は遺言の執行と権利の移転の正当性に関する問題を扱い、法学書の引用やローマ法の所有権や用益権の概念を駆使して精緻な議論を練り上げている[19]。一方、裁判官は権利関係に関する判定も、形式的な訴訟手続きに関する判定も両方行っている。そして、裁判官の前で争われる内容は、異議などの形式的な問題よりも権利関係に関するものが多く、裁判官が当事者双方が行う証明を吟味し、自身の認識に拠って判定することが多くなっている。

3　中世ローマ法世界における司法原理の転換

ルッカの民事法廷では一四世紀の過程で、法形式に厳格に準拠する法学者が裁判を支配していた状況が後退し、代わって法の厳格な縛りから解き放たれた判定者（特に裁判官）が、権利関係について、自由裁量に基づいて裁きを下す状況が現れていた。これが意味するところは、司法の決定（＝コムーネの決定）の内容が、なぜ正しく、受け入れられるべきかという、「正しさ」を基礎づける論理の変化である。

ルッカの民事裁判で観察されたこの司法原理の転換は、実は中世後期のローマ法文化圏で展開していた一連の法的、政治的変化、すなわち中世ローマ法学、刑事訴訟手続き、民事訴訟手続き、そしてコムーネと民事的法世界との関係における変化と呼応している。最後の点は最終節で扱うとして、前三者の変化について見ておこう。これによりルッカの民事司法における司法原理の変化が、より大きな流れの中に位置づけられることが明らかになろう。

（1）中世ローマ法学の全般的特徴

中世ローマ法学において、イルネリウスに始まりアックルシウスに至る一二、一三世紀の注釈学派（glossatores）から、一三世紀後半から一四世紀以降のバルトルスやバルドゥスらに代表される注解学派（commentatores）への移行があったことはよく知られている。[20]注釈学派はローマ法の法文の字句に簡潔な説明をつける（「注釈」）など、原典のテキストに忠実な姿勢を基本とし、他方、注解学派は変容する社会の要請に応じてローマ法の法文を創造的に解釈するという傾向があった。

パドア・スキオッパは、裁判官は判決を行う際に、当事者の証明のみに基づくべきか、自己の認識または裁判外で知りえた情報にも頼ることができるかという問題についての法学者の見解に注目し、一三世紀から一四世紀の学識法学者の変化を読み取っている[21]。

注釈学派のアックルシウスの師アーゾは、ローマ法の原則である当事者主義、弁論主義を念頭に、裁判官は当事者が主張し証明した内容から目をそむけてはならず、自己の知見（特に裁判外での）に頼ることはできないとする。また、一三世紀の注釈学派の法学者はしばしば裁判官の汚職や彼らによる誤った裁きの危険性を危惧し、裁判官への自由裁量を制限する傾向にあった。

他方、一四世紀に活躍した法学者バルドゥスは、当事者の証明に基づく必要があるという点は前の世代の法学者の見解を踏襲しているものの、彼は証拠の評価において裁判官の自由裁量を積極的に認める議論を展開する。バルドゥスによれば、法廷で主張される証書や言葉に対して、裁判官は自身の裁量で、自らの「心の動き」を通して、その真の意味を特定しなければならない[22]。ちなみに後述するように、この「心の動き」という概念が上述の法学者ラーポによるルッカでの法助言でも用いられていたのは決して偶然ではない。彼らの「心の動き」への言及からは、注解学派の法学者たちが裁判官の良識、自由裁量に信頼を置こうとしていることがわかる。ルッカで見られた、裁判での決定の正しさを基礎づける論理の法形式の遵守から自由裁量へという変化は、こうした中世ローマ法学全体の潮流に棹差すものであったのである。

（2）刑事訴訟手続き

裁判官の自由裁量の拡大は、一三、一四世紀に生じた刑事訴訟手続きの変化、特に弾劾主義裁判から糾問主義裁判への移行にも見ることができる（本書第1章第4節）。

ヴァッレラーニがペルージャの一二五七年の裁判記録から明らかにしたように、一三世紀半ばの時点では、刑事訴訟手続きの主流は弾劾主義裁判であった。それはローマ法に基づく弁論主義を基本とし、民事裁判のように告訴人が告訴内容の証明の責任を負い、裁判官は証拠調べにおいて積極的に関与することはなかった。

これに対してインノケンティウス三世の教令に由来する糾問主義手続きは、裁判官が職権により（ex officio）、被告人の尋問や証言の聞き取りなどの証拠集めを主導するものであった。この手続きは、それを支持し理論化した一三世紀後半の法学者ガンディーノに言わせても、ローマ法に反した通常外の（extra ordinem）手続きであったが[23]、一三世紀半ば以降都市の法廷で急速に拡大し、次章でも見るように一四世紀半ばのルッカではもはや主流となっていた。この糾問主義手続きでは、ローマ法では認められていない告訴なしの訴追や状況証拠に基づく拷問が認められており、公の保護者としての裁判官に大きな裁量が与えられるという特徴があった[24]。

刑事裁判における裁判官の自由裁量の拡大は、訴訟手続きの進行面とともに、事実認定と証拠評価の面でも見られる。一三世紀後半の法学者トマス・デ・ピペラータは、法的に十分な証拠とは認められない場合（証人が要件を満たしていないなど）であっても、裁判官はもしその証明内容が自身の心の動きと一致するのであれば、自身が持つ自由裁量によって罰することができるとする[25]。ここにはいわゆる法定証拠主義から自由心証主義への変化の一端を読み取ることができる。

裁判官や執政府の自由裁量に頼った裁きという点では、第1章や第9章の検討対象である、一四世紀後半以降の例外的司法も挙げられる。そこでは、国家や政権を危険にさらす行為は例外的事例として扱われ、通常の手続きに拘束されない、略式での自由な裁判が行われた。これはローマ・カノン法訴訟手続きの影響力が強く、裁判官の自由裁量が制限されていた一三世紀以前には考えられないことであっただろう。

（3）民事訴訟手続き

民事司法はローマ法の通常訴訟手続き（ordo iudicii）が刑事裁判よりも厳格に義務づけられた分野であった。しかしそこでも一四世紀にはそうした手続きからの脱却の動きが見られるようになる。それは略式訴訟手続きの導入に表れている。略式訴訟手続きは、「簡潔に、［通常］裁判の煩雑さや形式なしで（de plano sine strepitu et figura iudicii）」という文言が示す通り、裁判の厳格な手続きなしで進められるものであり、それゆえ裁判官に自由な判断の余地が大きく与えられたものであった。

略式訴訟手続きには大きく三つの種類がある。ひとつは債務の強制執行にかかわる執行訴訟と呼ばれる手続きであり、ランゴバルド法に由来する。[26]これはこれまで略式での司法命令として紹介してきたものであり、裁判官が、債務債権関係を示す証書に基づいて、半ば自動的に差押えなどの司法命令を下すという手続きであった。[27]二つ目は、『簡略な訴えの書』という通常裁判とは別の裁判記録簿に記されるもので、訴額の低い案件に適用されたものであった。記録の形式から、訴えは訴状ではなく口頭でなされていたと考えられる。この二つの略式訴訟手続きでは、裁判は自動的に進行するため、裁判官の自由裁量が発揮される余地はほとんどない。

裁判官の自由裁量の拡大にとって重要なのは次の略式訴訟手続きである。それは一三〇六年の教皇クレメンス五世の教令クレメンティーナ・サエペにその起源を持つ。クレメンス五世は、教会の法廷と都市の法廷での裁判が、当事者の度重なる異議により冗長かつ煩雑なものとなっていることを念頭に、次の教令を発布した。

> ……余がこのようにして事案を委任した裁判官は、訴状を必須とするのではなく、また人びとの取引の必要のために法が定めた裁判所休暇においても手続きをすることができ、あらゆる期間伸長の口実を取り除き、可能な限り訴訟をより短縮すること。そしてそれは訴訟の引き延ばしを図る詐欺的な異議と上訴をしりぞけ、当事者や弁護士、代理人のいさかいや口論そして余分な証人を抑制することによってなされるように。……訴訟の

開始に際して、書面と口頭とを問わず、訴えがなされるべきである。……裁判官は、当事者の要請により、または公平さの感覚によって促された場合では職権により、当事者を尋問することになる。終局判決は……たとえその事案での訴えや証明や他の手続きに関してなされるべき終結がなされていなかったとしても、もし裁判官によって適当と思われるならば、なされるべきである。……先で述べた事案において正規の訴訟の方式が全部または一部遵守されなくても、当事者の異議のないときは、訴訟はこのことだけにより無効とはならないし、また無効と宣言されるべきではない。[28]

この教令では訴訟の迅速性を達成するための方法として、口頭での弁論とともに裁判官の自由裁量の強化が示されている。裁判官は当事者による戦略的な抗弁を退けることができ、訴訟での討議が熟したと判断すれば、ただちに終局判決を下すことができるのである。

ただし教令の最後の部分では「当事者の異議のないときは」という制限が付されており、裁判の進行における裁判官の裁量は当事者によって阻止されうるものとなっている。しかしこの教令に注釈を付し、解釈を加えた教会法学者によって、この制限は乗り越えられていく。メッカレッリによれば、教会法学者ヨハンネス・アンドレアエ（ジョヴァンニ・ダンドレア）は教令への一三二二年または二六年の注解において、裁判の進行が当事者に委ねられるのは、裁判官の権限で手続きが進められない場合に関してであって、それ以外の場合、特に一三一一年に出されたクレメンティーナ・ディスペンディオサムで指摘される公共性の高い事案では、裁判の進行は裁判官の手に委ねられるべきだとした。[29]一四世紀後半に活躍した教会法学者ボニファティウス・ヴィタリーニも、当事者が異議を呈すことができるのは、通常手続きを進めようとする裁判官に対してであり、裁判官が略式で裁判を進めることには不平を述べることはできないとして、裁判官に大きな裁量を与える注解を教令に付している。[30]こうして略式手続きを定めたクレメンティーナ・サエペは、その後の注解とともに、訴訟進行の主導権を当事者から引きはがし、裁判官に「裁判進行上の自由裁量（arbitrium procedendi）」を与えることとなった。

クレメンティーナ・サエペに由来するこの新たな略式訴訟手続きは、エンゲルマンによれば、「形式的に単純化され迅速化されたが、実質的には完全な審理を目指したものであった。そしてそれは「世俗裁判所の実務において徐々に通常の手続きとなった」[31]。それゆえ、このクレメンティーナ・サエペに由来する、裁判官主導の訴訟手続きは、厳格な訴訟手続きを必要に応じて簡略化することはできるものの、他の二つの略式訴訟手続きとは異なり、通常の完全な審理の枠内に位置づけられるものであった。以下ではこの手続きの裁判を、他の略式手続きの裁判と区別して「略式裁判」と呼ぶ。

（4）新たな問い――司法原理の転換はいかに起こったのか？

一三世紀末から一四世紀にかけて中世ローマ法学や刑事、民事の訴訟手続きで見られた以上の変化はいずれも、ローマ法の特徴である法形式主義や当事者主義の原則を弱め、裁判の進行面でも判定面でも裁判官の自由裁量を拡大させるものであった。こうした一連の司法原理の転換はいかにして生じ、展開したのだろうか。

理論的に見れば、中世ローマ法学における裁判官の裁量への信頼の背景には、神学や倫理学の影響が指摘されている[32]。また、糾問主義手続きの導入と拡大には、公の秩序の侵害という概念を練り上げた法学者たちの寄与があった。民事訴訟手続きでは教令を発布した教皇クレメンス五世らのイニシアティブとその後の教会法学者の寄与が挙げられるだろう。

こうした法学者の理論や教皇の教令が、都市の法廷に影響を与えたことは確かである。しかし問題は理論的に提供された新たな原理がいかに現場で受容され、どのように旧来の法原則を凌駕するまでになったかである。各都市の政治状況や地域の法学者の特性が、受容のあり方や度合いに影響を与えていたことは、ヴァッレラーニが分析した一三世紀後半のボローニャとペルージャの刑事裁判において、外国人裁判官、地域の法学者、都市評議会の三者が、訴訟手続きの採用について（弾劾主義か糾問主義か）意見をしばしば衝突させていたことを見ると容易に推測できる。

また理論と実践との関係で言えば、法廷での実践が、理論家たちの理論構築の背景となっていたことも挙げられる。特に注解学派の法学者たちは法助言を行う実務家でもあった。また糾問主義裁判を理論化したガンディーノは実際にペルージャやルッカの法廷で裁判官として活動した経歴を持つ。クレメンティーナ・サエペについても、法廷における冗長な当事者間での争いに関して現場での不満があったことが、この教令の発布の動機として挙げられていた。

クレメンティーナ・サエペが可能にした、裁判官が自由裁量で進めることのできる略式裁判は、エンゲルマンによれば、各都市の世俗法廷においてその後拡大し、既存の通常訴訟手続きに代わって一般的な訴訟手続きと化していった。一六、一七世紀のトリノやヴェネツィアの裁判に関する研究でも、この新たな手続きの裁判が主流となっていたことが指摘されている[33]。ではいかにして法廷の現場において従来のローマ法の通常訴訟手続きが衰退していったのか、そしてクレメンティーナ・サエペ由来の略式裁判が導入され台頭したのか。実はこのプロセスはいまだ解明されていない。法制史家アスケリは、「訴訟の合法性（la legalità del processo）」を重視した中世の法学者が民事訴訟手続きに対して見せていた情熱に比べて、現代の法制史家や歴史家の民事訴訟手続きへの関心が薄いことを嘆いている。そして特に一四世紀の略式裁判に関しては研究が大きく不足しており、その導入が都市での立法によるものなのか、教令によるものなのかさえ不明であるとしている[34]。

こうした研究の現状において、一四世紀について複数の時期の裁判記録（一三三六年、六五年、九六年）や都市条例、決議録・議事録を今日に残すルッカは、この変化の過程を民事法廷の現場から具体的にたどることのできる、イタリアにおいて――おそらくヨーロッパにおいても――唯一の事例であろう。以下では、なぜ、いかにして法の厳守に裁判の正当性を見出す形式主義の裁判から、裁判官の自由裁量に依拠した裁判への変化が生じたのかを、一四世紀ルッカの三つの政治的、社会的コンテクストの中で明らかにしたい。第一に法助言を行ってきた地域の法学者の変化（第4節）、第二に法助言の推移を左右していた訴訟当事者による異議とそれへの裁判官の対応の変化（第5節）、そして第三に裁判官の自由裁量の拡大を後押ししたピサのドージェの介入（第6節）である。これらを検討することで、実定法への準拠から判定者の自由裁量へという、コムーネの決定の「正しさ」を基礎づける論理の変化が、現場での実践の中で生じた様子、そしてさらには新たな司法のあり方が訴訟当事者と裁判官との協働によってつくり上げられていった様子が明らかになるだろう。

4　地域の法学者の衰退

（1）法学者団体による独占の崩壊

ルッカにおける司法原理の変化の背景として、まず一四世紀前半の形式主義的な法秩序を支えていた地域の法学者に注目したい。というのも一四世紀後半における裁判官の決定の増加、自由裁量の拡大の前段階に、地域の法学者の衰退があったと考えられるからである。

一四世紀前半のルッカの法学者は、都市ルッカやその領域部の出身者であり、彼らは法学者団体（collegium iudicum）を結成し、一三三三年の時点では一七人がそこに所属していた。[35] 地域の法学者は、ルッカで現存する最古の裁判記録である一三〇一年のサン・クリストーフォロ法廷の記録簿ではすでに六件の判決全てで法助言を作成している。[36] そしてそれ以降の一四世紀前半のルッカの民事裁判は、控訴法廷や外国人領主の法廷も含め、あらゆる法廷での全ての判決が彼ら地域の法学者の助言に基づいてなされている。

地域の法学者は、法助言の提供を行うとともに、コンスル法廷や領域部の法廷の裁判官として裁判実務にも携わっており、さらには都市条例の編纂者、アンツィアーニのメンバーや評議会の助言者として都市政治にも深く関与していた。一四世紀前半と言えば、ルッカではポポロ政権から、ピサのウグッチョーネによる支配、カストゥルッチョのシニョリーア支配、そして数々の外国人領主の支配へという激動の時代に当たる。そうした政治的な混乱にもかかわらず、地域の法学者は一貫して、都市と領域における民事的法秩序の担い手として、またコムーネの政治的決定に法的なお墨つきを与える者として活動していた。

地域の法学者による法助言の独占は、すでに一三〇八年の都市条例に定められている。第四章第二五項の「ルッカの都市の団体の法学者に事案が委託されるべきことについて」では、ポデスタ法廷の外国人裁判官は、ルッカの法学者団体に加入していない者に事案を委託してはならないことが、一〇〇リラの罰金とともに規定されている。[37] この項目は一三三一年の都市条例にも引き継がれている。

ところが地域の法学者の独占は、一三四二年から六八年までのピサ支配下で大きく揺らぐ。ピサの支配が開始して約四カ月後の一三四二年一一月の条例では、いまだ法学者への委託の規定は変更されていなかったが、一三五〇年の追加規定でいくつかの変化が現れる。法学者への委託規定の「明確化と修正として」では、「もし当事者の意思があり、当事者間で合意があれば、当事者に疑義のないあらゆる法学者への委託が可能となる。そこでは法学者団体の裁判官ではないということに邪魔されず。またこれに反する規定に邪魔されず」と定められている。[38] この「あらゆる法学者」とは、その直後に記されている追加規定において、「もし法学者団体の法学者が、ある事案の助言において合意を形成できなかった場合、法学者団体はルッカの都市の内外を問わず、当事者に疑義のない他の法学者に事案を委託するか、その者と相談するように」という文言中の、「都市の内外を問わず」と対応していると考えられる。[39] これは間違いなく都市外の法学者への委託を可能にすることを意図した規定である。

ルッカが独立を果たした後の一三七二年に編纂された条例の規定では、都市外の法学者への委託の可能性がより明確になっている。第四章第三六項「行われるべき委託について」では、中間判決に関しては、ルッカの都市の法学者団体の人物になされるべきであり、ルッカ外の法学者への委託は当事者の意思がある場合にのみ可能と規定されている。(40) しかし他方、最終判決に関しては、裁判官は、法助言を都市から四〇マイル以内の法学者に委託することができると定められている。ちなみにルッカから四〇マイルというのは、ピサ、ピストイアそしてフィレンツェをも含む範囲であるが、シエナやボローニャまでは含まれない。

ピサ支配下の一三四〇年代以降に生じた都市条例の変化の背景には何があったのか。ルッカの法秩序を独占的に支えていた地域の法学者たちの世界に何が起こっていたのか。ピサの法学者の影響力の拡大とルッカの法学環境の悪化という二点から見ていこう。

（2）ピサの法学者の影響

ルッカの西南約一六キロの地点にあるピサは、そこで一二世紀初頭にユスティニアヌス法大全が再発見され、その後ローマ法研究が盛んに行われるなど、ローマ法の伝統を強く帯びた都市であった。(41) 一四世紀にはピサは、ボローニャやペルージャに次ぐ中世ローマ法研究の拠点となり、ルッカを支配下に置く前夜の一三三九年にはバルトルスが生涯で初めて教壇に上がっている。(42) そのバルトルスから教えを受けたバルドゥスも、一三五七年にはピサ大学（一三四三年に正式に設立）で教鞭を執っている。(43)

ルッカとピサは近隣にありながらも長年敵対関係にあったためか、法学分野での交流は確認できない。しかしピサがルッカを支配した一三四二年から六八年は別で、ルッカはローマ法の先進都市ピサの影響を受けずにはいられなかった。それは民事裁判の現場でも確認される。法助言を委託された法学者の中にピサ出身の法学者が現れるのである。一三四五年の裁判記録で見られた二一件の法助言は全てルッカ人によってなされていたが、一三五六年の記録では一二件の法助言のうち、一一件がルッカ人、一件がピサの法学者によって作成されている。そして一三六五年には、中間判決も含め一〇件の開封された法助言のうち六件がルッカ人、四件がピサの法学者によるものであった。[44] 前述の一三五〇年に追加された、都市外の法学者への委託を可能にする規定が施行されて以来、ピサの法学者がルッカの民事的な法空間に徐々に参入している様子がここに跡づけられる。

ピサの法学者への法助言の委託は、特に当初は訴訟当事者の訴訟戦略によるものであった。一三四七年一一月にルッカの法学者団体がアンツィアーニに対して行った嘆願では、ルッカの法学者が助言を与えようとしたときに、訴訟当事者らが、それが不利な助言であると察して控訴法廷に向かい、そこで都市外の外国人法学者に案件が委託される事態になっていることが指摘されている。[45] そして、この当事者の戦略により裁判が長引き、当事者の労力と費用がかさみ、さらにルッカの法学者団体の名誉が汚されているとして、控訴法廷に地域の法学者の助言を開示させるよう指示することを求めている。この訴えからは、訴訟当事者の訴訟戦略の結果として、外国人の（ここではピサの）法学者への委託がなされていたこと、そしてルッカの法学者が、自身の決定が差し止められ外国人に委託されることによって名誉が汚されていると感じていたことがわかる。

こうして現れるピサや他都市の法学者による法助言は、助言内容の質的変化をもたらした。一三三〇年代の法助言は法的な形式の問題を主に扱っていたのに対し、一三六五年と九六年のそれは実体面についてローマ法の概念や法学文献の議論がちりばめられたものとなっている。上記で紹介した一三六五年のピサの法学者ラーポによる助言では、『学説彙纂』やチーノ・ダ・ピストイアの著作が引用され、さらにバルドゥスが判定の基礎に置くべきとする、判定者の「心の動き」の概念までもが用いられている。一三五七年から五八年にバルドゥスがピサ大学の教授であったことを考えれば、ラーポの助言の理論的な基礎がバルドゥスにあったことは明らかであろう。注解学派の学識法学者の影響はこうしてルッカに入り込んでいた。

ピサの法学者の法助言におけるローマ法の文献や概念の導入は、当事者の訴訟活動にも一定の影響を及ぼした。一三三六年の裁判には見られない、訴権（アクティオ）を用いた議論や、法学の文献を引用した当事者の弁論が、一四世紀後半以降、少数ではあるが見られるようになるのである。この中で、もちろん法学の素養を持ちながらも、しかし伝統的な法形式主義の傾向を強く持つ地域の法学者への需要が低下していったということも考えられるだろう。

(3) ルッカの法学環境の悪化

ルッカの法学者の影響力低下と法助言の減少の背景には、ピサの法学者の参入とともにルッカにおける法学環境の悪化もあった。

ルッカ人は通常、ボローニャに法学を学びに行っていた。一三三八年にディーノ・マウリーニが息子の公証人バルトロメオの免税をアンツィアーニに求めた訴えでは、バルトロメオがボローニャでローマ法を学んでいることを理由に挙げている[46]。その後一三四七年九月一七日には、ルッカのアンツィアーニは、法学を修めたい者に対してボローニャで一年間一〇フィオリーノの奨学金を最長五年間与える決定を行っている[47]。興味深いのはその動機である。規定の前文には「ルッカの都市が徳の高き人、とりわけ自由技能を持つ者によって満たされるように。現在、市民の貧困や、過去の都市の善き状態とは反対の事柄のためにそれは奪い去られている」とある[48]。

ルッカの法学環境の悲惨さは、ちょうどこの三カ月後の一二月一七日、ルッカの法学者一人、公証人三人、他八人の一般市民が共同でアンツィアーニに提出した訴えにはっきりと示されている。

自分たちは長い間、神や貴殿らの恩寵の下で、普通法（ius commune）の習得へと導かれることを願い求めてきたし、今もより強く求めている。しかし時間の差し迫りや不幸な事態のために、ボローニャや他の法学研究の地に赴くことができないでいる。そのためにルッカの都市では、法学者が豊富にはおらず不足している。そしてボローニャや他の場所においてルッカの市民でローマ市民法（ius civile）を勉強している者は見つけられない。このことは賢明な貴殿らには明らかだろう。もし貴殿らの賢明な対処によって支えられなければ、ルッカの都市から法学者が去り、わずかしか、または全くいなくなってしまう。今いる彼らはいなくなってしまう。そこでローマ市民法を勉強したいと欲する者の求めで、マルティーノが法典（codicem）を読み、教え始めた。そして彼は自身の教授を、神の御加護の下、続けたいと欲しているが、能力の限界のために、その教授を完全に終えることができていない。……そこで、マルティーノが日ごとによりよく教授を続けられるために、教授を継続するための物的資源を受け取ることができるように決定してほしい。それは、学生や法学を学びたいと欲する者から、よき原理原則が奪い取られないようにするためのものである。(49)

この訴えに対し、アンツィアーニは次のような決定を出した。

我々は嘆願に含まれている個々の内容を考慮し、また法学者の豊富さがルッカの都市国家（rei publice civitatis Lucane）の名誉と栄誉に、そしてルッカの市民の有益さにどれだけ寄与するかを考慮して、そして上記の学生や、ローマ市民法を学びたい者、そして彼らの師であるマルティーノに、彼がその教授を続けられるよう我々の下にある物的資源が与えられることを欲して、……マルティーノが次の一月一日からの二年間、ルッカの財務官からルッカのコムーネの支出で一〇〇リラを受け取るように規定する。それはマルティーノが熱心にすべきように、上述の法典を読み、教授する限りにおいてである。(50)

一三四七年にアンツィアーニによって出されたこれら二つの決定の背後には、様々な事情を思い浮かべることができよう。ピサの法学環境の良さを目の当たりにし、それに刺激を受けたアンツィアーニが、法学者の養成に積極的に動いたことはあるかもしれない。しかし上記の訴えやアンツィアーニの法令には、現実の法学者とその後継者の不足に対する危機感が強くにじみ出ている。こうした法学環境の悪化の背景には、この時点（ペスト前夜）ですでに頻発していた飢饉や度重なる戦争により都市社会が疲弊していたこと、そして敵対都市であるピサの支配により旧来の指導層であった法学者らが多く亡命していたことが考えられる(51)。

法学環境を立て直そうとする上記の試みは、しかしながら、結果として功を奏することはなかった。ルッカの法学者の数は、政府の援助の甲斐なく減少の一途をたどっている。法学者団体に属する法学者に関して一四世紀後半にまとまった記述がないためその数ははっきりとしないが、この時期の裁判記録簿やアンツィアーニの決議録に現れる地域の法学者は三名しかいない(52)。

一四世紀半ばのルッカにおける法学環境の悪化に起因する地域の法学者の減少が、一四世紀後半に見られる地域の法学者の法助言の減少、ピサの法学者への法助言の委託、裁判官による判決の増加に時期的に先立っていたことは注目すべきである。もちろんピサの法学者の影響力や、次に見るような当事者の意向と裁判官の権限の拡大が、ルッカの法学者の影響力と数の減少を速めたことは考えられるが、この流れの始点は、一四世紀半ばまでの政治的、社会経済的な危機を背景としたルッカの法学環境の悪化と地域の法学者の数の減少にあったのである。

同時代の法学者ピエトロ・ダンゾラは、ロランディーノの『公証人技能概要』の「与えられるべき助言について」の章の注解で、「それ［法学者への委託］は、裁判官が事案に関して疑問を感じた場合」とともに、「［裁判官が］他の仕事で忙しいために、証明内容や弁論内容の検証をうまく行うことができない」という事情によって生じていると解説している(53)。一四世紀後半のルッカでは、これと正反対ではあるが、同じ論理で説明できる現象が生じていたと考えられる。つまり地域の法学者が減少し、残されたわずかな法学者が評議会での助言や司法行政で忙殺される状況下で、地域の法学者が民事裁判に法助言を出す業務から離れていったというものである。こうした法学者の減少という現実的な事情が法助言の減少の起点、そして司法原理の転換の起点であったのである。

5　訴訟当事者の「異議」と裁判官の「裁判進行上の自由裁量」

（1）法助言を依頼する者

地域の法学者は、サン・クリストーフォロ法廷の裁判記録に見られたように、一三〇一年にはすでに判決の全てで法助言を作成していた。そして一三〇八年の都市条例では、裁判官は地域の法学者のみに事案を委託しなければならないことが定められていた。しかし注意しなければならないのは、この条例の規定は、裁判官に法学者への事案の委託を義務づけたものではないことである。委託する場合は、地域の法学者に行うべしということだけを定めているにすぎない。実は、裁判官に法助言を受けることを義務づけていないというこの点は、『訴訟文献』を著した学識法学者たちの見解とも一致する。タンクレドゥスの『裁判手続の書』（一二一六年）とドゥランティス（一二三七～九六年）の『裁判鏡』を基にしたエンゲルマンのまとめによると、裁判官は自己の判断に基づき、あるいは助言者からの聴取の後に判決を下すべし、と定められている[54]。またロランディーノの『公証人技能概要』（一二五五年）でも、法助言を受けることを裁判官に義務づける記述は見当たらない[55]。

しかしルッカの一三三一年の都市条例では、一三〇八年の条例の規定にはなかったある文言が追加されている。それは「ルッカのコムーネのどの役人［裁判官］も、当事者の求めがあれば、民事の案件を［法学者に］委託しなければならない」というものである[56]。この文言は、異なるインクで記されていることから、一三三一年の条例編纂時ではなく、それ以降に（一三四二年までに）追記されたものと考えられる。この追記によって裁判官は、訴訟当事者から法学者への委託の要求があれば、案件を地域の法学者に委託しなければならない義務を法的に負ったことになる。ちなみにシエナやピサなどの都市条例でも、当事者の要請に基づいた法学者への委託の規定があり、またミラノの判決記録でも「当事者の意思で」法学者への委託がなされたとする記述が確認される[57]。

『公証人技能概要』の中でロランディーノは、事案を法学者に委託するイニシアティブを裁判官に置き、当事者の役割を、疑わしく信頼できない法学者の名前を挙げることだけに限定している[58]。しかし同時代の法学者ピエトロ・デイ・ボアッティエーリは、このロランディーノの見解を拡大解釈し、当事者は疑わしい法学者と信頼する法学者の両方の名前を裁判官に提出することができると読む。信頼する法学者の名前の提示という行為をもって、法学者選びにおける当事者の積極的な関与の可能性を広げているのである[59]。ルッカでも実際の裁判で、法学者への委託の際に、訴訟当事者が信頼する者と疑わしい者について書面で裁判官に伝えている[60]。

（2）異議と法助言

「当事者の求めがあれば、民事の案件を委託しなければならない」という一三三一年の都市条例に付された文言は、訴訟当事者による法助言の要請が頻繁であれば法助言が多くなり、逆に要請が少なければ法助言も少なくなるという連関を示唆している。一四世紀における司法原理の転換のカギである法学者の助言の増減の要因として、訴訟当事者側の意向や戦略が問題となる可能性があるのである。

法学者の助言を引き出す当事者の行動として重要であったのはこれまで再三登場している異議である。一四世紀前半には、不利に立たされた訴訟当事者が形勢を逆転しようと、相手の法的資格や手続き上の瑕疵を争点として追及する異議が頻繁に出されていたが、それらの事例の多くは結果として地域の法学者の助言へと委ねられていた。つまり当事者による異議の多さが、地域の法学者による多くの助言を引き出し、法廷を形式的な正しさを重視する場にしていたのである。

一四世紀における異議の推移を見ると、訴訟当事者によって呈された異議（表6-2、「権利関係と異議」および「異議のみ」の総数）は、やや割合が減少しているものの、一四世紀後半にも一定数存在していたことが確認できる。ただ、形式面での相手の瑕疵を突くことだけで裁判を切り抜けようとしていた当事者の割合（「異議のみ」）は、

表 6-2　裁判における議論の主題

	1336年		1365年		1396年	
	件数	割合(%)	件数	割合(%)	件数	割合(%)
権利関係のみ	126	45	68	56.2	33	61.1
権利関係と異議	63	22.5	27	22.3	17	31.5
異議のみ	91	32.5	26	21.5	4	7.4
総計	280	100	121	100	54	100

注）表中数字は件数。% は討論がなされた裁判の中での割合。

表 6-3　異議の主題

	1336年	1365年	1396年
個人の資格に関する異議	75 (8.3 %)	20 (6.5 %)	5 (2.6 %)
代理人	29	12	4
後見人	4	3	
追放令（bannum）	13		
「宣言（pronuntiato）」	8		
市民の義務の不履行	9	1	
警備仲間への未加入	4	1	
外国人	4	1	1
未成年	4	2	
手続きに関する異議	140 (16 %)	57 (19 %)	18 (9 %)
訴訟手続き	58	26	9
書類の形式	31	4	
契約や司法命令の有効化の手続き	3	1	
裁判官の権限	21	22	6
係属中の裁判（lite pendente）	27	4	3
その他	19		1
総計	234 (26 %)	77 (25 %)	24 (13 %)

注）表中数字は件数。% は全訴訟中での割合。

大きく低下している。

次にそれぞれの異議の変化を見ると（表6-3）、減少しているのは、相手が追放令や「宣言」を受けた者であり裁判を行う資格がないという異議や、書類の形式に関する異議である。これらは一三三六年ではしばしば議論を紛糾させ、裁判や権利自体を消滅させる効力を持った異議であり、法学者にたびたび委託がなされた問題であった。なかでも追放令や「宣言」に関する異議は、裁判官が裁判を行う資格がない者に対して、不注意で裁判を始めたり、略式での司法命令を発布したりすることが原因で出されるものであった。それゆえこれらの異議の消滅は、一四世紀後半に裁判官の注意深い姿勢、裁判への能動的な姿勢が生じてきた表れと考えられる。

ただ追放令などについての異議の減少にはもうひとつの要因が考えられる。それは「追放令や「宣言」などに関する異議を主張しながらも証明できない者への罰金について」と題される条項で示された、追放令などについての異議を証明できない場合の罰則規定の導入である。(61) 一三七二年の都市条例で初めて見られるこの規定は、一三三一年から七二年のどの時点で追加されたものか不明であるが、(62) この規定の影響で当事者がむやみに追放令や「宣言」に関する異議を行わなくなったことが考えられる。

一三三六年から六五年には、異議が呈される事例は減少したものの、各種の異議の割合はあまり減少していない。それに比して一三九六年には異議の件数が大きく低下している。その背景には、一三八一年一〇月二四日にアンツィアーニと条例改定者によって追加された新たな規定の存在がある。それは「訴訟を阻害する異議について」と題された規定であり、そこでは「連日、訴訟を止める異議によって、訴訟とその解決が遅れているために、我々は以下のことを望む。どの異議も訴訟を止めることはないように。ただし既判事項（rei iudicate）や協定、宣誓、負債の支払いの異議で、公的な証書によって証明できるものはその限りではない」と、(63) 異議一般に対する規制がかけられている。また一三八一年一二月一八日の追加規定では、「訴訟係属中という異議が裁判でしばしば起こっているために、以下のことを定めたい。四カ月間、係属中の訴訟で手続きが進められていないものに関しては、係属中の訴訟があるという異議によって阻まれることはない」とある[64]。

これらの一三八一年の二つの規定に見られるアンツィアーニと条例改定者の、訴訟を無意味に長引かせる戦略的な異議を防止しようとする姿勢が、一三九六年に訴訟当事者が以前ほどむやみに異議を行わなくなっていることの最大の要因と考えられる。

それにしても、なぜ裁判の法的正当性に疑問を呈する異議をも拒否できるという、これまでの法廷の法的伝統から大きく逸脱した規定が、一三八一年に定められることとなったのか。これを考えるためにはやはりそれ以前の現場での状況、ここでは一三六五年の法廷の実践を見なければならない。

(3) 異議の行方

一三三六年と六五年とを比べると、異議が呈される割合はさほど低下してはいなかった。訴訟手続きに関する異議、裁判官の資格に関する異議など、割合の面からはむしろ増加傾向にあるものさえある。しかし裁判の過程を見ると(図6-1参照)、法学者の法助言へ委託された事例は半減している。なぜこうしたことが起こったのか。それは結論から言えば、呈された異議の処理の仕方が変わったためであった。訴訟当事者の異議に発する形式面での問題は、法学者に委託されることはなくなり、裁判官が判断または却下するようになっていったのである。

この傾向をよく示しているのが、形式に関する異議がこじれたときに裁判途中で出される、法助言に基づく中間判決の減少である。一三三六年には異議に対して裁判途中で一九件が法学者に委託され、法助言に基づく中間判決が出されていたが、六五年はそうした事例はわずか二件、九六年に至っては全く確認できない。そして法学者が対処する代わりに、裁判官が異議に対して単独で処理するようになっている。なぜこうした事態が起きたのか。いくつかの事例から見よう。

一三六五年一一月一三日、ニコローゾ(パウポの代理人)が不動産の返還を求めてフランチェスコを訴えた裁判で、ニコローゾが代理人の証書を提出した際、被告フランチェスコは、ニコローゾはしっかりとした代理人契約を結んでいないと主張する。(65) これに対して、ニコローゾは自身が正当な代理の委託を受けていると反論する。ここで裁判官は問題が法学者に委託されるのを見に来るよう当事者たちに指示する。しかしその直後、当事者双方は、裁判官にこの問題でどちらが正義（ius）に値するかを宣言してほしいと求める。裁判官は求めに応じて代理人契約の証書を検証し、ニコローゾの代理人としての資格が正当であると宣言している。

この事例のように当事者が形式的な問題で地域の法学者ではなく裁判官を判定者として選んでいる事例は他にも確認される。(66) おそらく当事者たちは、迅速にそして費用をかけず判定が行われることを期待したのであろう。しかしながら、こうした異議に直面した当事者が裁判官に判定を委ねることがはっきりと示されている事例は多くはない。むしろ何も意思を示さない場合、または反対に法学者への事案の委託を求めている場合の方が多い。興味深いのはこの時の裁判官の対応である。

一三六五年七月一一日にポデスタ法廷で始まった原告代理人モッチョ（サン・クリスティアーネ修道院の院長ベネデットの代理人）と被告ジョヴァンニ・デ・ポッジョとの裁判では、(67) 被告ジョヴァンニは原告代理人モッチョが正式な代理人の任命を受けておらず、裁判を行うことはできないと主張する。これに対し七月一五日に、モッチョは自身が十分な任命を受けているとし、そのように裁判官は宣言してほしいと主張する。同日、ジョヴァンニは、「貴殿はこの問題に権限を持った裁判官ではない」と新たな異議を展開する。二一日、裁判官は提出された代理人契約の証書を見て、モッチョが正当な代理人であることを宣言する。二四日、ジョヴァンニは都市条例の「ポデスタはある人物に対して裁判を行ってはならないことについて」と題する条項を引用して異議を続ける。二八日、裁判官は条例の略式裁判に関する項目を参照し、この案件では自らが権限を持っていると宣言する。その後もジョヴァンニは食い下がり、八月二日と四日に二度、裁判官の権限とモッチョの代理人資格に関する異議を展開し、もしこれに相手が抵抗するなら法助言が行われるよう求める。八月二一日、ピサのドージェから書簡で、裁判官は略式で裁判を行うよう指示を受ける。その指示のためか裁判官はその後、法学者への委託を行わず、自身の指揮下で訴訟を続行する。一〇月には原告側は訴点の提示の手続きへと進め、裁判官もこの訴点への返答を被告側に求める。ジョヴァンニはそれでも納得がいかず、一一月五日、裁判官の権限と代理人契約に関する異議を再び行う。裁判官はこのジョヴァンニの主張を受け入れず、ジョヴァンニに原告側が提示した訴点に答えるよう命令している。そこでジョヴァンニはそれに不同意の意思を示しながらも訴点に返答し、ようやく裁判が進み出す。

ジョヴァンニの執拗な異議に対して、一三三六年であればすぐさま地域の法学者への委託がなされたことであろう。しかし一三六五年では裁判官は独自に判断を下していた。しかもジョヴァンニが法学者への委託を求めているにもかかわらずである。一三三一年の都市条例の追加規定「当事者の求めがあれば、民事の案件を委託しなければならない」がここでは無視されているのである。

他の事例でもたとえば、ピサの法学者ラーポが最終判決のための法助言を出している裁判では、裁判の途中で被告側が、原告側の証言供述書は証明の期限を過ぎて提出されたために受け入れられるべきではないと異議を呈し、さらに法学者の助言を求めたのに対し、裁判官はそれらを無視し、単独でその証言の受け入れを決定している。(68)

一三六五年においても異議が一定数あるにもかかわらず法学者への委託と法助言の数が落ち込んでいる原因は、異議を打ち切り単独で決定を行うといった、裁判官の裁判の進行におけるイニシアティブの高まりにあった。当時の法律用語で言えば「裁判進行上の自由裁量（arbitrium procendendi）」を裁判官が手にしたことが大きかった。訴訟当事者の異議から法学者の助言の依頼へ、というルートが裁判官によって遮断されたことが、裁判の正当性に関する法学者の助言で裁判が終わる事例の減少をもたらし、本質的な権利の問題に裁判官が自由裁量で判断を下す事例の増加をもたらしたのである。

それゆえ、訴訟当事者側の意向でも、地域法学者の事情（当事者の地域法学者への信頼の有無）でもない、それらとは別の次元の力、裁判官の「裁判進行上の自由裁量」の獲得という事象が、一四世紀ルッカの民事法廷における法形式の遵守から自由裁量への変化の動因を説明するもうひとつの重要なカギであった。ここで最後の問題が浮上する。どのようにしてルッカにおいて裁判官は「裁判進行上の自由裁量」を手にすることとなったかである。

6　ドージェと「略式裁判」

(1) ドージェから裁判官への「略式裁判」の許可

①ドージェの書簡

「裁判進行上の自由裁量」は、伝統的なローマ・カノン法訴訟手続きの原則たる当事者主義と真っ向から対立するものである。そうしたものを正当化する法的根拠が、略式裁判の導入をもたらした一三〇四年のクレメンティーナ・サエペとそれへの教会法学者の注釈であった。このことは一四世紀後半のルッカにおいても知られていた。一三六七年のポデスタ法廷での裁判において、ある訴訟当事者が「略式で行われる裁判でも、クレメンティーナ・サエペや他の法での前述の条項で示されている訴訟手続きは遵守されなければならない」と述べている[69]。ルッカの法廷や人びとがこれらの法学理論を知るに至った経緯は不明である。ピサの法学者がもたらしたとも考えうるが、正確な理由は明らかでない。しかし問題は、この新たな法学理論、新たな手続きが、法形式主義が深く浸透したルッカの法廷の実践にいかに導入され普及したのかである。一四世紀半ばに地域の法学者の数が減少し、当事者による裁判官への要請が増加する中で、徐々に裁判官に主導権を与えるこの手続きが普及していったという流れは考えられる。しかしそこにはもうひとつ、裁判官の自由裁量を促進する大きなきっかけがあった。

一三六五年の裁判記録を見渡してみると、裁判の記述形式にはそぐわない異質な記述がいくつかあることに気づく。それはこの時期にピサのアンツィアーニに代わってルッカを支配していたピサのドージェという称号を持つシニョーレ、ジョヴァンニ・デッラニェッロが、ルッカのポデスタとその裁判官に宛てた書簡の写しである。[70]この書簡は一三六五年には裁判記録簿に一九件、裁判の付随事項を記した『記憶の書』に四件、計二三件確認できる。こうした書簡は一三六五年に限らず、ジョヴァンニがドージェとしてピサでシニョリーア支配を築いていた一三六四年から六八年の間に複数出されていた。

ピサのドージェという政治的主体による裁判への介入、しかも民事裁判への介入は、ローマ・カノン法訴訟手続きを採用したルッカの法廷ではかなり異例なことである。一四世紀前半の外国人領主やピサのアンツィアーニの支配下においても、政治的主体が法廷での個別の案件に介入したことは決してなく、裁判は裁判官と法学者のみが関与できる、政治にとって不可侵の領域であった。一三六〇年代後半にはこの原則が一時的に崩れたのである。そしてこのドージェという司法外的な要素の介入こそが、ルッカにおいて裁判官の自由裁量を拡大させるひとつの重要な契機であった。

ドージェがポデスタ法廷の裁判官に行った指示は、しばしば中立的で一般的な内容であり、どちらか一方の当事者を勝訴させるものはほとんどない。[71]よく見られるのは、「[ポデスタは]訴状の内容について、真実を発見し、裁判の煩雑さや形式を無視して、すばやく迅速で略式の裁判を実行するように[72]」という、事実関係の解明と迅速な裁判の進行を奨励する指示である。「二〇日以内に滞りなくこの訴訟を終わらせるように[73]」など解決までの期限を具体的に指示したものもある。[74]この他に、仲裁人への委託の指示や、仲裁人による決定を急がせる指示も見られるが（五件[75]）、これらも法廷に持ち込まれた事案を裁判での煩わしさなく、いち早く解決へと導くことを目指した指示と言える。

真実の発見と迅速な解決を奨励するドージェの指示が含意するものは、それと反対の状況を思い浮かべるとわかりやすい。ドージェが排除しようとしているのは、「費用のかかる係争上のくだらない詭弁は、我々にはとても憎らしいものであるから」との彼の指摘に見られるように[76]、異議により裁判が無意味に長続きする状況であり、訴えでの本質的な問題に蓋をし、真実の発見を阻害する悪習としての異議であった。その大元にあるのは裁判官が義務づけられている当事者主義と形式主義という伝統的なローマ法の原理であった。ドージェの略式の指示は、裁判官がまとわされていた重い法の鎧を脱がせることで、真実の発見に焦点を合わせて裁判を自由に進めさせることを意図したものであった。この上位の政治権力から裁判官への指示に、ルッカの裁判官が「裁判進行上の自由裁量」を持つこととなる直接的契機があった。

前述のモッチョ（サン・クリスティアーネ修道院の代理人）とジョヴァンニ・デ・ポッジョとの裁判で、ジョヴァンニが行った裁判官の権限と相手代理人の資格に関する執拗な異議に対して、裁判官がそれを無視し、要請された法助言への委託を行わずにいられた大きな理由は、ドージェからの八月二〇日の「当事者双方の権利を考慮して……遅延なく略式裁判が行われるように」という指示があったことだったのである。(77)

②ドージェを動機づける訴訟当事者

裁判官の裁量を高めることになるこのドージェの指示を出させていたのは、訴訟当事者からの訴えであった。ドージェからの指示は、ほぼ全ての場合で訴訟当事者からの嘆願に応答する形で出されている。ドージェからルッカに送られる書簡の中には、訴訟当事者がドージェに提出した嘆願が同封されており、それを受け取ったポデスタ法廷の書記は書簡とともにその訴状の内容も裁判記録に転写している。ポデスタ宛のドージェからの書簡は当事者の手で法廷にもたらされる場合もあることから、訴訟当事者がピサのドージェの下に赴いて訴えを起こし、そこで直接書簡を獲得し、ルッカの法廷に持ち込むという流れも想像できる。(78)

ドージェへの嘆願は、訴訟当事者にとってひとつの有効な訴訟戦略であった。当事者はしばしば裁判の途中で、自らの有利に裁判を展開させようとドージェの下に向かっている。たとえば上記のモッチョとジョヴァンニとの裁判では、異議にさらされ続けた修道院の代理人モッチョは、ドージェのところに向かい、次のように訴えている。

修道院とその代理人はこのように係争に引き込まれ留め置かれるのではなく、略式で、簡単に、裁判の煩雑さや形式を無視して、引き延ばしなく、当事者の権利が考慮され、真実が重んじられて、時間の隔たりもなく訴訟が終結されるように［求める］。そして貴殿［ドージェ］によって、特別に適用除外されたことと見なされる厳格な手続きや遅延が消去されて……そして時間稼ぎのもったいぶった異議や、他の逃げ言葉や詭弁に邪魔されることなく……(79)

この嘆願への応答としてドージェが出したのが、前述の八月二〇日の略式裁判の指示「当事者双方の権利を考慮して……遅延なく略式裁判が行われるように」であった。ここからは、相手が呈した異議により裁判が長く膠着状態にある中で、当事者が自らの有利に裁判を進めようとしてドージェの下に向かい、ドージェが裁判官に略式裁判の許可を与えるという流れが確認できる。裁判官の裁判進行上の自由裁量を認めたクレメンティーナ・サエペに対して、教会法学者ジョヴァンニ・ダンドレアは、それを発動させるかどうかを決めるのは、公法的な事柄であれば裁判官自身であるが、私人間での権利に関する事柄では訴訟当事者であると解説していた(80)。この原理はまさにルッカにおいても、ドージェへの当事者の嘆願という形で見ることができるだろう。

（2）「正しき」裁判を求めて――当事者と裁判官による解釈

①完全な審理としての迅速な裁判

さて、ドージェの介入によって始まった裁判は具体的にどのようなものだったのか。「真実を発見し、裁判の煩雑さや形式を無視して、すばやく迅速で略式の裁判を実行するように」という指示が、裁判官に法形式主義や当事者主義を脱却するお墨つきを与えたことは確かであるが、その具体的内容はあいまいなままである。どれほど裁判官は迅速に裁判を進め、どれだけ裁判の形式や当事者が主張する異議を無視していたのか(81)。まず思い出しておきたいのは、クレメンティーナ・サエペを法的根拠としドージェの指示に始まるこの迅速な裁判は、通常裁判とはオルタナティブな略式裁判ではなく、「形式的に単純化され迅速化されたが、実質的には完全な審理」を目指したものであった点である。[82]

迅速な裁判の指示を出すドージェの中にも、訴訟手続きや都市条例に基づく裁判の法的な正当性を損ねることがないようにという意識はあったようである。上記のモッチョ（サン・クリスティアーネ修道院の代理人）とジョヴァンニとの裁判では、[83]原告ベネデットから訴えを受けたドージェが、八月二〇日と一二月九日に、ポデスタに「長い時間をかけずに、つまらない詭弁は取り払われ、訴状の問題について裁判をするように」命令を出してはいるが、[84]一二月一一日にジョヴァンニがポデスタ法廷に提出した一一月一九日付のドージェの書簡で、ジョヴァンニからルッカの法に基づいて裁判が行われるよう訴えを受けたドージェは、「法的なことを行い、裁判の義務に従うよう」裁判官に指示を出している。[85]おそらくドージェも、裁判官の強引な進行による過度な省略によって裁判自体の法的正当性が失われる事態は望んでいなかったのだろう。[86]

②訴訟当事者による「略式裁判」の解釈

それゆえ、迅速であるが完全な審理として裁判を行うようにとのドージェからの抽象的な指示を、個々の事例に合わせて具体化させていく作業は、訴訟当事者と裁判官という現場の人間に委ねられた。ここでしばしば問題となるのが、当事者が主張する個々の異議が、遅延目的の退けられるべき「くだらない詭弁」なのか、もしくは裁判や権利の正当性を根本的に左右する聞き入れられるべき異議なのかの判別である。

一三六五年一二月一九日に始まるある裁判では、[87]裁判官は、ドージェからの略式の指示を基に、被告パッチーノ・マルティーニが原告テッチーナの代理人の任命に対して行っていた異議を却下する。一方で被告側のもうひとつの異議である、原告の提出した証書が公証人によって起草されておらず私的な文書であるとの異議に対しては、原告側はそれを「くだらない異議」と非難しているにもかかわらず、裁判官はそれを聞き入れている。法廷はいまや略式裁判という、解釈に余地のある手続きルールが適用された場となった。そこでは訴訟当事者たちが独自に「略式裁判」を解釈し、この新たな略式裁判がどこまでの異議を受け入れるべきかについて議論し合い、裁判官に訴えかけるという状況がある。いくつか事例を見よう。

(a)事例1――裁判の迅速性と手続きの正当性をめぐって

原告サン・ステファニ教会の司祭ジョヴァンニ（原告代理人シモーネ、公証人）が、被告ビアジョ（被告代理人フィリッポ、公証人）の占有していた故クッチーノの遺産に対して権利を主張した裁判では、原告はドージェに訴えを起こし、ドージェから「裁判に関するくだらない詭弁や異議や浪費的な遅延が退けられ、真実が発見され、略式裁判が行われるように」との裁判官への指示を取りつける。[88] 被告代理人フィリッポは、この命令が出された後すぐに、略式裁判を定義する精緻な議論を展開する。

略式で進行される裁判でさえも、確かではっきりした訴状が提出され、相手当事者にそのコピーが渡され、それに返答する期日が与えられ、不濫訴宣誓が行われ、訴点や質疑、返答の期日が当事者に証明のために与えられなければならない。これらについては、この問題に関して規定したクレメンスの法や他の法の言葉の意味から生まれたクレメンティーナ・サエペの番外の章で示されている。もし法の秩序や形式が破壊され、省略されるなら、行われる事柄は法的に価値を持たない。[89]

ここで指摘されるクレメンティーナ・サエペの番外の章がいかなるものかは不明であるが、エンゲルマンがサエペに見る「完全な審理」への志向との重なりが見られる。被告代理人フィリッポはこの弁論の後、原告が提示した訴点に対して、それらがあいまいで多くの解釈がありうるため答える必要はないと主張する。これに対し原告代理人シモーネは、被告側の異議はドージェの書簡のために退けられるべしと答える。しかしフィリッポは「偉大なるドージェの手紙のために、正当な異議や防御は取り払われないし、条例の形式も取り去られない。むしろ事実的で唐突ではなく、法的な方法と手続きによって真実が証明されなければならない」と、[90]ドージェの略式の指示への独自の解釈をつけ加える。こうした議論を前にして、裁判官は結局、被告の異議を却下せず、証明の期間を十分に与えるなど、丁寧かつ慎重に裁判を進めている。

(b)事例2――真実の発見の方法をめぐって

次の事例は、「略式裁判」の指示で示された「真実の発見」の方法が争点となっている。原告フランチェスコが被告の農村共同体サン・ジョルジョに対して土地の損害賠償を求めたポデスタ法廷での裁判では、[91]前任の裁判官がフランチェスコの宣誓（訴えの内容が真実であるという宣誓）を基にして行った被告への六リラの賠償命令が問題として持ち上がった。争点は、低い訴額の案件について宣誓の効力を認めるとする都市条例の規定が、適用されるべきか否かであった。[92]被告側はドージェに対して、損害が与えられていない事実が明らかになれば、自らに義務が課せられることがないようにと訴える。そしてさらに宣誓ではない他の証明方法、特に事実の徹底的な究明を求める。これに対してドージェは「真実を見つけ出し、唯一のはっきりした真実でなければそれを尊重せずに、法的であることを略式で行うように。そして真実に反することで不平や抗議、抵抗がなされることのないように」と、[93]ポデスタに指示する。フランチェスコが以前の判決の執行を求め続けるのに対して、被告の農村共同体側は、このドージェの指示を次のように解釈して裁判官に主張する。

ドージェの書簡を考慮するに、ドージェが意図し、貴殿［裁判官］に命令したのは、貴殿が真実を調査し発見し、唯一のはっきりとした真実を考慮して、略式の裁判をするようにということであり、想像や宣誓に貴殿の心を留め置くことではない。……フランチェスコの宣誓や宣誓について定めた条例に邪魔されることなく、[94]

フランチェスコも黙ってはいない。ドージェの下に赴き次のように訴える。「以前の訴訟で自身によって、ルッカの都市条例に従って多くの苦労と費用をかけて正当な証明がなされた。相手の農村共同体は法的に敗北することを察して、貴殿［ドージェ］の前に、真実を黙って訴えを起こした。……貴殿からの書簡により、訴訟と自らの権利の遂行が阻害されている」[95]。この訴えによりフランチェスコは、ドージェから、第一の指示と同様に、真実の発見と略式での裁判の命令を、しかしそれに加えて「ルッカの都市条例の形式に従って」[96]という文言が追記されたポデスタへの指示を取りつけることに成功する。

この件に関してはその後の裁判官の反応は残念ながら見られないが、一月二九日にフランチェスコ寄りの先の書簡がドージェより届けられた後、農村共同体は不利を感じ取ったのであろうか、すぐさま損害を与えた者に関する情報が入ったと伝え、農村共同体はそれを知らなかったという戦略に切り替えている。この事例では、真実の発見にあたって条例での宣誓の規定に基づくべきか否かという問題で、ドージェの「真実の発見」と「法的であることをなすように」という態度の矛盾を、訴訟当事者が自らに有利なように解釈し、また指示内容を明確化するドージェからの書簡を獲得しながら、裁判官を説得しようとしている様子を見ることができる。

③裁判官の独断での解釈とその顚末

略式の指示を受け、一旦は厳格な法から解放され自由裁量を得たかに見えた裁判官は、訴訟当事者による「略式裁判」の解釈、ドージェからのあいまいな指示を具体的な事例に当てはめる当事者の解釈的な主張を前に、大いに戸惑い頭を抱えたことだろう。代理人の任命への異議や裁判官の権限に関する異議、訴訟手続き上の異議などに関しては、裁判官が独自の判断で却下している場面がしばしば見られる。誰の目から見ても、特に他の裁判官の目から見ても遅延目的の「くだらない詭弁」と映る異議であれば、裁判官は容易に却下することができた。訴訟当事者たちは後に費用をかけてまで再び訴えを起こすことはしないのだから。

しかし、裁判官ごとに判断が分かれるような微妙な問題では、強引に裁判を進めてしまえば、後に控訴や、問題の蒸し返しが起こりうる。これを考慮して裁判官は先に見たように、ドージェからの略式の指示にもかかわらず、訴訟当事者の異議を聞き入れ、法と条例に従った裁判運営を行っていたのである。しかし、それを見誤り強引に裁判を進めてしまった事例も確認される。当事者が不当であると感じ、裁判費用をかけてでも、他の裁判官に訴えればより正当な決定を得られるだろうと判断した場合、ドージェへの嘆願や控訴法廷への控訴、そして後任の裁判官への訴えという道が待っていた。事例を二つ見よう。

故ニコライの寡婦カテリーナが嫁資の返還を求めて訴えた裁判では、[97] 原告側はドージェから「当事者の権利を検討して略式で真実を発見して裁判を進め、終わらせるように」とのポデスタへの指示を獲得し、その甲斐もあってか、裁判官はその後、裁判を終結へと導き、カテリーナ優位の判決を出している。これに対し被告ドナートは裁判官の強引な裁判進行に納得できなかった。判決後すぐさまドージェのところに向かい、自身の権利を提示する期日が与えられなかったと主張し、そして中立な裁判官にこの問題を委託するよう求めている。ドージェはこれに対して、ルッカの条例で許されている範囲で上訴を行うよう裁判官に指示を出し、この案件は控訴法廷に向かうこととなった。

これまでも見てきたモッチョ（サン・クリスティアーネ修道院の代理人）と被告ジョヴァンニ・デ・ポッジョとの裁判でも同様の控訴が見られる。この裁判は実は一三六五年七月一〇日に始まり、多くの紆余曲折を経て、少なくとも一三六七年八月一二日まで続いている。この間、ドージェによる略式の指示が三度出され、ようやく一三六六年六月一七日に法助言に基づいて、土地の明け渡しをジョヴァンニに命じる修道院に有利な最終判決が出されている。その後、ジョヴァンニは控訴法廷に訴えを起こしていたようだが、モッチョによればジョヴァンニがその控訴を放棄してその裁判も終結していた。

しかし、一三六七年一月八日、ジョヴァンニは件の土地の権利に関して新たな証拠が出てきたとして、後任のポデスタの裁判官の前に訴え出た。そしていくつかの証書を提出して問題を蒸し返している。モッチョはもちろんこれに抗議し、以前の判決の執行を、既判事項（res iudicata）の概念を用いて主張する。そしてもし相手が抵抗するなら、法学者に事案が委託されるようにと主張する。これに対し裁判官はなんと、法学者に委託することなく、提出物や異議を見て、モッチョ有利の判決の執行を停止する決定を独断で下してしまった。

もちろんこれにモッチョは抗議し、すぐさま控訴法廷に告発（denuntia）する。告発状では、ポデスタとその裁判官はこの案件で自らを苦しめていること、彼らは一三六六年六月に出された判決を条例に従って執行しようとしないこと、さらにその事案を条例に従って法的な助言を得るべく法学者に委託しようとしないことが主張されている。そしてポデスタの裁判官が違反していた法や条例として、都市条例の委託の規定や、『勅法彙纂（Codex Iustinianus）』の「既判事項について」や「既判事項の執行について」など多数の法を引用して、(98)ポデスタとその裁判官に判決の執行を停止した決定を取り消すよう、控訴法廷の裁判官が命令することを求めている。この事例については、残念ながら記録上この後の展開はわからない。

ドージェから略式の指示を受け、法の拘束から解き放たれたかに見えた裁判官らが、強引な裁判進行をした場合の顚末をここに見ることができるだろう。「略式裁判」とは、事案ごとに訴訟当事者が解釈し、ある程度納得する限りでの「略式」の裁判であった。それゆえそこで法から解放され、自由を手にしたのは裁判官だけではなかった。訴訟当事者も同様に法の形式的な厳格さから解放され、新たな「正義」のあり方を解釈によってつくり出す作業に加わっていた。ドージェによる略式裁判の指示で通常訴訟手続きが停止し、それに伴って生み出されたルール上の「空白地帯」を埋めていたのは、こうした「正しき」裁判をめぐる訴訟当事者と裁判官との共同の解釈の作業だったのである。

（3）略式裁判の実践の追認＝例外の「通常化」

一四世紀後半のルッカで観察される、地域の法学者が担う法形式を重視する法秩序から、裁判官の自由裁量に依拠した法秩序への変化において、ドージェによる裁判官への略式裁判の指示は、大きなインパクトを持っていたに違いない[99]。政治権力が裁判に介入し続けたこの五年間（一三六四〜六八年）の例外的な経験は、裁判官がローマ・カノン法訴訟手続きという厳格な拘束から、「正当に」脱することが可能であるという意識を人びとの中にしっかりと植えつけたことだろう。

ピサから独立を果たした一三七〇年以降、裁判官の自由裁量は個別の案件単位ではなく、都市条例によって全訴訟へと適用範囲が拡大された。異議の禁止が掲げられた一三八一年一〇月二四日の追加条項では「民事の争いにおいて行われるべき略式裁判」とする条項がある[100]。そこでは「係争がすばやく終結させられるように、全ての民事事案や民事的に処理される事案に関して、全ての役人［裁判官］が自身が裁判権を持つ事案について、略式で、簡単に、裁判の煩雑さや形式を無視して、手続きを進め、審理を行うように、我々は欲する……」と規定されている[101]。この規定は時のアンツィアーニが有識者六人（うち法学者は一人）とともに行った、一三七二年の都市条例の修正の一部である。これは民事の全訴訟で裁判官に「裁判進行上の自由裁量」を法的に認めた画期的な規定と言える。しかし、この条文によってなされたのは、略式手続きの導入というより、その十数年前のピサ支配後期とその後の法廷で、訴訟当事者と裁判官によって練り上げられていた略式裁判の実践の追認であり、法的なお墨つきの付与であった。略式裁判はこれまで例外として事実上普及していたが、ここにおいて法的に「通常化」されたのである。

一三九六年の裁判記録を見ると、形式に関わる無用な異議が大きく減少し、略式裁判の効果がはっきりと見て取れる。ただ略式裁判により裁判官の裁量が増大し、また一三八一年に異議一般の禁止規定も出されているにもかかわらず、当事者による異議──代理人の権限、訴訟手続き、裁判官の権限、係属中の訴訟に関する異議──もいまだ続いている。このことは、一四世紀末の時点でも、迅速な真実の解明が優先されつつも、根底の部分での裁判の法的正当性を確保することを欲した裁判官や訴訟当事者が存在し、略式規定のために生み出されたルール上の「空白地帯」が彼らによって埋められ、完全な審理としての「略式裁判」が模索されている様子を示している。

以上の事例からわかるのは、一四世紀ルッカで生じた法形式の遵守から自由裁量へという展開は、単純に裁判の当事者主導から裁判官主導へというものではなく、法学者と訴訟当事者が厳格に法に準拠して行う裁判から、訴訟当事者と裁判官が自由に、「正しき」裁判についての解釈と軋轢を重ねながらつくり上げる裁判へという変化であったことである。これは都市条例や法学書ではなく、裁判での個々のやり取りを活写した裁判記録簿からのみ明らかになるものである。

7　コムーネによる民事的法世界の専有

一四世紀ルッカの民事裁判における法形式の遵守から自由裁量へという変化は、自然と生じたのでも、それを意図した何らかの強い力によって外部からもたらされたのでもなかった。それは特定の政治的・社会的な状況を背景として展開された、訴訟当事者、法学者、裁判官、ドージェらによるそれぞれの目的を追求する実践の、意図せざる結果であった。そしてもはや実定法が絶対的な基準とはならない状況下で、何が「正しき」裁判かということは、裁判官と訴訟当事者とがその時々において共同で解釈するものとなっていた。

民事法廷でのこうした司法原理の変化が、同時代のローマ法学や刑事・民事の訴訟手続きの一連の変化と呼応していたことはすでに述べた。最後に、この司法原理の変化の背後で進行していたもうひとつの変化として、中世末におけるコムーネ権力による法世界、特に民事的法世界の専有の動きを見よう。

イタリアにおける民事的法世界は、ローマ法や皇帝権といった理念的で普遍的な権威を拠り所とする法学者や公証人によって長らく担われてきた。一一、一二世紀に事実上の公権力として出発したコムーネは、旧来の権威をまとった彼らの力を必要とし、彼らを取り込む形で、自らの活動の合法性を高めていた[102]。しかし、コムーネの力が増大するにつれ、それまで必要としてきた普遍的権威に頼らず、単独で民事的法世界を治める動きが出てくる。一四、一五世紀のルッカの法学者と公証人の動向には、この過程がよく表れている。

まず法学者から見ていくと、法廷での彼らの活動の縮小が確認される。一四世紀後半の民事法廷では、法形式の遵守から自由裁量へという司法原理の転換と並行して、法学者の助言の減少と裁判官の独自の判定の増加が見られた。この変化は、ローマ法を力の源泉とし、ゆえにコムーネからの一定の独立性を保ち活動する法学者から、コムーネを代理するポデスタとその裁判官へと、民事的法世界の担い手が変化したことを意味する。ポデスタや裁判官も確かに法学の学位を持つ法学者であったが、彼らは他都市から招聘されて都市に来る雇われ行政官であり、彼らの権能はコムーネの評議会からの任命に依っていた。

都市の民事的法世界における法学者の影響力低下は、コンスル法廷の裁判官の変化にも表れている。コムーネ成立当初から存在していた伝統あるコンスル法廷では、一四世紀前半には地域の法学者が裁判官を務めていた。ここでは地域の法学者は法助言だけでなく、裁判の進行役も務めていたことになる。しかし、地域の法学者の数と影響力が低下し始める一四世紀半ば以降、各コンスル法廷は次々と統廃合され[103]、裁判官もサン・クリストーフォロ法廷を例にとれば、一三七七年以降、ルッカの地域法学者から他都市出身者へと代わり、一三八一年以降にはポデスタ法廷の代官の称号を持つ人物が、裁判を担うようになっている。そして最終的にはシニョーレたるパオロ・グイニージによって一四〇〇年、何の法令も出されないまま、全てのコンスル法廷は廃止され、裁判権はコムーネのポデスタ法廷の下に統合される。

コムーネによる民事的法世界の専有の動きは、法学者と同様に普遍的権威にその正当性を依っていた公証人にも押し寄せている。イタリアの公証人は元来、その契約起草における「公的な信頼（publica fides）」を皇帝または教皇に基づかせており、コムーネから一定の距離を保っていた。ルッカでもその署名には、「皇帝の権威による公証人」とあり、また公証人を「作る」権限も一四世紀の前半には、コムーネではなくアッヴォカーティ家など伯家系の末裔が保持していた。(104) しかし一三六九年、神聖ローマ皇帝カール四世によって公証人を「作る」権限がルッカのコムーネに付与されると、それ以降、幾人かの公証人の署名には、皇帝の権威づけの記述がなくなり単に「ルッカ市民」とのみ書かれているものが現れ出す。(105) そしてルッカのコムーネはこれ以降、公証人への管理の姿勢を強めていき、一四三四年にはアルテへの加入基準や審査に関して干渉するまでになっている。

コムーネによる公証人の活動領域への介入は、契約原簿であり公証人の私有財産であった公証人登記簿に対しても見られた。一三〇八年の都市条例にもすでに公証人登記簿の散逸を防ぐために、他の公証人の登記簿を持っている者がコムーネにそれを申告することが義務づけられていたが、(106) こうした申告を通した公証人登記簿の管理は、一三七二年の条例や一三八八年の規定において、申告対象の拡大や申告の厳格化という形で進められた。(107) そして、最終的にはルッカでは他都市に先んじて、一四四六年と一四四八年の規定において、死亡した公証人の登記簿が、コムーネの文書庫に保管されることが義務づけられた。(108) コムーネによる公証人登記簿の直接管理の試みからは、独立自営業者としての公証人が自己の私有財産として保持していた公証人登記簿に対して手をかけるまでに、コムーネが民事的法世界に深く切り込んでいた様子を見ることができよう。

一四世紀後半の民事裁判で見られた、判定を行う主体の地域法学者からポデスタの裁判官への変化は、以上のような、コムーネ外の普遍的な権威にその活動の合法性を依拠する法学者や公証人が担ってきた民事的法世界へのコムーネによる介入、そしてコムーネによるその専有という、中世末イタリアの法秩序の変遷の一部として位置づけられるものでもあった。

中世末のルッカではさらに、コムーネ機構の内部においても大きな変化が見られた。それは政治行政機関による司法機関への影響力の拡大である。これは第III部で検討する刑事司法の領域で特に見られる現象である。刑事裁判では一四世紀半ば以降、執政府が、裁判官の法に基づく有罪判決を自由裁量で変更したり、また必要と感じた事案については、裁判官に法の束縛からの解放の許可を与えたりする場面が見られる。

こうした刑事司法分野への政治権力の介入の動きを見るとき、民事司法への政治権力の介入の度合いは比較的小さなものであったこともまた明らかになる。一三六〇年代の民事裁判で例外的に見られたドージェによる介入も、判定の内容まで踏み込んだものではなかった。政治権力が民事司法に介入しなかったのは、治安維持を担う刑事の分野に比べて、私人間での権利関係の調整という民事の分野ではその動機がなかったからということもあろう。しかしより大きかったと思われるのは、民事司法の領域、私権の領域は、政治権力にとって不可侵の領域であり、その介入が法的正当性を持たない領域であるとの認識が一定程度共有されていたことである。

そうした政治権力の介入を見ない民事司法における、しかし実定法に完全に依拠するわけではない「正義」のあり方の模索は、もう一度繰り返せば、政治権力によってではなく、コムーネの裁判官と訴訟当事者との協働に委ねられていった。裁判の結論の「正しさ」を保証する訴訟手続きはどこまで厳格に守られるべきか、物事の事実関係と法的正当性のどちらに重きを置くべきか、といった民事司法における「正義」のあり方の問題は、法廷内での彼らの裁量と解釈に委ねられ、その時々においてその答えが導き出されるようになっていったのである。

第Ⅲ部　政治のなかのコムーネと正義——刑事司法

第III部では刑事司法を検討する。一四世紀ルッカの刑事司法をめぐる法廷と執政府の活動を検討することにより、民事司法から見られたものとは異なる、政治によって特徴づけられるコムーネという、コムーネのもうひとつの側面を照らし出そう。

中世後期イタリア都市では民事司法と刑事司法とは、法規定においても現実の司法実践においても明確に区別されていた。ローマ法の強い影響下にある民事法廷では、私人間での権利関係が当事者同士で争われ、コムーネの裁判官は第三者として判断を下していた。これに対し刑事法廷が扱うのは、コムーネに対する損害行為としての「悪事」である。それゆえそこでは損害を被ったコムーネを代表する裁判官が「悪事」を犯した者を審問し裁きを下し、そして執政府が刑の執行や赦免を行うことになる。

第7章では、一四世紀ルッカの刑事裁判の実態を検討する。裁判記録簿から「悪事」の件数と内容、法廷に至るルート、審理の過程、判決内容について明らかにする。また判決集も併せて分析することで、判決の量刑における裁判官の裁量の余地や、刑の執行の実態について検討する。両史料からは、「悪事」を犯した被告人が、判決を境として、司法の対象から政治行政の対象へと変わり、執政府（アンツィアーニと評議会）の管轄下で刑の執行や赦免の判断が行われるようになったことも明らかとなる。

第8章ではアンツィアーニの決議録と評議会議事録から、執政府が行っていた刑の赦免である恩赦を検討する。恩赦とは、法廷で裁判官が条例に則って下した有罪判決を、執政府が自由裁量で変更するというものであり、また権威者が「臣民」に恩恵を与える行為でもあった。これは、実定法の下での公平公正を「正しさ」の原則とし、住民が「臣民」ではなく自治を担う「市民」であった、伝統的なコムーネの世界とは相容れないもののように見える。こうした恩赦が一四世紀ルッカにおいて、どのような契機で導入され、存続したかを検討することで、コムーネがいかにして新たな姿へと変貌を遂げたかを明らかにする。ここではコムーネの変化の動因として、住民と政治権力が恩赦を正当化するために行っていた「正義」の解釈の実践に注目する。

恩赦が実定法に基づく判決の事後的な変更であるとすれば、第9章で検討する例外的司法とは、例外的事案に関して、執政府が事前に許可を与えることによって、裁判官が法の束縛から解放され、略式で裁判を行えるようにするというものである。これは、執政府が他都市出身の裁判官に自由裁量を与えるもので、諸機関（執政府や法廷）の均衡関係を基礎とした既存のコムーネ体制には、異質な政策であった。一四世紀のルッカにおけるこの例外的司法の生成と展開とを、執政府の政治的目的に注目して明らかにすることで、その向こう側に、新たな相貌を帯びて現れてくるコムーネと「正義」の姿を捉えたい。

第8章、第9章での検討からは、コムーネ内部において政治行政機関が司法機関に対する優位を築く流れ、そしてそれと連動して、恩赦や例外的司法といった、自由裁量に依拠する「正義」の形が現れてくる様子が明らかになる。ここにはマキャヴェリやボダンへと繋がる政治権力の性格が垣間見られる一方で、同時に、住民から構成された「コムーネ」とそれを代表するコムーネ機関という、コムーネ的、共和制的な理念に下支えされた「正義」のあり方、そしてそれによって特徴づけられるコムーネの姿も浮かび上がってくるだろう。

第7章　刑事司法の実態

1　刑事司法の確立

一二世紀のコムーネの法廷は、不動産や債権などをめぐる私人間の民事的な争いを中心にしており、暴力に関する事案はほとんど扱っていなかった。[1]一三世紀半ばになるとこの状況が一変する。一二五八年のペルージャのポデスタ法廷の裁判記録簿には、年間六三六件もの傷害や殺人などの「悪事（maleficium）」が記されていた。[2]とはいえ一三世紀半ばの刑事裁判は、民事裁判との境界があいまいであった。ペルージャの「悪事」を裁くこの法廷では、財産への損害や負債の不払いなどの民事的事案も扱われていた。また訴訟手続き面でも、被害者（＝原告人）が告訴を行い、挙証責任を負う弾劾主義手続きが主に採用されていた。そして有罪判決の割合は全体の八％にも満たなかった。一三世紀半ばの刑事法廷はそれゆえ、「悪事」を積極的に裁く場というより、民事法廷のような当事者間での紛争と紛争解決の場という様相を呈していた。[3]

ペルージャの裁判記録簿を見ると、一割強の案件において裁判官が主導する糾問主義手続きでの裁判が存在する。一三世紀初頭のインノケンティウス三世の教令に由来し、一二二〇年代から三〇年代にはイタリア各地の都市法廷で定着していたこの糾問主義手続きは、裁判官の職権による訴追で始まり、裁判官が犯罪の立証を主導するという、国家（裁判官）と被告人との対立構図で進められるものであった。それゆえこの手続きは、当事者主義の原則を持つローマ・カノン法訴訟手続きを採用したイタリア都市の法廷においては、当初、例外的なものであった。しかしその後もこの手続きの裁判は行われ続け、第1章で見たように、一二八〇年代には、ガンディーノら法学者によって理論化された。そこでは「悪事」が侵害するのは被害者ではなく「公」であり、「公」の保護者たる裁判官が、被害を修復するために被告人に刑罰を科すという論理が示された。(4)

こうして一三世紀において糾問主義裁判の導入と普及により、民事司法から差異化する端緒を与えられた刑事司法は、その後どのように展開していったのか。一四世紀の刑事裁判についてはいくつかの研究がある。ヴァッレラーニは一四世紀初頭のボローニャの刑事裁判記録から、弾劾主義裁判の大幅な減少を明らかにした。彼によれば、一三世紀の刑事裁判を特徴づけていたこの当事者主義の手続きの減少は、積極的な司法を表す糾問主義手続きの増加によるものではなく、過度の形式主義やコストの増加という弾劾主義裁判内部の問題、そして政治的諸力（貴族やポポロ）の裁判への介入などによって、公的司法の役割が低下したことで生じたものであった。(5)

一四世紀の半ばにもなると、後のルッカの事例から見るように、刑事裁判の主流は糾問主義裁判となる。そしてそこでは、コムーネ（＝裁判官）が被害者に代わって「悪事」を処罰する体制が明確になる。一四世紀後半のフィレンツェを対象としたゾルジの研究では、コムーネが社会における「悪事」をいかに取り締まったかが注目された。ゾルジによれば、一四世紀半ばまでは、街区の組織が都市の治安を担っていたが、ペストによる社会的変化や寡頭化の進展という政治的変化を経る中で、一四世紀後半には中央の警察が匿名の告発を受けて取り締まりを行うという、国家的な秩序維持のあり方が現れてきたという。(6) この他、一四世紀の刑事司法の研究としてはディーンが、社会史的な観点から複数の都市（ボローニャ、サヴォーナ、ルッカ、マントヴァ）の犯罪に関して全体的な傾向と、個々の都市の特徴を明らかにしている。(7)

一四世紀の刑事司法に関しては以上のような研究があるものの、刑事裁判の全体像を解明する研究、たとえばヴァッレラーニが一二五八年のペルージャの裁判記録簿を基に行ったような研究はなされていない。どれだけの刑事裁判が年間に行われたのか、「悪事」はいかなるルートで法廷に向かったのか、「悪事」の内容は何か、どのような審理と証明が行われ、どのような判決が下されたのか。こうした一四世紀の刑事裁判の実態を、本章ではルッカの刑事裁判記録簿に基づいて解明する。そこからは一三世紀半ばの刑事裁判が約一〇〇年後に、どのような変化を見せていたかが明らかになるだろう。

裁判記録簿を見る限りでは、各事案は判決によって終了したかに見える。しかし実際にはその後も様々な展開が待っていた。訴訟当事者間で行われる民事裁判とは異なり、コムーネと被告人との対立構図で進む刑事裁判で問題となるのは、有罪判決を受けた者の刑の執行である。刑（特に罰金刑）が実際にどれだけ執行されたか、有罪状態からの解放の手段にはどのようなものがあったのか。これらをルッカに残されている判決集から明らかにする。ここでは刑事裁判の実効性の問題とともに、第8章以降で検討することとなる、恩赦などの政治権力による司法への介入の動きも見ることとなるだろう。

2　法廷に持ち込まれる「悪事」の数

（1）刑事裁判の件数

ルッカにおいて「悪事の法廷（curia maleficiorum）」と呼ばれる法廷が、ここで検討する刑事法廷である。ポデスタと、その刑事裁判を専門とする裁判官が管轄していたこの法廷では、殺人、傷害、侮辱、脅迫、窃盗、放火など都市条例で定められた「悪事」を犯した者たちが裁かれ、刑罰が科されていた。

まず、一四世紀ルッカの刑事法廷に持ち込まれていた「悪事」の件数から検討しよう。ポデスタの刑事法廷の主な管轄域は、都市ルッカと周辺農村（セイ・ミリア）であり、その人口は一四世紀前半には約四万人、一四世紀後半には一・九万人であったと推定される。[8] その外側に広がる代官区については重大案件のみポデスタ法廷が権限を有している。刑事裁判記録簿は一三三〇年代には一部しか残っておらず、確かな年間の件数を算定できるのは一三四〇年代からである。保存状況のよい年の記録簿を見ると、一三四四年に二三八件、[9] 五五年後半から五六年前半に二六七件、[10] 六三年に一五五件、[11] 九二年に二四四件[12]の裁判が確認できる。一三六三年のみ一五五件と少ないが、おおよそ年間二三〇〜二八〇件と考えていいだろう。ペスト後の人口減少にもかかわらず裁判件数はなぜか減少していない。

この刑事裁判の件数は、ルッカの民事裁判が年間約一万件であったことと比較すれば、少ない印象を受けるかもしれない。しかし、一二五八年のペルージャ（一二八五年の人口約二万三千〜二万八千人）の刑事法廷での年間の件数が六三六件であり、そのうちの三割近くが農地損害（一一六件）や金銭の不払い（六三件）など民事的な案件であったこと、[13] また一三五五年後半から五六年前半のルッカの刑事裁判の被告人の数は五一八人であり、それゆえ全成人の一八人に一人の割合で、毎年、刑事法廷に被告人として召喚されていたことを考えると、[14] ルッカの刑事裁判の件数が決して少ないわけではなかったことがわかるだろう。

なお以下では、ルッカにおいて裁判記録簿と判決集の双方が完全な形で残されている最初の年である一三五五年七月から五六年六月までの一年間の裁判を中心に検討する。すでに述べたように、この期間の件数は二六七件であり、召喚された被告人の数は五一八人である。[15]

（2）法廷外で解決される「悪事」

刑事法廷で審理された「悪事」の数が少なくなかったとしても、法廷に向かわなかった「悪事」はそれ以上に無数にあったことだろう。法廷が取り締まることのなかった「悪事」の数を史料から確かめることは不可能に近いが、この問題は、コムーネの刑事司法がどの程度、都市社会の「悪事」を吸収していたかを知る上で重要であるため、できる限りの推定を試みよう。

発生した「悪事」は、コムーネの法廷に向かわない場合、そのまま放置されるか、紛争当事者間で私的に解決されるかになる。私的に解決が図られたもののうちで、公証人の前で和解契約がなされた「悪事」に関してのみ、公証人登記簿の中に見つけ出すことができる。たとえば公証人ニコライ・ルポーリの登記簿には、彼の下で一三三三年五月三〇日にミケーレ・チアーニとヌッコリーノ・ペトルッチが結んだ和解契約が記されている。そこではその日までに当事者同士でなされた全ての侮辱や傷害などの不和に関して、永遠の平和によって互いに許し合うこと、そしてその平和を維持することが罰則つきで約束されている[16]。

こうした公証人を介して私的に和解がなされた「悪事」の件数を試算しよう。第2章第4節で検討した一四世紀前半の四人の公証人の登記簿を分析すると、起草されている全契約のうち、和解契約の占める割合は〇・四四六%(全二四六八件中一一件)であった[17]。一四世紀前半の都市ルッカにおける年間の推定契約数は全体で約四万件であったため、これらの数字を基にすると都市において当事者間で結ばれた和解契約は年間約一八〇件となる。仮に人口がほぼ同数の周辺農村部でも同程度の契約が結ばれていたとすると、一四世紀前半のルッカ領域では約三六〇件の和解契約があったことになる。

公証人の下で交わされる和解契約は、後で見るように裁判の途中や裁判後に取り交わされることもあった。それゆえ純粋に法廷外で、公証人を前に解決が図られた「悪事」の件数を求めるためには、これらの和解契約を差し引く必要がある。裁判と関連して行われた和解は、一三五五年後半から五六年前半の一年で、裁判途中に五七人、裁判後に七六人の計一三三人分が確認される。これらの件数を差し引くと、法廷外で公証人を通して私的に和解が試みられた「悪事」の数は年間でおよそ二三〇件となる[18]。

「悪事」には公証人を介した和解契約に向かわない「悪事」も無数に存在したことであろう。しかし公証人を介した和解が、ようやくたどり着いた当事者間での和解を公にし、後の蒸し返しを防いで、より強固にするために有効視されていたことは確かであろう。こうした私的な紛争解決の手段としての和解契約の件数が——あくまで概算ではあるが——、法廷に持ち込まれた「悪事」の件数とそれほど変わらないことからは、中世都市での暴力に関する我々の一般的なイメージ、すなわち社会における暴力の蔓延と、刑事司法制度の脆弱性、私的な紛争解決の一般性というイメージがやや極端なものである可能性が考えられよう。一四世紀ルッカではコムーネの法廷は比較的多くの「悪事」を吸収することに成功し、そして私的な暴力を公的な問題へと転換することに成功していたのではないか。この背景には次に見るように、都市当局や街区役人の監視の目、そして被害者の声によって、ルッカの比較的狭い都市空間や周辺農村領域において生じた「悪事」が発見され、法廷へと導かれていたという事情があった。

(3) 法廷に持ち込まれるルート——告訴、告発、公のうわさ

中世イタリアでは、「悪事」が法廷に持ち込まれるルートは大きく分けて三つあった。第一は、被害を受けた者や、その親族らが法廷に訴える告訴（accusa）である。[19] 告訴に始まる刑事裁判は、審理に原告人が参加する弾劾主義手続きをとる点で民事裁判と類似するが、被告人への刑罰が求められている点で民事裁判とは異なる。第二の経路は、地域の役人による告発（denuntia）である。[20] 都市の街区（contrada）のコンスルや農村共同体のコンスル、代官区の代官が、「悪事」を中央の法廷に告発している。第三は、特定の人物からの告訴や告発ではなく、「公のうわさ（fama publica）」や「騒々しさ（clamosa insinuatine）」または不特定の人物からの知らせにより、法廷側が「悪事」を聞き知るに至るというものである。

以上の三つの経路について、一三五五年七月から五六年六月までに開始された二六七件（五一八人の被告人）の裁判を検討すると、被害者側の告訴で始まるものが四七件（一八％）、役人の告発で始まるものが一六一件（六〇

表 7-1　1355～56 年の裁判における「悪事」の法廷へのルート

法廷へのルート	件数	%
被害者の告訴	47	18
役人の告発	161	60
公のうわさ	55	21
その他	4	1
総計	267	100

%）、公のうわさ等で始まるものが五五件（二一%）、その他（告訴失敗の裁判）が四件（一%）であった（表7-1）。

一四世紀半ばのルッカの状況は、その約一〇〇年前のペルージャと比較すると明確になる。そこではほぼ全ての裁判が、被害者やその親族からの告訴によって開始されていた。一三世紀半ばの裁判での告訴の多さは、刑事司法のイニシアティブが、裁判官ではなく紛争当事者にあったこと、そして地域社会での紛争と紛争解決のプロセスの一部として刑事司法が組み込まれていたことを示すものであった。逆に見ると、この告訴が二割以下という一三五五～五六年のルッカの刑事裁判は、コムーネの法廷が、被害者からの告訴を待つだけの受け身の存在ではなく、積極的に「悪事」を見つけ出す能動的な性格を帯びていたことを示している。(21)

一四世紀半ばのルッカにおける被害者側の告訴の少なさの背景には、街区役人による告発体制の強化があった。一三世紀半ばのペルージャではほとんど見られなかった街区役人の告発に始まる裁判は、一四世紀半ばのルッカでは六割を占めるまでになっている。都市条例では、都市内の各街区や農村共同体の告発が義務づけられており(22)、実際に、農村共同体のコンスルが領域内の犯罪者を告発しなかったことで、有罪判決を受けている事例も確認される(23)。中央の警察機構が整備されていない中にあって、都市や農村の地域組織の協力により「悪事」は刑事法廷へと運び込まれていたのである。こうした街区役人の告発は、ゾルジによると一三四三年から四五年のフィレンツェの刑事裁判でも、ちょうど全体の約六割を占めていた(24)。

街区役人による告発だけでなく、公のうわさや、匿名の通知により裁判官が聞き知るに至る事例も一四世紀に一定の割合で見られる。公のうわさを、被害者の告訴または街区役人の告発の代わりに置くこの手続きは、ガンディーノの糾問主義裁判の理論に見られたものである。この手続きは、コムーネと法廷側が公のうわさや匿名の通知を通して直接情報を把握し、その中で訴追に値するものか否かをふるいにかけることを可能にするもので、それゆえ「悪事」を犯罪化する主導権を、当事者や街区の組織ではなく、コムーネの法廷に握らせるものであったと言える。

公のうわさに始まる裁判は、一三四四年には全体の一五％であったのが、五五〜五六年には二一％、一三六三年には八％、一三九六年には四二％と一四世紀後半にかけて増加する傾向にある。この増加は同じ一四世紀後半のフィレンツェでも見られた。ゾルジはこれを寡頭化が進み中央政府に権力が集中していく政治状況を反映したものと指摘するが[25]、同時期のルッカでも第8章、第9章で見るように、寡頭化と政治機関の権限強化の動きが見られる。

3　「悪事」の内容

次に、ルッカの刑事法廷で裁かれていた「悪事」の内容について、主要な「悪事」の事例を見ながら検討しよう。なおここで見る三つの事例の審理や判決は、次節以降で検討する。

事例A[26]（殺人）：

起訴日時：一三五五年九月七日

裁判の開始：農村共同体サンタ・マリア・アルビアーノ（巻頭地図2参照）のコンスルによる告発

容疑者：チェッロットーロ、ベルトッコ、ピエロ、コルッチーノ・パルエイ、グイド、プッチネッロ・ブテッリ、コルッチーノ・ブテッリ、ジョヴァンニ・メニケッリ（以上八名サンタ・マリア・アルビアーノ出身）、

表 7-2　1355〜56 年の裁判の「悪事」

「悪事」	件数	%	人数	%
殺人	41	15.4	79	15.3
殺人ほう助	2	0.7	39	7.5
窃盗・強盗	14	5.2	57	11
放火	6	2.2	32	6.2
拉致・誘拐	4	1.5	11	2.1
強姦	1	0.4	1	0.2
傷害	143	53.6	176	34
傷害ほう助			12	2.3
乱闘への参加			1	0.2
投擲（被害なし）	4	1.5	14	2.7
脅迫	6	2.2	21	4.1
侮辱	7	2.6	9	1.7
民事的事案	6	2.2	18	3.5
その他損害行為	4	1.5	6	1.2
命令の不順守（役人や共同体）	20	7.5	25	4.8
命令の不順守（個人）	5	1.9	13	2.5
告訴失敗	4	1.5	4	0.8
総計	267	100	518	100

ジョヴァンニ・プッチネッロ（オルビッチャーノ出身で、サンタ・マリア・アルビアーノ在住）。

容疑内容：チェッロットーロとベルトッコが大鎌、小盾、槍、ナイフで武装して、荒れ狂いながら、ジョヴァンニ・マッテオ（サンタ・マリア・アルビアーノ出身）のところに向かい、脅迫した。そしてその武器でジョヴァンニを六度攻撃した。頭に二度、腰に一度、右脚に一度、左手の指に一度、胴体に一度。その攻撃によりジョヴァンニは大量の出血をし、死亡した。ピエロやコルッチーノ・パルエイ他五名は、チェッロットーロとベルトッコとともに武装し、徒党を組んで、この殺人をほう助した。

犯行場所：農村共同体サンタ・マリア・アルビアーノの公道

犯行日時：一三五五年六月八日

殺人の事案はこの一年間で四一件、殺人ほう助は二件ある（表7-2参照）。これは全体の一六%に及ぶ[27]。人数で言えば殺人容疑が七九人、殺人ほう助は三九人である。殺人の事例は、上記のように複数人で徒党を組んで犯行に及んでいるものが多く（二二件）、なかには一〇人以上で犯行に及ぶものもある。複数人で犯行に及ぶ事例は、突発的なものというより計画的な殺人に見えるものが多い。たとえば一二月一八日に起訴された裁判では、ボヌッチョ・チェッリら五人が夜中に武装してステファーノの家に侵入し、寝ている彼の喉や顔を複数回刺し、死に至らしめ、ステファーノの妻と息子を連れ去ったことが容疑となっている。後で見るように殺人を犯した者（傷害致死を含む）には、都市条例の規定に沿って斬首刑か絞首刑の有罪判決が下される。[28]

殺人事件の犯行場所は、都市内が四件、周辺農村が三一件、代官区が六件であり、都市外が多い。具体的には森や公道、広場、家などの場所が挙げられている。一三五五～五六年は第９章でも見るように周辺領域の治安が乱れていた時期であり、農村部の警察隊長であるバルジェッロが本格的に職務を開始した時期であったが、このことも関係しているのかもしれない。

殺人と並んで罪の重い事案として、窃盗・強盗が一四件、放火が六件、拉致・誘拐が四件、強姦が一件、確認される。これらはいずれも複数人が徒党を組む形で行われており、また容疑者は全て周辺農村の出身者であった。たとえば一三五六年二月四日に始まった裁判では、大泥棒で盗賊として有名な（publici latrines et derobbatores）ジュンクティーノら六人が、ジョヴァンニらを締め上げ、一四フィオリーノ相当のロバやナイフなどを奪ったことで起訴されている。[29] 出廷を二度拒否した彼らに対して、裁判官は絞首刑と略奪品の返還命令を伴う追放令を出している。これらの重罪事件の犯行場所は、ほぼ全てが周辺農村やその外に広がる代官区の村落である。こうした重罪事件の犯人には死刑か五〇〇リラ以上という多額の罰金刑の有罪判決が出されている。

事例Ｂ[30]（傷害）：

起訴日時：一三五五年一〇月一二日

裁判の開始：ルッカの街区サン・ピエトロ・ソンマルディのコンスルによる告発

容疑者：ジョヴァンナ（アンブロージョ・アメリゴの妻、フィレンツェ出身ルッカ在住）、ランデッロ（ルッカ出身）

容疑内容：ジョヴァンナとランデッロは互いに口論しながら近づき、喧嘩になった。ランデッロはジョヴァンナの胸を拳で殴打した。対してジョヴァンナもランデッロの胸を拳で殴打した。さらにジョヴァンナは石を取りそれをランデッロに投げつけた。その石はランデッロの顔に当たり、流血があった。
犯行場所：ルッカの街区サン・ピエトロ・ソンマルディの公道
犯行日時：一三五五年一〇月七日、九時課（現在の午後三時）の少し前

傷害事件は年間で一四三件と「悪事」全体の約半数（五四％）を占める。そして傷害罪では一七六人、傷害ほう助罪では一二人、乱闘への参加で一人が起訴されている。それぞれの事例を見ていくと、ひとつの案件で複数人が起訴されているものが三二件あり、そこでは数人が一人を攻撃している場合もあれば、事例Bのように紛争当事者双方が起訴されている場合もある。

傷害事件の場合、起訴状にはその傷害行為に関して、武器の使用の有無、武器の種類、被害を受けた部位、そして流血の有無が詳細に記されている。それは後に見るようにそれらが罰金額を決定する要素となっていたからである。素手での攻撃の事案は二七件あるが、やはり武器の使用が一一六件と多い。武器には石や棒、槍、ナイフ、剣が用いられ、頭や顔、肩、腰、手に対して攻撃がなされている。そして一二八件もの事例で流血が見られる。このことは逆に見れば、流血という「悪事」の事実が明白な場合は法廷に向かう一方で、軽微な殴り合い程度であれば、告発される可能性が低かったことを示唆している。

犯行場所は、都市が五八件、周辺農村が八五件であり、都市内での暴力沙汰の起訴も多い。これらの傷害事件は主に公道や広場などの屋外で行われていた。そのために地域の役人が告発する形で法廷に持ち込まれるものが多く、都市内の街区のコンスルの告発が四四件、農村共同体のコンスルの告発が七一件と、全体の八割以上の裁判が告発により始まっている。

傷害と同程度の「悪事」として、石や槍などの投擲の結果、相手に当たらなかった場合が四件、脅迫が六件、侮辱が七件確認される。[31] 脅迫行為については武器を所持して行われたか否かが問われ、剣を鞘から抜いて脅したことなどが記されている。また侮辱では、女性に対しては「おまえは売春婦である」、男性に対しては「おまえは反逆者である」という言葉を放つことが、名誉を傷つける「悪事」として起訴の対象となっていた。

事例C[32]（民事的な権利関係）：

起訴日時：一三五五年一〇月二一日

裁判の開始：被害者であるドゥッチョ（ルッカ出身、姉妹であるマルガリータ（故ミケーレ・シゲリの息子オクトブオーニの亡き妻）の相続人であり、故ミケーレ・シゲリの息子ジュンクトリーノと故ボヌッチョの遺産の債権者）の告訴

被告人：故ミケーレ・シゲリの息子ヤコポ（ルッカ出身）

告訴内容：ヤコポが彼の債権者の権利を侵害しようと以下の家に侵入した。そこには故ミケーレ・シゲリの息子ジュンクトリーノと故ボヌッチョ、そして故ボヌッチョの寡婦マルガリータ、さらに故ジュンクトリーノの寡婦ジョヴァンナが使っていた、羊毛のカバーのついたベッドが三つあった。ヤコポはその家からそれら全てを盗み出し、そしてそれらを詐欺的に扱っている。それらの価値は一〇〇フィオリーノを超える。ルッカの都市条例に従ってヤコポを罰してほしい。そして前述の奪われた財産を返還するよう命じてほしい。

犯行場所：農村共同体バトーネにある壁で囲まれたある家

犯行日時：一三四八年七月から九月

事例Cは、事実だけを見ると一〇〇フィオリーノ相当の物品の盗みであり、上記で挙げた大泥棒ジュンクティーノがロバなどを奪ったものと大差ない。しかし被告人ヤコポは出廷し無実を主張した結果、無罪となった。ただも

し有罪となった場合でも、ジュンクティーノのように死罪にはならなかったであろう。というのも、事例Cには盗みという事実の背後に、民事的な債務債権関係が隠れていたからである。被告人ヤコポの主張からもわかるようにベッドなどを持ち去ったのは、それを自らのものと考えていたからであった。

同様の民事的な権利関係を背後に抱えた事例としては、チェオがフランチェスコの土地に押し入り、そこの借地人を追い出して土地を荒らしたことで起訴された事例がある[33]。その後チェオとフランチェスコはその土地の権利の所在をめぐり民事裁判のように互いに証明し合っている。こうした単なる盗みや荒らし行為とは異なる、背景に民事的な関係があると思われる「悪事」は全部で六件確認される。

上記で紹介した「悪事」以外には、農村共同体のコンスルなどの役人がルッカのコムーネの規則や命令に背いたことで起訴された事例が二〇件ある。うち一六件は農村共同体で犯された「悪事」をポデスタ法廷に告発しなかったことや、重大事件について犯人を捕まえなかったためのもので、二件は誤った告発をしたこと、二件は召喚命令を守らなかったことである。

また、商人がコムーネのマークのついていない秤を使用していたことや、何の権限もなくコムーネの職務に当たっていたこと、証人の出廷拒否など、個人がコムーネの命令に違反した事例が五件ある。農村共同体のコンスルらが起訴された件も含め、これらコムーネの命令への違反で起訴されている場合はいずれも、公のうわさや「信頼のおける者」からの告発により、「悪事」が法廷に持ち込まれている。

最後に、告訴が証明されなかったこと、すなわち偽りの告訴をしたとのことで四件、四人が起訴され有罪判決を受けている。

以上、一三五五年後半から五六年前半の一年間で起訴された「悪事」を見てきたが、この年は凶悪な犯罪が比較的多い年であった。一三六三年の記録簿を見ると全一五五件のうち、死刑判決が下されるような犯罪は、殺人が九件、拉致が五件の計一四件のみであり、傷害事件が一一六件（うち九〇件が流血あり）と四分の三を占めていた[34]。

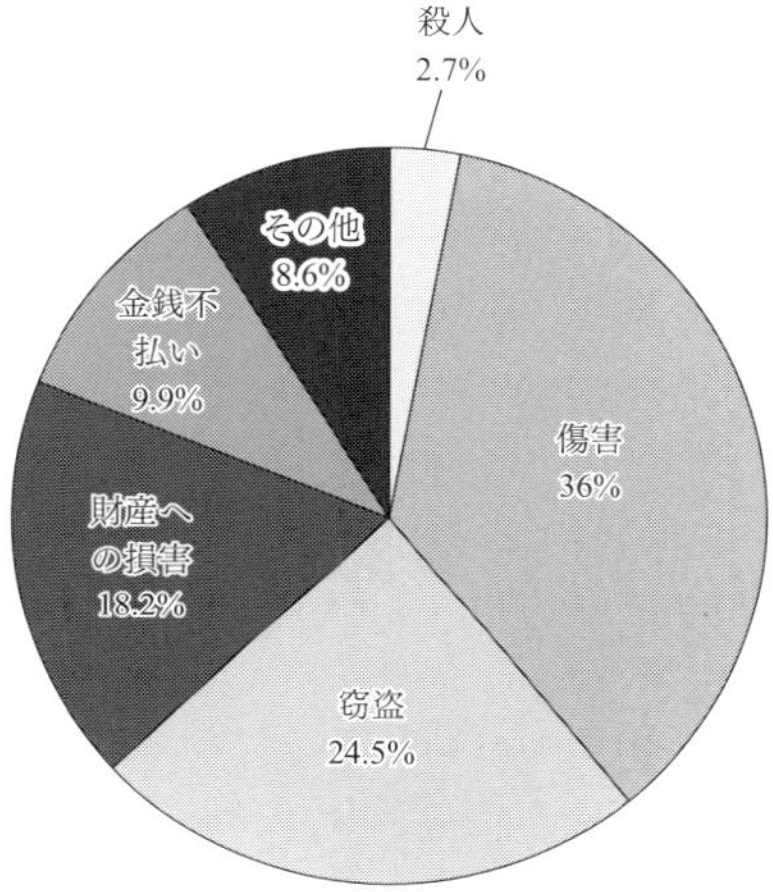

図 7-1　1258年ペルージャの刑事裁判

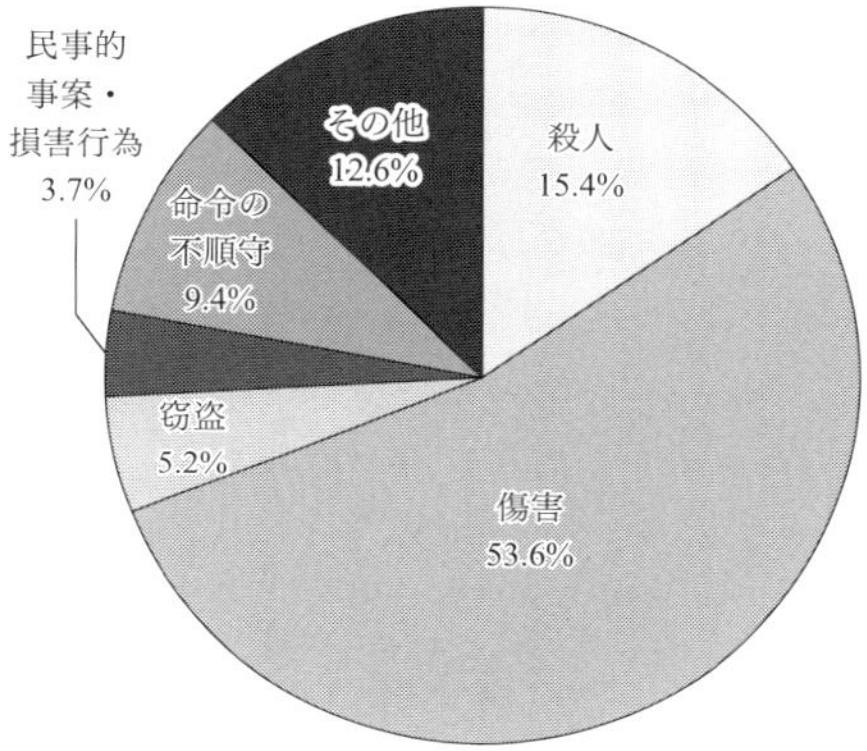

図 7-2　1355〜56年ルッカの刑事裁判

他には投擲などが二件、脅迫が三件、侮辱が四件、民事的な関係に由来する争いが四件などとなっている。

一四世紀半ばのルッカを一二五八年のペルージャと比較しよう(図7-1、図7-2)。ペルージャでは、殺人が一七件(二・七%)、傷害が二二九件(三六%、うち八四件が流血あり)、窃盗一五六件(二四・五%)、財産への損害一一六件(一八・二%)、金銭の不払い六三件(九・九%)であった。傷害事案が多いことは共通している。他方、ペルージャでは窃盗、財産への損害、金銭の不払いという事案が多くを占めるが、これらは背後に何らかの民事的な権利の問題を含んだ「悪事」と考えられる。一三世紀半ばのペルージャの刑事法廷は、権利をめぐる民事紛争の過程で、相手当事者に圧力をかける場として利用されていた。刑事法廷のこうした利用は、一四世紀ルッカでも事例Cのように存在するものの、極めて少なくなっている。一四世紀半ばのルッカの刑事法廷は、紛争当事者間での争いの場というよりも、暴力事案を法規定に基づいて処罰する場という様相を呈している。このことは、次に見る裁判の審理の過程や判決からも言える。

被告人の社会的属性については裁判記録には残念ながら記されていない。記録されている情報は、被告人の出身地のみである。一三五五~五六年の場合では被告人として召喚されたのは、市民

(cives)が九五人、[35] 周辺農村や領域の代官区の非市民が三九二人、フィレンツェやピサなど他都市の者が二五人、出身地不明の者が六人であった。また犯行場所では市内が八〇件、周辺農村が一六四件、代官区が一八件、その他が五件である。

一般には市民は都市内において、領域住民は領域部において「悪事」をはたらくことが多い。加害者と被害者が同郷の場合も多いが、農村や領域の住民が市民に危害を加えている事例やその反対の事例も確認される。都市と農村とが社会経済的に密な関係にある中で、こうした暴力事案が引き起こされたのであろう。後で見るように、都市条例では、市民が危害を加えられた際にはより高額な罰金が定められている。これは農村部での市民に対する暴力を予防しようとするものと考えられる。

4　審理と証明

起訴後の裁判の展開について検討しよう。

事例A：

九月九日　裁判官が廷吏に対し、チェッロットーロ他八人に対して二日以内に出廷し、告発に対して返答するように、一度目の召喚を指示。

九月一〇日　廷吏が法廷書記にチェッロットーロらを召喚したことを通知。

九月一五日　裁判官が廷吏に、二度目の召喚を指示。

九月一五日　廷吏が法廷書記にチェッロットーロらを召喚したことを通知。

一〇月一四日　ルッカのコムーネの布告人によって、ピエロ、コルッチーノ・パルエイ、グイド、プッチネッロ・ブテッリ、コルッチーノ・ブテッリ、ジョヴァンニ・メニケッリ、ジョヴァンニ・プッチネッロらが、それぞれ三〇〇リラの罰金の下での追放状態に置かれる。

一〇月一四日　チェッロットーロとベルトッコが追放状態に置かれる。刑罰として、いつもの裁きの場に連行されて斬首刑に処せられ、財産がコムーネに没収されるように。チェッロットーロとベルトッコの息子、娘は前もって正当な割合が保障されるように。そして没収財産からは被害者遺族に一〇〇リラが支払われるように。

警察機構が十分に整備されておらず、犯人の身柄拘束が難しかった中世イタリア、一四世紀のルッカでは、被告人が召喚に対してどう対応するかがその後の裁判の展開を決定づけた。[36]召喚は二度行われ、それでも被告人が出廷しない場合には、被告人は罪を告白したものと見なされ、事例Ａのように追放令（bannum）が出された。

一三五五年後半から五六年前半では、法廷の召喚命令を拒否し追放令を宣告されたのは二八六人（五五％）、案件の数では一一四件（四三％）にも上る（図７-３）。追放令を受け、追放状態に置かれた者は、コムーネの法の保護から外される。刑事裁判での追放令の場合、財産だけでなく個人の身体もコムーネの保護から外されることとなり、それゆえ誰からも罪を問われることなく攻撃されうる状態となった。[37]追放令とは、警察機構の弱い中で、被害者家族や地域社会による報復の恐怖を圧力として、コムーネの命令に従わせようとする法制度であった。

次に、被告人が召喚に応じ出廷した場合の審理について見よう。一三五五年から五六年には二二三人が出廷している。ちなみに残りの九人は出廷拒否した後、別の法廷（司教の法廷など）への移送などのために裁判が中断している（図７-３）。

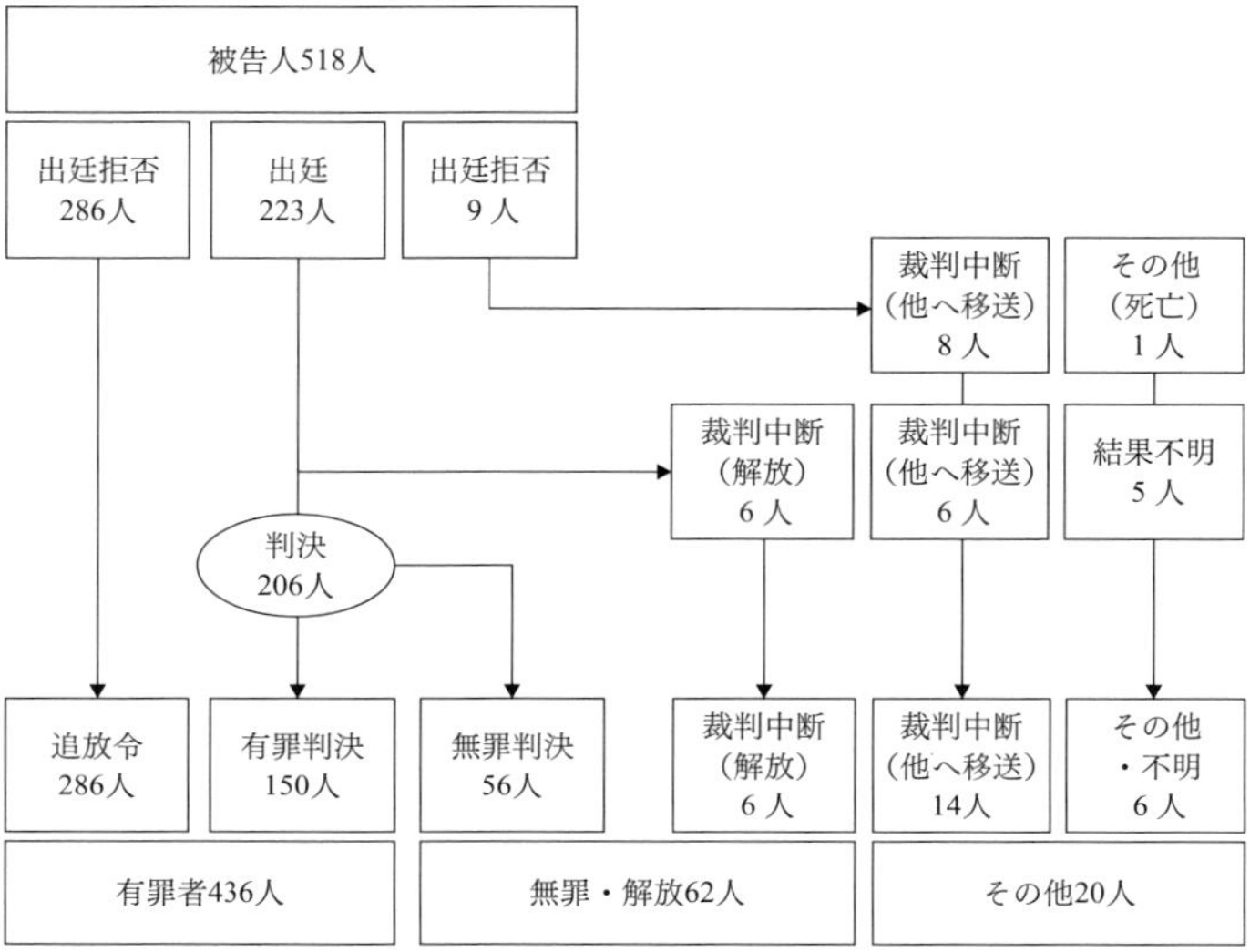

図 7-3　裁判の過程と結果

事例B：

一〇月一六日　裁判官が廷吏に対し、ランデッロとジョヴァンナに対して二日以内に出廷し、告発に対して返答するように、一度目の召喚を指示。

一〇月一六日　廷吏が法廷書記にランデッロとジョヴァンナを召喚したことを通知。

一〇月一七日　ジョヴァンナが裁判官の前に出廷し、聖書に手を置き真実を言うことを誓う。

ジョヴァンナは告発に関して裁判官に尋問され、告発状の全てを否定する。そして、自らはいくらかの石灰片をランデッロの顔に投げかけたが、しかしそのために彼の顔から流血があったことは見ていない、と主張。

ジョヴァンナの夫アンブロージョとジョヴァンニ・クッラードが保証人として認められる。

ジョヴァンナに八日間の防御の期日が与えられる。

一〇月一九日　ランデッロが裁判官の前に出廷し、聖書に手を置き真実を言うことを誓う。ランデッロは告発内容の全てが真実であると告白する。ただし告発状に記されている内容は、ジョヴァンナが自らに行った攻撃の後に行われたものと主張。

木材職人ブトリーノ・ブーティが保証人として認められる。

ランデッロに八日間の防御の期日が与えられる。


一〇月二二日　証人ダトゥッチョ・ヴァンネが、告発内容は真実であると証言。ただし、小さな石灰片でそれはなされたと指摘。どのように知ったのかという質問には、目撃したと答える。

証人フランチェスカが、告発内容は真実であると証言。どのように知ったのかという質問には、目撃したと返答。さらに、ジョヴァンナが最初に拳と石灰片でランデッロの顔に攻撃し、顔から流血があり、その後にランデッロが拳でジョヴァンナの胸を殴ったと証言。

証人ヌティーナは、告発内容について何も知らないと証言。

証人バルトロメアは、告発内容について何も知らないと証言。

一〇月二三日　裁判官の命令で、証言が開かれ、返答のための期間が与えられるのに立ち会うように、ランデッロとジョヴァンナを召喚。
廷吏が召喚を行ったことを法廷書記に通知。

一〇月二六日　裁判官が召喚を確認し、ランデッロとジョヴァンナ不在の中で、証言を開示し、証言への反論のために八日間を当事者双方に与える。

一〇月三〇日　ジョヴァンナの夫アンブロージョがジョヴァンナとランデッロの弁護人として出廷。ジョヴァンナとランデッロとの間で交わされた和解証書を提出（一三五五年一〇月二七日付）。それは都市条例での恩恵を得るために。

一四世紀ルッカの刑事裁判のほとんどは、事例Bのように裁判官対被告人という糾問主義裁判の構図で進んだ。裁判官は都市条例の「審問されるべき悪事と、そこで行われるべき手続きの方法について」[38]という規定に則って裁判を進めていた。この規定と実際の裁判の内容を基に審理過程を再現してみよう。

出廷した被告人は、保証人を提示することができれば、上記の例のように退廷が許された。保証人は被告人が一転して出廷を拒否し続け、罰金刑に服さない場合は代わりに罰金の支払い義務を負うことになる。そのため身体刑が科される種類の罪の場合には、条例によると被告人は勾留を解かれることはない。

都市条例は容疑の調査と証明について、自発的な告白、拷問、証人証言という三つの方法を想定している。現実の裁判では被告人の罪の告白は、容疑内容が真実であることの根拠として最も多く見られるものであった。一三五五年から五六年の裁判では、一二四人（有罪判決を受けた者の八三％）の被告人が罪を告白し、有罪判決を受けている。被告人による自白がこれほど多いのは、それにより罰金額の減額を受けることができたためであった[39]。

自発的ではない告白をもたらすもの、すなわち拷問については、都市条例では罰金額が五〇リラを超える犯罪の容疑者、神への冒瀆、盗みの容疑者に対してのみ認められている[40]。ただし裁判記録や判決記録には、実際の裁判において拷問が行われたとする記載は見当たらない[41]。とはいえ第8章で見るように、逃亡している追放者がアンツィアーニに対して行った嘆願の中で、ポデスタの法廷での拷問の厳しさを理由として出廷しなかったとする訴えがいくつも確認されることから、実際に拷問が行われていた可能性も十分に考えられる。

犯罪の立証方法として第三に証言がある。これは被告人が起訴内容を否認した後に続く展開であり、先の事例Bでも見られた。都市条例では、裁判官が証人を召喚して聴取を行い、その内容を法廷書記に書かせるよう定められている。証人尋問は法廷内で行われることが一般的であったようだが、法廷外での聴取も認められている。一三五五年から五六年には、五二人の被告人に対する裁判で証人証言が確認される。

証人証言は大きく二つのタイプに分けられる。ひとつは容疑を証明するための「攻撃のための証言（testes ad offensam）」で、もうひとつは被告人が容疑を否定するための「防御のための証言（testes ad defensam）」である。後者については事例Cを見た後で説明する。「攻撃のための証言」は、裁判官が起訴内容を立証するために行う証人尋問であり、事例Bの証人証言もこれに当たる。証人尋問では、証人はまず起訴内容を聞かされ、それを知っているか否かを答える。知らない（nichil scire）と答える証人が比較的多い。知っている場合は、その内容とそれを知った方法（目撃、うわさの伝聞、特定の人物からの伝聞など）が聴かれる。

一四世紀ルッカの刑事裁判は基本的にはこのように、裁判官が被告人や証人を尋問し、起訴内容を立証する糾問主義の手続きが採用されていた。都市条例においては告訴や告発も基本的に、糾問主義の方法で進められるべきことが定められている。[42] しかし被害者からの告訴に始まる裁判のいくつかにおいて、原告人が裁判において立証活動をしている事例も例外的に見られる。次の事例がそれである。

事例C：

一〇月二一日　被告人ヤコポの召喚。

一〇月二四日　被告人ヤコポと原告人（告訴人）ドゥッチョが出廷。ヤコポが告訴状の写しと返答のための期日を要求する。

一〇月二六日　ヤコポが出廷し、真実を述べることを宣誓。告訴状の内容を否定。裁判官に対して次の返答を示す。

その告訴状は受け入れられるべきではなく、それに従って裁判がなされるべきではない。なぜなら告訴状の形式はあいまいで不確かであるから。またドゥッチョには今回のような方法や形式で行動したり告訴したりする権利はない。告訴の内容に関しても、それが真実であることを否定する。

ドゥッチョも裁判官に次の返答を示す。

その告訴は手続きを進められるべきである。またこれまで布の色を明らかにできていなかったが、それを明らかにしたい。

ドゥッチョは宣誓するが、それにヤコポは同意しない。

ボナコルソとリッポが保証人として認められる。

一〇月二七日

召喚の後、ヤコポとドゥッチョが出廷。裁判官がドゥッチョに告訴内容の証明のために一〇日間の期日を与える。

ドゥッチョはヤコポの面前で以下の訴点を提示し、それにヤコポが返答するよう求める。そしてその訴点について都市条例に従って証明できると主張する。

訴点1：ドゥッチョは故トファーノ・クリストファーニの息子である。

返答――認める(43)

訴点2：私、ドゥッチョは嫡出子である。

返答――認める

訴点3：故マルガリータは故トファーノの娘であった。

返答――トファーノの娘であったことは認めるが、マルガリータよりも前にマルガリータの亡き夫ボヌッチョが死んでいたということは認めない。

訴点4：故マルガリータは嫡出子である。

返答――認める

訴点5：故ボヌッチョは一三五八年一月に死亡した。もしそれを否定するならいつ死亡したかを示すように。

返答——認める
訴点６：ジュンクトリーノ・ミケーレは一三四八年六月に死亡した。もしそれを否定するならいつ死亡したかを示すように。
返答——認める
ドゥッチョは以上の訴点にヤコポが返答するよう要求。ヤコポは写しを要求。
ヤコポは訴点の一部を否認。その他については返答。

一〇月二九日
ドゥッチョは以下の「申立書（titulus et intentio）」を提出。
証明内容１：故マルガリータは故ボヌッチョの死後に亡くなった。
証明内容２：ボヌッチョとマルガリータとジュンクトリーノの死後の一三四八年六月に、その家には以下の財産が残っていた。衣服やベッド、布、フライパンなどの家具、日用品二〇点の詳細。
証明内容３：その残された財産の査定額は一〇〇フィオリーノである。
証明内容４：ヤコポはボヌッチョとジュンクトリーノとマルガリータの死後の六月にその家に入った。
証明内容５：ヤコポはその家のそれらの財産に悪意を持って七月から一〇月の間に手をつけ盗んだ。
証明内容６：上記のことは農村共同体バトーネとその周囲の共同体において公のうわさになっている。
ドゥッチョは上記のことを証人を通して証明したいと主張。

一〇月三一日
廷吏が上記の「申立書」をヤコポに提出。「反対質問書（contratitulus）」の提出の期日を一一月三日に設定。

一一月四日　召喚。

一一月六日　ヤコポとドゥッチョが出廷。ヤコポが以下の主張を示す。裁判官が不在であったため、法廷書記の面前で。

ヤコポの主張：

ドゥッチョの申立書は受け入れられるべきではないし、それを基に証言が取られるべきではない。なぜなら彼は正当な形式で告訴していない。ドゥッチョは告訴をする権利を持っていない。それゆえ告訴や申立書の内容をドゥッチョが証明することは許されないし、証明されたとしてもなんら有罪の手続きが正当に行われえない。自らは告訴と申立書の全ての内容が真実であることを否定し、正当に手続きが進められることを否定する。もし相手が争うなら法学者に委託され法助言がなされるように求める。

ヤコポは法廷に「反対質問書」を提出。

一一月三日(44)　ドゥッチョの要請で、裁判官の命により一三人の証人を召喚。

一一月六日（晩課前）　ドゥッチョとヤコポが出廷。

ヤコポの主張：

もし証人が申立書に関して宣誓し、その内容が調査されたとしても、その宣誓が正当なものであることは受け入れられない。再度相手の告訴と申立書の内容全てを否定する。訴訟費用を要求する。

ドゥッチョは上記の証人のうちの九人を導き入れ、愛と憎しみを排除して申立書と告訴内容について調査されるように要求する。

証人が出廷し、憎しみと愛を排して、真実を話すことを宣誓。
裁判官は証人の証言を取るように、法廷書記に命じる。

一一月一三日　ドゥッチョを召喚。ドゥッチョが出廷。裁判官は訴訟を継続させるための期日として一〇日間をドゥッチョに与える。

この裁判は原告人ドゥッチョと被告人ヤコポとの対立構図で進められ、起訴内容の立証は裁判官ではなく、原告人が行っている。原告人と被告人の相互の主張の応酬、原告人による申立書の提示とそれに対する被告人による反対質問書の提示、そしてそれらに基づく証人尋問という裁判の進行は、さながら民事裁判を思わせる。一三世紀半ばのペルージャの刑事裁判において主流であった弾劾主義手続きが、それから一〇〇年後のルッカにおいてもわずかながらではあるが残っていることがここに確認される。

弾劾主義裁判か糾問主義裁判かにかかわらず、一般に見られる被告人の防御の方法についてここで触れておこう。裁判官はどの裁判でも被告人に対し、必ず防御の機会を与えている。そのことは判決記録の中でも必ず記されており、この手続きが裁判を合法化するために必要不可欠な要素と認識されていたことが窺える。被告の防御の方法としては、罪状に対する否認の他に、民事裁判でのように裁判形式や手続き上の瑕疵を取り上げた異議がある。異議の例としては、裁判官に権限がない案件であるというものや、被告人が裁判を受ける年齢に達していないというもの、被害者が追放者であり暴力が合法であったというものなどがある(45)。ちなみに同様の事例は一三世紀のボローニャの刑事裁判でも見られる。法学者ガンディーノが、悪事が罰せられないままになっていると嘆き、裁判官によるより積極的な裁きを求めているのは、こうした刑事裁判での異議によって被告人が解放されていたためであった。

異議とともに被告人にとって有効であったのは、容疑の否認のために被告人側が「防御のための証言」を作成することであった。上記の事例Cは弾劾主義手続きのため、原告人側が容疑の証明のために「申立書」を提出していたが、通常の裁判では被告人が、容疑を否認するための主張をまとめた「申立書」を提出する。そしてそれに対して、裁判官は——事例Cは弾劾主義手続きのため相手当事者が——各要点に対して、どのように知ったのかなど、証言を掘り下げる「反対質問書」を作成する。証人尋問において法廷書記はこの「申立書」と「反対質問書」に基づいて、各論点について証言を取ることとなる。

被告人の「防御のための証言」の事例としては、一三五五年七月二〇日の裁判がある。[46] そこではジョヴァンニ・ドナーティが槍をチッカロに投げ、足を負傷させたことで罪に問われ、三人の証人を通じて無実を証明しようとしている。証人尋問は、「攻撃のための証言」のように容疑内容についてではなく、ジョヴァンニが提示した「申立書」の三つの論点に基づいて行われ、証人はそれらが真実かどうか、どのようにそれを知ったのかを証言している。

5　判　決

(1) 裁判の結果

このように進む各裁判はどのような結末を迎えたのか。ここからは判決集も用いながら見ていこう。一三五五年後半から五六年前半の一年間には計二六七件の裁判で五一八人が起訴されていた。複数人が起訴された裁判で、有罪判決と無罪判決の両方が出されている事例もある。以下ではこうした事例は有罪判決と無罪判決の双方でカウントするため、同期間の判決の件数は便宜上二八九件とする。

以下、先に掲げた図7-3とともに見ていこう。まず、裁判官の召喚に二度とも従わず、出廷を拒否したために追放令が下された事例は、二八六人（五五％）、一一四件（三九％）に対して見られる。他方、法廷の召喚命令に応じ、出廷した二二三人の被告人たち（および出廷拒否した後、追放令を受けない九人）は、その後有罪判決、無罪判決、裁判の中断の三つの結果に至ることになる。

まずは有罪判決である。一三五五年後半から五六年前半には一五〇人、一一八件に対して有罪判決が宣告されている。このうち自ら罪を告白したことによる有罪判決が一二四人（八三％）、否認し抵抗したものの証人証言により起訴内容が立証され有罪判決が下された者が二一人（一四％）いる。事例Bでは、ジョヴァンナは容疑を否認した後に、証人によって一部のみ主張が裏づけられ（石灰片での攻撃の証明がなされたが、流血がなかったことは証明できず）、一二リラの罰金の有罪判決を受けている。この罰金額は彼女がランデッロとの間で結んだ和解により半減された後のものである。他方ランデッロは罪を告白し、さらに自身の主張（ジョヴァンナが先に攻撃した）も証人によって認められた上で、和解による減額もあって、一〇リラの罰金の有罪判決を受けている[47]。

法廷で起訴内容を否認し、正式な無罪判決を勝ち得た被告人も五六人おり、件数にして三七件見られる。判決集に収められている無罪判決を見ると、無罪の理由として「罪が見つからなかったため（non culpabile reperto）」と記されていることが多く、これらは裁判官または原告人が起訴内容を立証することができなかった事例と考えられる。なお告訴に始まる裁判の場合、無罪判決は告訴人の告訴失敗を意味し、ひいては偽りの告訴の罪が原告人に降りかかることとなる。事例Cではヤコポに無罪判決が下され、告訴人ドゥッチョは告訴失敗のため五リラの有罪判決を受けている[48]。

無罪判決が出される理由は「罪が見つからなかったため」だけではなかった。たとえば起訴された暴力事案が家族内のメンバー同士で起こされたものであったという理由や、悪事を受けた相手が追放状態にあり罪なしで攻撃されうる状態にあったという理由で、それぞれ五人と三人に無罪判決が出されている。

正式な無罪判決も、有罪判決も下されていない裁判もある。それは訴訟手続き上の瑕疵が判明し、裁判が途中で

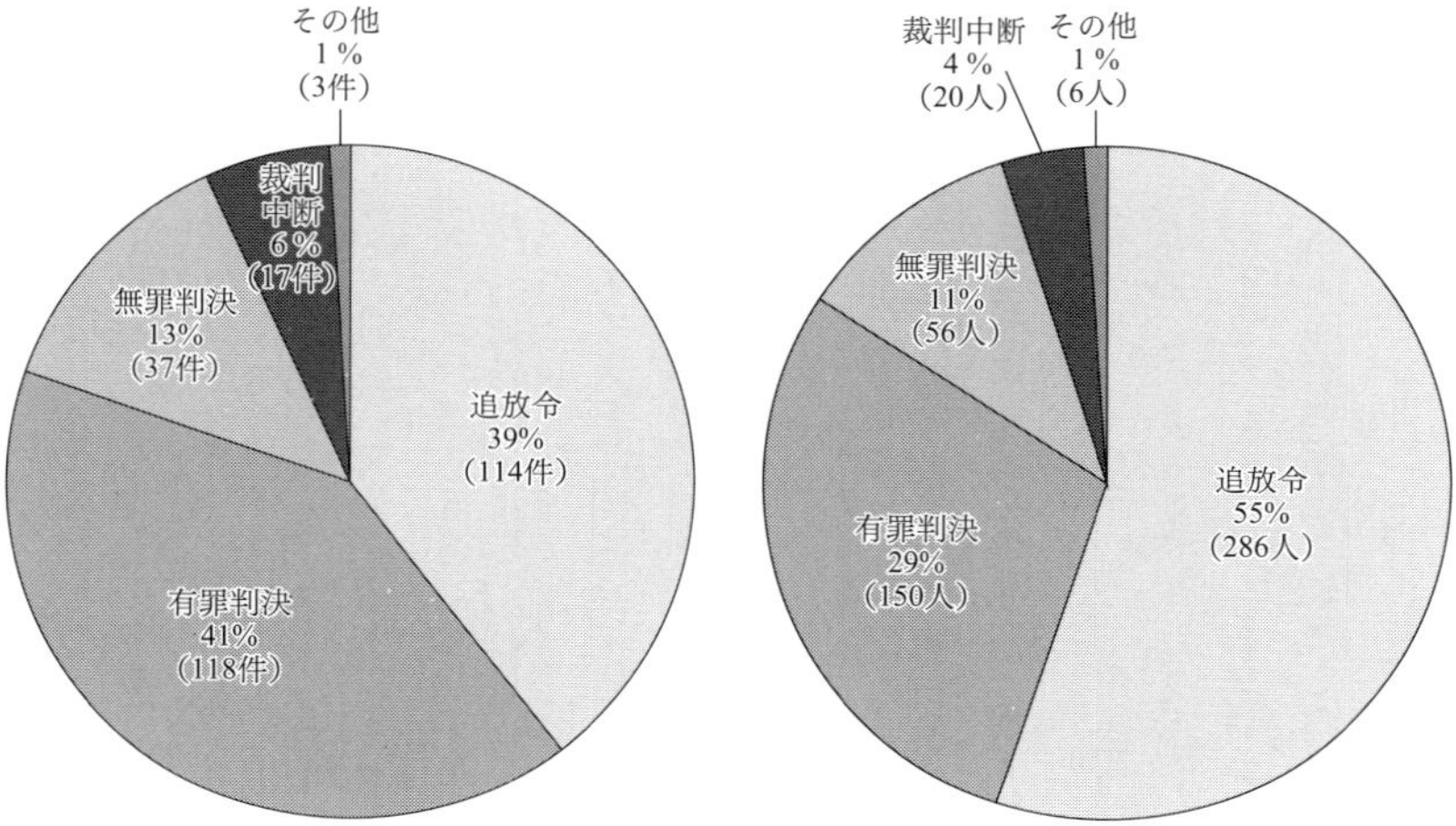

図 7-4　裁判の結果（左が件数 289 件，右が人数 518 人）

中断したものである。これらの事例は判決集には当然載っておらず、裁判記録簿にしか見ることはできない。一三五五〜五六年には、二〇人、一七件の裁判に関してこれが確認される。瑕疵の内容は、被告人が「年少であるため」や「被害者が追放状態にあった（罪なしで攻撃可能であった）こと」など、被告人がそもそも起訴対象にならない場合のものが六人、五件に見られる。これらの事例では被告人らは完全に罪から解放され、無罪判決が下されたのと同じ状況になる。

　これに対し裁判中断の理由として「外国人であること」や「司教の裁判権に属する人物であること」を理由として裁判が中断されるものが一四人、一二件に関して見られる。これについては外国人領主の法廷や司教の法廷に移送されただけであり、被告人が罪から解放されたことを意味するものではない。

　以上の結果をまとめよう（図7-4）。一三五五年後半から五六年前半の刑事裁判では、追放令が二八六人、一一四件、有罪判決が一五〇人、一一八件に対して見られる。彼らはその後刑罰に服することとなる。これに対し無罪判決が五六人、三七件、裁判が法的瑕疵により中断し刑罰を科せられなかったのが六人、五件ある。両者を合わせて六二人、四二件が、刑罰を受けずに解放されていることとなる。その他、別の法廷に移送された事例が一四人、一二件ある。また、裁判途中で被告人が死去した事例や結果が不明なものが六人、三件ある。ちなみに一三五五～五六年のこうした判決状況は他の年と比べても大きくは変わらない[49]。

一四世紀半ばのルッカの刑事裁判の結果は、一二五八年ペルージャと比較するとどうだろうか。ペルージャでは弾劾主義裁判が支配的な中で、全体の九割近くが無罪判決や裁判の中断で終わっていた。これと比較すると一四世紀ルッカでの有罪判決の多さ（七～八割）は際立っている。この背景には糾問主義の手続きが主流となる中で、裁判官主導での立証がなされたことが大きかったと考えられる。一三世紀半ばのペルージャで無罪判決の理由の九割近くが、原告人による挙証能力の低さのための証拠不十分によるものであった[50]。

（2）刑罰の内容

有罪判決と追放令を受けた者たちにはどのような刑罰が科されていたのか。刑罰は大きく罰金刑と死刑とに分かれていた。一三五五～五六年で有罪判決と追放令を言い渡されたのは四三六人であったが、そのうち罰金刑が二七一人（六二％）、死刑が一六五人（三八％）であった。

死刑が言い渡されているのは、殺人、盗み、放火、拉致などの凶悪犯罪に対してである。事例Aの殺人の事案では、実行犯のチェッロットーロとベルトッコはともに斬首刑が言い渡されている。死罪に値する重罪で起訴された者の多くは、興味深いことに出廷拒否し追放令を受けた者たちであった。次節の議論を先取りすると、彼らへの死刑は実際には執行されていない。他方、出廷し有罪判決を言い渡された者として殺人の罪で起訴された三名と強姦、強盗の罪で起訴された一名がいる。彼らはおそらくコムーネの役人や警備兵（berrovarius）に捕らえられたのであろう。裁判記録簿の欄外の記載からは、このうちの三名の死刑の執行が確認される[51]。

一三五五～五六年は前述の通り凶悪犯罪が比較的多く、死刑判決も多かった。一三六三年には有罪判決と追放令が合わせて一七一人に対して出されたが、そのうち罰金刑は一三一人（七六％）、死刑三二人（一九％）、その他八人[52]という比率であった[53]。

死刑以外の刑罰では、身体刑も一部見られるものの、ほとんどは罰金刑である。一三五五～五六年には罰金額の低いものでは、侮辱罪で起訴されたニコラへの一五ソルド、高いものでは窃盗の罪で起訴されたブロンドとジョヴァンニの兄弟への一〇〇リラというものがある。事例Aで殺人をほう助したピエロ他六人には三〇〇リラの罰金が科せられている。また事例Bの傷害事件では、ジョヴァンナに一二リラ、ランデッロに一〇リラの罰金が科せられている。この時期の罰金刑の額の分布を示すと一〇リラ未満が四七人、一〇～四九リラが一〇三人、五〇～九九リラが四七人、一〇〇～四九九リラが六九人[54]、五〇〇リラ以上が五人となっている（表7-3）。なお、これらは和解や告白によって減額がなされた後の額である。

表7-3　罰金額の分布

罰金額（リラ）	人数	%
～10	47	17
10～49	103	38
50～99	47	17
100～499	69	25
500～	5	2
総計	271	100

これらの罰金額は、基本的には都市条例に基づいて決められていた。都市条例では「悪事」ごとに刑罰が定められている[55]。殺人の場合は斬首刑と絞首刑が定められるのみであるが、傷害罪などでは、どのような状況の犯行の場合に、どれだけの罰金が科されるべきかについて、事細かく規定されている（表7-4）。たとえば傷害罪について、顔以外への傷害で武器や鉄製品が用いられた場合では、市民間での事件なら一〇〇リラ、市民が非市民（農村住民または外国人）を攻撃した場合なら五〇リラ、非市民同士の事案なら五〇リラ、非市民が市民を攻撃した場合なら二〇〇リラから四〇〇リラとなっている。同様に、武器や鉄製品以外の物を用いた攻撃であった場合、素手での攻撃の場合についてもそれぞれ罰金額が定められており、また顔への攻撃の場合もそれぞれの状況ごとに罰金額が定められている。これらは流血があった場合の額であり、流血がない場合は半額になる。脅迫の事案についてもそれがなされた状況ごとに罰金額が定められている。

この規定を一目見てわかるのは、市民の優遇である。市民が周辺農村住民や外国人の顔を素手で殴り流血させた場合が二五リラの罰金であるのに対し、逆の立場であれば罰金額は一〇〇リラとなっている。市民同士でも五〇リ

表7-4　1372年の都市条例で定められた各「悪事」の罰金額（単位：リラ）

	市民が市民に対して	市民が非市民（農村住民または外国人）に対して	非市民が非市民に対して	非市民が市民に対して
殺人(56)	斬首刑	斬首刑	斬首刑	絞首刑
殺人ほう助(57)	300	300	300	斬首刑
顔への傷害（流血あり）(58)				
武器や鉄製品での攻撃	150～400	75～100	75～150	300～500
他の物を用いた攻撃	100	50	75	150
素手での攻撃	50	25	25	100
顔以外への傷害（流血あり）(59)				
武器や鉄製品での攻撃	100	50	50	200～400
他の物を用いた攻撃	66	33	33	100～200
素手での攻撃	33	16.10s	16.10s	100
脅迫(60)				
禁止武器を鞘から抜いて	30	15	15	70
鞘に入った武器，棒，ナイフで	18	9	9	50
武器など持たずに	12	6	6	25
投擲（傷害なし）(61)				
石，棒，鉄など	15	7.10s	7.10s	25～50
剣などの武器	20	10		100

ラの罰金が設定されていることから、特に市民を攻撃の対象とする場合に高い罰金額を設定し、市民を犯罪から守ろうとする意図が見られる。

（3）裁判官の量刑判断の特徴

次に裁判官が判決における量刑に、どれだけの自由裁量を持っていたか検討しよう。

判決の罰金額を見ていくと、裁判官が基本的には規定の罰金額に準じた判決を下していたことがわかる。たとえば周辺農村の住民マルティーノ・シーニが、剣で同じ村落のリッコ・オルシの右脚を切りつけ、流血があった件では、三七リラ一〇ソルドの有罪判決が下されている(62)。彼が裁判で自白を行い四分の一の減額を受けていたことを考えれば元の罰金額は五〇リラであり、これは条例の規定額に沿ったものであった。

他の事例でも多くの場合、裁判官は条例の規定額に沿って量刑を判断している。しかしいくつかの事例において、規定額から離れた額の判決が出されていることもあった。たとえば農村住民ヴァンヌッチョが農村住民マルティーノの右手を剣で切りつけ流血させた件では、ヴァンヌッチョは一四五リラの罰金が科せられている[63]。また農村住民のルポリーノが同村落のトゥッコーロの胸部を素手で殴打した件では、ルポリーノは一五〇リラもの高額の罰金を科せられている[64]。こうした高額の罰金額の理由は、前者では切りつけによりマルティーノの指が切断されてしまったこと、後者ではその殴打によりトゥッコーロが転倒し、その結果身体が不自由になったことであった。この場合の罰金額の増額については、都市条例の項目「部位の切断、障害、不自由をもたらす傷害について」で定められており、裁判官はこれに従って罰金を科していたと考えられる[65]。

未成年者や女性に対しては、規定額よりも低い額の有罪判決が出されている。それはこの両者が、都市条例が定める「裁判官の自由裁量で罰金額の減額がなされるべき」対象であったからであった[66]。農村住民アンドレアは、裁判官がその容姿から（viso aspectu）一六歳以下とした人物であるが、彼は農村住民フランチェスコの顔を素手で殴り流血させたことで二〇ソルド三デナーロの有罪判決を受けている。この罰金額は告白と和解による減額前でも五四ソルド（二リラ一四ソルド）であり、規定の二五リラよりもかなり低い[67]。被告人が女性の事例としては、農村住民コルッチョの妻ボナフィーリアが石で、同村落住民のクイッチョの妻テッチーナの肩や手を殴打し流血させた件で、ボナフィーリアは四リラの有罪判決を言い渡されている[68]。告白や和解で減額される前の額は一〇リラ強であり、規定の三三リラよりも低い。また事例Bでも、他都市出身のジョヴァンナが、市民のランデッロの胸を拳で殴打し、石または石灰片を投げて顔から流血させた件では、規定では二〇〇リラが設定されているのに対して[69]、実際は和解により半額となった罰金額で一二リラしか課せられていない。アンドレアとボナフィーリアの件では裁判記録にはその欄外に、それぞれ「年少者（minor）」と「婦人（mulier）」とのメモ書きがあり、未成年者や女性に対する判決が他の事案と区別されていたことがわかる。裁判官は、ここでも都市条例の規定に従って、未成年者と女性に対して彼の自由裁量で量刑を判断していた。

都市条例、特に一三七二年の都市条例は、上記の表7-4を見るとわかるように、いくつかの事案の量刑に関して裁判官に一定の裁量を認めている。武器などでの顔への攻撃と、周辺農村住民による市民への攻撃がそれであり、裁判官が多額の罰金を科すことが可能となっている。実際の裁判でも、農村住民のピエロが市民リッポを脅し、剣で頭部（顔ではない）を切りつけ流血させた件で、三〇〇リラの罰金刑を受けている。(70) これは条例の規定の二〇〇リラから四〇〇リラの間で裁判官が事の重大さを判断して選んだものであろう。ちなみに一三四二年までの都市条例では裁判官へのこうした自由裁量は想定されていない。第9章で見るように、一四世紀後半以降、執政府が裁判官に自由裁量を与え、彼らが考える守るべきものに対する犯罪に、より強い刑罰を科すことを可能にするようになるが、一三七二年の条例の規定でも裁判官に多額の罰金を科す可能性を与えることで、被害の想定対象たる市民を守ろうとする意図が見られる。

他の事例を見ていくと、罰金額の設定基準について不可解な事例もいくつか存在する。事例Bではランデッロは、ジョヴァンナの胸部を拳で殴った罪で一〇リラの罰金刑を言い渡されていた。これは減額後の額であり、告白と和解による減額がなされたと仮定した上で基となる額を計算すると二六・六リラという中途半端な額になる。(71) しかも市民による非市民への素手での攻撃で出血もないことから規定額では八リラ五ソルドとなるはずであり、より高額の罰金が科せられていたことになる。これは女性に対する暴力に対して裁判官の何らかの判断が働いたためだろうか。また、市民のプッチーノが非市民のアンドレアを脅迫し、手で顔を殴った件で、流血はしていなかったものの、五リラの罰金が科せられている。(72) 告白による減額を考えると基の額は六・六六リラとなる。この額はプッチーノによる、相手が先に攻撃したとの主張が裁判官に加味されて決まったものだろうか。

このような、規定額からは説明できない罰金額、それゆえ裁判官が何らかの自由裁量を発揮して量刑判断を行っている可能性を示唆する事例も存在する。しかし、全体として見れば裁判官は量刑の判断に際して、都市条例の規定額に基づいていた。もしくは都市条例が認めた範囲内で自由裁量を行使していた。控訴法廷の条例には、刑事裁判の一審において、条例に反した罰金額が科せられた場合に限り、控訴することが可能と定められている。(73) しかし実際の控訴法廷の記録簿を分析すると、実際に刑事案件の一審に控訴が行われていた形跡はほとんど見当たらない[74]。これはポデスタ法廷における裁判官の量刑判断が規定を外れた不当なものとして――手数料と労力を費やしてまで控訴するほど不当なものとして――認識されていなかったことを示しているのではないか。

6　判決後の展開

（1）刑罰の執行状況

次に、判決が言い渡された後の展開を見てみよう。つまり刑の執行状況と刑からの解放理由についてである。ここで検討するのは、出廷拒否により追放令を受けた二八六人の追放者（banniti）と、出廷し有罪判決を受けた一五〇人の有罪判決者（condemnati）の計四三六人である[75]。判決後の両者の立場は同じで、刑の執行（罰金刑の場合は罰金の支払い）まで彼らはコムーネの法の保護下から外され、誰からも罪に問われることなく攻撃されうる状態となった[76]。ここでは便宜上両者を総称して「有罪者」と表記することもある。

裁判官により有罪判決や追放令が言い渡された後、法廷書記はその内容をまとめた判決文書を作成し、それを文書庫に送る。文書庫管理人は随時送られてくるこの判決文書を、判決集として年ごとに綴じることが義務づけられていた。コムーネはこの判決集を通して追放者と有罪判決者を管理していた[77]。判決集を見ると、裁判記録で確認された有罪者四三六人のうち三人がそこには含まれていないことがわかる。この三人はいずれも死刑の有罪判決を受け、刑が執行された者たちであり、判決集で管理する対象とは見なされなかったのだろう。

図7-5とともに判決集に収められた四三三人を見ていくと、判決文書での有罪者の名前に斜線が引かれ、欄外にメモ書きがあるものがある（図3-8参照[78]）。たとえば事例Bのジョヴァンナの判決文書では、有罪判決を受けた

ジョヴァンナの名が斜線で消され、欄外には次のような記述がある。

前述の年［一三五五年］の一一月一四日、ジョヴァンナの有罪判決が、公証人であり文書庫管理人である私マッテオによって消去され抹消された。それは一一月一三日に国庫財務管理官のフレーディが、ジョヴァンナから有罪判決のための一二リラ一〇ソルドを受け取ったことが、国庫財務管理官の書記ニコロッツィの筆による公的な証明文書によって確かめられたからである。(79)

一一月七日に有罪判決を受けたジョヴァンナはそれから一週間のうちに罰金を支払い、判決集での名前の消去を通して、有罪状態から解放されたのである。

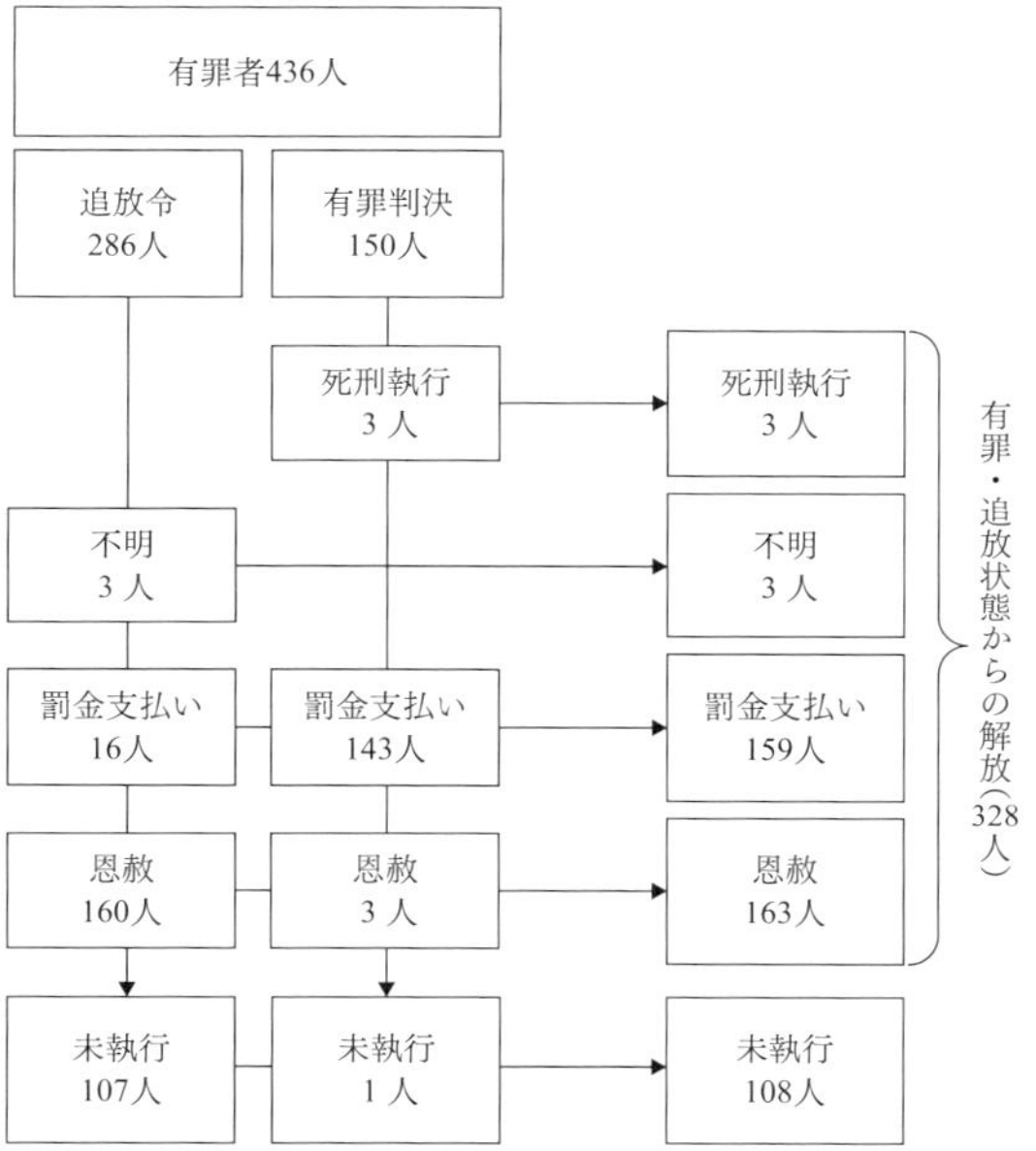

図 7-5　判決後の展開

一三五五〜五六年の有罪者のうち、有罪・追放状態から解放された者は三二八人（うち三人は死刑の執行）、全体の約四分の三に上る。他方、残りの一〇八人は有罪、追放状態で刑が未執行のまま判決集に名が留め置かれたままになっている。ちなみに一三六三年でも有罪者一七一人中、判決集で確認できるのが一五二人であるが、そのうち一二五人（八二％）が有罪・追放状態から解放されている。(80) 刑を執行されるまたは刑から解放される者の割合の高さは、警察組織が十分に整備されていなかった当時の状況を考えれば興味深い。コムーネの法の保護の外に置かれることによる様々な危険が、刑に服することへの大きな圧力として働いていたのであろう。

先の数字は、出廷し有罪判決を受けた者と、出廷せず追放令を受けた者とを合わせた数字である。実は、両者をそれぞれ見ていくと、刑に服していた割合と、刑からの解放のされ方に違いがあることがわかる。

出廷した後に有罪判決を受けた者は一五〇人いた。この有罪判決者のほぼ全て（一四六人）は有罪状態から解放されている。[81] その全員が罰金刑を言い渡された者たちで、うち一四三人は罰金の納付のために、残りの三人はアンツィアーニからの命令（恩赦）の効力によって判決集から名前が消され、有罪状態から解放されている。罰金の支払い率が高いのは、出廷した時点で、刑に服する心づもりであったからだろう。判決の言い渡しから罰金の支払いと有罪状態からの解放までの期間は、一カ月以内の者が二七人、二カ月以内が七三人となっており、半年以内に刑に服した者が一三五人と九割以上になる。有罪判決を受けた後二年以上たっても支払いを行っていない者は三人しかいない。被告人の中で悪事の直接の被害者と判決時に和解していなかった六九人のうち二六人は、有罪判決を受けた後、和解を果たし罰金を半額にすることに成功している。

法廷の召喚に応じず追放令を受けた追放者たちはどうであったか。この者たちを収めた集成を分析すると全二八六人中、名前が消去され追放状態が解消された者は一七九人（六三％）、追放状態のままでいる者は一〇七人（三七％）であることがわかる。追放者とはもともと、法廷の出廷命令に従わなかった者たちであるからして、その後もコムーネの命に従わない者がいることは自然である。むしろ注目されるのは、当初は出廷を拒否していながらも、その後にコムーネの法の保護下に舞い戻った者たちが六割強いることである。

追放令を受けながらも解放された者たち――一七九人のうち解放理由が不明な三人を除く一七六人――について分析すると、まず一六人は、判決で科された罰金を素直に支払うことで追放状態を解かれている。彼らの半数以上（九人）は一年以内に刑に服している。また九人が罰金を半額にできる和解契約を判決後に獲得することに成功している。

問題は罰金の支払い以外の方法で追放状態から解放された一六〇名についてである。判決文書の欄外のメモ書きには、ルッカのアンツィアーニやピサのアンツィアーニ、ピサの評議会、ピサのドージェらによる決定の効力で、追放令が消されたということが記されている。また、有罪判決を受けた三人もこの理由で解放されている。こうした政治機関による赦免、つまり恩赦は、都市条例でも認められた合法的な行為であった[82]。次に恩赦による有罪からの解放について詳しく見ていこう。

（2）恩赦による解放

事例Aでは殺人罪や殺人ほう助罪のために、一三五五年一〇月一五日に九人に対して死刑や高額の罰金刑を伴う追放令が出されていた。これに関する判決文書の欄外には次のような追記がある。

チェッロットーロ（斬首刑）：

一三五八年四月一五日に追放令から解放。一三五八年四月一四日ピサのアンツィアーニの法令の効力のために。それはチェッロットーロの追放令からの解放に関する議題について、ルッカの長であり保護者であるピサのアンツィアーニの投票により決定したものである[83]。

ベルトッコ（斬首刑）：

一三六〇年三月一四日に追放令から解放。一三六〇年二月五日のピサのコムーネの大評議会での決定の効力のために。そこではピサのコムーネとコレーリア代官区の共同体との間で取り交わされた和平協定が承認された[84]。

コルッチーノ・パルエイ（三〇〇リラの罰金刑）：

一三五八年一一月二二日に追放令から解放。九月二八日のルッカのアンツィアーニの指示の効力のために。そこではコルッチーノがアンツィアーニに提出した嘆願について、アンツィアーニの招集した評議会で審議され、コルッチーノがルッカのコムーネに一五日以内に二〇リラと、バルジェッロたるジョヴァンニに支払うべき額を支払うよう決定がなされた。そしてコルッチーノは決定通り二〇リラをルッカの国庫財務管理官に、バルジェッロに支払うべき額を一一月四日に支払った(85)。

プッチネッロ・ブテッリ、コルッチーノ・ブテッリ（三〇〇リラの罰金刑）：

一三五七年五月九日に追放令から解放。ルッカのアンツィアーニの四月一〇日の指示のために。そこでは四月六日にアンツィアーニが招集した評議会において、追放令のために牢獄に収監されているプッチネッロとコルッチーノの兄弟に対して、主イエス・キリストへの畏敬により、四月九日の復活祭の日に、彼らが何の支払いもなしで追放令から解放され、自由の身になることが承認された(86)。

事例Aの他の被告人については、ジョヴァンニ・メニケッリとジョヴァンニ・プッチネッロはプッチネッロ・ブテッリらと同じようにしてルッカのアンツィアーニの指示により追放令から解放され、ピエロとグイドはピサのアンツィアーニの命令により五〇リラを支払い解放されている。

ルッカのアンツィアーニの決議録に目を転じると、一三五八年のそれには幸運にも、先に見たコルッチーノ・パルエイの刑の赦免の審議記録を発見することができる(87)。一三五八年九月二八日の五〇人評議会では、コルッチーノがアンツィアーニに提出した嘆願が議題に上る。転写されている嘆願状によれば、コルッチーノはまず、起訴内容で示される罪を犯していないこと、被害者の遺族と和解を行ったこと、同じ案件で追放令を受けた他の六人はいずれも刑から解放されていることを主張する。そして自身はバルジェッロによって捕らえられ、牢獄に入れられ貧しさに苦しんでおり、もし恩寵（gratia）が与えられなければそこで死んでしまうだろうと訴え、罰金三〇〇リラの減額を求める。この嘆願はアンツィアーニによって五〇人評議会に提示され協議に付された。五〇人評議会では議員コルッチーノ・ペーリが、コルッチーノに恩恵をなすべきであり、一五日以内にルッカの国庫財務管理官に二〇リラを、バルジェッロに規定の金額を支払えば、残りの罰金から彼が解放されるようにという意見を述べる。この意見に対して投票が実施され、四四票の賛成（反対なし）を集めたため、この意見は評議会の正式な決定となる。アンツィアーニはこれを受け、上記の決定内容を文書庫管理人に指示する。まさにこれこそが、判決集の欄外に記載されているアンツィアーニからの指示である。

以上の事例では、政治権力が有罪者に与える刑罰の赦免について、「恩寵（gratia）」という用語が用いられている。ここでは政治権力のこうした行為を「恩赦（gratia）」と称して議論を進めよう。恩赦については第8章でアンツィアーニの決議録や評議会議事録に基づいて、一四世紀におけるその展開と意義について詳しく検討するが、本章では判決集の欄外の記載を基に、一三五五年から五六年の一年間の有罪者一六三人（追放者一六〇人、有罪判決者三人）に与えられた恩赦を分析しよう。

（3）恩赦を与える主体と恩赦の種類

まず恩赦を与えた主体である。一三五五年以降はルッカがちょうどピサの支配下に置かれていた時期（一三四二年から六八年）であった。判決集からはピサのアンツィアーニや評議会が有罪者の解放に関わっていた様子が見えてくる。ピサのアンツィアーニは六四人の有罪者に対して、ピサの評議会は二六人の有罪者に対して、それぞれ恩赦を与えている。また一三六四年から六八年の間、ピサとルッカの統治者であったドージェ、ジョヴァンニ・デッラニェッロによる恩赦も四人の有罪者に対して与えられている（表7-5）。

ピサの支配が終わった後の一三六八年に一時的にルッカの統治者となった神聖ローマ皇帝カール四世は、一三六九年に大赦を行った。一三七〇年のルッカの独立後に、この皇帝の大赦に基づいて、一三人が有罪状態から解放されている。

表 7-5　1355〜56 年の有罪者に対する恩赦の主体

恩赦の主体	件数
ピサのアンツィアーニ	64
ピサの評議会	26
ピサのドージェ	4
神聖ローマ皇帝カール 4 世	13
ルッカのアンツィアーニと評議会	42
ピサとルッカ	10
不明	4
総計	163

ピサや皇帝など、ルッカ外部の上位権力者から恩赦を受けた者は計一〇七人になる。そのうちの八割弱に当たる八三人は、重罪による死刑判決を言い渡された者であった。死刑判決からの解放という重大な決断は上位権力に委ねられるべきという認識が、嘆願を行う側やそれを受ける統治者側にあったのかもしれない。ルッカのアンツィアーニとその下で招集された評議会も、このピサの支配下にあった時期においても恩赦を行っていた。一三五五年から五六年の有罪者のうち、四二人がルッカ政府の恩赦を享受している。内訳は、死刑判決からの解放が四人、罰金刑からの解放が三八人と、比較的軽い罪で有罪判決を受けた者に対する恩赦がなされている。

この他ルッカとピサの双方が関わった恩赦が一〇人に対して見られ、恩赦の主体が不明なものが四人分ある。

それぞれの政治的主体は、どのような形式と理由の恩赦を行っていたのか。これについては判決集の欄外の記述からは不明なものが多いが、内容が判別できる八二人への恩赦を検討しよう。

まず、上記のコルッチーノの事例のように、有罪者からの訴えに基づいて個別に恩赦がなされる場合がある。ルッカのアンツィアーニやピサのドージェが個々の嘆願を受け、有罪者の状況を加味して個別の恩赦を行っている。判決集の欄外の記述からは、こうした個別の恩赦は明確にわかるものだけでも三六人に対して行われている。これとは別に、「ピサのアンツィアーニの指示で」という簡潔な記載のみがなされ、内容が判別できないものも六〇件あるが、これも個別の恩赦の可能性がある。

個別恩赦の中で、一五人という多くの者を解放しているのが、ルッカのアンツィアーニによる神の恩恵を模した恩赦である。ルッカのアンツィアーニは、上記のプッチネッロ・ブテッリらへの恩赦のように、牢獄にいる者たち

（おそらくコムーネの役人や警備兵などに拘束された追放者）に対して、キリスト教の祝祭日に、神の恩恵を模した恩赦を行っている。議事録によるとこうした恩赦も個別の収監者の事情が加味して行われている。

個別に与えられる恩赦ではなく、有罪者全体に対して一律に刑の赦免がなされる恩赦でも、多くの者が刑から解放されている。なかでもよく見られるのはピサの大評議会で一三六〇年二月五日に承認された和平協定に基づく恩赦である。コレーリア代官区の共同体とピサとの間でなされたこの和平協定には、ルッカとピサで出された有罪判決の消去の規定が盛り込まれていた[88]。今日まで残されているこの一三六〇年二月の協定の解放者リストを見ると、この協定で一〇九人が追放令から解放されている（うち七八人が死刑判決からの解放[89]）。一三五五～五六年の有罪者では、二五人がこの和平協定に基づいて刑罰から解放されている。上記のベルトッコの恩赦もこれである。またコレーリアとの和平協定以外でも、ルッカやピサが行った和平協定に基づいて四人の刑が赦免されている。

大赦によって有罪者が一律に刑から解放されている事例もある。判決集によれば二一人の有罪者がこれにより解放されている。大赦は次章でも見るように統治者の交代時などに行われることが多く、皇帝カール四世の大赦に基づいて一二人が、罰金等の支払いなしで刑から解放されている。またいくつかの大赦では犯した罪ごとに定められた恩赦税（seca）を支払うことで刑から解放されている。

恩赦によって刑罰から解放されている者たち（一六三人）は、素直に罰金を支払い刑に服する者たちよりも、長い間追放、有罪の状態で過ごしていた。解放までの日数を計算すると、一年以内に解放されたのは四一人と、全体の四分の一に過ぎない。一年以上二年未満の者は三一人、二年以上三年未満の者は二七人、三年以上四年未満の者は八人、四年以上五年未満の者は三〇人となっている。解放までに五年以上一〇年未満かかった者も一〇人、一〇年以上要している者は一六人おり、なかには追放令が出されてから二七年の歳月を重ね一三八二年になってようやく追放状態から解放された者もいる。追放状態にあった者たちはルッカ領域から離れたり領域内で身を隠したりしながら、大赦を待ち望み、嘆願を提出する機会を窺っていたのであろう。

恩赦とは政治権力による裁判への介入に当たる。これは第II部で見たように、民事裁判でも存在した。しかしそこでなされた介入は略式裁判を指示したドージェの命令のように中立的なものであり、裁判の勝敗を決するようなものではなかった。これに対し刑事裁判への政治的介入は、裁判の途中ではなく判決の後に行われ、罰金額または有罪判決自体に変更を加える、かなり立ち入った介入であった。なぜ政治的な主体が易々と司法の場に介入し、その行方に深く関与することができたのか。この問いを念頭に、最後に刑事司法のコムーネ内部における位置づけについて考えてみたい。

7　刑事司法とコムーネ

アンツィアーニや評議会といった政治行政機関が、刑事司法の領域に介入していた動機として思いつくのが、刑事司法は都市の治安秩序に関わる「悪事」を扱う分野であったことである。では、政治行政機関のそうした行動は、どのような「法的」論理によって——都市条例よりも高次の法たるローマ法の次元において——正当化されることができたのか[90]。これについて、「財源」としての有罪者の位置づけと、バルトルスのローマ法の解釈に注目して検討しよう。ちなみに、この法的正当性の問題は、学識法学者がこぞって議論していたテーマであったことからもわかるように、当時において決して些末な問題ではなかった。

（1）「財源」としての有罪者

民事裁判と刑事裁判の本質的な差異として、判決の結果に利害関係を持つ者が異なるという点がある。民事裁判では勝訴した原告が、訴えで要求していたモノを被告から受け取り、また権利を確認される。これに対し刑事裁判では、有罪判決を言い渡された者が罰金を支払う先は、場合によっては告発人や被害者ということもあるものの、基本的にはコムーネの国庫である。民事裁判で作成されることのなかった判決集が、刑事裁判では羊皮紙という耐久性のある素材でつくられ、厳重に保管され今日まで伝来しているのは、その内容がコムーネの財源に直結するものであったからである。(91)

コムーネが刑事裁判での有罪判決（罰金刑）を一種の「財源」として捉えていたことは、有罪判決と追放令をまとめた『アルファベットの書』の存在からもわかる（図3-16参照）。これは第3章でも紹介したように、有罪者の名前、罰金額、判決の日時などがリスト形式で並べられた記録簿であり、現存する記録簿（一三五五年から九二年の有罪者が対象）では、約二五〇〇人の有罪者がアルファベット順に登録されている。(92)一三五五～五六年の判決集と『アルファベットの書』とを照合すると、判決集で名前が消去されていない有罪者と、一三六〇年以降にようやく名前が消されている者が、『アルファベットの書』に登録されていることがわかる。(93)つまり一三五五年から五年後の時点において、刑に服さず、追放、有罪状態のままであった者がここに書き込まれているのである。

刑の未執行者だけを登録したこの書は、犯罪者を危険人物として把握するために作成されたものではない。というのも『アルファベットの書』には、有罪者の名前と出身地、罰金額（時には身体刑）、判決の日時しか記されておらず、そこには犯罪の具体的内容は記されていないからである。この書はおそらく、刑の未執行者をコムーネへの「債務者」として捉え、年々増えていく「債務者」を一括して管理し、罰金徴収に役立てるべくつくられたものであろう。(94)

こうした罰金徴収への熱心な姿勢と、政治行政権力による刑の赦免の指示とは矛盾しているように思われるかもしれない。しかし、アンツィアーニらが法的正当性をもって有罪判決の内容を変更しえた大きな根拠は、まさにこの、有罪者が判決後に司法の対象から政治行政の対象へと移行したことにある。これにより政治行政の長として罰金徴収などの財政面でも権限を持つアンツィアーニや評議会が利害関係者として、法廷の有罪判決の内容に変更を加えることができるようになったのである。

（2）恩赦のローマ法によるお墨つき

この有罪者が「財源」としてアンツィアーニの管轄下に入ったという論理は、学識法学者バルトルスが、『学説彙纂』の法理を解釈して、政治行政権力による有罪判決の消去を「法的」に正当化する際のカギとして用いているものである。

『学説彙纂』には以下のことが示されている。

属州の総督は自身が有罪にした者の地位を回復させることはできない。なぜならば自らによる罰金判決を取り消すことはできないので。ではどうすればよいのか？　もし、有罪であると見られていた者の無実が証明されたなら、総督は皇帝に手紙を書く必要がある。(95)

この文言についてバルトルスは、次のように注解する。

ポデスタは自身が有罪判決を下した者を、無罪にすることはできない。そこでコムーネに彼を無罪にするよう嘆願を行う必要がある。というのも、罰金刑で有罪になった場合、その罰金はコムーネに向かうのであるから、コムーネの恩恵によりその者は罪から解放されることができ、そうしなければならない。身体刑を科せられた者に対しても同様のことが言えるので、同じように手続きが行われるように。ここで話している都市とは、君主を持たない都市のことである。(96)

この注解では属州の総督がポデスタに、皇帝がコムーネに置き換えられている。ここでのコムーネとは明らかに、コムーネを政治行政的に代表する執政府と評議会を指している。こうして『学説彙纂』の法理に基づかせることで、ポデスタの有罪判決にいまや利害を持つこととなったコムーネによる恩恵付与の行為は、事実上の実践から、「法的」に正当な実践へと変化したのである。

タンツィーニの研究によれば、フィレンツェでは、刑罰の消去の際に法学者の法鑑定が行われていた。フィレンツェの法学者らはその時、バルトルスらの諸文献を用いながら、慎重に刑の消去の「法的」正当性を吟味していた(97)。一四世紀半ばに法学者の影響力が低下していたルッカでは、刑の消去におけるローマ法的な根拠についてどれだけの意識が向けられていたかは検証できない。とはいえバルトルスの法解釈によって、恩赦が一般的に「合法化」されたいま、コムーネを政治行政的に代表するアンツィアーニらは、自身の行動の合法性に関する何らの後ろめたさもなく、法廷の有罪判決を赦免することができたのである。

さて、アンツィアーニら政治的主体による刑の赦免の行為一般の「合法性」がここに確かめられたとしても、なおいくつかの疑問は残る。なぜ彼らは、自己の財源を減ずる刑罰の赦免を行っていたのか。また裁判官が都市条例に基づいて行った判決に対して変更を加えるような個々の決定を、いかにして「正しき」決定、「正義」にかなう決定として正当化していたのか。この問題を詳しく検討するためには、もはや司法の場での実践を観察するだけでは不十分である。政治の場に考察対象を移し、そこで行われていた「正義」をめぐる議論に耳を傾けてみよう。

第8章　恩赦に見るコムーネと正義

1　恩赦とコムーネ

法廷で有罪判決や追放令を下された有罪者たちにはその後、様々な道が用意されていた。素直に罰金を支払い有罪状態から解放される者もいれば、コムーネの下から法的にも物理的にも離れる者もいた。裁判官による判決に不服を感じた者は控訴法廷に向かうこともできた[1]。

ルッカを統治する外部の統治者やルッカの執政府アンツィアーニといった政治権力に、刑罰の赦免という恩赦を求めて訴え出ることも、選択肢のひとつであった。ルッカのアンツィアーニの決議録には、こうした恩赦を求める有罪者の嘆願や、恩赦の決定が随所に見られる。そこでの恩赦は大きく二つのものがあった。ひとつは有罪者全員に対して一律のルールで出される、大赦に代表される全体恩赦であり、もうひとつは個々の訴えに対して個別に出される個別恩赦である。例を挙げよう。

一三三六年六月一七日、外国人領主の代官から認可を受け、ルッカのアンツィアーニは大赦を行った[2]。それは領主の「恩寵の好意（munera gratiarum）」を受けることを望む者たちに、恩赦税（seca）を支払うことで刑罰から解放される機会を与えるというものである。恩赦税の税額、税率は罪の大きさで異なり、市民を殺害して有罪となった者は五〇リラ、市民以外の者の殺害による有罪では二五リラの税の支払い、傷害罪では罰金額の二〇分の一の額（一リラ当たり一二デナーロ）、被害者のいない「悪事」（武器携行など）を犯した者は罰金額の四〇分の一の額（一リラ当たり六デナーロ）が、設定された。そしてこの法令の効力は八月一日まで続くとされた。この大赦の規定は、翌六月一八日に役人によって街中で布告された[3]。こうした大赦は、特に外国人領主支配下の時期（一三二八～四二年）に多く行われた。

全体に一律に適用される大赦に対し、個別恩赦とは、個々の訴えに応じて出されるものである。これはピサ支配期、特に一三五〇年代以降に多く見られる。個別恩赦については前章でもコルッチーノ・パルエイの例を挙げたが、ここでもひとつ見ておこう。一三五三年一月二一日、ルッカのアンツィアーニはコルッチーノ・ネーリから受け取った嘆願状を、五〇人評議会に提示した[4]。嘆願状でコルッチーノは、一三四九年にポデスタ法廷で傷害罪のために七五リラの追放令を受け、その後被害者との和解により罰金が半額に減額されたことを説明し、続いて被害者との和解がなされていること、自身が貧しいこと、そしてコムーネの栄誉の下に戻りそこで働きたいことを挙げて、罰金の四分の一の額への減額を求めた。五〇人評議会はこの訴えを審議し、最終的に罰金を三分の一に減額する「恩寵（gratia）」をアンツィアーニが与えるよう決定した[5]。

以上のような恩赦はイタリアの各都市において、一四世紀の過程で定着し、一般的に見られるようになっていった。それは都市条例で認められていただけでなく、前章で見たようにローマ法の解釈を通じて「法的」なお墨つきを与えられた合法的な実践であった。しかし、恩赦という行為の中身を突き詰めて考えてみれば、それはコムーネの統治原理とは相容れない側面を持ったものであることがわかる。というのも、恩赦は権威と臣民との関係を前提としてなされるものであり、また実定法ではなく自由裁量に依拠して行われるものであったからである。それぞれについて考えよう。

上記の全体恩赦においても個別恩赦においても"gratia"という用語が使われている。文脈からこれには恩寵や恩恵（beneficium）という意味が当てられよう。恩赦とはそれゆえ、権威側が臣民の嘆願に応えて、恩恵を施す行為であった[6]。権威者と臣民との関係を前提として行われるこうした恩赦は、一般に王制やシニョリーア制の下で行われていた。とりわけ有名なのはフランス王による恩赦であるが[7]、イタリアにおいても第1章で見たように、中近世を通して各地のシニョーレが恩赦を行っている。ボローニャのタッデオ・ペーポリ[8]、ヴェローナのデッラ・スカラ家[9]、ミラノのヴィスコンティ家[10]、そしてルッカのパオロ・グイニージ[11]らの恩赦が知られている。彼らシニョーレは恩赦を通して、臣民との直接的な関係を結び、自身の支配を強固なものとしたのである。

翻ってコムーネ都市においては、権威と臣民との関係を前提とするこうした恩赦は、そぐわないものであったように見える。というのも、コムーネの理念では、執政府とはただ住民から構成される「コムーネ」の代理という存在でしかなく、それは決して「恩恵」を人びとに施すような君主的な存在ではなかったからである。また住民側も、「コムーネ」の代理としての執政府に恩恵を乞う「臣民」ではなく、「コムーネ」を構成する「市民」であった。ここに恩赦とコムーネとの非親和性がある。

恩赦の第二の特徴として、それが為政者の自由裁量に基づいてなされる点がある。これもコムーネ原理と相容れない面である。恩赦は確かに都市条例でもローマ法の解釈でも認められた合法的な行為ではあった[12]。しかしそれは、裁判官が実定法に基づいて行う判決を事実上破棄するものであり、ある問題で恩赦を与えるべきか否かの判断は、為政者の「良識（coscientia）」に依拠していた[13]。つまりそこでは決定の「正しさ」を基礎づける原理は、実定法ではなく自由裁量にあった。これは、実定法への準拠を「正しさ」の基礎に置き、その上での公正、公平をモットーとする一三世紀のポデスタ期、ポポロ期の「正義」のあり方からは大きく逸脱したものであった。

恩赦とはそれゆえ、伝統的なコムーネの世界、すなわち全住民を代表するコムーネという理念と、実定法への準拠に基礎づけられた「正義」という理念とが支配するコムーネ世界とは、相容れないものであった。しかしこれまで見てきたように一四世紀ルッカで、そして他の研究が明らかにしているように同時期のフィレンツェ、ボローニャ、シエナなどの共和制都市でも、恩赦は行われていた(14)。なぜ、どのようにして一四世紀のコムーネ都市において、伝統的コムーネ世界とは相容れない恩赦が行われ始め、そして普及したのか。一四世紀ルッカでの恩赦の導入と拡大の過程を具体的に検討することで、コムーネがどのようにして旧来の伝統的な姿から脱却し、またその要素を一部保持しながら、新たな「正義」に特徴づけられた姿をとるようになっていったかを明らかにしよう。以下では、一四世紀ルッカの三つの時期――一三二八年から四一年の外国人領主支配期、一三四二年から六八年のピサ支配期、一三七〇年から一四〇〇年の共和国時代――の恩赦の展開をそれぞれ検討する。

2　外国人領主による大赦

(1)　大赦とその動機

カストゥルッチョ・カストラカーニのシニョリーア支配（一三一六～二八年）の後、ルッカは外国人領主によって立て続けに支配される。神聖ローマ皇帝ルードヴィッヒ四世（一三二八～二九年）、ジェノヴァのゲラルド・スピノラ（一三二九～三一年）、ボヘミア王ヨハン（一三三一～三三年）、パルマのロッシ家（一三三三～三五年）、ヴェローナのマスティーノ・デッラ・スカラ（一三三五～四一年）、そしてフィレンツェ（一三四一～四二年）の支配である。彼ら外国人領主支配下におけるルッカの統治構造は、基本的にはルッカのアンツィアーニと各領主の代理人たる代官との共同統治の形をとった(15)。

この外国人領主の支配下で特徴的に見られたのが大赦である。一三三〇年以前にはこの種の恩赦は史料の不足のために見つけられないが、一三三一年から四二年の間には少なくとも七度の大赦が確認される。ヨハンの時代の一三三一年五月二七日の大赦[16]、ロッシ家時代の三三年一一月六日の大赦[17]、マスティーノ・デッラ・スカラ時代の三六年六月一七日[18]、三八年四月八日[19]、三九年四月二八日[20]、四一年四月一五日の大赦[21]、フィレンツェ時代の四二年七月二日の大赦である[22]。この時期の大赦が行われるに至るプロセスは様々であるが、基本的には領主から大赦を行うことを許可されたアンツィアーニや五〇人評議会が本章冒頭で見たような具体的な赦免のルールを決めるというものである。

どのような動機により領主代官やアンツィアーニは、有罪者の刑を赦免していたのか。史料にはアンツィアーニや代官らの意図については明記されていない。しかし恩赦の前文などからは、彼らに恩赦を出させていた具体的環境を見ることはできる。

ロッシ家支配下の一三三三年一一月の恩赦では、一〇月二五日にアンツィアーニが五〇人評議会に恩赦を提案する際、「多くの公的な文書が［先の略奪により］焼失してしまい、そのため多くの有罪者が追放令が見つからないと確信して自由にルッカとその領域を闊歩している」ことが指摘され、その対策として大赦が求められている[23]。そして一一月の恩赦規定を補足する一二月の法令では、判決の書の紛失によりルッカのコムーネと領主の財政が損害を受けていることが嘆かれ、「悪事が罰せられないままにならないように」という法諺も用いられ、『アルファベットの書』などを通して有罪判決が復元され恩赦税の支払いがなされるようにとされている[24]。判決記録の消失という事態に直面した執政府が、少しでも有罪判決から収入を得、また悪事を罰し秩序を維持しようとして、この大赦を行わせたと言える。

マスティーノ・デッラ・スカラ支配下での一三三八年の大赦では、また違った動機を見ることができる。そこでは前文で「追放者らが、我々の領主とルッカのコムーネへの忠誠と献身の中に戻り、良く振舞い、そこで留まるために、恩寵の効果を獲得し、彼らが熱心に活気づけられるように」として[25]、恩赦の実施が求められている。ここには忠誠を示す臣民に対して、恩赦によって慈悲深さを示すことで、その支配を確立しようとする為政者側の思惑が垣間見られる。

こうした外国人領主による権威を高めるという動機は、各領主がルッカの支配に入った直後に恩赦を行っていることからもわかる。ヨハンはルッカの支配者となった二カ月後に、ロッシ家は一カ月後に恩赦を行っている。また一三三六年六月の恩赦はマスティーノの代官となったスピネッタ・マラスピーナの着任の二カ月後に出されている。上記のロッシ家による恩赦が提案されたのは興味深いことに、前の支配者のヨハンが市民に与えた諸特権を廃止し、以前の大赦を無効化する決定を行ったのと同じ日であった。外国人領主にとって重要であったのは、何よりも現体制の恩恵下で有罪者がルッカに戻ることだったのである。

（2）外国人領主の統治原理の浸透

恩赦とは、法廷で裁判官が都市条例に基づいて下した決定を消去したり変更したりする行為であり、その意味で通常外の（extraordinario）、異例の措置であった。それがまさにこの時期に頻繁に出されるようになったことは偶然ではない。この時期のルッカは、完全なコムーネ体制ではなく、外国人領主の支配下にあり、内政面ではアンツィアーニと外国人領主の代官との共同統治が行われていた。つまり一四世紀前半のルッカには、コムーネ原理とは異なるシニョリーア的な統治原理が入り込んでいたのである。

外国人領主のシニョリーア的な権力行使の特徴とは何か。それは彼らが条例に縛られない通常外の力を持つとされた点である。この領主の権力の特徴は、一三三六年七月一〇日のマスティーノ・デッラ・スカラが行った「宣言」にはっきりと見られる。

マスティーノの「宣言」は、それより三カ月前の四月三日、マスティーノの代官スピネッタ・マラスピーナの着任の際、ルッカ側（アンツィアーニ）が外国人領主側に提示していた条項と対応関係にある。ルッカのアンツィアーニは新たに築かれる統治体制の枠組みとして、一三の条項をスピネッタに提示していた。そのひとつ第六条は、「ルッカ人でも［外国人領主の］代官の出身地の人物でもない者が、法学の良き専門家が監査官となり、その監査官に、代官やその法廷と役人、また全ての都市の役人の不正な抑圧や判決に関して訴えがなされるように。そして、代官やその役人らは、その職務の終了後にはルッカの都市の慣習と条例に従って監査される」ようにと求めている。[26] ここには、中立的な監査官の下での役人の都市条例の厳守という伝統的なコムーネの統治原理を見ることができる。そして領主の代官も、その監査に服すことが求められている。

しかしこのルッカのアンツィアーニの求める統治体制は、七月一〇日のマスティーノの「宣言」において、はっきりと拒否された。「宣言」では、「領主の一般代官（maggiore officiale e vicario generale）は、都市役人や代官から不当に扱われている臣民の苦情に対し、どんな厳格な手続きも省略し、略式で判断することができる」こと、そして「一般代官はどんな時もいかなる理由によっても、監査されたり、煩わしくされたりすることはない」ことが示されている。[27] マスティーノの「宣言」で重要なのは、最終的な判断を下すのが都市の監査官ではなく領主の一般代官であり、さらに監査を受けない一般代官は、法的な手続きに従う必要はなく自由に略式で決定を行うことができるとされている点である。

ここからは都市条例を基礎とするコムーネの伝統と対極に位置する原理、つまり法に縛られずそれゆえ自由裁量に依拠して行動できるという統治原理が、外国人領主の下で導入されたことがわかる。こうした中で、恩赦をも含めた例外的な措置がとられるようになったのである。一四世紀前半のルッカにおいて、恩赦が頻繁になされる契機はそれゆえ、コムーネの内部からではなく、コムーネの外部の政治権力によってもたらされたと言うことができよう。そして後で見るように、この時導入された恩赦の政策は、より共和的な体制に戻るピサの支配下と共和国時代にも引き継がれることとなる。

（3）臣民に対する「不正」の「矯正」としての恩赦

領主自身に内在する例外的な力が実際に発揮されるのは、マスティーノの「宣言」でも想定されているように、臣民が役人から「不正」を受けたとして、領主に助けを求めたときである。大赦がなされる際にも、臣民からの訴えがあったことが確認される。

一三三六年四月にルッカのアンツィアーニが代官スピネッタに示した提案の第一一条では、アンツィアーニが都市の代表者として、領主側に、市民に課せられた刑罰と義務が「特別の恩恵」によって免除されるよう要請している[28]。そこでは多くの市民が戦時中に追放令や有罪判決を受け、貧困に陥っていることが理由として挙げられる[29]。本章のはじめに紹介した一三三六年六月一七日の大赦規定は、これを受けて、スピネッタが委任したザノビオの同意の下でアンツィアーニによって出されたものである。

市民から代官に恩赦の要請があったことは、一三三八年四月八日の大赦でも確認される。その前文では、「有罪者たちから何度も代官に、領主とルッカのコムーネの指示で帰還できるように、恩赦税を課してほしいと嘆願があった」ことが指摘されている[30]。例外的な措置としての恩赦は、市民が領主に助けを求め、領主がその代官やアンツィアーニを通じて、慈悲深く対応するという構図でなされるもの、またはそれによって正当化されるべきものであった。

マスティーノの「宣言」では、領主が市民の訴えを聞き入れるのは、市民が役人から「不正」に煩わされているときであった。外国人領主が、臣民と役人との間に前者の守護者として介入する姿は、反逆者の法廷の事例に見ることができる。この法廷の職務は、反逆者の財産を没収しそれをコムーネの財産として管理することであり、それゆえこの法廷の役人は、反逆者に債務を負っていた者や反逆者の借地人に対して取り立てを行っていた。一三三四年四月一二日にこの法廷の職務規定が改定されたが、その理由は「反逆者の法廷の役人の厳しい取り立てによって、多くの不安や迷惑が市民や領域民に繰り返され、大きな負担や抑圧と感じられている」ためであった[31]。そこで新たに追加された規定では、苦情は外国人領主の代官のみに提起されるべしとされた。

実際に代官がこの法廷で行われた裁判に介入している事例は、フィレンツェ支配下の一三四一年から四二年の裁判記録に見ることができる。一二月九日に始まった裁判では、ジョヴァンニ・チオメイという市民が、ある反逆者の財産を保持しているとされ、ジョヴァンニがそれを否定しているにもかかわらず、法廷側は彼の財産の差押えを行った[32]。一三四二年一月三日、ジョヴァンニはフィレンツェの領主代官ギベルトからの書簡を携えて出廷する。裁判記録に転写されたこの書簡によれば、ジョヴァンニは代官に訴えを起こし、それに応えて代官はこの法廷に「ジョヴァンニを煩わさないように、そして裁判を消去するよう」に指示している[33]。一月五日、法廷役人は代官の指示に従い、差押えた財産をジョヴァンニに返還している。

この反逆者の法廷の役人と、彼らによって煩わされている者との関係を、ポデスタの裁判官と彼から有罪判決を受けた者とのそれに置き換えれば、恩赦は、役人の「不正」な決定から臣民を救う領主の介入政策のひとつとして位置づけることができるだろう。もちろん領主側の恩赦の動機は、財政の改善や治安維持、権威の向上などであり、彼らが恩赦を役人の「不正」に対する「矯正」と見ていたことを示す記述はない。しかし、領主が恩赦へと導かれる数々の環境、すなわち社会的混乱を引き起こす判決の書の焼失、前政権の役人による有罪判決、戦時中の有罪判決と貧困の状況は、領主が裁判官による判決を、形式的、法的な意味ではなく、政治的、社会的な意味において「不正」と見なすのに十分な状況であったと言えよう。そしてそれは通常の司法システムを非正当化し、領主による例外的な権力を発動し、それを正当化するためにも十分なものであった。外国人領主支配下においてうっすらと浮かび上がる、この恩赦を正当化する「不正」の「矯正」という論理は、ピサの支配下の個別恩赦においてより具体的な形で現れることとなる。

（4）恩赦の条件

こうした例外的措置である恩赦にも、ある重要な条件が課せられていた。それは第三者の権利を侵害しないというものである。刑罰の赦免である恩赦は、コムーネの国庫に損害を与えるものであり、たとえ恩赦税が支払われたとしても、基本的にはコムーネや外国人領主自身を犠牲にした措置である。しかし恩赦は、「悪事」を受けた被害者の「権利」をも失わせる危険性を持っていた。というのも、大赦の規定ではたとえば殺人犯であっても一定額の恩赦税を支払えば、ただちに刑から解放されるからである。大赦規定を策定するアンツィアーニもこれを十分に認識し、対策を講じていた。大赦規定では、殺人や傷害など被害者のいる「悪事」のために有罪となった者は、被害者との和解を行うことが恩赦を受ける条件とされていたのである。

アンツィアーニらがこの条件をつけた理由として、当事者間での和解を促すことで、社会秩序の維持を促進しようとしたとも考えられる。これはゴヴァールがフランス国王の恩赦の効果として指摘していることであり、中世の公的秩序と私的な紛争解決との絡まりを考える上では興味深い[34]。ただしイタリア、ルッカの場合、アンツィアーニはそうした社会秩序の維持の効果よりも、やはり第三者（被害者）の権利保護という意識を強く持っていたように思われる。コヴィーニの研究によれば、ミラノでは、ヴィスコンティ家のシニョーレに対して法助言を行っていた法学者たちは、学識ローマ法に基づいて第三者の「権利（ius）」を侵害する恩赦を発布することを制限しようとしていた[35]。第5章ではルッカのアンツィアーニが民事の個別事案への介入に極めて慎重な姿勢を示していたことを見たが、これも彼らが第三者の権利を考慮していたことを思わせる。アンツィアーニらは大赦規定において被害者との和解という条件を設定することによって、被害者側の手に、有罪者が恩赦を受けることができるか否かを決定する「権利」を与えていたのではないか。

3　ピサ支配下の個別恩赦

(1) ピサ支配下の恩赦

一三四二年七月のフィレンツェとの争いの後、ピサはルッカの「保護者」として、そして一三五五年からは皇帝代官として、一三六八年までの二六年間の長期にわたりルッカを支配した。ピサの内部の支配体制はその間、ドノラティコ伯のラニエリのシニョリーア(一三四〇〜四七年)、ガンバコルテ家のシニョリーア(一三四七〜五五年)、ポポロによる共和制(一三五六〜六四年)、ジョヴァンニ・デッラニェッロのシニョリーア(一三六四〜六八年)と変化しており、ルッカの統治者もそれに合わせて、ラニエリ(一三四二〜四七年)、ピサのアンツィアーニ(一三四七〜六四年)、ジョヴァンニ・デッラニェッロ(一三六四〜六八年)と移った。

ピサの支配下においても大赦は受け継がれ、一三四八年七月二二日[36]、五五年六月一五日[37]、六〇年三月一二日[38]、六二年一〇月二九日[39]に行われている。ピサ支配下での大赦のプロセスは、ピサが恩赦の大権(balia)をルッカに付与し、その後ピサの代官とルッカのアンツィアーニが恩赦のルールを設定するというものであり、外国人領主支配下の大赦と基本的には同じであった[40]。

この時期の大赦において動機として語られているのは、主にペスト以降の人口の減少と流出を食い止めることであった。一三四八年の恩赦規定の前文では、「最近の事態のためにルッカと領域の住民は少なくなっている。代官やアンツィアーニによって住民が戻ってくる方法が講じられる必要がある」と指摘されている[41]。また一三五五年の恩赦は、ルッカのピサに対する蜂起の後、ルッカ人がピサからの報復を恐れて逃亡していることへの対策として出されたものであった。ここでは大赦は、ペストや戦乱といった危機的状況への対応策として正当化されている。

ピサの支配下ではこうした大赦に、新たなタイプの恩赦たる個別恩赦が加わる。それは有罪者に対して一律に行われる大赦と異なり、本章の冒頭で示したような有罪者個人の訴えに対して個別に与えられるものであり、個々に例外を設けて、刑の赦免という例外的決定を行うという、二重に例外的な措置であった。この種の恩赦は外国人領主の時代にもわずかながら存在したが、ピサの支配下、特に一三五〇年代になって恒常的に出されるようになる。評議会の議事録からはたとえば一三五二年に一四件、五三年に二二件、五四年に二七件、五八年に二〇件、六一年に三四件、六二年に三〇件、六三年に一七件確認できる。[42] これは年間で平均すると約二三件になる。前章で判決集から見たように、この個別恩赦はピサのアンツィアーニも行っていたが、ここではルッカのアンツィアーニの恩赦を見よう。

（2）個別恩赦の手続き

ピサ支配下の恩赦を特徴づける個別恩赦について、その手続きから検討しよう。始まりはルッカのアンツィアーニへの嘆願状の提出である。嘆願状は評議会議事録に転写されているが、それがどのように提出されていたかは不明である。嘆願には有罪者が恩赦によりルッカに帰還したい旨が記されていることが多いが、これを考慮すると有罪者自身が危険を冒してルッカに戻り、アンツィアーニに直接嘆願を行っていたとは考えにくい。領域外からの送付や、代理人を通して嘆願状が提出されたと考えるのが自然であろう。[43]

他方で嘆願状の宛名ははっきりしている。ルッカのアンツィアーニが主な宛先で、時にはルッカのアンツィアーニと五〇人評議会の両方が記載されていることもある。[44] 外国人領主支配下ではこれとは対照的に、嘆願状の宛名にはアンツィアーニとともに領主またはその代官が登場していた。ピサ支配下のルッカ住民は、ルッカの統治者であるピサやその代官ではなく、自らの都市の代表者たるルッカのアンツィアーニに恩赦を求めていたことになる。

興味深いのは住民たちが訴えの中で、しばしばアンツィアーニに対して「へり下り（humiliter）」、「涙して（lacrimabiliter）」、刑罰の減免を求めている点である。[45] ヴァッレラーニはボローニャのシニョーレ、タッデオ・ペーポリへの嘆願状を分析し、嘆願には嘆願者側の謙譲と、嘆願を受ける側の権威強化のメカニズムが内在していたことを指摘している[46]。これを念頭に置けば、有罪判決を受けた住民がルッカのアンツィアーニに対して、刑の赦免のために、おそらく戦略として行っていた「へり下った」嘆願と、それを受けたアンツィアーニによる恩恵付与の実践は、それらが日々繰り返される中で、当初の関係はどうであれ両者の間で権威者と臣民という構図をつくり上げ強化するものであったと考えられる[47]。

アンツィアーニは嘆願を受け取った後、五〇人評議会を招集し、その嘆願を評議会に提示し、そしてそれに対する意見を求める。そうするのは記録によれば、刑の赦免が「アンツィアーニによってその評議会の同意なしで決定されることはできない」からであった[48]。五〇人評議会は提示された嘆願状に対して審議を行い、議員たちは自身の意見を述べる。議事録には、あるひとつの意見に対してアンツィアーニ（一〇人）と五〇人評議会の議員たち、そして「招待者」が投票を行ったことが記されている。彼らはそれぞれが持つひとつの小球を、もしその意見に賛成であれば白の箱に、反対であれば緑の箱に入れる。投票で三分の二の賛成が得られた場合、アンツィアーニはその意見を実行に移すため、判決の書を管理する公証人に決定内容を伝える。ちなみにこうした審議から決定通知への流れは、恩赦以外でも採用される一般的な議会手続きであった。

評議会議事録では以上の一連の手続きが簡潔に記されている。しかしこの手続きについて、いくつか疑問が残る。ひとつは実際の五〇人評議会では様々な意見が出されたであろうが、その中で誰の意見に投票すべきかをどのように決めていたのかである。これについては、一三五〇年以前のアンツィアーニの決議録にヒントがある。一三三三年一〇月三一日にカストゥルッチョの子孫の帰還に関する問題で評議会が招集された際に、三人の意見が決議録に記載されている。そこでは、代官とアンツィアーニの指示により、議員の一人であるフランチェスキーノの意見に投票がなされたと記録されている[49]。つまり、アンツィアーニと代官が、評議会で示された複数の意見の中で、どの意見に投票がなされるべきかを決定していたのである。この手続きは、一三七六年のボローニャの都市条例でも見られたもので、[50]寡頭化が進み執政府の力が強まった時期の議会手続きとして一般的であったようである。

議会手続きに関するもうひとつの疑問は、提出された嘆願のうちどれだけが恩赦を勝ち得ることができたかである。議事録には通常、五〇人評議会で認可されたものしか収録されていないため、否決された訴えの存在は窺い知ることができない。この点については第3章でも紹介した一三七一年から残る評議会の議事録の『草稿』が多くの情報を提供してくれる。そこでは、受け入れられなかった嘆願に関する記載が見られる。たとえば一三八八年二月四日の大評議会ではミケーレ・フェデリコの恩赦の嘆願が審議され、三人の議員の意見が記録されている。[51]『草稿』では通常、採用された意見の欄外に賛成票と反対票の数が記されているが、ミケーレが行った嘆願に関しては欄外の記載がない。おそらくどの意見も規定の賛成数を得られなかったのであろう。

一三七一年から八二年まで部分的に残されている『草稿』を分析すると、「嘆願について（super petitione）」というタイトルがついた事項では、一五七件中一一四件が審議の結果、何らかの恩恵を勝ち得ている。[52]議員の意見内容から刑罰の減免を求めたものとはっきりわかる事項については四三件中三八件が、恩赦を獲得し、五件の嘆願は審議の末、否決されている。『草稿』は一三七〇年代以降のものしか現存しないが、ピサ支配下でも同様に、比較的高い確率で恩赦が与えられていた一方で、何らの恩恵にも与れない嘆願者もいたことが考えられる。

次に恩赦を与えていた者たちに目を向けよう。五〇人評議会において恩赦付与の審議と決定を行っていたのは、アンツィアーニのメンバーと五〇人評議会議員、そして「招待者」であり、彼らはみなルッカ人である。ピサ支配下の初期には五〇人評議会にピサの代官も出席していたが、代官は徐々に姿を見せなくなっている。

恩赦の成否の決定権を握っていたアンツィアーニと五〇人評議会のメンバー、なかでもその意見が最終的に採用された者について分析すると、興味深い事実が浮かび上がってくる。それは評議会で発言し、最終的にその意見が採用されている者は、少数の限られた者たちであったことである。一三五二年から六三年の間には一六四件の恩赦がなされているが、そのうち一二一件の恩赦は一六人の議員の意見を基にしている。そして意見の採用数の多い上位七人の意見は、全体の半数を超える八八件の恩赦を生み出している[53]。一六四件のうち法学者の意見の採用は一一件、公証人の意見は四二件と少なくはないが、それは全体の三分の一以下に過ぎず、彼ら法学の素養を持った者の意見が必ずしも必要とされていたわけではなかったこともわかる。

少数の者の意見が多くの恩赦の土台となっていたことからは、都市政治の寡頭的性格が垣間見られる。投票にかける意見を選んでいたのは、上記のようにアンツィアーニであったが、ミークの研究によれば、ピサ支配下ではピサのアンツィアーニがルッカのアンツィアーニの選出過程に関与し、これによりアンツィアーニの候補者の範囲が限定されていた。こうしてなされたアンツィアーニのメンバーの固定化が、特定の議員の意見の採用をもたらしていたと考えられる。個別恩赦はルッカで進む寡頭化を背景として行われていたのである。そして個別に例外をつくって刑罰を赦免するという二重に例外的な措置である個別恩赦の実践は、彼ら少数の支配者層の手へと権力を一層集中させ、寡頭化を促進する動力となっていたことも考えられる。

（3）恩赦の理由と為政者の「良識」

①評議会の審議状況

次に、有罪者からの嘆願を受けたアンツィアーニと五〇人評議会が、恩赦の内容やその可否を判断する際に、何を基準としていたかについて考えたい。これは、都市条例に準拠してなされた裁判官の判決を変更するという例外的な措置を、いかに正当化していたのか、その論理を問うことでもある。

まず五〇人評議会は基本的には、控訴法廷のように真実を探し求める場ではなかった。嘆願者は無実を主張する場合でも、証言や証書のような何らかの証拠を提出し、自身の主張を証明することはほとんどない[54]。アンツィアーニが訴えの内容の調査を外部に委託する事例も少数ながら存在することは興味深いが[55]、ほとんどの事例では、評議会は訴えで主張される事実に関してそれを確かめようとはしていない。たとえば、ワインを密輸入した容疑で罰金一〇〇〇リラの有罪判決を監査官から受けたステファノは、容疑で指摘されているルートを通ってワインを運ぶことは不可能であるとして容疑内容を否認し、自らの身の潔白を主張している。彼は続けて、その主張を法廷で証明する準備があるとまで表明しているが、これに対して評議会が下した決定は、彼の罰金を一〇〇〇リラから一〇〇フィオリーノ（約四二五リラ）に減免するというものであった。[56]他の無実を訴える事例でも、評議会は事実を調査し嘆願内容が真実かどうかを判断するのではなく、しばしば妥協的な形で罰金の減額措置を講じている。

評議会が法廷のように事実を究明する場ではないとして、どのように五〇人評議会の議員たちは恩赦の可否または減額率を決定していたのか。議事録には、採用された議員の意見がたとえば次のように簡潔に記されている。「この評議会の議員の一人ステファノが、前述のことを考慮して次のことを意見した。ラヌッチョに対して彼の有罪判決が全て消去され、そこから解放されるという恩赦がなされるように。それは何らかの反対のことがあろうとも邪魔されず」[57]。こうした記載からは、議員らがどのような判断基準を持って意見を出し、投票していたのか読み取ることはできない。

他方で、アンツィアーニと議員が個々の嘆願をしっかりと読み、嘆願者の個々の状況を踏まえて判断していたことは、刑の減免の率が一律ではなく、訴えごとに様々であること、また前述のように嘆願の内容が受け入れられないこともあったことから推測できる。だからこそ嘆願者らは、アンツィアーニと議員たちが恩赦へとその判断を傾けるように、彼らが重視していた要素を考慮して、その心をつかむ嘆願を作成しようとしていたのではないか。そうであるならば、嘆願の内容の中に、嘆願者が経験的に把握してきたアンツィアーニと議員らの恩赦の正当化の基準、そして彼らの「良識」[58]を刺激する要素が、ちりばめられているのではないか。嘆願の内容を詳しく見てみよう。

②嘆願のテーマ1：法に反した判決

まず嘆願では、わずかではあるが法規定の引用が見られる。具体的な法規定が引用されている事例として、他人の家畜を殺傷した容疑で、バルジェッロ（領域部の治安維持に当たる警察隊長）から有罪判決を受けたマッサリオの嘆願がある。マッサリオは訴えの中で自身の行動の正当性を次のように主張する。彼は家畜を攻撃したがそれは家畜が彼の土地に入り込んできたからである。都市条例の第五章第二七項の「屠畜人の家畜によって与えられた損害に関して」の効力を根拠に、その行動をとった。そして「もしこの条例の効力で自らがそのことができたのなら、公証人ジョヴァンニ［バルジェッロ］は自らを裁判にかけ有罪判決を下すことはできなかった」と主張する。(59)一三四二年の条例の同規定を見ると確かに、家畜が自身の財産に損害を加えているところを発見した者は、罪に問われることなくそれを攻撃し殺すことができると定められている。(60)この嘆願の提出後、二人の市民によってこの主張の事実認定がなされ、議員らの決定により彼は刑を免除されている。

法的な論点に狙いを定めた訴えでより多く見られるのは、裁判官の法的瑕疵に対するものである。たとえばポデスタとバルジェッロによって同一の案件で二重に裁かれたという主張である。バルジェッロについては次章第3節で詳しく見るが、この二人の行政官の裁判権は重複している。他には、権限を持たない裁判官によって罰せられたという訴えもある。たとえば農村共同体カスタニョーレ出身のベンディナッコが、外国人領主の法廷での出廷拒否により二五リラの罰金を科せられた件で、自身が外国人ではないので、条例によればその法廷で裁かれることはないと主張している。(61)彼はポデスタ法廷でも追放令を受けていたため二重に裁かれたことにもなる。

これらの法規定に基づく訴えに対し、五〇人評議会はおおむね好意的に受け止め、恩赦を与えている。アンツィアーニと議員らは、裁判官が犯した法的な「不正」を、法に基づいて矯正する役割を演じていると言えよう。しかし、法を絶対的な基準としていたかと言われれば疑問が残る事例もいくつかある。たとえば、牢獄からの逃亡の容疑でバルジェッロから「唐突に事実的に、訴訟手続きを守らず、そしてルッカの条例を守らず」に一〇〇リラの罰金刑を受けたというアントニオの訴えに対し、[62] 評議会は二五リラへの減免の恩赦を行っているが、実は職務規定を見るとバルジェッロは一〇リラまでの刑罰しか科す権限を持っていない。[63] 他にも、ポデスタによって投石での傷害容疑で三〇〇リラの有罪判決を受けたある市民が、都市条例に従えば一〇〇リラ以上で罰せられるべきではないと主張している事案で、評議会が下した判断は一〇〇リラへの減額ではなく、彼を刑から完全に解放するものであった。[64] これらの事案で、評議会がなぜこうした決定を出したのかは不明であるが、アンツィアーニと議員が法規定の重要性を認識していたであろう一方で、それを絶対的な基準として盲従してはいなかったこともここからわかる。

③嘆願のテーマ２：拷問、正当防衛、貧困

法もその構成要素の一部となっているアンツィアーニと議員の「良識」の他の特徴は、嘆願で挙げられている他のトピックから捉えることができる。ある嘆願では恩赦がなされるべき理由として、裁判官の拷問のために真実が歪められてしまっているということが主張されている。たとえばバルトロメオは、有罪者のルポーロをかくまった容疑でバルジェッロに厳しい拷問を受けた結果、その拷問の苦痛のために容疑内容が真実であると告白してしまったとして、慈悲と憐れみの下で牢獄から解放してほしいと求めている。[65] 彼は結局四五リラから一〇リラに罰金を減額されている。

他の事例では、ビアンクッチョが絹の密輸や脱税の容疑を受け、出廷拒否のために監査官から六〇〇リラの追放令を言い渡された件で、彼はその容疑を否認し次の理由で出廷しなかったと主張する。それは同僚のペトロが出廷し何度も拷問を受け、自分自身も拷問を受けることになるだろうと告げられたことであった。[66] またビアンクッチョは、ペトロが拷問の結果、罪が認められなかったとも主張している。この訴えに対して評議会は、訴えの通りに彼を刑から解放し、都市ルッカに帰還できるよう恩赦を与えている。

ここでは拷問の恐怖による真実の歪みが、アンツィアーニと議員らをこの司法問題に介入させる根拠として示さ

れている。嘆願者らは、為政者がこの訴えによって、裁判官の合法的ではあるが行き過ぎた行動のために歪められた真実を回復し、恩赦を通して「臣民」を救い出すという理由の下で、通常外の介入を行ってくれると期待しているのである。

正当防衛も、嘆願者が評議会側の恩赦を引き出すために挙げている理由のひとつである。たとえばルッカ市民ニーノを殺した罪で死刑の追放令を受けたトンマジーノは、減刑を求めて次のように主張している。彼がニーノを殺害したのは、罰せられるべき多くのひどい暴力をニーノから受けていたからであり、そのことはルッカ市民に知られている。ニーノは何度も自ら（トンマジーノ）を殺すと脅しており、ニーノを殺した日、彼は自らを殺そうとしていた(67)。このように主張したトンマジーノは、ニーノの兄弟と和解したこと、そして自身が貧しいことをつけ加え、恩赦を願い出ている。結果は一〇〇リラの罰金への減刑であった。他にも、マティルダを殴ったとして一四一リラの追放令に処されたピエロが、その行為に及んだのは、彼女から多くの不正な言葉を受けたためであり、彼女の顔に手をやり止めさせようとしたが彼女は止めなかったため不意に殴ったと主張している(68)。この訴えにより、ピエロは四〇リラへの減免措置を得ている。ここでは嘆願者らは、アンツィアーニと評議会が、法ではなく犯罪に至った個々の事情に目を向け、それを見過ごした裁判官によって「不正」に裁かれた罪を、赦されるべき罪として見直してくれることを期待している。

第三に、容疑内容ではなく、自身の貧しさを取り上げ、議員らの同情を誘うという手法も頻繁に使われている。たとえばデイ・ギラルディらが行った、有罪のために貧困に陥り、乞食となることを強いられている、という訴えがそれである(69)。こうした貧しさを訴えの主な根拠とした事例では、罰金額が三分の一へと減額されることが多い。貧しさを訴える者が全て実際に貧窮に陥っていたかどうかは疑わしいが、自身の地位を低く見せることでアンツィアーニらを慈悲深き権威として持ち上げる嘆願のロジックがここには見られる。

これと関係しているのが、牢獄からの解放を求めた嘆願である。牢獄にいる者は、有罪判決か追放令を受けた後に何らかの経緯で拘束された者であり、罰金の支払いやそのための保証人を提供することができない者たちであった。彼らからの訴えでは、ほぼ全てで貧しさが取り上げられ、牢獄の中で死の危機に瀕していると主張する者も多くいる。[70] アンツィアーニと評議会は、こうした訴えに対し、キリスト教の祝祭日に合わせて、彼らを刑と牢獄から解放している。こうした解放は、一三〇八年の条例でも見られる実践であったが、一四世紀前半には収監者に一律に与えられる大赦の特徴を持っていた。[71] しかしピサ支配下の時期には、個別の嘆願に基づいて、祝祭日に恩寵を与え解放すべき人物を審査するようになっている。こうした中で、嘆願において用いられる貧困のレトリックは、アンツィアーニと議員たちに無力な「臣民」を慈悲深く助ける権威としての自己像を植えつけるもの、またはすでにあるそうした彼ら自身のイメージを刺激するものであったと言えよう。

（4）「不正」の「矯正」としての個別恩赦

アンツィアーニと議員らを恩赦付与へと動機づける嘆願のテーマは、法的な要素も含めれば、以上の四つに分類できる。これらが共通して刺激している政治指導層の「良識」、また恩赦を正当化する根拠は、次のようにまとめることができるだろう。それは、為政者はその配下にある裁判官が「臣民」に「不正」な決定を出した場合、それを「矯正」する存在でなければならないというものである。裁判官が法を逸脱してミスを犯した場合、アンツィアーニと評議会は当然その「不正」を正す。裁判官が都市法に基づいていたとしても、拷問の影響で真実が歪んだと判断される場合、正当防衛という事由が判決に反映されていない場合、また条例の刑罰リストに従って機械的に罰金額を決定され、それゆえ貧しい者にとって過酷な刑が科せられた場合には、それらは「不正」な決定と解釈されうる。上位の立場の為政者はその「不正」を自由裁量によって「矯正」し、「臣民」を守る存在でなければならない。こうした為政者の理想像が各嘆願の後景には描かれているのである。

ピサ支配下で普及し始めた個別恩赦は、一律に恩赦を与える大赦と異なり、個々の事情を加味して個別に例外を設定するもので、その意味で、為政者の自由裁量に基づく意思決定のさらに進んだ状態を表している。この背景には、ピサの干渉の度合いが低く、ルッカのアンツィアーニと五〇人評議会が内政を任せられていたこと、そして一四世紀後半のペストや戦争に伴う人口減少や社会経済的危機とそれに起因する財政的な危機の中で、より踏み込んだ恩赦を行う必要性があったことも考えられる。それに加えて、個別恩赦という通常外の措置をシステマティックに、そして「正当に」行うために何よりも重要であったのは、ここで見てきたアンツィアーニや議員の行動を継続的に動機づける住民たちの嘆願であった。

恩赦を求める住民から見れば、アンツィアーニに対して行う嘆願は、彼らの戦略の一部である。恩赦を求める嘆願者の中には出廷拒否による追放令を受けた者が多い。それは出廷して法廷で無実を訴えたり正当防衛や貧困を訴えたりしても、都市条例に準拠して判断する裁判官には受け入れられないと感じた者たちが、法廷からの出廷命令を拒否した上で、そうした事由を勘案してくれるアンツィアーニや評議会に訴え出る道を選んでいたことによるものだろう。しかしそうした戦略の中で練り上げられた為政者の「良識」を刺激する嘆願こそが、「不正」な決定を「矯正」し「臣民」を助けるという執政府イメージを政治指導層の中に増幅させ、裁判官の実定法に基づく判決を自由裁量に依拠して「正当に」変更する恩赦の経験を積み重ねさせていたのであった。

4　共和国時代の恩赦禁止令

(1)　共和国時代の恩赦

一三六八年八月、皇帝カール四世の手でピサによる支配が解かれ、七〇年三月、ルッカのアンツィアーニが皇帝代官としてルッカの支配権を公式に委託されたときから、ルッカは共和国としての新たな時代を迎える。史料でた

表 8-1　本節で検討する事項（Anz.＝アンツィアーニ，Cons.＝大評議会）

年月日	事　項
1368 年 8 月	神聖ローマ皇帝カール４世が，ルッカをピサから解放
1369 年 7 月 31 日	カール４世の大赦
1370 年 3 月 12 日	カール４世がルッカの Anz.に皇帝代官職を付与
5 月 10 日	Cons.への提案：大罪の有罪者への恩赦の禁止について
10 日	Cons.への提案：食糧確保について。アンテルミネッリ家の脅威を指摘
12 日	法令：アンテルミネッリ家の流刑と追放令
23 日	法令：大罪の有罪者への恩赦の禁止
30 日	法令：アンテルミネッリ家のメンバーの捕獲に懸賞金
6 月 1 日	判決集：アンテルミネッリ家のメンバーへの有罪判決（大逆罪）
8 月 1 日	ルッカとガルファニャーナの共同体との和平協定締結
11 月 13 日	Cons.への提案：恩赦禁止令の一時停止。ガルファニャーナのコムーネとの和平協定による大罪の有罪者への恩赦のため
12 月 24 日	Cons.への提案：恩赦禁止令の一時停止の措置に対する禁止令
1371 年 3 月 10 日	アンテルミネッリ家との和平協定締結
3 月 16 日	Cons.への提案：恩赦禁止令の一時停止。アンテルミネッリ家のメンバーへの恩赦のため
4 月 11 日	判決集：アンテルミネッリ家のメンバーの有罪判決の消去
7 月 4 日	Cons.への提案：1370 年 12 月 24 日の禁止令の一時停止＋恩赦禁止令の一時停止→農村共同体のメンバーに恩赦
1372 年 7 月	都市条例の制定（1370 年 11 月から編纂作業）：1370 年 5 月 23 日の法令を基にした大罪の有罪者への恩赦禁止を含む
1374 年 3 月 3 日	法令：恩赦禁止令の一時停止。コッラッドから共和国を守った者への恩赦のため

びたび用いられる、“res publica”は、単に「公的なもの、事柄」という以上の、「国家」と同義の「共和国」という意味で用いられるようになり、コムーネと置き換え可能な形で用いられるようになる[72]。

一三七〇年代からの共和国時代にも、それ以前の時代に導入され一般化していた大赦や個別恩赦は継続して発布されている。ピサから解放された一三六九年七月三一日のカール四世の下での大赦は、恩赦税をも不要とし、これまでの大赦からは除外されていた反逆（rebellione）による有罪者も含めたほぼ全ての有罪者（ただし遺族との和解のない殺人罪の有罪者を除く）が対象となっている異例のもので、皇帝の権威の大きさを印象づけられる。これ以外にも大赦は一三八六年や九二年などに行われている。特に九二年はグイニージ派が党派抗争に勝利した年であり、グイニージ派によって占められたアンツィアーニの権威の下で大赦が施された[73]。

ピサ支配期に本格的に始まった個別恩赦も継続して出されている。この時期には嘆願は、大評議会や三六人評議会で審議され[74]、恩赦の可否が判断された。たと

えば一三七〇年には二三件、九二年には一八件の個別恩赦を確認することができる。(75)

この時期の各種の法令では、その法令の正当化のためのレトリックとして新たなものが用いられるようになっている。それは「自由（libertas）」の保護である。個別恩赦を与える動機としても、共和国の独立維持という意味での「自由」の保護が取り上げられている。たとえば一三七〇年四月九日、「多くのルッカ市民」から次のことが伝えられた、として以下の提案が行われている。シギネッロ・コルッチ他四人が、ルッカの敵であるピストイアの公証人モーネ・ヌッチとペッシャのビゾッキを殺害したことで、一三六九年一二月二二日にポデスタによって斬首刑と財産没収の追放令を受けた。「多くのルッカ市民」はこれに対して、容疑者らはその「悪事」を「自由への愛と共和国への好意（amore libertatis et gratia rei publice）」のために行ったとして、有罪状態から解放されるよう嘆願する。この訴えを受けて三六人評議会は彼らの追放令の消去を決定している。(76)長年の悲願であった外部支配からの独立を果たしたことが、ルッカの政府のメンバーの意識の中に、共和国の独立維持という新たな正当化の基準を芽生えさせていたのである。

（2）大罪の有罪者への恩赦禁止令

共和国の「自由」の維持への意識は、本節で注目する新たな恩赦の政策をもたらすこととなった。それは五つの大罪（反逆、強盗、偽り、放火、遺族と和解のない殺人）のために追放令や有罪判決を受けた者に対する恩赦を禁止するという政策である。この五つの罪は以前の大赦の規定でもその対象外とされていた。(77)しかし一三七〇年には一般の法規としてそれらへの恩赦の付与が明確に、そして全面的に禁じられ、さらには、大罪の有罪者への恩赦を提案することさえも、罰則とともに禁止されるようになった。なぜ一三七〇年にわざわざこうした恩赦禁止令が出されるようになったのか。その過程を検討しよう。

一三七〇年五月一〇日、大評議会において以下の提案がなされた。殺人と反逆のために一三七〇年三月二六日以降に有罪判決か追放令を受けた者が恩赦を獲得することは、許されるべきではない。さらにそうした追放者に恩赦を与えるよう意見を述べた議員にも、五〇〇リラの罰金が科せられるように。そうすることで「無法者や悪人から犯罪のきっかけが取り除かれ、恩赦を受ける望みが全面的に断たれ、ルッカとその領域がそのような悪事から清められる」[78]。この提案に対して採用された議員の意見は、アンツィアーニは法学の素養を持つ者を含む幾人かを選び、彼らとともに決定を行うように、というものであった。

この決議を受けて五月二三日、アンツィアーニと他の六人（うち三人が法学者、二人が公証人）が協議し、全員一致で法令を発布した。その法令では殺人と反逆以外に他の三つの重罪が加えられ、それらの罪で死刑判決が言い渡された者への恩赦が禁じられた。そしてこうした判決はすぐに執行に移されなければならないこと、またこの規定に反して議員が意見を述べることだけでなく、アンツィアーニや他の者が議題を提案することすらできないこと、それに違反した場合は五〇〇リラの罰金が科せられることも定められた[79]。

五月一〇日の提案と同月二三日の法令が、他の決定と異なり、法的に重要な意味を持っていたことは、それらが一三四二年の都市条例（この時点で効力を持つ条例）の巻末の追加規定に、そっくりそのままの形で転写されていることからもわかる[80]。そして一三七〇年一一月に編纂が開始され七二年七月に公布された共和国時代の都市条例でも、上記の五月二三日の法令を下地として、「以下の事例での追放者は追放令から解放されることができないことについて」という項で、五つの大罪による有罪者への恩赦の付与と、その件に関する提案の禁止が定められた[81]。

なぜ他でもないこの時期に、アンツィアーニは法的に大罪の恩赦を禁じるという行動に出たのだろうか。この法令発布の背景を探っていくと、そこにはアンテルミネッリ家の反乱という政治状況と、政治指導者たちの共和国の独立維持への強い意識が浮かび上がってくる。

大罪への恩赦禁止が提案された五月一〇日の大評議会の議事録を見ると、食糧の確保に関する議題が同時に提示されている。そこでは、ベルナボ・ヴィスコンティの軍隊がトスカーナとルッカ領域に襲来し、それに乗じてルッカの有力貴族アンテルミネッリ家のアルデリゴ、ジョヴァンニ、ロランドが領域部で反乱を企てているというわさが広まっていることが指摘された[82]。実際この時期、ルッカ領域北部のガルファニャーナ地域で、アンテルミネッリ家はヴィスコンティの助けを受けてルッカに対して反乱を起こしていた[83]。五月一二日、アンツィアーニは、アンテルミネッリ家とその従者で悪事を犯した者に対して、もしアンツィアーニの前に現れたなら流刑が科せられ、現れなければ反逆の罪で追放令が科せられるという決定を下している[84]。また、五月三〇日にはアルデリゴ、ジョヴァンニ、ロランドを捕まえた者または殺害した者に対してそれぞれ五〇〇フィオリーノと三〇〇〇フィオリーノの懸賞金を与えることを決めている[85]。

「有罪者の望みが断たれ、ルッカ領域の犯罪が根絶される」ことを目的とした恩赦禁止令は、まさにこれらのアンテルミネッリ家の反乱に対する一連の措置のひとつとして位置づけることができるのである。彼らやそれに追随するルッカ共和国への反乱者たちに対し、恩赦への道を断ち、厳格な姿勢を示す意図で出されたのがこの恩赦禁止令であった。恩赦禁止令はその後、条例に組み込まれ一般的な効力を持つものとなるが、その端緒は独立後のルッカで、その「自由」を脅かしていた特定の者たちを対象として策定されたひとつの政治的な措置だったのである。

実際、一三七〇年の判決集を紐解くと、アンテルミネッリ家のメンバーへの追放令を発見することができる[86]。一三七〇年六月一日、彼らはルッカと皇帝への「反逆」や、ガルファニャーナでの略奪と殺人の罪で、ルッカのポデスタ兼カピターノのウゴリーノによって斬首刑の追放令を被告人不在のまま言い渡されている。一三七一年の評議会では、ルッカのコムーネがアンテルミネッリ家のメンバーからの負債を帳消しにする際に、その根拠としてポデスタによる彼らへの追放令、特に大逆罪のために（pro crimine lese maiestatis）出された追放令が挙げられている[87]。ルッカのアンツィアーニが一三七〇年に皇帝代官となったことで、彼らへの攻撃が皇帝の主権を侵す犯罪へと読み替えられているのである[88]。

（3）恩赦禁止令の一時停止

しかしながら、上記の判決の欄外を見ると、そこにはアンテルミネッリ家のメンバーへの有罪判決が一三七一年四月一一日付で消去された、とある。一三七〇年五月に五つの大罪での有罪判決に関して恩赦による消去が禁じられたにもかかわらずである。これはどういうことか。アンテルミネッリ家のメンバーへの刑が消去された五カ月前にさかのぼろう。

一三七〇年一一月一三日、正義の旗手（vexilifer Iustitie, アンツィアーニの代表者）が大評議会に、次のような提案を行った。それは、ルッカ政府はガルファニャーナの共同体との間で協定を八月一日に結んだ。その協定には、大罪で有罪判決を受けた者に対する刑罰の赦免が含まれていた。その協定を守るために、大罪による有罪者への恩赦禁止の法令（五月二三日の法令）に変更を加えることは「非常に有益」である、というものであった[89]。ガルファニャーナの共同体とはアンテルミネッリ家の反乱に加わった共同体のことと考えられる。ここで正義の旗手が提案したのは大罪への恩赦に関してではなく、恩赦禁止令に対するものであるため、五月二三日の恩赦禁止令に抵触するものではない。この提案に対して、最終的に採択された意見は、本日に限り当該法令が一時停止され、アンツィアーニは罪に問われることなく望むことを提案できる、というものであった[90]。この決定を受けて、すぐさまアンツィアーニは協定に含まれていた反乱者の刑の赦免に関する提案を行い、大評議会はその提案を全面的に認めた。五月二三日に初めて出され、その後一般の法規ともなる大罪を犯した者への恩赦を禁止する法令は、発布から半年も経たずして、一時停止という手段によってすり抜けられたことになる。

ガルファニャーナの共同体との和平と並行して、ルッカ政府はアンテルミネッリ家との和平交渉を進めていた。この交渉は長く続いたが、最終的には一三七一年三月一〇日、カスティリオーネ・ディ・ガルファニャーナの地で協定が締結された（巻頭地図2参照）[91]。三月一六日に大評議会で承認されることとなるその和平協定にも、アンテルミネッリ家のメンバーの刑の赦免が含まれていた。そしてここでも再び、恩赦禁止令という障壁を一時的に無効化し、すり抜ける方策が講じられることとなる。一三七一年三月一六日、恩赦禁止令の一時停止が提案され、議員たちはアンテルミネッリ家のメンバーとの協定を遵守するためという動機に触れた上で、本日中という限定を付して、恩赦禁止令を停止した[92]。そしてすぐにアンツィアーニは和平協定に基づいて彼らの有罪判決と係属中の裁判の消去を提案し、評議会はそれを承認した[93]。

判決集に再び目を移すと、その欄外には、一三七一年四月一一日になされた消去の理由が次のように記されている。「アンツィアーニと正義の旗手の以下の内容の命令の効力で［有罪判決の消去はなされた］。我々アンツィアーニと正義の旗手は、ルッカのコムーネとアルデリゴ・デ・アンテルミネッリとの和平協定を遵守して、……追放令を管理する公証人に、アルデリゴとジョヴァンニとロランドを追放令から消去するよう命令した[94]」。

アンテルミネッリ家の反乱の機会に共和国の防衛という政治的理由で発案された、大罪への恩赦禁止令は、こうしてそのつどの政治的必要性に応じて容易に適用除外されることとなったのである。

（4）共和国の「自由」と危機意識

共和国時代の恩赦の政策を解くカギは、共和国の「自由」という守るべきものができたために一層増幅した危機意識、内外の勢力の共和国への侵害に対する危機意識であった。それが「敵」を威嚇するための恩赦禁止令を生み出し、「味方」を迎え入れるための禁止令の適用除外をもたらしたのである。

こうした柔軟でそれゆえ政治的な恩赦禁止令の性格は、一三七四年の事例にも見ることができる。この時期、コッラッド・ウェッティンガーの従者たちがルッカの領域部にたびたび侵攻し、共和国の「自由」を脅かしていた。そうした中で一三七四年三月三日、アンツィアーニは、都市条例の「追放令を発する方法と追放令から解放する方法について」の規定と、一三七一年の恩赦禁止令を基に作成された一三七二年の都市条例の「以下の事例での追放者は追放令から解放されることができないことについて」とする規定があるために、その件についてアンツィアーニや評議会で議論さえできないのは問題であると主張する。そして本日中に限り、一時的にそれらの規定の効力を停止し、合法的に議論ができることを評議会からの認可の下で決定した。[95]そしてその上でアンツィアーニは、現在の追放者が多い状態は、軍隊がイタリアやトスカーナに襲来する最近の状況においては、都市の善き状態にとって危険である点、そして去る一二月と一月にコッラッドの軍勢が押し寄せたときに、追放者がルッカ側に付いて領域の保護のために戦い、ルッカへの献身の姿勢を見せた点を考慮して、報奨として五〇人近くの追放者を追放令から解放した。[96]この決定の最後にはこの措置が、全ての条例や法規定の適用から除外されていることが添えられている。

大罪による有罪者への恩赦を禁じる法令は、「自由」の保護という共和国時代特有の意識の下で導入されたものであった。それゆえ共和国の「自由」を守るという観点からその法令が障壁となった場合、それが一時停止され本来の目的が達成されるべきという政治的理由が前面に現れるのは自然なことだろう。[97]むしろ一三七〇年の五月一〇日に恩赦禁止令が提案された時点、二三日に公布された時点からすでに、その行間には「必要性」や「有益性」が高いケースに限っては適用が除外されるとの一文が透かし見られていたのかもしれない。一三七〇年一二月二四日のある決定では、その恩赦禁止令の適用除外は、判決の消去を含んだ政治協定がある場合には、行われることができるとして、例外が明確に定められている。[98]

恩赦禁止令とその一時停止は、このように例外を何重にも内包した政策であった。法廷における条例に基づく有罪判決を、例外的に赦免する恩赦という制度に対して、さらに例外を設定して大罪の恩赦を禁止する。そしてその恩赦禁止令をもまた時間的な例外（一日のみ）を設けて停止する。こうした高次の例外措置は、その時々の政治状況を「危機」と解釈する政治指導層の側から動機づけられたものであった。ここでは住民側からの動機づけの余地はなく、より国家的な利害を背負ったアンツィアーニらによる「正義」の解釈が幅を利かせている。マキャヴェリやボダンの中に見られるとされる、為政者に時には法を乗り越えてまで国家の安寧を追求させるべしという、「国

家理性」の思想の面影が見え隠れする。(99)

（5）恩赦禁止令に見るルッカ共和国

さて、一三七〇年代に都市条例に組み込まれた恩赦禁止令は、その後においても一般法規として効力を持ち続け、その一時停止の手段とセットで運用され続けた。ルッカ共和国の独立直後、「自由」への熱い意識の下で練り上げられたこの恩赦禁止令は、大局的に見て共和国時代のルッカの統治機構にどのような影響を与え、いかなる特徴を持ったコムーネ（＝共和国）をつくり出したのか。アンツィアーニの権限の拡大と、共和制の形式的維持という二つの点からまとめよう。

第一に、恩赦を禁止するというアンツィアーニの例外的な措置を制限するように見える法令は、その適用除外という手段のために、アンツィアーニに大きな権限を与える結果をもたらした。恩赦禁止令は、恩赦の流れ、つまり有罪者からアンツィアーニを通して評議会に嘆願状が運ばれるという一連の流れにストップをかけるものであった。しかし恩赦禁止令は、大罪への恩赦を完全にシャットアウトする障壁ではなく、適用除外の可能性を内包したフィルターのようなものとして機能した。共和国の独立維持にとって有益な事案は、このフィルターを通り抜け、恩赦を得ることができたのである。そしてどの事案が恩赦禁止令を一時停止するに足る有益さを持っているか、つまりフィルターを通り抜けることができるかを判断することができたのは何よりアンツィアーニであった。これまで危険な人物の恩赦の判断について評議会が有していた権限は、このフィルターの設置によって、アンツィアーニの下に集中することとなったのである。この政治機関内部における、評議会に対するアンツィアーニの優位の確立という問題については、第9章でも検討する。

ルッカのアンツィアーニによるこうした自由裁量に基づく政治は、とはいえ決してむき出しの形で現れることはなかった。この点が恩赦禁止令とその適用除外の実践に見られる、共和国としてのルッカのもうひとつの重要な側面である。というのもよく見ると、アンツィアーニが行っていたのは、恩赦禁止令や都市条例の当該規定を無視することでも、廃止することでもなく、ただそれらを一時的に停止することであったからである。たとえば一三七一年七月四日に、ティレッリという農村共同体のメンバーの有罪判決を消去するために恩赦禁止令を一時停止した際には、前年の一三七〇年一二月二四日に評議会で出されていた恩赦禁止令の一時停止の措置をさらに禁止する法令に対して、その法令自体を一時停止した上で、恩赦禁止令も一時停止し、そしてその隙に大罪の有罪者への恩赦を行っている。(100)

なぜ彼らはそうした煩雑で回りくどい措置を取っていたのか。この点については、フィレンツェ評議会でも行われていた一時停止の措置に注目したタンツィーニの指摘が参考になる。彼によれば中世法の一般原則として、ある法にはそれ自身特有の価値があり、それゆえその法を容易に消去することはできず、ただ一時停止または適用除外することしかできないという。(101)

このような伝統的な法への意識は、共和国として独立を果たしたルッカの指導者たちの、共和国の独立状態という意味での「自由」とは違った次元での、共和制的な意味での「自由」を維持せんとする意識と共鳴したことであろう。共和国の指導者たるアンツィアーニは、単独支配者のシニョーレのように簡単に法を無視することはせず、コムーネ的な統治原理である法規定への準拠を、彼らの政治姿勢の基礎のひとつに置いていた。シニョーレではなく市民の代表でしかない彼らは、自身の行動が少なくとも形式の上では法的に正当化されることが必要であると感じていたのである。

共和制ルッカの指導者たちは、最重要事項として共和国の独立維持を掲げ、そのために法をすり抜ける自由な行動をとっており、それはさながらシニョーレのようであった。しかしそうした活動は常に都市条例や法規定の形式的遵守というコムーネ的、共和制的な仮面をかぶって行われていた。それゆえ、独立後のルッカの指導者が目指した共和国の「自由」の維持とは、共和国の独立の維持とともに、コムーネ的、共和制的な統治原理の維持という、二重の意味での共和国の「自由」の維持であった。恩赦禁止令とその一時停止という政治実践は、この一見して相反する二つの目的を同時に成し遂げようとしたことの結果だったのである。

5　共和制ルッカの恩赦

恩赦とは、裁判官が都市条例に基づいて下した判決を、政治指導者がその自由裁量に基づいて変更する行為であり、また政治権力が「臣民」の嘆願に対して権威者として恩恵を施す行為であった。これは伝統的なコムーネ体制、すなわち実定法への準拠を「正義」の基礎として最重要視する法文化を持ち、市民から構成される「コムーネ」の代理として活動する執政府という政治理念を備えたコムーネ世界にはそぐわないものであった。それゆえ一四世紀のルッカで見られる恩赦の量的・質的な拡大の動きを検討することは、そうした旧来の伝統を打ち破りながら、あるいはそれらと折り合いをつけながら、いかにして新たな相貌を持ったコムーネと「正義」とがつくり上げられたかを見ることを意味した。

まずルッカへの恩赦の導入において重要であったのは、外国人領主がもともと秘めていた例外的な力の原理であった。[102] 領主の代官とルッカのアンツィアーニはそうした潜在的な力を、住民からの嘆願や不意の事態を受けて発現させ、一律に刑を赦免する大赦という形で、法の遵守では達成できない「臣民の保護」を行っていた。

ここで導入された恩赦の実践は、次のピサ支配期にも引き継がれた。さらにピサの支配下において、ルッカ政府（アンツィアーニと評議会）は住民からの個別の嘆願を受けて、個別に刑を赦免するという、より例外の度合いの進んだ恩赦を行うようになった。ここでルッカの政府が、その市民に対して権威者として、実定法ではなく彼らの「良識」に基づいた政策を行うことができたのは、それを動機づける住民側からの訴えがあったからであった。住民の嘆願は、裁判官の「不正」を「矯正」し「臣民」を保護する為政者という理想像を掲げ、アンツィアーニや議員らを「正義」の行動へと駆り立て、またその行動を正当化するものであった。

ルッカが独立を果たしたとき、大赦と個別恩赦に加え、大罪への恩赦を禁じ、時にはその禁止を除外するという、さらなる例外の政策が行われるようになった。恩赦禁止令とその適用除外という政策の新しさは、この例外の措置を動機づけ正当化していた「正しき理由」が、住民側から提供されるものではもはやなくなったことにある。政府の指導者自身が主張する「共和国の保護」という目的が、恩赦の対象に例外をつくり出し、またその例外措置をも例外的に一時停止することを動機づけるようになったのである。ここでは「正義」の解釈の主導権は、政府の指導者の手の中にあったことになる。

この最後の局面で見られる、法の適用除外という措置は、一三八〇年代という同時期の他の共和制都市でも見られた[103]。フィレンツェ、シエナ、ルッカにおける評議会での決議の前文を比較検討したタンツィーニは、この時期の例外措置の理由づけにおいて、共通して「緊急性」のレトリックが多用されていることを指摘する[104]。そしてこの背景として一三七〇年代以降にトスカーナの各都市を巻き込んで生じた軍事的衝突や、領域部の不安定化、軍事費の増大やペストに起因する財政難があったことを挙げる。本章での検討からはこれにもうひとつの要素を加えることができる。それは、現実にあったであろう事態に敏感に反応し、それを国家の存立の「危機」として声高に叫ぶ政治指導者（および書記官）の存在である[105]。この彼らの行動が、結果的に、伝統的なコムーネシステムを一定程度打ち破り、彼らが解釈する「必要性」に基づいて自由に行動することが可能なコムーネをつくり出したのである。

一四世紀のルッカで見られた、大赦から個別恩赦へ、そして恩赦の禁止とその適用除外へという恩赦の政策の広がりは、当時のコムーネの政治権力が住民に恩恵を与える「権威者」として確立していく動き、そして彼らの政策における「良識」や自由裁量への一層の依拠に向かう動きを示すものであろう。ただここで注意したいのは、コムーネの政治権力は初めから「権威者」として確立していたのでも、実定法から逸脱した自由な決定が行える力を有していたのでもなかったことである。そうした面は多少あったであろうが、重要なのは、こうした政治権力の二つの新たな側面を動機づけ、加速させていたのが、住民と政治指導者が自らの利害を内に秘めつつ行った「正義」の解釈の実践であったことである。住民は自らの刑の赦免という目的のために、政治権力を権威者として持ち上げ、実定法に依らない新たな「正義」のかたちを求め、主張した。また政治指導者は共和国の保護のために、より自由な「正義」のかたちを主張していた。こうした現実の問題と格闘する中でなされた彼らの戦略的な「正義」の解釈の実践が、その本来の目的はどうであれ、結果として、「正義」とコムーネを新たな姿へと変えていったのである。

こうした「正義」とコムーネの変容は、コムーネ的、共和制的伝統と折り合いをつけながら、その枠内で進んでいったことにも注意しなければならない。このことは一四〇〇年にシニョーレとしてルッカを支配するパオロ・グイニージの恩赦の政策を見ればはっきりする。パオロは一四三〇年まで続く自身の治世下で、大赦や個別恩赦といった形で、臣民に対して惜しみない恩寵を与えた。[106]彼の恩赦の特徴としてまず挙げられるのは、恩赦付与の手続きの簡略さである。パオロは助言や投票といった共和制期の議会プロセスを一切経ずに、それゆえ彼の自由裁量での判断を制限する要素に干渉されることなく、彼の一存で望むがままに恩赦を行っていた。[107]ここからは、恩赦を与える権力の源泉が、個人にあるのか、市民から構成される「コムーネ」にあるのかという違いをはっきりと見ることができよう。

シニョーレたるパオロの恩赦と共和制期の恩赦との違いは、恩赦の動機に関わる部分においても見られる。パオロの命令集（decreta）には、恩赦を求めた訴えは転写されておらず、ただ恩赦の動機として「多くの人にシニョーレの気前良さが認められるように」とのみ記されている。[108]この単純で直接的な表現からは、判決を修正する例外的措置を行う際に、その決定の個人的動機を包み隠し、何らかの理由をつけて正当化しようとする姿勢が感じられない。単独支配を築くシニョーレは彼による決定を誰に対しても正当化する必要はなかったようにも見える。

こうしたシニョーレの恩赦を見た後に、我々のいる共和制ルッカの評議会議事録を見直すとき、そこにははっきりと共和制の枠内での「正義」のあり方が刻み込まれていることがわかる。恩赦を与えるための手続きとしての、アンツィアーニから評議会への提案、評議会での審議と投票に関する記述がそこにはあった。また恩赦に至る背景や当事者からの嘆願の内容、共和国の「自由」の危機の状況など、その恩赦がいかに正当な動機に基づいてなされていたかという動機に関する詳細な記述がそこにはある。こうした共和制時代の記録簿に記された、恩赦の手続きや動機に関する数々の正当化の痕跡はそれ自体――それがあるために我々は恩赦の実践の内実を知ることができるのだが――、形式的にであれ住民から構成された「コムーネ」から権力を負託される執政府という共和制の形態をとり、また「正しき理由」や「公共善」にシニョーレ以上に拘束されていた、ルッカにおける「正義」の、そしてそれに繋がれた「コムーネ」の姿を示しているのである。(109)

第9章　例外的司法に見るコムーネと正義

1　例外的司法とコムーネ

一四世紀ルッカの刑事司法において、実定法を乗り越え自由裁量に依拠した判断が行われていたのは、恩赦という裁判後の判決内容の変更だけではなかった。裁判過程でも通常訴訟手続きに準ぜず、略式で（summarie）、それゆえ裁判官の自由裁量で裁判が進められることがあった。それは政治権力が「例外」と指定する案件に対してなされたものである。第6章第3節で紹介した一三〇六年の教皇クレメンス五世の教令がその法的根拠を提供した、「簡潔に、「通常」裁判の煩雑さや形式なしで」[1]なされる「略式裁判」[2]は、刑事司法においては一四世紀の過程で、国家や現体制の存立を脅かすとされた犯罪に対して適用されるようになっていたのである。

本章では通常の刑事裁判とは一線を画する、「例外的」な案件に対して略式手続きが採用される裁判の分野を「例外的司法」と称して検討する。ちなみに略式裁判はその例外性ゆえに、記録が不完全であり裁判記録からその実態を把握することは難しい。ここではアンツィアーニの決議録や評議会議事録などを基に、政治機関が司法機関（法廷とその裁判官）に略式手続きを許可する動きや、略式裁判を受けた者の訴えなどから例外的司法を再構成し、その実態に迫りたい。

一四世紀ルッカでの例外的司法を検討する際のポイントは次の二点である。第一は例外的司法が帯びる政治性である。例外的な手続きの導入の例として、ローマ・カノン法訴訟手続きが一般的であった一三世紀の刑事法廷において例外として現れた、糾問主義裁判がある。職権による訴追を可能とするこの糾問主義裁判は、インノケンティウス三世期の教会世界では、異端の脅威から教会制度を保護するという政治的意図から、そして一三世紀後半の都市の法廷においては、新興勢力のポポロが掲げる「公の保護」というイデオロギーのもとで、推進され定着したものであった[3]。

政治的な動機によって、通常の犯罪と例外的犯罪との間に線が引かれ、例外的な手続きが適用されるという点は、略式手続きが採用された一四世紀のある「裁判」にも当てはまる。それはヴァッレラーニによれば、クレメンス五世の教令を法的根拠に行われた一三〇七年のフィリップ四世によるテンプル騎士団の解体や、一三一三年の皇帝ハインリッヒ七世のアンジュー家のロベルト一世に対する「裁判」である。そこでは「被告人」の行いが常軌を逸した「悪事」または大逆罪と見なされ、その異常さゆえに、「法に従うことなしで」被告に出廷や防御の機会を与えずに、略式手続きでの「裁判」が正当に行われた[4]。

本章で扱う一四世紀ルッカの例外的司法でも、政治的な基準によってある「悪事」が通常の「悪事」とは区別され、略式での訴訟手続きの対象とされている。そして必要性や有益性といった政治的理由が、その例外的司法を正しき司法として正当化している。それゆえこの分野を考察する際には、いつも以上に、ある行動の背後にある政治権力の意図や動きに目を向けなければならない。

例外的司法を検討する際の第二のポイントは、政治権力と司法権力との関係についてである。イタリア中世都市では伝統的に、裁判官が自由裁量で行う略式の裁判を、容易にはさせない環境があった。それは一三世紀のポデスタ期以降につくり出された政治権力と司法権力との均衡を基盤としたコムーネ体制の伝統である[5]。そこでは司法は、都市内部に利害関係を持たない他都市出身のポデスタやカピターノ・デル・ポポロに委ねられ、公正で中立的な裁判が目指された。そして彼らとその裁判官は、都市条例という法の制約がある中でも、比較的自律性を持って「公」の保護に努めることができた。一三世紀後半のポポロ期には、外国人裁判官による自由な訴追、特に政府メンバーに対する訴追を恐れた都市政府の様々な法令によって、裁判官の自律性が危険にさらされた。第1章第4節で見た法学者ガンディーノの著作は、こうした中で裁判官の自律性の回復を求めて書かれたものであった。このように見ると一四世紀初頭までのコムーネの司法制度は、法に基づき自由で公平な裁判を志向する外国人の司法権力と、それを一定程度求めながらも同時にその行き過ぎを規制しようとする政治権力との、緊張関係を孕んだ権力均衡の上に築かれていたと言うことができよう。

この状況を念頭に、再び例外的司法に目を向けると、それは外国人裁判官が、裁判において必要に応じて法を度外視して自由裁量で裁判を進めるというものであり、都市の政治権力側としては、遵守すべき都市条例の無効化という点からも、また外国人裁判官に自由を与えるという点からも、容易に受け入れられるものではなかったように見える。しかしこれから見ていくように、一四世紀ルッカでは、まさにコムーネの政治機関（アンツィアーニや評議会）が外国人の裁判官に、略式で裁判を行う許可を与えていた。この外国人裁判官への略式裁判の許可、自由裁量の付与の背景には何があったのか。伝統的な「正義」のあり方とも、コムーネの統治原理とも相容れない例外的司法の生成と展開の具体的な局面を検討することで、その向こう側に、新たな相貌を持って現れてくる「正義」とコムーネを見よう。

以下では外国人裁判官として、ピサ支配直後の混乱期にルッカに派遣された保護長のスケラット、ピサ支配期に領域の治安維持に当たったバルジェッロ、独立後の共和国の保護のために活動したポデスタ、そして一三九二年以後の新体制の維持を担ったカピターノ・デル・ポポロについて検討する。彼らが行う例外的司法について、政治権力による動機づけや正当化の動き、そして政治権力の司法権力に対する優位の確立という前記二点に注目して検討することで、政治権力の肥大化によって特徴づけられる一四世紀後半の新たなコムーネの姿、そして住民の意思よりも政治権力の意志や実践によって、コムーネが依って立つ「正義」のあり方がつくり出されていく過程を明らかにしたい。

2　保護長スケラットの財産返還訴訟

（1）前史——没収財産とその返還

ルッカにおいて外国人の裁判官に通常外の略式手続きで裁判を行うことが許された初期の例として、ピサ支配直後のものがある。一三四二年八月二五日、ルッカのアンツィアーニは「ルッカの保護長（capitanus custodie civitatis Lucane）」たる外国人の公証人スケラット・マッフェイ・ダ・ラシノーポリに、ルッカに帰還してきた反逆者が起こす財産返還訴訟を略式で裁くよう指示している。ここでのポイントは、略式裁判の許可が与えられたのは、混乱期においてピサから派遣された「保護長」に対してであり、その裁判の対象は反逆者の財産返還の問題に限られていた点である。この一三四二年八月の略式手続きの許可の決定に至るまでの過程について、少し長くなるがさかのぼって概観しておこう。

一四世紀前半のルッカは、一三〇〇年代のグエルフィ内部（黒派と白派）での党派争い、一三〇八年の都市条例編纂に至るまでのポポロ・ミヌートの政権奪取と貴族の追放、一三一六年からのカストゥルッチョ・カストラカーニのシニョリーア支配、また一三三〇年代の外国人領主の代わる代わるの支配という激動の時代にあった。その中で政治的に追放された多数の者が「反逆者」として都市を離れ、また体制の転換に伴い舞い戻るということを繰り返していた。一三四一年から四二年にルッカをめぐり繰り広げられたフィレンツェとピサの戦いと、フィレンツェ

表 9-1　本節で検討する事項（Anz.＝ルッカのアンツィアーニ）

年月日	事　項
1341 年 9 月 25 日	フィレンツェによる支配（～1342 年 7 月 6 日）
12 月 23 日	Anz.：反逆者の法廷に，反逆者の放置した財産を保全するよう指示
1342 年 6 月 19 日	Anz.：略式での財産返還訴訟を求めたグエルフィの訴え→条件つき認可
7 月 6 日	ピサによる支配（～1368 年）
8 月 25 日	Anz.：スケラットによる略式での財産返還訴訟を求めたルッカ市民の訴え→認可
9 月 2 日	Anz.：スケラットを「保護長」に任命
4 日	略式での財産返還訴訟に対する苦情
21 日	1342 年 8 月 25 日の法令への追加：スケラットが法的に，事実的に審理を行うように
11 月 23 日	Anz.：スケラットを「守護者」「反逆者とその財産に関する行政官」として任命
30 日	都市条例：スケラットの略式裁判の規定

による一時的な支配（一三四一年九月二五日から四二年七月六日まで）は、政治的にフィレンツェと敵対するルッカのギベッリーニや、戦乱を逃れようとする多くの市民の都市外への追放や逃亡という非常事態を招いていた。

ここで問題となったのが、他都市に逃れた反逆者がルッカに残した財産であった。通常それは、反逆者の法廷によってコムーネの財産として没収されていた。フィレンツェがルッカの支配に入って三カ月後の一三四一年一二月二三日、アンツィアーニは、先の戦乱でルッカから離れた者の財産が、他人によって不正に占拠されているとして次の対策を指示する。不当に占拠された不在者の財産が反逆者の法廷の役人によって見つけられ、国庫財務管理官の下で保全されるように。そしてもしその財産に権利を主張する者がいるなら、アンツィアーニによってその財産は、返されるべき者のところに返されるように。もしその財産が反逆者のものであることがわかれば、その財産はコムーネのものとなる(6)。

上記の規定は、放置された財産が一旦保全された上で正当な所有者の下に振り分けられることを目指したものである(7)。「財産に権利を主張する者」という記述からは、不正に財産を占拠する者の他に、財産を放置した反逆者との間に民事的なもめごとを抱えていた者、またはその財産に何らかの権利を持ち、争いを起こそうとしていた者の存在が浮かび上がる。実はこの九カ月後の一三四二年八月二五日からルッカの保護長スケラットが行う略式での返還訴訟も、放置財産に権利を主張する者同士の争いであり、帰還した反逆者対反逆者の法廷という行政裁判ではなく、帰還した反逆者対財産を占有し権利を主張する者という民事裁判の構図をとっている。

フィレンツェの支配が終わる間近の一三四二年六月一九日、一三一四年以降ルッカから離れていたルッカのグエルフィたちからある訴えが起こされた(8)。それは、反逆者とその相続人がルッカを出るときまで持っていた財産の返還が、かつてそこを占有していたことの事実の証明だけで略式でなされるように、というものであった(9)。この訴えの最後には、反逆者らに対して権利を持つ者が通常裁判で訴えを起こす権利は留保してもよいとの文言も付されている。この訴えに対してアンツィアーニは、三人の法学者を含む四人から助言を受け、その結果、法学者の助言に基づく判決がすでになされている財産を除いて、他の財産に関しては不在の事実や財産のかつての占有の事実が証明されるだけで、帰還した反逆者への返還が略式でなされるようにという決定を行っている(10)。ここで条件つきながら認められた、かつての占有事実の証明だけで財産を取り戻せるという略式の手続きは、この後のスケラットの略式裁判にも引き継がれていく。

（2）スケラットへの略式裁判の権限付与

一三四二年七月六日、ピサはフィレンツェとの和平協定に基づいてルッカの支配に入った。その一カ月半後の八月二五日、ルッカの市民たちからの訴えに基づいて、ルッカのアンツィアーニは、保護長スケラットに略式裁判を行うことを許可した(11)。この許可を動機づけた市民からの訴えは次のようなものであった。

グリエルモ・カナッチ（一三三六年のポデスタ）とその代官、または他の外国人領主によって流刑に処せられた者および他のギベッリーニたちが、都市に残した財産を貴殿らの主導の下で取り戻したいと考えている。彼らがルッカの保護長たるスケラットによって「略式で、［通常］裁判の煩雑さと形式なしで」財産の占有へと導かれるように。なぜなら帰還者が不在中にその財産を奪われるのは公平ではないから(12)。ただし、こうした市民からの訴えの最後には、財産の現占有者も他の通常裁判において（in alio ordinario iudicio）自身の権利を主張することができるとする、との留保事項が加えられている。この留保は裏を返せば、通常裁判による権利証明の困難さと、略式裁判での権利獲得の容易さを示している。

前で見たフィレンツェ支配下での決定と異なるのは、スケラットという特定の人物に略式裁判の権限が与えられている点である。一三四二年八月二五日の法令に追加する形で、同年九月二一日に出された法令では、スケラットが法的にそして事実的に審理を進め決定を行うように、そして彼はピサとコムーネの良き平和の状態のために、いかなる反対の規定にも邪魔されず思った通りに決定できる、と定められている。[13] ここに大きな自由裁量を付与された外国人の司法官の存在を認めることができる。

ではスケラットとは何者であり、なぜ彼がそうした通常外の権限を持つことが許されたのか。彼は、ピサ支配下のルッカで代官に次ぐ行政職である「ルッカの保護長」と「ルッカのコムーネとその領域の良き平和の状態のための守護者（conservator pacis et boni et pacifici status Lucani communis et eius fortie comitatus et districtus）」という肩書を持って、ピサから送り込まれた人物であった。前者については一三四二年九月二日に権限がアンツィアーニから正式に付与されており、後者についても同年一一月二三日に任命が行われている。[14] また、同一一月二三日には「反逆者とその財産に関する行政官」にも任命されている。最後の肩書が財産返還訴訟と関連していることは明らかであるが、彼の権限の大きさを特徴づけるのは「保護長」と「守護者」という最初の二つの地位である。

彼が「保護長」としてルッカから任命された際に与えられた権限は、ルッカ領域の平穏のために「自由で総合的な裁量権（liberum et generale arbitrium）」を持ち、馬を伴う二人の役人を引き連れて、追放者や盗賊、ルッカとピサの敵、また彼らをかくまっている者を捕まえて、罰することであった。[15] さらに、「保護長」による判決は上訴不可能であり、監査の対象にもならないことが定められた。他方、「守護者」としての任命においては、スケラットが「ピサのコムーネから受け取った大権や裁判権、職権、自由裁量、諸規定によって、ピサとその領域で職務を遂行するように、ルッカとその領域でも職務を遂行することができる」とされている。[16] ルッカのアンツィアーニがスケラットに財産返還訴訟での略式手続きを許可したのは、彼がピサからこのように大きな権限を与えられてルッカにやってきた人物であったからだった。

スケラットの略式の財産返還訴訟が市民から要請され、アンツィアーニがそれを認可したのが、一三四二年八月二五日という、彼が「守護者」や「保護長」の地位を正式に付与される日（九月二日や一一月二三日）に先立っていた点にも注意したい。市民からの訴えの中で、スケラットはすでに「ルッカの保護長」の名で呼ばれており、市民らは、彼がピサから何らかの権限を与えられていたことを認識していたことだろう。[17] しかし市民たちが、ピサの支配が始まったばかりの混乱期に、権限がいまだ明確ではない外国人の司法官に対して裁量権を付与し、例外的な措置を行わせるよう求めている事実は、市民側からの要請がスケラットの職務や権限の範囲の拡大をもたらす契機となり、また少なくとも彼の例外的な活動を正当化する理由となっていたことを示唆している。

さて、一三四二年の六月一九日と八月二五日の法令における、反逆者への財産返還のための略式裁判の許可は、その財産をその時点で占有している者、特に権利を持って正当に占有していると主張する者にとって看過できない事態であった。通常裁判で権利を主張する可能性が留保されていたとしても、相手の抗弁を受けつつ権利証明することは多大な労力と費用を要するものであった。

同年九月四日、評議会では、ピサの代官ディーノとルッカのアンツィアーニの下にこれら二つの決定に対して多くの苦情が寄せられていることが指摘され、それらが修正されなければ多くの紛争や騒乱（scandala）が起こりうるとして対策が求められた。[18] これに対し代官とアンツィアーニが賢者の助言を受けながら行った修正が、前にも触れた、スケラットへの自由裁量の付与を確認した九月二一日の追加規定であった。そこではグエルフィ党の反逆者への財産返還には略式裁判が適用されないとの若干の修正がなされたが、基本的には大きな変更はなく、スケラットが略式で「ピサとルッカの平和の状態のために」決定を行うことが認められた。この九月の法令の重要性は、一三四二年一一月三〇日に編纂された都市条例の「帰還者の追放令の消去と財産の返却について」という規定の最後で、スケラットが審理を自由に行えることについて、九月二一日の追加規定の文言がそのままの形で書き写されていることから確認できる。(19)

スケラットという外国人司法官に、市民の権利にも関係する民事案件について自由裁量を与えるという、コムーネの司法制度では異例の措置は、フィレンツェからピサへの支配の移行期という混乱の時期において、そして反逆者の財産という政治的な問題も絡んだ分野においてこそ生じえたことだった。何よりも一三四一年から四二年にかけて行われたルッカ包囲がルッカ社会にもたらした混乱は、例外的な措置を必要とし、それを正当化できるほどの異常事態と見なされたのだろう。同時期の一三四二年七月二日には大赦が、八月二五日には継続中の全訴訟の消去という、これまた例外的な措置が講じられている。(20) 混乱を収めるべくルッカにやってきたスケラットという一人の司法官に、民事案件での略式裁判を許可するという措置は、こうした非常時の政策のひとつとして位置づけられるものであった。

3　バルジェッロによる領域の治安維持

(1) ピサ支配下の領域部の治安維持

スケラットの主な職務には、反逆者の財産返還訴訟とともに、ルッカ領域の平穏の維持のため追放者や盗賊、ピサとルッカの敵を捕まえ、罰するというものがあった。彼の領域部での実際の活動内容は、彼が残した有罪判決の記録から見ることができる。それによれば、スケラットは一三四二年の一一月から四三年二月までの四カ月間で、武器の携行、サイコロ賭博、領域部の共同体の告発義務違反などで九六人（七四件）に有罪判決を出している。(21)

アンツィアーニの決議録からもスケラットの活動は確認される。一三四三年八月一五日の記録では、ブレシア出身のブレシアーノがカストゥルッチョの息子アルティーノと共謀した罪で、またフィレンツェ領域民のウーゴが喧嘩を起こした罪で、スケラットによってそれぞれ有罪判決を受け、牢獄に入れられているとの記述がある。[22] さらに、同年の一一月二九日にはルッカ市民チェッコリーノがコルッチーノと争いを起こした件でスケラットから有罪判決を言い渡されたとの言及もある。[23] 史料の記載からは残念ながら彼が実際にどのような手続きで裁判を行っていたかを知ることはできない。スケラットに関する情報は、一三四六年一〇月一五日に彼がルッカのアンツィアーニの下に現れ、辞意を伝え、職を辞したことを最後に途絶える。[24]

スケラットが保護長として権限を付与された際の規定では、その末尾に「ポデスタの裁判権や職務は、前述の規定のために除外されたとは見なされず、ポデスタもルッカの都市条例に従って前述のこと［治安維持活動］に関して審理を行い罰することができる」と添えられている。[25] ここからは、保護長の裁判権とポデスタの裁判権が重複していたこと、そしてそれゆえ、保護長の設置によってポデスタが単独で担ってきた治安維持の分野に関して強化がなされたことがわかる。ピサ側は彼を送り込むことで、支配直後の混乱状態を収めようとしたのである。

スケラットがいなくなった後、次に保護長に関する情報が現れるのは、一三五二年八月と一〇月の規定においてである。この時、一三四二年時点で保護長が担ってきた都市部と領域部の治安維持の権限は分割され、都市部は「守護者」に、[26] そして領域部は「バルジェッロ」と呼ばれる新たな外国人司法官に委ねられるようになった。[27] この職務の分割は、その後の活動の活発さを見るとわかるように、領域部の治安維持に特化した司法官を設置することが主な目的であった。守護者とバルジェッロの任命にはピサ側が書簡を通して介入していたことから、ピサの主導でこの治安維持分野の改革が行われたことが推測される。

バルジェッロが設置された一三五〇年代と言えば、ペストによる人口減少と飢饉が猛威をふるった時期であった。ルッカやピサの指導者の意識はおのずと都市の食糧供給地である領域部に向けられた。一三五三年と五四年にはルッカの指示の下、領域部で穀物の備蓄調査が実施されている。(28) 領域部の悲惨な状況は、領域の農村共同体から出された免税を求める嘆願の多さからも窺える。そこではペストや戦争による人口の減少が嘆かれている。そしてこの領域の状況をさらに悪化させていたのが、追放者の存在であった。

追放者は二つの点で領域部での生産活動を阻害していた。ひとつは追放令を受けたために、村落から働き手が去っていくことによるものである。たとえばサン・ジェンナーロという農村共同体からアンツィアーニに出された訴えでは、その地で家族間での紛争が起こり、彼らは追放令を受けた。それにより農村共同体から去っていったために、土地は耕されないままになっている、と述べられている。(29) この事態への対策は、紛争当事者間での和解を促し、そして有罪判決や追放令を消去することで彼らを法の保護下に戻すことであった。

追放者による影響として第二に、彼らが徒党を組んで各地を荒らし回り治安を乱すというものがあった。特に一四世紀後半は、前章でも指摘したように、外部勢力の軍隊がルッカ領内に侵入してきていた時期であり、その中で追放者らは敵方に味方しうる危険因子であった。無法者となった追放者へのここでの対処法は、積極的に彼らを捕まえるというものである。これこそがバルジェッロに課せられた職務であった。ここには追放刑に基づく伝統的な刑罰のあり方からの変化が見られる。追放刑は本来、それを受けた者をコムーネの法の下から外し、誰もが罪を問われることなく追放者に暴力を加えることができる状態にするもので、社会や住民に制裁を委ねるという性格を有していた。しかしこの時、コムーネは、追放者を放置するのではなく、自ら警察的な手段を講じて領域部まで追いかけ、捕まえる行動に出るようになったのである。なお、こうしたコムーネの新たな領域の治安維持政策は、ルッカだけでなく、同時期のフィレンツェでも確認されている。(30)

（2）バルジェッロの職務規定と権限

領域部の治安維持を担ったバルジェッロの職務は、一三五二年一〇月三一日の規定で定められた。それによればバルジェッロは、従者とともに領域部に向かいそこで、ルッカのコムーネの追放者や放浪者、悪党、「異常な悪事(enormia maleficia)」を犯した者、悪い身持ちの者、さらにはルッカの都市と領域部の平和状態を掻き乱そうとしている者を捕まえ、代官や役人の前に突き出し、彼らによって罰せられるようにすることであった[31]。この警察活動がバルジェッロの主要な任務である。

またバルジェッロは、領域部で賭博を行う者や、禁止された武器を携行する者に対する裁判権も有した[32]。職務規定では禁止された武器と罰金額が詳細に列挙されている。さらにバルジェッロは拷問を科すことができ、犯罪の程度に応じて、一〇リラを上限として自由裁量で有罪判決を下すこともできた。そして職務の終わりには監査官による監査を受けるべしとされた。

一三四二年の守護者としてのスケラットに与えられた権限と比べると、バルジェッロの権限の小ささは明らかである。スケラットはピサ支配直後の治安の安定を図ることを目的として送り込まれたためか、「自由で総合的な裁量権」をもって裁く権限を有し、また監査官からの監査も受けない例外的な存在であった。これに対し一三五二年のバルジェッロにはそうした特徴はなく、罰する権限も一〇リラ以下に制限され、追放者ら治安を乱す者を捕まえることに特化した存在になり下がっている。一三四二年の規定にあった、ポデスタの裁判権を侵害することなく、との文言が一三五二年の規定には存在しないことが、バルジェッロの裁判権縮小の証左であろう。

職務規定において権限を大きく制限されたバルジェッロではあったが、しかしそれは、彼の実際の活動の拡大を反映したものであったと考えられる。都市部での職務を解かれたことで、バルジェッロは領域部に多く赴き、警察的な活動を積極的に行うことが可能となっていた。職務規定における職務内容の明確化や裁量権の制限は、バルジェッロがより実動的で活発に行動する存在となったこと、そしてそれゆえ彼の横暴や汚職を抑制する必要が出てきた結果と見ることができよう。そして次に見るように、実際に一三五〇年代後半、六〇年代のバルジェッロはそれ以前と比べてより活発に活動している。

(3) バルジェッロの活動実態

ピサ支配期のバルジェッロの活動は、罰金徴収のための記録簿と、[33] 逮捕者または有罪者からアンツィアーニへの恩赦の嘆願に見ることができる。

一三五八年から六三年にかけてバルジェッロ職に就いていたのは、公証人の称号を持つジョヴァンニ・ダ・ラシニャーノであった。[34] 彼はまず職務規定に従って追放者の逮捕と投獄を行っている。アンツィアーニへの嘆願では、たとえば第7章第6節で見た、殺人ほう助によりポデスタに三〇〇リラの追放令を受けたコルッチーノ・パルエイが、バルジェッロによって拘束され牢獄に入れられ、そこで貧しさのために死んでしまうと訴えているものがあった。

バルジェッロが裁判権を行使し、実際に有罪判決を出していたことは、罰金徴収の記録簿からもわかる。一三五九年の記録簿には、この年に個人に対して一六〇件（一九二人）、共同体に対して五一件（五三の共同体）、計二一一件の有罪判決が下されている様子が見られる。[35] ただこの記録簿には犯罪の内容は記載されていない。

バルジェッロが裁いた事案は、有罪者がアンツィアーニに行った嘆願から知ることができる。[36] そこではまず、追放者をかくまったことや（五件）、告発義務違反（一件）、武器の携行（一件）、命令の不順守（三件）のためにバルジェッロが有罪判決を出していたことが確認される。[37] バルジェッロとしてのジョヴァンニが下した有罪判決はこうした職務規定の範囲内にとどまらない。傷害と脅迫の事案八件、窃盗一件、財産の損害一件、家畜の殺傷一件、土地の不正利用二件、逃亡一件のそれぞれについて、バルジェッロは有罪判決を言い渡している。これらは職務規定が定めたバルジェッロの裁判権には含まれていないものであった。それらはポデスタの裁判権に属する事案であり、有罪者が、ポデスタとバルジェッロ双方から二重に有罪判決が出されたとして、その消去を求めて訴える場面がしばしば見られる。

一三五二年の職務規定と現実のバルジェッロの活動とのズレがさらに明確になるのは、バルジェッロが科した罰金の額においてである。職務規定では一〇リラが上限とされており、実際にも罰金徴収の記録簿を見ると、少額の罰金を科している事例が多い。一三五九年では、全二一一件中、五リラの罰金が八九件、五～一〇リラの罰金が七八件となっている。しかし残りの四四件は職務規定の限度額を超えた額になっており、なかには三五リラや五〇リラの罰金を科している事例もある。[38] アンツィアーニへの嘆願でも、窃盗容疑で一〇〇リラが科されている事例や、傷害罪で四〇リラが科されているもの、追放者の受け入れのために一〇〇リラが科されているものなどが多数見られる。一三五二年以降に別の新たな職務規定が出されていた可能性もあるが、一三七〇年に改定される職務規定でも罰金の上限は五〇リラとなっていることを考えれば、バルジェッロが職務規定の枠を超えた活動を実際に行っていたことは明らかである。

この時期のバルジェッロであるジョヴァンニの職務規定に反した活動は、裁判の審理の手続き面においても確認される。そしてアンツィアーニに恩赦を求める有罪者の訴えは、むしろここに照準を定めている。前章第３節でも取り上げた、他人の家畜を殺傷した罪に問われたマッサリオは、裁判において、都市条例の「屠畜人の家畜によって与えられた損害に関して」という規定を念頭に自身が働く土地で家畜を殺傷したと主張したにもかかわらず、結果としてバルジェッロから有罪判決を受けたと訴えている。他の事例でも、武器の携行の罪に問われたヌッコとレッシオの兄弟は、彼らがその許可をまさにバルジェッロから受けていたにもかかわらず有罪判決が下されたと訴えで述べている。[39] 彼らに下されたのは、出廷拒否による追放令ではなく有罪判決であるため、彼らが審理の場に赴き、上記の合理的な主張を述べようとしていたことは確実である。なぜ彼らの声は届かなかったのか。

追放者を受け入れたとして二五リラの有罪判決を受けたディネッロは、嘆願の中で興味深いことを主張している。それは彼が裁判において「法が望んでいるように、十分に防御の活動を行えなかった」ことであり、「公証人ジョヴァンニ［バルジェッロ］の職務は自由裁量で行われ、裁判において法は全く守られないこと」であった。[40] ここからは、バルジェッロの裁判では、通常訴訟手続きが保証する被告人の防御の権利が十分に与えられていなかったこと、すなわち職務規定では記されていない略式手続きでの裁判が実際には行われていたことが窺える。前章でも触れた牢獄からの逃亡容疑で一〇〇リラの罰金を科されたアントニオも、「唐突に事実的に、訴訟手続きを守らず、そしてルッカの条例を守らず」にバルジェッロによって有罪判決が下されたことを嘆いていた[41]。

バルジェッロの裁判の内容を記した記録簿は一三七二年から現存する。そこでは、容疑内容と告白などの事実がポデスタの刑事裁判記録に比べて簡略に記されているものの、防御に期日が与えられていたことが記され、手続きが正当に行われたことが示されている[42]。裁判記録から見られる訴訟手続きに則った裁判と、アンツィアーニへの有罪者の嘆願が伝える略式での裁判のどちらがバルジェッロの裁判の実態を示しているのか判断は難しい。

しかし注目したいのは、アンツィアーニへの嘆願で略式手続きの不当性を槍玉にあげた訴えは、ポデスタによる有罪判決に対しては見られず、バルジェッロのそれに対してのみ見られる点である。嘆願には多くのレトリックがちりばめられ、現実を誇張し歪めたものもあるかもしれない。しかし略式手続きの不当性を訴える嘆願がバルジェッロに対してのみ見られることからは、バルジェッロはポデスタが行わないような通常外の審理を行う存在として認識されていたこと、少なくともアンツィアーニや議員がそのようにバルジェッロを捉えているという想定が、嘆願者らにあったことを示している。

（4）バルジェッロに与えられた「自由」

職務規定や一般法規を超えて活動するバルジェッロは、監査官の目に留まっていたはずである。しかし監査官の記録からはバルジェッロに関する記載は見当たらない。

バルジェッロの汚職に関する情報は、確かにアンツィアーニには届いていた。上記で見た訴えでも、彼の活動の違法性がアンツィアーニには伝えられていた。一三五二年のある嘆願ではより深刻な問題がアンツィアーニに伝えられた。嘆願では、パルディーノという人物がバルジェッロに一〇フィオリーノの賄賂を渡し、暗殺の共謀のために捕まっていたアンドレアを解放させたことが取り上げられた。そしてその行動が「正義を崩壊させ、バルジェッロを腐敗させる要因」をつくったことが指摘されていた[43]。

それゆえバルジェッロの活動実態はアンツィアーニの耳には確実に入っていた。しかしこうしたバルジェッロの法を超えた行動が、大きな問題とはならなかったことは、この期間に公証人ジョヴァンニが一貫してバルジェッロ職に留まり続けたことから明らかである。ここには法やそれを遵守させる監査の力を超えた、政治的な力の存在が見え隠れする。

バルジェッロの規定を超えた活動を見逃し、また監査官に見逃させていたのは、ルッカのアンツィアーニであり、またあるいはピサの政府であった。両都市の政治権力が、領域部の治安維持というこの役職の設置の本来の目的を果たすために、バルジェッロを自由に活動させ、領域部での悪しき行動の抑圧を強力に行わせていたのである。つまりアンツィアーニらは、バルジェッロに対して暗黙の自由裁量を与えていたのである。そしてもしバルジェッロの行き過ぎた行動により、よき「臣民」を誤って傷つけてしまった場合には、彼らからの嘆願に対する恩赦という形で、アンツィアーニがよき「臣民」を選んで救うことができた。

それゆえ、一三五〇年代後半から六〇年代前半にバルジェッロが事実上手にしていた自由裁量とは、一三四二年に保護長スケラットに法的に与えられた「自由で総合的な裁量権」と似て非なるものであった。後者がそれによって真に独自の権限を得て自律的に活動した司法官であったのに対し、バルジェッロが手にした「自由」は、都市の政治行政機関から暗黙に付与された「自由」であり、それゆえいつでも制限を受けうる「自由」であった。ここにはこの外国人司法官の、都市の政治権力への強い従属の傾向を見て取ることができる。

（5）共和国時代におけるバルジェッロの権限拡大

ルッカは一三六八年八月から九月にかけて皇帝カール四世によってピサから解放された後、六九年二月七日からの枢機卿グイドーネの支配を経て、七〇年三月一二日、ルッカのアンツィアーニが皇帝代官職を受けたことで、正式に共和国としての独立を果たした。新たな体制づくりは独立前夜からすでに始まっていた。一三七〇年二月二日には行政区画が五つの門単位から三つへと再編されたほか、二月一六日には一〇人のアンツィアーニのうちの一人が正義の旗手として外部の使者の受け入れや、評議会への提案などの任を負うことが決められた。

こうした中、一三七〇年三月一一日、バルジェッロに関する新たな規定が出された(44)。それを一三五二年の規定と比べると、いくつかの変更が明らかになる。まずバルジェッロが引き連れることのできた従者として二〇人の歩兵、四頭の馬、三人の騎手が明記されている。これがこの時新たに決められたものか、以前の慣習を成文化したものかは不明である。バルジェッロの権限では、まず自由裁量でバルジェッロが科すことのできる罰金額の上限が一〇〇リラから五〇〇リラに引き上げられた(45)。ただし身体刑に相当する犯罪に関してはポデスタへの引渡しが定められている。また、バルジェッロが何者かを捕まえようとした際に、誤って傷を負わせたり殺害してしまってもバルジェッロは罪に問われないとされており、その強引で強力な行動が法的に保証されている。

興味深いのは追放者や「悪事」を働いている者、またバルジェッロの職務に従わない者に対しては、「法の厳格さに従わずに、略式で事実的に」裁くことができると明記されている点である(46)。これは一三五二年の規定との大きな違いであり、手続き面での自由裁量のはっきりとした付与をここに見ることができるだろう。もうひとつ重要なのは、バルジェッロはアンツィアーニから委託された全ての事柄を行うことができ、その際には何らかのミスにより活動が無効にならないよう、法の厳格さを無視して略式で活動することが可能で、拷問も行うことができるとされている点である(47)。この対象者はルッカ市民にまでは広がらないが、ただし追放令を受けた市民の場合、またはアンツィアーニから例外として指定された場合にはその限りではないとされている。このように法から離れた自由な行動が正式に可能になったバルジェッロは、監査の対象からも外れている。一三五二年には末尾に付されていた監査に関する文言は、一三七〇年の規定には存在しない。

一三七〇年に新たに明文化された、五〇リラまでの有罪判決や、略式手続きでの裁判などは、一三五二年の職務規定には定められていない要素であったが、アンツィアーニへの嘆願から垣間見られるバルジェッロの活動においてはしばしば見られたことであった。すなわち一三七〇年の規定は、一三五〇年以降、現実のバルジェッロの活動の経験の中で積み上げられてきた状態を後追いする形で定められたものと言えよう。しかしそれらを明記したこと、特に略式手続きを正式に認可したことは、その後のバルジェッロの法を超えた活動に法的なお墨つきを与えたものとしてやはり意義のあることであっただろう。ただしその自由裁量がスケラットのような自律性のサインではなかったことは、アンツィアーニの指示を受けて行動する、という新たな要素が追加されていることからもわかる。バルジェッロはここで明確に、アンツィアーニに従属しその意向を受けて動く「部隊」として位置づけられたのである。

4　共和国時代のポデスタとアンツィアーニ

（1）ポデスタの「自由」

外国人の司法官として、罰金額においても訴訟手続きにおいても自由裁量を与えられ、法に縛られない活動ができたのはバルジェッロだけではなかった。共和国時代には、ポデスタもアンツィアーニから自由裁量を付与されていた。

ポデスタと言えば、新設のバルジェッロとは異なり、伝統的なコムーネの官職である。ポデスタは一三世紀には政治、司法、軍事の実権を握る一方で、その大きな権限とのバランスをとるため都市条例の遵守の義務が課せられていた。ポポロ期ルッカの条例である一三〇八年の都市条例では、第一章第一項に「〈ルッカの偉大な統治者

表 9-2　本節と第 8 章第 4 節での検討事項（Anz. ＝アンツィアーニ，Cons. ＝大評議会）

第 8 章第 4 節の事項	年月日	本節での事項
	1368 年 8 月	ルッカがピサから解放
カール 4 世による大赦	1369 年 7 月 31 日	
	1370 年 3 月 11 日	バルジェッロの職務規定の改正
	12 日	カール 4 世がルッカの Anz.に代官職を付与
大赦禁止令の提案	5 月 10 日	
大赦禁止令の発布	23 日	
アンテルミネッリ家への有罪判決	6 月 1 日	
	7 月 31 日	「ポポロ宣言」
	9 月	ジョヴァンニ・デッリ・オビッツィによる騒乱
	11 月 9 日	Cons.への提案：〈偉大な統治者〉とは誰か？→ポデスタが〈偉大な統治者〉
恩赦禁止令の一時停止（ガルファニャーナのコムーネとの協定）	13 日	
恩赦禁止令の一時停止（アンテルミネッリ家との協定）	1371 年 3 月 16 日	
アンテルミネッリ家への恩赦	4 月 11 日	
	17 日	Anz.：ポデスタへの自由裁量の付与
	28 日	4 月 17 日の規定への追加：略式手続きの許可
	1372 年 7 月	都市条例の改変
恩赦禁止令の一時停止（コッラッドと戦った者への恩赦）	1374 年 3 月 3 日	
	12 月 2 日	Anz.：ポデスタへの自由裁量の付与
	1383 年 6 月 29 日	Anz.：ポデスタへの自由裁量の付与

（maius Lucanum regimen）〉とその従者の宣誓について」が置かれる。それは〈偉大な統治者〉たるポデスタが就任時に行う宣誓を一人称で記したものであり、ポデスタは条例に手を置き不正なき統治を行うよう誓うことになっていた(48)。そしてその職を離れる際には、条例に基づく職務監査が課せられた(49)。

アンツィアーニはこのポデスタに対して、法からの逸脱を許可する自由裁量を与えていたのである。これが共和国としての独立当初という不安定な環境下においてなされていたことを念頭に、いくつかの事例を見ていこう。

ポデスタへの最初の自由裁量の付与は、一三七一年四月一七日の決議においてであった。大評議会から権限を委任されたアンツィアーニと一八人の賢者からなる委員会は、まず自由裁量を付与する動機を次のように述べる。「ルッカの都市と領域部のよき状態と平安、平穏のために、そして罪が犯される原因が取り除かれ、懲罰の恐れにより邪悪で向こう見ずな行いが抑えられるように、そして新たな諸法によって共和国を強化することが適当であり、そう思われるので」。この動機の下で、現職のポデスタ、スポレート出身のフランチェスコが任期中、「どんな犯罪でも彼の自由裁量でルッカのコムーネの法や条例の罰金額を超えて、犯罪の質や犯罪者の状況を考慮して一〇〇フィオリーノ［約四二〇リラ］を上限として科すことができる」ことが決定された。(50) そしてこの自由裁量は、アンツィアーニや正義の旗手らによる投票を通してでなければ取り除かれることはできないとも添えられた。(51)

これらは罰金額に関する自由裁量について定めたものであったが、一三七一年四月二八日の追加決定では、略式での訴訟手続きも現ポデスタに許された。ポデスタは「事実において、そして裁判外的に軍務的に、「通常」裁判の煩雑さや形式を無視して、審理を進めることができ、そして言葉だけで、書面なしで自身が思うように有罪判決を執行させ果たすことができる。そこでは法や条例の厳格さや儀礼や様式、内容でさえ守る必要はない」と定められた。(52) ここではかなり大きな自由裁量がポデスタに付与されていることがわかる。通常の訴訟手続きの遵守はおろか、有罪判決を書面なしで実行させることは、裁判の厳格性、透明性の観点からこれまでには考えられないことであった。「軍務的に」という表現もそうした手続きの例外性を際立たせる。

一三七一年以降も、アンツィアーニは「必要」に応じて、ポデスタに自由裁量を付与している。たとえば一三七四年一二月二日には、犯罪の被害者から「最近、夜の静けさの中で、通常手続きで調査することが難しい多くの犯罪が行われている」(53) と訴えがなされたことを直接の契機として、アンツィアーニは、去る一〇月一日から現在までに行われた夜間の犯罪に関して、ポデスタに自由裁量を与え、彼がその職権や「自身の［心の］動き（proprio motu）」に基づいて拷問を行い調査できるように決定している。

一三八三年六月二九日には、その直前のペストによる混乱の事態が、アンツィアーニがポデスタに自由裁量を付与する動機となっていた。その前文では、「ペストへの恐れのために市民が逃亡していることで、歪んだ邪悪な者たちの心が盗みや悪事を犯すことへと刺激されている」と指摘され、それに対して「神の正義の恐れを感じない者たちを、懲罰の恐れにより、少しでも悪事から引き離そうとしたいがために」、ポデスタと（外国人への裁判権を持つ）「保護行政官（maior officialis custodie）」に、一一月一日までの約四カ月という期間限定で自由裁量が与えられている[54]。

共和国として独立を果たしたルッカにおいて行われていた、こうした一連のポデスタへの自由裁量の付与を見ていくと、いずれもある目的の下で、そして期間を区切ってこの措置が講じられていることがわかる。その目的とは共和国樹立後の治安維持や、夜間やペスト後の治安維持というものであり、一三七一年の決議で言及された「共和国を強化すること」という言葉に集約されるものである。この目的が、その直前に述べられている「新たな諸法によって」ではなく、実際には法からの逸脱を許可することを通して実現されようとしていることは皮肉である。この目的達成のためにポデスタには、現ポデスタの任期中や、四カ月間など期間限定の形で自由裁量が与えられた。

ポデスタへの自由裁量の付与が、特定の目的に沿って期間限定でなされている点から二つのことを考えることができる。第一はバルジェッロとの比較から読み取れる、ポデスタに自由裁量を与えることへのアンツィアーニの慎重な姿勢である。バルジェッロの場合、自由裁量を恒常的に発揮し司法活動を行うことができた。これに対してポデスタへの自由裁量の付与にはそうした恒常性はなく臨時的である。この違いはおそらく、ポデスタが新設のバルジェッロのようにアンツィアーニに完全に従属する司法官ではなく、元来の自律性を一定程度保持し、それゆえポデスタに恒常的な自由裁量を与えることへの警戒感があったためと考えられる。

しかしポデスタへの自由裁量の付与の政策からは第二に、アンツィアーニがポデスタを従属化させている状況も見ることができる。この自由裁量の付与は、アンツィアーニが「緊急事態」と判断したときに、期間と事案を限定して行われるものであり、それゆえアンツィアーニが政治的目的を達成するために、ポデスタを法の束縛から解放し、彼に強力に「悪事」を罰させるものであった。そして必要とあらば、いつでも付与した自由裁量を回収することができた。アンツィアーニは、ポデスタに「自由」を与えることで、かつての一三世紀のような自律性を持ったポデスタを中心とするコムーネ体制の復活を試みたのではなく、逆にアンツィアーニの考える「共和国の強化」という目的達成のために、柔軟かつ強力に活動できる司法官をつくり上げようとしていたのである。たとえて言うなら、騎士階層の象徴たる馬に乗って他都市からやってきたポデスタを、アンツィアーニが実質的に手綱を握る従順な「馬」へと変身させようとしていたのである。

（2）〈偉大な統治者〉は誰か？

執政府アンツィアーニが司法官ポデスタを従属させようとする状況は、他都市出身の中立的なポデスタに裁判権を委ねてきた一三世紀以降のコムーネ体制を事実上否定するものであり、政治権力に全権限が集まるという点でシニョリーア制と共通しているとさえ言える。しかし、共和国として新たな歩みを始めたルッカにおいて、これは問題とならなかったのか。

一三七〇年三月一二日に正式に独立を果したルッカは、これまで停止状態にあった一八〇人からなる大評議会を復活させ、一三世紀のポポロ的なコムーネ体制に回帰しようとしていた。その機運は一三七〇年七月の「ポポロ宣言」で頂点に達する。七月三一日に評議会で「上層、中層、下層の市民」の代表者らが共同で決定したのは、アンツィアーニと正義の旗手が「ポポロ的に、ポポロの名の下で」統治を行うこと、そして貴族をアンツィアーニや他の主要ポストから排除することであった[55]。こうして出来上がった「ポポロ的」な体制が、実は理念的で、形式的なものでしかなく、現実には同時代の他都市と比較しても、より寡頭的であったことは、ミークによるアンツィアーニのメンバーのプロソポグラフィー研究が明らかにしたところである[56]。現アンツィアーニが後任の選出に影響力を持つ選出方法のために、一三七〇年以降にアンツィアーニ職に頻繁に就いていた家族は五〇以下であり、その多くは以前から地位を築いてきた有力家系であった。

しかしいずれにせよ一三七〇年代初頭のルッカは伝統的なポポロ的コムーネ体制というイデオロギーに燃えてい

た。後にミラノのシニョリーアを糾弾し、その後『僭主論』[57]を著した人文主義者コルッチョ・サルターティがルッカのアンツィアーニの書記官として活躍していたのがまさにこの時期（一三七〇年、七一年）であったのも偶然ではないだろう。ではこのコムーネ的イデオロギーと、シニョリーア的性格を帯びた実際の体制との矛盾はいかに処理されたのか。これをよく示す例を上記の「ポポロ宣言」に起因するある事件に見ることができる。

その事件とは、アンツィアーニ職から締め出された貴族であり、ルッカのグエルフィ党のリーダー、ジョヴァンニ・デッリ・オビッツィによって引き起こされたものである。[58]彼は一三七〇年九月、ルッカにやって来て騒乱を引き起こし、結果的にポデスタによって捕らえられた。そしてジョヴァンニはポデスタ法廷で裁判にかけられることとなったが、ここで問題が生じる。これについて同年一一月九日に正義の旗手フェデリコ・トレンタは大評議会で次の提案を行った。

ジョヴァンニによって犯されたと言われている事案についてポデスタ法廷から次の疑義が呈されている。それは、この事案での裁判権は、ルッカの都市条例によれば第一章第一七項にあるように、コムーネの〈偉大な統治者（maius regimen）〉に属すると言われており、〈偉大な統治者〉は敬愛すべきアンツィアーニと正義の旗手であると言われている。そのため、ポデスタによって訴訟手続きが進められることができない。市民が市民に裁判権を持ち、その職務を行うことは不適当である。そこでこのことやそれに関係する全ての事柄について大評議会で決定してほしい。[59]

ここで触れられている都市条例の第一章第一七項とは「暴動や騒乱、放火を引き起こす罪を犯した者への罰、暴動の内外で火を放った者への刑罰について」である。これは一三〇八年の条例にすでに見られ、その中ではこの罪を犯した者はルッカの〈偉大な統治者〉によって罰せられるべしと定められている。[60]では〈偉大な統治者〉は誰なのか。一三〇八年の条例では〈偉大な統治者〉は明らかにポデスタを指し、[61]〈偉大な統治者〉たるポデスタは、ルッカとその領域を平和にし、統一状態を維持するために、全ての裁判権と真の統合された指揮権を持つとされている。[62] しかし外国人領主やピサの支配下で編纂された一三三一年と一三四二年の条例では全体を通して、〈偉大な統治者〉という用語はほとんど登場せず、ポデスタは〈偉大な統治者〉という呼び名では呼ばれなくなり、ただポデスタと呼ばれている。[63] だが一三七〇年九月の時点で効力を持っていた一三四二年の条例のこの第一章第一七項では、おそらく改変されず放置されていたのか、〈偉大な統治者〉という名称は一三〇八年の条文と同じ状態のまま残されていた。これが問題の発端である。

正義の旗手フェデリコの大評議会での提案では、「〈偉大な統治者〉は敬愛すべきアンツィアーニと正義の旗手であると言われている」とある。〈偉大な統治者〉を裁判権と指揮権を持つ者と捉えた場合、事実上の〈偉大な統治者〉がアンツィアーニと正義の旗手であったことは、彼らの行動を目の当たりにしていた同時代人にとっては当然の理解であろう。一三七〇年七月三一日の「ポポロ宣言」直後になされた正義の旗手の宣誓では、過去の条例のポデスタ＝〈偉大な統治者〉の宣誓を引き写したかのような文言で、アンツィアーニを代表する正義の旗手が、無謀な言動を行う者に正義をもって対処し、ルッカの都市とその領域を守り統治することを誓っている。[64] しかしアンツィアーニと正義の旗手が〈偉大な統治者〉であれば、ポデスタにはジョヴァンニ・デッリ・オビッツィを裁く権限はなくなる。これが、ポデスタ法廷がフェデリコを通して大評議会に伝えた疑義である。

正義の旗手フェデリコは、自身の提案において「市民が市民に裁判権を持ち、その職務を行うことは不適当である」という意味深いコメントを添えている。なぜ「不適当」なのか。それは、彼らが構築を目指したコムーネ体制が公平、公正を基本理念としており、それゆえ党派的な利害を持って偏った裁きを下す可能性のある「市民」に裁判権を委ねることはなかったからである。市民の代わりに裁判権が委ねられるべきは、中立的な他都市出身者に対してであった。フェデリコの提案におけるこの「不適当」という表現には、コムーネ的伝統に則り、外国人司法官＝ポデスタを〈偉大な統治者〉に据えるべきであるという意思が込められている。この理念的な共和制維持に向け

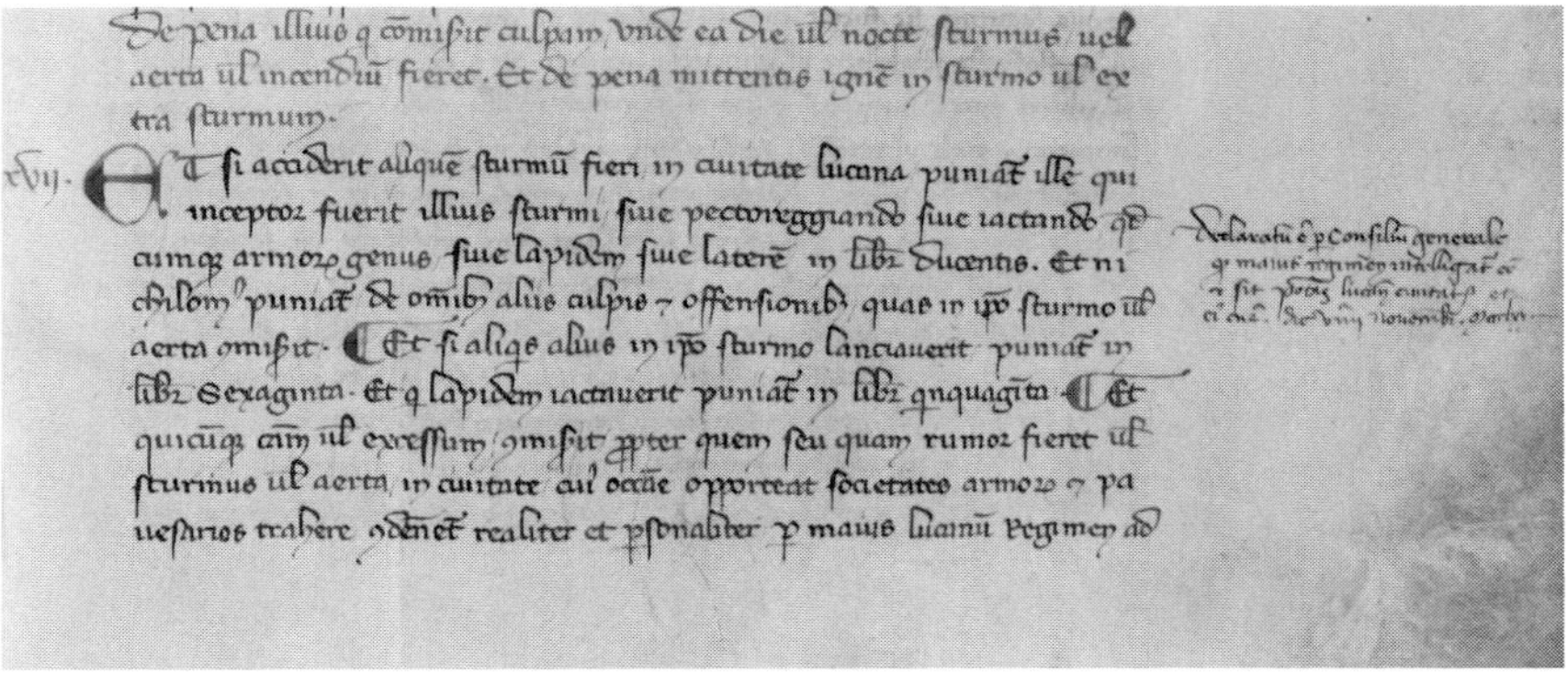
De pena illius q commisit culpam, unde ea die ul nocte sturmus uel
aerta ul incendiu fieret. Et de pena mittentis igne in sturmo ul ex
tra sturmum.
xvii. Et si acciderit aliquem sturmu fieri in civitate lucana puniat ille qui
inceptor fuerit illius sturmi sive pectoreggiando sive iactando q
cumque armorum genus sive lapidem sive latere in libr ducentis. Et ni
chilominus puniat de omnibus aliis culpis et offensionibus quas in ipso sturmo ul
aerta omisit. Et si aliquis alius in ipso sturmo lanciauerit puniat in
libr sexaginta. Et q lapidem iactauerit puniat in libr quinquaginta. Et
quicumque cum ul expressum omisit propter quem seu quam rumor fieret ul
sturmus ul aerta in civitate cui occasione opporteat societates armorum et pa
uesarios trahere ordinet realiter et personaliter p maius lucanu regimen ad

図 9-1　1342 年の都市条例の第 1 章第 17 項とその欄外の記述

た意思表示は、評議会の議員たちによってしっかりと汲み取られた。大評議会の正式な意見として採用されたヤコポ・ラポンディの意見は次のようなものであった。

> この事例でも未来の事例でも、この評議会の権威の下、条例の疑義は次のように晴らされたと見なされるように。それは条例において偉大な統治者とは、常に現在またはその時のポデスタであると理解されるように。そして条例における全ての事柄に関して、ルッカのポデスタが裁判で審理や手続きを行い、判決を下しそれを執行するための大権、権威、裁判権、真の統合された指揮権や全ての権能を持つ者とされ、ポデスタとその法廷がルッカの〈偉大な統治者〉と考え直されるように。[65]

この見解は大評議会で採択され、その後も効力を持つ法解釈となった。この決定の発生原因となった一三四二年の条例の第一章第一七項の欄外には今も、「大評議会によって〈偉大な統治者〉はルッカの都市のポデスタとその法廷と理解されるべきことが宣言された。一三七〇年一一月九日」と、小さくしかし明瞭な文字を見つけることができる（図9-1）[66]。

（3）通常の〈偉大な統治者〉と臨時の〈偉大な統治者〉

しかし、これでは終わらない。ヤコポの意見には続きがあった。

まさにジョヴァンニに関する事柄に関しては、その犯罪の軽率さが懲罰を要求したとしても、これまで［ジョヴァンニが］ルッカのコムーネのためになしてきた素晴らしき功績や、親族や血族の愛を考慮して、前述の機会について［ポデスタによって］有罪判決が出され罰せられることのないように。そしてアンツィアーニによって流刑に処され、山岳の向こう側の、都市から五〇マイル離れたところに置かれるように。(67)

このヤコポの意見は、アンツィアーニや評議会の多数を占めた指導層たちの、これから共和国が出発しようとする矢先に持ち上がった難しい課題に対する、彼らなりの解決策であった。都市の政治指導者たちが目指したのは、二つの目的を同時に達成することであった。ひとつは、都市条例とそれを厳格に守る中立的な外国人司法官を頂点に据えた、伝統的なコムーネ体制の構築である。そこでは市民からなる執政府や評議会が裁判を行うことは許されざるものであった。もうひとつは、共和国または現体制の維持のために必要な措置を講じることである。ここでの場合、法に基づいてグエルフィの長たるジョヴァンニ・デッリ・オビッツィを処刑することで生じるであろう大きな混乱を避けることであった。この二つの目的は、通常はポデスタを〈偉大な統治者〉として位置づけつつ、しかし時にはそこに例外を設けて、臨時の〈偉大な統治者〉たるアンツィアーニが政治的な決定を行うことによって成し遂げられたのである。

この通常と例外による共和国体制の維持は、自由裁量の付与の事例で見たアンツィアーニとポデスタとの関係についても当てはまる。通常は持ちえない自由裁量を時と場合を限定して例外的に与えることは、ポデスタを法に厳格に従う司法官として通常は位置づけながらも、法に準拠していただけでは共和国の存立を危険にさらすとアンツィアーニが判断した事例については、例外的にポデスタに法を超えた行動を行わせることに他ならなかった。同じ原理は、第8章でも見た恩赦禁止令という通常の原則と、その例外的な場面での一時停止にも見ることができよう。これらの通常と例外を基にした政策は、まさに共和国として再出発を果たし、共和制のイデオロギーに熱狂しつつ、しかしまだその存続が不安定であった共和国時代初期を特徴づけるものであった。

5　一三九二年体制とカピターノ・デル・ポポロ

（1）党派争いと一三九二年の体制樹立

一四世紀ルッカにおける例外的司法の最後のひとコマは、共和国樹立から約二〇年が経った一三九二年に始まる。グイニージ派とフォルテグエッラ派の党派対立が前者の勝利によって終結するこの年、後のパオロ・グイニージのシニョリーア支配へと繋がる環境が整備され始める。ここでのポイントは、党派対立後の政治的な立法措置によりアンツィアーニへの権力集中がより強くなる点、そしてその中でグイニージ派の「体制」の維持に動機づけられた例外的司法が現れる点である。

ルッカでは一四世紀初頭の党派争い以降、他都市で見られたような大きな党派争いは起こらず、支配層の寡頭化がゆっくりと進んでいた。(68) しかし一三七〇年にルッカが独立を果たしたことにより、都市の支配層内部に二つの派閥が形成されることとなった。ひとつは一三七〇年七月に「ポポロ宣言」を主導し、手工業者や非貴族を支持基盤としたグイニージ家を中心とする派閥であり、もうひとつはそれに対抗し、法学者や貴族家系の支持を受けるフォルテグエッラ家を中心とする派閥であった。(69)

この二つの派閥は、一三七〇年代、八〇年代には共和国の役職をめぐって、また政治的諸問題をめぐって対立を重ね、一三九〇年には武力衝突を起こすまでになっていた。(70) 一三九二年二月、和解の試みがなされ、説教師による説教の後、評議会議員たちは今後どの党派にも属さないことを誓約した。しかし事態の収集はうまくいかず、一三九二年五月一二日、両派は都市とその周辺領域から武装した支援者を集め、大きな戦闘を繰り広げることとなった。勝者はグイニージ派であった。翌日の評議会では、騒乱のきっかけをつくったとして、フォルテグエッラ派の長バルトロメオの処刑が決定された。

長年の党派対立に終止符が打たれた後、グイニージ派が掌握したルッカ共和国は、すぐさま新たな体制づくりへと向かった。一三九二年五月一五日、評議会にある提案がなされた。それはルッカを崩壊の危機へと至らしめた先の蜂起を受けて、都市の改革に向けて、そして平和で民主的な状態と自由の維持に向けて、そして同様の危険の回避に向けて、新たな決定が行われることが必要であり有益であり、そのために既存の法規定の停止の手続きが行われるように、というものであった(71)。この提案に対して、全ての条例や諸規定が停止され適用除外されたものと見なされるように、というミケーレ・グイニージの意見が評議会で採択され、新たな法整備が可能となった。

このもはやおなじみの「非常事態」における条例の適用除外の手続きを経て決定されたのは、二四人の市民が非常大権委員会（balia）を組織し、アンツィアーニとともに全権を握り、条例の改定と体制の再構築を行うということであった(72)。非常大権委員会を構成する二四人はディーノ・グイニージが残した党派リストと照合するに、全てグイニージ派のメンバーであった(73)。ここで「条例の改定」が、条例制定者や法学者ではなく、非常大権委員会に委ねられたこと、そして決定内容が評議会の承認を受ける必要がなかったことは、この「改定」が従来の都市条例の改定とは異なり、政治的で党派的な性格を強く帯びたものであったことを表している。

非常大権委員会は一三九二年五月二六日、「自由の保護」のために多くの「法」を定めた。それは内容面から大きく二つのことを目的としていた。第一に政治権力内部でのアンツィアーニへの権限の集中、第二に「体制」の維持のための陰謀の阻止である。それぞれ検討しよう。

（2）「委員会」とアンツィアーニの権力集中

第一の点については「委員会（commissari palatii）」の設置がカギとなる[74]。新たな規定によれば、一二人（各行政区四人）で構成される「委員会」は、アンツィアーニと正義の旗手とともに、共和国の自由を対外的、対内的に守る組織とされた。主な職務は、対外面では戦争時の軍隊の招集などの命令、対内面では都市の治安秩序の維持、共和国に対する謀反の防止であった。治安維持については後で見る「カピターノ・デル・ポポロ」の選出とカピターノの判決の修正を通して行われることとされた。「委員会」のメンバーの任期は半年で、その選定はアンツィアーニと「委員会」の前任者らが主導した[75]。

「委員会」の実際の活動は評議会議事録から見ることができる。彼らはアンツィアーニとともに、上記の職務のほか、恩赦や、火事や暴動の抑止、領域のカステッロ（城塞集落）への守護隊の配備、領域部のポデスタの任命、傭兵との交渉や和平協定の策定なども行っている。これらはかつては、大評議会や三六人評議会（独立以前は五〇人評議会）が、アンツィアーニからの提案を受けて討議していた事柄であった。それゆえ「委員会」の設置は、大評議会や三六人評議会の活動を縮小させるものであった。事実、各評議会の開催回数を分析すると、評議会は「委員会」設置前の一三八五年から九〇年には年平均一二回開催されていたのが、一三九二年以降は年四、五回へと減少している。また三六人評議会も以前は年平均二〇～三〇回開催されていたのが、「委員会」の設置後は年八～二〇回となっている。さらに大評議会での討議内容は、ポデスタの任命など形式的で、政治的にはそれほど意味を持たないものに限られている。

つまり「委員会」の設置は、比較的幅広い人間が参加する評議会を形骸化し、アンツィアーニと彼らが選ぶ少数の者が、評議会の承認を経ずに、自由で直接的な行動をとることができる制度環境をもたらすものであった。このアンツィアーニと評議会との新たな関係は恩赦の決定過程にも表れている。法廷での判決の修正は、かつては一三五三年のアンツィアーニからの提案で明示されているように、「アンツィアーニによってその評議会の同意なしで決定されることはできない」事柄であった。[76] しかし一三九二年以降、アンツィアーニらは何らの評議会からの同意も取りつけることなく、ポデスタやカピターノ・デル・ポポロの法廷が下した判決を修正している。[77] これは外国人司法官の政治権力への従属だけでなく、コムーネの代表制の基礎となる評議会の形骸化という点でも、伝統的なコムーネ体制、共和体制からの離脱傾向を示すものであった。

アンツィアーニと「委員会」への権限集中は、一三九二年の党派対立で勝利したグイニージ派による自由な市政運営を目的としてなされたものであった。その試みはアンツィアーニと「委員会」のメンバーが、どの時期もグイニージ派によって多数を占められていることから、成功したと見ることができる。この新たな「体制」は、それに逆らう者への強い警戒心を持たずには、そして彼らによる謀反を阻止する政策に乗り出さずにはいられなかった。その象徴が、一三九二年五月二六日の非常大権委員会が制定した「法」で設置されたカピターノ・デル・ポポロである。外国人が就いたこの官職は、司法官として共和国内部の治安維持、そして何よりもグイニージ派の「体制」の維持を担った。[78] カピターノ・デル・ポポロという名称は、一三世紀に政権を握った民衆からなるポポロ組織の長と同名であり、この伝統的な官職名を使うことで、ポポロ時代を想起させ、新たな体制が民衆の勝利によって樹立されたものと印象づけようとしたと考えられる。しかし、その制度的位置づけも活動実態も一三世紀のそれとは全く異なるものであった。そして彼の活動にこそこの時期の例外的司法の特徴がはっきりと表れている。

(3) カピターノ・デル・ポポロによる治安維持

一三九二年体制下でのカピターノ・デル・ポポロの主な職務は、新たな「法」に反する者たちを裁くことであった。そこで特に想定されているのは一三九二年五月二六日に加えられた二つの罪であった。[79] ひとつは共和国やアンツィアーニ、評議会議員への悪口や侮辱、条例の停止や逸脱に関する言葉、そして自由で平和な状態を乱し暴動や騒乱を起こすような言葉を、公の場で発するというものである。これを犯した場合は一〇フィオリーノを上限として罰金が科せられる。[80] もうひとつの罪は、ルッカやその領域で武装して結集することや、アンツィアーニやコムーネの館に武装して向かうことであり、それらは都市における蜂起や陰謀の行動と見なされ、死刑と財産没収の刑に処せられるとされた。[81] カピターノの職務は、共和国や現体制を危険にさらす謀反の動きを取り締まる諜報活動と、そうして捕らえた者を罰することにあった。

外国人司法官であるカピターノは、アンツィアーニや「委員会」の指揮下に置かれた。その選出は「委員会」が行い、また判決もアンツィアーニや「委員会」によって修正可能なものと定められた。そしてカピターノはアンツィアーニと「委員会」の命令を直接執行に移す役割も担った。職務遂行のためにカピターノは、一人の腕の良い兵士と武装し軍事に精通した二五人の従者（騎兵四人を含む）を与えられた。[82]

カピターノの裁判は、通常裁判の枠を超えたものであった。職務規定によれば、略式でローマ法や旧来の条例の厳格さを守らずに、事実的に、書面も残さずに手続きを進めることができるとされた。諜報活動を行うカピターノによる訴訟手続きで注目すべきは、さらに別個に規定されている次の二点である。ひとつは「罪が罰せられないままにならないように……告訴や告発の内容に関して必要と判断したときにはいつでも、糾問主義の方法で手続きを進めることができる」というものである。[83] これは告訴や告発によって暴かれることの多い謀反の疑いに関して、カピターノによる強力な調査を可能とするものであった。もうひとつは、被告人は一度召喚され出廷しなかった場合、その時点で告白したと見なされて追放令を受けるというもので、カピターノは二度目の召喚を必ずしもする必要はないというものである。[84] これは二度の召喚を必要不可欠とするローマ・カノン法訴訟手続きの伝統的原則を破るものであり、被告人の立場を著しく不利にする極めて例外的な規定と言える。

アンツィアーニと「委員会」を指揮官とし、カピターノ（およびポデスタ）を実動部隊として、共和国と現体制への反逆を阻止しようとするこうした制度は、現実に多くの謀反やその兆候を暴いていた。評議会議事録から二つの事例を紹介しよう。

一三九三年四月一三日の夜遅く、ジョヴァンニ・ボッカンソッキと彼の支持者が武装して街に現れたことで、都市は緊張状態に陥った[85]。彼はグイニージ派であったためその行動が現体制への反抗を企てたものであったかは疑わしいが、彼の行動は治安を大きく乱し、都市と現体制を混乱に陥れる危険性を持つものとされた。議事録では、ジョヴァンニの行動が武装し個人宅に結集することを禁じた規定に抵触するものであったとともに、「民衆の蜂起や動向は危険であり、怒った民衆の手にある剣は容易にコントロールすることができない」と指摘されている[86]。民衆の動きへの警戒心は一三七八年にフィレンツェで起きたチョンピの乱を意識しているように見える。アンツィアーニと「委員会」は結局、「彼の罪が罰せられないままにならず、未来においてもこれが試みられないように」ジョヴァンニに対し[87]、ピエトラサンタの地への六カ月間の流刑を言い渡している[88]。

もうひとつの事例は、一三九四年一月に発覚したグイニージ体制への陰謀に関してである。首謀者はピエロ・ラポンディ、ニコラ・ディ・ディーノ、ミケーレ・レオーニである。ミークがカピターノの判決記録から明らかにしたところによると、フォルテグエッラ派に属する彼らは、流刑に処せられていたラポンディ家や他の家族をルッカに呼び寄せることを画策して、パリにいたピエロの兄弟の支援を受け、また周辺農村から軍勢を集めることで、最終的には一人の傭兵隊長と一〇〇の槍、三〇〇の歩兵を用意することに成功していた[89]。しかし、この計画は、彼らが共謀を持ちかけた市民の一人ニコラ・ロンシーニが、カピターノに暴露してしまったため、失敗に終わる。その後前者三人は出廷しないままカピターノによって斬首刑と財産没収の判決を受け、またニコラ・ロンシーニも同様の死刑判決を受けている。ただし判決集に収められている判決を見ると首謀者の三人はその後、恩赦によって刑から解放され[90]、また評議会議事録からはニコラ・ロンシーニも謀反の密告が加味されてアンツィアーニと「委員会」によって流刑に処せられたことがわかる[91]。

（4）流刑に見る政治的司法

これら二つの謀反の事例からは、残念ながら史料的制約のためカピターノらが取った例外的な略式手続きの様子を見ることはできない。しかしその一方で最終的な判断を下していたのがいずれも、カピターノらを指揮する立場にあったアンツィアーニと「委員会」であったことはわかる。外国人司法官に厳罰化した法や自由裁量を与え抑圧的な司法を行わせる一方で、アンツィアーニらは必要に応じて、判決の執行を中止させ、新たな政治的判断を下していた。

この彼らが下す判断でよく見られるのが、流刑である。この刑は前節で検討した一三七〇年のジョヴァンニ・デッリ・オビッツィの場合にも見られたものであったが、一三九二年以降にはアンツィアーニによって数多く出されるようになっている。流刑に処された者たちに共通しているのは、彼らの犯した罪が、もし裁判官が法に基づいて判断すれば死刑を言い渡される類のものであったことである。流刑という判断は、死刑の執行を回避させるもので、それゆえ一種の恩赦に相当するものであったと考えられる。確かにニコラ・ロンシーニへの決定では、「罪が罰せられないままになり同様のことが試みられないように」と指摘されているように[92]、罰を加えることが不可欠ではあった。とはいえ規定通りに死刑にしてしまうと、被告人の社会的地位の高さゆえに、またはこれまでの功績が報われないことから、それはそれで本来の目的である共和国の維持、より正確にはグイニージの体制の維持に大きな支障となりえた。そうした場合にとられたのが流刑であった。

ここでの事例からは、司法官のそばで政治機関が、司法的判断のそばで政治的判断が、常に監視し出番を待ちかまえている様子を想像することができる。外国人司法官の実定法に基づく厳格な判決を、流刑へと変更する際の政治権力の判断基準は、犯罪の内容だけではなく、犯人の政治的、社会的な地位や功績であった。この基準は、グイニージ派が多数を占める指導者らが、高度に政治的な動機に基づいて打ち出した基準であり、これまで見てきた住民の訴えに動機づけられたものではなかった。

6　例外的司法と政治の拡大

一四世紀半ば以降のルッカにおいて、外国人司法官である保護長（スケラット）、バルジェッロ、ポデスタ、カピターノ・デル・ポポロは、ローマ法や都市条例が定める訴訟手続きや罰金額にとらわれない、略式での自由な裁判を行うことが許されていた。この通常外の例外的司法は、ローマ法と都市条例の遵守を法的、制度的基礎とし、また外国人司法官に自由裁量を与えることに抵抗感を持つコムーネ都市には、似つかわしくないものであった。だからこそ、この例外的司法が生成し展開していく状況の向こう側には、新たな性格を帯びた「正義」とコムーネが現れてくる様子を見ることができる。

一四世紀ルッカの例外的司法は、この時期の「緊急事態」によって強く動機づけられて姿を現した。ピサの支配直後の危機、ペストや戦争による領域部の危機、独立後の共和国の危機、そして一三九二年のグイニージ派勝利後の「体制」の危機が、通常裁判の枠にとらわれない「裁判」の発動を促した。ただ、注意したいのはこれらの危機が、現実の政治的、社会的、経済的な困難とは時に次元を異にする、アンツィアーニら政治機関が政治的観点から感知した限りでの「危機」であり、場合によっては、彼らが解釈的に創造した「危機」でもあった点である。たとえば一三九二年以降に諜報活動を行っていたカピターノ・デル・ポポロの略式の裁判を正当化していた「危機」とは、敵をつくり体制維持に神経を尖らせたグイニージ派が主張する「危機」であった。

このように政治によって動機づけられ導入された例外的司法は、その経験が次の時代へと引き継がれていくものであった。守護長スケラットの自由な治安維持活動は、領域部での活動に特化したバルジェッロに引き継がれた。そのバルジェッロは当初は職務規定の権限を超えて、暗黙裡に略式手続きの裁判を行っていたが、その経験は共和国時代には合法的なものとして明文化された。そしてアンツィアーニによるバルジェッロへの自由裁量の付与は、ちょうど同時期になされたポデスタへの自由裁量の付与の、そして同じ治安維持分野でのカピターノ・デル・ポポロへの自由裁量の付与の先例となったことが考えられる。こうして例外的司法はその経験が積み重ねられていくことにより、政治機関にとってより容易に利用できる通常の手段へと化していったのである。

略式裁判の許可が多く出された一四世紀後半は、前章で取り上げた恩赦の政策が拡大した時期でもあった。ヴァッレラーニは各都市の条例の分析を基に、寡頭的共和制の都市では政治権力が外国人司法官の活動に介入したのに対し、シニョリーア支配下の都市では外国人司法官に自由裁量を与える政策が行われていたとして、両体制の都市に異なる傾向を見ている。[93] しかしルッカにおいては――おそらくヴァッレラーニが史料とした都市条例以外の史料類型を検討すれば他都市においても――、本章で見た裁判官に自由裁量を与える政策と、第8章で見た裁判官の判決に介入する政策（恩赦）は、矛盾せずに共存し、むしろ相乗的に拡大するものであった。

この二つの政策の共存を説明するカギは、政治権力（執政府アンツィアーニ）と外国人司法官との関係の変化にある。これまで均衡・緊張関係にあった両者の関係は、この時、前者の優位へと大きく傾き、外国人司法官が都市の政治権力に従属するようになった。本章で見たように、司法官への自由裁量の付与は、政治的目的を達成するために期間を区切ってなされ、その自由裁量の剝奪も、また判決の修正や差し止めも政治権力はいつでもできる状態にあった。例外的司法と恩赦という二つの政策は、政治権力の権限強化と外国人司法官の従属化という一四世紀イタリア都市で進行するひとつの現象の、コインの裏表であったのである。

ルッカで見られた、市民から構成される政治権力と、外国人が担う司法権力との間でのバランスの変化は、同時代の共和制都市フィレンツェでも生じていた。ちょうど一四世紀半ばには、警察組織としてバルジェッロが都市部で、またディフェンソーリが領域部で部隊を率い治安維持活動を行うようになっていた。[94] これらの組織はルッカと同様、フィレンツェの執政府に強く従属したものであった。寡頭制が強固になる一三八〇年代には、市民で構成されるオット・ディ・グアルディアが執政府の下に設置され、反共和国、反体制的な活動の取り締まりを指揮するようになる。[95] これはルッカでの「委員会」に相当する機関と考えられる。オットや執政府は裁判を行う権限を持っていなかったが、外国人司法官たるポデスタやカピターノに対し、判決内容の具体的指示を行い、事実上裁判を指揮する立場にあった。一四〇一年のフィレンツェ評議会でマッテオ・ディ・ヤコポ・アッリーギが「市民に有罪判決を出すことを任されているのは市民でなく、外国人の司法官である」と主張している場面は、[96] ルッカの一三七〇年一一月九日の評議会での場面を再現しているかのようである。ちなみに両評議会において書記官長としてこの文言を書き記していたのは、かのコルッチョ・サルターティであった。

一四世紀後半における、市民からなる政治権力への司法権限の集中、なかでも少数から構成される執政府への権限集中は、伝統的なコムーネ体制、すなわち外国人司法官も含む独立した諸機関の併存と緊張関係を特徴とするコムーネ体制からの脱却と、ひとつの政治行政機関が全権を掌握するシニョリーア的、君主制的体制への移行という大きな流れの中に位置づけられる。この中世から近世の移行期に見られる政治制度的な変化と、これまで見てきた略式裁判や恩赦といった、既存の法をも乗り越えるという、新たな「正義」に根差す統治手法との関係は、どのように説明されるべきか。

確かに新たな「正義」に依る統治手法の導入の前提に、執政府アンツィアーニへの一定程度の権力の集中はあったであろう。とはいえピサの支配後の混乱や、領域部での治安悪化、共和国の樹立という外部環境と、それを「危機」として解釈し強調する政治的状況の中で、例外的司法が導入され拡大していった様子を見れば、この新たな統治手法が、アンツィアーニの権力の拡大、シニョリーア化の結果というより、その過程の中で政治的に捻り出されたものであったことがわかるだろう。そして強引に導入され、その後常態化するこれら例外の手法を用いた新たな統治実践こそが、むしろ政治権力を強化し、そしてさらに言えば中世的な政治制度を近世的なそれへと変化させる原動力として機能していたと考えることができるのではないだろうか。

終　章　訴える人びとがつくる世界

中世後期のトスカーナの都市ルッカ。ここを舞台に人びとが繰り広げていた司法分野での実践を見てきた。そこからはどのようなコムーネの姿が浮かび上がってきたのか。そしてそれは従来のイタリア中世都市、そしてヨーロッパ中世都市のイメージをいかに豊かにし、あるいは刷新するものであったのか。住民によるコムーネへの「参加」、そしてそのコムーネを導く「正義」のあり方の変容という二つの点から整理しよう。

（1）住民によるコムーネへの「参加」のかたち

①コムーネと住民

イタリア中世都市はかつて自由と自治の場というイメージで語られてきた。そこでは外部勢力からの不干渉という「自由」と、市民が参加する共和的な政治体制という「自由」とが、しばしば結びつけられ、共和的自由が称揚されてきた。しかし近年の歴史研究や本書での考察からは、そうしたイメージとは異なる中世イタリア都市の姿が明らかになる。

中世後期イタリア都市では、具体的な統治者とも市民の集まりとも区別される観念上の権力体としての「コムーネ」の存在が想定され、住民らは彼ら自身から構成される「コムーネ」を代表する執政府や裁判官の指示に服していた。スキナーら共和主義の思想家が批判し、それに対するオルタナティブを追い求めたホッブズやウェーバーの想定する国家と臣民との支配・服従関係は、一四世紀のバルトルスやマルシリウスの思想の中だけでなく、現実のルッカにおけるコムーネの政治や司法の場でも見られた。

共和的自由のイメージを反証するさらなる事実は、全市民参加型の自治が幻想であったことである。他のイタリア都市でもそうであったようにルッカでは、都市の意思決定への市民の参加は、執政府アンツィアーニの選出方法（前任者が後任を選ぶ）やその評議会への影響力のために、限られた家系にしか叶わなかった。都市共同体の一員として市民権を有した一般の「市民」は、執政府アンツィアーニに恒常的に服従する「臣民」の立場に事実上置かれていた。

しかしどうだろうか。コムーネに服従し、政治的な参加の機会も奪われた一般の人びとは、単にコムーネや、コムーネを牛耳る有力者に、支配されるだけの存在であっただろうか。本書での考察からは、自由と自治の中世都市論や共和主義の思想家が想定してきた、市民による公共善を目指した徳深い政治参加とは異なるが、しかしそれでも住民がコムーネに対してなしていた「参加」の様子が浮かび上がってくる。それは、住民らが自己の利益を追求する中でコムーネを戦略的に利用することで結果的になされる、コムーネへの「参加」である。住民はある問題に直面したとき、公的な世界から離れたのではなく、むしろコムーネを利用可能な権力として認識し、積極的に関わり続けた。それは何より法廷への年間一万件という訴えの数にはっきりと表れている。こうした住民の利用という形でなされる「参加」は、コムーネをどのように刺激し、揺り動かしていたのか。

②訴えによって揺れ動くコムーネ

住民の「参加」は第一に、コムーネが制定した法や制度の内容を、字句通りの形で実現させるのに寄与していた。それは民事法廷での彼らの活動から見ることができた。第３章で見たように民事分野での裁判記録簿の作成においては、住民からの書面の提供や手数料の支払いが書記の活動の原動力となっていた。また文書庫管理人による記録簿の厳格な管理は、住民による後の記録簿の利用可能性によって突き動かされていた。第5章で検討した「異議」は、当事者が裁判で優位に立つために行っていた訴訟戦略のひとつであったが、そこでとられていた、裁判官や相手の行動の瑕疵を都市条例に基づいて執拗に追及する姿勢は、法廷の役人の活動が消極的な中で、通常訴訟手続きやコムーネの法規定の内容を忠実に実現させるために重要な役割を果たしていた。

住民による戦略的な利用という形でなされるコムーネへの「参加」は第二に、コムーネを法や制度で定められた当初の姿から柔軟に変化させるものでもあった。それはたとえば第4章で検討した、住民による不動産担保付与の司法命令の戦略的な獲得に見られた。コムーネは、公証人契約に基づいて権利関係を確定する司法制度を整備し、債務者の財産を強制的に債権者に引渡す司法命令を行っていた。しかし権利関係が極度にあいまいな社会においてこの司法命令は住民によって、占有事実を積み上げ、後の権利争いに役立つ手段として読み替えられていた。住民によるこうした制度の戦略的な読み替えによって、コムーネは当初の想定とは異なる存在として受容され、消費され、そして社会において機能する公権力として姿を整えていたのである。

住民が行っていたコムーネを揺り動かす訴えは、第5章で見たように政治の場でも見られた。ここでは法制度の読み替えにとどまらず、その変更を表だって求める訴えがなされていた。都市条例の改定時に住民の「声」が、条例編纂者に届けられたほか、常時行われたアンツィアーニへの訴えは、都市条例への新たな規定の追加や文言の修正、そして時には法規定の適用除外の決定をもたらしていた。これら住民側からの働きかけは、既存の法がその運用段階において、変動する社会や個々の状況に合わないことをコムーネの指導者らに伝え、実定法をその本来の目的を達成させる可能性を持ったものへと「適正化」させる可能性を持ったものであった。

こうした住民による法への働きかけは、その柔軟化や「適正化」を超えて、裁判官やアンツィアーニら統治者に法の拘束から脱した活動を行うきっかけを与えるものでもあった。第6章で扱った民事法廷での通常訴訟手続きの簡略化を求める訴え、第8章で見た都市条例に基づく刑事判決への修正（恩赦）を求める訴えがそれである。これらは次項でも検討するが、ここではそうした住民の訴えがコムーネの権力秩序に影響を与え、コムーネの形を変える力を持っていたことを思い出しておこう。一四世紀後半の民事法廷で見られた、当事者による異議への意欲低下と裁判官の自由裁量でのすばやい判定を求める動きは、それまで民事的法世界をコムーネ外部から支えてきた法学者の影響力を低下させ、裁判官が――それゆえ彼が代理するコムーネが――独占的に民事的法秩序を掌握する状況をつくり出した。また刑事裁判で有罪判決を受けた住民が、執政府に対して行っていた恩赦を求める訴えは、執政府の権威を高めるとともに、外国人司法官（ポデスタ）が独占的に担ってきた司法の領域への、政治権力の介入を動機づけ、それを正当化する契機を与えるものとなっていた。

寡頭化が進むイタリア都市において、一般の住民はコムーネの意思決定に直接参加する機会は与えられなかった。しかし、人びとは盛んにコムーネに訴えを起こし、積極的にコムーネに「参加」することで、ロレンツェッティのフレスコ画でロープを握る二四人の市民のように、コムーネ像の構築に加わっていた。それは公共善を目指す徳深い参加というより、目の前にある自らの利害を意識して行われる戦略的なものであった。そうした住民のコムーネへの働きかけは、それがもし聞き入れられなかった場合には、都市からの逃避というカードを懐にしのばせて行われていたために、寡頭制政府の指導者たちには決して無視できないものであったことだろう。一般の住民によるある意味で無自覚的なこのコムーネのつくり上げが、中世後期イタリアのコムーネの動態的性格を規定していたのである。

（2）法と自由裁量――共和制とシニョリーア制

①コムーネの決定の「正しさ」を基礎づけるもの

一四世紀ルッカは寡頭的共和制をとっていた。コムーネの意思決定は一部の有力者によって独占され、多くの住民はそれに直接参加することが叶わなかった。こうした現実とコムーネ理念との乖離は、当時の人びとにとっては自明のことであっただろう。この中で、実質的に一部の有力者によって代表されるコムーネの命令が全住民に受け入れられるような、「正義」にかなうものとされるために、どのような論拠が用意されていたのか。すなわち「コムーネ像」を導く「正義像」はどのような性格を帯びていたのか。

かつて一七世紀の共和主義者ハリントンは、ホッブズが共和制下のルッカ住民の「自由」とスルタン支配下のコンスタンティノープル住民の「自由」とを、国家の法に服している点から同等と見なしたのに対して、(1) 次のように反論した。ルッカでは統治者も住民も法（civil and constitutional laws）の下にあるが、コンスタンティノープルではスルタンは法に服さず恣意的に行動している。それゆえルッカ住民の方がより「自由」である。(2) ここには共和制と法（実定法）への準拠、君主制と恣意とを結びつける見方、そして法の下での行動を「自由」の、さらに言えば統治行為の「正しさ」の論拠とする見方が垣間見られる。

一四世紀の共和制都市ルッカでは、はたして統治行為の「正しさ」は、実定法への準拠によって基礎づけられていたのだろうか。そしてルッカでの「正義」のあり方は、どこまで君主制やシニョリーア制のそれと同じであり、また異なっていたのだろうか。

本書での考察からはまず、共和制ルッカの政府のメンバーが、同時代のシニョーレと同様に、しばしば「法に邪魔されず」に決定を行っていた様子が明らかとなった。第8章で検討した恩赦や、第9章の略式手続きの許可は、アンツィアーニが実定法の定める訴訟手続きやそれに基づく判決を、必要に応じて乗り越え、自身の「良識」に基づいて決定を下していたことを如実に示していた。また裁判官でさえも、第6章や第9章の略式裁判で見たように、法が定める手続きを必要に応じて無視し、自身の自由裁量で裁判を進めるようになっていた。

しかし、ここでルッカの統治者が依拠し行使していた自由裁量とは、単に恣意性や気ままさというようなものではなかった。アンツィアーニらが決定の前文において盛んに行っていたように、自由裁量に基づく決定は「正しき理由」や「必要性」によって動機づけられ、正当化されるべきものであり、実定法の上位に位置する自然法的な意味での「法」、そして「正義」へと結びつけられるべきものであった。それゆえルッカの指導者、そして彼らが代表する「コムーネ」は、その行動を「正義」と結びつけられようとしていたことになる。それはさながらロレンツェッティの「コムーネ像」と「正義像」との関係を思わせる。

次に、こうした「コムーネ」を導く「正義」のあり方について、住民によるその構築への参加という点と、その共和制的な装いという点から整理しよう。一四世紀ルッカの「正義」に見られるこれらの特徴は、寡頭的共和制とシニョリーア制との共通点を自由裁量に基づく「正義」の台頭に見る、近年の先行研究に対しても、新たな知見を与えるものである。

②「正義」をつくる多様な主体

第一の論点は、コムーネの決定の「正しさ」を基礎づける論理として実定法への絶対的準拠から、実定法をもひとつの基準として、最終的には個人の「良識」や自由裁量に依拠するものへの変化について、これを動機づけた分野と主体に関してである。そして実定法によってはもはや彩られない「正義像」の新たな構築への、多様な主体の参加に関してである。

中世後期のイタリア都市に関する先行研究でも、特に国家や政権の利害に関わる分野において、法を逸脱した政治的な行為が現れるようになったことが指摘されている。(3) ルッカにおいてもちょうど一三七〇年の共和国独立を契機として、極めて政治的な分野において例外的司法が発展し、また恩赦禁止令やその一時停止などの法の自由な操作が行われていた。そこでは、共和国の独立を守り、現体制を維持するという政治指導層の目的と、そこから湧き上がる「危機」の意識が、法からの逸脱と自由裁量での行動を動機づけ、正当化していた。ここには国家の維持という政治的必要性を実定法よりも上位に位置づける考え方、それゆえ後のマキャヴェリやボダンの思想にあったとされる「国家理性」の中心的な思考様式が君主国ではなく、共和制の都市の現場で姿を現していた様子を見ることができよう[4]。ここでは「正義像」の一面は、政治指導者たちによってつくり出されていたことになる。

しかし、実定法に厳格に覆われた「正義」から、より自由な解釈が可能な「正義」へという変化が見られたのは、指導層が関与する国家的利害に関わる分野だけではなかった。ルッカでは特に一四世紀半ば以降、民事と刑事における通常の司法の分野においても自由裁量に強く依拠した判断が行われ始めていた。通常の刑事案件での恩赦、民事案件での「略式裁判」がそれである。ここでは例外的司法の分野と比べて、実定法への一定の配慮が確かに見られる。恩赦の嘆願の中には実定法への言及が見られ、また民事の略式裁判では都市条例の遵守を求める訴えが裁判官の自由な進行を躊躇させていた。しかしそれでも、実定法への準拠は「正義」をなすための絶対的な条件ではもはやなくなり、最終的に依拠すべき自由裁量の正当性を保証するためのひとつの要素でしかなくなっていた。

この通常司法の分野において特徴的であったのは、実定法に基礎づけられた「正義」からの脱却が、一般の人びとの訴えによって動機づけられていた点である。実定法に基づく法廷での判決を修正する恩赦は、刑の赦免を乞う有罪者からの訴えを必要不可欠としていた。また民事法廷での裁判官による略式手続きの裁判は、相手の執拗な異議に直面した訴訟当事者が、ドージェに訴えかけることによって可能となっていた。

「正義像」から実定法への準拠の色彩を抜いていったのも住民であったが、それに新たな彩りを加えていたのも住民たちであった。彼らは恩赦を求める訴えにおいて、どのような為政者の行動が「正義」にかなう行動であるのかを示し、民事裁判では略式手続きでありながらも「正しき裁判」とはどのようなものかを説いていた。こうした住民側から提示される「正義」の解釈は、裁判官や執政府といった統治者側の「正義」の解釈と絡まり合いながら、新たな時代の「正義像」の装いをつくり上げていたのである。

このように通常司法の分野において住民の働きかけがもたらした「正義像」の変容が、ルッカにおいては政治の分野で新たな司法が広がる共和国時代より前の時期（一三五〇年代、六〇年代）に生じていた点は重要である。このことは、このコムーネの決定の「正しさ」を基礎づける論理の変化、「コムーネ像」を導く「正義像」の変化の起点が、政治的利害が絡む分野で政治指導者の政治決定ではなく、通常司法の分野での住民たちの訴えにあったことを示唆しているのである。

③共和制的「正義」

一四世紀ルッカにおける実定法に束縛されない新たな「正義」のあり方は、共和制とシニョリーア制との差異を弱めるものであり、両者の統治手法の共通性に注目する近年の研究と合致する。しかしルッカの事例からは、近年の先行研究でも想定されていない新たな「正義」の側面、すなわち共和制的な装いをした「正義像」というものについても明らかとなった。

まずそれは、自由裁量を手にした政治指導者たちが、その行使に際してとっていた手続きに表れている。共和制ルッカでの個別恩赦は、アンツィアーニによる評議会への提案、評議会での嘆願の精査、そして投票という議会の手続きに則って行われていた。また、大罪での有罪者に対する恩赦やその禁止といった、より政治的な利害が絡む場面でも、アンツィアーニは、評議会での法令を通して恩赦を禁止したり、恩赦禁止を解いたりしている。絶大な権力を持ったアンツィアーニが、こうした回りくどい手続きをとるのは、彼らの行使する「正義」が共和制の議会手続きに則ったものであることを示すためであった。こうした意識は何より、彼らの議会活動が詳細に記録化されていることに象徴的に表れている。これはパオロ・グイニージによる恩赦が簡素な手続きと動機づけ（気前の良さの誇示など）によって行われ、その記録が数行しか残されていないのと対照的である。権力を掌握し自由に「正義」を提示できるアンツィアーニであっても、その「正義」が、全住民を代表する「コムーネ」を政治的に代表する自分たちによって示される、共和制原理に基づく「正義」であることを表明しなければならなかったのである。

一四世紀ルッカの政治指導者らによってつくり上げられる「正義」がこのように共和制的な装いをしていたこと

は、政治と司法との分離というコムーネ体制の原則が、少なくとも形式的には守られていたことにも見ることができる。アンツィアーニら政治権力は、恩赦や流刑というかたちで実質的には住民に対する「司法（iustitia）」を行っていたが、彼らはそれをいつも例外的に、事後的に行っていた。そして裁判を行う権限は彼ら政治権力ではなく、外部から来る裁判官に常に委託されていた。それは一三九二年体制下という、政治的動機によって強く突き動かされているときでも同様で、アンツィアーニは自ら裁判を行うことはしなかった。こうしたコムーネ体制の形式的な維持への意識は、事実上自らの指揮下に置いていたポデスタを〈偉大な統治者〉として位置づけた決定に、はっきりと見ることができるだろう。

以上のような「正義像」とそれが導く「コムーネ像」の再構築は、ロレンツェッティの絵においてこの両者をロープで繋ぐ人びとの個々の実践によってなされていたことを、最後にもう一度強調したい。そこでの人びとの実践とは、この二つの像を再構築することを意図して、自覚的になされたものでは決してなかった。本書に登場した一四世紀ルッカに生きる個々の住民や政治指導者は、彼らに与えられた特定の環境の中で、自らの「生」を懸命に生き抜いていただけであった。

サン・ミケーレ・イン・フォーロ広場北側のコムーネの館に向かう人びとは、それぞれ独自の思惑を持ってそこにやって来ていた。そうした人びとが法廷や執政府に、自らの利害を覆い隠しながら上げるその「声」は、時に他の人びとの「声」と共鳴することとなった。そしてそれは長い時間をかけて増幅していく。そうして大きくなった「声」こそが、最初の発声者には思いもよらなかった「正義」の姿を、そしてそれと結びつけられる「コムーネ」の姿をつくり出していたのである。コムーネの館で別々に「声」を上げていた当時の人びとは、おそらく認識していなかったであろうこうした実践の歴史的結果は、その「声」を書きとめたラテン語史料の分析によってようやくここに明らかになるものである。

あとがき

サン・ミケーレ・イン・フォーロ広場を北に向かい、薄暗い道《ヴィア・ブイア》という名の小道を通り抜けた先の小さな広場に、ルッカ国立文書館はある。入口の扉をくぐり長い階段を息を切らしながら登ると、閲覧室《サーラ・ストゥーディオ》が見えてくる。一九世紀半ばにつくられたこの部屋は、天井が高く開放的ではあるが、古文書を詰め込んだ棚によって三六〇度囲まれ、荘厳かつ趣ある空間となっている。観光客が行き交う街のにぎわいから遮断され、まるで時が止まったかのようなこの閲覧室で本書の研究は進められた。

今から一一年前の二〇〇五年秋、当時、国内外で活況を呈していた紛争史研究を志し後期博士課程二年次にイタリアへ渡った私に、フィレンツェ大学の指導教官ゾルジ教授は、トスカーナ各地の文書館に赴き史料調査をするよう勧めた。フィレンツェ、シエナ、ルッカ、プラート、ピストイア、ヴォルテッラ、サン・ジミニャーノ、フチェッキオと毎週のように新たな街の文書館を廻った。領域部の紛争関連史料を目指していた私がそこで目にしたのは、手つかずの状態で残されていた裁判記録簿の山、山、山であった。これを前にして都市の裁判というものに一気に引きつけられた。さらに調査を進めていくと、ルッカにおいて他の都市ではほとんど現存していない未踏査の史料、民事裁判記録簿が多数残されていることがわかった。ゾルジ教授にそれを報告すると彼も驚いてこの史料の新奇性と重要性を指摘してくれた。どうせやるなら誰も研究していないところがいい、ということでルッカを研究対象に定めた。

ルッカ文書館での研究生活は初めから苦難の連続であった。目録を基に閲覧請求するところまでは順調なのだ

ルッカ国立文書館の閲覧室

が、目の前に運ばれた裁判記録簿をひも解くと事態は一変した。読めないのである。もちろん事前にラテン語を習得し、文書形式学の授業も受けてはいたのだが、特殊な略記で表された専門用語の飛び交う、ナマの手稿史料を前にすると目が回ってしまうようであった。何もわからないまま机に向かい、眠い目をこすりながら、法廷書記の癖のある書体をただ眺めるだけの日々が一週間、二週間、三週間と続いた。それでも毎日、書面を眺めていると不思議なもので、徐々に目が慣れてくる。この文字はこっちのに似てるな……そうかこれは“r”か。この“co”に続くイモムシのようなものは……“m”“u”“n”“i”、そうか“communi”か！といった具合に、一語、一語、時にはアーキヴィスト（文書館専門職員）の隣について、ゆっくりと解読していった。こうして一日がかりでわかったことが、ある日の午後に廷吏が被告を召喚した、ということだけであったりもした。

そんな調子で一カ月、二カ月、ちょうど三カ月を過ぎた頃からだろうか、スラスラとまではいかないが、徐々に読むスピードが上がってきた。そしていろいろなものが「見える」ようになってきた。記録簿の構成、欄外と本文との関係、他の種類の裁判史料との関係、そして何が記され、何が記されていないかなどにも目がいくようになった。法廷書記が目の前の現実を取捨選択しながら記していく様子、そしてその向こうに法廷で慌ただしく動き回る人びとの姿が見えてきた。こうして半年、一年を迎える頃には、密度の濃い裁判データを一杯に詰め込んだフォルダーが、パソコンの中に幾層にも積み上げられた。

苦労して集めたデータを分析し、そこから意味を見出していく作業には歴史研究の醍醐味が感じられた。民事法廷への訴えの多さ、訴訟当事者の訴訟戦略、裁判官や法学者の行動の特質など、史料からひとつひとつ小さな議論を導き出していった。もちろん、長い間温めてきた議論が、新たな史料データの登場で一瞬にして覆されることもしばしばであった。

こうして民事裁判記録簿からなんとか導き出した小さな個々の議論は、ゾルジ教授やトリノ大学のヴァッレラーニ教授から指導を受ける中で、またフィレンツェ大学大学院の中世史ゼミや現地の様々な研究会に参加する中で、次第に大きな議論へと転化していった。従来の紛争史研究や刑事裁判研究で示されてきたのとは異なる、住民の訴えによって活気づき変化する公権力たるコムーネという本書のモチーフがここで現れたのである。二年間の留学から帰国した後、この論点を軸にさらなる史料分析を経て、博士論文を執筆し二〇〇九年に大阪市立大学に提出した。本書における一四世紀前半の民事裁判に関する箇所（特に第4章および第5章前半部）は、この博士論文をベースとしている。

博士論文提出時には、これでルッカの裁判はやり尽くした、という思いであった。しかし論文審査や研究会でのコメントを受け、またイタリアで続々と発表される新たな研究に触れていくうちに、司法に関する自らの研究が、中世後期のコムーネの変質というイタリア史研究の論争的なテーマと接合できるのではないかと思うようになった。

博士課程を修了しポスト・ドクターという「自由」を手にしていた私は、再び文書館に戻り、新たな史料に取り掛かることにした。変化を捉えるために後の時期の民事裁判記録簿を、また司法のもう片側を見るために刑事裁判記録簿を、司法への政治の関与を考察するためにアンツィアーニの決議録や評議会議事録を、そしてコムーネの法廷を法廷外の社会の中に位置づけるために公証人登記簿をそれぞれ調査した。当初は新たな類型の史料に戸惑ったが、一四世紀の書記たちの書き癖にはもう慣れ親しんでいたため、ほどなくデータ収集は軌道に乗った。

しかしここからが長かった。史料調査の射程を広げたため、読むべき史料の量も一気に膨れ上がり、結局、史料の読解と分析にさらに五年という歳月を費やすことになってしまった。半年から一年ごとに一、二カ月程度、ルッカへと渡り、史料を写真データの形で大量に収集して持ち帰る。そして「文書館」と化した自宅に籠り、ディスプレイに映し出された史料にただただ没頭する日々が続いた。留学時から数えると、およそ四〇〇冊の記録簿、頁数にして六万頁分の史料に目を通し、データを取っただろうか。読み込んだ史料の量だけは現地の研究者にも決して負けていないという自負はある。

ともあれ民事裁判以外の史料を考察したことは、コムーネと司法を様々な方面から捉える機会を与え、議論に広がりをもたらしてくれたように思う。博士論文での住民がつくるコムーネという軸に、新たな論点すなわち寡頭的共和制とシニョリーア制の統治実践や、「正しさ」を基礎づける論理としての実定法への準拠から自由裁量への変化など、昨今の研究動向にも掉さす論点、そしてルッカのコムーネを中世から近世への歴史的潮流の中に位置づけることのできる論点を加えることができたように思う。博士課程修了後に訪れた、将来への不安に苛まれつつも、それ以上に、史料と格闘し議論を組み立てることによろこびを感じたこの五年間に、本書の全体像がつくり上げられた。

以上が本書の内容ができるまでの一部始終である。名古屋大学出版会から出版を引き受けていただいた後、タイトルを考える段になった。当初、「正義と公共善をつなぐ人びと」というロレンツェッティの絵画を基にしたタイトルも浮かんだが、本書の性格を的確に表現するものとして「訴える人びと」に収まった。本書では最終的にはコムーネや正義というやや抽象的な問題を論じるに至っているが、そうした議論の出発点、そして史料から確かめられる全ての起点は、個々の「訴え」という現実であった。そしてそうした「訴え」を行う主体は、固有の名前を持つ人たちであったが、本書では彼ら彼女らを「ふつうの人びと」の代表例として登場させている。

「ふつうの人びと」の「訴え」に注目する本書はそれゆえ、都市での権力争いや、ペストに起因する社会の危機など、個別具体的な歴史事象に焦点を絞ったイタリア中世都市史とは趣を異にする。短い周期で移りゆく歴史そのものではなく、確かにそれらを背景としながらも、そこで繰り広げられる人びとの日常の実践に光を当て、その実践が積み重なり層をなし結晶化した結果としての、社会の「制度」のようなもの、その形成と変容を考察の対象としている。その意味で本書は、広い意味での「制度」を人びとの日常から、社会史的視点から捉えた、「制度社会史」というものに分類されるのかもしれない。こうした試みが成功しているか否かは、読者の判断に委ねたい。

このように本書の立ち位置を同定してみると、その関心や視点が、文書館を訪れるはるか以前から、大学で歴史学を学び始めたその時から形成されてきたものであることにあらためて気づかされる。中世ヨーロッパ都市への関心、そして政治でも文化でもない社会の「制度」への関心は、振り返ってみれば、熊本大学の学部時代に山田雅彦先生の講義やゼミの影響によるものである。また社会史的な見方は、大阪市立大学大学院時代に大黒俊二先生の指導を受ける中で得ることができたものだろう。二人の恩師からは厳しくも温かいご指導をいただいた。それが十分に血肉化できているかは心許ないが、両先生の研究内容、研究姿勢に大いに感化されたことは確かである。これからも多くを学ばせていただきたい。

大学院時代から参加している研究会での活発な議論も、本書の基盤となっている。関西イタリア史研究会（現イタリア史研究会）では、山辺規子先生、徳橋曜先生、高田京比子先生、藤内哲也先生、佐藤公美先生、そして高橋友子先生から、イタリア史の基礎から研究史上の論点に至るまで様々な事を教えていただいた。関西中世史研究会では、服部良久先生をはじめとする先生方や若手研究者らによる紛争史やコミュニケーション論をベースとした議論に触れることができ、司法をより広い社会の中に位置づける視点を得ることができた。また、岡崎敦先生が主催する西欧中世史料論研究会において史料の奥深さを体感できたことは、文書館での史料分析を有意義なものにしてくれた。この他にも様々な学会や研究会に参加し、地域や分野を超えて議論できたことは、視野の狭くなりがちな私自身の研究に幅を持たせてくれたように思う。

大阪市立大学では、井上浩一先生、中野耕太郎先生、北村昌史先生、そして西洋史研究室の先輩、後輩から多くの学問的刺激をもらった。なかでも井上先生からは、私にとって初めての雑誌投稿論文の際に、章立ての論理構成から文章校正まで、懇切丁寧にご指導いただき、学術論文とは何たるかを教えていただいた。

イタリアではフィレンツェ大学のゾルジ教授、トリノ大学のヴァッレラーニ教授に大変お世話になった。両先生はアジアの東の端から来た若輩の私を、一人の研究者として遇し、史料分析の方法や議論の組み立て方について、いつも熱心にディスカッションしてくださった。本書に繋がるイタリア語論文、英語論文の公表の前後には、この二人の他にも詳細なコメントを、ダブリン大学のミーク教授、ウィットウォータースランド大学のブラッチェル教授、ルートヴィヒ・マクシミリアン大学のレプシウス教授、ハーヴァード大学のスメイル教授、アムステルダム大学のゲルトナー教授、カリアリ大学のタンツィーニ教授、南山大学のカヴァラール教授、サン・マリノ大学のデル・プンタ博士からいただいた。本書にそれがしっかりと生かされていると信じたい。ルッカ国立文書館では、アーキヴィストのセルジョ・ネッリ氏、文書館職員のジョヴァンニ・ラーザ氏に深い感謝を申し上げたい。両氏の温かい対応、何気ない会話があったからこそ、私は毎日楽しく文書館に通うことができた。この他にもイタリアでは多くの研究者と研究機関のお世話になった。彼ら彼女らの理解できる言語で本書の研究成果を公表することが、私も含めた皆が属する学界への唯一の恩返しであると思い、目下準備を進めているところである。

本書は多くの機関から支援いただいた成果である。イタリアへ留学し史料調査ができたのは、イタリア政府より奨学金を受けることができたからであった。またポスト・ドクター時代における研究の自由は、日本学術振興会および大阪市立大学都市研究プラザ、同大学都市文化研究センターからの支援なしには叶わなかったに違いない。そして本書の刊行にあたっては、平成二八年度日本学術振興会科学研究費補助金（研究成果公開促進費「学術図書」）の助成を受けた。実学への志向が強まる昨今、このような基礎研究を遂行させていただき、またそれを世に問う機会を与えていただいた助成機関および関係者各位に感謝申し上げたい。

名古屋大学出版会の橘宗吾氏からは、草稿の段階から厳しくも的確で温かいアドヴァイスをいただいた。本書の性格を鋭く見抜いて、当初は想像だにしなかったタイトルをお示しいただいたのも同氏である。また同会の山口真幸氏には、私が本書に込めた意図を十分に理解して文章校正に当たっていただいた。お二方のアクティブな編集作業に助けられて、本書は完成までたどり着くことができた。厚く御礼申し上げたい。

最後に私事で恐縮ではあるが、家族に感謝の意を伝えたい。私がこれまで思う存分研究に打ち込むことができたのは、やさしく見守り支えてくれた両親と祖父母のおかげである。そして私をいつも受け入れ笑顔にしてくれる、妻しのぶ、愛娘の仁子と紘子のおかげである。ほんまにありがとう。

二〇一六年八月

中谷　惣

《著者略歴》

中谷《なかや》　惣《そう》

1979年　大阪府豊中市に生まれる
2002年　熊本大学文学部歴史学科卒業
2005年　フィレンツェ大学留学（イタリア政府給費留学生）
2009年　大阪市立大学文学研究科後期博士課程修了
現　在　信州大学教育学部助教，博士（文学）
著　書　『はじめて学ぶイタリアの歴史と文化』（共著，ミネルヴァ書房，2016年）

訴える人びと

2016年11月10日　初版第1刷発行

定価はカバーに
表示しています

著　者　中　谷　　惣
発行者　金　山　弥　平

発行所　一般財団法人　名古屋大学出版会
〒464-0814　名古屋市千種区不老町1名古屋大学構内
電話(052)781-5027/FAX(052)781-0697

Printed in Japan
印刷・製本　亜細亜印刷㈱
ISBN978-4-8158-0851-8

人名索引

ア　行

アーゾ（Azo）　225
アスケリ，マリオ（Mario Ascheri）　56, 230
アックルシウス（Accursius）　224, 225
アルティフォニ，エンリコ（Enrico Artifoni）　38
アルデリゴ・アンテルミネッリ（Alderigo Antelminelli）　332, 334
アルベリコ・ダ・ロシアーテ（Albericus de Rosciate）　22
イルネリウス（Irnerius）　224
インノケンティウス 3 世（Innocentius III）　39, 40, 226, 264, 343
ヴァッレラーニ，マッシモ（Massimo Vallerani）　27, 28, 32, 35, 38–40, 43, 44, 46, 48, 50, 52–54, 56, 188, 226, 229, 265, 266, 319, 343, 376
ヴァラニーニ，ジャン・マリア（Gian Maria Varanini）　47, 52
ヴィタリーニ，ボニファティウス（Bonifatius Vitali）　228
ウィッカム，クリス（Chris Wickham）　25–27, 95
ヴィッラーニ，ジョヴァンニ（Giovanni Villani）　42, 45
ウェーバー，マックス（Max Weber）　7, 24, 380
ウグッチョーネ（Uguccione）　61–63, 67, 124, 232
エンゲルマン，アルトゥール（Arthur Engelmann）　229, 230, 238, 250

カ　行

カール 4 世（Karl IV, 神聖ローマ皇帝）　63–66, 88, 210, 258, 301–303, 311, 328, 329, 357
カストゥルッチョ・カストラカーニ（Castruccio Castracani）　61–64, 70, 71, 82, 102, 124, 232, 311, 320, 345, 351
ガンディーノ，アルベルトゥス（Albertus Gandinus）　39–44, 226, 230, 265, 270, 287, 344
キットリーニ，ジョルジョ（Giorgio Chittolini）　21
グイド・マンフレーディ（Guido Manfredi）　75
グリーン，ルイス（Louis Green）　64, 74, 76, 91
クレメンス 5 世（Clemens V, ローマ教皇）　227, 229, 342, 343
ケラー，ハーゲン（Hagen Keller）　31
ゲラルド・スピノラ（Gherardo Spinora）　311
ゲルトナー，グイ（Guy Geltner）　194
ゴヴァール，クロード（Claude Gauvard）　52, 56, 317
コヴィーニ，マリア・ナディア（Maria Nadia Covini）　53, 54, 317
コッラッド・ウェッティンガー（Corrado Wettinger）　334
コルッチョ・サルターティ（Coluccio Salutati）　75, 141, 364, 377

サ　行

佐藤公美　46
シスモンディ，ジャン・シャルル・レナード・デ・シスモンデ（Jean Charles Léonard de Sismonde de Sismondi）　4
シャボー，フェデリコ（Federico Chabod）　20, 21
ジョヴァンニ・ダ・ラシニャーノ（Giovanni da Rasignano, バルジェッロ）　354
ジョヴァンニ・ダンドレア（Giovanni d'Andrea）　228, 248
ジョヴァンニ・デッラニェッロ（Giovanni dell'Agnello）　66, 246, 301, 318
ジョヴァンニ・デッリ・オピッツィ（Giovanni degli Obizzi）　360, 364, 365, 367, 374
枢機卿ギー（Guy de Boulogne, Cardinal）　66
スキエーラ，ピエランジェロ（Pierangelo Schiera）　6
スキナー，クエンティン（Quentin Skinner）

380
スケラット・マッフェイ・ダ・ラシノーポリ (Scherlatto Maffei da Rasignopori da Rasinopoli) 344-351, 353, 357, 359, 375
スピネッタ・マラスピーナ (Spinetta Malaspina) 313-315
ズブリッコリ，マリオ (Mario Sbriccoli) 41
スメイル，ダニエル・ロード (Daniel Lord Smail) 91, 168, 169
セルカンビ，ジョヴァンニ (Giovanni Sercambi) 68
ゾルジ，アンドレア (Andrea Zorzi) 36, 42, 45, 47, 265, 270, 271

タ・ナ行

タッデオ・ペーポリ (Taddeo Pepoli) 52, 310, 319
タバッコ，ジョヴァンニ (Giovanni Tabacco) 20
タンクレドゥス (Tancredus) 238
タンツィーニ，ロレンツォ (Lorenzo Tanzini) 54, 307, 337, 339
チーノ・ダ・ピストイア (Cino da Pistoia) 234
チッカリオーニ，ジョヴァンニ (Giovanni Ciccaglioni) 47
ディーノ・コンパーニ (Dino Compagni) 42
ディーノ・デル・ムジェッロ (Dino del Mugello) 41
ティレッリ，ヴィート (Vito Tirelli) 70, 337
テダルディーノ・ラザーリ・ガイ (Tedaldino Lazzari Gay) 125
ドゥランティス，グイレルムス (Guilielmus Durantis) 238
徳橋曜 93
トマス・デ・ピペラータ (Tomas de Piperata) 226
ナジェミー，ジョン (John Najemy) 6

ハ　行

ハーリッヒ，デヴィット (David Herlihy) 91
バイエット，ラウラ (Laura Baietto) 30, 31
ハインリッヒ７世 (Heinrich VII, 神聖ローマ皇帝) 343
バウスキ，ウィリアム・M (William M. Bowsky) 54
パオロ・グイニージ (Paolo Guinigi) 68, 71, 75, 82, 102, 257, 310, 340, 368, 386
パドア・スキオッパ，アントニオ (Antonio Padoa Schioppa) 28, 41, 225
ハリントン，ジェームス (James Harrington) 383
バルドゥス・デ・ウバルディス (Baldus de Ubaldis) 6, 224, 225, 233, 234
バルトルス・デ・サクソフェラート (Bartolus de Saxofferato) 188, 224, 233, 304, 306, 307, 380
ピエトロ・ダンゾラ (Pietro d'Anzola) 237
ピエトロ・デイ・ボアッティエーリ (Pietro dei Boattieri) 239
フィリップ４世 (Philippe IV, フランス王) 52, 62, 310, 343
フェデリコ２世 (Federico II) 52
ブランシェイ，サラ・ルービン (Sarah Rubin Blanshei) 50
ベアマン，トーマス (Thomas Behrmann) 31
ベルナボ・ヴィスコンティ (Bernabò Visconti) 331, 332
ベルナルディーノ・ダ・シエナ (Bernardino da Siena) 11
ボダン，ジャン (Jean Bodin) 54, 263, 335, 384
ホッブズ，トーマス (Thomas Hobbes) 6, 380, 383
ボンジ，サルヴァトーレ (Salvatore Bongi) 82

マ・ヤ行

マイヤー，アンドレアス (Andreas Meyer) 90, 92
マキャヴェリ，ニッコロ (Niccolò Machiavelli) 263, 335, 384
マスティーノ・デッラ・スカラ (Mastino della Scala) 64, 65, 196, 311-315
マティルダ (Matilde, トスカーナ辺境伯) 60
マルシリウス・デ・パドヴァ (Marsilius de Padova) 380
マンノーリ，ルカ (Luca Mannori) 21
ミーク，クリスティーヌ (Christine Meek) 65, 67, 68, 74, 91, 322, 363, 373
ミネオ，イゴール (Igor Mineo) 47
ミラーニ，ジュリアーノ (Giuliano Milani) 45

メール・ヴィグール，ジャン・クロード（Jean-Claude Maire Vigueur） 31
メッカレッリ，マッシモ（Massimo Meccarelli） 228
メンツィンガー，サラ（Sara Menzinger） 86
ヨハン（Johann von Luxemburg, ボヘミア王） 63, 64, 70, 91, 121, 311-313

ラ 行

ラーポ・コンテ（Lapo Conte, ピサの法学者） 221, 222, 225, 234, 244
ラッザリーニ，イザベラ（Isabella Lazzarini） 32
ラッザレスキ，エウジェニオ（Eugenio Lazzareschi） 129
ラニエリ・デッラ・ゲラルデスカ（Ranieri della gherardesca, ドノラティコ伯） 47, 65, 318
ルードヴィッヒ4世（Ludwig IV, 神聖ローマ皇帝） 63, 210, 311
ルービンステイン，ニコライ（Nicolai Rubinstein） 5
レヴェロッティ，フランカ（Franca Leverotti） 91
ロベルト1世（Roberto I, アンジュー家） 343
ロランディーノ・デイ・パッサッジェーリ（Rolandino de' Passaggeri） 111, 237-239
ロレンツェッティ，アンブロージョ（Ambrogio Lorenzetti） 5, 6, 10, 11, 13, 48, 382, 384, 387

事項索引

ア 行

カ 行

サ　行

タ・ナ行

ハ　行

マ・ヤ行

ラ・ワ行

図表一覧

初出一覧

第 1 章（第 3 節，第 4 節のそれぞれ一部）

「中世イタリアのコムーネと司法——紛争解決と公的秩序」『史林』第 89 巻 3 号，2006 年，444-463 頁。

第 3 章の一部

「14 世紀ルッカの裁判記録簿の史料論的考察——作成・保存・利用」『西洋史学』242 号，2011 年，1-20 頁。

「イタリア中世都市の文書庫」『歴史評論』783 号，2015 年，67-77 頁。

第 4 章（第 1 節，第 2 節，第 4 節，第 5 節のそれぞれ一部），第 5 章（第 2 節の一部）

「中世後期イタリアにおける訴訟戦略と情報管理——ルッカの事例から」『史学雑誌』第 117 編 11 号，2008 年，1-36 頁。

「司法実践がつくるコムーネ——14 世紀ルッカの民事裁判から」『歴史学研究』879 号，2011 年，15-33 頁。

'La giustizia civile a Lucca nella prima metà del XIV secolo', *Archivio storico italiano*, 630 (2011), 635-678.

第 8 章の一部

'The *Gratia* and the Expansion of Politics in Fourteenth-Century Lucca', *The Southern African Journal of Medieval and Renaissance Studies*, 22 / 23 (*The Late Medieval and Renaissance Italian City-State and Beyond. Essays in Honour of M.E. Bratchel*) (2012 / 2013), 107-134.

他章については全て書き下ろし。また，初出を示した章についても本書にまとめるにあたって大幅な加筆・修正を行った。

参考文献

I. 未刊行史料

ARCHIVIO DI STATO DI LUCCA

①都市法

Capitoli, 19, 52.

Statuti del Comune di Lucca, 1-10.

②司法関連資料

Potestà di Lucca,

Curia civile :

4, 8, 11, 12, 37-39, 58-62, 64, 65, 67, 69, 80-82, 98, 104, 121, 164, 168, 174, 177, 309, 415-417, 419-424, 426-428, 430-433, 437, 443, 450, 451, 457, 460, 591, 703-710, 1021.

Curia dei maleficii :

4726, 4729, 4731, 4732, 4734-4748, 4751, 4754, 4757, 4758, 4762, 4767, 4769, 4771, 4772, 4774, 4775, 4784-4791, 4841, 4846-4849, 4864, 4866, 4887, 4888, 4890-4904, 5076-5082.

Capitano del Contado, 1, 4, 5, 7, 15.

Capitano del Popolo e della città, 1-8, 11-15.

Curia dei Foretani o di S. Alessandro, 13-17, 21.

Curia dei Rettori, 3, 4, 6, 10, 14, 18.

Curia dei Ribelli e dei Banditi, 6-14.

Curia dei Treguani, 23, 30, 31, 34.

Curia dei Visconti, 38-40.

Curia delle vie, 4-6, 8, 10, 12.

Curia delle Querimonie, 3-5.

Curia di S. Cristoforo, 1-10, 97-103, 105-108, 112-116, 210-212, 280, 281, 283.

Curia Nuova di Giustizia e dell'Esecutore, 4, 25-31, 38-41, 43-45, 60, 74, 101.

Maggior Sindaco e Giudice degli Appelli, 17, 25, 36-40, 42, 43, 54, 64, 65, 79, 81, 153, 155, 172, 174, 179-181, 365-368, 378.

Sei Deputati sul Reintegrare le Doti, 1.

Sentenze e bandi, 7, 12, 13, 16-18, 22-24, 29, 30, 32-34, 42, 57, 58, 81-83, 85, 86, 138, 139, 539, 540.

③政治・行政関連資料

Anziani al tempo della libertà, 2, 4 (Minute di Riformagioni) ; 131-133 (Deliberazioni).

Anziani Avanti la Libertà, 1-14, 16-19, 21, 22, 25-28, 34, 35, 37, 39, 41, 42, 45, 46, 53, 56.

Cause delegate, 1, 2.
Consiglio Generale, 1-14, 456.
Governo di Paolo Guinigi, 1-4, 31, 33.

④財政関連資料
Camarlingo Generale, 5, 7, 8, 47-53, 58, 60-62, 82, 83.
Esattore Maggiore, 1-4.
Estimo, 2, 12, 12 bis, 45, 58, 60, 61, 65, 68, 110, 123.
Imprestiti, 10.
Offizio sopra l'abbondanza, 379.

⑤文書庫関連資料
Archivi Pubblici, 1-3, 14, 15, 31, 32, 39.

⑥公証人文書
Archivio dei Notari, 94-97, 99-106, 108-129, 131-144, 146, 148, 179, 180, 182-186, 213, 214, 232-236, 337.

⑦聖界領主・家族所蔵資料
Archivio Diplomatico, San Romano, 1310 marzo 10.
Archivio Guinigi, 73, 263.
Spedale di S. Luca, 22.

ARCHIVIO STORICO DIOCESANO DI LUCCA
Archivio Arcivescovile Lucca, Tribunale ecclesiastico.
Archivio Capitolare Lucca, A +.

ARCHIVIO DI STATO DI BOLOGNA
Camera degli atti, 2.
Comune Governo, 46.
Curia del Podestà, Atti, decreti e sentenze, 2, 3.
Ufficio dei Memoriali, 3.

ARCHIVIO DI STATO DI FIRENZE
Podestà, 40.

ARCHIVIO DI STATO DI PERUGIA
Podestà, 2.

ARCHIVIO DI STATO DI PISA
Comune A, 57-62, 64, 206.

ARCHIVIO STORICO COMUNALE DI VOLTERRA
Podesteria di Volterra, R rossa, 10.

II. 刊行史料

AGIDIUS DE FUSCARARIIS, *Ordo iudiciarius*, ed. L. Wahrmund, in *Der ordo iudiciarius des Aegidius de Fuscarariis, Quellen zur Geschichte des römisch-kanonischen Processes im Mittelalter* (Innsbruck, 1916).

ALBERTUS GANDINUS, *Tractatus de maleficiis*, ed. H. Kantorowicz, in *Albertus Gandinus und das Strafrecht des Scholastik*, vol. II (Berlin, 1926).

BARTOLO DA SASSOFERRATO, *Bartoli Commentaria in secundam digesti noui partem* (Lyon, 1555).

———, *Tractatus de tyranno*, ed. D. Quaglioni, in *Politica e diritto nel Trecento italiano. Il "De Tyranno" di Bartolo da Sassoferrato (1314–1357)* (Firenze, 1983).

BERNARDINO DA SIENA, *Prediche volgari : la predicazione del 1425 in Siena,* II, ed. C. Cannarozzi (Firenze, 1958).

BONGI, S. (ed.), *Bandi lucchesi del secolo decimo quarto* (Bologna, 1863).

——— (ed.), *Statuto del comune di Lucca dell'anno MCCCVIII* (Lucca, 1867).

BRAIDI, V. (ed.), *Gli statuti del comune di Bologna degli anni 1352, 1357, 1376, 1389* (Bologna, 2002).

CAGNIN, G. (ed.), *Il processo Avogari (Treviso, 1314–1315)* (Roma, 1999).

CAPRIOLI, S. (ed.), *Statuto del comune di Perugia del 1279*, I (Perugia, 1996).

COMPAGNI, D., *Cronaca fiorentina* (Livorno, 1830).

CONTI, E. (ed.), *Le « consulte » e « pratiche » della repubblica fiorentina nel Quattrocento : I. 1401 (Cancellierato di Coluccio Salutati)* (Pisa, 1981).

DOLEZALEK, G. (ed.), *Das Imbreviaturbuch des erzbischöflichen gerichtsnotars Hubaldus aus Pisa. Mai bis August 1230* (Köln, 1969).

FIUMI, L. (ed.), *Regesti. Carteggio degli anziani* (Lucca, 1903).

HONDIUS, J., *Nova et accurata Italiae hodiernae descriptio : in qua omnium eius regionum, urbium, pagorum, dominorum, castellorum, montium, fluviorum, lacuum, et portuum, historia exhibetur. Geographicis tabulis et urbium precipuarum iconibus illustrata a Iudoco Hondio. Addita est Siciliae, Sardiniae, Corsicae, et itinerariorum per Italiam brevis adelineatio* (Leiden, 1627).

LATINI, B., *Tresor*, ed. P. G. Beltrami (Torino, 2007).

MARSILIO DA PADOVA, *Il difensore della pace*, ed. C. Vasoli (Torino, 1975).

MASI, G. (ed.), *Collectio chartarum pacis privatae Medii Aevi ad regionem Tusciae pertinentium* (Milano, 1943).

NELLI, S., and SIMONETTI, G. (eds.), *Anziani avanti la libertà (Lucca, 1330–1369)*, I (Lucca, 2007).

PINTO, G., SALVESTRINI, F., and ZORZI, A. (eds.), *Statuti della Repubblica Fiorentina : II. Statuto del Podestà dell'anno 1325* (Firenze, 1999).

RAINERIUS PERUSINUS, *Ars notariae*, ed. L. Wahrmund, in *Die ars notariae, Quellen zur Geschichte des römisch-kanonischen Processes im Mittelalter* (Aalen, 1962).

ROLANDINO RODULPHINI BONONIENSIS, *Summa totius artis notariae* (Venezia, 1546).

Romiti, A., and Tori, G. (eds.), *Statuti e matricole del Collegio dei Giudici e Notai della città di Lucca* (Roma, 1978).

Romiti, A. (ed.), *L'Armarium Comunis della Camara actorum di Bologna. L'inventariazione archivistica nel XIII secolo* (Roma, 1994).

——— (ed.), *Riformagioni della repubblica di Lucca (1369–1400)*, I (Roma, 1980).

Ser Matteo di Biliotto Notaio, *Imbreviature : I registro (anni 1294–1296)*, eds. M. Soffici and F. Sznura (Firenze, 2002).

Sercambi, G., *Le chroniche di Giovanni Sercambi Lucchese*, ed. S. Bongi (Lucca, 1892).

Tholomei Lucensis Annales, ed. B. Schmeidler, *MGH*, in *Scriptores rerum germanicarum*, t. VIII (Berlin, 1955).

Tori, G. (ed.), *Riformagioni della repubblica di Lucca (1369–1400)*, II, IV (Roma, 1985, 1998).

Villani, G., *Cronica*, in *Croniche di Giovanni, Matteo e Filippo Villani*, vol. I (Trieste, 1857).

III. 研究文献（欧語）

Arlinghaus, F. J., et al. (eds.), *Praxis der Gerichtsbarkeit in europäischen Städten des Spätmittelalters* (Frankfurt am Main, 2006).

Armstrong, L., and Kirshner, J. (eds.), *The Politics of Law in Late Medieval and Renaissance Italy : Essays in Honour of Lauro Martines* (Toronto, 2011).

Artifoni, E., 'Tensioni sociali e istituzioni nel mondo comunale', in N. Tranfaglia and M. Firpo (eds.), *La storia, 2 : Il Medioevo : popoli e strutture politiche* (Torino, 1986), 461–491.

———, 'I governi di « popolo » e le istituzioni comunali', *Reti Medievali*, 4–2 (2003), 1–20.

Ascheri, M., 'Istituzioni e giustizia dei mercanti nel Tre-Quattrocento', in M. Del Treppo (ed.), *Sistema di rapporti ed élites economiche in Europa (secoli XII–XVII)* (Napoli, 1994), 33–61.

———, 'Il processo civile tra diritto comune e diritto locale : Da questioni preliminari al caso della giustizia estense', *Quaderni storici*, 101 (1999), 355–387.

———, 'Le fonti e la flessibilità del diritto comune : il paradosso del consilium sapientis', in Id. (ed.), *Legal Consulting in the Civil Law Tradition* (Berkeley, 1999), 11–53.

———, 'Formalismi di giuristi e di storici : un programma di lavoro?', *Le carte e la storia*, 7 (2001), 7–18.

———, 'Un nuovo registro di deliberazioni trecentesche lucchesi', *Archivio storico italiano*, 591 (2002), 79–86.

Astorri, A., *La mercanzia a Firenze nella prima metà del Trecento : il potere dei grandi mercanti* (Firenze, 1998).

Atti della tavola rotonda tenutasi nell'ambito del seminario su Le origini dello Stato moderno in Italia, secoli XIV–XVI, Annali dell'Istituto storico italo-germanico in Trento 20 (1995), 233–271.

Baietto, L., 'Scrittura e politica. Il sistema documentario dei comuni piemontesi nella prima metà del secolo XIII (Parte I)', *Bollettino storico-bibliografico subalpino*, 98–1 (2000), 105–165.

———, 'Scrittura e politica. Il sistema documentario dei comuni piemontesi nella prima metà del secolo XIII (Parte II)', *Bollettino storico-bibliografico subalpino*, 98–2 (2000), 473–528.

———, 'Elaborazione di sistemi documentari e trasformazioni politiche nei comuni piemontesi

(sec. XIII) : una relazione di circolarità', *Società e storia*, 98 (2002), 645–679.

Banti, O., '"Civitas" e "Commune" nelle fonti italiane dei secoli XI e XII', in G. Rossetti (ed.), *Forme di potere e struttura sociale in Italia nel Medioevo* (Bologna, 1977), 217–232.

Baraccini, C. (ed.), *Il secolo di Castruccio. Fonti e documenti di storia lucchese* (Lucca, 1983).

Barlucchi, A., 'Le « Petizioni » inviate dalla comunità del contado al governo senese (secoli XIII–XV)', in H. Millet (ed.), *Suppliques et requêtes : le gouvernement par la grâce en Occident (XIIe–XVe siècle)* (Roma, 2003), 265–279.

Bartoli Langeli, A., 'La documentazione degli stati italiani nei secoli XIII–XV : forme, organizzazione, personale', in *Culture et idéologie dans la genèse de l'État moderne* (Roma, 1985), 35–55.

Baumgärtner, I., 'Gerichtspraxis und Stadtgesellschaft. Zu Zielsetzung und Inhalt', in Arlinghaus et al. (eds.), *Praxis der Gerichtsbarkeit*, 1–18.

Bautier, R. H., 'Leçon d'ouverture du cours de diplomatique à l'École des Chartes (20 octobre 1961)', *Bibliothèque de l'Ecole des chartes*, 119 (1961), 194–225.

Behrmann, T., 'Von der Sentenz zur Akte. Beobachtungen zur Entwicklung des Prozeßschriftgutes in Mailand', in Keller and Behrmann (eds.), *Kommunales Schriftgut*, 71–90.

———, 'The Development of Pragmatic Literacy in the Lombard City Communes', in R. Britnell (ed.), *Pragmatic Literacy, East and West 1200–1330* (Woodbridge, 1997), 25–41.

Bellabarba, M., Schwerhoff, G., and Zorzi, A. (eds.), *Criminalità e giustizia in Germania e in Italia : Pratiche giudiziarie e linguaggi giuridici tra tardo medioevo ed età moderna* (Berlin and Bologna, 2001).

Berengo, M., *Nobili e mercanti nella Lucca del Cinquecento* (Torino, 1965).

Black, A., 'Society and the Individual from the Middle Ages to Rousseau : Philosophy, Jurisprudence and Constitutional Theory', *History of Political Thought*, 1–2 (1980), 145–166.

Blanshei, S. R., *Politics and Justice in Late Medieval Bologna* (Leiden and Boston, 2010).

Blattmann, M., 'Protokollführung in römisch-kanonischen und deutschrechtlichen Gerichtsverfahren im 13. und 14. Jahrhundert', in S. Esders (ed.), *Rechtsverständnis und Konfliktbewältigung. Gerichtliche und außergerichtliche Strategien im Mittelalter* (Köln, 2007), 141–164.

Blockmans, W., and Genet, J. P. (eds.), *Visions sur le développement des états européens. Théories et historiographies de l'état moderne* (Roma, 1993).

———, W., Holenstein, A., and Mathieu, J. (eds.), *Empowering Interactions. Political Cultures and the Emergence of the State in Europe, 1300–1900* (Farnham and Burlington, 2009).

Blomquist, T. W., and Mazzaoui, M. F. (eds.), *The "Other Tuscany" : Essays in the History of Lucca, Pisa, and Siena During the Thirteenth, Fourteenth, and Fifteenth Centuries* (Michigan, 1994).

Bongi, S., *Inventario del Reale Archivio di Stato in Lucca*, 2 vols. (Lucca, 1872, 1876).

Boucheron, P., '« Tournez les yeux pour admirer, vous qui exercez le pouvoir, celle qui est peinte ici. la fresque du Bon Gouvernement d'Ambrogio Lorenzetti', *Annales HSS.*, 6 (2005), 1137–1199.

Bowsky, W. M., *A Medieval Italian Commune : Siena under the Nine, 1287–1355* (Berkeley, Los Angeles and London, 1981).

Braddick, M. J., *State Formation in Early Modern England, 1550–1700* (Cambridge, 2000).

Bratchel, M. E., *Lucca 1430–1494. The Reconstruction of an Italian City-Republic* (Oxford, 1995).

———, *Medieval Lucca and the Evolution of the Renaissance State* (Oxford, 2008).

BROWN, W. C., and GÓRECKI, P. (eds.), *Conflict in Medieval Europe : Changing Perspectives on Society and Culture* (Aldershot, 2003).

BRUNNER, O., *Land und Herrschaft. Grundfragen der territorialen Verfassungsgeschichte Österreichs im Mittelalter* (Darmstadt, 1984).

CACIORGNA, M. T., CAROCCI, S., and ZORZI, A. (eds.), *I comuni di Jean-Claude Maire Vigueur. Percorsi storiografici* (Roma, 2014).

CAMMAROSANO, P., *Italia medievale. Struttura e geografia delle fonti scritte* (Roma, 1991).

———, 'Il ricambio e l'evoluzione dei ceti dirigenti nel corso del XIII secolo', in *Magnati e popolani nell'Italia comunale* (Pistoia, 1997), 17–40.

CANNING, J., *The Political Thought of Baldus de Ubaldis* (Cambridge, 1987).

CASTELNUOVO, E. (ed.), *Ambrogio Lorenzetti : il Buon governo* (Milano, 1995).

CAVALLAR, O., '*Laesa Maiestas* in Renaissance Lucca', in Armstrong and Kirshner (eds.), *The Politics of Law*, 161–183.

CENCETTI, G., 'Camera actorum comunis Bononie', *Archivi* ser. II, 2 (1935), 87–120.

CERUTTI, S., 'Giustiziae località a Torino in età moderna : una ricerca in corso', *Quaderni storici*, 89 (1995), 445–486.

CHABOD, F., 'Esiste uno Stato del Rinascimento?', in Id. (ed.), *Scritti sul Rinascimento* (Torino, 1967), 591–623.

CHERUBINI, G., 'Le campagne italiane dall'XI al XV secolo', in G. Galasso (ed.), *Storia d'Italia, IV : Comuni e Signorie : istituzioni, società e lotte per l'egemonia* (Torino, 1981), 265–448.

———, *Scritti toscani. L'urbanesimo e la mezzadria* (Firenze, 1991).

———, *Città comunali di Toscana* (Bologna, 2003).

CHIFFOLEAU J., GAUVARD, C., and ZORZI, A. (eds.), *Pratiques sociales et politiques judiciaires dans les villes de l'Occident à la fin du Moyen Âge* (Roma, 2007).

CHITTOLINI, G., *La formazione dello stato regionale e le istituzioni del contado : Secoli XIV e XV* (Torino, 1979).

———, 'Introduzione', in Id. (ed.), *Istituzioni e società nella storia d'Italia. La crisi degli ordinamenti comunali e le origini dello stato del Rinascimento* (Bologna, 1979), 1–50.

———, MOLHO, A., and SCHIERA, P. (eds.), *Origini dello stato. Processi di formazione statale in Italia fra medioevo ed età moderna* (Bologna, 1994).

———, '"Il privato", il "pubblico", lo Stato', in Chittolini, Molho and Schiera (eds.), *Origini dello stato*, 553–589.

———, 'A comment', in Connel and Zorzi (eds.), *Florentine Tuscany*, 333–345.

CICCAGLIONI, G., 'Dal comune alla signoria? Lo spazio politico di Pisa nella prima metà del XIV secolo', *Bullettino dell'Istituto storico italiano per il Medio Evo*, 109–1 (2007), 235–269.

COHN Jr., S. K., *Creating the Florentine State. Peasants and Rebellion, 1348–1434* (Cambridge, 1999).

COLLI, V., '*Acta civilia in curia potestatis* : Firenze 1344. Aspetti procedurali nel quadro di giurisdizioni concorrenti', in Arlinghaus et al. (eds.), *Praxis der Gerichtsbarkeit*, 271–303.

CONNEL W. J., and ZORZI, A. (eds.), *Florentine Tuscany. Structures and Practices of Power* (Cambridge, 2000).

CONTE, E., 'Storicità del diritto. Nuovo e vecchio nella storiografia giuridica attuale', *Storica*, 22 (2002), 135-162.

CORSI, D., 'La legislazione archivistica dello Stato di Lucca', *Archivio storico italiano*, 114 (1956), 189-223.

CORTESE, E., *La norma giuridica : spunti teorici nel diritto comune classico* (Milano, 1962).

COVINI, M. N., '*De gratia speciali*. Sperimentazioni documentarie e pratiche di potere tra i Visconti e gli Sforza', in Vallerani (ed.), *Tecniche di potere*, 183-206.

D'ADDARIO, A., 'La conservazione degli atti notarili negli ordinamenti della Repubblica lucchese', *Archivio storico italiano*, 109 (1951), 193-226.

DE LA RONCIÈRE, C. M., *Prix et salaires à Florence au XIVe siècle* (*1280-1380*) (Roma, 1982).

DE VINCENTIIS, A., 'Memorie bruciate. Confilitti, documenti, oblio nella città italiane del tardo medioevo', *Bullettino dell'Istituto Storico Italiano per il Medio Evo*, 106 (2004), 167-198.

DEAN, T., 'Wealth distribution and litigation in the medieval Italian countryside : Castel San Pietro', *Continuity and Change*, 17-3 (2002), 333-350.

———, *Crime and Justice in Late Medieval Italy* (Cambridge, 2007).

DEL PUNTA, I., *Mercanti e banchieri lucchesi nel Duecento* (Pisa, 2004).

DESSÌ, R. M., 'Il bene comune nella comunicazione verbale e visiva. Indagini sugli affreschi del "Buon Governo"', in *Il bene comune*, 89-130.

DEZZA, E., *Accusa e inquisizione dal diritto comune ai codici moderni* (Milano, 1989).

Dizionario enciclopedico Italiano (Roma, 1955-56).

DONATO, M. M., 'Ancora sulle "Fonti" nel Governo di Ambrogio Lorenzetti : dubbi, precisazioni, anticipazioni', in S. Adorni Braccesi and M. Ascheri (eds.), *Politica e cultura nelle repubbliche italiane dal Medioevo all'età moderna. Firenze, Genova, Lucca, Siena, Venezia* (Roma, 2001), 43-79.

———, 'Il *princeps*, il giudice, il « sindacho » e la città. Novità su Ambrogio Lorenzetti nel Palazzo Pubblico di Siena', in F. Bocchi and R. Smurra (eds.), *Imago urbis : l'immagine delle città nella storia d'Italia* (Roma, 2003), 389-416.

FASOLI, G., 'Due inventari degli archivi del comune di Bologna nel sec. XIII', *Atti e memorie della r. deputazione di storia patria per le provincie di Romagna* ser. IV, 23 (1933), 173-277.

FENSTER, T., and SMAIL, D. L. (eds.), *Fama : The Politics of Talk and Reputation in Medieval Europe* (Ithaca, 2003).

FISSORE, G. G., *Autonomia notarile e organizzazione cancelleresca nel Comune di Asti. I modi e le forme dell'intervento notarile nella costituzione del documento comunale* (Spoleto, 1977).

FRAHER, R. M., 'The Theoretical Justification for the New Criminal Law of the High Middle Ages : *Rei publicae interest, ne crimina remaneant impunita*', *The University of Illinois Law Review*, 3 (1984), 577-595.

———, 'IV Lateran's Revolution and Criminal Procedure : The Birth of Inquistio, the End of Ordeals, and Innocent III's Vision of Ecclesiastical Politics', in R. I. Castillo Lara (ed.), *Studia in honorem eminentissimi cardinalis Alphonsi M. Stickler* (Roma, 1992), 96-111.

GAMBERINI, A., and LAZZARINI, I. (eds.), *The Italian Renaissance State* (Cambridge, 2012).

———, 'Introduction', in Id. and Lazzarini (eds.), *The Italian Renaissance State*, 1-6.

GAULIN, J, L., 'Les registres de bannis pour dettes à Bologne au XIIIe siècle : une nouvelle source

pour l'histoire de l'endettement', *Mélanges de l'Ecole française de Rome. Moyen-Âge*, 109 (1997), 479-499.

GAUVARD, C., *«De grace especial». Crime, état et la société en France à la fin du Moyen Age* (Paris, 2010).

———, and CHIFFELEAU, J., 'Conclusions', in Chiffoleau, Gauvard and Zorzi (eds.), *Pratiques sociales*, 713-720.

GELTNER, G., *The Medieval Prison : A Social History* (Princeton, 2008).

———, 'I registri criminali dell'Archivio Arcivescovile di Lucca : prospettive di ricerca per la storia sociale del medioevo', in Pagano and Piatti (eds.), *I documenti del tribunale ecclesiastico*, 330-340.

———, 'Healthscaping a medieval city : Lucca's Curia viarum and the future of public health history', *Urban History*, 40 (2013), 395-415.

GINATEMPO, M., and Sandri, L., *L'Italia delle città. Il popolamento urbano tra Medioevo e Rinascimento (secoli XIII-XVI)* (Firenze, 1990).

GIORGI, A., MOSCADELLI, S., and ZARRILLI, C. (eds.), *La documentazione degli organi giudiziari nell' Italia tardo-medievale e moderna* (Roma, 2012).

GIULIANI, A., 'L'*ordo judiciarius* medioevale. Riflessioni su un modello puro di ordine isonomico', *Rivista di diritto processuale*, 43-2 (1988), 598-614.

GREEN, L., *Castruccio Castracani. A Study on the Origins and Character of a Fourteenth-century Italian Despotism* (Oxford, 1986).

———, *Lucca under Many Masters : A Fourteenth-Century Italian Commune in Crisis (1328-1342)* (Firenze, 1995).

GROSSI, P., *Le situazioni reali nell'esperienza giuridica medieval* (Padova, 1968).

———, *Ordine giuridico medievale* (Roma, 1995).

GUARISCO, G., *Il conflitto attraverso le norme. Gestione e risoluzione delle dispute a Parma nel XIII secolo* (Bologna, 2005).

GUYOTJEANNIN, O., and Morelle, L., 'Tradition et réception de l'acte médiéval : Jalons pour un bilan des recherché', *Archiv für Diplomatik*, 53 (2007), 367-403.

HATTORI, Y. (ed.), *Political Order and Forms of Communication in Medieval and Early Modern Europe* (Roma, 2014).

HERLIHY, D., and KLAPISCH-ZUBER, C., *Tuscans and Their Families. A Study of the Florentine Catasto of 1427* (1978 ; Eng. edn., New Haven and London, 1985).

HOLENSTEIN, A., 'Introduction : Empowering Interactions : Looking at Statebuilding from Below', in Blockmans, Holenstein and Mathieu (eds.), *Empowering Interactions*, 1-31.

Il bene comune : forme di governo e gerarchie sociali nel basso medioevo (Spoleto, 2012).

JONES, P., *The Italian City-State from Commune to Signoria* (Oxford, 1997).

KELLER, H. (ed.), *Pragmatische Schriftlichkeit im Mittelalter* (München, 1992).

———, 'Gli statuti dell'Italia settentrionale come testimonianza e fonte per il processo di affermazione della scrittura nei secoli XII e XIII', in G. Albini (ed.), *Le scritture del comune. Amministrazione e memoria nelle città dei secoli XII e XIII* (Torino, 1998), 61-94.

———, and BEHRMANN, T. (eds.), *Kommunales Schriftgut in Oberitalien. Formen, Funktionen, Überlieferung* (München, 1995).

KIRSHNER, J. (ed.), *The Origins of the State in Italy 1300–1600* (Chicago and London, 1995).

KOCH, P., 'Die Archivierung kommunaler Bücher in den ober- und mittelitalienischen Städten im 13. und frühen 14. Jahrhundert', in Keller and Behrmann (eds.), *Kommunales Schriftgut*, 19–69.

KUEHN, T., *Law, Family and Women : Toward a Legal Anthropology of Renaissance Italy* (Chicago and London, 1991).

————, 'Antropologia giuridica dello Stato', in Chittolini, Molho and Schiera (eds.), *Origini dello Stato*, 367–380.

LAZZARESCHI, E., 'L'Archivio dei Notari della Repubblica lucchese', *Gli Archivi Italiani*, II–6 (1915), 175–189.

LAZZARINI, I., *L'Italia degli Stati territoriali. Secoli XIII–XV* (Roma, 2003).

————, 'La communication écrite et son rôle dans la société politique de l'Europe méridionale', in J. P. Genet (ed.) *Rome et l'État moderne européen : une comparaison typologique* (Roma, 2007), 265–285.

———— (ed.), *Reti Medievali*, 11 (*Scritture e potere. Pratiche documentarie e forme di governo nell'Italia tardomedievale* (*XIV–XV secolo*)) (2008).

LECUPPRE-DESJARDIN, E., and VAN BRUAENE A. L. (eds.), *De bono communi. The Discourse and Practice of the Common Good in the European City* (*13th–16th c.*) (Turnhout, 2010).

LEPSIUS, S., '*Dixit male iudicatum esse per dominos iudices*. Zur Praxis der städtischen Appellationsgerichtsbarkeit im Lucca des 14. Jahrhunderts', in Arlinghaus et al. (eds.), *Praxis der Gerichtsbarkeit*, 189–269.

————, and WETZSTEIN T. (eds.), *Als die Welt in die Akten kam. Prozeßschriftgut im europäischen Mittelalter* (Frankfurt am Main, 2008).

————, 'Kontrolle von Amtsrägern durch Schrift. Luccheser notare und Richter im Syndikatsprozeß', in Lepsius and Wetzstein (eds.), *Als die Welt in die Akten kam*, 389–473.

LEVEROTTI, F., *Popolazione, famiglie, insediamento. Le Sei Miglia lucchesi nel XIV e XV secolo* (Pisa, 1992).

LOMBARDINI, S., RAGGIO, O., and TORRE, A. (eds.), *Quaderni storici*, 63 (*Conflitti locali e idiomi politici*) (1986).

LOPEZ, R. S., 'The unexplored wealth of the notarial archives in Pisa and Lucca', in *Mélanges d'histoire du moyen-âge, dédiés â la mémoire de Louis Halphen* (Paris, 1951), 427–432.

Magnati e popolani nell'Italia comunale (Pistoia, 1997).

MAIRE VIGUEUR, J. C., 'Justice et politique dans l'Italie communale de la seconde moitié du XIIIe siècle : l'exemple de Pérouse', *Comptes rendus de l'Académie des inscriptions et belles-lettre*, 130–2 (1986), 312–330.

————, 'Giudici e testimoni a confronto', in J. C. Maire Vigueur and A. P. Pagliani, *La parole all' accusato* (Palermo, 1991), 105–123.

————, 'Révolution documentaire et révolution scripturaire : le cas de l'Italia médiévale', *Bibliothèque de l'École des chartes*, 153 (1995), 177–185.

———— (ed.), *I podestà dell'Italia comunale* (Roma, 2000).

————, *Cavalieri e cittadini : guerra, conflitti e società nell'Italia comunale* (Bologna, 2004).

———— (ed.), *Signorie cittadine nell'Italia comunale* (Roma, 2013).

MANCINI, A., *Storia di Lucca* (Firenze, 1950).

MANNORI, L., 'Genesi dello stato e storia giuridica', *Quaderni fiorentini per la storia del pensiero giuridico moderno*, 24 (1995), 485–505.

MANSELLI, R., *La repubblica di Lucca* (Torino, 1986).

MARTINES, L., *Lawyers and Statecraft in Renaissance Florence* (Princeton, 1968).

MARTONE, L., *Arbiter-arbitrator. Forme di giustizia privata nell'età del diritto comune* (Napoli, 1984).

MARULO, R., *Scrivere ai potenti. Le suppliche al tempo di Paolo Guinigi* (Piombino, 2009).

MATER, F. (ed.), *Ordinamenti di Giustizia, 1293–1993* (Firenze, 1993).

MATRAIA, G., *Lucca nel Milleduecento* (Lucca, 1843).

MECCARELLI, M., *Arbitrium. Un aspetto sistematico degli ordinamenti giuridici in età di diritto comune* (Milano, 1998).

———, 'Le categorie dottrinali della procedura e l'effettivita della giustizia penale nel tardo medioevo', in Chiffoleau, Gauvard and Zorzi (eds.), *Pratiques sociales*, 573–594.

MEEK, C., *Lucca 1369–1400. Politics and Society in an Early Renaissance City-State* (Oxford, 1978).

———, *The Commune of Lucca under Pisan Rule, 1342–1369* (Cambridge, 1980).

———, 'I documenti del tribunale ecclesiastico di Lucca nei secoli XIV e XV come fonte storica', in Pagano and Piatti (eds.), *I documenti del tribunale ecclesiastico*, 313–329.

———, '"Whatever's Best Administered is Best" : Paolo Guinigi, *signore* of Lucca, 1400–1430', in J. E. Law and B. Paton (eds.), *Communes and Despots in Medieval and Renaissance Italy* (Cornwall, 2010), 131–143.

MÉHU, D., 'Structure et utilisation des registres de bannis pour dettes à Bologne au XIIIe siècle', *Mélanges de l'Ecole française de Rome. Moyen-Age*, 107 (1997), 545–567.

MENANT, F., *L'Italia dei comuni (1100–1350)* (2005 ; Ital. edn., Roma, 2011).

MENZINGER, S., *Giuristi e politica nei comuni di Popolo. Siena, Perugia e Bologna, tra governi a confronto* (Roma, 2006).

———, 'Forme di organizzazione giudiziaria delle città comunali italiane nei secoli XII e XIII : l'uso dell'arbitrato nei governi consolari e podestarili', in Arlinghaus et al. (eds.), *Praxis der Gerichtsbarkeit*, 113–134.

———, 'Forme di implicazione politica dei giuristi nei governi comunali italiani del XIII secolo', in Chiffoleau, Gauvard and Zorzi (eds.), *Pratiques sociales*, 191–241.

———, and VALLERANI, M., 'Giuristi e città : fiscalità, giustizia e cultura giuridica tra XII e XIII secolo. Ipotesi e percorsi di ricerca', in Caciorgna, Carocci and Zorzi (eds.), *I comuni di Jean-Claude Maire Vigueur*, 201–234.

MEYER, A., 'Der Luccheser Notar ser Ciabatto und sein Imbreviaturbuch von 1226/1227', *Quellen und Forschungen aus Italienischen Archiven und Bibliotheken*, 74 (1994), 172–293.

———, *Felix et inclitus notarius. Studien zum italienischen Notariat vom 7. bis zum 13. Jahrhundert* (Tübingen, 2000).

———, 'Hereditary Laws and City Topography : On the Development of the Italian Notarial Archives in the Late Middle Ages', in A. Classen (ed.), *Urban Space in the Middle Ages and the Early Modern Age* (Berlin, 2009), 225–244.

MILANI, G., 'Il governo delle liste nel comune di Bologna. Premesse e genesi di un libro di proscrizione duecentesco', *Rivista storica italiana*, 108 (1996), 149–229.

———, 'Prime note su disciplina e pratica del bando a Bologna attorno alla metà del XIII secolo', *Mélanges de l'Ecole française de Rome. Moyen-Age*, 109-2 (1997), 501-523.

———, 'Dalla ritorsione al controllo. Elaborazione e applicazione del programma antighibellino a Bologna alla fine del Duecento', *Quaderni storici*, 94 (1997), 43-74.

———, *L'esclusione dal comune. Conflitti e bandi politici a Bologna e in altre città italiane tra XII e XIV secolo* (Roma, 2003).

———, *I comuni italiani* (Roma, Bari, 2005).

———, 'Lo sviluppo della giurisdizione nei comuni italiani del secolo XII', in Arlinghaus et al. (eds.), *Praxis der Gerichtsbarkeit*, 21-45.

———, 'Legge ed eccezione nei comuni di popolo del XIII secolo (Bologna, Perugia, Pisa)', *Quaderni storici*, 131 (*Sistemi di eccezione*) (2009), 377-398.

Mineo, E. I., 'La repubblica come categoria storica', *Storica*, 43-45 (2009), 125-167.

Mucciarelli, R., *La terra contesa. I Piccolomini contro Santa Maria della Scala (1277-1280)* (Firenze, 2001).

Najemy, J. M., 'Stato, commune e « universitas »', *Annali dell'Istituto storico italo-germanico in Trento*, 20 (*Atti della tavola rotonda tenutasi nell'ambito del seminario su Le origini dello Stato moderno in Italia, secoli XIV-XVI*) (1995), 245-263.

———, *A history of Florence 1200-1575* (Oxford, 2006).

Nakaya, S., 'La giustizia civile a Lucca nella prima metà del XIV secolo', *Archivio storico italiano*, 630 (2011), 635-678.

———, 'The *Gratia* and the Expansion of Politics in Fourteenth-Century Lucca', *The Southern African Journal of Medieval and Renaissance Studies*, 22/23 (*The Late Medieval and Renaissance Italian City-State and Beyond. Essays in Honour of M. E. Bratchel*) (2012/2013), 107-134.

Ortalli, G., 'Il procedimento per gratiam e gli ambienti ecclesiastici nella Venezia del primo Trecento tra amministrazione, politica e carità', in B. Bertoli (ed.), *Chiesa società e Stato a Venezia. Miscellanea di studi in onore di Silvio Tramontin nel suo 75 anno di età* (Venezia, 1994), 75-100.

Osheim, D. J., 'Countrymen and the Law in Late-Medieval Tuscany', *Speculum*, 64 (1989), 317-337.

Padoa Schioppa, A., 'Il ruolo della cultura giuridica in alcuni atti giudiziari italiani dei secoli XI e XII', *Nuova rivista storica*, 64 (1980), 265-289.

———, 'Sul ruolo dei giuristi nell'età del Diritto Comune : un problema aperta', in D. Segoloni (ed.), *Il Diritto Comune e la tradizione giuridica europea. Atti del Convegno di Studi in onore di G. Ermini* (Perugia, 1980), 155-166.

———, 'Note sulla giustizia milanese nel XII secolo', in *Milano e la Lombardia in età comunale. Secoli XI-XIII* (Milano, 1993), 66-70.

———, 'La giustizia milanese nella prima età viscontea (1277-1300)', in *Ius Mediolani : studi di storia del diritto milanese offerti dagli allievi a Giulio Vismara* (Milano, 1996), 1-46.

——— (ed.), *Legislation and Justice* (Oxford, 1997).

———, 'Profili del processo civile nella Summa artis notariae di Rolandino', in Tamba (ed.), *Rolandino e l'Ars notaria*, 583-609.

———, 'La coscienza del giudice', in Id. (ed.), *Italia ed Europa nella storia del diritto* (Bologna,

2003), 251-292.

Pagano, S., and Piatti, P., *I documenti del tribunale ecclesiastico di Lucca nei secoli XIV e XV come fonte storica* (Firenze, 2010).

Panella, E., 'Dal bene comune al bene del comune. I trattati politici di Remigio dei Girolami', in *Politica e vita religiosa a Firenze tra '300 e '500* (Pistoia, 1985), 24-25, 100.

Pasciuta, B., *In regia curia civiliter convenire. Giustizia e città nella Sicilia tardomedievale* (Torino, 2003).

———, 'Scritture giudiziarie e scritture amministrative : la cancelleria cittadina a Palermo nel XIV secolo', in Lazzarini (ed.), *Reti Medievali*, 11.

Pasquini, L., 'La rappresentazione del bene comune nell'iconografia medievale', in *Il bene comune*, 489-515.

Pazzaglini, P., *The Criminal Ban of the Sienese Commune 1225-1310* (Milan, 1979).

Pennington, K., 'Innocent III and the Ius commune', in R. H. Helmholz et al. (eds.), *Grundlagen des Rechts : Festschrift für Peter Landau zum 65. Geburtstag* (Paderborn, 2000), 349-366.

Perani, T., 'Pluralità nella giustizia pubblica duecentesca. Due registri di condanne del comune di Pavia', *Archivio storico italiano*, 619 (2009), 57-89.

Pinto, G., *Il libro del Biadaiolo. Carestie e annona a Firenze dalla metà del'200 al 1348* (Firenze, 1978).

———, *La Toscana nel tardo Medioevo. Ambiente, economia rurale, società* (Firenze, 1982).

———, 'Aspetti dell'indebitamento e della crisi della proprietà contadina', in Id., *La Toscana nel tardo Medioevo*, 207-223.

———, 'L'agricoltura delle aree mezzadrili', in S. Gensini (ed.), *Le Italie del tardo Medioevo* (Pisa, 1990), 431-448.

———, *Toscana medievale. Paesaggi e realtà sociali* (Firenze, 1993).

Polica, S., 'An Attempted « Reconversion » of Wealth in XVth Century Lucca : the Lands of Michele di Giovanni Guinigi', *Journal of European Economic History*, 9 (1980), 655-707.

Poloni, A., 'Il ricambio dei ceti dirigenti delle città comunali italiane nel Duecento : nuove osservazioni sul caso pisano', *Archivio storico italiano*, 601 (2004), 415-451.

———, 'Fisionomia sociale e identià politica dei gruppi dirigenti popolari nella seconda metà del Duecento. Spunti di riflessione su un tema classico della storiografia comunalistica italiana', *Società e storia*, 110 (2005), 799-821.

———, 'Strutturazione del mondo corporativo e affermazione del popolo a Lucca nel Duecento', *Archivio storico italiano*, 613 (2007), 449-486.

———, *Lucca nel Duecento : uno studio sul cambiamento sociale* (Pisa, 2009).

———, *Potere al popolo. Conflitti sociali e lotte politiche nell'Italia comunale del Duecento* (Milano, 2010).

Prodi, P., *Una storia della giustizia. Dal pluralismo dei fori al moderno dualismo tra coscienza e diritto* (Bologna, 2000).

Quaglioni, D., *La giustizia nel Medioevo e nella prima età moderna* (Bologna, 2004).

Reinhard, W. (ed.), *Power Elites and State Building* (Oxford, 1996).

———, 'Introduction : Power Elites, State Servants, Ruling Classes, and the Growth of State Power', in Id. (ed.), *Power Elites*, 1-18.

Reynolds, S., 'The Emergence of Professional Law in the Long Twelfth Century', *Law and History Review*, 21 (2003), 347-366.

Romano, D., '*Quod sibi fiat gratia* : adjustment of penalties and the exercise of influence in early Renaissance Venice', *The Journal of medieval and Renaissance studies*, 13 (1983), 251-268.

Romiti, A., 'Il processo civile a Lucca. La curia appellationum (1331)', in *Lucca archivistica storica economica* (Roma, 1973), 152-162.

————, 'Lo « statutum curie appellationum » del 1331', *Actum luce*, 23 (1994), 111-151.

————, 'Archival Inventorying in Fourthennth-Century Lucca : Methodologies, Theories and Practices', in Blomquist and Mazzaoui (eds.), *The "Other Tuscany"*, 83-109.

Rubinstein, N., 'Political Ideas in Sienese Art : The Frescoes by Ambrogio Lorenzetti and Taddeo di Bartolo in the Palazzo Pubblico' (1958), now in G. Cappelli (ed.), *Studies in Italian History in the Middle Ages and the Renaissance, I, Political Thought and the Language of Politics. Art and Politics* (Roma, 2004), 61-98.

————, 'Le allegorie di Ambrogio Lorenzetti nella sala della pacee il pensiero politico del suo tempo' (1997), now in G. Cappelli (ed.), *Studies in Italian History*, 347-364.

Salvemini, G., *Magnati e popolani in Firenze dal 1280 al 1295* (Firenze, 1899).

Salvioli, G., *Storia della procedura civile e criminale*, P. Del Giudice (ed.), *Storia del Diritto Italiano*, III-1 (Milano, 1925).

Sbriccoli, M., *L'interpretazione dello statuto. Contributo allo studio della funzione dei giuristi nell'età comunale* (Milano, 1969).

————, 'Legislation, Justice and Political Power in Italian Cities, 1200-1400', in Padoa Schioppa (ed.), *Legislation and Justice*, 37-55.

————, '"Vidi communiter observari". L'emersione di un ordine penale pubblico nelle città italiane del secolo XIII', *Quaderni fiorentini per la storia del pensiero giuridico*, 27 (1998), 231-268.

————, 'Giustizia negoziata, giustizia egemonica. Riflessioni su una nuova fase degli studi di storia della giustizia criminale', in Bellabarba, Schwerhoff and Zorzi (eds.), *Criminalità e giustizia*, 345-365.

————, 'Giustizia criminale', in M. Fioravanti (ed.), *Lo stato moderno in Europa. Istituzioni e diritto* (Roma, 2002), 163-205.

————, *Storia del diritto penale e della giustizia. Scritti editi e inditi* (*1972-2007*) (Milano, 2009).

Schiera, P., 'Legittimità, disciplina, istituzioni : tre presupposti per la nascita dello Stato moderno', in Chittolini, Molho and Schiera (eds.), *Origini dello stato*, 17-48.

————, 'Il Buongoverno melancolico di Ambrogio Lorenzetti e la costituzionale faziosità della città', *Scienza e politica*, 34 (2006), 93-108.

Sestan, E., 'Le origini delle signorie cittadine : un problema storico esaurito?', *Bullettino dell'Istituto storico italiano per il Medio Evo*, 73 (1961), 41-70.

Simonde de Sismondi, J. C. L., *Storia delle repubbliche italiane dei secoli di mezzo* (Capolago, 1831-32).

Simonetti, G., 'Il Colleggio degli Anziani nei primi anni delle dominazioni straniere', in Nelli and Simonetti (eds.), *Anziani avanti la libertà*, I, 17-31.

Skinner, Q., 'Ambrogio Lorenzetti : the artist as political philosopher', *Proceedings of the British*

Academy, 72 (1986), 1–56.

SMAIL, D. L., 'Common Violence : Vengeance and Inquisition in Fourteenth-Century Marseille', *Past and Present*, 151 (1996), 28–59.

————, 'Notaries, Courts, and the Legal Culture of Late Medieval Marseille', in K. L. Reyerson and J. Drendel (eds.), *Urban and Rural Communities in Medieval France : Provence and Languedoc, 1000–1500* (Leiden, 1998), 23–50.

————, *The Consumption of Justice : Emotions, Publicity, and Legal Culture in Marseille, 1264–1423* (Ithaca, 2003).

————, 'Aspects of Procedural Documentation in Marseille (14th–15th Centuries)', in Lepsius and Wetzstein (eds.), *Als die Welt in die Akten kam*, 139–169.

————, 'Violence and Predation in Late Medieval Mediterranean Europe', *Comparative Studies in Society and History*, 54 (2012), 1–28.

————, 'Debt, Humiliation, and Stress in Fourteenth-Century Lucca and Marseille', in B. Sère and J. Wettlaufer (eds.), *Shame between Punishment and Penance. The Social Usages of Shame in the Middle Ages and Early Modern Times* (Firenze, 2013), 247–262.

————, *Legal Plunder : Households and Debt Collection in Late Medieval Europe* (Harvard, 2016).

SPAGNESI, E., 'L'insegnamento di Baldo degli Ubaldi a Pisa e Firenze', *Atti e memorie dell'Accademia toscana di scienze e lettere La Colombaria*, 69 (2004), 127–155.

STORCHI, C. S., 'Compromesso e arbitrato nella *summa totius artis notariae* di Rolandino', in Tamba (ed.), *Rolandino e l'Ars notaria*, 329–376.

TABACCO, G., 'La storia politica e sociale. Dal tramonto dell'Impero alle prime formazioni di Stati regionali', in R. Romano and C. Vivanti (eds.), *Storia d'Italia, II : Dalla caduta dell'Impero romano al secolo XVIII* (Torino, 1974), 1–274.

TAMBA, G., 'Per atto di notaio. Le attestazioni di debito a Bologna alla metà del secolo XIII', *Mélange de l'École Française de Rome*, 109 (1997), 525–544.

————, *Una corporazione per il potere. Il notariato a Bologna in età comunale* (Bologna, 1998).

———— (ed.), *Rolandino e l'Ars notaria da Bologna all'Europa* (Milano, 2002).

TANZINI, L., *Il governo delle leggi. Norme e pratiche delle istituzioni a Firenze dalla fine del Duecento all'inizio del Quattrocento* (Firenze, 2007).

————, 'Diritto e giustizia nelle città tardomedievali : recenti contributi della storiografia europea', *Archivio storico italiano*, 617 (2008), 549–559.

————, 'Una pratica documentaria tra sovrabbondanze e silenzi : i Regolatori e le scritture d'ufficio a Firenze tra XIV e XV secolo', in Lazzarini (ed.), *Reti Medievali*, 11.

————, *Dai comuni agli stati territoriali. L'Italia delle città tra XIII e XV secolo* (Noceto, 2010).

————, 'Emergenza, eccezione, deroga : tecniche e retoriche del potere nei comuni toscani del XIV secolo', in Vallerani (ed.), *Tecniche di potere*, 149–181.

————, 'Tuscan states : Florence and Siena', in Gamberini and Lazzarini (eds.), *The Italian Renaissance State*, 90–111.

————, 'Costruire e controllare il territorio. Banditi e repressione penale nello Stato fiorentino del Trecento', in L. Antonelli and S. Levati (eds.), *Controllare il territorio : norme, corpi e conflitti tra Medioevo e prima guerra mondiale* (Catanzaro, 2013), 11–30.

TIRELLI, V., 'Sulla crisi istituzionale del comune a Lucca (1308-1312)', in *Studi per Enrico Fiumi* (Pisa, 1979), 317-360.

——, 'Il notariato a Lucca in epoca basso-medievale', in M. Montorzi (ed.), *Il notariato nella civiltà Toscana* (Roma, 1985), 241-309.

TOMMASI, G., *Sommario della storia di Lucca dall'anno MIV all'anno MDCC* (*Archivio storico italiano*, Tomo X) (Firenze, 1847).

TORI, G., 'Coluccio Salutati, Chancellor of the Republic of Lucca, and the Problem of the Minute di Riformagioni Pubbliche (1370-71)', in Blomquist and Mazzaoui (eds.), *The "Other Tuscany"*, 111-122.

VALLERANI, M., 'Conflitti e modelli procedurali nel sistema giudiziario comunale : I registri di processi di Perugia nella seconda metà del XIII secolo', *Società e storia*, 48 (1990), 267-299.

——, *Il sistema giudiziario del comune di Perugia. Conflitti, reati e processi nella seconda metà del XIII secolo* (Perugia, 1991).

——, 'Modelli processuali e riti sociali nelle città comunali', in J. Chiffoleau, L. Martines and A. P. Baglani, *Riti e rituali nelle società medievali* (Spoleto, 1994), 115-140.

——, 'Pace e processo nel sistema giudiziario del comune di Perugia', *Quaderni storici*, 101 (1999), 315-353.

——, 'I fatti nella logica del processo medievale. Note introduttive', *Quaderni storici*, 108 (2001), 665-693.

——, 'Movimenti di pace in un comune di Popolo : I Flagellanti a Perugia nel 1260', *Bollettino della deputazione Umbria di storia patria*, 101 (2004), 369-418.

——, 'Il comune come mito politico. Immagini e modelli tra Otto e Novecento', in G. Sergi and E. Castelnuovo (eds.), *Arti e storia nel Medioevo*, vol. iv, *Il Medioevo al passato e al presente* (Torino, 2004), 187-206.

——, *La giustizia pubblica medievale* (Bologna, 2005).

——, 'Tra astrazione e prassi. Le forme del processo nelle città dell'Italia settentrionale del secolo XII', in Arlinghaus et al. (eds.), *Praxis der Gerichtsbarkeit*, 135-154.

——, 'Consilia. Un progetto di schedatura archivistica della consulenza giuridica in età comunale', *Le carte e la storia*, 12-1 (2006), 24-29.

——, 'Il diritto in questione. Forme del dubbio e produzione del diritto nella seconda metà del Duecento', *Studi medievali*, 48-1 (2007), 1-40.

——, 'Procedura e giustizia nelle città italiane del basso medioevo (XII-XIV secolo)', in Chiffoleau, Gauvard and Zorzi (eds.), *Pratiques sociales*, 439-494.

——, 'The Generation of the "Moderni" at Work : Jurists between School and Politics in Medieval Bologna (1270-1305)', in A. Bauer and K. H. L. Welker (eds.), *Europa und seine Regionen. 2000 Jahre Rechtsgeschichte* (Köln, 2007), 139-156.

——, 'Modelli di verita. Le prove nei processi inquisitori', in *L'enquête au Moyen Âge : études réunies par Claude Gauvard* (Roma, 2008), 123-142.

—— (ed.), *Quaderni storici*, 131 (*Sistemi di eccezione*) (2009).

——, 'Premessa', *Quaderni storici*, 131 (*Sistemi di eccezione*) (2009), 299-312.

——, 'La supplica al signore e il potere della misericordia. Bologna 1337-1347', *Quaderni storici*, 131 (*Sistemi di eccezione*) (2009), 411-441.

——— (ed.), *Tecniche di potere nel tardo Medioevo : regimi comunali e signorie in Italia* (Roma, 2010).

———, 'L'arbitrio negli statuti cittadini del Trecento', in Id. (ed.), *Tecniche di potere*, 117-147.

———, 'Consilia iudicialia. Sapienza giuridica e processo nelle città comunali italiane', *Mélanges de l'Ecole française de Rome. Moyen-Age*, 123-1 (2011), 129-149.

———, 'Comune e comuni : una dialettica non risolta', in M. C. De Matteis and B. Pio (eds.), *Sperimentazioni di governo nell'Italia centrosettentrionale nel processo storico dal primo comune alla signoria* (Bologna, 2011), 9-34.

VARANINI, G. M., '« Al magnificho e possente segnoro ». Suppliche ai signori trecenteschi italiani fra cancelleria e corte : l'esempio scaligero', in C. Nubola and A. Würgler (eds.), *Suppliche e "gravamina". Politica, amministrazione, giustizia in Europa* (*secoli XIV- XVIII*) (Bologna, 2002), 65-106.

———, 'Aristocrazie e poteri nell'Italia centro-settentrionale dalla crisi comunale allguerre d'Italia', in R. Bordone, G. Castelnuovo and G. M. Varanini (eds.), *Le aristocrazie dai signori rurali al patriziato* (Roma and Bari, 2004), 121-193.

VIROLI, M., *Republicanism* (New York, 2002).

WICKHAM, C., *Community and Clientele in Twelfth-Century Tuscany. The origins of the rural commune in the plain of Lucca* (Oxford, 1998).

———, 'Gossip and Resistance among the Medieval Peasantry', *Past and Present*, 160 (1998), 3-24.

———, *Courts and Conflict in Twelfth-Century Tuscany* (Oxford, 2003).

ZORZI, A., *L'amministrazione della giustizia penale nella Repubblica fiorentina : aspetti e problemi* (Firenze, 1988).

———, 'Giustizia e società a Firenze in età comunale : spunti per una prima riflessione', *Ricerche storiche*, 18 (1988), 449-495.

———, 'Giustizia criminale e criminalità nell'Italia del tardo medioevo : studi e prospettive di ricerca', *Società e storia*, 46 (1989), 923-965.

———, 'Contrôle social, ordre public et répression judiciaire à Florence à l'époque communale : éléments et problèmes', *Annales ESC.*, 5 (1990), 1169-1188.

———, 'Tradizioni storiografiche e studi recenti sulla giustizia nell'Italia del rinascimento', *Cheiron*, 16 (1992), 27-78.

———, 'Ordine pubblico e amministrazione della giustizia nelle formazioni politiche toscane tra Tre e Quattrocento', in *Italia 1350-1450 : tra crisi, trasformazione, sviliuppo* (Pistoia, 1993), 419-474.

———, '*Ius erat in armis*. Faide e conflitti tra pratiche sociali e pratiche di governo', in Chittolini, Molho and Schiera (eds.), *Origini dello stato*, 600-629.

———, 'The Judicial System in Florence in the Fourteenth and Fifteenth Centuries', in T. Dean and K. J. P. Lowe (eds.), *Crime, Society and the Law in Renaissance Italy* (Cambridge, 1994), 40-58.

———, 'Politica e giustizia a Firenze al tempo degli ordinamenti antimagnatizi', in *Ordinamenti di giustizia fiorentina* (Firenze, 1995), 105-147.

———, 'Conflits et pratiques infrajudiciaires dans les formations politiques italiennes du XIIIe au

XVe sieclè', in B. Garnot (ed.), *L'infrajudiciaire du Moyen Âge à l'époque contemporaine* (Bourgogne, 1996), 19–36.
———, 'Negoziazione penale, legittimazione giuridica e poteri urbani nell'Italia comunale', Bellabarba, Schwerhoff and Zorzi (eds.), *Criminalità e giustizia*, 13–34.
———, 'La cultura della vendetta nel conflitto politico in età comunale', in R. delle Donne and A. Zorzi (eds.), *Le storie e la memoria. In onore di Arnold Esch* (Firenze, 2002), 135–170.
———, and CONNEL W. J. (eds.), *Lo stato territoriale fiorentino (secoli XIV–XV). Ricerche, linguaggi, confronti* (Pisa, 2002).
———, 'Pluralismo giudiziario e documenazioni : il caso di Firenze in età comunale', in Chiffoleau, Gauvard and Zorzi (eds.), *Pratiques sociales*, 125–187.
———, *La trasformazione di un quadro politico. Ricerche su politica e giustizia a Firenze dal comune allo Stato territoriale* (Firenze, 2008).
———, *Le signorie cittadine in Italia* (*secoli XIII–XV*) (Milano, 2010).
———, 'Bien Commun et conflits politiques dans l'Italie communale', in Lecuppre-Desjardin and Van Bruaene (eds.), *De bono communi*, 267–290.
———, 'Justice', in Gamberini and Lazzarini (eds.), *The Italian Renaissance State*, 490–514.
——— (ed.), *Le signorie cittadine in Toscana. Esperienze di potere e forme di governo personale* (*secoli XIII–XV*) (Roma, 2013).

IV. 研究文献（邦語）

アガンベン，G（上村忠男・中村勝己訳）『例外状態』未来社，2007年（原著2003年）。

アルトホフ，G（柳井尚子訳）『中世人と権力——「国家なき時代」のルールと駆引』八坂書房，2004年（原著1998年）。

池上俊一監修『原典　イタリア・ルネサンス人文主義』名古屋大学出版会，2010年。

———『公共善の彼方に——後期中世シエナの社会』名古屋大学出版会，2014年。

池田利昭「中世後期・近世ドイツの犯罪史研究と「公的刑法の成立」——近年の動向から」『史学雑誌』第114編9号，2005年，60–84頁。

———『中世後期ドイツの犯罪と刑罰——ニュルンベルクの暴力紛争を中心に』北海道大学出版会，2010年。

井谷直義「中世末期トスカーナ地方におけるメッザドリーアの普及——都市民の土地取得とブドウ栽培の拡大による」『文化史学』60号，2004年，171–192頁。

ウェーバー，M（世良晃志郎訳）『都市の類型学』（『経済と社会』第2部第9章8節）創文社，1965年（原著1956年）。

———（脇圭平訳）『職業としての政治』岩波文庫，1980年（原著1919年）。

ウェーリー，D（森田鉄郎訳）『イタリアの都市国家』平凡社，1971年（原著1969年）。

エンゲルマン，A（小野木常・中野貞一郎編訳）『民事訴訟法概史』信山社，2007年（原著1895年）。

———（塙浩訳）「中世イタリア法学史抄（上）」『摂南法学』4号，1990年，75–242頁。

———（塙浩訳）「中世イタリア法学史抄（下）」『摂南法学』5号，1991年，133–227頁。

大黒俊二『嘘と貪欲——西欧中世の商業・商人観』名古屋大学出版会，2006年。

岡崎敦「西洋中世史料論と日本学界――いまなにが問題か」『西洋史学』223号，2006年，223-236頁。

――編「西欧中世比較史料論研究」（平成17-19年度科学研究費補助金（基盤研究B）研究成果報告書）2006-2008年。

――編「西欧中世文書の史料論的研究」（平成20-23年度科学研究費補助金（基盤研究B）研究成果報告書）2009-2012年。

――「文書史料とはなにか――類型と機能」同編「西欧中世文書の史料論的研究」13-24頁。

――「西欧中世研究の「文化史的」読解――テクスト，言説，主体」『思想』No. 1108，2013年，54-70頁。

オットカール，N（清水廣一郎・佐藤真典訳）『中世の都市コムーネ』創文社，1972年（原著1923-1943年）。

勝田有恒・森征一・山内進編著『概説西洋法制史』ミネルヴァ書房，2004年。

亀長洋子『イタリアの中世都市』山川出版社，2011年。

河原温『都市の創造力』岩波書店，2009年。

カントローヴィチ，E・H（小林公訳）『王の二つの身体（上）』筑摩書房，2003年。

北野かほる「仲裁と裁判のあいだ――仲裁適合的紛争類型試論」渡辺節夫編『ヨーロッパ中世社会における統合と調整』創文社，2011年，36-81頁。

北原敦編『イタリア史』山川出版社，2008年。

城戸照子「8-10世紀イタリア北部の裁判集会文書」藤井美男・田北廣道編著『ヨーロッパ中世世界の動態像――史料と理論の対話』九州大学出版会，2004年，63-86頁。

木村容子「15世紀イタリア都市における平和説教――ベルナルディーノ・ダ・フェルトレを中心に」『西洋史学』245号，2012年，17-30頁。

ゴヴァール，C（轟木広太郎訳）「恩赦と死刑――中世末期におけるフランス国王裁判の二つの相貌」服部良久編訳『紛争のなかのヨーロッパ中世』京都大学学術出版会，2006年，258-277頁。

小林繁子「魔女裁判における財産没収と請願――ポリツァイの視点から」『西洋史学』254号，1-18頁。

コリアー，J・F「紛争パラダイム以後の北米法人類学」棚瀬孝雄編著『紛争処理と合意――法と正義の新たなパラダイムを求めて』ミネルヴァ書房，1996年，107-121頁。

齊藤寛海「中世ボローニャにおける同職者組織とその政治的機能」『社会経済史学』第53巻3号，1987年，11-36頁。

――『中世後期イタリアの商業と都市』知泉書館，2002年。

――・山辺規子・藤内哲也編著『イタリア都市社会史入門――12世紀から16世紀まで』昭和堂，2008年。

佐久間弘展「ドイツ中近世史におけるポリツァイ研究の新動向」『比較都市史研究』第25巻1号，2006年，57-70頁。

佐藤眞典『中世イタリア都市国家成立史研究』ミネルヴァ書房，2001年。

佐藤公美『中世イタリアの地域と国家――紛争と平和の政治社会史』京都大学学術出版会，2012年。

ジェニコ，L（森本芳樹監修）『歴史学の伝統と革新――ベルギー中世史学による寄与』九州大学出版会，1996年。

清水廣一郎『イタリア中世都市国家研究』岩波書店，1975 年。

――――・北原敦編『概説イタリア史』有斐閣，1988 年。

――――『中世イタリアの都市と商人』洋泉社，1989 年。

――――『イタリア中世の都市社会』岩波書店，1990 年。

――――「中世イタリア都市における公証人――民衆の法意識との関連で」同『イタリア中世の都市社会』45-65 頁。

――――「家と家とを結ぶもの――中世末期イタリアにおける嫁資について」同『イタリア中世の都市社会』159-224 頁。

シャボー，F（須藤祐孝編訳）『ルネサンス・イタリアの〈国家〉・国家観』無限社，1993 年（原著 1925-1961 年）。

将基面貴巳『ヨーロッパ政治思想の誕生』名古屋大学出版会，2013 年。

スキナー，Q（門間都喜郎訳）『近代政治思想の基礎――ルネッサンス，宗教改革の時代』春風社，2009 年（原著 1978 年）。

図師宣忠「中世盛期トゥールーズにおけるカルチュレールの編纂と都市の法文化」『史林』第 90 巻 2 号，2007 年，30-62 頁。

鈴木秀光・高谷知佳・林真貴子・屋敷二郎編『法の流通』慈学社，2009 年。

高田京比子「中世イタリアにおける支配層の家と都市農村関係――都市コムーネ理解に向けて」『史林』第 78 巻 3 号，1995 年，117-136 頁。

――――「サン・マルコ財務官と中世ヴェネツィア都市民――遺言書史料に見る行政機構の発展」『史林』第 84 巻 5 号，2001 年，34-65 頁。

――――「中世イタリアにおける支配の変遷――2004 年におけるひとつの到着点の紹介」『紀要（神戸大学文学部）』35 巻，2008 年，51-88 頁。

――――「支配のかたち」齊藤寛海・山辺規子・藤内哲也編著『イタリア都市社会史入門――12 世紀から 16 世紀まで』昭和堂，2008 年，51-69 頁。

高橋友子「中世後期フィレンツェにおけるヴェンデッタ」『西洋史学』153 号，1989 年，58-72 頁。

田口正樹「中世後期ドイツの国王裁判権と公証人」『北大法学論集』第 65 巻 5 号，2015 年，1-60 頁。

棚瀬孝雄編著『紛争処理と合意――法と正義の新たなパラダイムを求めて』ミネルヴァ書房，1996 年。

藤内哲也『近世ヴェネツィアの権力と社会――「平穏なる共和国」の虚像と実像』昭和堂，2005 年。

徳橋曜「中世イタリアにおける都市の秩序と公証人」歴史学研究会編『紛争と訴訟の文化史』青木書店，2000 年，263-296 頁。

トック，B・M（岡崎敦訳）「西欧中近世におけるアーカイヴズ（6-18 世紀）」『古文書研究』65 号，2008 年，71-88 頁。

轟木広太郎『戦うことと裁くこと――中世フランスの紛争・権力・真理』昭和堂，2011 年。

中谷惣「中世イタリアの飢饉と農村――14 世紀トスカーナを中心に」『西洋史学』216 号，2005 年，1-23 頁。

――――「中世イタリアのコムーネと司法――紛争解決と公的秩序」『史林』第 89 巻 3 号，2006 年，444-463 頁。

――――「中世後期イタリアにおける訴訟戦略と情報管理――ルッカの事例から」『史学雑

誌』第 117 編 11 号，2008 年，1-36 頁。

――――「中世後期イタリアの裁判記録における「貧民」」『近世身分社会の比較史（国際円座報告書）』（大阪市立大学）2010 年，85-96 頁。

――――「司法実践がつくるコムーネ――14 世紀ルッカの民事裁判から」『歴史学研究』879 号，2011 年，15-33 頁。

――――「14 世紀ルッカの裁判記録簿の史料論的考察――作成・保管・利用」『西洋史学』242 号，2011 年，1-20 頁。

――――「イタリア中世都市の文書庫」『歴史評論』783 号，2015 年，67-77 頁。

中山明子「13 世紀末シエナのコンタードにおける地主と小作農の関係をめぐる考察――ピッコローミニ家のリナルドと小作人グッチョ・ディ・コルシニャーノ」『大阪音楽大学研究紀要』第 43 巻，2004 年，94-111 頁。

二宮宏之「歴史の作法」『歴史を問う 4　歴史はいかに書かれるか』岩波書店，2004 年，1-57 頁。

ネールゼン，K（田口正樹訳）「中世後期民事手続の類型論について――伝統と学識法」『法学雑誌（大阪市立大学）』第 52 巻 4 号，2006 年，63-88 頁。

服部良久「中世ヨーロッパにおける紛争と紛争解決――儀礼・コミュニケーション・国制」『史学雑誌』第 113 編 3 号，2004 年，60-82 頁。

――――「中世ヨーロッパにおける紛争と秩序――紛争解決と国家・社会」『史林』第 88 巻 1 号，2005 年，56-89 頁。

――――編訳『紛争のなかのヨーロッパ中世』京都大学学術出版会，2006 年。

――――『アルプスの農民戦争――中・近世の地域公共性と国家』京都大学学術出版会，2009 年。

――――編『コミュニケーションから読む中近世ヨーロッパ史――紛争と秩序のタペストリー』ミネルヴァ書房，2015 年。

花田洋一郎「中世後期フランス都市における都市議事録――トロワ都市評議会議事録（1429-1433 年）の分析」『比較都市史研究』第 32 巻 1 号，2013 年，11-32 頁。

塙浩『ゲヴェーレの理念と現実』信山社，1992 年。

福田真希『赦すことと罰すること――恩赦のフランス法制史』名古屋大学出版会，2014 年。

藤崎衛監訳「第四ラテラノ公会議（1215 年）決議文翻訳」『クリオ』29 号，2015 年，87-130 頁。

ブルデュ，P（今村仁司・港道隆訳）『実践感覚（1）』みすず書房，1988 年（原著 1980 年）。

ホッブズ，T（水田洋訳）『リヴァイアサン（I）（II）』岩波文庫，1954-1964 年（原著 1651 年）。

マイネッケ，F（菊盛英夫・生松敬三訳）『近代史における国家理性の理念』みすず書房，1960 年（原著 1924 年）。

マイヤー，A（中谷惣訳）「西洋中世の公証人制度」臼井佐知子，H・J・エルキン，岡崎敦，金炫栄，渡辺浩一編『契約と紛争の比較史料学――中近世における社会秩序と文書』吉川弘文館，2014 年，343-360 頁。

水野浩二「中世学識法訴訟における職権と当事者（1）」『北大法学論集』第 60 巻 5 号，2010 年，1-27 頁。

――――「中世学識法訴訟における職権と当事者（2・完）」『北大法学論集』第 60 巻 6 号，

2010年，59-90頁。

森明子編『歴史叙述の現在——歴史学と人類学の対話』人文書院，2002年。

森征一「中世イタリア都市社会における「正義」のイメージ——A・ロレンツェッティ作『善政のアレゴリー』を中心として」『法学研究』第69巻2号，1996年，153-187頁。

モンタナーリ，M（山辺規子・城戸照子訳）『ヨーロッパの食文化』平凡社，1999年（原著1993年）。

山田雅彦『中世フランドル都市の生成——在地社会と商品流通』ミネルヴァ書房，2001年。

山辺規子「中世中期イタリアにおける支配者層の諸相の比較研究」（平成11-13年度科学研究費補助金（基盤研究C）研究成果報告書）2002年。

レーヴィ，G「ミクロストーリア」ピーター・バーク編（谷川稔ほか訳）『ニュー・ヒストリーの現在——歴史叙述の新しい展望』人文書院，1996年（原著1991年），107-130頁。

レーゼナー，W（藤田幸一郎訳）『農民のヨーロッパ』平凡社，1995年（原著1993年）。

ロバーツ，S（千葉正士監訳）『秩序と紛争——人類学的考察』西田書店，1982年（原著1979年）。

注

文献については略記で示した。詳細な情報については「参考文献」
を参照のこと。なお，頻出する略語については一覧を以下に示す。

ASL ：Archivio di Stato di Lucca.

Anz. Av. Lib. ：ASL, *Anziani Avanti la Libertà.*

Anziani ed. Nelli ：Nelli, S., and Simonetti, G. (eds.), *Anziani avanti la libertà* (*Lucca, 1330–1369*), I (Lucca, 2007).

Bandi Lucchesi ：Bongi, S. (ed.), *Bandi lucchesi del secolo decimo quarto* (Bologna, 1863).

Inventario ed. Bongi ：Bongi, S. (ed.), *Inventario del Reale. Archivio di stato in Lucca*, 2 vols. (Lucca, 1872, 1876).

Potestà ：ASL, *Potestà di Lucca.*

Rif. ：ASL, *Consiglio Generale, Riformagioni.*

Riformagioni ed. Romiti ：Romiti, A. (ed.), *Riformagioni della repubblica di Lucca* (*1369–1400*), I (Roma, 1980).

Riformagioni ed. Tori ：Tori, G. (ed.), *Riformagioni della repubblica di Lucca* (*1369–1400*), II, IV (Roma, 1985, 1988).

Statuto 1308 ：Bongi, S. (ed.), *Statuto del comune di Lucca dell'anno MCCCVIII* (Lucca, 1867).

Statuto 1331 ：ASL, *Statuti del Comune di Lucca*, 4.

Statuto 1342 ：ASL, *Statuti del Comune di Lucca*, 5.

Statuto 1372 ：ASL, *Statuti del Comune di Lucca*, 6.

Statuto della Curia 1331 ：ASL, *Archivio Guinigi*, 263.

序　章

(1) *Potestà*, 60, fols. 15r, 17r, 24r.

(2) *Potestà*, 58, fols. 8r–v, 11r–12r, 21r–v.

(3) *Potestà*, 64, fols. 11r, 12r.

(4) *Potestà*, 4726, foglio 1.

(5) *Ibid.*, fols. 6v–12v.

(6) *Anz. Av. Lib.*, 10, fol. 13v.

(7) *Ibid.*, fol. 18v.

(8) *Ibid.*, fols. 20r–21r.

(9) *Ibid.*, fols. 21r–v.

(10) 民事裁判の件数の詳細は本書第 4 章を参照。

(11) これは当初，キヴィタス（civitas）の名で呼ばれており，コムーネという用語は，「皆の」「共通の」「公共の」といった意味の形容詞として用いられていた。ムナンは 1120 年頃に，バンティは 1130 年代から，コムーネという用語が都市の公的組織を指す名詞として用いられるようになったと論じている。Menant, *L'Italia dei comuni*, pp. 12–15；Banti, '"Civitas" e "Commune"'.

(12) ウェーリー『イタリアの都市国家』46 頁。

(13) Simonde de Sismondi, *Storia delle repubbliche italiane*. 政治的自由を，自由な市民による主権への参加とする定義については，*Ibid*., vol. XIV, pp. 314–315. ムラトーリやシスモンディら 18，19 世紀の古典的研究への近年の評価については，Vallerani, ‘Il comune come mito politico’; Milani, *I comuni italiani*, pp. 159–161.

(14) スキナー『近代政治思想の基礎』。スキナーの都市国家論が，古典的研究の「コムーネの自由」に対する見方と類似している点については，Mineo, ‘La repubblica’, pp. 154–155.

(15)「自由」の理念を強調するコムーネ観には，現代の歴史家からは大きな留保が付されている。皇帝などの外部権力からの不干渉という「自由」は，彼らからの認可という形で得られたものであった。また市民の政治参加という「自由」は，一部の有力者のコムーネ「支配」を内包したものであった。

(16) 我が国では，たとえば『イタリア都市社会史入門』の政治史が扱われた章に「支配のかたち」というタイトルがつけられている。高田京比子「支配のかたち」。また清水廣一郎の遺稿「イタリア中世都市論再考」では，「支配」がイタリア都市を理解する上で重要な要素とされている。清水廣一郎『中世イタリアの都市と商人』140 頁。イタリアにおける近年のコムーネ研究の動向をまとめた論集として，*I comuni di Jean-Claude Maire Vigueur*. ヴァッレラーニによるコムーネの研究動向の整理として，Vallerani, ‘Comune e comuni’.

(17) 支配層に焦点を当てた代表的な研究として，Maire Vigueur, *Cavalieri e cittadini*; Najemy, *A history of Florence*; Cammarosano, ‘Il ricambio’; Jones, *The Italian City-State*; Varanini, ‘Aristocrazie e poteri’; 高田京比子「中世イタリアにおける支配の変遷」。

(18) コムーネの機構や制度，政治文化に関する概説書として，Milani, *I comuni italiani*; Tanzini, *Dai comuni agli stati territoriali*. この問題に関する代表的な研究として，Artifoni, ‘Tensioni sociali’. この他，コムーネの統治制度に関する研究については，本書第 1 章を参照。

(19) 周辺の領域支配からイタリア都市国家を捉える代表的な研究として，清水廣一郎『イタリア中世都市国家研究』; オットカール『中世の都市コムーネ』。都市国家から地域国家への変化については佐藤公美『中世イタリアの地域と国家』; Chittolini, *La formazione dello stato regionale*.

(20) 本書では現実の統治機構としてのコムーネの背後に観念的にイメージされるコムーネを括弧つきで「コムーネ」と表記する。

(21) Castelnuovo (ed.), *Ambrogio Lorenzetti*. 3 つの壁面に，《善政の寓意》，《善政の効果》，《悪政の寓意とその効果》が描かれている。この絵について我が国では近年，池上俊一が海外の研究動向を踏まえて紹介している。池上俊一『公共善の彼方に』3–20 頁。他の研究については後掲の注を参照。

(22) 彼の背後に刻まれた C. S. C. V. の文字が「聖母マリアの都市シエナのコムーネ（Commune Senarum Civitas Virginis)」の略号であることからわかる。なお，現在の絵には C. S. C. C. V と記されているが，第 3 番目の C は，後の時代に加えられたものであることがわかっている。Rubinstein, ‘Le allegorie di Ambrogio Lorenzetti’, pp. 348–349.

(23) Castelnuovo (ed.), *Ambrogio Lorenzetti*, p. 385: “Questa sancta virtù, là dove regge, induce ad unità li animi molti, e questi, a cciò ricolti, un ben comun per lor signor si fanno”. なお，この続きは以下の通りである。「その公共善は，自身の状態をよく維持するために，彼の周りに

ある諸徳の顔より発せられた輝きから目をそむけないようにする。このために，勝利とともに，彼には税，貢納，土地の支配権が与えられ，［また］このために戦争がなくなり，そして市民には，有益な効果，必要な効果，喜びの効果がもたらされる」。*Ibid*., p. 385 : “lo qual, per governar suo stato, elegge di non tener giamma’ gli ochi rivolti da lo splendor de’ volti de le virtù che’ ntorno a llui si stanno. Per questo con triunfo a llui si danno censi, tributi e signorie di terre, per questo senza guerre seguita poi ogni civile effetto, utile, necessario e di diletto”.

(24) Rubinstein, ‘Political Ideas’, pp. 61–98. このルービンステインの解釈に対して，スキナーが批判しているが，その後の多くの研究者はルービンステインの説に同調している。Skinner, ‘Ambrogio Lorenzetti’ ; Dessì, ‘Il bene comune’ ; Donato, ‘Il *princeps*, il giudice’. 公共善とは，個々の善と対置される「皆の善」を意味する概念である。公共善については近年注目が集まっている。論集として，*Il bene comune*. また比較史的視点の下での研究もなされている。Lecuppre-Desjardin, Van Bruaene (eds.), *De bono communi*. イタリアについてはゾルジの論考が興味深い。Zorzi, ‘Bien Commun’.

(25) このコムーネ＝公共善とする表現が，当時の思想家の認識と共通していたことは，同時代の思想家，ドミニコ会士のレミジオ・デイ・ジローラミ（1247〜1319年）が「公共善（bonum commune)」と「コムーネの善（bonum communis)」を相互に置き換え可能なものとして使用していることからもわかる。彼は著書『公共善について』の中で，個々の善よりも優先すべきものを示す際に，公共善（bonum comune）と同様のものとしてコムーネの善（bonum comunis）や多数の善（bonum multitudionis）を挙げている。Panella, ‘Dal bene comune’, pp. 24–25, 100. またレミジオは，フィレンツェの政治指導者（プリオーリ）への1295年の説教で，「あなた方は，個人や家の善のためではなく，コムーネの増進へ向けて，つまりコムーネの善のためにコムーネによってその職に置かれたのであり，それゆえ公共善のために働かなければならない」と述べている。Ibid., p. 118 : “... ad comunis promotionem... idest pro bono comunis... non pro bono huius persone vel domus vel illius nec pro bono horum vel illorum, sed sicut estis fatti et positi in officio per comune ita laboretis pro comuni bono”. こうしたコムーネと公共善とを関連させる言説は，ブルネット・ラティーニにまで遡る。ブルネットは『宝物の書』（1260年代）において，行政官に対して，「コムーネの善（bien du commun)」のために活動することによって「平和で誠実な公共善（le comun bien en pais et en honesteté)」を保たなければならないと説いている。Zorzi, ‘Bien Commun’, pp. 277–278 ; Latini, *Tresor*, pp. 253, 284, 408.

(26) ドナートによれば，絵画に描かれた24人の市民は「多くの市民たち」を視覚化したものである。Donato, ‘Ancora sulle “Fonti”’, p. 71.

(27) 共和的自由を強調する政治思想家スキナーは，このコムーネ＝公共善を，人民の集まりと同一のものとして捉えている。彼は，イタリア中世都市では，コムーネ＝公共善は常に人民と一体化し，人民の意志の下に拘束されていたのであり，人民の主権から離れた国家的権力は認識されていなかったと主張する。スキナー『近代政治思想の基礎』66–82頁。しかし，ここで見ているように当時の思想家や法学者は，個々の人間の寄せ集めと明確に区別される権力体としてコムーネを認識している。

(28) このコムーネ観は，同時代の思想家や法学者の中にも見られる。パドヴァのマルシリウスが「人民（populus）や市民の共同体（universitas）が，立法者である」と指摘するとき，またバルドゥスが「人民がその市民たちの皇帝であるなら」と言うとき，コムーネ

とここでは同義の「人民」や「共同体」は，市民たちを従える「立法者」や「皇帝」として擬人化されている。Marsilio da Padova, *Il difensore della pace*, p. 171 : “legislatorem... esse populum seu civium universitatem” ; Canning, *The Political Thought*, pp. 203–204 : “si populus est suorum civium princeps”.

(29) このメカニズムにおいて要となるウニヴェルシタス理論や代表制理論の 14 世紀における発展と，イタリア都市への適用については，Najemy, ‘Stato, commune’.

(30) こうしたコムーネの図像は，ロレンツェッティのものだけでなく，アレッツォの司教タルラーティの墓石にも描かれている。「シニョリーアにあるコムーネ（comune in signoria)」と呼ばれる絵では，コムーネ像は笏を持って王座につき，下方に描かれた罪人と見られる人物から赦しを請われている。Pasquini, ‘La rappresentazione’.

(31) ここでの「人民（populus)」はコムーネと同義の概念として用いられている。Black, ‘Society and the Individual’, p. 152 : “populus proprie non dicitur homines, sed hominum collectio in unum corpus mysticum et abstractive sumptum, cuius significatio est inventa per intellectum”. カントローヴィチ『王の二つの身体（上)』276 頁。

(32) 近年の政治思想史の研究では，近代に通じる国家観が，マルシリウスやバルドゥスら中世の思想家や法学者の中に育まれていたことに注目している。Black, ‘Society and the Individual’ ; Mineo, ‘La repubblica’ ; Najemy, ‘Stato, commune’ ; Schiera, ‘Legittimità, disciplina’. 他方，スキナーは，ホッブズの「国家」の兆候をマキャヴェリやボダンの思想に見つつも，それを中世のコムーネとは性格の異なるものとしている。スキナー『近代政治思想の基礎』629–637 頁。

(33) 13 世紀後半のポポロによる反豪族立法に，公権力による暴力の独占の傾向を見出した研究として，Tabacco, ‘La storia politica’, pp. 223–249. 糾問主義手続きについては，Dezza, *Accusa e inquisizione* ; Sbriccoli, ‘Giustizia criminale’. 政治思想史の分野ではスキエーラが，中近世イタリアの国家形成に関する国際研究集会の論集『国家の起源』の冒頭において，マルシリウスやバルトルスらの著作を基に，近代国家に繋がる内的原理としての命令と服従の関係，規律化の問題を検討している。Schiera, ‘Legittimità, disciplina’.

(34) 前者はブルンナーの表現であり，後者はキットリーニのそれである。キットリーニによれば，これらは中近世の国家研究において広く共有されている定義である。Brunner, *Land und Herrschaft*, p. 112 ; Chittolini, ‘“Il Privato”, Il “Pubblico”’, p. 570.

(35) 人びとの実践の中に中近世の「国家」を捉える研究は，近年，多方面で進んでいる。たとえばジュネが主導する『ヨーロッパにおける近代国家の起源』シリーズの『権力エリートと国家建設』の序論で，ラインハルトは，支配層の人びとが国家を利用する実践の中に国家権力の拡大を促す要素があると指摘する。Reinhard, ‘Introduction’. これらの権力エリートの国家利用に焦点を当てた研究だけでなく，近年では住民側の「下から」の国家利用の意義に注目した論集が刊行されている。Blockmans, Holenstein, Mathieu (eds.), *Empowering Interactions*. 近年のイタリア・ルネサンス国家研究も同じ方向性にある。Gamberini, Lazzarini (eds.), *The Italian Renaissance State*. 実践の中に国家を捉えるという視点は，相互行為としてのコミュニケーションから社会や政治秩序を捉える，服部良久のコミュニケーション史研究の視点に通じるものでもある。服部良久編『コミュニケーションから読む中近世ヨーロッパ史』; Hattori (ed.), *Political Order and Forms of Communication*.

(36) この国家の見方について，ブロックマンスらに編まれた上記の論集において序論を担

当したホーレンスタインが引用した，ブラディックの指摘は傾聴に値する。Holenstein, 'Introduction'; Braddick, *State Formation*, pp. 90–93：「我々は，国家（state）は何かをする，国家が何かを望むとさえ時に考えてしまいがちだが，……ここで議論したように国家は何もしないし望まない。人びとが国家に何かをさせようと望むのである。……国家は近世イングランドの全ての人びとにとって利用可能なものであり，各所に入り込もうとするのではなく，しばしば招き入れられる。国家権力は各所に普及し，その権威を呼び起こす無数の個人の活動の中に具現化するのである」。

(37) イタリア都市の司法に関する近年の研究は，第 1 章で詳しく検討するが，そこでは，司法はそれが具体的な形をとって現れる法廷内外の実践との関係で考察されている。Chiffoleau, Gauvard, Zorzi (eds.), *Pratiques sociales*; Arlinghaus et al. (eds.), *Praxis der Gerichtsbarkeit*.

(38) イタリア都市では，訴訟当事者として活動する市民が同時に他の場面では，裁判官，法学者，政治指導者となっていることもある。同じ一人の市民でも，それぞれ就く立場によって異なる主張や行動をとることも考えられる。

(39) 法学者はコムーネ権力の外側の権威に立脚している。これについては本書第 2 章第 3 節や，第 6 章を参照。

(40) ここではブルデュの主体と実践の概念を想定している。ブルデュ『実践感覚』。ちなみにブルデュの実践概念の援用は，中世の司法に関する歴史研究においても多く見られる。たとえば，Wickham, *Courts and Conflict*, p. 307; Smail, *The Consumption of Justice*, p. 16.

(41) こうした個々の実践の戦略性に注目する視点は，人びとのミクロな動きに着目するミクロストーリアが築いてきた研究手法でもある。Lombardini, Raggio, Torre (eds.), *Quaderni storici*, 63 (*Conflitti locali*); レーヴィ「ミクロストーリア」107–130 頁。

(42) これは法学者が法廷だけでなく評議会での決定においても中心的な役割を担っていたことからも明らかである。Menzinger, *Giuristi e politica*.

(43) 14 世紀前半の学識法学者アルベリコ・ダ・ロシアーテも「刑事でも民事でも通常訴訟手続きは規則通り守られるべきであるが……同様に時には通常外の法によってそれが助けられることも明らかである」として，通常の実定法を超えた法の領域をも正当なものとして，またむしろ通常のルールに従うだけでは法体系全体が志向する目的の達成が難しいときには，呼び起こされるべき必要不可欠の要素として，位置づけている。Meccarelli, 'Le categorie dottrinali', p. 578: "In criminalibus et in civilibus regulariter ordo iudiciarius est servandus... Item videtur contra quod dicitur aliquando extraordinario iure subveniri".

(44) こうした「例外」や自由裁量の拡大について近年，ヴァッレラーニらが注目している。代表的な論集として，Vallerani (ed.), *Quaderni storici*, 131 (*Sistemi di eccezione*), pp. 299–548.

(45) 代表的なものとして Vallerani (ed.), *Tecniche di potere*. 詳細については本書第 1 章第 5 節参照。

(46) Meccarelli, *Arbitrium*, pp. 3–41. 当時の学識法学者は，都市を支配下においたシニョーレが実定法を超えた（extra legem）命令を出すことについて，それを認可しつつも，その命令の条件として「正当な理由（iusta causa）」や「必要性（necessitas）」を課していた。Cortese, *La norma giuridica*. それゆえ中世の自由裁量に基づく「例外」の措置は，ヴァッレラーニが言うように，アガンベンの言う法体系自体の停止を意味する「例外状態（Stato di eccezione）」とは異なる。Vallerani, 'Premessa'; アガンベン『例外状態』。

(47) 学識法学者が自由裁量の行使に対して課していた自然法（ius naturale）の拘束については，Meccarelli, *Arbitrium*, pp. 121–128.

(48)《善政の寓意》の正義像の背景には，『知恵の書』の冒頭の一節「地を統べる者たちよ，正義を愛せ（Diligite iustitiam qui iudicatis terram）」が刻まれている。執政府のメンバーを「地を統べる者たち」と捉えれば，「正義」へのアクセスは，第一に彼ら指導層に許されていたと考えられる。シエナの執政府（ノーヴェ）も，本書で見るルッカの執政府（アンツィアーニ）と同様に，法廷での実定法に基づく判決に対して，自由裁量で変更を加える恩赦を行っている。Bowsky, *A Medieval Italian Commune*, p. 104.

(49) ルッカについては本書第 9 章参照。シエナについては，Tanzini, ‘Emergenza, eccezione’.

(50) 1427 年のシエナでの説教においてベルナルディーノはこの絵の内容を語っているが，ここには彼がこの絵とその主題がシエナの聴衆にも広く知れ渡っていることを想定していたことが窺える。Dessì, ‘Il bene comune’, p. 112 ; Bernardino da Siena, *Prediche volgari*, II, p. 266 : “Voltandomi a la pace, vego le mercanzie andare atorno ; vego balli, vego racconciare le case ; vego lavorare vigne e terre, seminare, andare a bagni, a cavallo... E vego impicato l’uomo per mantenere la santa giustizia. E per queste cose, ognuno sta in santa pace e concordia. Per lo contrario, voltandomi da l’altra parte, non vego le mercanzie, anco uccidare altrui ; non s’acconciano case, anco si guastano e ardono ; non si lavora terre ; le vigne si tagliano, non si semina, non s’usano a bagni ne altre cose dilettevoli, non vego se no’quando si va di fuore. O donne! O uomini! L’uomo morto, la donna sforzata, non armenti se none in preda ; uomini a tradimento uccidare l’uno l’altro ; la giustizia stare in terra, rotte le bilance, e lei legata, co’ le mani e co’ piei legati”.

(51) 業務記録の性格に関しては，本書第 3 章参照。

第 1 章　コムーネと司法

(1) シャボー『ルネサンス・イタリアの〈国家〉・国家観』; Chabod, ‘Esiste uno Stato del Rinascimento?’ ; Tabacco, ‘La storia politica’, pp. 223–249.

(2) 法人類学の代表的な研究として，ロバーツ『秩序と紛争』。近年の法人類学研究の整理として，コリアー「紛争パラダイム以後の北米法人類学」。

(3) 紛争史研究については，服部良久編訳『紛争のなかのヨーロッパ中世』; 同「中世ヨーロッパにおける紛争と紛争解決」; 同「中世ヨーロッパにおける紛争と秩序」: Brown, Górecki (eds.), *Conflict in Medievel Europe*.

(4) Lombardini, Raggio, Torre (eds.), *Quaderni storici*, 63 (*Conflitti locali*) ; Kuehn, *Law, Family*.

(5) Kirshner (ed.), *The Origins of the State*. この論集に収められていない研究集会での報告や議論については次の論集にある。*Atti della tavola rotonda*, pp. 233–271.

(6) Connel, Zorzi (eds.), *Florentine Tuscany* ; Zorzi, Connel (eds.), *Lo stato territoriale fiorentino*.

(7) Chittolini, ‘“Il privato”, il “pubblico”’ ; Id., ‘A comment’ ; Mannori, ‘Genesi dello stato’.

(8) 本書序章注 34 参照。

(9) Gamberini, Lazzarini (eds.), *The Italian Renaissance State*.

(10)『イタリア・ルネサンス国家』で司法の章を担当したゾルジは，コムーネ期からルネサ

ンス期までの司法を連続的な視野の下で記述している。Zorzi, ‘Justice’.

(11) Sbriccoli, *Storia del diritto penale*, pp. 116–117.

(12) 法制史家のアスケリは，これまでの法史・法制史研究が司法の現実の問題を等閑視してきたことを指摘している。Ascheri, ‘Formalismi di giuristi’. この傾向は今日も続いている。Prodi, *Una storia della giustizia*; Quaglioni, *La giustizia nel Medioevo*.

(13) たとえばルネサンス期フィレンツェの国家形成における法学者の寄与についてのマルティネスの研究がある。Martines, *Lawyers and Statecraft*. 他には本章でも検討する，ポポロ政府と法学者との関係を指摘した，ズブリッコリの研究がある。Sbriccoli, *L'interpretazione dello statuto*.

(14) Chiffoleau, Gauvard, Zorzi (eds.), *Pratiques sociales*.

(15) Arlinghaus et al. (eds.), *Praxis der Gerichtsbarkeit*.

(16) タンツィーニは，両研究集会を中心に近年の司法史研究の動向をまとめている。Tanzini, ‘Diritto e giustizia’. そこでは近年の研究の特徴として，利用される文書とその分析視角の拡大，法学者の役割の多様性への注目，司法の鍵としての紛争解決への注目を挙げている。

(17) ヴァッレラーニは紛争史研究に影響を受けた研究者らが，紛争と公的司法との相互関係を見ようとしない点を危惧している。Menzinger, Vallerani, ‘Giuristi e città’, pp. 225–234.

(18) こうした司法と国家との反映論の問題は，ヴァッレラーニが指摘するものである。本章第 4 節参照。Vallerani, ‘Procedura e giustizia’, p. 440.

(19) ゾルジは，近年の司法研究に共通する特徴として，司法をかつてのようにウェーバー的な国家による暴力の独占という観点から捉えない点を挙げている。Zorzi, ‘Justice’, p. 513.

(20) Wickham, *Courts and Conflict*, pp. 22–24.

(21) *Ibid*.

(22) *Ibid*., p. 39.

(23) 仲裁判断には和解のレトリック（「愛のため（pro amore）」や「共通の和合（communi concordia）」）が多用されている。*Ibid*, p. 32. ただし，メンツィンガーが指摘するように 12 世紀においても仲裁判断の拘束力は，調停のように判定の内容への当事者の同意に基づくのではなく，判定が出される前の仲裁受け入れ合意に依拠していた。Menzinger, ‘Forme di organizzazione’.

(24) Wickham, *Courts and Conflict*, pp. 102–103.

(25) 1124 年にルッカの 60 人の代表者が行った，ルーニ司教とオベルテンギ伯との紛争の私的仲裁では，都市ルッカは両者に代理人を派遣し，当事者双方から 100 リラの罰金の下で仲裁の判断を受け入れる旨の同意を取りつけている。そして実際の仲裁では当事者双方が口頭での議論を行っている。また 1133 年にルッカ市民のマンフレードが農村のポッゼヴェーリ修道院とアルマンノとの紛争に仲裁人として関わった事例では，マンフレードは当事者に真実を語ることの宣誓をさせている。こうした私的な紛争解決の事例で採用されていた手法はその後のコンスル法廷でも用いられている。ちなみに上記の仲裁者のマンフレードは 1144 年と 1146 年にコンスル法廷で裁判官としても活動している。*Ibid*., pp. 34–36.

(26) *Ibid*., pp. 68–107.

(27) 勝田有恒・森征一・山内進編著『概説西洋法制史』125–127 頁。

(28) Wickham, *Courts and Conflict*, pp. 108–134. ローマ法の概念の導入は，事実が法的な次元に転換されて議論されることを意味する。たとえば1181年のコモのコンスル法廷では，ある土地の権利に関して，一方の当事者がそこを50年以上占有してきたことをもって時効であると主張したのに対して，他方は，占有が2度途切れているために時効は成り立たないと法的に主張している。Vallerani, 'Tra astrazione e prassi', p. 144.
(29) Wickham, *Courts and Conflict*, pp. 134–167.
(30) Vallerani, 'Procedura e giustizia', pp. 439–460.
(31) ローマ・カノン法民事訴訟手続きの流れについては，エンゲルマン『民事訴訟法概史』295–331頁；Salvioli, *Storia della procedura*, pp. 151–346.
(32)『訴訟文献』については，エンゲルマン『民事訴訟法概史』280–294頁；Giuliani, '*L'ordo judiciarius*'；Agidiug de Fuscarils, *Ordo iudiciarius*.
(33)『学説彙纂』の再発見以前にもローマ法は地域社会内部で知られた存在であった。11世紀半ば頃には作者不明の『偽ユスティニアヌス勅法集』や，『法学提要』を基にした『法学綱要』なるものが，訴訟手続きや訴権（アクティオ）などのローマ法の理論を提供していた。エンゲルマン『民事訴訟法概史』275–280頁。この2つの著作をつくり上げた者がどのようにユスティニアヌス法典にアクセスしたかは不明であるが，ウィッカムは，11世紀におけるランゴバルド法の法学者の間で原典が読まれていたことを推測している。Wickham, *Courts and Conflict*, p. 117. 法廷におけるローマ法の利用については，1076年にフィレンツェとシエナの中間にあるマルトゥーリのプラキタ法廷で『学説彙纂』の引用が確認されるほか，1132年のパドヴァでの仲裁において，ある訴訟当事者が所有権に関してローマ法の概念を引用して主張している場面が見られる。さらに1130年代から40年代のヴェローナのコンスル法廷では，聖堂参事会の所領に関する紛争で，賃貸借の権利（iure conductionis）の概念を用いた当事者の主張と，それを受けて出された法学者の法助言が確認される。この法助言は現存する最古のものである。マルトゥーリの例は，Padoa Schioppa, 'Il ruolo della cultura giuridica', pp. 270–273. パドヴァの例はVallerani, 'Tra astrazione e prassi', pp. 138–139. ヴェローナの例はReynolds, 'The Emergence'.
(34) Wickham, *Courts and Conflict*, pp. 40–55.
(35) Vallerani, 'Procedura e giustizia', p. 443.
(36) Padoa Schioppa, 'Note sulla giustizia milanese'.
(37) Vallerani, 'Tra astrazione e prassi', pp. 149–150.
(38) Ibid. サヴォーナは，14世紀前半の人口が1万3千人から1万4千人の都市であり，ルッカよりやや小さい都市である。Ginatempo, Sandri, *L'Italia delle città*, pp. 70–72.
(39) ポデスタ制とポデスタに関する総合的な研究として，Maire Vigueur (ed.), *I podestà dell' Italia comunale*. 我が国のポデスタに関する研究としては，山辺規子「中世中期イタリアにおける支配者層の諸相の比較研究」。
(40) Artifoni, 'Tensioni sociali'；Cammarosano, 'Il ricambio'；Poloni, 'Il ricambio'.
(41) 業務記録の生成に関する先行研究の整理は，Baietto, 'Scrittura e politica (I)', pp. 105–165.
(42) Baietto, 'Scrittura e politica (II)', pp. 473–528.
(43) Cammarosano, *Italia medievale*, pp. 125–144；Maire Vigueur, 'Révolution documentaire'. 特にメール・ヴィグールは13世紀の人びとの記述への意識の変化を「記述革命（révolu-

tion scripturaire)」と称し，それが文書の利用・保管を含めた総合的な意識の変化としての「文書革命（révolution documentaire)」とともに生じていたことを強調する。そしてその背後にはコムーネの政治体制の変容があり，条例の編纂に関してはポデスタ，業務記録に関してはポポロというように，政治的主体による関与があったことを指摘する。

(44) イタリアの各都市の文書庫に関しては，Koch, 'Die Archivierung'.

(45) Keller (ed.), *Pragmatische Schriftlichkeit*; Behrmann, 'The Development'.

(46) 第4ラテラノ公会議決議第38条「証明されうるように，訴訟記録を書き残すことについて」の邦訳は，藤崎衛監訳「第4ラテラノ公会議（1215年）決議文翻訳」111-112頁。同決議では，聖界の裁判官が，訴訟の各過程（訴え，召喚，異議，尋問など）を記録する人物を従えるべきことが決定された。

(47) Behrmann, "Von der Sentenz".

(48) 実際にベアマンが指摘するように，1215年の第4ラテラノ公会議以前に裁判記録簿は存在する。ベアマンは言及していないが，前節で見た1203年から1206年のサヴォーナの記録簿がそれである。それはポデスタ法廷の記録簿であり，そこにポデスタの何らかの関与があった可能性は捨てきれないのは事実であるが，その内容からは，12世紀後半以降の紛争の複雑化が，裁判の確かな進行を保証するものとしてこの記録簿を必要としていた状況も窺える。

(49) Baietto, 'Elaborazione'.

(50) Milani, 'Il governo delle liste'. ボローニャの『追放者の書』については，Id., 'Prime note'; Gaulin, 'Les registres de bannis'; Méhu, 'Structure et utilisation'.

(51) Lazzarini, 'La communication écrite'.

(52) Vallerani, *Il sistema giudiziario*.

(53) Vallerani, *La giustizia pubblica*, p. 116.

(54) Vallerani, *Il sistema giudiziario*, p. 19. 13世紀ペルージャの裁判と平和との関係については，Id., 'Pace e processo'.

(55) Vallerani, 'Tra astrazione e pressi', p. 150.

(56) Zorzi, 'Conflits et pratiques infrajudiciaires'; Id., '*Ius erat in armis*'.

(57) Zorzi, 'La cultura della vendetta'.

(58) 高橋友子「中世後期フィレンツェにおけるヴェンデッタ」; Zorzi, "Politica e giustizia".

(59) Salvemini, *Magnati e popolani*, Documento, IV, p. 341.

(60) Pinto, Salvestrini, Zorzi (eds.), *Statuti della Repubblica Fiorentina: II*, III, 45, pp. 188-193; *Ibid.*, III, 126, pp. 251-252.

(61) Vallerani, 'Movimenti di pace'.

(62) *Collectio chartarum*.

(63) *Ibid.*, pp. 322-335.

(64) 本章注3参照。

(65) ポポロに関する概説書として，Poloni, *Potere al popolo*. ポポロ研究史の整理は，Id., 'Fisionomia sociale'.

(66) コムーネ組織では，ポデスタを長として，その下にコムーネ議会を置く体制が築かれていた。

(67) ポポロが政治的実権を握る過程については，齊藤寛海のボローニャに関する研究が詳しい。齊藤寛海「中世ボローニャにおける同職者組織とその政治的機能」。

(68) Artifoni, ‘Tensioni sociali’ ; Id., ‘I governi di « popolo »’. ヴァッレラーニも近年の研究の整理において，ポポロ期の特徴として，都市の社会集団が制度的な形態をとって機能していたことを指摘している。Vallerani, ‘Comune e comuni’.

(69) Sbriccoli, ‘“Vidi communiter observari”’.

(70) 近年の研究でもこうした視点は根強く存在する。たとえば Dezza, *Accusa e inquisizione*.

(71) Vallerani, ‘Procedura e giustizia’, p. 440.

(72) この批判の対象となりうる研究として Sbriccoli, ‘Giustizia negoziata’ ; Id., ‘Giustizia criminale’.

(73) Vallerani, *La giustizia pubblica*, p. 211 ; Gandinus, *Tractatus de maleficiis*, p. 39.

(74) Fraher, ‘IV Lateran’s revolution’ ; Vallerani, ‘Modelli di verità’ ; Id., ‘Procedura e giustizia’, pp. 460–462. 第 4 ラテラノ公会議決議第 8 条「糾問手続きについて」は，藤崎衛監訳「第 4 ラテラノ公会議（1215 年）決議文翻訳」98–99 頁。

(75) Vallerani, ‘Procedura e giustizia’, p. 467.

(76) Gandinus, *Tractatus de maleficiis*.

(77) たとえば *Ibid*., p. 5 :「公的な事柄のために好ましくなるよう，悪事が刑罰なしで留め置かれないように（quia expedit rei publice, ne maleficia remaneant sine pena)」。インノケンティウス 3 世による法諺とその後の教会法学者によるその利用については，Fraher, ‘The Theoretical Justification’ ; Pennington, ‘Innocent III’.

(78) Vallerani, ‘Procedura e giustizia’, p. 485. 実際にガンディーノの著作では，いたるところでディーノが言及されている。

(79) 1279 年のペルージャの条例では，序文において，条例が都市の守護聖人とローマ教皇庁，そして「ペルージャにいる全ての者，そしてペルージャのコムーネと民衆の全ての友人の平和，真の調和，統一」に捧げられていることが明記されており，その後の 4 編の 2 行詩節では，「世界の調和たる全知全能の永遠の神，あなたは平和を与え，全ての善をなす……世界の唯一の平和であるペルージャの都市はあなたに従う」と詠われている。ここでは，平和と調和はコムーネの政治的な語彙の中心に位置づけられ，都市全体が平和の状態に置かれるべきであることが示唆されている。*Statuto del comune di Perugia*, p. 3.

(80) Zorzi, ‘Negoziazione penale’ ; Id., ‘Politica e giustizia’.

(81) 糾問主義裁判とポポロの政策との関係については他の論者によっても理解が共有されている。Maire Vigueur, ‘Justice et politique’ ; Salvemini, *Magnati e popolani*.

(82) *Ordinamenti di Giustizia*, p. 37.

(83) 法学者とポポロ政府との関係に関する研究史の整理は Menzinger, *Giuristi e politica*, p. 6.

(84) Sbriccoli, *L’interpretazione dello statuto*.

(85) Padoa Schioppa, ‘Sul ruolo dei giuristi’.

(86) Zorzi, ‘Negoziazione penale’, p. 13. ゾルジ以外にも，ボローニャでポポロ政権ができる 1270 年から 1305 年に活躍した法学者を分析したヴァッレラーニは，法学者にはポポロの有力家系出身者も多く，また貴族出身の法学者もポポロの政府に様々な形で関与していたことを指摘している。Vallerani, ‘The Generation’. またメンツィンガーは，シエナ，ペルージャ，ボローニャの各都市で，法学者らがポポロの反豪族的な決定に対し，助言者として法的な正当性を付与していたことを明らかにしている。Menzinger, *Giuristi e politica*.

(87) Villani, *Cronica*, XIII, 1, p. 170.

(88) Compagni, *Cronaca fiorentina*, p. 26.
(89) Vallerani, *La giustizia pubblica*, p. 141.
(90) *Ibid*., pp. 211-275.
(91) ポポロがヴェンデッタの慣習を有していたことはゾルジによって明らかにされている。Zorzi, ‘La cultura della vendetta’.
(92) Vallerani, *La giustizia pubblica*, pp. 264-265.
(93) *Ibid*., p. 251.
(94) *Ibid*., pp. 228-230.
(95) *Ibid*., pp. 230-231.
(96) *Ibid*., pp. 238-239.
(97) Milani, *L'esclusione dal comune*, pp. 291-327 ; Id., ‘Dalla ritorsione al controllo’.
(98) Milani, ‘Il governo delle liste’.
(99) Zorzi, ‘Negoziazione penale’.
(100) Villani, *Cronica*, IX, 287, pp. 283-284.
(101) *Ibid*., XII, 23, pp. 460-461.
(102) Zorzi, ‘Negoziazione penale’, pp. 21-27.
(103) Vallerani, ‘Comune e comuni’, p. 33.
(104) 佐藤公美『中世イタリアの地域と国家』。
(105) 代表的なものとして Sestan, ‘Le origini delle signorie cittadine’.
(106) Tabacco, ‘La storia politica’, pp. 223-249 ; Varanini, ‘Aristocrazie e poteri’, pp. 121-193. 特にコムーネとの継続性を有するシニョリーアは 14 世紀に多い。14 世紀後半から 15 世紀以降になると強大な力に基づいた支配を行うシニョーレが現れる。Zorzi, *Le signorie cittadine*. また近年のシニョリーアに関する論集として Id. (ed.), *Le signorie cittadine in Toscana* ; Maire Vigueur (ed.), *Signorie cittadine nell'Italia comunale*.
(107) Ciccaglioni, ‘Dal comune alla signoria?’.
(108) Artifoni, ‘Tensioni sociali’ ; Id., ‘I governi di « popolo »’ ; Vallerani, ‘Comune e comuni’.
(109) Varanini, ‘Aristocrazie e poteri’, pp. 134-137. コムーネの公平性の原理については，亀長洋子『イタリアの中世都市』23-51 頁。
(110) Mineo, ‘La repubblica’, p. 166.
(111) ここでいう統治の正当性とは，バルトルスやサルターティが僭主を論じる際に指摘した，統治の質の問題であり，統治者としての資格の問題ではない。多くの場合，シニョーレはその単独支配のために，僭主と見なされていたわけではなかった。ゾルジによるアヴォガーリのシニョリーア支配に関する証言の分析に見られるように，シニョーレはその具体的な統治の質や結果のために，僭主的と見なされた。サルターティの僭主論については，池上俊一監修『原典　イタリア・ルネサンス人文主義』95-130 頁。バルトルスの僭主論は，Bartolo da Sassoferrato, *Tractatus de tyranno*, pp. 171-213. アヴォガーリのシニョリーアについては，Zorzi, *Le signorie cittadine*, pp. 149-151 ; *Il processo Avogari*, pp. 431-433, 467-469.
(112) シニョーレだけではなく，寡頭的共和制の執政府も僭主的との評価を受けえた。シエナのノーヴェ（執政府）の一員でもあったビンド・ボニキは，ノーヴェが僭主的になりうる危険性を警告している。Zorzi, ‘Bien Commun’, p. 287.
(113) Vallerani (ed.), *Tecniche di potere*.

(114) Meccarelli, *Arbitrium*, pp. 3–41.

(115) Cortese, *La norma giuridica*, I, pp. 97–141. また，寡頭的共和制政府も既存の法律に反する決定を行う場合，「法律に邪魔されず（lege non obstante)」という文言とともに，その決定の「必要性」を提示して，正当化を図っている。Tanzini, *Il governo delle leggi* ; Id., ‘Emergenza, eccezione’.

(116) Vallerani, ‘L’arbitrio’.

(117) Ibid., pp. 131–133.

(118) Ibid., pp. 133–135. この時期のポデスタは，政治行政上の権限を失い，その活動は司法に限られている。

(119) Vallerani, *La giustizia pubblica*, p. 253.

(120) *Ibid*., pp. 257–259.

(121) Blanshei, *Politics and Justice*, pp. 408–497.

(122) *Ibid*., pp. 484–497.

(123) Vallerani, ‘L’arbitrio’, p. 141 : “cum sit melius regi ab optimo duce quam a lege optime”.

(124) ヴィスコンティ支配下のピアチェンツァでは，1339 年の条例において大逆罪に関する規定が加えられた。そこではルキーノ・ヴィスコンティとジョヴァンニ・ヴィスコンティに危害を加える者に対しては，ポデスタはわずかな状況証拠を根拠として拷問を実施することが認められた。コモの条例に追加された規定でも，反シニョリーア的行動と一致する「極悪犯罪（crimina atrocia)」が，ポデスタに審問と拷問を許された犯罪のリストのトップに挙げられている。Ibid., pp. 144–145.

(125) Ibid., pp. 145–146.

(126) Milani, ‘Legge ed eccezion’.

(127) Gauvard, *« De grace especial »* ; ゴヴァール「恩赦と死刑」。

(128) Varanini, ‘« Al magnificho e possente segnoro »’.

(129) Vallerani, ‘La supplica al signore’.

(130) Covini, ‘*De gratia speciali*’.

(131) Ibid., p. 196.

(132) この意味では，刑の減免措置としての恩赦は，権威側からの恩恵を伴った法や通常手続きからの逸脱の許可の一例，たとえば税の特免や禁じられた財産移転の許可，通常手続きを省いた略式手続きの許可などの特例措置のひとつとして位置づけられる。実際，ヴェネツィアで嘆願への応答として出された恩赦は，行政官が法の適用を除外することを許可するというものであった。Romano, ‘*Quod sibi fiat gratia*’ ; Ortalli, ‘Il procedimento’.

(133) Vallerani, ‘L’arbitrio’, pp. 135–136.

(134) Bowsky, *A Medieval Italian Commune*, p. 104.

(135) Tanzini, *Il governo delle leggi*, pp. 25–27.

(136) Vallerani, ‘La supplica al signore’, p. 434.

(137) Covini, ‘*De gratia speciali*’, p. 206.

(138) Gauvard, Chiffeleau, ‘Conclusions’. 訴訟当事者の視点から法廷の利用を考察した研究として，Smail, *The Consumption of Justice*. 司法の受容は，フランクフルトでの研究集会でも注目されている論点のひとつである。Baumgärtner, ‘Gerichtspraxis und Stadtgesellschaft’. 中近世ドイツのポリツァイ研究，刑事司法の研究においても，紛争当事者による公的司

法（法や裁判も含めて）の受容や戦略的利用が注目されている。佐久間弘展「ドイツ中近世史におけるポリツァイ研究の新動向」；池田利昭「中世後期・近世ドイツの犯罪史研究と「公的刑法の成立」」。

(139) Blockmans, Holenstein, Mathieu (eds.), *Empowering Interactions* ; Gamberini, Lazzarini (eds.), *The Italian Renaissance State*.

(140) Vallerani, *Il sistema giudiziario* ; Id., *La giustizia pubblica*.

(141) Ascheri, 'Istituzioni e giustizia', pp. 39–40. 2006 年に刊行されたコッリの論考も，アスケリの言葉を引用しつつ，民事裁判の実践がいまだ未解明であることを指摘している。Colli, '*Acta civilia*'. 現時点で民事司法の実態を記録簿を基に明らかにした研究は管見の限り，14 世紀のフィレンツェのポデスタ法廷とメルカンツィア法廷に関するコッリの研究，ルッカの農村住民が用いるフォレターニ法廷に関するオシェムの研究，ボローニャの周辺農村に関するディーンの研究だけである。Osheim, 'Countrymen and the Law' ; Dean, 'Wealth distribution'. これらの研究は貴重なデータを提供しているものの，特定の問題関心の下で取り上げられているもので，民事司法に関する本格的な研究とは言い難い。これに対して南フランスのマルセイユを対象としたスメイルの研究は民事裁判記録の徹底した分析に基づいてなされている。Smail, *The Consumption of Justice*.

(142) これについては特に本書第 6 章での民事の略式裁判の導入，第 8 章での恩赦の拡大，第 9 章での例外的司法の拡大において示される。

第 2 章　ルッカを見る

(1) ルッカ史の古典として Tommasi, *Sommario*. 一般の概説書では，Manselli, *La repubblica* ; Mancini, *Storia di Lucca*. 中世ルッカについては，Bratchel, *Medieval Lucca*. 近世については，Berengo, *Nobili e mercanti*.

(2) 古代から中世初期の状況についてはブラッチェルの概説で手際よくまとめられている。Bratchel, *Medieval Lucca*, pp. 1–26.

(3) Wickham, *Courts and Conflict*, p. 20.

(4) *Ibid*., pp. 22–24.

(5) ルッカのポデスタ制度とポデスタについては，*Inventario* ed. Bongi, II, pp. 303–326.

(6) ウェーリー『イタリアの都市国家』92–93 頁。

(7) これはコンスル制とポデスタ制との中間的な形態として他都市でも見られるものである。コンスル制からポデスタ制への移行については，Artifoni, 'Tensioni sociali', pp. 461–466.

(8) 13 世紀ルッカのポポロについては，Poloni, *Lucca nel Duecento* ; Id., 'Strutturazione'.

(9) *Tholomei Lucensis*, p. 90 : "Eodem anno, ut in actis Lucanorum scribitur, dicuntur prime facte societates in civitate Lucana".

(10) 1206 年の協定文書には少なくとも 9 つの団体（societates）があり，それらはひとつの平民の団体（societas concordie peditum）を結成している。Wickham, *Courts and Conflict*, p. 23 ; Tommasi, *Sommario*, Documenti, VI. 初期の「ポポロ」が地区を基礎単位とした防衛組織の形態をとっていた理由は，13 世紀初頭が貴族と平民との衝突の時期であったことと関係している。ルッカではポデスタをも輩出する有力家系ポルカリ家のメンバーが平民側についたことで，多くの貴族が追放され，平民の勝利に終わる。Poloni, 'Strutturazione', pp. 475–476.

(11) 同職組合の参加は1229年と1230年の粉ひき職人と材木職人による「ポポロ」への誓約に見られる。Ibid., p. 453.

(12) ボローニャにおける「ポポロ」とコムーネとの関係については，齊藤寛海「中世ボローニャにおける同職者組織とその政治的機能」。

(13) *Inventario* ed. Bongi, II, pp. 335–337；Poloni, 'Strutturazione', pp. 469–470.

(14) 1310年の史料では，コムーネ評議会とポポロの議会とが共同で開催されていることが確認できる。ASL, *Archivo Diplomatico*, *San Romano*, 1310 marzo 10.

(15) 1255年の史料では，8人のアンツィアーニには，ポポロの有力家系の他に，貴族出身者が複数含まれていたが，それ以降は1257〜58年のポポロ・ミヌートとポポロ・グラッソとの対立の影響からか，貴族はアンツィアーニから排除されている。

(16) 彼らは地区組織アルメ（societa delle armi）を基盤としてポポロ内での政治的台頭を図った。

(17) *Statuto 1308*, pp. 241–244.

(18) ウグッチョーネはジェノヴァの皇帝代官としてギベッリーニの軍隊を率いていたが，1313年の皇帝ハインリッヒ7世の死後に，ピサのコムーネによってピサの統治を委ねられていた。

(19) ウグッチョーネとカストゥルッチョ・カストラカーニについては，Green, *Castruccio Castracani*；Baraccini (ed.), *Il secolo di Castruccio*.

(20) カストゥルッチョは，1325年5月にピストイアを，1327年10月にピサを手に入れ，1326年には軍隊をフィレンツェの囲壁まで進めるなど，トスカーナ北部に広大な領土を築いた。*Ibid*., pp. 18–20.

(21) 外国人領主支配期については，Green, *Lucca under Many Masters*.

(22) *Ibid*., pp. 3–13.

(23) 外国人領主支配期に関するグリーンの評価は *Ibid*., pp. 319–323.

(24) ピサ支配下のルッカについては Meek, *The Commune of Lucca*.

(25) *Ibid*., pp. 105–118.

(26) 共和国時代のルッカについては Meek, *Lucca 1369*.

(27) *Ibid*., p. 6.

(28) 共和国とコムーネが置き換え可能な形で用いられている点については，本書第8章第4節参照。

(29) Meek, *Lucca 1369*, pp. 344–345.

(30) 共和国のポストをめぐって対立が進んでいたのは，ミークによれば，党派の構成員が貴族家系出身ではなく，商業や金融業で台頭した者たちであったからであった。

(31) Meek, *Lucca 1369*, pp. 271–332.

(32) *Ibid*., p. 277："e rimasero Signori i Guinigi". この他にも，パオロの兄弟のラッザーロの死に関して，「［ラッザーロが］かの地のシニョーレと呼ばれえた（si potea dire signore di quella tera)」という記述もある。

(33) *Statuto 1308*.

(34) *Inventario* ed. Bongi, I, p. 31；Wickham, *Courts and Conflict*, pp. 46–49.

(35) このうち1316年の都市条例は一部分しか残されていない。他に関しては *Statuto 1331*；*Statuto 1342*；*Statuto 1372*.

(36) *Statuto 1308*, p. 7："Ego Maius Lucanum Regimen iuro ad Sancta Dei Evangelia, corporaliter

tacto libro super libro Statutorum Lucani Comunis...".

(37) 職務規定としての都市条例の位置づけについては，Keller, 'Gli statuti'.

(38) Tirelli, 'Sulla crisi istituzionale'.

(39) *Statuto 1372*, I, 25, fol. 10v.

(40) *Statuto 1331*, I, 1 (De approbatione domini), p. 5.

(41) Simonetti, 'Il Colleggio degli Anziani', pp. 17–31 ; Green, *Lucca under Many Masters*, pp. 201–242.

(42) Poloni, 'Strutturazione', pp. 468–469.

(43) *Inventario* ed. Bongi, I, p. 121 ; Tommasi, *Sommario*, pp. 145–146.

(44) *Inventario* ed. Bongi, II, pp. 335–337.

(45) たとえば条例で禁じられた財産の譲渡を例外的に認める決定において次の文言がつけられている。*Anz. Av. Lib.*, 9, fols. 6r–v : "non obstantibus aliquibus statutis vel ordinamentis Lucani communis".

(46) *Statuto 1331*, II, 2 (De electione anxianorum), pp. 66–67.

(47) 1331年の都市条例では前任のアンツィアーニとともに，ポデスタや外国人領主の代官が選出に加わることが指摘されているが，その詳しい方法は定められていない。*Ibid.*, II, 2 (De electione anxianorum), pp. 66–67.

(48) *Ibid.*, II, 3 (De faciendo unum et idem consilium in civitate Lucane quid vocetur generale consilium), p. 67.

(49) *Anziani* ed. Nelli, p. 324. そこでは4人の議員の意見が示された後，アンツィアーニが1人の意見に投票するように決めている。詳しい議会手続きについては，本書第8章第3節参照。

(50) これはフィレンツェやヴェネツィアなどで見られた，抽選制において有資格者から無作為に引き当てられる形式とは異なる。

(51) Green, *Lucca under Many Masters*, pp. 201–221. 1330年代にアンツィアーニに2度以上就任した者は104人おり，彼らによって77.6％のアンツィアーニ職が占められている。グリーンによれば，彼らに「招待者」として議会に参加する騎士階層を加えた約130人が，この時期のルッカで政治の中核に位置した者たちであった。この中核の外側に，大小の評議会に選出される議員たちの層がある。大評議会の史料は少ないが，1332年，1341年，1342年の大評議会のリストからは，約1700人から1800人からなる幅広い層が推定される。彼ら議員にはアンツィアーニから排除されていた騎士層をはじめ，数多くの手工業者が見られる。また議会への参加可能年齢が20歳であったことから，アンツィアーニに入る前の若い商人がここで政治的経験を積んでいたとも考えられる。

(52) Meek, *Lucca 1369*, pp. 179–193. そのうち6家族（ボッカンソッキ，マルティーニ，タドリーニ，ズバッラ，グイニージ，ドンベリンギ）は，カストゥルッチョの治世下（1316年から1328年）で活躍し，1330年代に約2割のアンツィアーニ職を占めていた7つの家族の中に含まれている。

(53) *Ibid.*, pp. 287–289.

(54) *Ibid.*, pp. 271–299.

(55) ルッカのアンツィアーニの書記官が関わった書簡集が刊行されている。*Regesti. Carteggio degli anziani*.

(56) *Ibid.*, p. XXX ; Meek, *Lucca 1369*, p. 13.

（57）コルッチョ・サルターティのルッカの書記官としての活動は，*Riformagioni* ed. Tori, pp. XXV–CX；Tori, 'Coluccio Salutati'.

（58）Tirelli, 'Il notariato', pp. 287–288.

（59）Green, *Lucca under Many Masters*, pp. 218–221.

（60）*Bandi Lucchesi*, p. 30："Che ciascheduna persona... la quale volesse diponere alcuna querimonia o fare alcuna accusa o dinunptia d'alcuno excesso o cosa malfatta d'alcuno o per alcuno officiale della città o del Comune di Lucca o del contado... si debbia comparire... dinanzi al magiore Sindico del Comune di Lucca."

（61）ASL, *Maggior Sindaco e Giudice degli Appelli*. この史料に基づく監査活動に関する研究として，Lepsius, 'Kontrolle von Amtsrägern'.

（62）*Statuto 1308*, II, 30（De officio et iurisdictione omnium vicariorum et capitaneorum lucane Civitatis et eius provinciarum et eorum iudicum, notariorum et cammerariorum), pp. 89–91.

（63）代官区はコレーリア，バルガ，カステルヌオヴォ，カスティリオーネ，ヴァルディリマ，ヴァルディニエヴォレ，ヴァルダルノ，ピエトラサンタ，カマイオーレの9つである。ルッカの領域行政については，Bratchel, *Medieval Lucca*, pp. 51–81.

（64）外国人領主支配期には，代官区の裁判官と公証人はルッカ人とルッカの周辺農村の住民から登用され，財務管理人や徴税人にはルッカの有力商人が就くケースが多かった。Green, *Lucca under Many Masters*, pp. 230–233.

（65）*Statuto 1308*, II, 48（De duobus cammerariis eligendis de Guamo et sancti Pantaleonis, et de officio et feudo ipsorum cammerariorum et notariorum et famulorum et nunptiorum Cammere, et de eligendo sigillatores per cammerarios), pp. 99–103.

（66）たとえば1334年の記録簿では，ルッカ市民で商人のヤコポ・ガルガネッティと，ベンディネッロ・マンニが国庫財務管理官として活動している。ASL, *Camarlingo Generale*, 7, fol. 1r.

（67）*Ibid*.

（68）*Inventario* ed. Bongi, II, p. 179.

（69）Green, *Lucca under Many Masters*, pp. 221–223.

（70）ASL, *Camarlingo Generale*, 7, 8；Green, *Lucca under Many Masters*, pp. 253–254.

（71）徴税請負人からの歳入は，約7万5400リラである。ASL, *Camarlingo Generale*, 7, 8.

（72）*Inventario* ed. Bongi, II, pp. 33–36. ガベッラ・マッジョーレからの歳入は約4万3900リラである。

（73）*Ibid*., pp. 119–121.

（74）*Ibid*., pp. 127–130.

（75）ASL, *Estimo*. この記録には都市住民や聖界領主からの土地の貸借に関する記述も見られ，それは都市の土地所有者が自身の権利を主張するためにも利用できるものとなっていた。

（76）この法廷からの歳入として1378年の下半期には，213フィオリーノ609リラ9デナーロが記載されている。ASL, *Camarlingo Generale*, 82.

（77）*Inventario* ed. Bongi, II, p. 205.

（78）食糧局は，サン・ピエトロ・イン・コルティーナ街区にあった。*Ibid*., pp. 202–205. 1353年の食糧調査の記録は現在にまで残っている。ASL, *Offizio sopra l'abbondanza*, 379.

（79）*Inventario* ed. Bongi, II, pp. 393–395.

(80) *Inventario* ed. Bongi, I, pp. 299-300. 道路局の記録簿の分析により，実際の法令や取り締まりの活動を明らかにした研究として，Geltner, 'Healthscaping a Medieval City', pp. 395-415.

(81) 文書庫は，"Camera seu Archivio librorum Camere Lucani Comunis" と称される。*Inventario* ed. Bongi, I, pp. 225-226.

(82) *Statuto 1308*, II, 1 (De electione Potestatis et eius modo et forma, et de feudo et familia et de sindicatu ipsius), pp. 51-54 ; *Statuto 1331*, II, 20, pp. 89-90. 1308年の都市条例では，ポデスタの職務に関して軍事的な面での記載があるが，1331年以降はそうした記載はほとんどなくなっている。

(83) *Statuto 1308*, II, 23 (De electione nuptiorum Maioris Lucani Regiminis et Lucani Comunis et eorum numero), p. 85.

(84) 債務者は保証人を提示できない場合に牢獄で拘束された。*Potestà*, 65, fol. 201r : "Fannuccius nocchi nuntius curie suprascripte retulit mi Urso notario suprascripto se ea die cepisse Petruccium vocatum Sossum condam Corsini Lucanum civem et ipsum superstitibus carcerum recommendasse pro libris .x. et soldis .xii.".

(85) フィレンツェやボローニャの牢獄については，Geltner, *The Medieval Prison*.

(86) ポデスタ法廷は，13世紀にはコムーネ議会が開かれていた政治的中心地であるサン・ミケーレ・イン・フォーロ広場の北側の館に置かれていたことが確認されているが，その後，サン・センシ街区のバルトロメオ・ヴィッラノーヴァの館にあるコムーネのロッジアなどに置かれている。同館（後に1356年までにはマリザルディ家の所有になっている）では1332年，1338年，1342年，1356年，1365年の利用が確認される。他方，サン・ミケーレ・イン・フォーロ広場のコムーネの館では1331年，1336年と1371年，1425年の開催が確認され，またサン・センシ街区のコムーネの館（以前はジョヴァンニ・ディ・ポッジョが所有）では1382年の開催が確認される。*Potestà*, 58, 82, 121, 309, 420, 591, 1021 ; *Inventario* ed. Bongi, II, p. 306 ; *Statuto 1331*, IV, 2, p. 121.

(87) *Potestà*, 60, fols. 447r-448v : "Titulus dierum utilium curie domini Lucani potestatis".

(88) *Ibid*., fols. 449r-450r : "Titulus dierum inutilium curie domini Lucani potestatis". 理由が記されずに休廷の事実のみが記されている日も多い。

(89) このミニアチュールの説明は，Lepsius, Wetzstein (eds.), *Als die Welt*, pp. IV, 25.

(90) Archivio di Stato di Bologna, *Comune Governo*, 46 (Statuti dell'anno 1376), IIII, 1 (De iure reddendo), fol. 167r.

(91) *Potestà*, 432, fol. 72r : "Filippus suprascriptus statim recessit ante quam dominus iudex se elevaret a bancho curie... iudice pronuntiavit dictum Filippum pro contumacem propter absentem ipsius".

(92) *Statuto 1308*, p. 250 : "Et curie ordinarie omnes, excepta curia sancti Cristofori, sequi teneantur curiam Potestatis in ea porta in qua habitaverit de mense Ianuarii, et in ea porta morentur in eo anno". ただし1331年の条例のコピーでは，目次からこの項目が消されており，また1342年にもこの規定はないことから，この期間にコンスル法廷の所在地はポデスタ法廷の所在地と一致しなくてもよいことになったと考えられる。*Statuto 1331* ; *Statuto 1342*. 実際1336年のヌオヴァ法廷は，ポデスタ法廷が開催されていたサン・ミケーレ・イン・フォーロ広場北側のコムーネの館とは異なる場所で開催されている。ASL, *Curia Nuova di Giustizia e dell' Esecutore*, 27, fol. 1r.

(93)『法廷の条例』で現存しているのは 1331 年のものである。それはグイニージ家が保存するコピーである。*Statuto della Curia 1331*（ASL, *Archivio Guinigi*, 263）.

(94) 13 世紀のパルマについて Guarisco, *Il conflitto*, pp. 13–19. 13 世紀末から 14 世紀ミラノについては Padoa Schioppa, 'La giustizia milanese'.

(95) *Inventario* ed. Bongi, II, pp. 295–297. ルッカでは 1136 年にコンスル法廷が，1141 年に裁判を専門に行うコンスル（consules de placito）が史料に現れる。このコンスルは 1150 年以降サン・クリストーフォロ教会において判決を下すようになり，それにちなんでサン・クリストーフォロ法廷と呼ばれるに至ったという。

(96) 1370 年以降にはポデスタ法廷とコンスル法廷はともに，ベッカファーヴェ街区のコムーネのロッジアの下に移された。

(97) *Inventario* ed. Bongi, II, p. 298.

(98) この法廷は，1261 年にはアングロにあるバルバネンセの塔の内部のパニーキの息子たちの家に，1308 年にはポデスタが居住する街区に，1344 年にはサン・マルティーニ・マイオーリス街区のマッギアーリの息子たちの家に（ASL, *Curia delle Querimonie*, 3），そして 1347 年にはサンタ・マリア・イン・パラッツォ街区のバンバカーリの息子たちの家にあったことが確認されている。

(99) ASL, *Curia delle Querimonie*, 3.

(100) *Inventario* ed. Bongi, II, pp. 298–299. フォレターニ法廷の所在地は，その別名が由来するサン・アレッサンドロ教会であった。ただこの法廷も 13 世紀半ばより都市内を転々と移動している。1255 年にはノルマンノ・アッヴォカーティの息子たちの家，1257 年にはその時の裁判官の一人スコルチアルーポ・パンドルフィの家，1259 年にはランベルト・ピネッリの家へと移動している。

(101) ASL, *Curia dei Foretani o di S. Alessandro*, 15.

(102) *Statuto 1372*, IV, 4, fol. 93r–v. 1379 年には前述のように 1 人の外国人裁判官が，ポデスタの代官としてコンスル法廷で裁判を行っている。

(103) *Inventario* ed. Bongi, II, pp. 299–301. ただし，1121 年という早期から判決や契約において，「コンスルとトレグアーニの罰のもとで（sub poena Consulum et Treguanorum）」という表現が使われている。この法廷は初期にはサン・センツィオ・ディ・ポッジョ教会で判決を下していたが，その後，サン・ミケーレ・イン・フォーレ広場の北側の館，そしてベッカファーヴェ街区のコムーネのロッジアに移っている。

(104) *Ibid.*, pp. 301–302. 1242 年に活動が確認される。

(105) そのため「裁判と執行人のヌオヴァ法廷（Curia Nuova di Giustizia e dell'Esecutore）」とも呼ばれる。

(106) ASL, *Curia Nuova di Giustizia e dell'Esecutore*, 27, fol. 1r: "in apotheca domus filiorum condam domini Bonacursi Sornacchi".

(107) *Inventario* ed. Bongi, II, pp. 302–303. この法廷の史料上の初出は 1245 年に故ルッテリオ・ベルナルディの息子たちの家で行われた判決であり，そこでは羊毛の返還をめぐる問題が扱われていた。

(108) *Inventario* ed. Bongi, II, p. 393. 控訴法廷の裁判官は少なくともカストゥルッチョ期には監査官（Maggior Sindaco）と統合された。法廷の所在地は 1366 年にはポデスタ法廷なども開かれていたベッカファーヴェ街区のコムーネのロッジアであった。

(109) Romiti, 'Lo « statutum curie appellationum »', pp. 122–123.

(110) Ibid., pp. 138–139. 規定ではポデスタまたはルッカの都市の「指揮官（rector)」への控訴が可能とされている。この「指揮官」は「ルッカの都市の」という修飾から考えて，外国人領主の代官ではなく，おそらくコムーネの行政官としてのポデスタを指す表現だろう。ポデスタと「指揮官」は相互置き換え可能な形で用いられている。1189年のポデスタであるアルケリウスは，“Lucane Civitatis Potestas, Rector ac Dominus” という称号を持っている。*Inventario* ed. Bongi, II, p. 306.

(111) Romiti, ‘Lo « statutum curie appellationum »’, pp. 147–148. さらに1336年の追加規定では，このケースについて，アンツィアーニへの控訴を認めている。Ibid., p. 139.

(112) たとえば，1336年のポデスタ法廷において，家の権利をめぐって行われた裁判では，被告チェッコルスは外国人領主の法廷での以前の勝訴判決を提出し，原告ルーティもその法廷での証言を提出して争っている。*Potestà*, 67, fols. 84r–90v.

(113) Romiti, ‘Lo « statutum curie appellationum »’, p. 145 : “Statuimus etiam et ordinamus quod a condepnationibus Potestatis Lucani factis occasione processuum maleficiorum vel quasi, non possit appellari vd querela moveri ad dictum iudicem... nisi indictis condepnationibus summa bampni seu pene que pro maleficio vel quasi deberet imponi excederetur, in qua debuerit condepnati ex forma Lucani constituti, in quo casu possit appellari vel querela moveri ab ea summa...”. また領主の法廷の刑事裁判の判決に対する控訴を想定した規定もある。Ibid., p. 128.

(114) たとえば，法廷の所在地について1334年2月19日の記述では次のようにある。「アウグスタの内部にあるピネッリの息子たちの家で」。ASL, *Curia dei Rettori*, 6, fol. 7v.

(115) 副代官の任期はコムーネの法廷とは異なり明確には定められていなかった。たとえばパルマのロッシ家の下で1333年10月に裁判官として活動しているチーノとロジェーロは，ロッシ家の支配が終わる1335年までその職についている。*Inventario* ed. Bongi, I, pp. 97–99.

(116) デッラ・スカラ家による支配の初期の1336年には，領主の代官で「総長（Capitano Generale)」という称号で統治に当たったグリエルモ・カナッチは，ポデスタをも兼任しており，そのために外国人領主の法廷の裁判官とポデスタの裁判官がフランチェスコ・ダ・アレッツォという同じ人物によって担われていた。

(117) また，領主の法廷の書記らは翌年にはアウグスタに移動している。ちなみに1336年の領主の法廷の記録簿は，この時期の特殊性のためポデスタのシリーズに紛れ込んでいる。*Potestà*, 59, 62.

(118) 1308年の条例では，ポデスタの裁判官は助言を受ける際には，ルッカの都市の法学者団体に属する法学者から受けるべきと規定されている。*Statuto 1308*, IV, 25 (De questionibus commictendis iudicibus collegii Lucane civitatis), p. 263. 法助言に基づく判決は他都市でも見られる。ミラノに関しては，Padoa Schioppa, ‘La giustizia milanese’.

(119) サン・クリストーフォロ法廷の1301年の記録簿では，全6件の法助言に基づく判決が確認できる。ASL, *Curia di S. Cristoforo*, 7. また1319年のカストゥルッチョ期の記録簿でも同様に判決は法助言に基づいてなされている。*Ibid.*, 40.

(120) 彼らの名は，ジョヴァンニ・カリンチオニス，テグリーモ・テグリーミ，フランチェスコ・デ・ピスチア，アポレナリオ・メルカーティ，ディーノ・アッリーギ・デ・ポディオ，ボンメーセ・デ・バルガ，アッリーゴ・デ・ギヴィッザーノ，オピッツォ・デ・カマイオーレ，グリエルモ・メルカーティ，バルトロメオ・ウバルディ，ジョヴァ

ンニ・ボッカンソッキ，ニコラオ・ボッカンソッキ，カスタニャッチョ・カスタニャッチ，ニコラオ・ジーリ，ジョヴァンニ・ズバッレ，シモーネ・デ・カンポレッジャーノ，グイド・アッピッカルチオニスである。*Anz. Av. Lib.*, 5, p. 112. ちなみに13世紀後半のルッカの法学者に関するマイヤーの研究では，21人から32人の法学者の存在が確認されている。Meyer, *Felix et inclitus notarius*, pp. 331–334.

(121) *Statuti e matricole*, cap, I, p. 35 : "nullus possit in collegio iudicum scribi aut admicti nisi fuerit doctor vel licentiatus in iure civili vel canonico" ; Tirelli, 'Il notariato', p. 249.

(122) 法学者の法助言については，近年注目が集まっている。代表的な研究として，Ascheri, 'Le fonti e la flessibilitià' ; Vallerani, 'Consilia' ; Id., 'Consilia iudicialia'.

(123) Menzinger, *Giuristi e politica*.

(124) Archivio storico diocesano di Lucca, *Archivio Arcivescovile Lucca*, *Tribunale ecclesiastico* および Archivio storico diocesano di Lucca, *Archivio Capitolare Lucca*, *A* +. 司教はデチモやモリアーノといった「司教の裁判区（Iura Episcopi）」と呼ばれる村落に，司教座聖堂参事会は，マッサローザやフィビアッラなどの「司教座聖堂参事会の地（Terre Capitoli）」に古来より裁判権を持っていた。これらの記録簿の紹介は民事裁判に関しては，Meek, 'I documenti'. 刑事裁判は，Geltner, 'I registri criminali'.

(125) *Inventario* ed. Bongi, II, pp. 233–236.

(126) フィレンツェの商業法廷については Astorri, *La mercanzia* ; Colli, *'Acta civilia'*.

(127) 公証人に関する邦語の研究文献として，マイヤー「西洋中世の公証人制度」。我が国における公証人の研究としては，清水廣一郎「中世イタリア都市における公証人」；徳橋曜「中世イタリアにおける都市の秩序と公証人」。

(128) ASL, *Archivio dei Notari*, 121, v. 3, p. 3 : "Ego Bartholomeus filius olim domini Bomensis iudicis de Luca, imperiali autoritate iudex ordinarius et notarius". ここでは，「公証人（notarius）」とともに「通常裁判官（iudex ordinarius）」という名が付されているが，これは形式的なものであり，バルトロメオは法学者でも裁判官でもない。

(129) コムーネは成立当初よりこの法的な権威の不足を自覚していた。これを解消する手段が，公証人をコムーネ組織に取り込むことであった。公証人をコムーネの書記に迎えることで，コムーネが発行する証書に法効力を与えることができたのである。この点についてフィッソーレがアスティを事例として，司教に代わって権力を持ち台頭する時期のコムーネと公証人との協調関係を指摘している。Fissore, *Autonomia notarile*.

(130) Tirelli, 'Sulla crisi istituzionale'.

(131) 5年間の文法学の修学という条件については *Statuto 1308*, II, 61 (De eo quod nullus posit esse notaries nisi studuerit quinque annis), p. 113. 法学者団体のコンスルが立ち会っているのは，ルッカでは公証人団体と法学者団体とが密接な関係にあったからである。2つの団体はそれぞれ独自の名簿を持っていたものの，しばしば1つの団体として活動していた。1285年には大評議会に法学者と公証人の長（consules iudicum et notariorum）が出席していることが確認でき，また1434年には法学者と公証人の団体の条例が編纂されている。Tirelli, 'Il notariato', pp. 258–259. ちなみに1308年のボローニャでは法学者と公証人は別々の団体として活動していたが，フィレンツェなど他の都市では法学者と公証人は1つの団体を形成していたようである。齊藤寛海「中世ボローニャにおける同職者組織とその政治的機能」；徳橋曜「中世イタリアにおける都市の秩序と公証人」275頁。

(132) 実際，1434年の法学者と公証人の団体規約では，アッヴォカーティ家については一切

触れられていない。*Statuti e matricole*.

(133) *Statuto 1372*, III, 17 (De modo et forma probandi aliquam esse notarium), fols. 54v-55r. 実際の公証人の署名にはルッカ市民であることの記述が見られる。ただしその際も，「皇帝の権威により（imperiali autoritate）」との表現は併記されており，公証人の力の源泉に皇帝の権威があったことには変わりはない。たとえば1400年8月28日の公証人ニコラオ・ミロリス・グイドゥッチの署名は，"Ego Nicolaus Migloris Guiducci Lucanus civis imperiali auctoritate notaries iudexque ordinaries" である。ASL, *Archivio dei Notari*, 337, fol. 100v.

(134) この制度はイタリア都市で一般に広く見られ，エンゲルマンによればもともとランゴバルドの法に起源を持つ法慣習であったが後にローマ法学者により法的な装いを与えられた制度であった。エンゲルマン『民事訴訟法概史』336-341頁。ボローニャでは同様の略式裁判の事例は13世紀前半より見られる。Tamba, 'Per atto'.

(135) 清水廣一郎『イタリア中世の都市社会』48-52頁。

(136) フィレンツェでは，コピーがなされたときには "facta et reddita" や "Completa et restituta" などの記載が登記簿になされている。 *Ser Matteo di Biliotto*, pp. XXXVIII-XXXIX.

(137) ASL, *Archivi dei Notari*, 95-97 (Federico Biagi); ASL, *Archivi dei Notari*, 102-106 (Giovanni Locti); ASL, *Archivi dei Notari*, 108-115 (Nicolai Lupori); ASL, *Archivi dei Notari*, 116-123 (Bartholomeo Buomensis); ASL, *Archivi dei Notari*, 124-126 (Francesco Torringhelli); ASL, *Archivi dei Notari*, 179-180, 182-186 (Conte Puccini); ASL, *Archivi dei Notari*, 213-214 (Jacopo Turchi). ちなみにこの21％という数値は，13世紀ルッカの公証人文書を基にマイヤーが明らかにした15〜20％とほぼ一致する。Meyer, *Felix et inclitus notarius*, pp. 294-295.

(138) 第5章第3節で見る事例からも，公正証書の真正性を証明するためには原簿との照合が不可欠であったことがわかる。

(139) ルッカにおける公証人登記簿の管理については，Lazzareschi, 'L'Archivio dei Notari'; D'addario, 'La conservazione'.

(140) *Statuto 1308*, II, 55 (De sacramento notariorum et aliis quam pluribus diversis circa eorum exercitium spectantibus), pp. 108-110.

(141) *Ibid*., p, 108: "Et quislibet notarius Lucane Civitatis, burgorum et suburgorum et Lucani districtus teneatur facere memoriale de omnibus contractibus quos habet et fecit ab anno Domini M. CC. XL citra"; *Statuto 1331*, p. 111: "de omnibus suprascriptis contractibus... memoriale faciat ita quod citius et levius inveniri possint". さらに，25リラ以上の不動産の売買，譲渡契約に関してはコムーネへの報告義務も課されている。*Statuto 1308*, II, 58 (De quinque notariis eligendis, qui sint supra denuntiationibus contractuum venditionum et alienationum recipiendis et registrandis); *Ibid*., II, 59 (De alienationibus rerum immobilium denuntiandis per notarios notariis suis deputatis). ただし，1331年以降の条例ではこの規定はもはや見られない。

(142) Tamba, *Una corporazione*, pp. 199-257. 現在もこの記録簿は残っており，そこには各契約についてその概要が記載されている。Archivio di Stato di Bologna, *Ufficio dei Memoriali*, 3.

(143) Meyer, *Felix et inclitus notarius*, pp. 327-329.

(144) ちなみに公証人は多くの都市において人数の多い職業のトップ3に入っている。Herlihy, Klapisch-Zuber, *Tuscans and Their Families*, pp. 115-130.

(145) ASL, *Archivi dei Notari*, 102–106 (Giovanni Lotti)；ASL, *Archivi dei Notari*, 108–115 (Nicolao Lupori)；ASL, *Archivi dei Notari*, 116–123 (Bartolomeo Buommesi)；ASL, *Archivi dei Notari*, 124–126 (Francesco Torringhelli di Rabbilo).

(146) Green, *Lucca under Many Masters*, pp. 243–250.

(147) Leverotti, *Popolazione, famiglie*, pp. 31–36.

(148) ASL, *Offizio sopra l'abbondanza*, 379. 1353年の穀物備蓄調査では34の村落について各家族当たりの人数が記されており，それを分析すると1046家族3440人という数字が導き出せる。家族内の人数は「口（bocche)」で表されており，1人家族が32件，2人家族が298件，3人家族が341件，4人家族が211件，5人家族が103件，6人家族が31件，7人家族が11件，8人家族が10件，9人家族が6件，11人家族が3件数えられる。

(149) ここでは1371年のプラートでの課税調査のデータを参考にした。Herlihy, Klapisch-Zuber, *Tuscans and Their Families*, pp. 182–201.

(150) Meek, *Lucca 1369*, pp. 21–26.

(151) Smail, 'Notaries, Courts'.

(152) ASL, *Archivi dei Notari*, 108, 109 (Nicolao Lupori)；ASL, *Archivi dei Notari*, 116 (Bartholomeo Buomensis)；ASL, *Archivi dei Notari*, 146 (Francesco di Giusfredo Sembrini)；ASL, *Archivi dei Notari*, 148 (Alberto Buomensis).

(153) Meyer, *Felix et inclitus notarius*, pp. 287–289. ここでは14世紀の公証人登記簿では見られない裁判関連の記録が20％，その他とされるものも17％ある。

(154) たとえばある裁判では1フィオリーノ相当の剣（spada）とナイフ（cultellus）の返却が求められている。*Potestà*, 58, fol. 53r.

(155) 農村コムーネのために行った労働分の給与や，家内奉公人（famulus）として家事手伝いに奉仕した分の支払いを求めた訴えが見られる。*Potestà*, 60, fol. 104r；*Potestà*, 58, fols. 117r–v.

(156) ただし，あるひとつの事例では，家内奉公人として奉仕した分の支払いに関して，公証人契約を通して約束がなされたという主張が見られることから，労働契約が取り交わされる場合もあったことがわかる。*Potestà*, 58, fol. 142r.

(157) 指輪の返却をめぐる裁判では，証書は提出されず，代わりに費用と手間のかかる証言が出されている。*Ibid*., fols. 333r–v.

(158) 徳橋曜「中世イタリアにおける都市の秩序と公証人」278–281頁。

(159) 換算比率は，1リラ＝20ソルド＝240デナーロである。

(160) *Potestà*, 67, fol. 374r.

(161) De La Roncière, *Prix et salaires*, pp. 394–395, 402.

(162) *Ibid*., pp. 279–281, 326.

(163) *Ibid*., pp. 841–843；Green, *Lucca under Many Masters*, p. 254.

(164) ただし司教と司教座聖堂参事会は例外的にいくつかの村落に対して裁判権を有していた。本章注124参照。

(165) Wickham, *Community and Clientele*, pp. 136–137.

(166) *Ibid*.

(167) メッツァドリーア・ポデーレ制についてはピントとケルビーニが詳細に研究している。Cherubini, *Scritti toscani*；Pinto, *La Toscana*. 我が国では井谷直義「中世末期トスカーナ地方におけるメッザドリーアの普及」。

（168）15世紀の土地所有形態についてはPolica, ‘An Attempted « Reconversion »’. 16世紀についてはBerengo, *Nobili e mercanti*, pp. 301–320.

（169）ポンテテットは，都市近郊の共同体（communia suburbania）に行政区分される。

（170）ASL, *Estimo*, 2. この土地保持者からの申告を基に，各人の財産が把握され各課税基準額が定められたのであろう。課税額を定めるための調査の副産物としてのこの申告は，土地所有者が農村住民との貸借関係を証明するために裁判で用いられることもあった。

（171）史料で使われている面積の単位はコルトラ（1コルトラ＝460ペルティケ＝4009m^2），クアッラ（1クアッラ＝115ペルティケ＝1002m^2），スタイオーロ（1スタイオ＝20.9ペルティケ＝182m^2），スカーラ（1スカーラ＝4ペルティケ＝34.9m^2），ペルティカ（1ペルティカ＝8.71m^2）である。ルッカにおける度量衡の単位については，*Inventario* ed. Bongi, II, pp. 67–77.

（172）数の上では1ヘクタール未満の小さな土地が7割あるが，総面積で見ればそれらは全体の4割未満で，残りの6割以上は1〜2ヘクタールの土地，2ヘクタール以上の土地で占められている。

（173）Pinto, ‘L’agricoltura delle aree mezzadrili’.

（174）実際，「統合された農場」を意味するポデーレという用語は見られない。

（175）ちなみに1332年より前に作成された課税台帳によればポンテテットには17の世帯（24人）が記載されているが，1334年の申告とは人物の構成が異なっている場合もある。ASL, *Estimo*, 12bis.

（176）7人の内訳は，ポンテテット修道院，市民1人，ポンテテット住民2人，不明3人である。

（177）他の村落の住民がポンテテットに土地を持っているように，ポンテテット住民も近隣の村落に土地を保持していた可能性もあるが，それにしても彼らの保持する土地はフィレンツェやシエナと比べて非常に少ない。ちなみにレーゼナーは，土地の細分化が進んだとする低地地方（ベルギー，オランダ圏）において，農民は生き残りに必要な最小限度の土地として3〜5ヘクタールの大きさの土地しか持っていなかったと述べている。レーゼナー『農民のヨーロッパ』98–99頁。

（178）ポンテテットや他の村落出身の保持者は，そのほとんどの土地を借り受け，地代を支払っているのに対し，ルッカ市民の保持者は多くの場合，保持する土地を「自らのもの」と申告している。

（179）後述のように現代的な意味における土地所有権を持つものではないが，史料上でも，保持者が所有者を知らない場合に「その所有が彼［保持者］によって明らかにされなかった（cuius proprietas non dum est declarata per eum）」とされていることから，ここでは便宜的に「所有（proprietas）」の用語を用いたい。

（180）もちろんパガネッロ・ルポーリのようにポンテテット修道院から彼が保持する3つの土地全てを借りている者もいる。

（181）ASL, *Estimo*, 12. この記録簿の内容と，保持者の告白の記録簿の情報とは対応関係にある。これは保持者の告白の情報を所有者側の観点からまとめたもので，後の課税額の査定に用いられたものと考えられる。しかし総面積に相違があることからもわかるように（Estimo 2では127万2755m^2，Estimo 12では110万3764m^2），制作過程で土地や人の増減があったことが考えられる。

（182）例外的に5つの地片分が貨幣地代で記されている。また3件に関しては，収穫の半分

という折半契約がとられている。

(183) 1 スタイオは，当時の樽の単位であり 1 人当たり 1 カ月分の食糧として計算されるものである。1 日 650 グラムの食糧が想定されていたため，1 スタイオは約 20 キログラムであったと考えることができる。モンタナーリ『ヨーロッパの食文化』171-173 頁。ケルビーニによれば，1 ヘクタール当たりの年間収穫高は 7〜8 キンタル（700〜800 キログラム）であり，これは 35〜40 スタイオ分に相当する。ただしポンテテットでは地代に粟やソラマメも小麦と同じ割合で含まれていることにも留意しなければならない。Cherubini, ‘Le campagne italiane’.

(184) コルトラ当たりで支払い額を告白している事例でも，バルトロメオは 1 ヘクタールの土地に関してコルトラ当たり 7 スタイオを支払っているのに対し，ヌッコロは 1.6 ヘクタールの土地でコルトラ当たり 18 スタイオを支払っている。

(185) たとえば 1 ヘクタール当たり 186 スタイオや 184 スタイオ，131 スタイオといった，土地の収益性を大きく超える地代の設定については，土地所有以外の債務債権の関係という別の要素が保持者と所有者との間にあり，それがこの地代の額に反映していると考えられる。

(186) Pinto, ‘Aspetti dell’indebitamento’; 中谷惣「中世イタリアの飢饉と農村」18-20 頁。

(187) *Potestà*, 58, fol. 201r: “... dictus Nuccius et germani habent sextam partem et de vigintiquactuor partibus unam infrascripte petie terre et domus...”.

(188) *Ibid*., fol. 202r: “Item dicit quod dicta domus est pro indivisa et sic in qualibet parte dicte domus dicti Nuccius et germani habent partem pro indiviso”.

(189) そこでは特に一族（consorteria）内での案件は仲裁人によって決定されるべしという規定が引用される。*Statuto 1331*, V, 22 (De questionibus vertentibus inter consortes), pp. 172-173.

(190) 清水廣一郎「家と家とを結ぶもの」。

第 3 章　史料と史料論

(1) 民事の裁判記録簿の内訳は，ポデスタ法廷 741 冊，サン・クリストーフォロ法廷 281 冊，クエリモーニエ法廷 12 冊，フォレターニ法廷 117 冊，トレグアーニ法廷 98 冊，ヌオヴァ法廷 154 冊，ヴィスコンティ法廷 81 冊，控訴法廷 396 冊，外国人領主の法廷 97 冊（30 巻）である。裁判記録の伝来に関しては，近年，研究集会が行われるなど注目されている。Giorgi, Moscadelli, Zarrilli (eds.), *La documentazione degli organi giudiziari*. 各都市の刑事裁判記録簿の伝来状況については，Zorzi, ‘Giustizia criminale’.

(2) 言語論的転回を経た近年の歴史学では，史料に向き合うとき，それを単に過去を映し出す鏡として捉え，その記述内容のみから歴史像を描き出す素朴実証主義の方法ではなく，その史料が内包する多様な歴史情報を多角的に読み取る姿勢がとられている。史料論研究については，岡崎敦「西洋中世史料論と日本学界」；同「西欧中世研究の「文化史的」読解」；同編「西欧中世文書の史料論的研究」。実証主義歴史学に対する言語論的転回における批判と，それを経た今日の歴史学の方法論については，二宮宏之「歴史の作法」；森明子編『歴史叙述の現在』。

(3) Cammarosano, *Italia medievale*; 岡崎敦「文書史料とはなにか」。ジェニコは裁判記録を法史料として分類しているが，これは判決集から裁判実務の記録簿までを含む裁判記録の多様性ゆえであろう。ジェニコ『歴史学の伝統と革新』。

（4）Bautier, ‘Leçon d’ouverture’, pp. 201–210 ; Guyotjeannin, Morelle, ‘Tradition et réception’.
（5）これは同時代のルッカの業務記録として一般的な様式である。*Potestà*, 60.
（6）*Potestà*, 58, fols. 201r–205v, 211r–211v, 212v.
（7）“Nuccius filius et heres pro tertia parte quondam Ugholini Roscempeli et procuratore nomine pro Dino et Petro germanis suis et filiis et heredibus pro aliis duabus partibus quondam dicti Ugholini exponit coram vobis domino Petro iudice et assessor domini presentis Lucane potestatis quod dictus Nuccius et germani habent sextam partem et de vigintiquactuor partibus unam infrascripte petie terre et domus et quod totam dictam domum habitant et tenent Labruccius Talgardi et Vannectus Talgardi et Vannellus Gilii et germani eius. Et sic tenuerunt iam sunt anni quinque et ultra absente aliqua pentione debita exinde reddenda eidem Nuccio et germanis suis et sic sunt in mora solvendi et dictam pentionem pro dictis quinque annis. Quare dictus Nuccius pro se et dictis nominibus pro debita convenienti pentione pro dictis partibus sibi contingentibus de dicta domo petit a suprascriptis Labruccio et Vannecto Talgardi et dictis Vannello Gilii et germanis suis qui eidem Nuccio pro se et dictis suis germanis dent et solvant libras .xxxv. et soldas .viii. et denarios .iiii. denariorum Lucanorum bone monete occasione dicte pentionis pro dictis annis quinque ad ractionem librarum .vii. et soldorum .i. et denariorum .viii. dicte monete pro quolibet anno pro dictis suis partibus et ad ractionem pensionis totius domus infrascripte librarum .xxxiiii. dicte monete pro ut predictam in cause processu mostrabit. Agit ad predictam ut dictum est et omni alio iure et modo quibus melius potest et a quolibet se opponentis petit expensas cause et advocati.”「故ウゴリーノ・ロシンペーリの息子であり 3 分の 1 の相続人であるヌッチョは自身のために，そしてその兄弟でありウゴリーノの残りの 3 分の 2 の相続人であるディーノとペトロの相続人として，ルッカのポデスタの補佐人であり裁判官である貴殿ペトロの前で次のことを主張する。ヌッチョとその兄弟は以下の土地と家の 6 分の 1 と 24 分の 1 を持っている。その家にはラブルッチョ・タルガルディ，ヴァンネット・タルガルディ，ヴァンネッロ・ジーリとその兄弟が住み，保持している。彼らはヌッチョとその兄弟に支払うべき地代を支払わずに 5 年以上保持してきた。そこで，ヌッチョは自身と兄弟たちの名前で，その家に関して彼らに与えられるべき部分について，ラブルッチョ・タルガルディ，ヴァンネット・タルガルディ，ヴァンネッロ・ジーリとその兄弟らに対して，ルッカの良き貨幣で 35 リラ 8 ソルド 4 デナーロを支払うように求める。それは 5 年間の不払い家賃のためである。その家の年間の家賃は，34 リラであり，原告人らの分は毎年 7 リラ 1 ソルド 8 デナーロである。これらのことについては訴訟で示すだろう。さらによりよく活動する全ての他の権利と方法により，訴訟の費用も要求する。」“Terra autem et domus est videlicet. Una petie terre qui est cum hedificio domus cum curia in medio posita in civitate Lucana in contrata sancti Iusti et choeret ab una parte vie publica et ab alia domui filiorum Rossiglonis et ab alia domui filiorum Talgardi et ab alia parte choeret domui filiorum Frediccionis vel si alia sunt confines.”「土地と家については以下の通りである。庭つきの家の建物つきの土地でルッカの都市の真ん中にある。サン・ジュウスティ街区にあり，一方の側は公道に，一方の側はロッシグローニョの息子たちの家，一方の側はタルガルディの息子たちの他の家に，一方の側はフレディッチョの息子たちの家に面している。」
（8）“die .vi. Junii mane ante tertiam Coluccius Ciomei nunptius dicte curie retulit me Orlando Bianchi notario dicte curie et ipsi curie dedisse et porexisse similem petitionem et libellum videlicet Vannello Gilii in persona eius pro se et suprascriptis suis germanis et etiam Labrucio et

Vannecto et eniq eorum et cuiusque earum in familia ad domum eorum et cuiusque earum habitationis quam habitant in contrata suprascripta sancti Iusti et eis et cuique eorum tunc dedisse et adsignasse terminum ad respondendum et se opponendum predicto libello et petitioni de eorum iure die .vii. Junii inter ex parte et mandato iudicii suprascripti et predictam retulit se fecisse et porexisse et terminum statuisse ut supra continetur, presente teste Nucchoro Cecchori de Luca.”「6 月 6 日，朝三時課前，廷吏コルッチョ・チオメイは，法廷書記の私オルランドとその法廷に，訴状を渡したことを報告した。ヴァンネッロ・ジーリには直接，彼と彼の兄弟の分を，そしてラブルッチョとヴァンネットには，上記のサン・ジュウスティ街区の彼らの家にいた家族に。そしてそのそれぞれに対して，上記の裁判官の指示として，訴状と訴えの内容に関しての返答と主張のための期日として 6 月 7 日を定めたことを報告した。廷吏は，前述のことを行い，期日を上記のように設定したことを報告した。そこにいた証人はルッカのヌッコロ・チェッコリ。」

（9）“die .vii. Junii hora suprascripta statuta comparuit dictus actor et rei fuerunt contumaces.”「6 月 7 日，上記の規定の時刻に，原告は出廷したが，被告は出廷拒否した。」

（10）“pro Vannello Gilii et germanis suis ex parte et mandato domini Petri iudicii et assessoris presentis potestatis et pro Labruccio Talgardi invita Nuccium Roscempeli pro se et procuratore nomine pro Dino et Petro eius germanis pro die .viii. Junii in vesperis ad audiendum respontionem dictorum Labruccii et Vannelli et germanorum et ad videndum purgari contumaciam dicta die in vesperis, factam per［空白］nunptium dicte curie in［空白］. ”「ヴァンネッロ・ジーリとその兄弟のために，そしてラブルッチョのために，ポデスタの補佐人であり裁判官のペトロの命で，ヌッチョ・ロシンペーリを彼と彼の兄弟のディーノとペトロのために呼び出した。6 月 8 日の晩課に，ラブルッチョとヴァンネッロとその兄弟の返答を聞きに来るように，そしてその日の晩課の出廷拒否が消されるのを見に来るように。この法廷の廷吏［空白］によって［空白］に行われた。」

（11）“die .viii. Junii in vesperis comparuerunt ad curiam suprascripta ser Marchese domini Nicolay Gilii procuratore nomine pro suprascripto Labruccio et Franciscus germanus suprascripti Gilii pro se ipso et procuratore nomine pro dicto Vannello et Coluccino eius germanio et Dinus et Petrus pro se ipsis et procuratore nomine pro suprascripto Nuccio eius germano de cuius mandato continetur manu ser Massei ser Nicolay Cenami notarii facto Anno Nativitatis Domini M. CCCXXXIII indictione prima die xii mensis Februarii. Et dictus ser Marchese produxit eius mandatum publicum manu Francisci condam ser Finocchii notarii factum Anno Nativitatis Domini M. CCCXXXVI indictione IIII. die VII Julii et tunc dederit et porrexerit infrascriptam respontionem et oppositionem videlicet. ”「6 月 8 日晩課，上記の法廷に，ジーリの兄弟ラブルッチョとフランチェスコの代理人であり，またヴァンネッロとコルッチョ兄弟の代理人である公証人マルケーゼ・ニコライ・ジーリと，ヌッチョのために（この委任は公証人マッセイ・ニコライ・チェナーミによって 1333 年第 1 インディクチオ 2 月 12 日になされた）その兄弟のディーノとペトロが出廷した。公証人マルケーゼは，その委任状を提出した。それはフランチェスコ・フィノッキの筆によるもので，1336 年第 4 インディクチオ，7 月 7 日に行われたものである。そしてマルケーゼは以下の返答と抗弁を提出した。」

（12）“Labruccius Talgardi et Vannellus condam Terelli condam domini Guilielmi Gili Fredicciionis pro se ipso in quantum ad eum spectat et procuratore nomine pro germanis suis petitioni dicti Nuccii sic respondent quia ante omnia petiit constare in actis curie de mandato dicti Nuccii.”「ラブ

ルッチョ・タルガルディとヴァンネッロ・テレッリ・グリエルモ・ジーリは，彼ら自身とその兄弟の代理人として，ヌッチョの訴えに対し，次のように返答する。何よりもまず法廷の記録簿上で，ヌッチョの委任に関して確かになることを求めた。」“Item ante omnia petiit declarari per dictum Nuccium quo iure vel titulo ipse Nuccius et germani habent dictas partes in dicta domo et si exinde est instrumentum vel non ad hoc ut deliberare possit an habeant cedere vel contendere. Non consentiendo propelli vos domine iudices curie potestatis esse iudices competentes in predictis in quantum non sitis ex forma vera statuti, maxime cum ipse Labruccius et Vannellus et germani non sint vel fuerint pensionarii vel obligati ad aliquam pentionem solvendam de dicta domo parti adverse sed eam domum tenuerit et possiderit et possident pro certis iure suo et non tamquam pensionarii nec nomine dictarum Nuccii et germanorum.”「同様に，何よりもまず，どの権利と権原で，ヌッチョがその家のその部分を持っているのかがヌッチョによって明らかにされるように求めた。それについてすぐに提出できる証書があるのかどうか，それについて争うのかどうかも含めて。また，貴殿らポデスタ法廷の裁判官が，条例の規定からは貴殿らに属さない前述の問題について，権限のある裁判官であることに不同意であり，それが退けられるように求めた。なぜならばラブルッチョとヴァンネッロとその兄弟は，これまでも現在もその家に関して支払うべき家賃を負った相手の賃貸人ではなく，むしろその家を保持し，占有してきたし，現在もヌッチョとその兄弟の賃貸人としてではなく自らの一定の権利のためにそこを占有しているのであるから。」

(13) “Dinus Roscempeli pro se et procuratore nomine pro dictis suis germanis dicit quod non obstat eis dicto et opposito facto per dictos Vannellum et Labruccium pro se et nominibus quibus se opponunt quia ad dictum Dinum et germanios pertinet de dicta domo primo sexta partes et de viginti quactuor partibus una per insoluta adepta per condam Ghinum eorum patrem ut continetur manu Nicolay Bellonii de Porticu notarii et ser Flammi Gerardecti de Chiatoli notarii cancellarii Lucani populi et Lucani communis tunc que insoluta allegat et producit. Item allegat et producit cartam locationis facte de dictis partibus per dictum Dinum et germanos manu Nicolay Ceri notarii. Et dicit quod iudex curie potestatis est iudex competens in predictis. Item dicit quod dicta domus est pro indivisa et sic in qualibet parte dicte domus dicti Nuccius et germani habent partem pro indiviso. Et hiis de causis dicit dictum Labruccium et Vannellum tanquam habitatores dicte domus teneri ad solvendum eidem pro suprascriptis partibus contingentibus dictis Dino et germanis. Et petit declari pro quanta parte quilibet earum dicit se possidere.”「ディーノは主張した，自身とその兄弟の代理人として弁論する。ヴァンネッロとラブルッチョが行った抗弁には妨げられない。なぜならディーノと兄弟に，その家の6分の1と24分の1の部分は，自らの父である故ギーノによって獲得された不動産担保付与の司法命令のために属しているから。その司法命令の証書（ニコラ・ベッローニの筆による）を提出する。同様に賃貸契約証書も提出する。ポデスタの裁判官は，この問題に権限のある裁判官であると主張する。同様にその家は不可分のものであり，ヌッチョとその兄弟は不可分のものとしてその部分を持っている。また，ラブルッチョとヴァンネッロはその家の住人として，ディーノとその兄弟に関係する上記の部分を，賃料の支払いを伴う形で保持している，と主張。相手がそれぞれどの部分を占有しているか明示するように求める。」

(14) 動産差押えの記述は，裁判冒頭の欄外にある。“die .x. Junii preda levata est contra Vannectum predictam in libris quinque et expensis propter eius contumaciam quia sic per iudicem pronunciata est.”「6月10日，ヴァンネットに対して，出廷拒否のために裁判官の宣言を

基にして 5 リラと費用分の動産の差押えを行った。」“die .xiiii. Junii preda levata est contra dictum Labruccium in libris .xiiii. denariorum Lucanorum bone et expensis quia sic pronunciata est per iudicem ex contumacia qui tracta per eum ut infra continetur.”「6 月 14 日，ラブルッチョに対して，彼が行った出廷拒否のための裁判官の宣言に基づき，14 リラと費用分の動産の差押えを行った。」差押え物品の返還については，“die et hora suprascripta stata comparuit dictus Dinus et Labruccius et tunc predicta suprascripta elevate conta dictum Labruccium cassa est quia restituit expensas propterea factas dicto Dino...”（fol. 203r）「上記の日時に，ディーノとラブルッチョは出廷し，そしてラブルッチョに対する上記の差押えが，差押えのための諸費用がディーノに支払われたために，解消された。」

（15）“die .iiii. Julii in vesperis hora suprascripta stata comparuit dictus Dinus nomine quo supra et alii suprascripti citati et requisiti fuerunt contumaces quorum contumacium dictus Dinus accusavit. Et tunc dictus Dinus existens ad bancum iuris dicte curie coram dicto iudice petiit dictum consilium legi aperiri et pronuntiari et super eo sententiam ferri et taxationem et condemnationem expensarum fieri.”「7 月 4 日晩課の，上記で定められた時間に，ディーノは出廷した。他方は召喚されたが出廷拒否した。この出廷拒否についてディーノは告訴した。そしてディーノはその法廷の裁判官の前で，その助言が読まれ開かれ宣言され，そしてそれに基づいて判決が下され，また費用が算出され，費用に関する有罪判決がなされるように求めた。」“Cuius consilii tenor talis est videlicet. Consilium mei Bonmensis de Barga iudicii datum sapienti viro domino Petro de Cortona iudici et assessori curie domini Lucani potestatis in causa vertente inter Nuccium filium et heredes pro tertia parte condam Ugolini Rostipeli pro se et procuratore nomine pro Dino et Petro germanis suis et filiis et heredibus pro aliis duabus partibus condam dicti Ugolini ex parte una et Vannellum condam Terelli Gilii condam domini Guilielmi Gilii Freduccionis pro se et germanis suis et Labruccium Talgardi et ser Marchesem domini Nicolay Gilii procuratorem nomine pro Labruccio et Franciscum germanium suprascripti Gilii ex parte altera super petitione dicti Nuccii qua dictis nominibus petiit pro pentione quarundam partium cuiusdam domus a dictis Labruccio et a Vannecto Talgardi et a dictis Vannello et germanis certam pecunie quantitatem ut in actis dicte curie continetur, tale est videlicet quia visis dicta petitione et dictis allegatis et actitatis hinc inde et citatis partibus ad allegandum quidquid volebant, consulendo dico dictum dominum iudicem Lucane potestatis esse iudiem conpetentem super petitione predicta non obstantibus in contrariis oppositis. Recepi tassatum salarium a dicto Nuccio pro utraque parte solvente.”「この助言の内容は以下の通りである。私，法学者バルガのボメンセの助言。一方に故ウゴリーノ・ロシンペーリの息子であり 3 分の 1 の相続人であり，その兄弟でウゴリーノの他の 3 分の 2 の相続人であるディーノとペトロの代理人であるヌッチョと，他方に故グリエルモ・ジーリ・フレドゥッチョの息子ヴァンネッロ・テレッリ・ジーリが自身と自身の兄弟のために，そしてラブルッチョ・タルガルディ，そして上記のジーリの兄弟のラブルッチョとフランチェスコ兄弟の代理人であるマルケーゼ・ニコライ・ジーリ，この両者の間での訴訟に関して。その訴訟はヌッチョがある家の一部の家賃に関して一定額をラブルッチョとヴァンネットと，ヴァンネッロ兄弟に求めたものであった。それは法廷の記録簿にあるように。これについて訴状と提出物と各活動と，被告への召喚を見て，ポデスタの法廷の補佐人であり裁判官のコルトーナのペトロに対して助言として次のことを述べる。ルッカのポデスタの裁判官が，訴状に関して権限のある裁判官であると。反対する主張に邪魔されず。私はヌッチョから当事者双方が支払うべき

金銭を受け取った。」

(16) “Apertum et lectum fuit dictum consilium per suprascriptum dominum Petrum iudicem et assessorem dicti domini potestatis Lucane ad banchum iuris dicte curie in palatio sancti Michaelis in foro ubi dicta curia residet pro iure reddendo, presente dicto Dino et petente et altera parte absente tamen citata ut supra continetur.”「この助言は上記のポデスタの補佐人であり裁判官のペトロによって，法廷が置かれているサン・ミケーレ・イン・フォーロの館にあるこの法廷の裁判官の席で開示され読まれた。そこにはディーノがいたが，相手方は上記のように召喚したが不在であった。」“Ad hoc nos Petrus iudex et assessor predictus sedens in suprascripto loco ad banchum iuris dicte curie pronuntiamus et sententiamus in omnibus et per omnia pro ut in dicto consilio continetur pronunptiantes nostra sententia, nos esse iudicem conpetentem in suprascripta causa et dictum Labruccium et Vannellum Gilii et ser Francischum Gilii nominibus quibus supra, victos in expensis legiptime factis dicto Dino dicto nomine victori videlicet in libris IIII denariorum Lucanorum parvorum ad dandum et solvendum eidem Dino dicto nomine seu alteri quorum est procurator de hinc ad decem proximos futuros dies ad penam quarti pluris. Et sic pronunptiamus declamus et condempnamus.”「我々，すなわちこの法廷の裁判官の席に着いた補佐人であり裁判官のペトロは，この助言にあるように全てについて，我々が上記の訴訟において権限のある裁判官であると宣言し判決を言い渡す。ラブルッチョとヴァンネッロ・ジーリとフランチェスコ・ジーリに対し，ディーノに行われた費用に関して，勝者の名のもとでディーノまたはその代理人に，4リラを10日以内に（不履行の罰金は4分の1）支払うように宣言を出し，有罪判決を下す。“Lata et data fuit dicta sententia et pronunptiatio et expensarum condempnatio per suprascriptum dominun Petrum sedentem pro iure reddendo in suprascripto loco ut supra dictum est. Et lecta per me Orlandum Bianchi notarium dicte curie, presente dicto Dino et petente et absente altera parte tamen citata ut supra continetur coram ser Nicolao Duccii Franchi et Vannello Melani Lucanis civibus testibus ad hoc... Anno Nativitatis Domini M. CCCXXXVI indictione IIII die VIIII Junii... post vesperis.”「この判決と宣言と費用の有罪判決が上記の場所で裁判に当たる上記の裁判官ペトロによって行われた。そして私，法廷書記のオルランド・ビアンキによって，ディーノが出廷する中，また相手方が召喚されたにもかかわらず不在である中で上記のように読まれた。そこには証人としてルッカ市民ニコラオ・ドゥッチとヴァンネッロ・メラーニがいた。1336年第4インディクチオ，6月9日，晩課の後。」

(17) ローマ・カノン法訴訟手続きの流れについては，エンゲルマン『民事訴訟法概史』280–331頁；Salvioli, *Storia della procedura*, pp. 151–346.

(18) *Statuto 1331*, p. 149：“Et quilibet notarius qui fuerit in dictis officiis teneatur et debeat dictas scripturas quas ad suas manu pervenerint mictere et scribere in libris propterea ordinatis infra quartam diem a die receptionis scripture...”.

(19) ただし，紙片が転写されなかったとして法廷書記を訴える事例もあり，法廷書記の活動が全て徹底されていたわけではなかったことも事実である。Lepsius, ‘Kontrolle von Amtsrägern’, pp. 458–460.

(20) Rolandino, *Summa totius artis notariae*, fols. 313v–314v (De libelli oblatione)；*Ibid*., fols. 316v–317r (De iudicis recusatione)；*Ibid*., fols. 317v–318v (De exceptionibus)；*Ibid*., fols. 344r–v (De testibus in iudiciis productis).

(21) ASL, *Curia di S. Cristoforo*, 113, fol. 15/1：“Nerius suprascriptus dicto nomine dicit et replicat

et respondet ut supra proxime alias dixit et respondit et si alia pars et cetera”. 裏面には，紙片が提出された旨と，裁判官が当事者に疑義の提示を命じたことが記されている。“porrecta die xi madii in nominis et tunc dictus iudex locavit partibus dare suspectos ante quam discedant dicte curie”.

(22) たとえば，*Potestà*, 706, fol. 7v : “die xiii ianuarii in tertiis coram suprascripto domino iudice comparuerunt suprascripte partes... Tomasius dixit se non tener respondere dictis positionibus nisi primo respondeant suis tamquam primo porrectis, presente dicto Colo et non consentiente et accusante contumaciam dicte domine... et non respondentis positionibus suis”.

(23) 貧民による法廷利用については，中谷惣「中世後期イタリアの裁判記録における「貧民」」。

(24) ASL, *Curia dei Rettori*, 6, foglio I : “Item notario pro porrectione petitionis—soldos .ii. denarios .vi.” ; “Item notario pro comissione questionis scribenda—soldos .ii.” ; “pro duabus citationibus notario et nuntio—soldos .ii.”.

(25) *Statuto 1331*, IV, 62, pp. 147-148 : “Item statuerunt et ordinaverunt quod notarii et cancellarii cuiusque curie Lucane civitate possint et debeant accipere et exigere pro eorum salariis infrascriptas quantitates pecunie et non ultra videlicet. De quolibet reclamo fiendo in dicta curia ubi fit mentio de instrumentis obigationum vel aliorum usque in sex homines, denarios .vi. et abinde supra quontumcunque fuerint denarium .i. pro quolibet requisito... Item de qualibet petitione cum scriptura porrectionis ad rationem denarios .xii. per faciem et plus et minus secundum quod contingit pro rata faciei. Et de responsione et exceptione denarios .iiii. et non ultra...”.

(26) 国庫財務管理官の帳簿を見ても，刑事法廷の書記への俸給の支払いはあるが，民事法廷の書記に対する俸給の項目はない。ASL, *Camarlingo Generale*, 5, fol. 19v.

(27) こうした民事裁判での訴訟当事者からの働きかけは，マルセイユを対象としたスメイルの研究でも注目されている。Smail, *The Consumption of Justice*, pp. 64-72 ; Id., ‘Aspects of Procedural Documentation’.

(28)『告訴の書』と『審問の書』で併せて 550 葉，『証人の書』で 100 葉，その他の裁判記録は 150 葉となっている。*Potestà*, 4784-4791.

(29) 例外的に被告人の書面での抗弁が記されている事例もある。たとえば小車輪の取り合いでチオメオに傷を負わせた罪で 1344 年 3 月 5 日に告発されたヌッコロは，抗弁においてローマ法（『学説彙纂』や『勅法彙纂』）を引用して約 1 頁にも及ぶ主張を行っている。これは当事者の口頭での主張を公証人が書き取ったものというより書面で提出されたものを写したものであろう，*Potestà*, 4787, no foliation, 26 March 1344.

(30) *Ibid*., no foliation, 14 January 1344 : “Guillelmus... diligenter interrogatus et examinatus a suprascripto iudice super dicta inquisitione et de contenta in ea sibi primo ei lecta in vulgarem sermonem de verbo ad verbum per me Nicolam notarium suprascriptum sub quo interrogatus dixit et fuit omniam et singulam in dicta inquisitione contenta vera esse et fuisse...”.

(31) *Ibid*., no foliation, 12 January 1344 : “Dinellus... dixit et negavit omnia et singulam in dicta accussa contenta vera esse et fuisse”.

(32) *Ibid*., no foliation, 12 January 1344 : “Simon... dixit et confessus fuit se contisse et inibuisse predam in suprascripta accusa contenta loco et tempore, de alis vero in dicta accussa contenta se defendendo vera esse et fuisse negavit, qui promissit et cetera ad hoc”.

(33) 証言の聴取における法廷側の積極的な役割については，Maire Vigueur, ‘Giudici e testi-

moni'.

(34) 1308年の都市条例では4人の外国人が刑事法廷の書記を務めることが規定されているが，1330年代以降は裁判記録から実際には2人の公証人が刑事法廷で記録を行っていることがわかる。*Statuto 1308*, II, 10 (De quactuor cancellariis forensibus eligendis, et de modo et forma eorum officii exercendi), pp. 60–62. コムーネによる刑事法廷の書記への俸給の支払いの事実は国庫財務管理官の記録から確かめられる。ASL, *Camarlingo Generale*, 5, fol. 19v.

(35) たとえばシエナの北西の小都市ヴォルテッラの刑事裁判記録簿の記述形式は，ルッカのそれと酷似している。Archivio storico comunale di Volterra, *Podesteria di Volterra*, *R rossa*, 10.

(36) *Potestà*, 4739, fol. 71r : "die xii decembris condemnatio in .vii. libris .x. soldis remissa quarta pro confessione".

(37) *Statuto 1308*, II, 10, p. 62 : "Et qui cancellarii maleficiorum etiam teneantur omnes condepnationes quas scripserint, scribere duplicatas ; videlicet primo in cartis bambacinis, et easdem postea in cartis membranis. Et lectis ipsis condepnationibus in Consilio, ipsas sic scriptas, publicatas et duplicatas tradere notariis Camere seu camerariis Lucani Comunis".

(38) たとえば *Sentenze e bandi*, 13, no foliation, 28 February 1344 : "Nos Montefeltranus potestas predictus... infrascriptas condepnationes et sententias condepnationum contra infrascriptos homines et personas pro infrascriptis maleficiis, excessibus et delictis per eos factis et perpetratis damus atque proferimus in hiis scriptis et in hunc modum videlicet Vincentem Michelini civem Lucanum contrate sancti donati contra quem processimus per inquisitionem ex officio nostro et nostre curie, in eo et super eo quod Loco et tempore in dicta inquisitione contentis dictus Vincente venit ad verbam cum Michelem scorpionis de Florentia contrate sancti donati predicti, in quibus verbis dictus Vincente percussit dictum Michelem cum manibus videlicet spingendo eum sine sanguis effusione. Et predicta constant nobis et nostre curie vera esse per testes legiptem contra eum examinatos, cui datus et assignatus fuit certus terminus iam lapsus ad omnem suam defensionem faciendam de predictis. Et nullam inde fecit, prout hec et alia in actis nostre curie plenius continetur. Idcircho Nos Montefelatranus potestas predictus secundum formam iuris et statuti et ordinamenti Lucani communis et omni via iure et modo quibus melius possumus et debemus predictum Vincentem in libris viginti denariorum Lucanorum dandis et solvendis camerio communis Lucani pro ipso communi recipienti in hiis scriptis sententialiter condepnamus".

(39) 中世後期フランスにおいても都市議事録が残されている。花田洋一郎「中世後期フランス都市における都市議事録」。ルッカの議事録を概観したものとして，Ascheri, 'Un nuovo registro'.

(40) 決議録の見開き冒頭には，以下のような記載がある。*Anz. Av. Lib.*, 5, fol. 1r : "Liber stantiamentorum et provisionum et bappnorum missorum ex officio infrascriptorum dominorum... Anthianorum Lucani communis, factus et compositus tempore Regiminis Magnifici militis domini Marsilii de Rubeis de Parma pro serenissimo domino Rege Bohemie et illustre domino Karulo Lucano domino in civitate et districtu Lucano vicarii generalis, exisitente Cancellaris ipsorum dominorum... Anthianorum Nicolao Burri de Luca notario, inceptus in kalendaris dicembris. A. N. D. M. CCCXXXIII".

(41) *Anz. Av. Lib.*, 14, fol. 74r : "Nos Thomasius vicarius suprascriptus et Collegium antianorum

Lucani communis numero octo stantes simul ut supra, considerantes danpnum quod comitatini Lucani et alii laboratores terrarum recipiunt ex depredationibus que eis fiunt tam pro debitis communis quam specialium personarum et pro affictibus aut pro salariis famulorum et nuntiorum de ferramentis eorum que habent pro cultivatione terrarum, hiis obviare volentes pro communi bono, facto et misso partito et secreto scriptinio ad pissides et palloctas inter nos Antianos ut moris est, stantiamus, providemus et ordinamus quod aliquod ferramentum vel artificum lignaminis actum ad cultivandum seu laborandum terrarum non possit vel debeat predari vel pignorari ad petitionem alicuius officialis communis Lucani...".

(42) ASL, *Anz. Av. Lib.*, 35, fol. 6r : "Congregatis in aula minori palatii ecclesie sancti Michaelis in foro civitatis Lucane ad consilium detentum per dominos Antianos Lucani communis in presentia discreti viri Tomei Grassulini civis Pisanus vicarii et rectoris luce et cetera, infrascriptis consiliariis de consilio quod dicitur quinquaginta bonorum virorum civium Lucanorum ad requisitionem de dicto toto consilio mandato dictorum dominorum antianorum facta et infrascriptis aliis bonis civibus Lucanis, eodem mandato ad ipsum consilium invitatis pro parte ipsorum dominorum Antianorum, fuit in ipso consilio propositum et narratum quod coram eis exhibite fuerunt quedam petitiones super quibus cum per ipsos dominos Antianos sine dicti consilii consensu provideri non possit deliberaverunt ipsum consilium detinere et secundum eiusdem consilii deliberatione procedere ad consulta, petentes idcirco a dictis consiliariis et invitatis qui intellectis dictis petitionibus que tunc in ipso consilio singulariter fuerunt lecte, salubriter consulant super eis. Que petitiones et consilia exhibita super eis et alia subsequta inferius particulariter denotantur videlicet".

(43) *Ibid.*, fol. 6r : "Coram vobis sapientibus viris et dominis dominis Antianis Lucani communis, commune et homines Tercilliani vicarie camaioris pauperes et multis debitis et oneribus oppressi... exponunt humiliter quod ipsi molestantur et petitur ab eis per maiorem officialem dovane salis pro stariis xvi salis pro quatuor pagis et pro uno stario alterius page librorum .xliiii. et soldorum .xvi. denariorum. Quas nullo modo solvere possunt cum non sint nec remansserint in dicto communi nisi quattuor homines inopes et egeni de numero .xxxviii. qui consueverunt esse tempore mortalitatis. Quare supplicatur... providere eis et mandare quod ipsis solveventibus tertiam partem dicte summe... a reliquis duabus partibus liberent... non obstantibus aliquibus debitis communis vel specialium personarum".

(44) *Ibid.*, fols. 6r–v : "Johanes domini Francischini Honesti civis Lucanus unus ex invitatis dicti consilii surrexit et consulendo dixit super petitione predicta quod domini Antiani Lucani communis inquirant et examinent de condictionibus predictorum hominium et communis et facta inquisitione provideant eis super petitis sicut crediderint convenire, et quicquid inde providerint valeat teneat et sit firmum ac si per presentem consilium factum foret".

(45) *Ibid.*, fol. 6v : "facto partito et secreto scrutinio ad pissides et palloctas ut moris est per totum dicti consilium, in quo inter fuerunt prefati Tomeus Rector et vicarius, Antiani decem, consiliarii .xxxviii. et invitati .xviii. per palloctas .xlv. repertas in pisside balsana de si, non obstantibus palloctis .xxii. repertis in pisside gialla de no, obtentum et reformatum fuit, sicut per suprascriptum Johannem super dicta petitione superi fuit consultum".

(46) *Ibid.*, fol. 7r : "Post predicta die .xxii. dicti mesis ianuarii, domini Antiani Lucani communis numero octo stantes simul in dicto loco comperto per inquisitionem de condictionibus predictorum

hominium et communis..., facto inter se partito et secreto scrutinio ad pissides et palloctas, communi concordia nemine discrepante providerunt quod dictum commune et homines reducantur et reducti esse intelligantur et sint ad dimidiam summe..., et quod soluta dicta dimidia non possint vel debeant pro reliqua molestari..., mandantes notario et officiali dicte dovane quatenus presentem provisionem dicto communi et hominibus debeat... observare".

(47) フィレンツェやボローニャでは，否決された嘆願も議事録に記されている。フィレンツェでの嘆願については，Cohn, *Creating the Florentine State*, pp. 197–209. ボローニャについては，Blanshei, *Politics and Justice*, pp. 441–455.

(48) ASL, *Anziani al tempo della libertà*, 2 (Minute di Riformagioni), pp. 7–8.

(49) *Ibid*., p. 8 : "De liberando Barcham Mathei de Savarigiis. Johanes Betti Anguille dixit quod de gratia domini Episcopi Senensis Barca liberetur a carceribus et ad confinia mittatur...".

(50) *Riformagioni* ed. Tori, II, Roma, 1985, pp. 197–198.

(51) ちなみに1333年の事例では，評議会議事録に3人の意見が記され，アンツィアーニが一人の議員の意見への投票を促している。詳しくは第8章第3節第2項を参照。

(52) ライネリオ・デル・カーロに支払われるべき金銭に関する議題では，バルトロメオの意見の欄外に投票結果が記され，正式な議事録にもその内容が載せられている。*Riformagioni* ed. Tori, II, p. 197 ; ASL, *Anziani al tempo della libertà*, 2 (Minute di Riformagioni), p. 7 : "Super habendo pecuniam pro solvendo stipendiarios et restituendo Raynerio del Caro florenos .MMCC. auri circa".

(53) *Ibid*., p. 7 : "Super habendo pecuniam pro satisfaciendo Lucani communi".

(54) ASL, *Anziani al tempo della libertà*, 2 (Minute di Riformagioni).

(55) ASL, *Statuti del Comune di Lucca*, 1–9. カストゥルッチョ治世下での1316年の条例および，パオロ・グイニージの治世の前夜のグイニージ派によって編纂された1399年の条例は現存しない。

(56) *Statuto 1308*, I, 16 (De legendo hoc Constitutum et permittere videri et exemplari volentibus), pp. 18–19 : "Et dictum Statutum non debeat recludi de die aliquo modo vel ingenio quominus possit haberi et legi a quolibet volente ex inde copiam et ipsum exemplare. Et camerarii Lucani Comunis teneantur facere scribi Statutum ad exemplar Statuti Comunis et Populi, cum repertorio, et Constitutiones Sindici. Que Statuta sint penes curiam domini Sindici, cum catenis ligata more solito, ut omnibus pateant. Et etiam faciant scribi... exemplar dictorum Statutorum... duo Statuta Comunis et Populi, que sint penes curiam Potestatis et Capitanei, ut quilibet unum exemplar habeat ; reliqua vero duo remaneant in Camera Lucani Comunis. Que statuta omnia debeant scribi in cartis pecudis vel bambacinis, prout camerariis videbitur, expensis Lucani Comunis".

(57) ASL, *Statuti del Comune di Lucca*, 1.

(58) *Inventario* ed. Bongi, I, p. 32 : "Essi trovato un volume di Statuti compilati l'anno 1308... Il quale Statuto è in carta di bambace, assai sùcito et consumato, et con alcune carte tanto stracciate che non si potevano tenere insieme : imperò le habiamo facte trascrivere, et riaptarlo al meglio s' è possuto, et misso in Tarpea, scriptovi sopra *Statuti del MCCCVIII*". タルペアとは，ルッカが独立を果たした14世紀末につくられた保管箱であり，そこには特権証書や条例などの政治的に重要な文書が保管された。D'addario, 'La conservazione', p. 199.

(59) ASL, *Archivi Pubblici*, 2, fol. 50r : "Unum statutum vetus Lucani communis in cartis montoninis cubertatum cubertis ligneis fractis, copertis corio, correctum in Anno .MCCCXXXI.

Indictione .xiiii.”.

(60) 新たな規定の追加は，各章の末にまとめて記されている。欄外の記載から 1336 年（マスティーノ・デッラ・スカラ支配下）になされた改変とわかる。*Statuto 1331*, p. 150 : “Addictiones facte in .M.CCC.XXXVI. die .iii. decembris”. この 1336 年の追加規定は『条例 4』にはあるが，『条例 3』にはない。

(61) たとえば条例第 4 章第 3 項へのある書き込みは，1334 年の 2 月 11 日のアンツィアーニの決議に対応してなされたものである。詳しくは本書第 5 章第 3 節参照。

(62) 1331 年の『法廷の条例』は，3 部作成され，ひとつは原本として文書庫に，ひとつは監査官の席に繋がれ，もうひとつは法廷の役人が持つこととなり，それらは羊皮紙で作成されることが規定されている。現存する『法廷の条例』は紙製で，またグイニージ家の保管庫から伝来していることから，公式のコピーではなく，そこから取られたコピーであると考えられる。*Statuto della Curia 1331*, V, 57 (De hoc Constituto scribi faciendo. Eo quod camerarii camere Lucane teneantur facere scribi statutum curiarum Lucani communis), fols. 67v–68r : “camerarii Lucani communis teneantur et debeant facere scribi de havere Lucani communis... in cartis montoninis statuta omnium curiarum... et ipsum statutum ligatum tenere et custodiri facere in camera... Et aliud similiter statutum fiat quod moretur ad banchum sindici cum catena litigatum et dictum statutum camere sic originale habeatur. Volumus etiam quod quique curia expensis introitus sue curie habeat suum statutum publicatum et rubricatum et correptum in cartis montoninis...”.

(63) *Statuto della Curia 1331*, fol. 38r : “Nota quod hoc additio facta fuit in anno nativitatis domini .MCCCXXXVI.”.

(64) ピサの影響下で編纂されたことは，1343 年 1 月の条例の布告からわかる。*Bandi Lucchesi*, p. 344 : “I pisani, venuti in possesso di Lucca, provvidero sollecitamente alla riforma degli statuti lucchesi, che si vollero adattare alla mutata condizione del paese. Con una provvigione del giorno 12 Settembre 1342, gli Anziani di Lucca, a istigazione senza dubbio de’ nuovi padroni, dettero il carico di questo lavoro a sei cittadini lucchesi, i quali l’ebbero compiuto il dì ultimo di Novembre dell’anno medesimo. Apparisce nulladimeno da questo bando, che il nuovo statuto fu pubblicato e messo in esecuzione nel Gennaio 1343”.

(65) *Statuto 1342*, fol. 1r : “Statutum istud est Lucani communis et debet stare in cancellaria anxianorum”.

(66) *Ibid.*, fols. 241r–385v. 1350 年，1353 年，1358 年，1359 年，1360 年，1370 年，1371 年，1377 年の規定が追記されている。

(67) *Ibid.*, pp. 307–324.

(68) *Ibid.*, pp. 304–306.

(69) ASL, *Statuti del Comune di Lucca*, 6.

(70)『条例 7』は第 1 章から第 3 章のみ，『条例 8』は第 1 章のみである。『条例 7』は，各規定に関して要約が欄外に所狭しに記されている。ボンジは，これを条例編纂者が利用していたものと推測している。ASL, *Statuti del Comune di Lucca*, 7 ; *Inventario* ed. Bongi, I, p. 34.

(71) *Inventario* ed. Bongi, I, pp. XI–XIII.

(72) イタリアの各都市の文書庫については，Koch, ‘Die Archivierung’.

(73) *Inventario* ed. Bongi, I, pp. IX–X.

(74) *Statuto 1308*, pp. 108, 110, 190, 270.

(75) *Statuto 1331*, V, 14, pp. 166–167 : “Et teneantur Lucanus potestas et anxiani Lucani communis facere custodiri in camera Lucani communis librum, registri et omnia instrumenta et scripturas publicas et privillegia et alia pertinentia ad ipsum registrum et ea qui spectant ad Lucanum commune. Et inquantum de ipsis amissum esset facere recuperari per infrascriptum custodem vel eius successorem et facere religari”.

(76) *Ibid*., V, 14, p. 167.

(77) テダルディーノの息子のヤコポが文書庫で活動していたことは，本章注 109 の裁判記録の写しを彼が文書庫の管理人として行っていることからわかる。ニコライについては目録編纂時の記載からわかる。*Archivi Pubblici*, 2, 3.

(78) サン・クリストーフォロ法廷で 57 冊，クエリモーニエ法廷で 2 冊，フォレターニ法廷で 38 冊，トレグアーニ法廷で 35 冊，ヌオヴァ法廷で 53 冊，ヴィスコンティ法廷で 29 冊残されている。

(79) 1331 年の『法廷の条例』のヌオヴァ法廷に関する規定では，3 人の法廷書記がそれぞれ原告のイニシャルごとに記録簿を作成するよう指示されている。*Statuto della Curia 1331*, fol. 86v : “dum tamen ipsa offitia dividantur. Et que dividi volumus in tres partes sic sunt tres notarii ad banchum reclamorum, ita quod lictere .a. b c d f. sin una pars et lictere .g. h i k l m n. sint alia secunda, et lictere .o. p q r s t v x y. sint alia tertia pars”.

(80) ASL, *Archivi Pubblici*, 1. この目録に関するアーカイブズ学の観点からの研究として，Romiti, ‘Archival Inventorying’.

(81) ASL, *Archivi Pubblici*, 1, fol. 1 : “Liber repertorii seu inventarii facti de libris et scripturis omnibus existentibus in camera seu archivio librorum camere Lucani communis, sub custodia discreti viri ser Nicolai filii quondam ser Tedaldini Lazzarii de Luca notarii et dicte camere librorum Lucani communis custodis, suprascriptus copiatus et exemplatus ex originali inventario de dictis libris et scripturis, facto edito et ordinato per discretum virum ser Johannem Barellie de Luca notarium, ad dictum inventarium faciendum per dominos Antianos Lucani communis spetialiter deputatos, Anno Nativitatis Domini .MCCXLIIII. et parti in anno .MCCCXLV. tempore magnifici et potentis domini domini Raynerii Novelli comitis de dopnoratico de pisis capitani pacifici et boni stati civitatis Lucane eiusque fortie et districtus... Et inceptus die sexta septembris dicti anni .MCCCXLIIII.”.

(82) ボローニャで 1290 年に作成され 1303 年まで追記がなされた文書目録には，3 つの戸棚と 9 つの長持に収められた多数の文書の情報が記されている。ボローニャの文書庫の目録については，Fasoli, ‘Due inventari’ ; Romiti, *L’Armarium Comunis*. アンドレア・チェーニ治世下の文書は，*Ibid*., pp. 24–25.

(83) *Anz. Av. Lib*., 56, pp. 243–244 : “Infrascripti sunt libri qui erant in cancellaria dominorum Antianorum Lucani communis penes Ser Rusticum Francisci cancellarium dominorum antianorum, videlicet”.

(84) ちなみにこのアンツィアーニによる目録では，各記録簿は決議録や議会議事録，覚書などといった種類ごとに分類されている。各記録簿には A から Z まで，さらには AA から ZZ までの印が付されていたことが記されており，文書庫以外でも文書管理の試みが行われていたことが窺われる。たとえば，“unus liber stantiamentorum factus in anno .MCCCXXXI. quaternus .v. signatus lictera .A.”.

（85）ASL, *Archivi Pubblici*, 2, fols. 1r :“Liber repertorii seu inventarii facti de libris et scripturis existentibus in Camera seu archivio librorum camere Lucani communis ultra libros repertos in inventario facto per condam discretum virum ser Johannem Barellie notarium...”.

（86）*Ibid.*, fols. 47r–49r. 直近の 1342 年の都市条例でも，判決のコピーは文書庫に置かれることが規定されている。それゆえなぜ 1344 年の目録に記載されていないのかは不明である。*Statuto 1342*, I, 108 (De condemnationibus et bannis faciendis in consilio generali), fol. 35v :“de ipsis condemnationibus et bannis copia reliquatur custodi librorum camere sub pena libris vigintiquinque pro quolibet contrafaciente”. その完全な保存状況からは 1344 年時点では，それらが目録の作成者ジョヴァンニの目の届かない場所にあったか，もしくは有罪判決書の管理人（custode librorum inbannitorum Lucani communis）がそれらを管理して利用していた可能性が考えられる。1342 年の条例では，有罪判決と追放令を専門に扱う公証人がこれを管理し，罰金が支払われたときに有罪判決を消去することなどを定めた規定がある。*Ibid.*, I, 45 (De forma imbanniendi et extrahendi de banno), fol. 19r :“Et ipsa inbannimenta publica dare notario vel notariis super custodia bannorum et condemnationum”; *Ibid.*, fol. 20r :“qui notarii et quilibet eorum sint et esse debeant super custodia ipsorum librorum inbannitorum et habeant et habere debeant quilibet eorum pro suo feudo et salario pro ipsa custodia librorum et eorum officio exercendo annuatim libros septuaginta otto... etiam pro pensione domus in qua tenent libros libros vigintiquinque”.

（87）*Statuto 1331*, pp. 166–167 :“Et potestas predictus iuramento preciso teneatur infra mensem sui introitus convocare omnes iudices Lucane civitatis et heredes iudicum qui decesserint a .v. annis citra et eos cogere per iuramentum... omnes libros quos habent de quacumque curia Lucane civitatis resignare Lucane camere et similiter... notarios qui in officio curiarum fuerunt a quinque annis citra convocare et cogere ut dictum est supra et alios notarios potestas teneatur”.

（88）*Bandi Lucchesi*, p.12. 本書第 5 章第 2 節第 6 項および，第 5 章注 60 参照。

（89）こうしたお触れは 1335 年 7 月 4 日（*Bandi Lucchesi*, p. 26），1343 年 3 月 15 日（*Ibid.*, p. 96），1346 年 1 月 21 日（*Ibid.*, p. 125），1346 年 7 月 6 日（*Ibid.*, pp. 152–153）に出されている。

（90）ASL, *Statuti del Comune di Lucca*, 4, p. 61 :“Item quod nullus speciarius vel alia persona emat instrumenta vel publicas scripturas vel libros alicuius curie vel officialis manu publica descriptos”.

（91）Lazzareschi, ‘L’Archivio dei Notari’.

（92）ASL, *Archivi pubblici*, 31, fol. 1r :“Memoriale omnium librorum concessorum officialium Lucani communis per me Guillelmum Toringhelli notarium nunc custodem librorum camere Lucani communis sub Anno Nativitatis Domini .MCCCXLII. pro ultimis sex mensibus”.

（93）たとえば，1344 年 1 月 20 日には，かつてのトレグアーニ法廷の書記ランフランコ・ブルラマッキが 3 つの記録簿を引渡したことが記されている。*Ibid.*, fol. 3r :“Ser Lanfranchus burlamacchi olim notarius curie treguanorum consignavit unum librum memorie dicte curie quaternorum... ［冊数未記載］. Item unum librum libellorum quaternorum... ［冊数未記載］. Item unum librum reclamorum simplicium et solepnium et intensitorum quaternorum... ［冊数未記載］”.

（94）1360 年から 1386 年までと，1387 年から 1420 年までがそれぞれ別個にまとめられている。ASL, *Archivi pubblici*, 14, 15.

（95）ASL, *Archivi pubblici*, 14, fols. 3r–49v. ここでは，欄外に部局や法廷の名前と記録簿の作

成年が記されている。たとえば“curie domini Lucani potestatis ad civilia anno nativitatis domini .MCCCXXXVII. pro toto anno”（fol. 9v）.

（96）ASL, *Archivi pubblici*, 14, 15.

（97）実際，1389年に作成された文書目録では，1389年までの項目に続く形で1420年から毎年，流入してくる記録簿が随時書きとめられているが，そこでは書記が記録簿を提出したというように引渡しの覚書と同じ記述形式がとられている。ASL, *Archivi pubblici*, 3, fol. 27r : “pro secundis sex mensibus 1420. Ser Antonius de puglano presentavit unum librum causarum civilium cartarum 134 de quibus sunt scripte 68”.

（98）たとえば引渡しの覚書には，1360年にフランコ・トゥレッリが祖父が持っていたニコラの1337年のポデスタ法廷の記録簿を，アンツィアーニを通して引渡したとの記録がある。ASL, *Archivi pubblici*, 14, fol. 9v : “Francus Turelli bactitor auri Lucanus civis nepos olim ser Nicolay Duccii franchi Lucani civis notarii presentaverat dominis dominis Antianis Lucani communis unum librum scriptum manu ser Nicolay notarii suprascripti... factum et compositum sub anno nativitatis domini .MCCCXXXVII. pro toto anno in dicto officio curie Lucani potestatis quem librum ipsi domini Antiani dederint et exhibuerunt dicta die .xxi. Maii tenendum conservandum et custodiendum in Lucana camera in manibus mei Gregorii notarii suprascripti...”.

（99）ヌオヴァ法廷の記録簿（1328～1344年分）は1344年に92冊であったのが1389年に88冊に，トレグアーニ法廷の記録簿（1328～1343年分）は同期間に74冊から67冊に，ヴィスコンティ法廷の記録簿（1331～1344年分）は38冊から32冊へと減少している。ASL, *Archivi Pubblici*, 1, fols. 7r–17v, 21r–22v ; ASL, *Archivi Pubblici*, 3, fols. 35r–38v, 67r–70r, 76r–78v, 85r–86v. また控訴法廷についても1344年の目録で96冊（1327～1343年）あった記録簿が，1389年には90冊になっている。

（100）ASL, *Archivi Pubblici*, 2, fol. 54r : “Libri non reperti in camera in presento cercha qui erant scripti in primo inventario sub custodia ser Nicolai Tedaldini sunt isti videlicet, qui sunt puntati retro vel ante libra .a. in ipso vetri inventario in camera existenti”. 実際に，1344年の目録に列記されている記録簿のいくつかには，欄外に“a”の文字が付されたものがあり，それらは1349年の目録で紛失したと記載されている記録簿と対応している。ちなみに，1344年の目録にも，「“a”が付されたものは見つからない」とするメモ書きがある。ASL, *Archivi Pubblici*, 1, fol. 56v : “non repuntur puntati .a.”. また1344年の目録では“a”の文字が斜線で消去されている記録簿もあるが，それらは1349年の目録の紛失リストには記載されていない。そうした記録簿は一旦文書庫からなくなり，後に発見されたものと考えられ，これは1344年の目録作成後も，記録簿が目録を通して継続的に管理されていたことを示している。中谷惣「イタリア中世都市の文書庫」。

（101）ASL, *Archivi Pubblici*, 1, fols. 56r–71r.

（102）*Ibid.*, fols. 36r–46r, 50r.

（103）*Ibid.*, fols. 46r–49v, 50v–55v.

（104）ASL, *Archivi pubblici*, 31, fol. 17v : “die xviiii octobris, Ratiocinatores habuerunt libros memorie expensarum Lucane dovane tempore Tomucci Currardi et tempore Saulli Saulli. Cassato quia rehabiti”.

（105）ASL, *Archivi pubblici*, 32.

（106）ルッカでの職務監査については，Lepsius, ‘Kontrolle von Amtsrägern’, pp. 453–455.

（107）ただし，一般市民が民事裁判においてガベッラ・マッジョーレの記録簿を提出してい

る事例もある。これについては貸出しの覚書への記録はない。*Potestà*, 60, fol. 79r : “Gualterius... allegat et producit... librum dactionis gabelle de Archivio publico publicatum manu ser Michaelis...”.

(108) *Statuto 1331*, V, 14 (De faciendo custodiri librum registri et alias scripturas), p. 167 : “Et qui custos teneatur de dictis libris et quolibet eorum copiam facere cuilibet petenti...”. 『法廷の条例』でも同様の規定がある。*Statuto della Curia 1331*, c. 68r : “... in camera ubi morantur libri actorum curiarum et consiliorum et stantiamentorum et aliorum Lucani communis ita quod volentibus videre copia fiat et fieri possit”.

(109) たとえば1336年のポデスタ法廷での民事裁判において，バルトロメオは，文書庫管理人の筆によるヌオヴァ法廷の裁判記録の写しを提出している。*Potestà*, 60, fol. 152v : “ser Bartholomeus allegavit et produxit... acta curie nove iustitie Lucane civitatis publicata manu Jacobi filii ser Tedaldini notarii camere subscripta de actis dicte curie”. 文書庫管理人の筆によるコピー以外に，法廷書記やアンツィアーニの書記官など記録簿の作成者の筆によるコピーの提出も見られる。これは文書庫に引渡される前に，当事者が書記のもとに赴いてコピーを取っていたことを示す。法廷書記の筆によるコピーの提出例としては，*Potestà*, 427, fol. 17r : “Nucciorinus allegavit et produxit acta actitata in curia domini Lucani potestatis inter dictas partes... manu ser Johanis ser Ursi consilii notarii Lucani civis et dicte curie tunc cancellarii. アンツィアーニの書記官の筆によるコピーの提出は，本章注140を参照。

(110) 詳細は本書第7章第6節参照。

(111) ここでは有罪判決を受けた者と追放令を受けた者を，有罪者と総称する。

(112) ASL, *Sentenze e bandi*, 17, 18.

(113) 判決集からの消去については，*Statuto 1308*, III, 76 (De forma inbanniendi et extrahendi de bapno), pp. 184–188, 特に p. 186 : “Et dicti notarii inbannitorum teneantur et debeant inbannitos pro maleficio vel quasi extrahere et cancellare de libris inbannitorum Lucani Comunis quotiens solverint in pecunia numerata”. 判決集が文書庫に置かれ，そこでコピーがなされるようにとの規定は，*Ibid*., p. 190 : “Et quod libri imbanpnitorum sic exemplati deponantur penes notarios et custodes librorum Cammere Lucani Comunis. Qui notarii et custodes librorum Cammere dare teneantur copiam cuilibet petenti”.

(114) *Ibid*., III, 88 (De eo quod imbapniti pro maleficio possint impune offendi), pp. 196–197.

(115) たとえば *Potestà*, 60, fol. 222v : “Item allegat et producit apodixam banpni dati contra Nucchorum suprascriptum publicatam manu Marchi de Camporeggianonotarii”.

(116) *Potestà*, 58, fol. 23v, foglio 1 : “Notum sit omnibus quod Bacciomeus Bonaventure... est imbapnitus Lucani communis in libris decem... Ego Tedaldinus lazarii gay de Luca notarius et librorum imbannitorum Lucani communis pro Lucano communi custos...”.

(117) 刑事裁判では，被害者が有罪状態にあることに関して，被告人の要請を受けてポデスタか裁判官が公証人に通知を求めることが定められている。*Statuto 1308*, III, 88, pp. 196–197 : “... et teneantur Lucanum Regimen et eius iudex maleficiorum mandare notariis... ad petitionem offendentis contra quem procederetur... ut copiam banpni persone offense...”. 裁判記録簿に挟まれて残っているある通知では，追放令に置かれていたニコロがすでに解放されたことが指摘されている。*Potestà*, 4841, fol. 88r の箇所にあるフォリオ : “Notum sit omnibus quod Nicolo Bartoli Miniutoli de Florentia de banno sibi dato ex officio curie malleficiorum Lucani communis in libris .L. bone monete occasione in dicto banno infrascripta

Anno .M. .CCCLV. Indictione .viii. die .xxviiii. augusti, exertus et cancellatus est de dicto bannno anno suprascriptoIndictione .viiii. die quinta sepembris... Ego Blasius de Marianis de Luca notarius super bannis Lucani communis...”.

(118) ASL, *Archivi Pubblici*, 2, fols. 47r–49r.

(119) ASL, *Sentenze e bandi*, 540. 表紙には “Liber alfabetus vetus bannitorum inceptus anno 1355” と記されている。

(120) 第 8 章第 2 節で見るように，この書は大赦における恩赦税を徴収するためにも利用された。*Anz. Av. Lib.*, 5, fols. 7v–8r : “stantiamus... quod omnis illi qui reperiuntur imbanniti in libris et filzis et extractis et alfabeto camere... possint tamen solvere secam nuper inpositam per modum ordinatum”. 1339 年のアンツィアーニの大赦における恩赦税の決定でもこの書が言及されている。*Anz. Av. Lib.*, 14, fol. 34v : “stantiamus providemus et ordinamus quod quilibet bapnitus... per librum alfabeti in aliqua persona vel quantitate pecunie possit cassari de suo bapnno hinc ad kalendas septembris proximi futuri solvendo pro seca...”. ちなみに『アルファベットの書』は紙を媒体としている。

(121) それらは« acta », « acta actitata », « acta curie »などと記される。本章注 109 参照。

(122) ASL, *Maggior Sindaco e Giudice degli Appelli*, 42, fols. 28r–30v.

(123) ある裁判で裁判官は法学者に案件を委託する際，当事者に 3 日以内に法学者の前に権利のための文書と裁判記録簿の写しを提出するよう命じている。*Potestà*, 422, fol. 16r : “dominus iudex... locavit dictis partibus presentibus et audientibus quatenus... ad tres dies proxime supsequentes debeant coram ipso domino Eptore allegavisse et produxisse omnia earum iura et allegationes et acta actitata inter ipsas partes”.

(124) 本書第 5 章第 2 節参照。

(125) 例としてロゾという人物が故アグスティーノの相続人に不払い地代の支払いを求めた裁判がある。そこではロゾは，故アグスティーノがかつてフォレターニ法廷の裁判において，その地代を正当に支払われるべき相手に支払うべきであった，とロゾらに主張していたことを取り上げ，それを証明するため裁判記録簿の写しを提出している。*Potestà*, 58, fol. 196r : “cum ipse condam Agustinus in curia foretanorum proposuerit contra dictum Lozum et dictum Jacobum quod ipse dictam redditam facere valebat cui de iure debebat...”.

(126) *Potestà*, 60, fol. 383r.

(127) ASL, *Curia di S. Cristoforo*, 115, fols. 14v–15v, 20r–v, fol. 20v : “Flaminus... allegat et producit... quaedam acta actitata in dicta curia sancti Cristofori... Item iterato allegat et producit similiter ad confirmationem et corroborationem sui iuris cartam sententie seu laudi”.

(128) *Potestà*, 67, fol. 335v : “Item quaedam acta actitata in curia domini Lucane potestatis in anno domini MCCCXXXV et sententiam latam per iudicem...”.

(129) *Potestà*, 58, fols. 334v–336r.

(130) *Ibid.*, fol. 335v : “... dicit etiam quod dictum qualequale insolutum dicti puccini est nullum et nullius valoris tanquam datum contra formam iuris et statutum Lucani communis et non servatis solepnitatibus opportunis”.

(131) *Ibid.*, fol. 335v : “dictus Puccinus produxit et allegavit cartam insoluti suprascripti publicatam manu ser Arrigi Sartorii notarii suprascripti. Item acta et pronntiata suprascripta publicata manu ser Stefani Bonjohanis notarii suprascripti”.

(132) たとえばフランチェスコが以前に控訴法廷の判決に対してポデスタ法廷に不服を申し

立て，その結果フランチェスコ優位に判決が覆ったことに関して，グレゴリオがポデスタ法廷に異議を申し立てている。そこでグレゴリオは，フランチェスコが勝ち取った判決が，裁判の途中で，グレゴリオの返答期間を残した状態で強行されたことや，定められた時刻に裁判が行われず，休廷日である祭日に行われたことなど，判決やそこに至る訴訟手続きに不備があったと主張し判決の無効を求める。そしてこれらの不備を証明するために控訴法廷とポデスタ法廷の裁判記録簿の写しを提出している。*Potestà*, 60, fols. 311r–312v, 462r–v, 特に fols. 312r–v : "Gregorius Orlandi... dicit quod dicta sententia est et fuit ipso iure nulla quia fuerit lata non determinata causa restitutionis in integrum... Item altero ractione quia fuit lata sententia predicta dilatione pendente assignata ad respondum dicto Gregorio dicto nomine. Item altero ractione quia dicta sententia non fuit lata hora statuta et sic fuit ipsa sententia nulla. Item altero ractione non valere dicta sententia quia fuit lata tempore feriato quo tempore non potuit ferri dicta sententia... Item altero ractione non valet quia non fuit lata secundum formam iuris et iuris ordine servato ex quibus et causis et aliis dicit dictam sententiam nullam esse et fuisse et sic pronuntiari debere. Et ad predicta allegat acta curie domini sindici facta inter dictas partes. Item allegat acta curie potestatis factam coram vobis inter dictas partes".

(133) ASL, *Archivio Guinigi*, 73. 各訴訟は数葉から構成されており，それらが冊子に綴じられた後に通しの頁番号が付されている。各訴訟の記録は法廷書記が記したものであり，インクの色調から，まとめて記されたものであることがわかる。1352 年（fols. 1r–11r)，1357 年（fols. 20r–29v)，1363 年（fols. 34r–51v)，1346 年（fols. 52r–55v)，1347 年（fols. 56r–58v)，1346 年（fols. 62r–81v)。

(134) *Ibid*., fols. 34r–51v. この裁判は原告アルデリゴが故ディアベッロの相続人に 120 フィオリーノの負債の返還を求めて始まり，その後被告側が，原告の資格や負債証書を起草した公証人の資格に対して異議を申し立てるが，結果的には，判決において原告に被告の財産を担保として獲得する許可が与えられるというものである。

(135) *Ibid*., fol. 41v : "Ista citactio et per consequens omnia ex ea subsecuta videntur non valere quia facta die feriata in honorem dei videlicet decollactionis sancti Johannis Battista".

(136) アンツィアーニの決定でよく付される「反対のことを言っている条例や法令に邪魔されることなく」という文言は，政治機関による法令が条例と同様に，無視できないものであり，この文言によって適用除外しなければならないだけの法的重要性を持っていたことを示している。

(137) *Anz. Av. Lib*., 7, fol. 10r : "pro Lemmo Caragnelle".

(138) *Ibid*., fol. 9v : "pro civibus Lucanis absentibus non rebellibus vel morantibus in terris inimicantibus communi Lucani".

(139) *Rif*., 3.

(140) *Potestà*, 11, fol. 32v : "allegat et producit cum effectu stantiamentum suprascriptum publicum manu Petri de Gallo notarii quo cavetur quod qui non solvit dictas impositas infra certum terminum ius ei in petendo vel defedendo fieri non debet". このコピーの書き手のペトロ・ダ・ガッロは同年のアンツィアーニの書記である。またそこでは相手が税を支払っていないことを示す通知書も同時に提出されている。

(141) *Anziani* ed. Nelli., p. 112.

(142) ASL, *Archivi Pubblici*, 39, fols. 45r–47v. このコピーの見出しにはこれが議会の決定の写しであることが記されている。"Hoc est exemplum eiusdem provisionis et reformationis

consilii facte per dominos Antianos Lucani communis et... consilium et in consilio quod dicitur quinquaginta bonorum virorum civium Lucanorum, cuius quidem provisionis et consilii reformationis talis est tenor videlicet”. また，この議事録の写しの最後には，写し手のサインがある。“Ego Andreas quondam Mey Bellonii de Luca notarius, cancellarius prefatorum dominorum Antianorum scriba publicus, predictis omnibus interfui... mei licentia scriptis et suprascriptis de actis dicte cancellarie ad fidem me subscripsi”.

(143) *Statuto 1342*, fols. 183r–186v.

(144) *Riformagioni* ed. Romiti, I, pp. 306–309, 320–321 ; *Rif.*, 2, fols., 99r–v.

(145) *Anziani* ed. Nelli., p. 121. これは 1330 年 9 月 3 日の決議である。

(146) *Riformagioni* ed. Romiti, I, pp. 306–307 : “Ad tolendam facinorosis et reprobis materiam delinquendi et uti omnis spes habende gratie totaliter evanescat et Civitas Lucana et comitatus talibus maleficiis expurgetur...”.

(147) *Riformagioni* ed. Tori, IV, pp. 556–557 : “Effrenata temeritas multorum iniquorum statum pacificum et tranquillum civitatis Lucane et comitatus eiusdem nitentium perturbare in tantum quod plurima loca dicti commitatus invasit et velut egritudo pestifera radices suas iugiter ampliando crassatur, quod nisi reparabile remedium apponatur posset predictus status in labsum cadere...”.

第 4 章　人びとはなぜ法廷に向かったのか

(1) これは口頭でなされたであろう略式裁判を扱った記録簿と考えられるが，これも当事者が法廷に訴えを起こしていた事実は変わらないため，裁判の件数に含める。

(2) *Potestà*, 58, 60, 64, 67.

(3) *Potestà*, 104. また，1345 年の『簡略な訴えの書』には 1986 件の訴えが記載されている。*Potestà*, 164, 168, 174, 177.

(4) コンスル法廷では，ポデスタ法廷で見られる記録簿以外に『訴状の書』がある。コンスル法廷には『訴訟の書』もあるが，そこに収録された裁判は，『訴状の書』で争点決定（litis contestatio）の手続きを経た裁判が収められていることから，『訴訟の書』所収の裁判は『訴状の書』のそれと重複しているものとして計算しない。

(5) ASL, *Curia di S. Cristoforo*, 112, 113, 114.

(6) ASL, *Curia delle Querimonie*, 3, 4, 5.

(7) ASL, *Curia dei Foretani o di S. Alessandro*, 15.

(8) ASL, *Curia dei Foretani o di S. Alessandro*, 14, 16.

(9)『訴えの書』のイニシャル L から V の原告の裁判は，他の法廷の記録簿から全体の半数を占めることがわかる。それゆえ単純計算で 491 件を倍加し，年間で換算すると 1309 件になる。これに『訴状の書』の 164 件を加えると 1473 件になる。

(10) ASL, *Curia dei Treguani*, 30, 31, 34.

(11) ASL, *Curia Nuova di Giustizia e dell'Esecutore*, 38, 39, 40, 41.

(12) ASL, *Curia dei Visconti*, 38, 39, 40.

(13) ASL, *Maggior Sindaco e Giudice degli Appelli*, 37, 41.

(14) ASL, *Curia dei Rettori*, 3, 4. イニシャル L から Q の原告の前半期の裁判（130 件）を含んだ記録簿と，3 月から 6 月分の全てのイニシャルの原告の裁判（73 件）を含んだ記録簿の存在から，同時期に 2 つの記録簿が作成されていたことが考えられる。前者の記録

簿について，イニシャル L から Q の原告の裁判は，他の法廷などでは全体の 36％であることから，この記録簿において前半期の全原告の訴えの数を 361 件，年間では 722 件と仮定することができる。後者の記録簿については，年間で換算すると 219 件になる。両者を合わせると 941 件となる。

（15）ASL, *Curia dei Rettori*, 18.

（16）人口については本書第 2 章第 4 節第 3 項参照。

（17）もちろん年ごとに訴えの数に変動は存在するが，ここでは 1330 年代から 1340 年代の年間件数として 1 万件を基準に議論を進めたい。

（18）Vallerani, *La giustizia pubblica*, pp. 139–142, 150 ; Colli, '*Acta civilia*' , pp. 284–292 ; Smail, *The Consumption of Justice*, pp. 71–72.

（19）訴状にはいくつかの定型が確認される。これは訴訟当事者が，『訴訟文献』のテキストのひな型を参考に訴状を作成していたことを示している。

（20）たとえば 450 リラを求めた嫁資返還訴訟（*Potestà*, 67, fol. 93r）や，495 リラの負債の返還を求めた訴訟（*Ibid*., fol. 15r）がある。

（21）*Ibid*., fol. 103r.

（22）*Ibid*., fol. 26v.

（23）*Ibid*., fol. 200r.

（24）*Potestà*, 104. ここからは低額の案件に限り，口頭での訴えが許され，この記録簿に簡潔に記されていた可能性が窺える。

（25）これはフィレンツェ銀貨での額であり，交換比率を考えると，ルッカ銀貨の場合はこれに約 10％を上乗せする必要がある。

（26）*Potestà*, 58, fols. 105r–112v, 305r–307r ; *Ibid*., fol. 122r ; *Ibid*., fols. 123r–v ; *Ibid*., fols. 144r–v ; *Ibid*., fols. 151r–161v ; *Ibid*., fols. 265r–268v ; *Ibid*., fols. 327r–329v ; *Potestà*, 60, fols. 57r–64v ; *Ibid*., fols. 166r–167v, 225r–226r ; *Ibid*., fols. 169r–170r, 219r–220v ; *Ibid*., fols. 244r–247v, 271r–v ; *Ibid*., fols. 273r–277r ; *Ibid*., fols. 190r–v, 202r–v, 361r–v, 471v ; *Potestà*, 64, fols. 15r–v, 39r–41v ; *Potestà*, 67, fols. 339v–342v, 425r–v.

（27）*Statuto 1308*, IV, 3 (De summaria ratione reddenda contra obligatos per publicum instrumentum), pp. 250–252. 1331 年の都市条例にもこの規定は引き継がれている。*Statuto 1331*, IV, 3, pp. 121–123.

（28）*Statuto 1308*, IV, 3, p. 251 : "Quod instrumentum debiti non possit dici vel nullum, nisi de solutione vel satisfatione vel transactione constaret per publicum instrumentum...".

（29）これは特に同じ一族（consorteria）内のメンバー同士の争いの場合に多い。1331 年の都市条例から現れる規定でも，一族内での争いは仲裁によって解決されるべきとされている。*Statuto 1331*, V, 21 (De questionibus vertentibus inter consortes), pp. 172–173.

（30）ポデスタ法廷以外の法廷，たとえばコンスル法廷も，それぞれ権限の範囲は異なるものの，そこで行われる裁判は基本的に債務関連と土地関連に分けられ，各裁判の特徴もここで見たものと同様である。

（31）アンツィアーニの議事録に記されている，法学者団体（collegio iudicum）からの訴えでは，法助言が与えられることになったとき，自身に不利な助言が与えられると思った当事者が助言の開示前に控訴法廷に向かっていると指摘されている。*Anz. Av. Lib.*, 26, fol. 117r.

（32）ASL, *Archivio dei Notari*, 103 (Giovanni Locti), pp. 334–339 : "Et iam dicta lis, questio et

causa per consulem dicte urie conmissa foret sapienti viro domino Simoni de Camporeggiano iudici. Et dicte partes velint a dicta lite, questione et causa discedere et ad concordiam devenire...”.

(33) Wickham, *Courts and Conflict*, pp. 121–134.

(34) もちろん訴状の作成において，具体的な事実を前もって用意されている形式に当てはめる作業は確かに存在する。

(35) *Ibid.*, pp. 68–107.

(36) 中世ヨーロッパの裁判と仲裁に関する我が国の論考として重要なのは，北野かほる「仲裁と裁判のあいだ」。

(37) ASL, *Archivio dei Notari*, 102, 103 (Giovanni Lotti) ; ASL, *Archivio dei Notari*, 108, 109 (Nicolao Lupori) ; ASL, *Archivio dei Notari*, 116 (Bartholomeo Buomensis).

(38) ただ当事者双方が欠席の中で，仲裁判断がなされ書き込まれている事例もある，ASL, *Archivio dei Notari*, 110, p. 33 : “... absentibus tunc suprascriptis partibus coram Francesco condam pinaccii Lucano cive...”.

(39) ASL, *Archivio dei Notari*, 102 (Giovanni Lotti), pp. 73–74.

(40) ASL, *Archivio dei Notari*, 105 (Giovanni Lotti), p. 36 : “dicte partes... volentes laboribus et expensis parcere et facere extra iudicum quid in iudicio facere cogerentur...”.

(41) ASL, *Archivio dei Notari*, 103 (Giovanni Lotti), pp. 253–257 : “diffinimus, decidimus et terminamus, quia visi set diligenter examinatis dicta infrascripta petitione et responsione ad eam facta per suprascriptum Coluccium Burichelli..., et dictis testium..., et auditis partibus et earum procuratoribus...”.

(42) ASL, *Archivio dei Notari*, 116 (Bartholomeo Buomenses), p. 166 : “quia auditis diligenter hiis omnibus que dicte partes dire voluerunt”.

(43) ASL, *Archivio dei Notari*, 103 (Giovanni Lotti), pp. 112–114.

(44) *Ibid.*, pp. 576–577.

(45) 検討したのは 3 人の公証人の登記簿（1331 年から 1343 年）に収められている仲裁合意と仲裁判断の 115 件である。ASL, *Archivio dei Notari*, 102, 103, 105 (Giovanni Lotti) ; ASL, *Archivio dei Notari*, 108, 109 (Nicolao Lupori) ; ASL, *Archivio dei Notari*, 116 (Bartholomeo Buomenses).

(46) 有力市民への仲裁の委託は，農村住民が紛争当事者であった場合でも行われている。それは仲裁合意自体が都市で結ばれていたからでもあるし，もともと農村の紛争当事者と有力市民の間で社会的，経済的な結びつきがあり，その市民が当事者の納得できる判断を下せる存在と見なされていた可能性も考えられる。

(47) ASL, *Archivio dei Notari*, 108 (Nicolao Lupori), pp. 250, 278 ; ASL, *Archivio dei Notari*, 111 (Nicolao Lupori), p. 346 ; ASL, *Archivio dei Notari*, 112 (Nicolao Lupori), p. 323.

(48) ASL, *Archivio dei Notari*, 110 (Nicolao Lupori), p. 299.

(49) 仲裁人と判定の内容との関係を分析していくと，法的な素養を持ち，おそらく仲裁においてそれを期待された法学者や公証人による仲裁判断は，一方のみを勝たせるような判断が比較的多く，他方で一般の仲裁人による判断では，双方に義務を負わせるものが多い。法学者でも当事者双方に義務を与える折衷的な判断を，また一般の仲裁人でもはっきりと白黒をつけるような判断も少なからず行っており，単純な区別はできないが，仲裁人と判定内容との間にある程度の関係はある。

(50) メッカレッリによると，中世ローマ法学は法形式主義をひとつの特徴としていたが，

同時に法の制定や解釈において自由裁量に一定の機能的役割も与えられていたという。Meccarelli, *Arbitrium*, pp. XVII–XXXII.

(51) ASL, *Archivio dei Notari*, 108 (Nicolao Lupori), pp. 310–311.

(52) 同時代の学識法学者も自由裁量を論じる際に，「正義（iustitia）」とともに「衡平（aequitas）」，「合理性（rationabilitas）」の概念を持ち出していたことは，メッカレッリが指摘するところである。Meccarelli, *Arbitrium*, pp. 3–41, 121–128.

(53) ある事例では，「自由裁量，そして法の手段によって（per via arbitrii et iuris）」という記述において「そして法（et iuris）」の文言が後から挿入されており，この「法」の概念が仲裁において実際に意味を持っていた可能性が考えられる。

(54) このことは，和解を目的とする上記の文言が付された仲裁判断のほぼ全てが，法学者ではなく一般の者によって，それゆえ現実の紛争事案を理解していたであろう近隣の住民によって行われていた点と符合する。

(55) *Potestà*, 58, fol. 285r ; *Potestà*, 60, fols. 15r, 65r, 495r ; *Potestà*, 64, fol. 198v ; *Potestà*, 67, fols. 34r, 386r, 398r ; *Potestà*, 58, fol. 193r ; *Potestà*, 60, fol. 9r. また，コンスルの法廷でも執行の要請がヌオヴァ法廷で年間2件，仲裁判断を不服とする訴えがフォレターニ法廷で年間1件，サン・クリストーフォロ法廷で年間8件確認できる。ASL, *Curia Nuova di Giustizia e dell'Esecutore*, 30, fol. 75r ; ASL, *Curia Nuova di Giustizia e dell'Esecutore*, 25, fol. 17r ; ASL, *Curia dei Foretani o di S. Alessandro*, 16, no foliation, 10 January 1337 ; ASL, *Curia di S. Cristoforo*, 112, fols. 7r, 40r, 116r, 154r, 156r ; ASL, *Curia di S. Cristoforo*, 113, fols. 46r, 11r ; ASL, *Curia di S. Cristoforo*, 115, fols. 17r, 25r.

(56) スメイルがこの視点からマルセイユとルッカを対象に興味深い研究を行っている。Smail, *The Consumption of Justice* ; Id., 'Violence and Predation' ; Id., 'Debt, Humiliation' ; Id., *Legal Plunder*.

(57) 略式手続きについては，Salvioli, *Storia della procedura*, pp. 327–346 ; エンゲルマン『民事訴訟法概史』336–339頁。サルヴィオーリによれば，この手続きは他都市の都市条例にも見られる。

(58) Smail, *Legal Plunder*, pp. 174–175.

(59) また1336年には司法命令への異議に始まる裁判は131件であったことから，そのうち26％が最終判決にまで至っていることになる。ここからは，司法命令に対する異議が生じた場合にそれを解決する手段として，法学者による助言を基にした最終判決が位置づけられていたこともわかる。

(60) *Potestà*, 4737, fols. 29r–30v. 抗弁の内容とそれに対する証言は証言記録の中に見ることができる。*Potestà*, 4743, fols. 5r–7r, foglio.

(61) こうした法廷役人への暴行に関する事例は他にもある。たとえば *Potestà*, 4787, no foliation, 9 January 1344 : "dum ipse Nenus iret eidem simonem ad predandum... ex offitio curie domini potestatis Lucane de presenti mense jannuarii, dictus Simone contendit sibi pingnus et non permisit se predare. Et pingnus et praedam contendit et etiam ipsum nunptium percussit in pectore cum manibus ipsius simonis".

(62) これは略式で手続きを行う裁判官の確認ミスに起因する。1336年以降の条例の追記でも「公的な証書を見ずに差押えの許可を与えないように」とする規定が裁判官に対してなされている。*Statuto 1331*, p. 154 : "De non dando alicui licentiam predandi nisi viso publico instrumento".

(63) *Potestà*, 58, fols. 28r–30v. ここではポデスタ法廷の裁判官はペトルッチョがビアンクッチョと交わした賃貸証書を見て，何の調査もせずにすぐに司法命令を発布していたのであろう。

(64) *Ibid*., fol. 28v : "cum granum predictum pertineat ad ipsos germanos et terra unde ipsum granum habitum et perceptum fuit ex tenuta per ipsam Johanem nomine suprascripto adepta in Curia Sancti Cristofori Lucane civitate contra dictam Lagiam relictam condam Taldini Bonaiuncte... de ipsa terra sint et erant per se et dictum tenitorem in possessionem..." .

(65) *Ibid*., fols. 28v–29r : "non obstante quod dicatur per dictum Johanem dicto nomine dictam terram elevatam fuisse in tenutam per dictum Johanem tamquam esset de bonis domine Lagie... cum re vera dicta domina Lagia nunquam fuit in possessionem dicte petie terre sed potius dictus Coluccinus fuit et est in possessionem dicte petie terre ex locatione inde facta Biancuccio et Dominico germanis... a quo Biancuccio dictus Cellone habet in locatione dictam petiam terre ad reddendum dicto Coluccino staria .xii. blave grani et mili..." .

(66) *Statuto 1331*, IV, 3 (De summaria ractione reddenda contra obligatos per publicum instrumentum), pp. 121–123.

(67) *Potestà*, 11, fol. 22r : "Spinellus Lupardi tabernarius actorio nomine pro Ghita filia pupilla et herede condam Bonaiute vinacterius de civitate Lucana exponit coram vobis domino iudice domini potestatis quod ipse habet tenet et possidet pro ipsa herede unam petiam terre... et quam dictus Bonaiuta cepit insoluto contra Biancuccium...".

(68) *Ibid*., fol. 22r : "Macthea relicta condam Ducci Bonaveris de San Martino de Ducentola dicit se habere iura potiora quam habeat dicta Ghita in dicta et super dicta petia terre ex iure eidem Macthee cessso et obuento [obtento] a Roza relicta condam Bellonii... Item allegat et producit cartam dotis dicte Roze...".

(69) たとえば，外国人領主の法廷における判決が，その後ポデスタ法廷で議論の俎上に載せられる事例や，ポデスタ法廷において，以前に同法廷で判決が出された問題が蒸し返されている事例が見られる。既判力に関する認識が裁判で示されるようになるのは 14 世紀後半以降，ルッカがローマ法の都市ピサの支配下に入って以降のことである。

(70) 当時の権利認識のあり方について，証書での観念的な権利と証言で証明される占有事実との関係から論じたものとして，中谷惣「司法実践がつくるコムーネ」。そこでは権利認識のあり方を，具体的な法廷での議論から検討している。社会での権利認識のあり方と法廷でのそれとが大きく離れていなかったであろうことは，住民による法廷の頻繁な利用から推測される。占有事実と観念的権利の関係に関する法制史の議論については，Grossi, *Le situazioni reali*.

(71) *Potestà*, 82, fol. 218v : "In corporalem possessionem soprascriptae petiae terrae cum domu super se capiendo eundem Guilluccium dicto nomine per manus destra et mictendo eum in domum et super dictam petiam terram cum domu super se... et aperiendo et claudendo hostium dictae domus...".

(72) *Statuto della Curia 1331*, I, 6 (De tenutis denuntiandis infra viii dies post investionem ipsi), fol. 6r.

(73) ASL, *Curia di S. Cristoforo*, 9, fol. 7v : "Interrogatus quo titulo dictus Matheus... eam incepit possidere dixit ex insoluto adepto contra vannellum tintorem vel suos heredes".

第5章　訴えによるコムーネの実現

（1）Vallerani, ‘Consilia iudicialia’; Id., *La giustizia pubblica*, pp. 139–142, 261–268; Id., ‘Consilia’; Padoa Schioppa, ‘La giustizia milanese’; Smail, *The Consumption of Justice*, pp. 60–61, 95–100.

（2）ASL, *Curia di S. Cristoforo*, 112, fols. 84r–85v.

（3）*Ibid*., fol. 84v: “Dinus suprascriptus dicit dictum Chellum audiendum non esse in sua petitione sed potius repellendum, cum ipse Chellus non solverit custodias nocturnas ut alii Lucani cives... Dinus suprascriptus dicit dictum Chellum audiendum non esse, cum non solverit impositam florenorum vel grani secundum formam stantiamenti”; *Ibid*, fol. 85r: “Chellus suprascriptus dicit dictum Dinarellum audiendum non esse in dicta sua oppositione, cum ipse Dinarellus non solverit custodias nocturnas”.

（4）*Ibid*., fol. 85v: “Dinus suprascriptus dicit exsecutionem per dictum Cellum... factam non esse et procedere in aliquo non debere, maxime cum iura efficacia non habet vel talia pro quibus agere possit eo modo quo agit, maxime considerata persona dicti Jacopini forensis de Parma a quo dicit dictum Petrum iura quesivisse ex cuius persona dicta iuriscessio est nulla inutilis et inefficax tamquam cessa a forense et non subiecto iurisdictioni Lucani communis”.

（5）*Ibid*., fol. 85v: “Chellus... negat dictum Jacopinum in ipsa oppositione nominatum esse forensem et non subiectum Lucani communis”.

（6）*Ibid*., fol. 119r: “maxime cum Petrus condam Coluccii Carincionis, a quo dictus Chellus adserit se iura habere in hiis que petit, sit imbanpnitus Lucani communis in libris .xxv.”.

（7）*Potestà*, 58, fols. 334v–336r.

（8）*Potestà*, 67, fol. 163v: “dictum qualequale preceptum nullum esse et fuisse tanquam... dicta domina Gea non existente legitima tutrice suprascriptorum filiorum condam Coluccii et, maxime quia non servivit nec conplevit solemnia tutele nec fecit inventarium nec sibi concessa fuit administratio prout debuit de iure”.

（9）1250年のボローニャにおける『追放者の書』には1261人もの人物が追放令を受けた者として記載されている。Milani, ‘Prime note’. シエナの追放令については，Pazzaglini, *The Criminal Ban*.

（10）*Statuto 1308*, III, 80, p. 192; *Ibid*., III, 88 (De eo quod imbapniti pro maleficio possint impune offendi), pp. 196–197.

（11）*Ibid*., III, 80 (De non faciendo rationem imbanpnitis), p. 192; *Statuto della Curia 1331*, V, 9 (De non faciendo rationem alicui imbannito vel pronuntiato), fol. 55v.

（12）*Potestà*, 8, fol. 57v: “Andruccius suprascriptus dicit dictum Ciucchum audiendum non esse in predictis, cum sit bapnitus pro Lucano communi pro debito... allegat capitulum statuti Lucani communis libri primi, capitulo LIII, sub rubrica de non faciendo ractionem inbapnnitis”.

（13）条例の規定では「追放令を受けた者または「宣言」を受けた者に裁判が行われるべきでないことについて（De non faciendo rationem alicui imbannito vel pronuntiato）」とあり，「宣言」を受けた者の法的地位が，追放令を受けた者のそれと類似し，裁判を行う資格がなかったことがわかる。本章注11参照。ある裁判では，ウベルトという人物が，相手の「チェッリーノがその兄弟とともに，ヌオヴァ法廷の職権で私ウベルトとの裁判の機会に「宣言」されており，ルッカのコムーネの条例と『法廷の条例』により，「宣言」または追放令を受けた者にはルッカのどの法廷においても裁判が行われるべきではない」と主

張している。

(14) アンツィアーニの記録簿にこの379人の追放者のリストが差し込まれている。*Anz. Av. Lib.*, 8, fols. 28r–55v : "Hec sunt bapna et bapnimenta data lata... Qui infrascripti cives Lucani qui contumaciter culpa et dolo non solvunt et solvere cessaverunt et cessant presens mutuum nuper factum ipsis civibus".

(15) *Potestà*, 58, fols. 147v–148r : "... super dicta sua petitione procedi non debet nec ei ius fieri cum dictus Sardella non subeant honera realia et personalia pro Lucani communis...".

(16) *Statuto 1331*, V, 10 (De pena illorum qui non fuerint in bapneria et honera civitatis non subierint), p. 164.

(17) アンツィアーニの決議録を見ると，1331年7月から翌年の3月までの9カ月間だけで56回もそうした義務が課せられている。*Anziani* ed. Nelli, pp. 260–277.

(18) 外国人との契約を禁止する規定は以下。*Statuto 1308*, I, 25 (De possessionibus civium, qui sunt cives alterius civitatis non permittendo alienari), p. 23 ; *Ibid.*, IV, 73 (De eo quod venditiones facte non subiecto iurisdictioni Lucani Comunis sint casse), p. 289.

(19) *Potestà*, 82, fols. 15r–18v : "... dicit quod cartas dicti quondam ser Johannis non est fides adhibenda cum dictus quondam ser Johannes non fuerit subiectus iurisdictione Lucanis communis..." (fol. 18v). 条例でもルッカの裁判管区に属する公証人によってのみ契約が執り行われなければならないと規定されている。*Statuto 1308*, II, 56 (De cartis faciendis manu notarii subiecti iurisdictioni Lucani Communis et non per alium), p. 110.

(20) *Potestà*, 64, fols. 21r–v : "... lapsus est terminus... decem dierum infra quem debuerit hostendere de omni suo iure..." ; *Potestà*, 67, fols. 206r–209v : "... preceptum non... fieri potuerit obstante dicta die feriata".

(21) *Potestà*, 60, fols. 239r–241v : "Henrighectum, qui dicitur scripsisse dictum instrumentum et quedam alia de quibus infra fit mentio, fuisse et esse personam incongnitam, unde debuit fieri fides de suo privilegio et officio tabelionatus et notariatus" ; *Ibid.*, fol. 239v : "in subscriptione dicti instrumenti non sunt apposita prenomen et congnomen Henrighecti" .

(22) 申告に関しては，条例で25リラ以上の不動産売買から親権の解放までの多様な契約において，また司法命令や判決に関しても，コムーネへの申告が義務づけられていた。*Statuto 1308*, II, 58 (De quinque notariis eligendis, qui sint super denuntiationibus contractuum venditionum, alienationum recipiendis et registrandis), p. 111 ; *Ibid.*, IV, 16 (De insolutis et tenutis denunptiandis notariis imbanpnitorum), pp. 258–259. 同様の申告制度はボローニャや他の都市でも見られ，ボローニャでは登記の不足に関する異議も確認されている。Tamba, *Una corporazione*, pp. 199–257.

(23) ASL, *Maggior Sindaco e Giudice degli Appelli*, 42, fols. 2r–4v, 11r–12v.

(24) *Ibid.*, fol. 11v : "... quia dicta instrumenta et contenta in eis et eorum contractus non fuerint denunptiata Lucane gabelle, nec ex eis aliqua gabella soluta, prout debuit secundum formam statuti".

(25) *Ibid.*, fol. 11v : "... non obstat dicta oppositio, cum tempore quo dictum insolutum datum fuit non vigebat aliquod statutum per quod deberet solvi aliqua gabella de aliquo insoluto...".

(26) *Ibid.*, fol. 12r : "... tempore dicti insoluti dati vigebant statuta que dicebant quod insoluta non denunptiata Lucane gabelle et de quibus non erat soluta gabella non valerent, nec de rebus in ipsis insolutis contentis ius fieri non deberet...".

(27) *Potestà*, 58, fol. 128v : “vos non esse iudicem conpetentem in predictis”.

(28) *Potestà*, 64, fols. 124r–125r ; *Potestà*, 82, fols. 139r–140v. これらの場合は相手の同意が存在し，訴訟はその訴えの後にすぐ途絶えている。

(29) *Potestà*, 11, fol. 32v : “preda predicta facta ex offitio curie domini Lucane potestatis... cassari et revocari debere, et bona in predam elevata restitui debere... quia facta fuit lite pendente inter ipsas partes, quae pendet in curia Sancti Cristofori”.

(30) ASL, *Archivio Guinigi*, 73, fols. 34r–51v. 両当事者はともにアンテルミネッリ家に属している。

(31) *Ibid.*, fol. 34v : “statutum dicit quod quando fit porrectio de pluribus qui unicuique debeat porrigi unus, sed hic videtur adserere quod plures sunt heredes et quod unus solus libellus est porrectus”.

(32) *Ibid.*, fol. 41v : “Ista citactio et per consequens omnia ex ea subsecuta videntur non valere quia facta die feriata in honorem dei videlicet decollactionis sancti Johannis Battista” ; “Item non videtur per nunptium ipsius citationis facta relatio” ; “Item non est commissio facta nunptio”.

(33) *Ibid.*, fol. 43r : “Ista sententia videtur posse dici nulla primo quia porrectio libellorum non fuit facta secundum formam statuti. Et ideo vediantur ea que supra notavi et statui” ; “Secundo quia sententia debet esse conformis libello, sed in libello non petit pronunptiam nominatam contra dominam” ; “Tertio quia citactio facta de dando fideiussores non valet quia die feriata ut supra notatum est” ; “Quarto quia sententia fuit lata non citata domina et quia in aliqua parte actorum non apparet heredes Diabelli pronunptiatos contrarium” ; “Quint quia domina non est heres Diabelli nec confessio vel adsertio procuratoris videtur quod sibi debeat obstare, quia hereditas non potest procuratorem adhiri nec in mandato fit mentio quod ipsa sit heres nec quod hereditas sibi deferatur” ; “Item quia obstantibus et pendentibus exceptionibus propositis non videtur quod absque alia citatione potuisset procedi ad diffinitivam” ; “Item statutum loquitur de pronunptiatione facienda reo contrarium quando non comparet infra tres dies a die porrectionis libelli sed ora sententie fuit facta comparactio”.

(34) Vallerani, *La giustizia pubblica*, pp. 139–142 ; Id., “Consilia iudicialia”.

(35) 法助言を行う法学者は，同時に条例の編纂者でもあったことから，裁判において条例の諸規定が厳格に遵守される環境がここに出来上がっていたことが推測される。たとえば1331年の『法廷の条例』の編纂者である，ジョヴァンニ・ボッカンソッキ，グリエルモ・メルカーティ，オピッツォ・カマイオーレは1336年の裁判では，法助言を行う助言者として現れている。*Statuto della Curia 1331*, fol. 4r ; *Potestà*, 60, fol. 307v ; *Ibid.*, fol. 342r ; *Potestà*, 58, fol. 319r.

(36) バルトルスは裁判官の主導で法学者への委託がなされるべきとしている。Padoa Schioppa, ‘Profili del processo civile’, pp. 598–599 ; Rolandino, *Summa totius artis notariae*, fol. 355r : “Quoniam hanc causam cum consilio sapientum decidere volo...”.

(37) いくつかの事例では当事者の意思に基づき問題を法学者に委託したことが明記されている。たとえば *Potestà*, 67, fol. 120v : “dominus Petrus iudex et assessor predictus pro tribunali et iure reddendo sedens ad solito bancum iuris dicte curie de voluntate dictarum partium comisit questionem predictam in dominum Guillelmum Mercati iudicem”.

(38) ポデスタ法廷のある裁判では，原告は，被った収監の司法命令に対して，「収監の命令が出された事案に関して，貴殿の法廷で訴訟は係属中であり，それゆえ新たなことが行

われるべきではない」と主張し，同法廷の別の裁判記録の写しを提出している。*Potestà*, 82, fol. 69v : “... de predictis, unde detentus est, lis pendet in vestra curia ; et lite pendente nulla fieri po[te]st novitas...”. 裁判記録簿をチェックすることに対する裁判官の無関心は，マルセイユでも見られる。Smail, ‘Aspects of Procedural Documentation’.

(39) *Statuto 1308*, IV, 1, p. 249. また，監査に関しては，Lepsius, ‘Dixit male iudicatum esse’ ; Id., ‘Kontrolle von Amtsrägern’.

(40) *Potestà*, 60, fols. 137r–142v, 239r–241v, 290r–292v.

(41) *Ibid*., fol. 290v : “si de hoc adversa pars non contentatur, dicit dictum Johanem dicto nomine et dictum commune in dicta sua petitione audiend[os] non esse, nec ei ius fieri debere super ipsa eius petitione, cum dictum commune sit exbanditum pro debito dicte domine Vanne”.

(42) *Statuto 1308*, III, 88, pp. 196–197 : “Et teneatur Lucanum Regimen et eius iudex maleficiorum mandare notariis super imbapnitis deputatis, ad petitionem offendentis contra quem procederetur, seu eius procuratoris vel defensoris, occasione offense seu iniurie que diceretur facta in personam imbanpniti, ut copiam bapni persone offense faciat sive ipsi iudici sive offendenti vel eius procuratori vel defensori, ad hoc ut de ipso banpno iudici fiat fides”.

(43) *Potestà*, 4790, fols. 12r–13v : “pro defensionem et excusationem predictorum Fancellecti et Viniani dicit et proponit quod predictus Pante vivoli de nothani est inbannitus Lucani communis”.

(44) Vallerani, *La giustizia pubblica*, pp. 261–268.

(45) ボローニャについては Vallerani, *La giustizia pubblica*, pp. 139–142, 150. フィレンツェについて Colli, ‘*Acta civilia*’, pp. 284–292. マルセイユについて Smail, *The Consumption of Justice*, pp. 71–72.

(46) *Potestà*, 58, fol. 221r : “dictam licentiam et capturam non valere nec tenere pluribus ractionibus... et per formam statuti Lucani communis de summaria ractione reddenda libro .iiii., capitulo .iii. in quo loquitur quod nullus potest capi vel detineri a soldis centum infra”.

(47) 庇護関係を示す事例としてたとえば，ポデスタ法廷で原告トゥビアが地代の支払いを求めて被告の農村住民を訴えた裁判がある。そこでは，被告代理人にペッスッチョが任命されている。その後，原告と被告側との争いにチアルデッロという人物が加わり，被告らを自らの借地農と主張し，彼らに対する訴えは不当であると主張する。この事例で興味深いのは，被告代理人のペッスッチョが後から現れたチアルデッロと同じマルザルディという姓を持つ人物であることである。ここには農村住民が訴えられた際に，それまでに庇護関係を築いていたのであろうマルザルディ家の人物を代理人として任命していた状況が見られる。*Potestà*, 67, fols. 288r–299r.

(48) 相手が追放令を受けていることを証明する際には，『追放者の書』からの写しである “apodixa bapni” を（たとえば *Potestà*, 60, fol. 222v : “Item allegat et producit apodixam banpni dati contra Nucchorum suprascriptum publicatam manu Marchi de Camporeggiano notarii”），裁判が係属中であることを証明するためには裁判記録の写しである “acta actitata in curia” を提出している（たとえば *Ibid*, fol. 55v : “Item allegat et producit acta actitata in curia querimonie inter dictum Ubertum et dictum Biagium et ipsum ser Paganum publicata manu ser Guidi Luti Mai notarii dicte curie”）。また税の不払いに関する相手からの異議を退ける際には，財政記録を基に交付された支払い証明である “apodixa solutionis” を提出している（たとえば ASL, *Maggior Sindaco e Giudice degli Appelli*, 42, fol. 11v : “allegaverunt et produxerunt quandam apodixam solutionis gabelle dotis dicte condam domine Balduccie”）。文書

庫管理人の筆によるものには，「ルッカのコムーネの文書庫管理人であり公証人のテダルディーノ・ラザーリ・ガイの手による公的な証明文書（apodixam publicatam manu ser Tedaldini Lazarii Gaii notarii et custodis librorum Camere Lucani communis)」などと記されている。*Potestà*, 60, fol. 141v.

(49) ボローニャの事例に関しては，Cencetti, "Camera actorum". 他都市については，Koch, "Die Archivierung", pp. 43-49.

(50) *Statuto della Curia 1331*, fol. 68r : "in camera ubi morantur libri actorum curiarum et consiliorum et stantiamentorum et aliorum Lucani communis ita quod volentibus videre copia fiat et fieri possit". 『追放者の書』のコピーに関する規定は，*Statuto 1308*, III, 78 (De faciendo exemplari nomina et pronomina inbanpnitorum maleficiorum), p. 190.

(51) ただしルッカでは14世紀後半以降には，外国人を管理する書が作成され，それに基づく証明がなされるようになっている。たとえば1363年の刑事裁判で，傷害容疑で訴追されたアウグスティーノは，自らが他都市出身者であることを示すために，『外国人の書 (Iiber Forensium)』からとった写しを提出している。*Potestà*, 4887, fol. 29r.

(52) *Potestà*, 82, fols. 38r-41v, 91r-92r.

(53) *Ibid*., fol. 40v : "Item qualiter dictus condam Guibbinus fuit nominatus a cognoscentibus eum, Gubbinus de Pistorio".

(54) ASL, *Curia di S. Cristoforo*, 112, fol. 85v. ヤコピーノが外国人であるという主張に続く訴点提示において，"Item qualiter de predictis est publica vox et fama in civitate Lucana inter hominess et personas dictum Jacopinum cognoscentes".

(55) 公のうわさとは何かという問いに対し，ある証人は「真実である」と証言している。*Potesta*, 37, fol. 6r : "Interrogatus quid est dicere publicam vocem et famam——dixit quid est verum". うわさに関する近年の研究として，Fenster, Smail (eds.), *Fama*. シエナの裁判記録からうわさの問題に迫った研究として，池上俊一『公共善の彼方に』285-337頁。

(56) ASL, *Curia di S. Cristoforo*, 9, fol. 30v : "publicum et notorium est in contrata Sancti Benedicti porte Sancti Cervagii, et in aliis partibus circumstantibus ipsius contrate quod dictus Lambertus absens stetit a civitate Lucana et eius districtu, et inbanpnitus Lucani communis pro debito iam sunt anni xi".

(57) *Ibid*., fol. 31r : "dixit quod publica fama est in dicta contrata Sancti Benedicti et in porta Sancti Cervagii quod dictus Lambertus stetit inbapnitus et absens a civitate Lucana pro debito annis decem et ultra".

(58) *Potestà*, 64, fol. 58v : "in vicinia publice et alta voce cum proclamatione ipsius nuntii". 条例でも同様のことが規定されている。*Statuto della Curia 1331*, I, 3, fol. 4v : "... fiat citatio et libelli porrectio apud domum et publice in vicinia cum proclamatione nuntii".

(59) たとえば*Potestà*, 67, fol. 56r : "die viii novembris in simili banno positi fuerunt suprascripti rei debitores, mandato eiusdem domini iudicis in consilio generali congregato in palatio S. Michaelis in foro publice et alta voce per Francuccium Franceschini preconem publicum Lucani communis". これに関する条例の規定は，*Statuto 1308*, pp. 184-188 : "Et quod elapsis ipsis terminis possit in banno ad bancum gridari. Et quod etiam nullo temporis intervallo interveniente, ipsa persona citata et non conparente, possit preconizari et inbanniri in Consilio generali".

(60) *Bandi Lucchesi*, p. 12 (1333年9月27日の監査官からのお触れ) : "Qualunqua persona di qualunqua conditione sia, alla quale fusse pervenuto o avesse, u sapesse che alcuno avesse alcuno

libro, u scriptura, u scriptura, u alcuna cosa d'alcuno officiale, oggi e dimani per tutto die, li debbia avere denuntiati e presentati in palazzo di san Michele in Mercato, dinanthi al dicto messer lo Sindico et a suoi officiali, e serali tenuto credentia. Sappiendo chi le predette cose avesse e no le denuntiasse, u vero presentasse, si come di sopra è dicto, li sarebbe apposto per furto".

(61) Geltner, 'Healthscaping a Medieval City', p. 408.

(62) *Statuto 1308*, III, 45 (De pena contrate non capientis et persequentis malefactores et non clamantis post eum), p. 164. 1342 年の条例では，近隣住民の告発義務も規定されている。*Statuto 1342*, I, 111 (De maleficiis denuntiandis per consules contratarum et brachiorum, et de pena vicinorum non capientium malefactores), fols. 35v–36r.

(63) たとえば *Potestà*, 64, no foliation, 6 May 1336 : "per Guiduccium Loppellie preconem publicum Lucani communis, bannitum et preconizatum fuit, ut supra per omniam continetur, in civitate Lucana burgos et suburgos, in locis et angulis consuetis, sono tube premisso".

(64) *Statuto della Curia 1331*, V, 57, fol. 68r : "... statutus fiat quod moretur ad banchum sindici cum catena litigatus..." ; *Statuto 1308*, I, 16, pp. 18–19 : "... Statutum non debeat reculudi... quominus possit haberi et legi a quolibet volente ex inde copiam et ipsum exemplare".

(65) *Potestà*, 64, no foliation, 20 July 1336 : "Da parte del Vicario di messer lo Podestà ; Bandisce che qualunco persona della città di Lucca o del contado o borghi e soborghi, volesse dire e mostrare alcuna cosa buona e utile a mettere e agiungere in nelli Statuti del Comune di Lucca, li quali presentialmente si fanno, o volesse dire o mostrare che alcuna cosa de' detti Statuti per lo milliore si dovesse traere o cassare, diano per scripto dinanzi alli statutari sopra ciò diputati, li quali domorano in casa de' signori Antiani, infra il terzo die". 現在これは以下の史料集に収められている。*Bandi Lucchesi*, p. 37.

(66) *Potestà*, 64, no foliation, 20 July 1336 : "factum per Pecchinum Benecti preconem die .xx. Julii". この紙片はポデスタ法廷の裁判記録簿に挟み込まれていた。この紙片以外に，アンツィアーニの『布告の記録簿（Liber preonizationum)』にも同様の内容が収録されて今日まで残っている。

(67) *Inventario* ed. Bongi, I, p. 31.

(68) *Statuto 1331*, p. 150 : "Addictiones facte in .mccccxxxvi. die .iii. decembris".

(69) ルッカでの都市条例の改定には大規模なものと中小規模のものがある。1308 年のグエルフィのポポロによる政権下や，1316 年のカストゥルッチョの支配下や，1331 年のボヘミア王ヨハンによる支配下，1342 年のピサ支配下，1372 年のルッカが「自由」を回復した時期など，体制が転換するたびに大きな改変が行われた。これに対し，1336 年のそれのように既存の条例への追加や修正に関するものや，それ以外の年に適宜行われたアンツィアーニの法令に由来する細かな追加や修正がある。

(70) ゾルジによれば，街区やアルテの代表制システムが採用されていた都市でも，全住民の 2 割程度しか政治参加は叶わなかったという。Zorzi, *Le signorie cittadine*, p. XII.

(71) *Anz. Av. Lib.*, 5, p. 54 : "Coram vobis dominis... Antianis Lucani communis reverenter exponitur pro parte civium Lucanorum et districtualium habentium bestias ad collariam quod consuetum est de soccitis et collariis fieri summarium ius prout fit de affictibus et redditibus per iudicem et curiam potestatis Lucane modo vero iudex presentis potestatis non vult cognoscere questiones soccitarum et collariarum neque signare cartas soccitarum prout consuetum est, dicens non esse sibi et suo officio concessum per statutum de summaria ratione reddenda et quod semper

pro soccitis et collariis homines fuerunt capti ex officio potestatis et carte fuerunt signate prout carte affictuum et pensionuum qua occasione Lucani cives et comitativi habentes bestias ad collariam in maximum damnum devenerunt pro eo quod nullus capitur nisi officio potestatis...”.

(72) *Statuto 1331*, p. 123 : “Et etiam quod potestas possit se intromictere de questionibus viduarum, pupillorum et miserabilium personarum et etiam de redditibus et affictibus, 〔collariis et soccitis〕, pensionibus et livellis retentis et pro eis redditores et affictuales, pensionarios et livellarios personaliter capi facere et detineri quam diu solverint 〔dum tamen de predictis redditibus, affictibus, pensionibus, collariis et soccitis appareant publice scripture seu dactiones vel confessiones secundum formam statutorum salvis semper eorum defensionibus〕”. なお括弧内は欄外に記されており，後から規定に挿入された部分である。

(73) *Ibid.*, V, 10 (De pena illorum qui non fuerint in bapneria et honera civitatis non subierint), p. 164.

(74) *Anziani* ed. Nelli, p. 112.

(75) *Statuto 1331*, p. 164 : “Et qui se sic scribi non fecerit condempnetur per potestatem in libris .x. denariorum Lucanorum omni appellatione cessante［以上本文の内容］”; “add. ei ius non fiat in causis civilibus in aliqua curia Lucane civitatis［以上欄外の内容］”.

(76) *Anz. Av. Lib.*, 9, fol. 42r.

(77) *Ibid.*, p. 83 : “quidam additio suprascripta statuto Lucani communis contra non respondentes Lucano communi nec scriptos in banneriis contrate et brachii civitatis”.

(78) *Anz. Av. Lib.*, 35, fols. 58r–59v.

(79) *Ibid.*, fol. 59r : “cum mens statuti et condentium statuta et leges debeat attendi potius quam verba...”.

(80) *Statuto 1308*, III, 80 (De non faciendo rationem imbanpnitis), p. 192.

(81) *Ibid.*, IV, 10 (De exceptione imbanpnimenti vel alia non opponenda contra dominum suum), pp. 256–257.

(82) *Anziani* ed. Nelli, pp. 130–131.

(83) *Anz. Av. Lib.*, 35, fol. 58v.

(84) *Anz. Av. Lib.*, 5, pp. 44–45.

(85) 嫁資証書の修復の事例を収めた記録簿が現存する。ASL, *Sei deputati sul reintegrare le doti*, 1. これはボンジによれば，1314年のルッカの略奪により焼失した文書の中で女性の権利に関する文書を回復することを定めた1317年の法令に基づくものである。*Inventario* ed. Bongi, II, pp. 333–334.

(86) *Anz. Av. Lib.*, 5, p. 45 : “statuto, stantiamento, ordine, lege vel iure aliquo contrario non obstante”.

(87) 訴えによると，チアルデッロは彼の債務者の故ベトゥッチョが，故ファヌッチエに貸し与えていた400リラの債権証書の有効化を求めている。おそらくそれが有効になれば，故ベトゥッチョの相続人から自身の債権を回収できると考えたのであろう。その債権証書は公証人スパッラの原簿から公証人オピッツォの手によって写されたものであった。公証人スパッラはコムーネの文書庫の管理人でもあったため，その文書庫の火災の際にスパッラの原簿が焼失してしまったという。

(88) *Anz. Av. Lib.*, 7, fol. 42v. これは全市民に適用された法令である。

(89) *Anz. Av. Lib.*, 13, pp. 13–14.

(90) *Statuto 1331*, p. 155 : "De cedulis notariorum redigendis in publica forma". この規定は1342年に編纂された新たな条例にも引き継がれている。

(91) *Statuto 1308*, IV, 73 (De eo quod venditiones facte non subiecto iurisdictioni Lucani Comunis sint casse. Et quod omne augmentum dotis factum uxoribus fictitium presumatur in maleficiis), p. 289.

(92) *Anz. Av. Lib.*, 9, fols. 6r–v.

(93) *Anz. Av. Lib.*, 10, fol. 13v.

(94) *Anz. Av. Lib.*, 14, fols. 9r–10r.

(95) ここでもこの事例が特別に条例の適用を除外されたものであることが付記されている。*Ibid.*, fol. 10r : "... statutis, ordinamentis aut capitulis Lucani communis in contrarium apperentibus non obstantibus quibuscumque quibus auctoritate presentis stantiamenti quantum ad dictum insolutum et bona et iura contenta in eo et ad personam ipsius Johannis oriundi de civitate Lucana ut dictum est intelligatur et sit specialiter derogatum".

(96) *Ibid.*, fols. 88r–v.

(97) *Anziani* ed. Nelli, p. 112.

(98) *Anz. Av. Lib.*, 9, fol. 42r.

(99) *Anz. Av. Lib.*, 14, fol. 88r : "... considerato quod ipsi Vannuccius, Boninus et Bectuccius volunt et se offerunt pro pisis bonis substinere onera Lucani communis que ipsa domina Rosa substinet et substinebat".

(100) *Anziani* ed. Nelli, pp. 130–131 : "habito colloquio cum domino Simone de Camporeggiano iudice et advocato Communis Lucani qui sic nobis respondit videlicet 'videtur mihi Simoni advocato Communis quod dicta petitio sit iuridica nec redundat in dapnum Lucani Communis' ".

(101) *Anz. Av. Lib.*, 14, fols. 88r–v.

(102) *Ibid.*, fol. 88r : "Salvo etiam quod hec non preiudicent nec preiudicare possint alicui cui dicta domina Rosa foret obligata usque ad hanc diem".

(103) 1331年の控訴法廷の条例では，民事的な案件で第二審の控訴判決に不満がある場合，第三審としてアンツィアーニへの訴えが認められている。Romiti, 'Lo « statutum curie appellationum »', p. 139 : "Et quotiens contigerit appellari a processibus civilium causarum Curie Potestatis Lucani, in casibus permissis, ad iudice appellationis Lucani Communiset per ipsum iudicem appellationis contingat infringi vel annullari processum seu sententiam Curie Potestatis, quod possit infra .X. dies a tempore late sententie appellari a dicta sententia iudicis appellationis ad Collegium Antianorum...". しかしアンツィアーニの決議録からは，実際に民事的な案件に関する訴えが起こされていた様子は見られない。ただしひとつの例外として，1330年にコスッチョの訴えとその結果としての不動産担保付与の司法命令の記録がある。*Anziani* ed. Nelli, pp. 104–105.

(104) この規定は債務の不払いにより生じている債務債権関係の歪みをコムーネが強制力を持って正し，債権者の権利を保護することを意図したものであり，実際の裁判でも頻繁に引用されている。*Statuto 1308*, IV, 3 (De summaria ratione reddenda contra obligatos per publicum instrumentum), pp. 250–252. 1331年以降の都市条例でもこの規定は残り続けている。

(105) *Anziani* ed. Nelli, p. 130 : "nullus possit capi vel detineri pro aliquo debito contracto usque ad kalendas ianuarii proxime futuri".

(106) *Anz. Av. Lib.*, 5, p. 10 : “... volentes circa replendam civitatem suis civibus qui propter guerras et malum statum civitatis quibus est agitata diutius non potuerunt eorum creditoribus respondere sed velint profugi peregrinari cogiuntur... stantiamus et ordinamus quod nulla persona civitatis, comitatus, districtus et fortie Lucani possit personaliter capi vel detineri”.

(107) *Anz. Av. Lib.*, 7, fol. 56r : “... fructuosa et quasi necessaria esse pro re publica”.

(108) *Anz. Av. Lib.*, 13, p. 147 : “Visa quadam petitione porrecta pro parte civium Lucanorum debitorum coram dicto domino capitano et nobis per eum commissa continente in effectu quod terminus provisionis et stantiamenti facti anno preterito die .xxviii. novembris quod nulla persona posset personaliter capi labitur eadem .die xxviii. novembris proximi futuri. Et placetur pro utilitate rei publice dictum terminum seu aliam provisionem et stantiamentum de novo concedere”.

(109) *Ibid.*, p. 147（上記注 108 の続き）: “Et examinatis predictis considerantes quod propter laboriosa guerrarum dispendia que cives et comitatini Lucani diutius passi sunt et quotidie patiuntur, non nulli ex eis ad solutionem debitorum suorum impotentes effeci patriam relinquere compelluntur, per quod et utilitas publica leditur et deterior efficitur conditio creditorum”.

(110) *Ibid.*, p. 147（上記注 109 の続き）: “volentes quod in hoc utrique danpno sic prudenter occurrere quod debitores ipsi defensioni publice cum personis assistant, et, per industrie sue labores emolumenta captantes Lucani comitatus honeribus suisque creditoribus valeant habilius respondere...”.

(111) *Anz. Av. Lib.*, 18, fol. 27r : “pro foretanis et comitatinis quod non possint capi”.

(112) *Ibid.*, fol. 27r : “inquantum per totum mensem octobris proxime futuri, laboraverint seu laborari fecerint eorum terras et possessiones seu quas tenent ab aliis in locationem secundum possibilitatem eorum”.

(113) *Ibid.*, fol. 41v : “... volentes eorum suplicationibus annuere et in predictis taliter providere quod redditores et domini communiter valeant contentari, stantiamus, providemus et ordinamus quod pro blado vino et oleo quomodocumque rationabiliter debitis cuicumque per quoscumque cuicumque conditionis existentes de civitate comitatu districtu et fortia Lucana vel habitantes in eis pro temporibus preteritis videlicet a kalendaris octobris presentis retro tam pro reddita affictus perpetui vel ad tempus quam pro collaria et soccita seu alia quacumque causa, reddatur solum starium pro stario bladi currus vini pro curru et libra olei pro librain quibus legiptime tenerentur...”.

(114) *Ibid.*, fol. 41v : “volentes igitur debitores ad solventionem citius faciendam invitare, et in predictis quodammodo viam mediam eligere”.

第6章　司法原理の転換

(1) 1336年のポデスタ法廷の裁判記録は，*Potestà*, 58, 60, 64, 67. 1365年の裁判記録は，*Potestà*, 421, 422, 423, 424, 426, 427, 428, 430, 431, 432. 1396年の裁判記録は，*Potestà*, 703, 704, 705, 706, 707, 708, 709, 710.

(2) 訴えの数が減少した他の理由としては，住民の司法利用や紛争のあり方の変化，そしてその背景としての土地所有構造や権利認識の変化などの要因も考えられる。

(3) Meek, *Lucca 1369*, pp. 21–26.

(4) 確かに土地や家屋などの不動産の権利をめぐる訴えは減少しているが，ただ，農地の損害賠償を求める訴えが逆に増加していることを考えれば，土地の不法占有に対する訴えの方法が，土地の権利自体に対する訴えから，不法占有に伴う収穫や略奪を争点とし

て賠償金を求める訴えに変わったという，訴訟戦略上の変化があったことが考えられる。

（5）実際に被告の抗弁が効果を発揮していないことは，原告の出廷拒否で終わる事例が減少していることに表れている。というのも原告側が出廷拒否して終わる事例は，被告側の異議を受けて原告側が裁判を中断する場合が多く，それゆえそれは異議の成功を示すものであるからである。

（6）訴点手続きとは，当事者が主張を論点ごとに細分化して提示し，それに対して相手方が認否を行うというものである。もし相手が訴点を否定した場合，訴点を提示した側はその内容を証言で証明することになる。これら訴点や証言の提示は大きな労力と費用を要するもので，ここに訴訟当事者が紛争に関して十分に議論しようという姿勢を見ることができる。

（7）裁判記録に書き写された法助言には，訴訟当事者の名，訴訟の概略，参考資料，判定理由，判定内容が記されている。訴訟内容に関しては概要が記されているのみであり，判定の理由についても「訴訟の全過程を考慮して」など法学者の判定の基準に関して不明確なものが多い。また判定の内容についても，たとえば「差押え命令は無効である」などしばしば要旨のみ記されており，法助言での具体的な争点は不明なことが多い。こうした場合，法助言に至るまでに，どのような問題が争点として持ち上がっていたのかを検討する必要がある。しかし法助言に至る約半数の裁判は，1336年の記録簿が記され始めた時点（4月）では，すでに裁判が始まっており，またそれ以前の記録簿も現存していないため，法学者が取り組んだ事案の具体的な背景は必ずしも明らかではない。法学者の判定の特徴を検討する上ではこうした史料的制約がある。

（8）これは追放令を受けた者が後に獲得した司法命令の合法性が争点となった事例であり，条例の規定が根拠とされ，司法命令の有効性を確認する判定が出されている。*Potestà*, 60, fol. 225r : "... et viso statuto Lucani communis quid incipit quod nullus tenitor et cetera, posito... rubrica de exceptione inbannimenti non opponenda contra dominum suum capitulo .viii. libri .iiii....".

（9）この事例は，警備仲間に登録されていない者に有利になるように，拘束の司法命令が出されたとする訴えで始まったものであり，条例と決議の内容に基づいて，その司法命令の取り消しが決められている。*Potestà*, 58, fols. 359r–360v : "Et viso statuto Lucani communis loquente de pena illorum qui non fecerint se scribi inbapneria, et stantiamento postea facto per quod additur dicto statuto quod...".

（10）確認された唯一の例外として，差押えられた穀物の権利をめぐって争われた裁判で，それぞれの取り分を決定した法助言がある。そこでは，都市条例の「夫の財産に関して，借地人の妻よりも主人（dominus）が優先されるべし」とする規定と，『学説彙纂』の「国庫の権利について（de iure fisci）」が言及されている。これらの法は権利関係を規定する実体法に分類されよう。*Potestà*, 64, fols. 224r–228r.

（11）たとえば，債務返済の訴えに基づいて司法命令が出された件で，その3カ月後に出廷した被告側が召喚の不備や訴訟の早期の中断を理由に不服を申し立て，それが法学者に委託された事例がある。そこでは原告側は，4つの条例の規定（異議は6日以内に呈されるべきであるという規定や判決の執行の規定など）を提示し，司法命令を執行に移すよう主張している。法助言では，おそらく原告の提示した規定に則って，司法命令を有効とする旨が示されている。*Potestà*, 428, fols. 23r–26v, 51r–52r.

（12）この5件の内容は，以前の判決の執行を認可したもの，司法命令への異議に対して命

令の基礎となった債務債権関係を認め命令を有効とした判定，親子関係や相続の問題での判定，農村共同体による農地の損害を認めた判定，農村共同体から課税を受けたと訴えた原告をルッカ市民であると認めた判定である。

（13）*Potestà*, 430, fols. 25v–26r : “consideratis depositionibus testium utriusque partis inter eos qui aliquid dicunt preponderant depositiones testium rei propter numerum et quia magis sufficientem causam reddunt ideo motus animi mei cum eis concurrit...”.

（14）ラーポは『学説彙纂』や学識法学者チーノ・ダ・ピストイアの著作などの法理も引用して自身の法助言の法的根拠を示している。

（15）*Potestà*, 426, fols. 7r–11v, 24r–33v, 53r–55v, 76r–79v, 101r–104v. そうした事例では判決が行われる前に，裁判官は「前記の紛争については終結した（pronuntiavit conclusum esse in causa et questione predicta）」（*Ibid*., fol. 78v）と宣言し，自身のイニシアティブで議論を終結させ判決へと導いている。

（16）たとえば，原告トーラが金銭貸借の証書とともに故ベンヴェヌーティの息子のチェッコを訴えた 1336 年の裁判で，原告トーラが貸付を証明する会計文書を提出したのに対し，被告側はトーラの父に負債を返済したとしてその時に返済証書を提出している。ここで裁判官は法学者に委託することなく，単独で被告側の証明を妥当なものとして認め，裁判の過程で出された司法命令を取り消すことを宣言している。*Potestà*, 64, fols. 15r–v, 39r–41v.

（17）*Potestà*, 426, fols. 101r–103r.

（18）たとえばシモーネという人物が，修道士でありポデスタ法廷の管轄外であるにもかかわらず，同法廷において債務の不払いのために拘束の司法命令を受けたことについて，その取り消しが求められた裁判では，裁判官は都市条例に準拠して，命令の取り消しとシモーネの解放の判断を下している。*Potestà*, 423, fols. 33r–34r.

（19）*Potestà*, 706, fols. 4r–9v, 19r–25v.

（20）勝田有恒・森征一・山内進編著『概説西洋法制史』129–140 頁。

（21）Padoa Schioppa, ‘La coscienza del giudice’.

（22）Baldo degli Ubaldi, *Consilia*, Lugduni, 1543, vol. I, cons. 310 : “[si] motus iudicis cum confessione concurrit, de suo motu animi debet stani eius verbo, quia iudex non presumitur immemor salutis eterne : statur iudici asserenti de conscientia sua..., quia mentes hominum non possunt depingi in pergameno, lex commisit nonnulla iudicantis arbitrio et religioni”.

（23）ガンディーノは『悪事に関する論考』において「今日，裁判官は悪事を職権による糾問主義裁判によって裁いている。それは法学者グイド・ダ・スッザーラや他の者にも共通して見られるように。ただしそれはローマ法（ius civile）には反している」と述べている。これは糾問主義裁判が，日常の裁判では普及しているが，それはあくまで法的には例外的なものであったことを示している。Vallerani, *La giustizia pubblica*, p. 211.

（24）Padoa Schioppa, ‘La coscienza del giudice’, p. 271 : “quando potestas habet arbitrium, etiam si non essent indicia plura sed unum tantum, posset ad tormenta procedere”.

（25）Ibid., p. 271 : “secure per arbitrium quod habent, si tarnen conscientia et animus cum probatione concurrit”. トマスはその根拠として，ローマ法ではなく都市条例が裁判官に自由裁量を与えていることを挙げている。

（26）エンゲルマンによれば，これは債権者の自力差押え権を認めるランゴバルド法の債権法に由来し，ローマ法が復活する以前のイタリア諸都市の実務において一般的な原則と

なっていた手続きに，学識法学者が法的な装いを与えたものであった。エンゲルマン『民事訴訟法概史』336-341頁。ちなみにルッカはランゴバルド法の影響を強く受けたとされており，ここからもルッカの条例にこの規定がある理由がわかる。

(27) これは1308年の都市条例でもすでに定められていた手続きである。*Statuto 1308*, IV, 3 (De summaria ratione reddenda contra obligatos per publicum instrumentum), pp. 250-252. 他都市の都市条例でもこの手続きは見られる。Salvioli, *Storia della procedura*, pp. 327-346.

(28) エンゲルマン『民事訴訟法概史』333-335頁。

(29) Meccarelli, *Arbitrium*, p. 265 : "quando sic procedere non est in iudicis potestate... secus si sic procedere voluntati iudicis relinquatur ut in constitutionem Dispensadiosam".

(30) *Ibid*., pp. 266-267.

(31) エンゲルマン『民事訴訟法概史』336頁。

(32) Padoa Schioppa, 'La coscienza del giudice'.

(33) Cerutti, 'Giustiziae località'.

(34) Ascheri, 'Il processo civile', pp. 361-364.

(35) *Anz. Av. Lib*., 5, p. 112 ; Green, *Lucca under Many Masters*, p. 205.

(36) ちなみにこの6件を担当している5人の法学者（バルトロメオ・ロッセリーニ，ランド・デ・ポルカーリ，ベルナルド・ボルガリーニ，アックルソ・カッサーニ，グイドーネ・ポッラーニ）は，1333年時点には法学者団体には在籍していない。

(37) *Statuto 1308*, IV, 25 (De questionibus commictendis iudicibus collegii Lucane Civitatis), p. 263.

(38) *Statuto 1342*, fol. 129r : "Item si de partium voluntate et consensu processit possit fieri commissio in quelibet iurisperitum partibus non suspectum... non obstante quod non esset de dicto collegio. Et non obstante aliquo capitulo vel statuto in contrarium loquente".

(39) *Ibid*., fol. 129r : "Et si iudices omnes dicti collegii non essent concordes in consilio dando super dicta questione eis comissa, quod dictum collegium teneatur et debeat consulendam transmittere alicui iurisperito partibus non suspecto quem eligere voluerint vel colloquium habere cum quo voluerint de intus civitatis Lucane vel extra".

(40) *Statuto 1372*, IV, 36 (De commissionibus faciendis), fols. 98v-99r.

(41) ピサで1160年代に編纂されたとされる2つの法典（Constitutum legis と Constitutum usus）は当初はランゴバルド法を基礎としていたが，その後12世紀後半にローマ法の概念や規定が追加され，13世紀初頭までにローマ法の要素を多分に含んだものとなった。Wickham, *Courts and Conflict*, pp. 114-116.

(42) *Dizionario Enciclopedico Italiano*, II, p. 103.

(43) Spagnesi, 'L'insegnamento di Baldo'.

(44) 1365年が例外的な年ではなかったことは，ピサの法学者の法助言が1366年に8件中2件，1367年に8件中3件あることからわかる。ちなみに1396年の唯一の開封された法助言は，アレッツォ出身のフィレンツェの法学者によるものである。

(45) *Anz. Av. Lib*., 26, fol. 117r. 実際に1365年のある裁判では，法学者の助言が法廷で開かれようとしているところで，一方の当事者が控訴法廷に向かい，その助言の開示を阻止しようとしている場面がある。*Potestà*, 428, fols. 23r-26v, 50r-51r.

(46) *Anz. Av. Lib*., 13, p. 52. ちなみにバルトロメオは後にルッカに法学者として帰還し，14世紀後半のルッカ政治において重要な役割を果たすこととなる人物である。他にも1339

年に公証人ランフランコ・ペッローリがボローニャで普通法（ius commune）を勉強していることを理由に免税特権を受けている。*Anz. Av. Lib.*, 14, fol. 2r.

(47) *Anz. Av. Lib.*, 26, fol. 90r. また公証技能を身につけたい者にも毎年6フィオリーノの奨学金が5年間与えられることが決められている。ちなみに奨学生には，研究を専念することと受入教官からの証明をアンツィアーニに提出することが義務づけられている。

(48) *Ibid.*, fol. 90r : "volentes quod civitas Lucana virtuosis hominibus repleatur et maxime in artibus liberalibus, de quibus expoliata est in presenti propter paupertatem civium et alia, que bono statui dicte civitatis concurrerunt contraria in preteritis".

(49) *Anz. Av. Lib.*, 26, fol. 130r : "... quod ipsi cupierunt diutino tempore iam elapso et nunc avidius cupiunt ad iuris civilis scientiam provehi Dei et vestra gratia procedente, sed facultatibus eisdem deficientibus propter ingruentiam temporum et infestos necessitatis eventus nequiverunt et adhuc nequeunt Bononiam vel ad alia studia proficisci, propter quam causam civitas Lucana est destituta iuris copia peritorum. Nec in Bononia vel alibi aliquis civis Lucanus reperitur in iure civili studere, prout hec vestre prudentie patere possunt. Et nisi per vestram prudentiam remedium salubriter apponatur pauci aut nulli iurisperiti reperientur in civitate Lucana, hiis deficientibus qui modo sunt. Cumque dominus Martinus ad petitionem quorundam in iure civili studere volentium, legere codicem incohavit et in eius lectura intendat dei gratia perseverare, nec possit impotentia facultatum dicte lecture totaliter superesse cum etiam opporteat aliis intendere pro necessariis vite sibi, vestre dominationi multa prudentia circumspecte devote et cum instantia filiali supplicatur qualiter attenta tam utilitate quam necessitate rei publice et communis boni placeat providere dicto domino Martino taliter quod super dicto studio habeat materiam perseverandi et dietam de bono in melius procedendi, ut predicti auditores et ceteri studere volentes in dicta scientia tanto bono principio non fraudentur".

(50) *Ibid.*, fols. 130r–v : "Nosque attendentes ad singula in dicta petitione contenta et quantum ad honorem et exornationem rei publice civitatis Lucane suorumque civium commoda redundet indubie copia peritorum, desiderantesque dare materiam quantum in nobis est studentibus suprascriptis, ac etiam aliis studere volentibus in iure civili et suprascripto domino Martino eorum doctori in ipso studio perseverandi... stantiamus providemus et ordinamus quod predictus dominus Martinus a kalendis januarii proxime futuris ad duos annos tunc proxime secuturos videlicet singulo anno durante dicto termino duorum annorum habeat et percipere debeat et consequatur de avere introitus et pecunia Lucani communis a camerario dicti introitus pro tempore existenti libras centum denariorum Lucanorum parvorum, si et inquantum dictus dominus Martinus ordinate legat ut debet librum codicis supradicti...".

(51) 法学者の亡命についてはたとえば，1330年代に活躍していたルッカの法学者ジョヴァンニ・ズバッレは，1347年6月13日に，ルッカへの帰還をアンツィアーニに求め，免税特権とともに認められている。*Anz. Av. Lib.*, 26, fols. 61r–62r.

(52) バルトロメオ・マウリーニ，ロドヴィコ・メルカーティ，シモーネ・デ・バルガの3名である。

(53) Rolandino, *Summa totius artis notariae*, fol. 355r : "Et quia iudex aliquando dubitat de quaestione coram agitata, vel quia quandoque in aliis negociis est in tantum occupatus : quod non potest conpetenter examinare probationes, neque audite allegationes" ; Padoa Schioppa, "Profili del processo civile", p. 599.

(54) エンゲルマン『民事訴訟法概史』319頁。

(55) Rolandino, *Summa totius artis notariae*, fols. 355r–356v (De consillis dandis). ロランディーノは，「いくつかの地では」裁判官が法学者の見解に頼ることなく，独自に判断を下していることを指摘している。この指摘はパドア・スキオッパによれば，この書が記された13世紀半ばのボローニャでは，裁判官が法学者の助言に基づくことが一般的であったことを示唆している。ただし，それは慣習的なことであって，法的な義務によるとは必ずしも言えない。Padoa Schioppa, 'Profili del processo civile', p. 598–601. ボローニャで現存する民事裁判の判決は，ロランディーノの著作から約80年後の1336年のものであるが，そこでは判決は法学者の助言には基づいていない。Archivio di Stato di Bologna, *Curia del Podestà*, *Atti*, *decreti e sentenze*, 2. 他方，ミラノでは判決が法助言に基づくことが一般的となっていた。Padoa Schioppa, 'La giustizia milanese', pp. 19–30.

(56) *Statuto 1331*, p. 128 : "Et teneatur quilibet officialis Lucani communis questione civiles ad petitionem partis comictere eo modo quo dictum est supra sub dicta pena".

(57) Padoa Schioppa, 'La giustizia milanese', pp. 19–25.

(58) Rolandino, *Summa totius artis notariae*, fol 355r : "quoniam hanc causam cum consilio sapientium decidere volo...".

(59) Padoa Schioppa, 'Profili del processo civile', p. 601.

(60) *Potestà*, 423, fol. 53v : "Et quaesito per dictum dominum iudicem ab ipsius partibus de earum confidentibus et suspectis et eis habitis et in scriptis receptis idem dominus iudex de dictarum partium voluntate et ipse hedem partes lites et questiones... commiserunt in sapientem virum ambabus partibus confidentem dominum Lodovicum legum doctorem filium domini Guilielmum Mercati de Luca". 1365年のある事例では，当事者はルッカの条例や慣習を知っているルッカの法学者に問題が委託されるべきとして，ピサ人ではなくルッカの法学者を「信頼ある者」に入れている。*Ibid*., fol. 53r : "ex quo partes ambe sunt Lucane, et de foro Lucano ipsa questio comicti debent in iudicem Lucanum et quia facilius statuta brevia et iura Lucana et consuetudines ut praticus ipsorum scire et habere poterit. Et dat pro confidentibus omnes iudices Lucanos neminem exceptando nisi solum advocatum partis adverse".

(61) *Statuto 1372*, IV, 155 (De pena opponentis et non probantis exceptionem inbannimenti seu pronunciamenti vel aliam), fol. 120r. そこではこれらの異議を証明できなければ，略式で100ソルドまでの罰金が科せられることが規定されている。

(62) この規定は都市条例ではなく『法廷の条例』に由来する。『法廷の条例』は1331年のものしか現存していないため，1331年から1372年のどの時点で追加されたのかは判断できない。1331年の『法廷の条例』を見ると，異議に関するある規定の欄外に，1372年の規定と同じタイトルが記載されている。都市条例と『法廷の条例』が初めて統一されたのは1372年の都市条例においてである。

(63) *Statuto 1372*, fols. 158r–v : "Et quia cotidie per exceptiones que ad impediendum processum processus et expeditio retardatur, volumus quod nulla exceptio processum impediat nisi exceptio rei iudicate transactionis et iurisiurandi et solutionis debiti quod petitur de quibus appareant publica documenta...".

(64) *Ibid*., fol. 164r : "Item quod exceptio litis pendentis solet in causis occurrere volumus quod si in causa dicte litis pendentis fuerit cessatum procedi per quatuor menses tunc exceptio litis pendentis non obstet".

(65) *Potestà*, 432, fols. 63r–65v.

(66) *Potestà*, 424, fol. 40r ; *Potestà*, 426, fol. 7r.

(67) *Potestà*, 432, fols. 2r–11v, 80r–84r.

(68) *Potestà*, 422, fols. 61r–v.

(69) *Potestà*, 450, fol. 143v : "... respondet quod etiam in causis in quibus procedi debet summarie sequi et servari debet ordo iuris traditus in preallegato capitulo saepe contingit... in clementina et in aliis iuribus".

(70) ピサのシニョーレ，ジョヴァンニ・デッラニェッロ・デイ・コンティは，ピサにおいて1364年8月からポポロ体制に代わり支配権を築き，同時にカピターノ・ジェネラーレまたはゴヴェルナトーレとしてルッカを支配した人物で，その支配は1368年8月に神聖ローマ皇帝カール4世がこの地に来るまで続いた。Meek, *The Commune of Lucca*, pp. 105–118.

(71) 1件のみ「訴えに従って借地人が聖職者に地代を支払うように命令せよ」と判定的な指示が確認される。*Potestà*, 432, fol. 31r. 他の事例では具体的な指示はあるものの，一方に利を認めるものではない。たとえば，「ジェリオが馬をフィレンツェから連れてきたのは，平和がなされる前か後かを確かめるように」(*Potestà*, 426, fol. 65r : "... volumus quod... informes... si prefatus Gerius ipsum ronzinum de florentia duxit ante pacem factam vel postea...") や，「ある協定が当事者の意思と同意の下で行われたものか調査するように」(*Potestà*, 432, fol. 69r : "... volumus tibi mandantes quatenus diligenter inquiras si pacta predicta inita et facta fuerunt de consensu et voluntate partium") などがある。

(72) *Potestà*, 421, fol. 79r : "Volumus tibique mandamus ut reperta veritate de contentis in petitione... ius summarium expeditum et celere sine strepitu et figura iudicii facias et ministres".

(73) *Potestà*, 426, fol. 34r : "mandantes quatenus infra viginti dies proxime sequuturos... dictam causam seu questionem debeas prout iuris erit protinus terminasse".

(74) *Potestà*, 423, fol. 16r ; *Ibid.*, fol. 41r ; *Ibid.*, fol. 43v ; *Potestà*, 424, fol. 5r ; *Ibid.*, fol. 10r ; *Potestà*, 426, fol. 7r ; *Ibid.*, fol. 34r ; *Ibid.*, fol. 80r.

(75) *Potestà*, 421, fol. 5r ; *Potestà*, 423, fol. 3r ; *Ibid.*, fol. 52r ; *Potestà*, 424, fol. 55r ; *Potestà*, 430, fol. 27r.

(76) *Potestà*, 423, fol. 16r : "Quia litigantium cavillationes friude qui sunt expensarum materia nobis sunt pluurimum odiose...".

(77) *Potestà*, 432, fol. 7v : "mandamus quatenus visis et auditis iuribus partium... ius summarium et iustitie complementum tribuas sine mora". 7月10日付の書簡でも同様の指示が見られる。*Ibid.*, fol. 2r.

(78) ドージェからの指示の中でも，書簡に同封して訴状を送る旨が述べられている。*Potestà*, 423, fol. 53r : "Mictimus tibi praesentibus licteris inclusam petitionem super qua volumus quod...". 他の事例ではドージェがある当事者に書簡を出し，ドージェの下に来るように指示している。*Ibid.*, fol. 17r : "... vogliamo che sensa indugio veduta la presente lectera vegni a Pisa alla nostra presentia... provido viro Pacino Martini civi nostro Lucano nobis dilecto".

(79) *Potestà*, 432, fols. 7r–v : "supplicatur quod... ne dicte monales vel earum sindicus et procurator taliter ducantur vel teneantur in litigio sed summarie et de plano sine strepitu et figura iudicii et sine protelatione videantur iura partium super facto principali et terminetur veritate respecta sine temporis intervallo, obmissis solepmnitatibus et dilationibus quibus intelligatur ex vostro restricto

generaliter et specialiter derogatum... non obstantibus aliquibus exceptionibus dilatoriis et declamatoriis vel aliis suffugiis et cavillationibus oppositis vel qui opponerentur...”.

(80) Meccarelli, *Arbitrium*, pp. 265–266.

(81) ちなみに第1章第5節でも紹介したようにボローニャの刑事裁判の事例では，裁判官は，執政府から略式裁判の許可を受けているにもかかわらず，被告人の異議を聞き入れ，証拠の裏づけにも慎重な態度をとっている。Blanshei, *Politics and Justice*, pp. 484–497.

(82) エンゲルマン『民事訴訟法概史』336頁。

(83) *Potestà*, 432, fols. 2r–11v, 80r–84r.

(84) *Ibid.*, fol. 80v : “mandamus quatenus qui in dicta petitione continentur omni mora temporis sublata... cavillationibus frivolis protrahatur...”.

(85) *Ibid.*, fol. 81r : “... volentes tibique tenore presentium commictentes quatenus de predictis facias quid est iuris et ad debitum iustitie noveris pertinere”.

(86) ドージェの指示の内容に，どこまでドージェの意思や判断が入っているかを確かめることは難しい。訴訟当事者の訴えとそれを受けて行われるドージェの指示とを照合すると，多くの場合で，ドージェの決定は訴えの内容に即したものであるが，当事者の訴えをそのまま受け入れていない事例も存在することがわかる。たとえば，ある事例では，当事者から権利を認定するように訴えられたドージェは，略式で裁判を行うことだけを指示している。ここからはドージェはただ訴えを単純に受け入れていたのではなく，中立性を意識して指示を出していたことがわかる。*Potestà*, 426, fol. 7r.

(87) これは原告テッチーナ（代理人ニコラ）が，土地の所有に関して被告パッチーノが煩わしくしてくるとして彼を訴えた裁判である。*Potestà*, 415, no foliation, 19 December 1364 ; *Potestà*, 423, fols. 13r–17v, 35r–39v ; *Potestà*, 432, fols. 38r–40v.

(88) *Potestà*, 450, fols. 142r–146v : “... iuridicis cavillationibus exceptionibus frivolis subterfugiis et protelationibus sunptuosis veritate reperta ius summarium tribuas” (fol. 142r).

(89) *Ibid.*, fol. 142v : “... dicit quod etiam in causis ubi procedi debet summarie debet fieri certa et clara petitio et parti adverse debet inde offerri copia et terminum statui ad deliberandum et respondendum, item debet prestari iuramentum calumpnia per partes et terminum per iudicem partibus assignari ad probandum et positionis et interrogatis et responsionis et in causa concludenda ut hoc nam probantur in capitulo sepe contingit extra de verborum significatione in clementis et aliis iuribus et legibus de dicta materia disponendis. Et si ordo et forma iuris perverteretur vel omitteretur non valerent de iure ea qui actitarentur”.

(90) *Ibid.*, 450, fol. 146r : “... dicens quod per licteras magnifici et excelsi domini ducis non tolluntur exceptiones et defensiones legiptime nec tollitur statuti forma set debet reperiri veritas modo et ordine iuridico et non de facto et exrrupto ut alia pars petiit”.

(91) *Patestà*, 424, fols. 5r–6v, 18r–21v, 29r–31v, 64r–65v.

(92) ちなみに宣誓に関しては，原告の宣誓に返答しなかったために告白と見なされ敗訴した被告が，その規定を知らなかったとしてドージェに救済を求めた事例もある。そこではドージェから略式裁判の指示を受けた裁判官が，宣誓の規定に基づいて出された以前の判決を消去する判断を行っている。*Potestà*, 419, fols. 53r–55v.

(93) *Potestà*, 424, fol. 6r : “volentes tibi quod stricte mandantes quatenus de comprehensis in petitione predicta, veritate comperta, ad nichil aliud habendo respectum, nisi ad solam et lucidam veritatem summarie facias quod est iuris, ne quisque lamentari possit contra veritatem opporri vel

gravari" ; *Ibid*., fol. 6v : "Mictatur potestati, et reperta veritate faciat quid iuris est, ad nichil aliud habito respectu nisi ad solam veritatem".

(94) *Ibid*., fol. 18v : "... respondet quod consideratis licteris domini nostri ducis... sue intentionis est et vult ac mandat prefatus dominus dux quod vos investigetis et inveniatis veritatem de narratis. Et quod secundum veritatem et habito respectu ad veram et lucidam veritatem, ius summarium faciatis... quod non ad afictionem vel ad iuramentum vostrum animum firmentis... non obstante iuramento dicti franceschini vel statuto per quid dispensatur quod iuramento stetur...".

(95) *Ibid*., fol. 19v–20r : "Et pro parte dicti franceschini facte fuerunt probationes legiptime in causa, secundum formam statutorum Lucani communis cum multo labore et expensis. Et quod ipsi videntes se de iure subcumbere in dicta causa fecerunt expositionem et petitionem coram dominatione vostra, tacita veritate, infamantes dictum franceschinum indebite et iniuste... misit dicto potestati vostris licteris interclusam, quarum vigore dictus franceschinus impeditur in prosecutionem dicte cause et sui iuris".

(96) *Ibid*., fol. 19v : "facias et fieri facias ius summarium et expeditum veritate reperta, secundum formam statutorum Lucani communis".

(97) *Potestà*, 426, fols. 7r–11v, 24r–33v, 53r–55v, 76r–79v, 101r–104v, 128r ; *Potestà*, 432, fol. 22r.

(98) *Potestà*, 450, fol. 44r : "... contra infrascripta iura et statuta videlicet contra statutum Lucani communis libro .iiii. sub rublica de questionibus commictendis... Item contra Lex .fi. codicem de executione rei iudicate et contra Lex .i. codicem de re iudicate et...".

(99) もちろん，ドージェがルッカを支配する1364年以前にも，地域の法学者の減少などもあってか，裁判官単独での判定の占める割合の拡大はすでに始まっている。とはいえドージェの介入により，裁判官の自由裁量が一気に大きくなったことは確かである。

(100) *Statuti 1372*, fols. 156v–157r : "De summaria racione reddenda in litibus civilibus".

(101) *Ibid*., fol. 156v : "Ut finis litibus celerius imponatur volumus quod in omni causa civili seu que civiliter intentatur, procedatur, cognoscatur et detinetur per quemcumque officialem prout causa ad suam iurisdictionem pertinuerit summarie et de plano sine strepitu et figura iudicii, nulla iuris et aliorum statutorum solemnitate servata..." .

(102) コムーネ成立期のコムーネと公証人との関係について文書形式学の観点から検討した研究として，Fissore, *Autonomia notarile*.

(103) 1372年には，それまでコンスル法廷独自の法規範を形成していた『法廷の条例』が，都市条例の下に統合されている。

(104)「皇帝の権威による公証人」との署名が見られる事例として，たとえばTirelli, 'Il notariato', p. 263 : "Ego Taddeus quondam Nicolai Malpilli de Luca, imperiali auctoritate notarius".

(105) たとえば，Ibid., p. 263 : "Ego Gregorius Gilius olim Andreucci Arnaldi notarius, civis Lucanus". また，1372年の条例では公証人がルッカ市民であることを署名で明記するだけで公証人文書に効力が生じることが規定されている。*Statuto 1372*, III, 17 (De modo et forma probandi aliquem esse notarium). とはいえ，公証人の名称の記載において「皇帝の権威により」との表現が完全に消えたわけではない。本書第2章注133参照。

(106) *Statuto 1308*, II, 55 (De sacramento notariorum et aliis quam pluribus diversis circa eorum exercitium spectantibus), pp. 108–110 : "omnes notarii Lucane Civitatis, districtus et sex miliariorum presentes et fucturi, habentes libros aliquorum notariorum vel alicuius notarii, teneantur et

debeant denunptiare in Camera Lucani Communis cuius et quorum notariorum habeant libros..., notarii et custodes librorum Lucani Comunis... teneantur et debeant ex inde unum librum facere, in quo predicta describant”. ここでは，報告を受けた文書庫管理人はそれを一冊の記録簿に書き記すことが義務づけられている。実際に文書庫管理人に申告がなされていたことは，1367 年の管理人の覚書から確認できる。ASL, *Archivi pubblici*, 13.

(107) しかし申告により誰の下にどの登記簿があるのかを把握するこうした試みは，登記簿の永続的な保管という意味では不完全であった。当時の公証人は死亡した複数の公証人の登記簿を持ち，時にそうした巨大なストックが個人の保管庫を占め，その結果いくつかの登記簿が不用意に売却されるケースがあったからである。1381 年のある公証人の妻は，13 世紀以降の幾人もの公証人による 60 以上の登記簿の保管を申告している。マイヤーは 14 世紀ルッカにおける登記簿の散在状態，そしてその頻繁な売却について指摘している。Meyer, ‘Hereditary Laws’. また，1389 年には文書庫管理人が，違法な売却や記録簿の散逸を嘆いている記録もある。Lazzareschi, ‘L’Archivio dei Notari’, pp. 179–180.

(108) フィレンツェでは公証人組合が登記簿の保管に当たったが，公証人組合の力がそれほど大きくなかったルッカでは他都市に比べて早期から，コムーネが直接の保管を行った。D’addario, ‘La conservazione’, p. 206.

第 7 章　刑事司法の実態

(1) Wickham, *Courts and Conflict*.

(2) Vallerani, *Il sistema giudiziario*.

(3) なお同時期のペルージャでは民事法廷も別に存在している。

(4) Sbriccoli, ‘“Vidi communiter observari”’.

(5) Vallerani, *La giustizia pubblica*, pp. 113–166.

(6) Zorzi, *L’amministrazione*; Id., ‘Ordine pubblico’.

(7) Dean, *Crime and Justice*.

(8) 人口については第 2 章第 4 節を参照。

(9) *Potestà*, 4785, 4787, 4788, 4790.

(10) *Potestà*, 4846, 4847, 4848, 4849.

(11) *Potestà*, 4901, 4902, 4903, 4904.

(12) *Potestà*, 5076, 5077, 5078, 5079, 5080, 5081, 5082.

(13) Vallerani, *Il sistema giudiziario*.

(14) 当時の人口が 1.9 万人でうち成人が半数と仮定すると，年に 18 人当たり 1 人の割合で召喚されていたことになる。成人人口が全体の約半数であったことについては，Herlihy, Klapisch-Zuber, *Tuscans and Their Families*, pp. 182–201. なお重罪案件のみが対象となる代官区の人口については上記の数字に含まれていない。

(15) 1355 年の後半には 162 件の裁判が，1356 年の前半には 105 件の裁判がそれぞれ行われていた。また被告人の数は，1355 年後半には 342 人，1365 年前半には 176 人であった。ちなみに，これらの数字からもわかるように，1 件当たりの裁判で複数人が被告人として起訴されていることも多く，多い場合では 14 人が起訴されている事例もある。*Potestà*, 4846, fols. 214r–215r.

(16) ASL, *Archivio dei Notari*, 108 (Nicolao Lupori), p. 517 : “Michele condam Cioni de brachio sancti ponthiani porte sancti donati ex parte una et Nucchorinus barberius filius petruccii orselli

barberii contrate sancti donati intus portam Lucanus civis cum consensu et voluntate dicti sui patris ex parte alia communi concordia dicte partes fecerunt et reddiderunt sibi invicem... veram et perpetuam pacem et concordiam et remissionem et perdonationem de omnibus et singulis inimicitiis, malivolentiis, hodiis que sunt seu esse possent vel dicerentur inter dictas partes, occasione cuiuscumque iniurie vel verborum iniuriosorum, vulnerum vel percutionum illatorum et factorum et dictorum per ipsam Michelem contra ipsum Nucchorinum vel in eius personam seu per ipsum Nucchorinum contra ipsum Michelem vel i eius personam... et promictentes dictes partes invicem habere et tenere perpetuo firmam et ratam presentem pacem et concordiam et predicta omnia et contra non venire sub pena et ad penam libris quingentarum... Actum luce in domo hospitalis misericordie coram Luporo Ursi et Bonturello Bandori de Luca testibus ad hoc rogatis Anno Natavitatis Domini. MCCCXXXIII. Indictione prima die. xxx. may. Ego Nicolaus notarius suprascriptus hoc subscripsi".

(17) ASL, *Archivi dei Notari*, 108, 109 (Nicolao Lupori) ; ASL, *Archivi dei Notari*, 116 (Bartholomeo Buomensis) ; ASL, *Archivi dei Notari*, 146 (Francesco di Giusfredo Sembrini) ; ASL, *Archivi dei Notari*, 148 (Alberto Buomensis).

(18) 公証人記録での和解件数は 14 世紀前半のデータであり，法廷での和解の件数は 14 世紀後半（ペスト後）のデータである。そのため，14 世紀後半の実際の法廷外での和解件数は，ここで挙げた 230 件よりも少なくなると考えられる。

(19) たとえば，ジュントーネがコルッチョに侮辱的な言葉を浴びせた問題で，被害者であるコルッチョが法廷に出向き，彼を条例に基づいて有罪にするよう求めている。*Potestà*, 4790, fols. 10r–11r : "Coram vobis domino Johanne de civitate castelli iudice curie malleficiorum Lucani communis, Coluccius bonturi pannarius Luccanus civis suo iuramento accusat Juntonem condam bacciomei de communi capelle sancti donati de domezano vallis ottavi in eo de eo et super eo videlicet quod dictus Junctone irato animo et malo modo, et in dispectu et dedechus ipsius Coluccii dixit eidem Coluccio et contra ipsum Coluccium in facta verba iniuriosa... Quare petit eum puniri et condepnari secundum formam statuti...".

(20) たとえば，バルトロメオがリーパをナイフで切りつけた件では，サン・トメイ街区のコンスル，アグイランテが法廷にこの「悪事」を告発している。*Potestà*, 4787, no foliation, 15 March 1344 : "Coram vobis domino Johanne iudice curie maleficiorum Lucani communis et vostra curia, Aguilante guidi consul contrade sancti tomei in coaria porte sancti donati consulatus nomine pro dicta contrada denusiat [denuntiat] Bartholomeum gucii...".

(21) 13 世紀から 14 世紀にかけての告訴の減少はボローニャでも観察される。ボローニャでは，告訴は 13 世紀末には多い年で 3118 件（1294 年）あったのに対し，14 世紀に入るとその数を大きく減らし，各裁判記録簿（年間約 20 冊作成）において，多い場合でも 20〜30 件程度しか収録されない状況になっている。Vallerani, *La giustizia pubblica*, pp. 120–121, 146–147. そして，最終的には，1351 年には告訴に始まる裁判はわずか 3 件になっている。Dean, *Crime and Justice*, pp. 43–47.

(22) 都市の街区が告発すべき「悪事」についての条例の規定は，*Statuto 1342*, I, 111 (De maleficiis denuntiandis per consules contratarum et brachiorum, et de pena vicinorum non capientium malefactores), fols. 35v–36r. 周辺農村の共同体による告発の義務づけは，*Ibid.*, I, 34 (De pena communitatum sex miliariorum non denuntiantium maleficia, et de pena recipientium pecuniam vel obligationem pro maleficiis non denuntiandis et non denuntiantium

maleficia), fol. 15v.

(23) たとえば1338年10月12日に始まった裁判ではサンタ・マリア・ラペッレの農村共同体のコンスルが，「悪事」を犯したグイドゥッチョという人物を捕まえなかったことで有罪判決を受けている。*Potestà*, 4739. 1344年の判決集でも，殺人犯を捕まえたにもかかわらず法廷に連れて来なかったことや，告発をしなかったことを理由に，共同体のコンスルが有罪判決を受けていることが確認される。ASL, *Sentenze e bandi*, 13.

(24) Zorzi, 'Ordine pubblico', pp. 427–428.

(25) Zorzi, 'Contrôle social'.

(26) *Potestà*, 4846, fols. 83r–84v.

(27) なお裁判記録における起訴内容では，故意の殺人と傷害行為の結果死に至った傷害致死とは区別されずに，ともに殺人として扱われている。都市条例でも傷害の後20日以内に死亡した場合は，殺人と見なされることが定められている。*Statuto 1342*, I, 14 (De eo quod percussus et vulneratus et post dictam percussionem mortuus infra viginti dies continuos presumatur propterea mortuus), fol. 11r.

(28) ただし，1件のみ斬首刑または750リラの罰金というものがある。この事案は，バルトロメオが槍でピエリの肩を攻撃し，ピエリが死亡したというものであり，他の案件に比べて犯行状況から殺意が認められなかったと判断されたのかもしれない。*Potestà*, 4847, fol. 31r.

(29) *Potestà*, 4849, fols. 44r–45v.

(30) *Potestà*, 4846, fols. 147r–148r.

(31) なお脅迫行為の後に傷害が犯された場合などは多く見られるが，ここでは傷害事案として数えているため，実際には脅迫や侮辱の行為はもっと多い。

(32) *Potestà*, 4846, fols. 175r–178v, 190r–191v.

(33) *Potestà*, 4848, fols. 35r–37v,

(34) *Potestà*, 4901, 4902, 4903, 4904.

(35) ここで言う市民とは明確に「市民（cives）」と記されているもので，「ルッカに住む者（qui moratur Luce）」ではない。

(36) 法廷の強制力に関わる人員については，本書第2章第3節や，第9章第3節，第5節参照。

(37) *Statuto 1342*, I, fol. 24r : "De eo quod imbanniti pro maleficio possint impune offendi".

(38) *Ibid.*, I, 2 (De maleficiis inquirendis et modo procedendi super eis), fols. 4v–6r.

(39) 都市条例は告白による4分の1の減額を定めている。*Ibid.*, I, 10 (De pena minuenda confitenti maleficium in prima examinatione), fol. 8r. 1372年の条例でも同様の規定がある。*Statuto 1372*, II, 122, fol. 41v. 1344年の判決集では，告白により有罪判決の4分の1が減額されると明記されている。ASL, *Sentenze e bandi*, 13, no foliation, 31 January 1344 : "remissa ei quarta parte dicti condemnationis propter eius confessione quam fecit in prima eius examinationi".

(40) 規定では，妊婦への拷問は禁じられ，拷問により被告人が死亡した際には裁判官とポデスタに50リラの罰金が科せられることなど，厳しい拷問を抑えようとする意図も垣間見られる。*Statuto 1342*, I, 2 (De maleficiis inquirendis et modo procedendi super eis), fol. 5r. 1372年の条例でも同様の規定がある。*Statuto 1372*, II, 9 (De modo torquendi et in quo casu prohibita et seu promissaex tortura), fol. 22r.

(41) 都市条例では，拷問は刑事裁判の裁判官と書記がいる中で行われ，その内容は書記が記すべきと規定されている。*Statuto 1342*, fol. 5r ; *Statuto 1372*, II, 10 (De eo quod torture debeat esse unus notaries maleficiorum), fol. 22v.

(42) *Statuto 1342*, I, 2, fol. 5v : “et quelibet accusa et denuntiatio possit poni et describi per notarium malleficiorum in modum inquisitionis, et ea via super ipsa procedi in his tamen maleficiis et excessibus super quibus potest procedi per viam inquisitionis”. 例外として，偽証など偽りの罪については弾劾主義の方法で手続きがなされるべしとある。ただそこでも裁判官によって職権に基づく手続きが採用されることは認められている。この規定は 1308 年の都市条例ですでに見られる。*Statuto 1308*, III, 2, p. 134.

(43) 返答箇所は，後に（おそらく 10 月 29 日に）追記されたものである。

(44) 11 月 3 日と記載されているが，日付に誤りの可能性がある。

(45) たとえば 1344 年の裁判では，互いへの傷害で被告人となったカテリーナとキアーラは，カテリーナがフィレンツェ人で，キアーラがドイツ人であるため，ルッカに住む外国人に対して手続きが進められるべきではないと裁判官に主張し，それを 2 人の証人を通して証明している。その結果，主張が認められ裁判は中断している。*Potestà*, 4787, no foliation, 14 March 1344 : “Katelina et Chiara... dixerunt et opposuerunt contra ipsas et qualibet earum procedi vel inquiri non debere calsis [causis] et ractionibus infrascriptis, videlicet quia suprascripta Katelina est de Florentia... in civitate Lucana stetit et habutavit per annos dues... pro famula Scharani barateni de Luca... Et dicta Chiara est tedisscha et teotonica videlicet de Alamania...”.

(46) *Potestà*, 4847, fols. 15r–16v, 22v–23v.

(47) 和解による半額への減額の規定は，*Statuto 1372*, II, 121 (De pena reducenda ad dimidiam propter pacem), fol. 141v.

(48) これは判決集にはなく，裁判記録簿にのみ記載されている。

(49) 1363 年には 234 人が起訴され，80 人（34 %）が追放令を，91 人（39 %）が有罪判決を言い渡されている。他方 14 人（6 %）は無罪判決を勝ち取り，29 人（12 %）の裁判が途中で中断している。また結果が不明なものが 20 人（9 %）いる。全体として有罪（73 %）と無罪（18 %）の割合は 1355 年から 1356 年とさほど変わらない。追放令が 1355 年から 1356 年にかけて多く見られるのは，この年には凶悪犯罪が比較的多く，死刑判決が予想される罪を犯した者が出廷を拒否したためと考えられる。*Potestà*, 4901, 4902, 4903, 4904.

(50) Vallerani, *Il sistema giudiziario*, pp. 61–62.

(51) 斬首刑については，「4 月 2 日，ポデスタの命令でミケーレは慣例となっている裁きの場に連れられ，そこで頭部が切り落とされた」。*Potestà*, 4848, fol. 24r : “die secunda aprilis mandato domini Lucani potestatis ductus fuit ad locum iustitie consuetum et dicto Michele per sententiam latam in consilio generali fuit caput amputatus seu incisum decapitus fuit”. 絞首刑については，「6 月 27 日，ポデスタの命令でニコラは慣例となっている裁きの場に連れられ，そこで喉でつるされた」。*Ibid*., fol. 73r : “die .xxvii. junii mandato domini potestatis suprascripti dictus fuit ad locum iustitie consuetum et Nicolao suspensus fuit per gulam”. 他には，ヴェントリーノが斬首刑に処せられている。*Ibid*., fol. 66r : “die .xxi. junii mandato suprascripti domini potestatis suprascriptus Venturinus ductus fuit ad locum iustitie consuetum et ibi caput fuit ei amputatus”.

(52) 1名は右手切断の身体刑，残りの7人については判決集には記されておらず刑罰内容は不明である。

(53) *Potestà*, 4886-4890 ; *Sentenze e bandi*, 29, 30.

(54) 100〜499リラの罰金を科せられた69人のうち40人は，殺人などの重大犯罪者をほう助またはかくまった罪で有罪判決を受けている。

(55) 1355年から1356年の裁判では1342年の都市条例が適用されていたはずであるが，裁判での判決額は1372年の都市条例の規定の額に準ずるものとなっている。おそらく1342年以降，1355年までに何らかの法改正があったのであろう。ちなみに1342年までの刑罰規定においては，1308年の条例の規定「ある者を傷つけた者の罰金と，脅し，侮辱などについて（De pena vulnerantis aliquem ; de insultibus et verbis iniuriosis et aliis）」が継続して用いられていた。*Statuto 1308*, III, 14, pp. 142-146 ; *Statuto 1331*, I, 14, pp. 14-17 ; *Statuto 1342*, I, 12, fols. 8v-10v.

(56) *Statuto 1372*, II, 50 (De pena facientis homicidium), fol. 27v ; *Ibid*., II, 51 (De pena foretani seu forensis interficientis civem Lucanum), fol. 27v.

(57) *Ibid*., II, 55 (De pena danda illi qui prestiterit interfectori vel vulneratori auxilium vel favorem in tenendo interfectum vel vulnerando sive aliter), fol. 28r.

(58) *Ibid*., II, 34 (De percussionibus et vulneribus commissis cum armis in vultu), fols. 24v-25r ; *Ibid*., II, 35 (De percussionibus et vulneribus commissis in vultu cum aliis rebus), fol. 25r ; *Ibid*., II, 36 (De pena percucientis seu vulnerantis cum manu pugno vel alio suo membro in vultu), fol. 25r.

(59) *Ibid*., II, 37 (De percussionibus et vulneribus cum armis commissis in alia parte corporis preter quam in vultu), fols. 25r-v ; *Ibid*., II, 38 (De vulneribus et percussionibus commissis cum aliis rebus in alia parte corporis preter quam in vultu), fol. 25v ; *Ibid*., II, 39 (De pena percuentis aliquem cum manu pugno vel alio suo membro in alia parte corporis preter quam in vultu), fol. 25v.

(60) *Ibid*., II, 25 (De pena civis Lucani insultantis civem Lucanum), fol. 24r ; *Ibid*., II, 26 (De pena civis insultantis foretanum), fol. 24r ; *Ibid*., II, 27 (De pena foretani seu forensic insultantis foretanum seu forensem), fol. 24r ; *Ibid*., II, 28 (De pena foretani seu forensic insultatantis [insultantis] civem Lucanum), fol. 24r.

(61) *Ibid*., II, 44 (De pena proitientis contra aliquem lapidem vel lignum vel ferrum vel gladum vel ensem vel aliam rem), fol. 26v.

(62) *Potestà*, 4846, fols. 55r-v.

(63) *Ibid*., fols. 127r-128v.

(64) *Potestà*, 4847, fols. 26r-v.

(65) *Statuto 1372*, II, 41 (De percussionibus et vulneribus ex quibus aliquod membrum amissum seu debilitatum seu inutile factum fuerit), fol. 26r.

(66) *Ibid*., II, 49 (De maleficiis et excessibus commissis per minores sedecim annis vel mulieres), fol. 27r : "Et si predicta maleficia vel aliquod predictorum fuerint comissa ab aliquo minore sedecim annis vel aliqua muliere de predictis penis mutandis et minorandis sit in arbitrio potestatis...". 1342年の条例でも同様の規定がある。*Statuto 1342*, I, 12, fols. 8v-10v.

(67) *Potestà*, 4848, fols. 8r-9r.

(68) *Potestà*, 4849, fols. 67r-68r.

(69) 同時に複数の悪事がなされた場合は，より大きな罰金額が規定された罪が適用され，それに他の罪の罰金額の半分が加算されることになっていた。*Statuto 1372*, II, 47, fol. 26v : “De pluribus delictis uno impetus factis”. それゆえこの場合は石での顔面への攻撃による 150 リラに，素手での攻撃による 50 リラが加わる。

(70) このうちの 35 リラは脅迫分の半額によるものである。

(71) 一部否認しているものの，裁判記録には「告白」という欄外のメモがあるため，4 分の 1 の減額がなされたことは確実である。他にも市民のミケーレが市民のナルドゥッチョの顔を素手で殴り流血があった事案では，告白と和解の減額の結果 10 リラの罰金がミケーレに科せられている。減額前の基準となる，きりの良い額は導き出せない。*Potestà*, 4846, fols. 133r–v.

(72) *Potestà*, 4847, fols. 92r–93r.

(73) Romiti,‘Lo « statutum curie appellationum »’, p. 145 : “Statuimus etiam et ordinamus quod a condepnationibus Potestatis Lucani factis occasione processuum maleficiorum vel quasi, non possit appellari vd querela moveri ad dictum iudicem... nisi indictis condepnationibus summa bampni seu pene que pro maleficio vel quasi deberet imponi excederetur, in qua debuerit condepnati ex forma Lucani constituti, in quo casu possit appellari vel querela moveri ab ea summa... ”. また 1308 年の都市条例でも控訴法廷での判決による追放令の消去が想定されている。*Statuto 1308*, p. 186 : “... vel si in appellatione interposita ad iudicem appellationum pro Lucano Comuni vel in denuntia coram Sindico facta, in casu et modo premisso, bannita persona obtinuerit vel obtineat”.

(74) ただし例外的に控訴法廷が第一審の有罪判決を無効とする事例も存在する。それは判決集の欄外の記述から確認できる。そこでは 1359 年 6 月 7 日にポデスタ法廷でプッチネッロに対して出された有罪判決が，同年 8 月 31 日の控訴法廷での判決によって無効とされている。ASL, *Sentenze e bandi*, 22, no foliation, 7 June 1359 : “vigore sententie late per dominum Nicolaum Faville de Pisa iudicem et Maiorem sindicatum Lucani communis et iudicem appellationum”.

(75) ASL, *Sentenze e bandi*, 17, 18.

(76) *Statuto 1308*, pp. 196–197 : “De eo quod imbapniti pro maleficio possint impune offendi”.

(77) 判決文書の法的重要性は，ルッカを追放されていたアンテルミネッリ家のメンバーが 1333 年 9 月にルッカで蜂起を起こした際に，判決文書が保管されていた文書庫を襲撃し，焼き払っていることからも窺える。ルッカだけでなく，他のイタリア都市でも判決記録を破壊する行動は確認される。De Vincentiis, ‘Memorie bruciate’. また，1333 年 11 月 23 日，都市評議会で出された提案では，「5 つの重罪の有罪者と他の有罪者が，その追放令や有罪判決が 9 月の蜂起により見つからなくなっていることをいいことに，向こう見ずにルッカの都市とその領域を闊歩している」ことが触れられている。*Anziani* ed. Nelli., p. 331 : “In eodem consilio propositum fuit de imbannitis et condepnatis in quinque casibus et etiam de aliis imbannitis et condempnatis quorum banna et condempnationes non reperiuntur propter seditiones et alios casus fortuitos qui occurrerunt de mense septembris proxime preteriti qui imbanniti et condempnati temerarie discurrunt per civitatem, districtum et fortiam Lucanam”.

(78) 都市条例における追放令の解除の方法を定めた規定では，『追放者の書』を管轄する公証人は追放者が罰金を支払ったなら，『追放者の書』から追放者の名を消去するよう定めている。*Statuto 1308*, III, 76 (De forma inbanniendi et extrahendi de bapno), pp. 184–188, 特に

p. 186 : “Et dicti notarii inbannitorum teneantur et debeant inbannitos pro maleficio vel quasi extrahere et cancellare de libris inbannitorum Lucani Comunis quotiens solverint in pecunia numerata”. 1342 年の条例でも同様の規定がある。*Statuto 1342*, I, 45, fol. 19v.

(79) ASL, *Sentenze e bandi*, 18, no foliation, 7 November 1355 : “post predictam predictis anno et Indictione, die .xiiii. novembris, cassa et cancellata est suprascripta condemnatio suprascripte domine Johanne per me Matheum del caro de Luca notarium et custodem suprascriptum, quia constat mihi publica apodixa suprascripta manu Nicolozi Michele de Luca notarii introytus et exitus camere Lucani communis factis suprascriptis anno et Indictione die .xiii. novembris, Fredem Martini camerarius generalis Lucani communis habuisse et recepisse a suprascripta domina Johanna solventi pro suprascripta condemnatione libras duodecim et soldos decem bone monete.”

(80) *Sentenze e bandi*, 29, 30.

(81) 残りの 4 名は，死刑判決を受け執行された 3 名と死刑判決を受けながら判決集に名前が残っている 1 名である。

(82) 都市条例では，『追放者の書』を管理する公証人は，罰金の支払いが行われたときとともに，「コムーネの法のいくつかの条項やコムーネの評議会の命令またはコムーネから権威を与えられた者たちの決定」がなされたときに追放令を消去するように規定されている。ルッカのアンツィアーニはまさに，この「コムーネから権威を与えられた者たち」に当たる。*Statuto 1308*, p. 186 : “Et dicti notarii imbannitorum... vel quotiens deberent ipsos extrahere de banno ex forma alicuis capituli Constituti Lucani Comunis vel Populi vel decretorum Consiliorum Lucani Comunis vel Populi vel stantiamentorum aliquorum habentium autoritatem a Lucano Comuni”. 1342 年の条例でも内容は同じだが，この時点で役割を終えていたポポロの機関に関する記載“vel Populi”は削除されている。*Statuto 1342*, I, 45, fol. 19v.

(83) ASL, *Sentenze e bandi*, 17, no foliation, 15 October 1355 : “Anno Nativitatis Domini .MCCCLVIII. Indictione .xi. die .xv. mensis aprilis extractus et cancellatus est dictus Celloctorus de dicto banno per me Blasium de maiani notarium Lucanum civem et custodem librorum camere et super cassatione imbannitorum Lucani communis vigore provisionis dominorum anthianorum Pisani populi...auctoritate quam habent partitu facto inter eos ad dominos albos et giallos secundum formam brevis Pisani populi... secundum casum Pisani communis in qua cavent quod dictus Celloctorus rebanniatur et rebanniri possit et debeat a dicto banno...”.

(84) *Ibid*., no foliation, 15 October 1355 : “Post hoc anno Nativitatis Domini .MCCCLX. Indictione .xiii. die .xiiii. mensis martii... cassus et cancellatus est suprascriptus Bertoccus de dicto banno... vigore consilii mandati generalis Pisani communis... super ratificatione, confirmatione et approbatione pactorum factorum et compositorum... nomine Pisani communis... cum aliquibus comunibus vicarie Corelie et hominibus et personis ipsorum communium...”.

(85) *Ibid*., no foliation, 15 October 1355 : “Anno .MCCCLVIII. Indictione .xii. die .xxii. novembris extractus et cancellatus est dictus Coluccinus de dicto banno per me Blaium notarium suprascripti vigore mandati dominorum anthianorum Lucani communis... solvendo camere Lucani communis pro communi Lucano... libros .xx. bone monete... etiam solvendo et satisfaciendo ser Johanni de Rasignano... quid sibi ser Johanni debetur... in consilio dicta die detento per dictos dominorum Antianorum super petitione coram eis porrecta per partem dicti Coluccini, consultum fuit et obtentum et cetera”.

(86) *Ibid*., no foliation, 15 October 1355 : “post hoc Anno Nativitatis Domini .MCCCLVII.

Indictione .x. die .viiii. mensis mai extracti et cancellati sunt predicti Puccinellus et Coluccinus filii dicti Butelli de dicto banno per me Blasium notarium secundum vigore mandati dominorum antianorum Lucani communis... die .x. mensis aprilis... in quo cavent predicti Puccinellus et Coluccinus de dicto banno cassare in totum sine aliqua solutione... quia sic in consilio detento per dictos dominos anthionos die .vi. dicti mensis aprilis fuit obtentum et reformatum, ipsis Puccinello et Coluccino exsistentibus pro dicto banno detentis in carceribus Lucani communis... ob reverentium domini nostri Yesu Christi in die paschatis resurrectionis eiusdem qui fuit .viiii. ipsi mensis extiterunt liberati et vultui sancto oblati iuxta deliberationem consilii supradicti”.

(87) *Anz. Av. Lib.*, 39, fols. 90r–91v.

(88) たとえば ASL, *Sentenze e bandi*, 17, no foliation, 21 October 1356 : “Post hoc Anno Nativitatis Domini .MCCCLX. Indictione .xiii. die .xv. aprilis... dictus Bartholomeus pieri et Johannes pieri... cassati, extracti et cancellati sunt de dictis bannis librarum quingentarum... vigore maioris et generalis consilii pisani communis... super ratificatione confirmatione et approbatione pactorum factorum et compositorum vice et nomine Pisani communis et pro ipso communi Pisano cum aliquibus communibus vicarie corelie... et aliquibus castelanis... quod omnia bapna ipsorum et cuiusque condemnationes processiones et accusationes cassentur et cancelletur de libris Pisanis et Lucanis communis”.

(89) ASL, *Archivi Pubblici*, 39, pp. 25–34.

(90) ルッカの都市条例において政治機関による刑の赦免を合法としていることについては，本章注 82 参照。

(91) 死刑がすでに執行された者について，判決文書が作成されなかったのは，判決集が，コムーネが下した判決の記憶のためというより，その後の利用を前提として作成されていたことを思わせる。

(92) ASL, *Sentenze e bandi*, 540. 表紙には” Liber alfabetus vetus bannitorum inceptus anno 1355” と記されている。イニシャル A から X の分量は 98 頁分である。各アルファベットの項目内部は，さらに年ごとに区分けされており，毎年，順次書き込みが行われるようになっている。

(93) なお 1360 年以降に名前が消去された者については，『アルファベットの書』でもそれに対応して名前が斜線で消されている。

(94) この他に，国庫財務管理官の記録簿にも，国庫財務管理官が罰金を受け取るごとに，誰がどのような容疑でいつの判決に基づいてどれだけの罰金額を支払ったかが詳細に記録されている。ここにもコムーネが有罪者をある種の「財源」として管理していた様子が窺える。ASL, *Camarlingo Generale*, 60, fol. 14v : “die septima januarii, pro Johanne bianchi cive Lucano commorante in communi grangnani condepnato ex officio malleficiorum Lucani communis in libris quindecim denariorum Lucanorum bone monete in eo quod dictus Johannes armatus armis offensabilibus et defensabilibus fecit insultum et adgressuram contra Bartholomeum Amistadi de communi sancti Gemignani commorantem in communi grangnani in quo insultu et adgressura dictus Johannes cum una spata evaginata percussit dictum Bartholomeum super tabulaccio quod id Bartholomeus habebat in brachio uno ictu sine sanguine, ut in condepnatione de eo facta ex dicto officio Anno Nativitatis Domini .CCCLVI. indictione .viiii. die .xxx. decembris... Fredus de martinis Lucanus civis camerarius introytus et exitus Lucani communis habuit et recepit... libras .xxi. soldos .xii. et denarios .x.”. もちろん刑事裁判での罰金収入がコムーネの

歳入に占める割合は大きなものではない。国庫財務管理官の 1334 年上半期の財務記録を分析すると，同時期のコムーネ全体の歳入は 26 万 2407 リラ 17 ソルド 5 デナーロであるのに対し，刑事裁判の罰金収入は 7162 リラと，全体の 2.7 % に過ぎない。ASL, *Camarlingo Generale*, 7, 8. 歳入面では借入金を除けば，間接税や塩税が大きな割合を占めていた。とはいえ，14 世紀の度重なる戦争や飢饉における財政難の状況を考えれば，この 3 % 弱の罰金収入でも取るに足らないものではなかったのかもしれない。

(95) Digesta 48.18.1.27, In criminibus : “Praeses provinciae eum quem damnavit restituere non potest, cum nec pecuniariam sententiam suam revocare possit. Quid igitur? Principi eum scribere oportet, si quando ei, qui nocens videbatur, postea ratio innocentie constitit” ; Tanzini, *Il governo delle leggi*, p. 197.

(96) *Ibid*., p. 197 ; Bartolo da Sassoferrato, *Bartoli Commentaria*, fol. 213r : “Potestas, qui eum condemnavit, non potest eum absolvere, ut hic, in fine ibi in principi, tamen tenetur dare petitionem communi, ut absolvat, ut hic in fine ibi Principi etc. Nam cum sit condemnatus in pecunia quae debet pervenire ad commune, merito commune potest, et debet absolvere. Idem dico si esset in persona condemnatus, quia hoc potest fieri, et loquor de civitatibus quae non recognoscunt principem”.

(97) Tanzini, *Il governo delle leggi*, pp. 155–214.

第 8 章　恩赦に見るコムーネと正義

(1) 控訴は量刑判断に対してのみ認められていた。控訴する者が実際にはほとんどいなかったことは，第 7 章第 5 節参照。

(2) 決議録の欄外には「追放者の恩赦税に関して（pro seca imbapnitorum）」と見出しがつけられている。*Anz. Av. Lib*., 10, fols. 22v–24r : “Nos collegium antianorum Lucani communis... presente et consentiente discreto viro domino Zanobio de Cipriariis de Florentia iudice et vicario..., ut cives et districtuales Lucani videntes et cognoscentes se a dominis nostris liberaliter assequi munera gratiarum ad bene agendum efficaciter animentur... stantiamus et providemus quod quelibet singularis persona...”.

(3) 布告に用いられたと思われる俗語バージョンの大赦の規定が残っている。*Bandi Lucchesi*, pp. 34–35.

(4) *Anz. Av. Lib*., 35, fols. 6r–7v : “Congregatis in aula minori palatii ecclesie Sancti Michaelis in Foro civitatis Lucane ad consilium detentum per dominos antianos Lucani communis... infrascriptis consiliariis de consilio quod dicitur quinquaginta bonorum virorum civium Lucanorum... pro parte ipsorum dominorum antianorum fuit in ipso consilio propositum et narratum quod coram eis exhibite fuerunt quedam petitione super quibus cum per ipsos dominos antianos sine dicti consilii consensu provideri non possit deliberaverunt ipsum consilium detinere et secundum eiusdem consilii deliberationem procedere ad consulta...” (fol. 6r). ここからは，アンツィアーニが 50 人評議会の同意なしで決定を行うことができなかったために，アンツィアーニ宛の嘆願書が 50 人評議会で審議されていたことがわかる。ちなみにこの記述の後，議事録には，コルッチーノからの嘆願が転写されている。

(5) *Ibid*., fol. 7v : “ser Guido magistri karoli unus ex invitatis dicti consilii consulendo dixit super petitione predicta quod fiat dicto Coluccino gratia quod solvat hinc ad .xv. dies proxime futuros camerario Lucane camere pro communi Lucano recipienti tertiam parte eius quod debet pro dicto

banno et facta dicta solutione de dicto banno cassetur in totutm”.

（6）ここにおいて，刑の減免措置としての恩赦は，当時のイタリアで政治権力が行っていた様々な恩恵付与の行為，たとえば市民権の付与や，税の免除，禁じられた財産移転の特別の許可などの行為のひとつとして位置づけられる。Covini, ‘*De gratia speciali*’.

（7）ゴヴァール「恩赦と死刑」; Gauvard, « *De grace especial* »；福田真希『赦すことと罰すること』。

（8）Vallerani, ‘La supplica al signore’.

（9）Varanini, ‘« Al magnificho e possente segnoro »’.

（10）Covini, ‘*De gratia speciali*’.

（11）Meek, ‘“Whatever’s’ ; Marulo, *Scrivere ai potenti*.

（12）本書第 7 章注 82 参照。

（13）裁判官の「良識」に関する議論は，Padoa Schioppa, ‘La coscienza del giudice’.

（14）フィレンツェに関しては Tanzini, *Il governo delle leggi*, pp. 23–30. ボローニャに関しては Blanshei, *Politics and Justice*, pp. 408–497. シエナに関しては Bowsky, *A Medieval Italian Commune*, pp. 85–116, 特に p. 104.

（15）Green, *Lucca under Many Masters*.

（16）この大赦は後の時代に，その効力の無効化の決定がなされたことからその存在が確かめられるものである。*Anz. Av. Lib.*, 5, fols. 2r–v, pp. 3–4.

（17）*Anziani* ed. Nelli, pp. 328–329.

（18）*Anz. Av. Lib.*, 10, fols. 22v–24r.

（19）*Anz. Av. Lib.*, 13, pp. 44–46.

（20）*Anz. Av. Lib.*, 14, fols. 16r–18v.

（21）*Anz. Av. Lib.*, 16, fols. 44r–45v.

（22）*Anz. Av. Lib.*, 17, fols. 35v–38v.

（23）*Anziani* ed. Nelli, p. 322 : “... hoc presenti anno multi libri et scripture publice et autentice... incendio, direptione seu conculcatione perierint propter quod multi imbapniti Lucani Communis confidentes quod eorum banna non reperiantur libere per civitatem et districtum evagantur...”.

（24）*Anz. Av. Lib.*, 5, fol. 7v : “... expediat circa predicta sallibriter provideri qualiter ipsa banna et banniti... reintegrentur in vigore et reperiantur, et ne maleficia remaneant impunita... stantiamus... quod omnis illi qui reperiuntur imbanniti in libris et filzis et extractis et alfabeto camere... possint tamen solvere secam nuper inpositam per modum ordinatum ...”.

（25）*Anz. Av. Lib.*, 13, p. 44 : “... volentes in hiis propterea providere ut ipsi banpniti et condepnati gratiarum munera consequentes ad repatriandum et bene agendum ac perseverandum in fide et devotione prefatorum dominorum nostrorum et Lucani communis, ferventius animentur”.

（26）*Anz. Av. Lib.*, 11, fols. 3r–5v, 特に fol. 4v : “placeat sibi domino Marchioni providere quod Luce sit quidam bonus et expertus iurisperitus, aliunde quam de patria seu gente predicti Rectoris, qui sit maior sindicus et iudex appellationum et querelarum Lucani communis, ad quem possit haberi recursus et appellari de omnibus gravaminibus iniuriis et sententiis dicti Rectoris et sue curie et offitialium et omnium aliorum officialium civitatis et comitatus Lucani nunc et per tempora obedientis. Et qui rector et eius officiales, famuli et omnes alii stare debeant ad sindicatum, finitis eorum officiis et ante iuxta consuetudinem et statutum Lucani communis”.

（27）*Anz. Av. Lib.*, 10, fols. 88v–89r ; *Bandi Lucchesi*, pp. 217–218 : “Come li dicti Signori anno

facto et constituito in delle loro cictadi, luoghi, terre et territorii et distrecti loro, maggiore Officiale e Vicario generale messer Allexandro da Bologna judici, a udire sommariamente et di piano, obmesse ogni ordine et solennitade, de' gravamenti et lamentanse de' subiecti gravati, e quelli exgravare da tucte et singule cose, che contra ragione a' dicti subiecti si facesseno, o facte fusseno per li Rectori et officiali delle dicte terre et luoghi" (*Ibid*., p. 217)；"Lo quale officiale et vicario non vogliono nè intendono li dicti Signori, che possa o debbia esser sindicato, molestato o inquietato in alcuno tempo, per alcuno modo o cagione..." (*Ibid*., p. 218). この「宣言」はおそらくマスティーノの支配領域全体に対して出されていたものである。

(28) *Anz. Av. Lib*., 11, fol. 5r : "... dignetur ipse dominus Marchus providere quod omnia illa banna, condemnationes, sece, mutua seu imposite tollantur ex toto et pro nichilo habeantur... de speciali gratia specialiter cancellentur".

(29) *Ibid*., fol. 5r : "considerato quod multi Lucani cives et comitatini pauperes banniti et condemnati sunt pro exercitibus et andatis factis in tempore preterito...".

(30) *Anz. Av. Lib*., 13, p. 44 : "Cum fuerit pluries suplicatus eidem domino Capitaneo pro parte bapnitorum et condemnatorum Lucani communis quod eis seca imponatur et fiat, ut redire possint ad mandata dominorum nostrorum et Lucani communis...".

(31) *Anz. Av. Lib*., 7, fol. 2v : "... cognito quod civibus et comitatinis Lucanis, plus anxietatis et tedii materia geminatur ex aspera exactione officii Rebellium Lucani communis... ex inde magis gravatos et oppressos se sentiunt, hiis gravedinibus et oppressionibus obviare volentes...".

(32) ASL, *Curia dei Ribelli e dei Banditi*, 7, no foliation, 9 December 1341.

(33) *Ibid*. : "Nos Ghibertus de Foliano in civitate Lucana pro magnificis dominis et communi Florentie, capitanus generalis... volumus et mandamus ipsum Johannem... non debere vel posse ulterius molestari, omnes processus, inquisitiones et denuntiationes... cassamus et revocamus...".

(34) ゴヴァール「恩赦と死刑」。

(35) Covini, '*De gratia speciali*', pp. 204–206.

(36) *Anz. Av. Lib*., 28, fols. 32r–v.

(37) Meek, *The Commune of Lucca*, pp. 59, 95–96.

(38) 1360 年のアンツィアーニの大赦の決議は現存しないが，そのコピーが文書庫管理人の手によってなされ伝来している。ASL, *Archivi Pubblici*, 39, pp. 17–20.

(39) *Anz. Av. Lib*., 42, fols. 73v–74v.

(40) たとえば，1362 年 10 月 29 日の恩赦の決定の前の 10 月 27 日には，ルッカのアンツィアーニはピサから大権を得ている。*Ibid*., fols. 73r–v. 他のピサからの恩赦の許可については，Meek, *The Commune of Lucca*, p. 36.

(41) *Anz. Av. Lib*., 28, fol. 32r : "Cum propter accidentia que in proxime preteritis temporibus occurrerunt Lucana civitas eiusque comitatus et fortia sit quam plurimum hominibus vacuata, et per rectores et antianos sit necessario providendum super viis et modis quibus civitas comitatus et fortia hominibus reparentur".

(42) *Anz. Av. Lib*., 34 (1352)；35 (1353)；37 (1354)；39 (1358)；41 (1361)；42 (1362, 1363).

(43) ちなみに中世のフランス王への恩赦申請では本人ではなく「朋友」や「同輩」が主な申請者となっている。ゴヴァール「恩赦と死刑」263 頁。

(44) たとえば *Anz. Av. Lib*., 35, fol. 8r : "Coram vobis dominis Antianis Lucani communis..."；*Ibid*., fol. 7r : "Coram vobis dominis Antianis Lucani communis et consilio quinquaginta

bonorum virorum Lucane civitate et cetera...”.

(45) たとえば *Anz. Av. Lib.*, 39, fol. 12v : “... suprascripto domination vestre humiliter supplicatur quatinus providere et mandare dignemini quod ipso petro solvent occasione dicti banni aliquam secam Lucano communi... dictum bannum debeat cancellari” ; *Ibid.*, fol. 98r : “Quare vestre dominationi suplicat lacrimabiliter et devote quatinus habita consideratione ad impotentiam et maximam paupertatem...”.

(46) Vallerani, ‘La supplica al signore’, pp. 411–441.

(47) 1350 年代の嘆願の宛先がルッカのアンツィアーニであった背景には，ルッカの統治者がピサのシニョーレではなく，ピサのアンツィアーニであったことがあるのかもしれない。1364 年以降のジョヴァンニ・デッラニェッロの統治下では，史料の欠損のため個別恩赦の状況はわからないが，ある書簡からはジョヴァンニがルッカのアンツィアーニに個別の恩赦の指示をしていたこと，つまりルッカ住民が恩赦を求める訴えをジョヴァンニに対して行っていたことが確認できる。*Anz. Av. Lib.*, 53, pp. 135–136. この史料は紙片形式のオリジナルの書簡である。

(48) 本章注 4 参照。“... coram eis exhibite fuerunt quedam petitione super quibus cum per ipsos dominos antianos sine dicti consilii consensu provideri non possit...”.

(49) *Anziani* ed. Nelli, pp. 326–327 : “De mandato dominorum Cini vicevicarii et Antianorum predictorum positum fuit ad partitum dictum prefati domini Franceschini et secundum eius dictum obtentum et reformatum fuit...”.

(50) *Gli statuti del comune di Bologna*, I, 5, p. 326, “De partitis et propositis fiendis et proponendis ac firmandis et reformandis in conscilio quadringentorum comunis et populi Bononie” ; “antiani inter se deliberent quod ex dictis consciliis redditis super dicta posta eis vel maiori parti ipsorum utilius videtur”.

(51) そこでは「サンタ・クローチェ教会に蠟を提供するならば解放されるべき」という意見，「罰金額の半分の支払いによって解放されるべき」という意見，「支払いなしで解放されるべき」という意見が出されている。ASL, *Anziani al Tempo della Libertà*, 4 (Minute di Riformagioni), p. 18 : “super petitione Michaelis ser Federici” ; “dominus Lodovicus Mercati consuluit quod auctoritate presentis consilii prefatus Michael a dicta condemnatione sit liber dummodo offerat opere Sancte crucis cereum unum valoris duorum florenorum, et sic per notarios et custodes librorum camere sine aliqua solutione debeat libere cancellari” ; “Michael Guinigi consuluit quod soluta dimidia dicte condemnationis per eum a reliqua sit liber et sic debeat cancellari et cetera” ; “Jacobus Ronghi consuluit quod sit in totum liber et absolutum pro ut petit et sic debeat cancellari et cetera”.

(52) ASL, *Anziani al Tempo della Libertà*, 2 (Minute di Riformagioni).

(53) コルッチョ・ペーリが 25 件，公証人ニコライ・デ・ギヴィッザーノが 21 件，ステファノ・インカペストラが 12 件，ジョヴァンニ・ホネスティが 11 件，公証人グイド・カロリが 7 件，法学者バルトロメオ・マウリーニが 6 件，ヤコポ・ラポンディが 6 件の意見をそれぞれ採用されている。

(54) 唯一の例外として，ある嘆願者が証書資料を提出している。*Anz. Av. Lib.*, 42, fols. 52r–53r. ここからは逆に，他の事例における証拠書類の提出の不在は，単にアンツィアーニの書記官がそれを記載しなかったという史料的理由によるものではないことがわかる。

(55) たとえば，窃盗の容疑で有罪判決を受けたピエロの嘆願に関して，法学者バルトロメ

オ・マウリーニは関係者から聞き取りを行い，その訴えの内容は真実であると報告している。*Anz. Av. Lib.*, 37, fols. 74r–75v.

(56) *Anz. Av. Lib.*, 35, fols. 35v–36v.

(57) *Anz. Av. Lib.*, 41, fols. 130v–131r : “Stefanus in capestra civis Lucanus unus ex consiliariis dicti consilii surrexit et consulendo dixit quod fiat dicto Ranuccio gratia consideratis predictis quod liberetur et cassetur in totum de condemnation predicta contrarietate aliqua non obstante”.

(58) アンツィアーニや議員らの「良識」は，アプリオリに存在するものではなく，嘆願の受け入れと恩赦の実践を経る中で，経験的につくり上げられていったと想定される。

(59) *Anz. Av. Lib.*, 42, fol. 20r : “Et quod ipse Massarius petivit predicta fecisse vigore statuti Lucani communis libro quinto capitulo .xxvii. posito sub rubrica de dannis datis cum bestiis macellatoriis et cetera quod statutum etiam coram vobis allegat et producit. Et per consequens si auctoritate dicti statuti predicta dictus Massarius facere potuit, ser Johannes predictus contra ipsum Massarium de predictis aliqualiter procedere non poterat nec ondemnare...”.

(60) *Statuti 1342*, V, 27 (De dannis factis a bestiis macellatorum seu tabernariorum emendandis), fols. 103r–v : “Et si bestie tabernariorum in nocte vel in die fuerint invente dannum dare, quod ille qui eas invenerit possit impune vulnerare et occidere ipsa”.

(61) *Anz. Av. Lib.*, 35, fols. 8r–v. ベンディナッコの場合もそうであるが，こうした瑕疵を防げなかったのは彼らが出廷し抗弁しなかったためであり，それはすでに他の件で有罪判決を受けていたがゆえに，都市に戻り法廷に姿を現すことに危険を感じていたからである。ベンディナッコは，訴えの中で，ルッカ領域に戻りたいと主張している。

(62) *Anz. Av. Lib.*, 41, fols. 122v–123r : “... ex arrupto et de facto nullo iuris ordine servato nec aliquibus statutis Lucani communis...”.

(63) *Anz. Av. Lib.*, 34, fols. 63v–65v, 特に fol. 64v.

(64) *Anz. Av. Lib.*, 35, fols. 22r–v : “... quia secundum formam statuti Lucani communis dictus Talentus non debebat banniri nisi in libris .C. ...”.

(65) *Anz. Av. Lib.*, 39, fols. 63v–64r : “ser Johanes... ipsum acriter tormentavit a deo quod tormentorum pena confessus fuit vera esse et inquisitione contenta et de quibus contra eum inquirebatur”.

(66) *Anz. Av. Lib.*, 37, fols. 65r–66r : “... Petrus cum comparavisset fuit per dictum iudicem positus ad tormenta et acriter tortus pluribus vicibus, demum carceratus unde ipse Biancuccius monitus torturis...” (fol. 65v).

(67) *Ibid.*, fols. 66r–67r : “Et predicta comiserit ipse Tomasius propter multas sceleratas iniurias receptas per eum a dicto Nino, et primo sicut clare scire potestis et notorium est omnibus civibus Lucanis ipse Ninus... vulneravit ipsum Tomasium cum quadam guerretta ex qua percussione ipse Tomasius fuit in periculo mortis. Et postea ipse Ninus pluries et pluries minatus fuit eundem Tomasium occidere. Et finaliter ipsa die qua ipse Tomasius ipsum Ninum occidit, dictus Ninus occidere voluit ipsum Tomasium”.

(68) *Anz. Av. Lib.*, 42, fols. 50r–v : “... percutere ipsam dominam Mattheldam ut cessaret ab hiis qui dicebat et faciebat contra dictum Pierum...”.

(69) *Anz. Av. Lib.*, 37, fols. 9r–v : “... pro parte Dey condam Ghirardi... propter eorum paupertatem ad quam deducti sunt propter eorum bannimenta predicta, eorum vitam sustentare non valent sed mendicare coguntur...”.

(70) *Anz. Av. Lib.*, 39, fol. 90v : "... et est in dictis carceribuscito procul dubio moriturus cun ipse sit pauperrimus." ; *Anz. Av. Lib.*, 35, fol. 99r : "... ut expediat ipsum in carcere mori".

(71) *Statuto 1308*, III, 76 (De forma inbanniendi et extrahendi de banno), p. 186 : "Possit etiam cancellare de banno illos qui liberati fuerint in preteritum vel in futurum a carceribus lucani Comunis et oblate Deo in Edomada Sancta secundum formam Consiliorum".

(72) たとえばある恩赦の前文では「神の好意によりルッカ共和国が幸福へと仕向けられるように」とされている。*Riformagioni* ed. Tori, II, p. 187 : "ut divino favore Respublica Lucanorum feliciter dirigatur...". また反逆者に対する裁判を定めた決定では「ルッカの都市共和国に対して，またはルッカのコムーネへの危害をもたらすべく犯されたあらゆる悪事や過ちの機会に」というものがある。*Riformagioni* ed. Tori, IV, p. 289 : "occasione cuiuscumque maleficii vel excessus facti, tractate vel attentati contra Rem Publicam Lucane Civitatis vel in preiudicium Lucani Comunis...". こうした "res publica" の利用法は，第 6 章第 4 節の法学環境に関する改善の訴えとそれへの返答でも見られたように，14 世紀半ばにも存在している。

(73) *Rif.*, 12, fols. 94v-95r. そこでは 100 名程度の解放者のリストが記されている。

(74) 36 人評議会は，アンツィアーニの下に置かれた評議会で，ピサ支配期の 50 人評議会に代わって設置されたものである。

(75) *Riformagioni* ed. Romiti, I ; *Riformagioni* ed. Tori ; *Rif.*, 1, 2.

(76) *Riformagioni* ed. Romiti, I, pp. 277-278.

(77) *Anz. Av. Lib.*, 10, fol. 24r. たとえばマスティーノの下での 1336 年の大赦の規定でも，5 つの罪での有罪者は，恩赦の対象外とされている。またさかのぼれば 1308 年の都市条例でもこれら 5 つの罪は，例外的な悪事として認識され，当時特権的な地位にあったポポロのメンバーでさえ，これらの事案ではポデスタから糾問主義裁判を受けることとなっている。*Statuto 1308*, III, 3 (De eo quod nulla inquisitio possit fieri per Potestatem vel eius curiam contra aliquam personam popularem nisi in certis casibus), p. 136 : "... nisi de maleficiis de quinque casibus : videlicet de homicidio, tradimentis, incendiis, falsariis et robbariis strate". また，この 5 つの犯罪に関する告発者は，もし証明できなくても罰金が科せられることはないなど他の犯罪とは区別されている。そして 5 つの罪を犯した者を受け入れた共同体には，300 リラという大きな罰金も科せられている。*Ibid.*, III, 2 (De maleficiis inquirendis, et modo procedendi super eis), pp. 132-135.

(78) *Riformagioni* ed. Romiti, I, pp. 306-307 : "Ad tolendam facinorosis et reprobis materiam delinquendi et uti omnis spes habende gratie totaliter evanescat et Civitas Lucana et comitatus talibus maleficiis expurgetur, si in odium predictorum videtur quod nullus banditus a vigesima sexta die mensis martii proximi elapsi vel in antea bannendi pro homicidio sive proditione vel rebellione nunquam possit rebaniri vel de banno eximi ; et quicumque consuluerit, dixerit sive arengaverit ipsum vel ipsos rebanire puniatur et puniri debeat de facto et irremissibiliter in libris quingentis pro quolibet et qualibet vice".

(79) *Ibid.*, pp. 320-321 : "quod aliqua persona imbanita Lucani Comunis ad morte... pro homicidio alicuius civis vel comitatini Lucani... pro tractatu vel proditione vel rebellione Civitatis Lucane aut alicuius castri terre vel ville Lucani Communis... pro latrocinio et robaria strate, pro falsitate monete, pro incendio domorum vel capannarum, non possit vel debeat rebanniri, eximi vel liberari de tali banno... Et domini Antiani non possit vel debeant aliquo modo contra predicta vel aliquid

predictorum facere vel providere vel aliquid partitum facere vel ad aliquid Consilium ponere. Et nullus possit vel debeat in aliquo Consilio proponere, consulere vel arrenghare aliquid contra predicta vel aliquid predictorum, ad penam librarum quingentarum bone monete".

(80) *Statuto 1342*, fols. 183r–185r.

(81) *Statuto 1372*, II, 130 (De eo quod inbannitus in casibus infrascriptis possit rebanniri), fol. 43r.

(82) *Riformagioni* ed. Romiti, I, p. 306 : "Cum publice divulgetur et fama multiplicata continue referrat detestandum gentem armorum Bernabonis de Vicecomitibus venturam esse de proximo ad partes Tuscie et in territorium Lucanum, et Aldericus, Iohannes et Rolandus de Antelminellis tractent et operentur inducere damna, vexationes et guerram, propter que summe oporteat provideri pro defensione Civitatis et comitatus et maxime pro habendo frumentum et victualia ad hoc ut Civitas et castra fulciantur".

(83) Tommasi, *Sommario*, pp. 242–243.

(84) *Riformagioni* ed. Romiti, I, p. 312.

(85) *Ibid.*, pp. 326–327.

(86) *Sentenze e bandi*, 42, no foliation, 1 June 1370.

(87) *Riformagioni* ed. Romiti, I, pp. 364–365 : "Et cum hoc sit quod predicti Aldericus et Iohannes, una cum certis aliis, tanquam rei lese maiestatis et pro crimine lese maiestatis per eos cum certis aliis comisso, contra imperialem maiestatem et contra gerentes vices imperialis maiestatis, sint et fuerint in banno missi et condemnati ex officio dicti domini Potestatis et Capitanei Civitatis Lucane et sue Curie".

(88) パオロ・グイニージのシニョリーア支配から脱した後のルッカ共和国でも，パオロが大逆罪を犯していたかについて法学的な議論がなされている。Cavallar, '*Laesa Maiestas*'.

(89) *Riformagioni* ed. Tori, II, p. 94 : "Cum hoc sit quod plurima pacta et conventiones facta fuerunt inter commissarios Lucani Comunis et quedam communia Garfagnane et aliunde a die prima augusti proxime elapsi citra, ex quibus et quorum observantia debent nonnulli exbanniti et rebelles Lucani Comunis rebanniri et de bannis eximi ac restitui, et etiam utilissimum sit statuta et iura municipalia Lucani Comunis refici, corrigi et componi... et maxime quoddam statutum seu reformatio facta auctoritate Consilii Generalis, quod extrabanniti certis de causis non possit rebanniri..., quid placet primo et ante omnia super ipsis statutis providere, ordinare et reformare...".

(90) *Ibid.*, pp. 94–95 : "cum summe sit utile statuta Lucani Comunis corrigi et renovari et iustum sit et ad honorem Comunis Lucani pertineat pacta servari..., hodie per totam diem intelligatur esse et sit generaliter et spetialiter detractum et derogatum. Ita quod domini Antiani et Vexillifer iustitie populi et Comunis Lucani sine aliquo preiudicio possint libere et impune proponere et proponi facere in presenti Consilio dumtaxat hodie, quicquid ipsi placuerit tam de rebanniendo extrabannitos...".

(91) Tommasi, *Sommario*, p. 248.

(92) *Riformagioni* ed. Tori, II, pp. 179–180 : "quod, autoritate presenti Consilii, dicto statuto, ordinamento atque reformationi intelligatur esse et sit pro hodie duntaxat detractum et derogatum...".

(93) *Ibid.*, pp. 180–181.

(94) ASL, *Sentenze e bandi*, 42, no foliation, 1 June 1370 : "vigore mandati Magnificorum dominorum dominorum Antianorum et Vexilliferi Iustitie populi et communis Lucani, tenoris et

continentie subsequentis videlicet, Nos... Antiani et Vexilifer Iustitie simul ad collegium... in observantiam pactorum pacis contracte per Lucanum communem cum Alderigo de Antelminellis... providemus et mandamus quod notarius et custos librorum imbannitorum et condepnatorum Lucani communis... casset et cancellet Aldericum et Johannum germanos et suprascriptos filios condam domini Francischini de Antelminelliis de Luca, Rolandum condam domini Henrici... ex bannitos Lucani communis pro malleficio”.

(95) *Riformagioni* ed. Tori, IV, pp. 364-369 : “quod statutum Lucani Comunis positum sub rubrica ‘De forma imbanniendi et extrahendi de banno’, nec non statutum Lucani Comunis, cuius tenor talis est videlicet, ‘De eo quod nullus imbannitus in casibus infrascriptis possit rebanniri’... hodie suspendantur et subspensa intelligantur et subspenderunt, et quod ipsis statutis... non obstantibus, possit proponi, consuli, disponi et reformari atque fieri hodie tantum licite et impune, per ipsos dominos Antianos et cives, quicquid eis videbitur etiam de his que in eis et per ea expresse sunt prohibita”.

(96) *Ibid.*, p. 365 : “considerantes quantum pernitiosa et periculosa est multitudo exbannitorum bono statui cuiuslibet Civitatis et esse posset preiudicialis et damnosa plurimum tranquillitati Civitatis et comitatus Lucani et libertatis ipsius, maxime propter novitates noxias que indicantur de proximo de gentibus armorum in Italia existentibus... causa transeundi ad partes Tuscie et in territorium Lucanum... quodque exbanniti infrascripti tamquam zelatores libertatis dicte Civitatis et defensionis boni status requisiti a dominis Antianis et civibus numeri sepedicti pro defensa civitatis et comitatus ac fortilitiarum Lucani Comunis et hostium offensa de mensibus decembris et ianuarii proxime preteritis, quibus per gentes inimicas domini Corradi de Wettingher alias tunc hostiliter...” ; “quod infrascripti exbanniti Lucani Comunis e quacumque causa vel occasione etiam si essent de illis pro quibus per forma suprascripti statuti vel alterius iuris vel quomodocumque reperiatur rebanniri non possit et cetera vel eximi de banno, et alii quacumque que dici vel excogitari possit, rebanniatur, reintegrentur et rebanniti et reintegrati sint et esse intelligantur a Lucano Comuni et Lucani Comunis de omni et quocumque banno eis vel alicui eorum dato...”.

(97) 1388 年の恩赦禁止令の一時停止でも，アンツィアーニが「ルッカ共和国の利益と切迫した危険の除去」のために法令が一時停止されるべきであると主張し，結果的に一時停止され，36 人が恩赦を受けている。*Rif.*, 10, pp. 546-547 : “pro utilitate Lucane rei publice et pro evitatione imminentium periculorum”.

(98) *Riformagioni* ed. Tori, II, p. 132 : “Et quod dicto statuto aliquo tempore vel modo in totum vel in partem derogari non possit, aut de derogando eidem proponi, consuli vel reformari ad penam... salvo quod si quo tempore fieret aliqua pax, et pactis cuius aliqua rebannitio facienda foret, tunc et eo casu et casibus dispensari aut derogari possit libere et impune”.

(99) マイネッケ『近代史における国家理性の理念』。

(100) *Riformagioni* ed. Tori, II, pp. 261-262. 1370 年 12 月 24 日の恩赦禁止令の一時停止を禁止する決定については本章注 98 参照。*Ibid.*, p. 132. ただ 12 月 24 日の決定は，このケース以外では言及されておらず，恩赦禁止令のように都市条例に記述されるような法規とはならなかったと考えられる。また実はティレッリの共同体の人物への恩赦は，ティレッリとルッカとの和平協定に基づく事例であり，12 月 24 日の決定では適用除外が自由にできるとされているケースであった。

（101）Tanzini, *Il governo delle leggi*, pp. 66–67.

（102）カストゥルッチョのシニョリーア支配下（1316〜1328年）においても，こうした例外的な恩赦の政策があった可能性は考えられる。ただし史料的不足のためそれは推測の域を出ない。

（103）Tanzini, *Il governo delle leggi*, pp. 25–27, 83–87.

（104）Tanzini, ‘Emergenza, eccezione’.

（105）1375年からフィレンツェで書記官長に就くコルッチョ・サルターティは1370年から1371年にかけてルッカのアンツィアーニの書記官として評議会議事録を作成していた。

（106）ミークによれば，1401年1月から1429年10月の間の記録簿には約1100件（平均年38件）の恩赦が記録されている。パオロの恩赦と共和制下の恩赦とで共通点もある。それは，有罪者が恩赦を得るための条件として有罪者に被害者との和解を義務づけ，第三者の権利を侵害しないようにしている点である。ここにはシニョーレであっても打ち破ることができない，私権の保護という制約の存在が窺える。Meek, ‘“Whatever’s’, pp. 138–140.

（107）ただし訴えの事実が正しいかどうかの確認は審査官（Exactor）という行政官によってなされていた。現存する嘆願状の裏面には，「審査官が嘆願の内容が真実であることを報告する」という記載がある。ASL, *Governo di Paolo Guinigi*, 33, fol. 72.

（108）ASL, *Governo di Paolo Guinigi*, 1, fol. 25r.

（109）恩赦の理由が「正しき理由」でなかったならば——それゆえ「正義」がなされていなければ——，シニョーレやアンツィアーニらは，僭主（tyrannia）として見なされうる。ゾルジによれば，トレヴィーゾの市民は，僭主の行動とは何かを証言する際，「悪事や殺人を行った者を無罪放免にし，多くの無実の者を有罪にする」ことであると語っている。Zorzi, *Le signorie cittadine*, p. 151 : “Il maestro Manfredino sarto, teste prodotto come sopra..., disse sotto giuramento che Gherardo da Camino fu capitano della città di Treviso e del distretto già sono trent’anni e più... e che lo vide per questo tempo e più esercitare l’ufficio capitaneale, assolvendo coloro che avevano commesso malefici e omicidi e condannando moltissimi innocenti”.

第9章　例外的司法に見るコムーネと正義

（1）エンゲルマン『民事訴訟法概史』335頁：“de plano ac sine strepitu et figura iudicii”.

（2）ここでの「略式裁判」とは，第6章第3節でまとめたように，「完全な審理」を目指した裁判であり，訴額の低い事案や，司法命令を求めた他の略式での裁判を意味するものではない。

（3）本書第1章第4節参照。

（4）Vallerani, ‘L’arbitrio’. pp. 117–122.

（5）コムーネ内での諸機関（istituzioni）の共存と多元性については，Vallerani, ‘Comune e comuni’, p. 30 ; Artifoni, ‘Tensioni sociali’ ; Id., ‘I governi di « popolo »’.

（6）*Anz. Av. Lib.*, 16, fols. 29r–30r.

（7）反逆者の法廷の職務規定によれば，反逆者の法廷の役人は，どの財産が不在者，反逆者のものかを，住民からの告発や裁判記録，国庫財務管理官の記録簿，農村共同体のコンスルの報告を基に調査していた。ちなみに1341年11月23日に市中でなされた布告では，反逆者の財産を知っている者がいれば，3日以内に反逆者の法廷の役人に知らせな

ければならないとされている。*Bandi Lucchesi*, p. 89.

（8）*Anz. Av. Lib.*, 17, fols. 22r–24r. 1314年はピサのウグッチョーネがルッカのギベッリーニやグエルフィ白派の支援を受けルッカを支配した年であり，この訴えを行っている者たちはその時に追放されたグエルフィ黒派であると推察される。

（9）*Ibid.*, fols. 22r–v : “omnes predicti rebelles... intelligantur repositi et restituti in omnibus et super omnibus eorum bonis mobilibus et immobilibus que possidebant tempore eorum exitus, et absentationis mostrando et fidem faciendo summarie et de facto qualiter ipsa bona possidebant dicto tempore”.

（10）*Ibid.*, fol. 23v : “... nec extendatur predicta restitutio ad bona super quibus lata esset diffinitiva sententia in contradictorio iudicio de consilio alicuius iudicis... Et quod predicta restitutio fiat summarie probata eorum absentia seu rebellione et possione dictorum bonorum tempore eorum absentie vel rebellionis...”.

（11）*Anz. Av. Lib.*, 18, fols. 10v–11r. ちなみに同日の他の規定ではアンツィアーニは，帰還者による動産返還の訴えに関してもスケラットが略式で裁判できるように決定している。*Ibid.*, fol. 11v : “Quod ser Scherlactus possit cognoscere de rebus recommendatis tempore obsidionis”.

（12）*Ibid.*, fols. 10v–11r : “Quare supplicatur humiliter vobis quatenus vobis placeat stantiare et ordinare quod tales cives Lucani et alii sic reversi ad civitatem Lucanam et ad obbedientiam et mandata Lucani communis, debeant reponi summarie sine strepitu et figura iudicii per ser Scherlactum capitaneum custodie civitatis Lucane in possessionem dictorum domorum hedificiorum bonorum et terrarum, non obstantibus aliquibus stantiamentis, ordinamentis vel aliis in contrarium editis, quibuscumque salvo et reservato cuilibet possessori seu detentori dictorum bonorum, omni suo iure in alio ordinario iudicio, cum non sit equum nec iustum quod dicti cives Lucani et alii sic reverse taliter sint spoliati et privati eorum bonis in eorum absentia...”.

（13）*Ibid.*, fol. 11r : “ser Scherlactus maior officialis Lucane custodie possit cognoscere, et ea omnia decidere et terminare, et in eis procedere de iure et de facto et prout et sicut sibi videbitur et placuerit pro bono et pacifico statu utriusque communi pisarum et Luce, aliqua contrarietate non obstante”.

（14）11月23日の任命に際して，「守護の職が強化されるように（ipsi officio custodie augendo）」彼を「守護者」とするという記載がある。*Ibid.*, fol. 61v.

（15）*Ibid.*, fols. 14r–15r.

（16）*Ibid.*, fol. 61v : “cum baylia iurisdictione officio et arbitrio capitulis e provisionibus que quas et quos et prout et sic habet a communi pisano in civitate pisana et eius comitatu et districtu, et prout et sic in civitate pisana, ex quacumque baylia et officio capitulis et provisionibus facere et excerere potest, ita in civitate Lucana eius comitatu, fortia et districtu facere et excere possit...”.

（17）ルッカで確認されるスケラットの最初期の職務としては，1342年7月6日に，領域の共同体と都市の街区の代表に対し，道路管理の行政官の前に出頭するように布告しているものがある。*Bandi Lucchesi*, pp. 92–93.

（18）*Anz. Av. Lib.*, 18, fols. 16r–v : “cum propter stantiamentum factum de mense iunii proximi preteriti super restitutione bonorum fienda Lucanis civibus reversis qui se absentaverunt pro parte guelfa, et propter aliud stantiamentum de novo factum super restitutione fienda reversis qui se absentaverunt pro parte gebellina, multe querele facte sint domino Dino della Roccha vicario

domini contis raynerii in civitate Lucana... et multe lites proprea insurrixerint et insurgant, et multa scandala insurrgere possint nisi aliter reformentur et moderentur...”.

(19) *Statuto 1342*, V, 64 (De cancellatione bannorum et de restitutione bonorum reversorum), fols. 117r–118r.

(20) 大赦では通常は適用除外される反逆者に関しても恩赦が可能とされている。*Anz. Av. Lib*., 17, fols. 35v–38v. 訴訟の消去については，*Anz. Av. Lib*., 18, fols. 8r–v.

(21) ASL, *Capitano del Contado*, 1 ; *Inventario* ed. Bongi, II, p. 388. ここでの取り締まりの対象は主に周辺領域の住民である。ルッカ市民への有罪判決は数件しか見られない。

(22) *Anz. Av. Lib*., 21, fol. 21r : “Brescianus de Brescia condennatus in libris .cc. denariorum ex officio ser Scherlatti Capitanei custodie civitatis Lucane quia ipse sotiavit Altinum condam domini Kastruccii de Antelminellis..., et Ugo vannis de sancto Caxiano comitatu florentie contra quem proceditur ex dicto offitio quia ipse Ugo venit ad rixam cum condam Baracterio et cetera”. ここではアンツィアーニは，彼ら2人が聖母マリアの祝祭において解放されるようスケラットの法廷の役人に伝えている。

(23) *Ibid*., fol. 69r : “ipse condemnatus ex officio ser Scherlatti pro lite quam habuit cum Coluccino neri Lucano cive...”.

(24) *Anz. Av. Lib*., 18, fol. 72r : “ser Scherlactus suprascriptus existens coram dominis Antianis Lucani communis... renuntiavit dicto officio conservatorie, dicens et protestans se in eo nolle ulterius esse...”. この記述は，スケラットの任命に関する記述の後に挿入されている。

(25) *Ibid*., fol. 14v : “Et quod per predictam non intelligatur esse derogatum offitio et iurisdictioni domini Lucane potestatis, qui potestas possit etiam de predictis cognoscere, procedere et punire secundum formam statuti Lucani communis”.

(26) 8月22日にフランチェスコが「守護者」となっている。*Anz. Av. Lib*., 34, fols. 52v–54v.

(27) 10月31日には公証人フィリッポがバルジェッロの職についている。*Ibid*., fols. 63v–65v. 領域部の治安を担った行政官は「コンタードの長（Capitano del contado）」や「追放者を管轄する行政官（Officiale super banniti）」の名でも呼ばれるが，ここではバルジェッロと呼ぶこととする。

(28) その調査記録は，ASL, *Offizio sopra L'abbondanza*, 379.

(29) *Anz. Av. Lib*., 35, fols. 9r–v : “multi de dicto communi banniti fuerunt et sunt Lucani communis, propter que banna tam ipsi banniti et eorum familie quam eorum consanguinei et partiales et coherentes eorum se absetaverunt a dicto communi et toto districtu et fortia Lucana... et terre remaserunt inculte et devastate...”.

(30) Tanzini, ‘Costruire e controllare il territorio’.

(31) *Anz. Av. Lib*., 34, fol. 64r : “officialis suprascriptus vigore sui officii teneatur et debeat per se et familiam suam per comitatum et districtum Lucanum sollicite ire capiendo et capere omnes et singulos bannitos Lucani communis, et etiam omnes et singulos vagabundos et infames et enormia maleficia comictentes et homines male conditionis et vite, et turbantes et turbare volentes pacificum statum Lucane civitatis et districti et contra ipsum statum obloquentes... representare seu representari et poni facere in fortiam dominorum Rectorum et officialium Lucani communis et Pisani communis luce morantium”.

(32) ちなみにルッカ市民やピサ市民，コムーネの役人は武器携行の禁止の対象から除外されている。

（33）この時期のバルジェッロの記録簿は，罰金徴収に関する『収入の書（Liber introitus)』しか残っていないが，その中では他の記録簿への言及がある。ASL, *Capitano del Contado*, 7, no foliation, 13 March 1361 : “A Filippo Gentilis... secundum libro ser Francisci folio .xviiii. habuit dicto anno Antelminellus suprascriptus pro Puccino Jamboni camerario suprascripto pro Lucano comuni recipienti libros quinque bone monete”.

（34）1354年2月8日に，バルジェッロから追放者を捕まえなかったために有罪判決を受けた共同体の訴えがあるが，そこではバルジェッロの人物の名前は記されていない。ボンジの指摘では，1356年のバルジェッロはフランチェスコ・カストローニであり，ジョヴァンニは1358年からバルジェッロの役職についている。*Inventario* ed. Bongi, II, p. 388.

（35）ASL, *Capitano del Contado*, 4, 5.

（36）バルジェッロの下した有罪や追放令に関して恩赦を求めた嘆願は，たとえば1358年では有罪者から出された全18件の嘆願のうち5件，1361年でも33件のうち9件であった。

（37）1352年の職務規定では武器の携帯の取り締まりのみがバルジェッロに与えられた権限であったが，他の事案も1342年の保護長スケラットへの権限委託や，スケラットの実際の裁判でも見られるもので，領域の治安を担う行政官が以前より行ってきた活動の範囲内であると言える。

（38）ASL, *Capitano del Contado*, 4. 4月30日にルポリーノ・ドッシから35リラ分の罰金，5月27日に農村共同体コッレ・コンピトから50リラ分の罰金がフィオリーノ建てで徴収されている。

（39）*Anz. Av. Lib.*, 42, fol. 54r : “condemnatio facta fuit per dictum ser Johannem per errorem quia ipsi et quilibet eorum habebant licentiam a dicto ser Johanne portandi queque arma...”.

（40）*Anz. Av. Lib.*, 41, fol. 24r : “ad plenum ut iura volunt suam defensionem non fecerit... considerato quod officium ser Johannis est arbitrarium et in processibus et aliis non servantur omnino stricta iura...”.

（41）*Ibid.*, fols. 122v–123r : “... ex arrupto et de facto nullo iuris ordine servato nec aliquibus statutis Lucani communis...”.

（42）ASL, *Capitano del Contado*, 15, fol. 5r : “Super quibus omnibus et singulis et cetera. Qui inquisiti et quilibet ipsorum coram me Bargello personaliter constituti et cetera, respondendo dictum inquisitionem sponte confessi fuerunt et cetera, quibus datum fuit terminum ad defensionem dicta die et sequenti et cetera alias et cetera”.

（43）*Anz. Av. Lib.*, 34, fol. 75v : “ipse Pardinus causa subvertendi iustitiam et ipsum Barigellum corrupendi obtulit et dedit dicto Bargello florenos decem ut ipse Andreas detentus a dicto Barigello relaxaretur et cetera...”.

（44）*Riformagioni* ed. Romiti, I, pp. 252–255.

（45）ちなみに，1373年7月7日のバルジェッロの規定では，罰金の上限は60リラまで拡大している。*Riformagioni* ed. Tori, IV, p. 209.

（46）*Riformagioni* ed. Romiti, I, pp. 253–254 : “contra quos et quemlibet eorum procedere possit et eos punire et condepnare summarie et de facto, nulla iuris solennitate vel substantialitate servata...”.

（47）*Ibid.*, p. 254 : “Item quod possit et debeat facere et esequi omnia et singula que et prout sibi de cetero comitti contigerit per dominos Antianos Lucani Comunis. Et predicta omnia et singula sibi

comissa, ut supra dictus offitialis facere et explicare possit summarie et de facto, sine aliqua solennitate vel substantialitate iuris ita quod propter defectus alicuius solennitatis vel substantialitatis omisse vel iuris ordine non servato vitiari vel annuallari sive infringi non possint aliquo modo. Et etiam possit facere torqueri et poni ad cellam et tormentari quoscunque sibi videbitur de predictis".

(48) *Statoto 1308*, I, 1 (De iuramento Maioris Lucani Regiminis et sue familie) : "Ego Maius Lucanum regimen iuro ad sancta Dei Evangelia, corporaliter tacto libro super libro Statutorum Lucani Comunis, bona fide, sine fraude vel aliquo ingenio, toto posse regere, defendere, salvare, custodire atque gubernare Lucanam civitatem, districtum, comitatum et fortiam...".

(49) 実際に監査官の記録簿でも，ポデスタに対する監査が実施されたことが記されている。ASL, *Maggior Sindaco e Giudice degli Appelli.*

(50) *Riformagioni* ed. Tori, II, p. 196 : "pro bono statu et tranquillitate, atque quiete Lucane Civitatis eiusque comitatus et fortie, et ut crassatoribus tollatur materia deliquendi et penarum metu scelestorum temeritas reprimatur, attento quod... est ac oportuum fore dignoscitur, novis legibus Rem Publicam roborare, decernimus et... providemus... quod magnificus et egregius miles dominus Franciscus de Spoleto, com[es] de Campello, presens Potests Civitatis Lucane, possit ad suum arbitrium condemnare et punire quemlibet delinquentem... ultra penas iuris vel statutorum Lucani Comunis... considerata qualitate delicti et conditione persone usque in summam florenorum centum auri ipsis... toto tempore sue potestarie presenti arbitrio duraturo...".

(51) *Ibid.*, p. 196 : "Que autoritas et balia, arbitrium atque potestas eidem quacunque autoritate auferri, removeri, tolli, suspendi vel impediri non possit quomodocumque vel qualitercunque nisi expresse fuerit obtentum inter dominos Antinos et Vexilliferum Justitie...".

(52) *Ibid.*, pp. 211-212 : "procedere possit de facto et extraiudicialiter militarie sine strepitu et figura iudicii et condemnationes solo verbo et sine scriptis facere exequi et exigere prout et sicut eidem videbitur et placebit, nulla solemnitate iuris vel statutorum, ritu, ordine vel etiam substantialitate servata".

(53) *Riformagioni* ed. Tori, IV, p. 571 : "Cum a pauco tempore citra ultra solitum noctis silentio commissa sint plura maleficia et excessus, ex quibus propter difficilem iudiciarii ordinis indaginem... infeste offensorum insurrexerunt querele ultima remedia postulantes".

(54) *Rif.*, 8, p. 547 : "... advertentes fugam civium ob pestilentis morbi metum, mentes pravorum ac sceleratorum hominum erexisse ad committenda furta et maleficia perpetranda... volentes quod sivine iustitie timor non terret, saltem pene metu a malo retrahere...". このポデスタに与えられた自由裁量は10月22日（規定の効力が切れる10日前）に，ポデスタらが監査されない旨が追記され，次の1月1日まで延長されている。*Rif*, 8, p. 623 : "... nec propterea sindicari debere sed penas esse suo arbitrio infligenda...".

(55) *Riformagioni* ed. Romiti, I, pp. 380-382.「上層，中層，下層の市民」の代表者はこれに先立つ7月4日に大評議会から全権を委任されている。それは，有力家系によって政府が独占されていることに対する多くの市民の不満に対処するためであった。*Ibid.*, pp. 349-353.

(56) Meek, *Lucca 1369*, pp. 179-193, 特に pp. 189-190. メンバーのほとんどは商人や銀行家，法学者らで，そこには中下層の手工業者はほとんど現れない。

(57) 池上俊一監修『原典　イタリア・ルネサンス人文主義』95-130頁。

(58) 彼が属するオビッツィ家は，1372年の条例でポッジョ家やアンテルミネッリ家と並んでアンツィアーニ職から除外されるべき者たちとして特記されている。Meek, *Lucca 1369*, pp. 183–185. また，彼はしばしばルッカの新体制に対して陰謀を企てており，1371年2月に起こった反乱について，同時代の年代記作者セルカンビはジョヴァンニが裏で糸を引いていたと見ている。この反乱は時の政府に対する謀反であり，実行犯はグエルフィ党の手工業者たちであった。Sercambi, *Le croniche*, I, p. 204–205 : “si comprendea che la discordia nata in Luccha n’era stato principio messer Iohanni delli Opizi”.

(59) *Riformagioni* ed. Tori, II, p. 88 : “et cum hoc sit etiam quod de his que dicuntur per ipsos esse commissa, revocetur in dubium per curiam dicti domini Potestatis, quod per ipsum dominum Potestatem procedi non possit cum dicant ex forma statutorum Lucani Comunis ad maius Regimen dicti Comunis jurisditionem huiusmodi pertinere, prout continetur in primo libro statutorum capitulo XVII, dicendo maius Regimen esse venerabile collegium dominorum Antianorum et Vexilliferi Justitie ; et indecens sit cives in cives iurisditionem habere, aut hec officia exercere ; quid placet dicto Consilio statuere, ordinare et reformare super predictis et omnibus ab eis dependentibus et connexis...”.

(60) *Statuto 1308*, III, 19（De pena illius qui commiserit culpam, unde ea die vel nocte sturmus vel aerta vel incendium fieret. Et de pena mittentis ignem in sturmo vel extra sturmum), pp. 147–149. 同規定は1342年の条例でも見られる。*Statuto 1342*, I, 17, fols. 11r–12r, 特に fol. 11r : “Et quicumque causam vel eccesum commissit... condemnetur realiter et personaliter per maius Lucanum regimen...”.

(61)「ポデスタの選出について」と題される規定では，「ポデスタは，［次期の］ルッカの〈偉大な統治者〉の選出のために大評議会を招集しなければならない……」とあり，ポデスタと〈偉大な統治者〉は同一であることがわかる。*Ibid.*, II, 1（De electione Potestatis et eius modo et forma, et de feudo et familia et de sindicatu ipsius), p. 51. なおボンジも1308年の〈偉大な統治者〉はポデスタであるとしている。*Inventario* ed. Bongi, II, p. 304.

(62) *Statuto 1308*, II, 2（De iurisdictione attributa Maiori Lucano Reggimini), p. 54 : “Ad manutenendum honores Lucani Comunis et totius districtus, comitatus et fortie, et in pace et unione tenendum... Maius Lucanum Regimen habeat omnem iurisditionem et merum et mixtum imperium in omnes homines et personas et comunitates et universitates”.

(63) 1308年の条例に〈偉大な統治者〉の名が記されていた箇所には，単にポデスタという官職名が置かれている。たとえば1308年の〈偉大な統治者〉の宣誓規定と同一内容の1342年の規定は，「ポデスタの宣誓規定」と名前を変えている。*Statuto 1342*, I, 1（De iuramento potestatis), fol. 4r : “... Iuro ego potestas civitatis Lucane ad sancta dei evangelia corpolariter...”.

(64) *Riformagioni* ed. Tori, II, p. 385 : “Iuro ego Symon de Barga, legum doctor, Vexillifer Iustitie populi et Comunis Lucani, ad sancta Dei evangellia, corporaliter tactis scripturis, bona fide sine fraude... Civitatemque Lucanam, eius comitatum, fortiam et destrictum regere, gubernare, defendere et manutenere ad populum... cum iustitia procedere, cum effectu et potissime contra illos qui aliquo tempore ausu temerario officium Vexilliferi et Antianorum, representantium totum Lucanum populum, verbo seu facto, attentare presumerent”.

(65) *Ibid.*, p. 88 : “quod ex nunc tam in presenti casu quam etiam in futuris intelligatur esse et prefati statuti dubitatio declarata, autoritate presentis Consilii hoc modo videlicet, quod quo ad ea que in

statuto predicto continentur maius Regimen sit et esse intelligatur semper Potestas Lucanus presens vel qui pro tempore fuerit et de omnibus casibus in prefato statuto contentis, dominus Potestas Lucanus presens et futurus habeat baliam, autoritatem, jurisdictionem, imperiumque merum et mixtum ac omnimodam potestatem in procedendo, cognoscendo, condennando vel absolvendo ac etiam exequendo et in hoc et ipse ac eius curia maius Regimen Lucani Comunis penitus reputetur”.

（66） *Statuto 1342*, fol. 11r : “declaratum est per consilium generale quod maius regimen intelligatur esse et sit potestas Lucane civitatis et eius curia. Die .viiii. novembris .mccclxx.”.

（67） *Riformagioni* ed. Tori, II, p. 88 : “Quantum vero ad dictum dominum Johannem pertinet, quanvis sui delicti temeritas punitionem exigat et requirat quod habito respectu ad ea que pro Comuni Lucano hactenus optime virtuoseque gessit, sueque progeniei et consanguinitatis amore in nichilum occasione predictorum debeat condennari, puniri vel multari. Sed per dominos Antianos relegetur seu confinetur et ad confines ponatur ultra Alpes et longe a Civitate Lucana per quinquaginta miliaria”.

（68） 本書第 2 章第 1 節参照。

（69） イタリア都市では法学者と貴族家系は元来，同一の派閥に属することが多い。ただし法学者とポポロとの密接な関係についても近年注目されている。Menzinger, *Giuristi e politica*.

（70） 党派対立の経緯については，ミークが大評議会議事録とジョヴァンニ・セルカンビの年代記を基に明らかにしている。Meek, *Lucca 1369*, pp. 237–268.

（71） *Rif.*, 12, fol. 49v : “Cum propter novitates et graves tumultus, quibus Lucana civitas his diebus elapsis fuit exposita non sine ruine periculo... necessarium et utile sit pro reformatione civitatis eiusque comitatus fortie et districtus et pro bono pacis et concordie, et ne alias ad simile periculum veniatur sed variis animorum motibus omnis discordia evellatur providere circa ea que pro reformatione civitatis et conservatione pacifici et popularis status et libertatis ac custodia ipsius civitatis et comitatus utilia viderentur... Nec id fieri possit nisi per presens consilium dispensetur quid super ipsa dispensatione videtur, in dei nomine consulatur”.

（72） *Ibid.*, p. 99 : “Antiani et Vexillifer Iustitie populi et communis Lucani eligant sex vel octo Lucanos cives per terzierem de quibus eis videbitur cum quibus vel maiori parte quorum habeant omnem auctoritatem potestatem et balia et liberum ac generalem plenium et absolutum arbitrium et merum et mixtum imperium... in providendo ordinando deliberando reformando statuendo et componendo tam de novo quam in iam statuta et reformata mutando corrigendo addendo et limitando”.

（73） Meek, *Lucca 1369*, p. 271.

（74） *Rif.*, 12, pp. 115–117, De electio consilio potestatem et balia commissariorum.

（75） 2 年分の候補者を選び半年ごとにその候補者の中から抽選する形で選出された。

（76） *Anz. Av. Lib.*, 35, fols. 6r–7v. 本書第 8 章注 4 および注 48 参照。

（77） アンツィアーニの恩赦については，1392 年 5 月 15 日の改革で，アンツィアーニが自由裁量で追放者を再入会（rebanniti）させることができるようになっている。

（78） *Rif.*, 12, pp. 113–114, De electione officio et iurisdictione Capitanei populi.

（79） 下記の 2 つ以外にも，放浪者や殺人を指示した者に対する裁判などがカピターノの職務として定められている。*Ibid.*, p. 108, De vagabundis expellendis et puniendis ; *Ibid.*, p. 112, De quibusdam reformationibus veteribus per capitaneum populi observandis.

(80) *Ibid*., p. 105, De pena obloquentium contra libertatem et pacificum et popularem statum.

(81) *Ibid*., p. 106, De pena inducentium seditionem seu conniurationem contra statum pacificum libertatis.

(82) *Ibid*., p. 113 : “Et pro suis officiis exercendis habeat et habere debeat unum milite socium probum et expertum..., et vigintiquinque familos electos et probos bene armatos et in armis expertis de quibus... quatuor equos bonos et idoneos...”.

(83) *Ibid*., pp. 107–108, De delictorum inquisitionibus : “ne delicta remaneant impunita statuerunt quod... ideo Capitaneus populi possit etiam accusatione seu denuntia precedente vel sequente ubi et quando sibi videbitur, procedere per viam inquisitionis de contentis in denuntia seu accusatione predicta”.

(84) *Ibid*., p. 108, De reis citandis et contumacibus banniendis : “Si reus criminis ex parte Capitanei populi semel citatus non comparuerit ad se defendendum, habeatur pro confesso. Et possit Capitaneus predictus reum contumacem bannire et in banno ponere in ea et de ea pena que pro delicto super quo procederetur, deberet imponi Nec teneatur predictus Capitaneus servare in ipsa prolatione bannorum formam statuti positi sub rubrica de forma imbanniendi et extrahendi de banno... ad quam secundam citationem dictus capitaneus minime teneatur”.

(85) Meek, *Lucca 1369*, p. 293.

(86) *Rif*., 12, p. 289 : “periculosi sint motus et tumultuatio popularis, non enim facile regitur ensis in manibus furentium populorum... omnibus providendis non aliquis arma induat seu ad domum alicuius private persone vadat sine dominorum consensu in odium vel favorem”.

(87) *Ibid*., p. 289 : “ipsorum delictum omnio non remaneat impunitum ne futuris temporibus id attentent”.

(88) 議事録の欄外には，4 月 15 日にポデスタがアンツィアーニの命で，ジョヴァンニに決定の内容を守るように指示していることが記載されている。その後，ジョヴァンニはアンツィアーニに嘆願し，恩赦によって都市への早期帰還を果たしている。*Ibid*., p. 295, 304.

(89) Meek, *Lucca 1369*, p. 294.

(90) *Sentenze e bandi*, 85, fols. 13r–14v.

(91) *Rif*., 12, p. 402 : “Capitaneus populi debeat supersidere in executione sententie seu condemnationis per eum ferende contra Nicolaum Ronsini et Michaelem Leonis in eius curia” ; *Ibid*., p. 403 : “Nicolaus Ronsini ex officio domini Capitanei populi captus et inquisitus causa supradicta, iuxta fidem sibi datam, sit liber et absolutus ab omni pena personali qua veniret puniendus et multandus occasione dicti tractatus... possit tamen dominus Capitanus populi supradictus dictum Nicolaum citra mortem punire multare et condemnare...”. この死刑判決の取り消し後，すぐにカピターノに流刑を科す権限が与えられていることから，ニコラは遠地に流されたことが考えられる。*Ibid*., p. 404.

(92) *Ibid*., p. 403 : “ne delictum in totum remaneat impunitum et ne similia attententur”.

(93) Vallerani, ‘L’arbitrio’, pp. 117–147.

(94) バルジェッロとディフェンソーリについては，Tanzini, ‘Costruire e controllare il territorio’.

(95) オット・ディ・グアルディアについては，Zorzi, *L’amministrazione*.

(96) *Ibid*., p. 40 ; Conti (ed.), *Le « consulte » e « pratiche »*, p. 28 : “quod cives non sunt deputati

ad condemnandum cives, sed Rectores forenses”.

終　章　訴える人びとがつくる世界

（1）ホッブズ『リヴァイアサン（II）』93頁：「ルッカ市のやぐらには，今日もなお，大きな文字で自由 LIBERTAS という語が書かれているけれども，そこではある個人がコンスタンティノポリスにおいてよりもおおくの，自由すなわちコモン－ウェルスへの奉仕の免除をもっているとは，だれも推論しえない。コモン－ウェルスが君主政治的であろうと民衆的であろうと，自由はいぜんとしておなじなのである」。

（2）Viroli, *Republicanism*, pp. 50–51.

（3）14世紀については Tanzini, ‘Emergenza, eccezione’. 13世紀の政治的な司法については Milani, *L’esclusione dal comune*.

（4）マイネッケ『近代史における国家理性の理念』。

年　　表

法制度関連の事項	年	ルッカに関する事項
	1080	トスカーナ辺境女伯マティルダの支援者ルッカ司教アンセルモ2世の追放
	1081	神聖ローマ皇帝ハインリッヒ4世からルッカが裁判特権を獲得
	1115	マティルダ死去
	1120	コンスルに関する記述の初出
法学　『学説彙纂』の再発見	ca. 1135	
	1136	コンスルによる判決の初出
ルッカ　都市法（constitutum civitatis）の初出	1178	
	1183	コンスタンツの和約
	1187	ポデスタ初出
	1197	ポポロの諸団体の初出
教会　第4ラテラノ公会議にて裁判の記録化や糾問主義裁判に関する決定	1215	
	1217	文書庫に関する記述の初出
	1220's	ポデスタ制の開始
	1229～30	同職組合が参加する「ポポロ」の結成
イタリア諸都市　糾問主義裁判の導入	1220's～30's	
	1255	アンツィアーニの初出（「ポポロ」の機関として）
ペルージャ　1258年の刑事裁判記録簿	1258	
法学　ガンディーノ『悪事に関する論考』で糾問主義裁判を理論化	1280's	
ペルージャ　糾問主義裁判の規定	1287	
フィレンツェ　反豪族立法の発布	1293	
	1300	グエルフィ白派とグエルフィ黒派との党派対立
法学　クレメンス5世の教会（クレメンティーナ・サエペ）で略式裁判を認可	1306	
ルッカ　現存する最古の都市条例	1308	
	1314	ピサのウグッチョーネによるルッカ支配
ルッカ　都市条例の改変	1316	

	〜	カストゥルッチョのシニョリーア支配
	1328	
	〜	神聖ローマ皇帝ルードヴィッヒ4世の支配
	1329	
	〜	ジェノヴァのスピノラ家の支配
ルッカ　都市条例の改変	1331	
	〜	ボヘミア王ヨハンの支配
	1333	
	〜	パルマのロッシ家の支配
	1335	
ルッカ　都市条例の修正・追加（1336）	〜	ヴェローナのデッラ・スカラ家の支配
	1341	
	〜	フィレンツェの支配
	〜	ルッカをめぐるピサとフィレンツェとの攻防（1341.9〜1342.7）
ルッカ　都市条例の改変	1342	
	〜	ピサの支配
	〜	ドノラティコ伯ラニエリ（1342〜47）
	〜	ピサのアンツィアーニ（1347〜64）
	〜	ジョヴァンニ・デッラニェッロ（1364〜68）
	1368	
	〜	神聖ローマ皇帝カール4世の支配
	1369	枢機卿ギーが代官として支配
	1370	ルッカが独立（これ以降，共和国時代）
	1370.3.12	カール4世がルッカのアンツィアーニに皇帝代官職を付与
	1370.7.17	コルッチョ・サルターティをアンツィアーニの書記官に選出（〜1371.7）
	1370.7.31	「ポポロ宣言」
ルッカ　都市条例の改変	1372	
フィレンツェ　チョンピの乱	1378	
ルッカ　グイニージ派による「新法」制定	1392	フォルテグエッラ派とグイニージ派との党派対立
ルッカ　コンスル法廷の廃止	1400	
	〜	パオロ・グイニージの支配
	1430	
	〜	ルッカ共和国（〜1799）
	1799	フランス軍の侵攻